NEUE PERSPEKTIVEN AUS WIRTSCHAFT UND RECHT

Festschrift für Hans Schäffer

Neue Perspektiven aus Wirtschaft und Recht

Festschrift für Hans Schäffer

zum 80. Geburtstag am 11. April 1966

Mit Beiträgen von

Hermann J. Abs · Eberhard Barth · Karl Blessing · Arnold Brecht Gustav Brecht † · Gerhard Colm · Klaus Curtius · Kurt Daniel Gert v. Eynern · Joachim Fischer-Dieskau · Hermann Habicht · Kurt Hamann · Alfred Hartmann · Joseph Kaskell · Ludwig Kastl Theobald Keyser · Carl Landauer · Orison S. Marden · Wilhelm Michaeli · Elmar Michel · Rudolf Mueller · Hermann Pünder · Erich Sachs · Rudolf Sachs · Hans Staudinger · Toni Stolper · Walter Strauß · Joachim Tiburtius · Kurt Tornier · Thilo Vogelsang · Lowell Wadmond · Eric M. Warburg · Reginald Wilson · Kurt Wolf · Konrad Zweigert

herausgegeben von

Carsten Peter Claussen

DUNCKER & HUMBLOT · BERLIN

Gedruckt 1966 bei Berliner Buchdruckerei Union GmbH., Berlin 61
Printed in Germany

Inhaltsverzeichnis

Einleitung

Der 80. Geburtstag Hans Schäffers ist für seine Freunde in aller Welt der äußere Anlaß, dieses Mannes und seines Wirkens zu gedenken. Wie könnte diesem vom Geistigen bestimmten Manne besser gehuldigt werden als mit geistiger Arbeit, die seine Freunde für ihn leisteten? Das Leben und das Handeln unseres Jubilars ist auf Erkennen und Verstehen des Laufes dieser Welt und der tragenden Ideen ausgerichtet; seine scharfsinnige Analyse hat zur Erhellung beigetragen. Möge er unsere Festschrift mit ihren um Erkenntnis und Analyse bemühten Beiträgen als eine würdige Geburtstagsgabe in die Hand nehmen.

Die Thematik dieser Festschrift „Neue Perspektiven aus Wirtschaft und Recht" benennt die wichtigsten Wissensbereiche, in denen Hans Schäffer wirkt und lebt. Die beiden einleitenden Kapitel sind der Wirtschaft gewidmet, dort wird Grundsätzliches und Spezielles behandelt. Das folgende Kapitel behandelt wichtige Rechtsfragen, Darstellungen und Analysen, neue Gedanken. Gewichtige Beiträge in diesen Kapiteln behandeln Rechts- und Wirtschaftsfragen der Bundesrepublik Deutschland — die Entstehung des Grundgesetzes, die Grundlagen der sozialen Marktwirtschaft, Probleme der Bundeswehr, der Auslandsinvestitionen und die Verbindung von Konjunkturpolitik und Wohnungsbau. Diese Beiträge schrieben Freunde von Schäffer, die sich um den Wiederaufbau Deutschlands verdient machten. Die Erfahrungen und Gedanken dieser in der Verantwortung erneut bewährten Freunde festzuhalten, gibt dieser Festschrift ihren weiteren und allgemeinen Sinn. Das gleiche gilt für die von amerikanischen Freunden gelieferten Beiträge, die sich mit so zentralen Fragen befassen wie der Zielsetzung moderner Wirtschafts- und Sozialpolitik. — In einem letzten Abschnitt bringen wir einige Essays. Wer Schäffer kennt, wird nicht erstaunt sein, hier im wesentlichen Themen der großen Politik und der Geschichte behandelt zu finden.

Unter den Autoren ist niemand, der des Jubilars Jugendschritte in Breslau begleitete oder der mit ihm zusammen die Jurisprudenz in Breslau und in Genf studierte. In jener Zeit erarbeitete er sich seinen politischen Standort. Er bezeichnet sich gern selbst als unabhängig, aber links über den Parteien stehend. Später charakterisierte Präsident Roosevelt diese undogmatische, den Läufen und Gewichten der Gesellschaft gegenüber offene Einstellung als „links von der Mitte". Die Teilnahme am Ersten Weltkrieg war Schäffer selbstverständlich, obgleich er vom Denken und vom Typ her kein begeisterter Soldat gewesen sein mag. Aber Hans Schäffer war nicht nur der Staatsangehörigkeit nach Deutscher, er war und ist es mit allen Phasen seines Seins, wie er auch Jude und nun seit Jahrzehnten Schwede ist.

Der Umbruch nach dem Ersten Weltkrieg weckte den Wunsch in der deutschen Reichsregierung, neue Kräfte und Begabungen nach Berlin zu ziehen, die zuvor weniger in die Verantwortung gestellt waren. Es war die Zeit, von der Max Weber sagte: „Wir fangen noch einmal wie nach 1648 und 1807 von vorn an. Das ist der einfache Sachverhalt. Nur daß heute schneller gelebt und gearbeitet und mit mehr Initiative gearbeitet wird." Hans Schäffer, der inzwischen mit Erfolg seine Anwaltskanzlei in Breslau aufgebaut hatte, kam nach Berlin. Er trat 1919 zunächst als Justitiar in das Reichswirtschaftsministerium ein, in dem er 1923 Ministerialdirektor und Abteilungsleiter der Abteilung I wurde.

Jene Jahre gehörten zu den erfolgreichsten und beglückendsten Epochen in diesem sich wandelnden Leben. Er machte sich damals viele Männer zu Freunden für sein Leben. So erklärt sich, daß viele Beiträge in dieser Festschrift aus der Feder von damals jungen Assessoren, wissenschaftlichen Hilfsarbeitern oder jungen Räten im Reichswirtschaftsministerium stammen. Sie alle haben von ihrem Vorgesetzten entscheidende Impulse und Formungen erfahren. Von keinem ist vergessen, wie stark ihn das Abschauen der Schäffer'schen Lebensart beeinflußt hat: seine Fürsorge für seine Untergebenen, die er als Mitarbeiter empfand und denen er sich verpflichtet wußte; seine starke Ausstrahlung an Ruhe und Überlegenheit; sein Arbeitsstil, den ihm seine Geisteskräfte erlaubten — in Verfolg der großen Linie die Details nicht übersehend.

Der erste Minister zu Schäffers Zeit im Reichswirtschaftsministerium war Rudolf Wissel, dem Robert Schmidt, gleichfalls ein Sozialdemokrat und Gewerkschaftler, nachfolgte. Nahe fühlte er sich auch dem kürzlich verstorbenen Hans von Raumer, der im ersten Kabinett Stresemann, gleichfalls als Angehöriger der Deutschen Volkspartei, kurz das Wirtschaftsressort betreute. In diese Zeit fällt die Auseinandersetzung um die Frage, ob eine Planwirtschaft die richtige Wirtschaftspolitik für das geschlagene und ausgeblutete deutsche Volk sei, das politisch noch nicht zueinander gefunden hatte. Wenngleich Schäffer im Grundsatz der Planwirtschaft zuneigte und sich hierbei insbesondere von Möllendorf nahe wußte, zeigt es sein pragmatisches Denken, daß er im Amte blieb, als ihm klar war, daß zunächst Fragen der Wirtschaftsverfassung, wie sie Rathenau schon formuliert hatte, nicht zur Lösung gebracht würden. Näherliegende Ziele waren zu lösen, nämlich die Rohstoffversorgung, die Kreditbeschaffung im Ausland, die Belebung der privat-wirtschaftlichen Investitionen stand auch im Vordergrund. Dann kam die Inflation, sie bestimmte den Einsatz der Kräfte Schäffers.

In ihren politischen Auswirkungen waren aber wohl die Reparationen das ernsteste Problem jener Jahre. Golo Mann sagt dazu heute: „aus ihm — dem Reparationsproblem — kam Wirrsal und Narrheit dreizehn Jahre lang und konnte nichts anderes kommen." So kurz und bündig kann ein Historiker urteilen, der das Ende kennt. Aber hinter diesem kurzen Satz verbirgt sich vieler Jahre schwerste Arbeit, angefüllt mit internationalen Verhandlungen und innerpolitischen Auseinandersetzungen. Viele Autoren dieser Festschrift haben damals mit Schäffer in Reparationsfragen zusammengearbeitet. Inzwischen verlor Deutschland wieder einen Krieg. Aber kein Beitrag ist in diesem Buch mit dem Titel: „Das Reparationsproblem nach dem 1. und 2. Weltkrieg". Dafür ist unser Land geteilt und dem Sehnen nach der deutschen Wiedervereinigung muß eine Arbeit gewidmet sein. Diese Aufgabe übernahm Klaus Curtius, mit dessen Vater, dem Reichsaußenminister Dr. Curtius, der Jubilar in schwerer Zeit eng zusammenarbeiten konnte.

Andere Fragen waren entscheidend, z. B. die wirtschaftlichen Beziehungen zu Rußland nach Rapallo; die Kreditabkommen mit der Sowjetunion sind von Schäffer wesentlich bearbeitet worden. Aus dem außenpolitisch nicht vorbestimmten Bereich ist an Schäffers Mitarbeit an der Gesetzgebung über den Reichswirtschaftsrat zu erinnern. In diesem Buch wird die Entwicklung von berufener Seite dargestellt, aber bis in unsere Tage weitergeführt. Die erste deutsche Gesetzgebung über Kartelle trägt Schäffer'sche Züge; er orientierte sich weniger an dogmatischen Grundsätzen, sondern suchte selbst wirtschaftsverfassungsrechtliche Fragen vom praktischen Bedürfnis her zu lösen. Von ihm stammt wohl die geistvolle Konzeption der Kartell-Verordnung, die gegen den „Mißbrauch wirtschaftlicher Machtstellungen" gerichtet ist. Bei der Gestaltung dieser Materie haben Schäffer die Erfahrungen aus den Vereinigten Staaten beeinflußt. Rechtsvergleichende und wirtschaftslenkende Tätigkeit sollte ihn sein ganzes Leben über begleiten, diesseits und jenseits der deutschen Grenzen und diesseits und jenseits der Schranke: als zur Entscheidung Berufener und als Antragstellender.

Zum anderen befaßte er sich mit der deutschen Zündholzindustrie, die damals eine Krise durchzumachen hatte. Dieser Wirtschaftszweig begegnete ihm im Finanzministerium wieder, um ihn später ganz für sich zu gewinnen. Schließlich die Exportkreditversicherung, die uns in der Festschrift von seinem mehrjährigen persönlichen Referenten mit Ausblicken in Gegenwart und Zukunft in die Erinnerung gerufen wird. Auch wirkte er im Aufsichtsrat der Reichskreditgesellschaft, die ihm besonders ans Herz wuchs.

In all diesen Problemen wirkte Schäffer weit über sein Ressort hinaus, hatte Zugang zu den Ministern und Staatssekretären und leistete vielbeachtete Koordinationsarbeit, die ihm sein freundschaftlich verbundener Staatssekretär Trendelenburg nicht neidete.

Daß der Jubilar in diesen weitgesteckten Aufgabenbereichen Einfluß gewinnen konnte, obgleich er kein nach außen hin wirkender Politiker, zum anderen aber auch kein Karrierebeamter war, zeigt die geistige und moralische Kraft dieses Mannes, aber auch seine Unabhängigkeit. Wie mag er sich diesen weiten Wirkungskreis geschaffen und erhalten haben? Wohl durch sorgfältige Beachtung der gesetzten Grenzen und durch stetes Bewußtsein der hohen Anforderungen, die an den gestellt werden, der aus dem Geistigen schafft. Besonders war auch sein Arbeitsstil: er arbeitete gern im stillen, dann über andere Menschen, deren Vertrauen er zu gewinnen suchte, die er an den rechten Platz zu stellen wußte oder deren Position er für seine guten Ziele einzusetzen verstand. Diese Arbeitsweise entspricht ganz seinem stets wachen Interesse an Menschen, Bekannten oder noch Unbekannten, die es zu ergründen gilt. Von diesem Wesenszug kommt sein lebhaftes literarisches Interesse an Biographien her — jener Form der Geschichtsdarstellung, die das Leben der Akteure in den Mittelpunkt stellt, also von Menschen handelt und weniger von Ideen, Verhältnissen und Zwangsläufigkeiten. Wir sind glücklich, über Biographien an sich ein schönes Essay im 4. Kapitel bringen zu können.

Schäffer pflegte in jener Zeit seiner aktiven Teilnahme an der deutschen Reichsregierung Tagebuch zu führen. In Stolze-Schrey-Stenographie trug er seine Notizen in ein dickes schwarzes Buch ein. Um anderen Konferenzteilnehmern nichts verborgen zu halten, führte er dieses Tagebuch in aller Offenheit in Verhandlungspausen oder wenn ihn das Thema nicht zu fesseln vermochte. Hier ist ein historisches Dokument entstanden, das, jetzt dem Institut für Zeitgeschichte anvertraut, der Wissenschaft wichtige Dienste zu leisten vermag.

Schäffer hatte aufgrund seiner weitgespannten Aufgaben eine besondere Position im Reichswirtschaftsministerium, er arbeitete gleichsam zwischen den Ressorts, in ständigem Kontakt mit den Finanzministern und dem Auswärtigen Amt. Es folgte hieraus, daß er im Jahre 1929, nachdem er in seinem heimatlichen Wirtschaftsministerium unter acht Ministern Dienst getan hatte, in das Reichsfinanzministerium als Staatssekretär überwechselte. Von hier aus konnte er dem Reichskanzler Brüning näherkommen. Young-Plan, Kassendefizit des Reiches in Höhe von 1,7 Milliarden RM, Regieren mit Notverordnungen, das waren die Probleme jener Tage, die vor allem das Finanzressort betrafen. Bei der Analyse der Schicksalsfragen halfen Schäffer seine vielfältigen persönlichen Beziehungen zu Männern aus der Wirtschaftswissenschaft, der

Verwaltung und Reichswehr, aus Politik, der Industrie und der Arbeiterschaft und der Presse. Auch zu den Bankiers, wie zu Melchior aus dem Hause Warburg und zu Jakob Goldschmidt hielt er Verbindung und nutzte deren Urteil. Ihm ist es gelungen, den schwedischen Bankier Wallenberg mit dem Reichskanzler Brüning wegen der Bankenkrise ins Gespräch zu bringen. Schäffer hatte Wallenberg als Mitglied des Dawes-Schiedsgerichts kennengelernt. Die Ratschläge des schwedischen Bankiers waren der Reichsregierung eine wichtige Hilfe bei der Überwindung der Krise.

Mit dem Reichskanzler Brüning verband Schäffer nicht nur die Sorge um die politische und wirtschaftliche Entwicklung des Deutschen Reiches, sondern auch eine ähnlich geartete geistige Anlage, wie wir sie auch bei seinem Freunde, dem Staatssekretär im Wirtschaftsministerium Trendelenburg, finden: analytisch, nachdenklich, abwägend, durchdringend, stets um Gerechtigkeit bemüht, aber durch Position und politische Umstände mitunter gehindert, dieses umfassende Wissen in die durchgreifende Tat umzusetzen.

Die Bankenkrise sah unseren Jubilar noch im Zentrum des hektischen Geschehens. Aber das Jahr 1932 brachte in den Landtagswahlen ein starkes Ansteigen der nationalistischen Kräfte. Hinzu kamen verschiedene Auffassungen über die Möglichkeiten zur Lösung der Reparations- und damit zusammenhängender Fragen. Schäffer verließ daher im Einvernehmen mit dem Reichskanzler das Reichsfinanzministerium und den Staatsdienst. Seine Beratungen mit Politikern, Männern der Wirtschaft, der Presse und vor allen Dingen mit dem Reichskanzler und dem Reichsfinanzminister konnte er jedoch aus seiner neuen Position als Generaldirektor des Ullstein-Verlages fortsetzen. Die Leitung des damals größten deutschen Verlages, der so viele geistige Bereiche umfaßte, war eine Aufgabe, für die Schäffer prädestiniert erschien. In der nur kurzen Zeit bis zum Regierungswechsel im Jahre 1933 konnte er manches wertvolle Werk erscheinen lassen, wovon die Bibliographie in dem Beitrag von Dr. Mueller berichtet. Aber nur zu bald war für ihn ein weiteres verantwortliches Wirken in Deutschland unmöglich. Die neuen Kräfte glaubten, auf Männer wie ihn nicht nur verzichten zu können, sondern sie auch verfolgen zu müssen. Im Jahre 1933 verließ er Deutschland und emigrierte nach Schweden; seine Familie folgte ihm 1936. Schäffer hat sein Schicksal nie beklagt, er hat kaum mit seinen Freunden über das ihm Angetane gesprochen, so stark war und ist seine Distanziertheit vom eigenen Geschick — ein Zeichen seiner geistigen Kraft; so stark aber auch die Scham, daß die Verfolgung von Menschen allein um ihrer Rasse willen in dem geliebten Deutschland des 20. Jahrhunderts möglich sei.

Aber als es für Schäffer in Deutschland keine Stätte des Wirkens mehr gab, da bewahrheitete sich für ihn doch nicht Ovid: Donec eris felix, multos numerabis amicos: Tempora si fuerint nubila, solus eris.

Bald wurde er von Jacob Wallenberg in das Norman-Davies-Committee berufen, das, aus prominenten internationalen Juristen zusammengesetzt, die Aufgabe hatte, den 1932 zusammengebrochenen schwedischen Zündholztrust zu untersuchen und die überlebensfähigen Teile neuzugestalten. Aus jener Zeit stammen die Freundschaften mit internationalen Juristen, die dieser Festschrift ihren Beitrag zollen. Die von ihm juristisch und finanziell beratene Gesellschaft Svenska Tändsticks Aktiebolaget hatte überlebt, war aber auf einem ernsten Tiefstand: ihre Aktien wurden mit 7 % an der Stockholmer Börse notiert. Heute ist sie ein weltumfassender Konzern von hohem Ruf und starker Dynamik — sein Anteil an dieser Entwicklung ist nicht meßbar, aber gewiß ist, daß dieses Unternehmen ihm viel zu danken hat.

Daß er daneben noch andere Aufgaben übernahm, international seinen juristischen und finanzpolitischen Rat zur Verfügung stellte, beweist, daß er, wenn auch der Heimat beraubt, seinen Namen und seine Gaben nicht verloren hatte — seine Persönlichkeit wußte sich auch auf fremdem Boden zu bewähren.

In diese schwierige Zeit der Existenzgründung in der Emigration im friedlichen Schweden fällt das furchtbare Geschick der in der Heimat gebliebenen Menschen jüdischer Abkunft. Am schwersten traf ihn der Tod von Frau Professor Dr. Cora Berliner in einem Konzentrationslager — ein enges Freundschafts- und Gesinnungsverhältnis verband beide und führte zu einer fruchtbaren Zusammenarbeit sowohl im Ministerium wie später im Jüdischen Hilfswerk.

Nach dem Zweiten Weltkrieg konnte Hans Schäffer wieder Kontakte nach Deutschland aufnehmen. Ohne einen Gedanken an Rache und Vergeltung suchte er von 1945 an, den in Not Geratenen zu helfen. Er half seinen früheren Kollegen, Mitarbeitern und deren Familien, er unterstützte das Schwedische Flüchtlingshilfswerk. Alsbald nahm er Kontakte zu den Regierenden in diesem Lande auf. Er hat es stets als befriedigend empfunden, daß sein Rat erneut von Bundespräsident Prof. Dr. Heuss und Bundeskanzler Dr. Adenauer gehört wurde. Den ersten deutschen Diplomaten in Schweden ebnete er die Wege mit seinem Einsatz — seinem Renommee — seinem Rat. Auch das Wiedererstarken der deutschen Interessen des von ihm beratenen Konzerns förderte er nach Kräften. Als Berater der Königlich Schwedischen Regierung half er auf der Londoner Schuldenkonferenz, einen Ausgleich zwischen Deutschland und seinen Gläubigern zu finden.

Die Größe dieses Lebens in seinem öffentlichen Wirken kann mit dieser Festschrift nicht gewürdigt werden. Den Menschen Hans Schäffer und sein Verhältnis zu den Oberwerten des Seins, oder zu seiner Familie, können wir hier nicht zeichnen. Bescheidener sind unsere Ziele. Wir wollen ein Zeichen treuer Anhänglichkeit geben von denen, die ihm ihre Verehrung zollen. Das Buch soll aber auch ein Zeichen sein, daß er in diesem Lande unvergessen ist und daß seiner in den deutschen Bibliotheken gedacht wird. Das Buch vereinigt nicht nur Mitarbeiter aus des Jubilars aktiver Regierungszeit, sondern auch Autoren, die ihm in ganz anderen Bereichen begegneten, ihm ihre Bewunderung zollen, obgleich er ihnen nicht im Glanz des Amtes zum Freunde wurde. Auch einige Autoren der jüngeren Generation sind vertreten, die aus dem ihnen überkommenen Erbe den gestaltenden Kräften jener Zeit eher mit Skepsis begegnen. Aber gerade sie wollen dem vorbildhaften Menschen in seiner Universalität ihre Huldigung darbringen mit Dank für viele Wegweisungen. Möge das Ziel erreicht werden.

Der Herausgeber dankt dem Verlag für die vorbildhafte Herstellung des Buches, Herrn Dr. J. Broermann für seine freundschaftliche Gesinnung, die er dem Jubilar und dem Werk entgegenbrachte. Allen Autoren sei gedankt, vor allem aber Geheimrat Staudinger, der dem Herausgeber ideenreich und nimmermüde die Wege wies. Wichtigen Beistand leisteten auch die Herren Dres. Barth und Fischer-Dieskau.

Carsten Peter Claussen

Grundsatzfragen der Wirtschaftsordnung

Bemerkungen zur internationalen Währungslage*

Von Karl Blessing

Ich gehöre nicht zu denjenigen, die das gegenwärtige internationale Währungssystem durch ein anderes System ersetzen wollen. Ich bin vielmehr der Auffassung, daß dieses System so verbessert werden sollte, daß es auch in der Zukunft allen praktischen Ansprüchen genügt. Das gegenwärtige System war keineswegs so schlecht, wie es viele Kritiker erscheinen lassen möchten. Es hat zu einer Erhöhung des Welthandels geführt, die in der Geschichte einzigartig ist. Ich bin auch nicht der Meinung, daß wir vor einer internationalen Krise stehen, wenn wir nicht bald den Goldpreis drastisch erhöhen oder für zusätzliche internationale Liquidität sorgen. Ich bin aber der Meinung, daß die Schwierigkeiten, denen die Reservewährungen ausgesetzt waren oder noch ausgesetzt sind, beseitigt werden müssen und daß die Zahlungsbilanzdisziplin ganz allgemein verbessert werden muß. Zu große und zu langanhaltende Ungleichgewichte in den Zahlungsbilanzen der einzelnen Länder sollten verhindert werden, und dem internen Anpassungsprozeß sollte wieder mehr Aufmerksamkeit geschenkt werden.

Der Dollar ist in dem gegenwärtigen System die Hauptleit- und Reservewährung der freien Welt. Er konnte diese Rolle spielen, weil ihm durch viele Jahre hindurch von allen Seiten uneingeschränktes Vertrauen entgegengebracht wurde. Erst in dem Augenblick, als dieses uneingeschränkte Vertrauen in Frage gestellt wurde, begannen auch die Schwierigkeiten für das heutige Währungssystem; erst in dem Augenblick, als zuviele Dollars durch das langanhaltende amerikanische Zahlungsbilanzdefizit in die anderen Länder abflossen, begann das internationale Währungssystem ein Problem zu werden. In der Tat standen wir vor etwa einem Jahr ernsten Schwierigkeiten gegenüber. Weder war es für Amerika länger möglich, seine kurzfristigen Verpflichtigungen gegenüber dem Ausland weiter zu erhöhen und seine Goldreserven zu stark sinken zu lassen, noch waren die anderen Länder bereit, noch mehr Dollars in ihre Reserven zu nehmen. Die Tendenz zur Steigerung des Goldanteils in den offiziellen Währungsreserven war bereits unverkennbar. Man sollte sich nicht darüber täuschen: die Äußerungen des Generals de Gaulle brachten nur in

* Ausführungen vor dem Council on Foreign Relations, New York, am 4. Oktober 1965 (deutsche Fassung).

etwas schrillem Ton das zum Ausdruck, was viele andere damals in Europa dachten.

Seit der Zahlungsbilanzbotschaft des amerikanischen Präsidenten im Februar dieses Jahres haben sich die Verhältnisse entscheidend geändert. Das amerikanische Zahlungsbilanzdefizit hat — wenigstens temporär — aufgehört, das Vertrauen in den Dollar ist wiederhergestellt, und die Aussichten für die Aufrechterhaltung des gegenwärtigen internationalen Währungssystems erscheinen wieder in einem günstigeren Licht. Je mehr Fortschritte beim Ausgleich der amerikanischen Zahlungsbilanz gemacht werden, desto besser sind die Aussichten für den Dollar als Hauptleit- und Reservewährung der Welt, und desto besser sind die Aussichten für die Erhaltung des gegenwärtigen Währungssystems. Im Interesse dieses Weltwährungssystems ist es daher dringend erforderlich, daß die amerikanische Zahlungsbilanz auf die Dauer in Ordnung bleibt. Ein abermaliges größeres Defizit der amerikanischen Zahlungsbilanz würde nicht nur das zurückgekehrte Vertrauen in den Dollar erneut beeinträchtigen und Konversionen von Dollars in Gold auslösen, es würde auch den Ruf nach einer radikalen Änderung des gegenwärtigen Systems verstärken. Ich kann daher nur unterstreichen, was Secretary Fowler in Hot Springs sagte: "It is imperative not simply to reach balance in our payments for a quarter or two or even a year, but to sustain equilibrium over time." Dies ist in der Tat das, worauf es ankommt.

Die Besserung der amerikanischen Zahlungsbilanz wurde erreicht durch die interest equalisation tax und besonders durch die Maßnahmen, die im Verfolg der Zahlungsbilanzbotschaft vom 10. Februar 1965 auf dem Gebiet des amerikanischen Geld- und Kapitalexports ergriffen worden sind. Ob diese Maßnahmen auf die Dauer ausreichen oder durch andere Maßnahmen ersetzt oder ergänzt werden müssen, kann nur von den amerikanischen Stellen beurteilt werden. Für einen europäischen Notenbankleiter klingt es aber ermutigend, wenn von amerikanischen Stellen angedeutet worden ist, man würde nötigenfalls auch noch zu anderen Maßnahmen greifen, wenn die Zahlungsbilanzentwicklung es notwendig mache. Ich weiß sehr wohl, daß die Frage der Zinserhöhung in den USA umstritten ist, bin aber der Meinung, daß die neuesten Zinssteigerungstendenzen der Zahlungsbilanz nur zum Vorteil gereichen können.

Nicht nur die Verbesserung der amerikanischen Zahlungsbilanz ist für das heutige internationale Währungssystem ermutigend, ermutigend ist auch die Tatsache, daß es den amerikanischen Behörden in den letzten Jahren gelungen ist, das amerikanische Preisniveau trotz des Booms annähernd stabil und das Kostenniveau innerhalb des Produktivitätsfortschritts zu halten. Da in der gleichen Zeit die Preise und

Kosten in den anderen Industrieländern nicht unerheblich gestiegen sind, hat sich die amerikanische Wettbewerbslage am Weltmarkt tendenziell gebessert. Es ist ziemlich genau das eingetreten, was der Brookingsreport, der uns seinerzeit in Europa wenig Freude machte, vorausgesagt hat: die europäische Preis- und Kostenstruktur hat sich der amerikanischen immer mehr angepaßt. Der Preis für diese Anpassung war die "Creeping Inflation" in Europa — kein Zweifel ein hoher Preis! Es ist nun von entscheidender Bedeutung, daß die amerikanische Stabilität erhalten wird. Würden die Preise und Kosten in Amerika abermals in die Höhe gehen, dann würde das alte Spiel von neuem beginnen, das heißt die Europäer hätten ihre Preis- und Kostenstruktur abermals anzupassen und die "Creeping Inflation" in Europa ginge weiter. Der Wunsch nach Beendigung der schleichenden Inflation und nach Stabilität ist aber auf dem europäischen Kontinent, so auch in Deutschland, so stark, daß die Stimmen derjenigen die Oberhand gewinnen könnten, die sich für flexible Wechselkurse und interne Preisstabilität einsetzen. In Deutschland gibt es einflußreiche Kreise, die den gegenwärtigen Inflationsdruck noch als eine Nachwirkung des jahreslangen Inflationsimports ansehen, obwohl zugegeben werden muß, daß wir an der zu hohen Nachfrage neuerdings selbst schuld sind. Im Interesse der Erhaltung des gegenwärtigen Währungssystems mit seinen festen Kursen liegt es daher, daß das jetzige amerikanische Preisniveau auch in der Zukunft stabil bleibt. Wenn dies erreicht werden kann, müßte auch der noch bestehende Inflationsdruck in Europa eines Tages aufhören; denn bei Stabilität in Amerika können die Europäer nicht mehr lange Preissteigerungen zulassen, ohne ihre Wettbewerbsfähigkeit zu gefährden und in Zahlungsbilanzschwierigkeiten zu geraten.

Neben oder nach dem Dollar spielte das Pfund eine Rolle als Leit- und Reservewährung. Wir alle wissen, daß das Pfund in eine schwierige Lage gekommen ist. Die Schwierigkeiten des Pfundes haben nach meiner Meinung zwei Ursachen: die eine resultiert aus dem Zahlungsbilanzdefizit des Vereinigten Königreichs, die andere aus der traditionellen Stellung des Pfundes als Handels- und Reservewährung. Was das akute Zahlungsbilanzdefizit des Vereinigten Königreichs betrifft, so hat die britische Regierung Maßnahmen ergriffen, um das Defizit zu beseitigen. Diese Maßnahmen reichen von der Budgetpolitik über die Kreditpolitik, die Kapitalexportpolitik bis hin zur Einkommenspolitik. Ob diese Maßnahmen ausreichend sein werden, wird sich zeigen. Die britische Regierung ist überzeugt, daß das Defizit, das sich gegenüber 1964 mehr als halbiert hat, im Laufe des Jahres 1966 zum Verschwinden gebracht werden kann. Die Anfälligkeit, die sich aus der Stellung des Pfundes als internationale Handels- und Reservewährung ergibt, ist aber latent. Das Pfund ist in der Nachkriegszeit immer wieder unter Druck geraten, und zwar auch dann, wenn die englische Zahlungsbilanz sich im Gleichgewicht befand. Die Verwendung des Pfundes als Handels- und Reservewährung bringt ständig die Gefahr mit sich, daß plötzlich Pfundabzüge aus England erfolgen, sei es, daß aus irgendeinem Grund das Vertrauen in das Pfund nachläßt, sei es, daß irgendwo in der Welt eine ökonomische oder politische Krise ausbricht. Diese Anfälligkeit beruht auf der Tatsache, daß die Währungsreserven des Vereinigten Königreichs, an seiner Stellung als Reservewährung gemessen, nicht groß genug sind. Solange dieses Problem, das mit der früheren Weltstellung Englands zusammenhängt, nicht gelöst ist, kann es immer wieder zu Spannungen im Sterling-Bereich kommen. Meines Erachtens würde es der internationalen Währungsordnung förderlich sein, wenn dieses Problem eines Tages einer Lösung auf internationaler Ebene zugeführt wird. Die Regelung dieser Frage scheint mir fast wichtiger zu sein als die Diskussion über internationale Liquidität. Entgegen einer vielfach verbreiteten Meinung können die Schwierigkeiten des Pfundes nicht durch Vermehrung der internationalen Liquidität behoben werden. Das englische Problem ist ein Problem für sich. Es ist wichtiger, die bestehende internationale Liquidität aufrechtzuerhalten als neue zu schaffen. Der Umtausch von Pfunden in Dollars und schließlich in Gold wäre Liquiditätsvernichtung. Liquiditätsvernichtung wäre es auch, wenn massive Konvertierungen von Dollarbeständen in Gold vorgenommen würden. Auch aus diesem Grunde ist es dringend notwendig, daß das amerikanische Zahlungsbilanzdefizit beseitigt wird.

Es gibt nun Leute, die meinen, daß mit einem Aufhören des amerikanischen Zahlungsbilanzdefizits die internationale Liquidität nicht mehr ausreichen werde, um den Welthandel zu finanzieren und deflatorische Entwicklungen zu vermeiden. Sicherlich würden die Reserven der Zentralbanken weniger schnell wachsen als in der Vergangenheit, wenn die Welt auf den Zufluß des neu produzierten Goldes und die russischen Goldexporte angewiesen wäre. Aber wäre das ein Unglück? Meines Erachtens ist die internationale Liquidität seit dem zweiten Weltkrieg eher zu schnell als zu langsam gewachsen. Die Preisentwicklung in der Nachkriegszeit ist hierfür ein klarer Beweis. Wenn vorübergehend eine Ruhepause eintritt, um die aus der Vergangenheit resultierende übermäßige internationale Liquidität zu absorbieren, wäre dies im Interesse der Preisentwicklung keineswegs schädlich. Es besteht daher keine dringende Notwendigkeit, die internationale Liquidität sofort zu erhöhen. Ich verneine auch, daß es eine direkte Beziehung zwischen einer Erhöhung des Welthandels und einer Erhöhung der internationalen Liquidität gibt. Je größer die Zahlungsbilanzdisziplin, daß heißt je geringer die Zahlungsbilanzungleichgewichte, desto weniger internationale Liquidität ist erforderlich. Wenn alle Länder darauf achten, daß die Zahlungsbilanzungleichgewichte schnell korrigiert werden, ist der Reservenbedarf gering. Natürlich wird es immer temporäre Defizite geben. Aber diese können aus eigenen Reserven oder aus konditionellen Reserven finanziert werden, wie sie vom IWF oder von anderen Kreditinstituten gewährt werden. Man sollte auch nicht vergessen, daß ein Land, das Vertrauen genießt, zur Finanzierung seines Handels jederzeit Kredite von den Bankinstituten der wichtigen Länder erhalten kann. Genießt es kein Vertrauen, dann muß es seine innere Währungs-, Wirtschafts- und Finanzpolitik so einrichten, daß es wieder kreditwürdig wird. Ich kann mich des Eindrucks nicht erwehren, daß eine zu perfekte Maschinerie zur Finanzierung von Zahlungsbilanzdefiziten die monetäre Disziplin schwächt, das heißt zur Aufrechterhaltung der Zahlungsbilanzungleichgewichte und zur "Creeping Inflation" beiträgt. Ich sehe daher — wie gesagt — keine dringende Notwendigkeit für eine Erhöhung der Liquidität, besonders nicht, nachdem die Quoten im IWF gerade jetzt erhöht werden. Die Tatsache, daß manche Defizitländer knapp an Reserven sind, ist kein Grund für eine globale Erhöhung der Liquidität. Wir können die Flut nicht heben, nur weil einige Schiffe auf Grund geraten sind. Das würde einfach Inflation bedeuten. Die auf Grund sitzenden Schiffe müssen Ballast abgeben, um wieder flott zu werden, das heißt die Defizitländer müssen ihre innere Politik so einrichten, daß sie wieder ein Zahlungsbilanzgleichgewicht erreichen.

Wenn ich das ausführe, so bedeutet dies nicht, daß ich mich gegen eine contingency planning aussprechen will. Es kann sein, daß das neu produzierte Gold und die russischen Goldverkäufe in the longer run nicht ausreichen werden, um den Liquiditätsbedarf der Welt zu decken. Niemand kann darüber etwas mit Sicherheit voraussagen. Ich habe daher nichts dagegen, daß das Problem der internationalen Liquidität weiter behandelt wird mit dem Ziel, in absehbarer Zeit ein geeignetes Verfahren und eine geeignete Maschinerie zu entwickeln für den Fall, daß die Liquidität sich in der Zukunft wirklich als ungenügend erweisen sollte. Ich habe auch nichts dagegen, daß die Diskussionen, die im Währungsfonds und in der „Gruppe der Zehn" seit langem geführt werden, nunmehr stärker konkretisiert werden. Ich würde es aber für falsch halten, internationale Liquidität sozusagen auf Vorrat zu schaffen, denn dies würde eine ständige Versuchung zu laxer Währungsmoral sein.

Ich habe den Eindruck, daß bei der jüngsten Diskussion über internationale Liquidität und über die Reform des internationalen Währungssystems die technischen Fragen zu sehr in den Vordergrund gerückt wurden, während den fundamentalen Fragen zu wenig Beachtung geschenkt wird. Es scheint mir weniger wichtig, in welcher Form und durch wen die internationale Liquidität erhöht werden soll —

obwohl diese Frage von Bedeutung ist —; viel wichtiger ist es, sich Gedanken darüber zu machen, wie der Anpassungsprozeß der nationalen Volkswirtschaften an die Erfordernisse der Zahlungsbilanz verbessert werden könnte. Was die Welt braucht, ist nicht so sehr eine Änderung des Währungssystems, sondern eine Verbesserung der Währungs-, Wirtschafts- und Finanzpolitik in den maßgebenden Ländern. Wenn es nicht gelingt, die interne wirtschaftliche Entwicklung in den einzelnen Ländern den Erfordernissen der Zahlungsbilanz anzupassen, wenn es nicht gelingt, den Anpassungsprozeß flexibler zu machen, besteht die Gefahr, daß wir am Ende zu flexiblen Wechselkursen kommen. Die Wahl liegt zwischen Flexibilität des Anpassungsprozesses oder flexiblen Wechselkursen. An dem Problem der nicht genügenden Elastizität des Anpassungsprozesses haben wir meines Erachtens in der Zeit seit der Konvertibilität mehr gelitten als an irgendetwas anderem. Es besteht eine zu große Diskrepanz zwischen den politischen, wirtschaftlichen und sozialen Zielsetzungen der Regierungen und Parlamente und den Notwendigkeiten der Währungsstabilität und der Zahlungsbilanz. Ein zu ambitiöses Investmentprogramm im öffentlichen und privaten Sektor, das Streben nach zu hohen Wachstumsraten und ein zu perfekter Wohlfahrtsstaat sind Feinde der Währungsstabilität und des Zahlungsbilanzgleichgewichts. Es scheint mir daher notwendig zu sein, daß bei den kommenden Verhandlungen über die internationale Liquidität gleichzeitig auch über den Anpassungsprozeß gesprochen wird mit dem Ziel, sich über gewisse Regeln zu verständigen, an die sich alle wichtigen Länder halten sollten. Es ist auf die Dauer ein unmöglicher Zustand, daß die Länder, die ihr Haus in Ordnung halten, für ihr Wohlverhalten auch noch bestraft werden, indem sie die Inflation der Defizitländer importieren. Die Freiheit von den Fesseln des Goldstandards darf nicht als Freibrief für eine laxe innere Währungsmoral gebraucht werden. Wenn wir auf die Dauer ein internationales Währungssystem mit festen Wechselkursen aufrechterhalten wollen, müssen wir den Anpassungsprozeß durch gemeinsame Anstrengungen verbessern. Die „multilateral surveillance" innerhalb der „Zehnergruppe" ist ein Schritt auf dem richtigen Wege, sie geht aber nach meiner Meinung noch nicht weit genug, weil sie nur mit „moral suasion" und nicht mit vereinbarten Regeln arbeitet.

Ich weiß, daß es schwierig sein wird, solche Verhaltensregeln festzulegen, weil sie die nationale Handlungsfreiheit einschränken. Die nationale Handlungsfreiheit würde aber keineswegs mehr beschränkt werden, als dies früher im System des Goldstandards selbstverständlich war. Ich weiß, daß es schwierig ist, die Gesamtnachfrage herabzudrücken und den Traum zu hoher Zuwachsraten aufzugeben; ich weiß, daß es schwierig ist, die öffentlichen Ausgaben zu beschränken und die Lohnerhöhungen innerhalb des Produktivitätsfortschritts zu halten; denn auch die Bundesrepublik hat seit etwa einem Jahr ein Zahlungsbilanzdefizit. Auch dieses Defizit hängt mit zu hohen öffentlichen Ausgaben und einer zu hohen Gesamtnachfrage zusammen. Der Anpassungsprozeß ist aber bereits in vollem Gange. Wir scheuen uns nicht, die Zinsen zu erhöhen und andere wirksame kreditpolitische Maßnahmen in Anwendung zu bringen, und hoffen, dadurch die deutsche Zahlungsbilanzsituation in nicht zu ferner Zukunft wieder einzurenken. Worauf es bei dem Anpassungsprozeß ankommt, ist, die Währungsdisziplin wieder mehr den Spielregeln des Goldstandards anzunähern, ohne dessen Rigidität zu übernehmen.

Hinsichtlich der Reform der internationalen Währungsordnung möchte ich nicht auf technische Einzelheiten eingehen. Mr. Roosa hat hier wertvolle Arbeit geleistet. Ich möchte nur auf folgendes hinweisen:

1. Wenn eine Erhöhung der internationalen Liquidität ins Auge gefaßt werden sollte, dann sollte sie abhängig gemacht werden von dem wirklichen Bedarf der Weltwirtschaft und nicht von den Zahlungsbilanzdefiziten einzelner Länder. Dies gilt auch hinsichtlich der Reservewährungsländer. Große Dollar- und Pfund Sterling-Beträge in den Reservebeständen anderer Länder bergen für die Reservezentren immer die Gefahr eines Umtausches in Gold in sich. Die Ansammlung von Dollars und Pfund Sterling durch andere Länder stellt für die Reservezentren eine gewisse Versuchung dar, interne korrektive Maßnahmen hinauszuschieben, wenn ihre Zahlungsbilanz defizitär ist.

2. Der Dollar sollte seine gegenwärtige Rolle als Hauptreservewährung behalten. Die Dollarbestände in den Reserven der Zentralbanken sollten etwa in ihrem heutigen Gesamtbetrag aufrechterhalten werden. Ein Umtausch in Gold würde das gegenwärtige Währungssystem in große Schwierigkeiten stürzen, ein abrupter Umtausch würde sogar eine Krise bedeuten. Falls es notwendig werden sollte, zusätzliche Liquidität in irgendeiner Form zu schaffen, sollten die Reserveeinheiten den Dollar nicht ersetzen, sondern ergänzen.

3. Zwischen den maßgeblichen Ländern könnte eine Vereinbarung getroffen werden dahingehend, daß bei der Reservehaltung ein gewisses Verhältnis zwischen Gold und Devisen — im wesentlichen Dollars — aufrechterhalten wird, beispielsweise zwei Drittel Gold und ein Drittel Devisen oder drei Viertel Gold und ein Viertel Devisen, ein Verhältnis, das innerhalb einer vernünftigen Zeit anzustreben wäre. Die Defizitländer, welche Reserven verlieren, hätten dann Gold und Devisen in dem vereinbarten Verhältnis ab-

zugeben, und die Überschußländer hätten Gold und Devisen in dem vereinbarten Verhältnis entgegenzunehmen. Auf diese Weise würde die Disziplin des Goldstandards teilweise wiederhergestellt. Falls Reserveeinheiten geschaffen werden sollten, könnten diese dem Devisenteil zugeschlagen werden. Das Verhältnis zwischen Gold einerseits und Devisen bzw. Reserveeinheiten andererseits, könnte von Zeit zu Zeit — je nach der Liquiditätslage der Welt — neu vereinbart werden.

4. Unser Währungssystem steht noch immer auf der Goldgrundlage. Die etwa neuzuschaffenden Reserveeinheiten sollten daher so eng wie möglich mit dem Gold verbunden werden. Wenn etwa die Schaffung zusätzlicher Liquidität durch Depositen in heimischer Währung bei einer zentralen Stelle erfolgen sollte, müßten diese Depositen goldgesichert werden.

5. Die erhöhte Liquidität sollte nicht nur den Ländern zugute kommen, die für die Schaffung in Frage kommen, sie sollte auch anderen Ländern über den IWF oder sonstwie zur Verfügung stehen. Dabei müßte vermieden werden, daß die Maschinerie zur Schaffung zusätzlicher Liquidität dazu mißbraucht wird, Kaufkraft für die Entwicklungsländer an Stelle des fehlenden Kapitals zu schaffen, denn dies wäre pure Inflation. Was die Entwicklungsländer benötigen, ist nicht Geld, das aus dem Nichts geschaffen wird, sondern Kapital, das aus Ersparnissen gewonnen wird.

Dies sind einige Bausteine, die ich zur Reform des internationalen Währungssystems beitragen wollte. Sie stellen meine persönliche Meinung und keine deutschen Vorschläge dar. Auf welche endgültige Reform man sich einigen kann, ist einstweilen noch eine offene Frage. Wie sehr die Ansichten noch auseinandergehen, wissen wir aus den Diskussionen, die in den letzten zwei Jahren in der „Gruppe der Zehn“ stattgefunden haben. Bisher ist es nicht möglich gewesen, die Meinungsverschiedenheiten unter den maßgeblichen Ländern zu überbrücken. Es ist daher wichtig, daß die Verhandlungen über eine Reform des internationalen Währungssystems zunächst in der „Gruppe der Zehn“ weitergeführt werden mit dem Ziel, eine Annäherung der Standpunkte zu erreichen, bevor in einem größeren Kreis Verhandlungen stattfinden. Die Einberufung einer internationalen Währungskonferenz auf breiter Basis im gegenwärtigen Zeitpunkte würde vermutlich ein Fehlschlag werden, und das wäre schlimmer als gar keine Konferenz.

Zum Schluß noch folgendes: Kein technisch noch so ingeniös konzipiertes Währungssystem kann befriedigend funktionieren, wenn keine monetäre Disziplin in den maßgebenden Ländern herrscht. Entscheidend ist der Geist und der Wille, der die maßgebenden Länder beseelt, und nicht die Währungstechnik. Wenn es nicht gelingt, die Zahlungsbilanzen in eine bessere Ordnung zu bringen, wenn es nicht gelingt, das englische Problem auf internationaler Basis zu lösen und wenn es nicht gelingt, den Anpassungsprozeß in den maßgeblichen Ländern zu verbessern, sind alle Anstrengungen, die internationale Währungsordnung zu verbessern, von geringem Wert.

Die Soziale Marktwirtschaft in der Bundesrepublik

Von Elmar Michel

Der Begriff „Soziale Marktwirtschaft“ ist in die volkswirtschaftliche Terminologie nach dem Ende des Zweiten Weltkriegs eingeführt worden. In der Wissenschaft sind die Begriffsmerkmale von Alfred Müller-Armack[1] erstmals näher umschrieben und in der wirtschaftspolitischen Praxis beim Wiederaufbau der Wirtschaft in der Bundesrepublik von Ludwig Erhard im wesentlichen gestaltet und gehandhabt worden. Soziale Marktwirtschaft ist zur Bezeichnung für das Wirtschaftsgeschehen der letzten 15 Jahre in der Bundesrepublik geworden. Ob die Regeln, nach denen sich dieses Wirtschaftsgeschehen entwickelt hat und die in vielem zwar dem Neoliberalismus der Freiburger Schule entsprechen, in mancherlei Hinsicht aber in der Konzeption über die Prinzipien der neoliberalen Wirtschaftsauffassung hinausgehen und neue und auch andersartige Forderungen beinhalten, schon ein abgeschlossenes Programm im Sinne einer Wirtschaftsordnung bedeuten, oder ob es sich nur um eine mehr oder weniger kurzfristige Entwicklungsphase handelt, die erst noch in eine ausgebautere und umfassendere Ordnung einmündet, kann heute noch nicht gesagt werden. Deshalb mag auch die Frage, ob es sich bei der Sozialen Marktwirtschaft überhaupt um eine konkrete Wirtschaftsordnung und ein bestimmtes Wirtschaftssystem handelt oder ob es nicht richtiger ist, nur von Leitbildern, einer Leitidee oder einer Konzeption und allenfalls einem Programm zu sprechen[2], in dieser Abhandlung dahingestellt bleiben. Jedenfalls werden die Regeln und Prinzipien, nach denen der Wirtschaftsablauf in der Bundesrepublik in den vergangenen 15 Jahren bis zur Gegenwart vor sich ging, allgemein unter der Bezeichnung „Soziale Marktwirtschaft“ zusammengefaßt. Welches ist der wesentliche Inhalt dieser Regeln und Grundsätze, unter deren Geltung die

---

[1] Müller-Armack: Wirtschaftslenkung und Marktwirtschaft, Hamburg 1948 (2. Auflage); Soziale Marktwirtschaft im Handwörterbuch der Sozialwissenschaften, Band 9, 1963; Untersuchungen für Wirtschaftspolitik an der Universität Köln, Heft 12, 1960; Wirtschaftspolitische Chronik (Universität Köln), Heft 3, 1962.

[2] So Seraphin: Kritische Bemerkungen zur Begriffs- und Wesensbestimmung der Sozialen Marktwirtschaft, in: „Wirtschaftsfragen der freien Welt“, herausgegeben von Beckerath, Fritz W. Meyer und Müller-Armack, Knapp-Verlag 1957.

westdeutsche Wirtschaft aus dem völligen Zusammenbruch nach Ende des zweiten Weltkriegs in verhältnismäßig kurzer Zeit so erfolgreich wieder aufgebaut und entwickelt werden konnte? Worin liegen ihre Hauptmerkmale?

Ehe die Antworten auf diese Fragen gegeben werden, sei noch ein kurzer geschichtlicher Rückblick gestattet: Bei Kriegsende hatte im Gebiet des ehemaligen Deutschen Reichs jeglicher Wirtschaftsablauf praktisch aufgehört. Was auf wirtschaftlichem Gebiet geschah, war die Versorgung der Bevölkerung mit den wichtigsten lebensnotwendigen Bedarfsgütern teils im Wege des Tauschhandels von Haus zu Haus, teils durch irgendwelche und zufällige Improvisationen, teils im Rahmen einer kommunalen, höchstenfalls bezirklichen Güterbeschaffung. Erst mit Beginn der „Zwei-Zonen"-Regierung kam wieder ein allerdings zunächst noch streng staatlich gelenkter Wirtschaftsablauf im größeren Raum der Vereinigten Wirtschaftsgebiete in Gang. Das dauerte im wesentlichen bis zur Währungsreform, also bis zum Juni 1948. Nachdem schon lange vor Ausbruch des Krieges das wirtschaftliche Geschehen im ehemaligen Deutschen Reich einer immer stärker werdenden staatlichen Lenkung unterlegen hatte, einer Lenkung, die von den Anfängen der Devisenbewirtschaftung, die als Folge der Weltwirtschaftskrise der Jahre 1929/1932 schon vor Beginn des Dritten Reichs notwendig geworden war, über eine immer weiter und weiter gezogene Rohstoffbewirtschaftung schließlich bereits auch zu den ersten Anfängen einer Verbrauchsregelung geführt hatte, und da während des Krieges eine totale, alle Güter erfassende Zwangswirtschaft das wirtschaftliche Leben in Deutschland bestimmt hatte, waren bei Beginn der wirtschaftspolitischen Führungsaufgaben in der im Herbst 1949 entstandenen Bundesrepublik praktisch keinerlei Ansatzpunkte an frühere wirtschaftspolitische Gestaltungs- und Organisationselemente gegeben. Es mußte aus dem Nichts ganz neu begonnen werden. Der mutige Entschluß Ludwig Erhards zur Aufhebung der Verbrauchsregelungen, zur Beseitigung jeglichen Karten- und Bezugscheinwesens, war der erste Auftakt, mit dem die Wirtschaftspolitik in der neu entstandenen Bundesrepublik begonnen und damit bereits gleichzeitig auch der weiteren wirtschaftspolitischen Zielsetzung den Weg vorgezeichnet hat, den Weg, der über möglichst viel und möglichst freien Wettbewerb zur Sozialen Marktwirtschaft führte.

I. Freier Wettbewerb und Soziale Marktwirtschaft

Freier Wettbewerb ist in der Sozialen Marktwirtschaft wichtigstes und tragendes Element. Die These Franz Böhms[3] von der Wettbewerbs-

[3] Franz Böhm: Die Ordnung der Wirtschaft als gesetzliche Aufgabe und rechtsschöpferische Leistung, Stuttgart 1937.

ordnung als staatlicher Aufgabe zur Sicherung eines freien Wettbewerbs gilt auch in der Sozialen Marktwirtschaft. Im Zeichen des freien Wettbewerbs hat sich der Wiederaufbau der westdeutschen Wirtschaft vollzogen. Auch die großzügige finanzielle Hilfe, mit der vor allem die USA über den Marshallplan zum Wiederaufbau der Wirtschaft wirksam beigetragen hat, hätte im Rahmen einer staatlichen Planwirtschaft, in der weitgehend staatlichen Lenkungsmaßnahmen an Stelle des Wettbewerbs das Wirtschaftsgeschehen bestimmen, schwerlich in so kurzer Zeit diesen Wiederaufbauerfolg erreichen können, wie er unter der Herrschaft und mit den Regeln des freien Wettbewerbs in der Bundesrepublik schon nach wenigen Jahren zum Erstaunen der ganzen Welt erzielt wordcn ist[4]. Indem der Unternehmer, einerlei ob in Produktion oder im Handel, ob im handwerklichen Kleinbetrieb, im industriellen Mittel- und Familienbetrieb oder ob im Großbetrieb, das wirtschaftliche, oder besser gesagt, das kaufmännische Risiko mit allen seinen Konsequenzen ausschließlich selbst zu tragen hat, und indem er seine wirtschaftliche Leistung grundsätzlich aus eigener Kraft und Initiative, ohne staatliche Hilfe — wir sehen hier von dem Einsatz der Marshallplangelder oder anderer von Bund oder Ländern durch Kredite aus öffentlichen Mitteln geleisteten Starthilfen oder der von der Wirtschaft selbst aufgebrachten Investitionshilfe der fünfziger Jahre als einmaligen Ausnahmen ab — zu vollbringen hat, soll er im Wettbewerb, also im Kampf um den möglichst großen wirtschaftlichen Erfolg mit den übrigen auf dem Markt ihm begegnenden Unternehmen grundsätzlich unbehindert und frei die von ihm für richtig gehaltene wirtschaftliche Verhaltensweise bestimmen. Die Soziale Marktwirtschaft ist in ihrem Grundelement Wettbewerbswirtschaft. Ohne Wettbewerb kein wirtschaftlicher Fortschritt. Daß dabei der Wettbewerb beim einzelnen Unternehmen von einem materiellen Gewinnstreben getragen und bestimmt wird, ist nicht zu leugnen und normal. Ohne unternehmerischen Gewinn als Entgelt für das vom Unternehmen getragene wirtschaftliche Risiko ist auf die Dauer, wie die Erfahrung zeigt und wie es selbst neuerdings auch bei den totalitär sozialistisch-kommunistisch regierten Staaten unter dem Einfluß des Russen Libermann immer mehr erkannt wird, ebenso wenig ein wirtschaftlicher Erfolg möglich wie ohne Wettbewerb. Gewinn als Lohn für die Leistung und für ein erfolgreich getragenes Risiko ist natürlich, gesund und sittlich gerechtfertigt. Das Streben nach ihm ist

[4] Wilhelm Röpke erinnert in seinem Aufsatz: „Alte und Neue Oeconomie" in der Sammlung: „Wirtschaft ohne Wunder" (Rentsch-Verlag, Zürich 1953) daran, daß gerade auch amerikanische Funktionäre der Marshallplanverwaltung plan- und zwangswirtschaftliche Maßnahmen empfohlen haben, was heute „als eine kaum mehr begreifliche Verwirrung" angesehen werden müsse.

gleichzeitig die motorische Kraft, die den Wirtschaftsablauf bewegt und treibt. Hierin und insoweit stimmen die Grundprinzipien der Sozialen Marktwirtschaft auch mit den Prinzipien des Altwirtschaftsliberalismus von Adam Smith überein, ohne, wie noch zu zeigen ist, die Spielregeln des laissez faire, laissez aller einschränkungs- und vorbehaltlos zu übernehmen.

Liberal ist die Soziale Marktwirtschaft auch darin, daß eine staatliche Planwirtschaft in ihr keinen Raum findet. Zur „économie dirigée" steht sie im klaren begrifflichen Gegensatz. „Planifikation" als staatliches Instrument der Wirtschaftspolitik, das dem privaten Unternehmer in seiner eigenen Planung und in der Absteckung seines Risikos zwingende Direktiven gibt und Bindungen auferlegt, paßt nicht zur Freiheit des Wettbewerbs, die das Grundgesetz für das Wirtschaftsgeschehen in der Sozialen Marktwirtschaft ist. Es läßt sich darüber streiten, ob diese Inkompatibilität auch für eine solche staatliche Planifikation gilt, die sich darauf beschränkt, ein gesamtwirtschaftliches Ergebnis dadurch anzustreben, daß den privatwirtschaftlichen Unternehmungen zwar keine bindende Marschroute vorgeschrieben wird, sie aber in Empfehlungen auf gesamtwirtschaftlich empfehlenswerte Zielpunkte hingelenkt werden. Man kann sicherlich der Erstellung volkswirtschaftlicher Gesamtrechnungen für zurückliegende Zeitspannen auch im Rahmen der Sozialen Marktwirtschaft eine praktisch wichtige Bedeutung im Sinne der Lieferung von wirtschaftlichen Orientierungsdaten nicht absprechen. Daß solche Gesamtrechnungen dann als „Nationalbudgets" auch gleichzeitig für noch bevorstehende und überschaubare Zeitspannen gewisse programmartige Orientierungsmöglichkeiten bieten können, liegt auf der Hand. Es muß nur in der freien Wettbewerbswirtschaft dem privatwirtschaftlichen Unternehmer überlassen bleiben, ob, inwieweit und welchen Gebrauch er von solchen Orientierungsmöglichkeiten bei seiner eigenen wirtschaftlich unternehmerischen Planung machen will. In seiner Entscheidung muß er frei sein. Diese Freiheit gehört zu dem kaufmännischen Risiko, das er als Wettbewerbsteilnehmer in einer freien Wirtschaft zu tragen hat.

II. Schutz und Ordnung des Wettbewerbs in der Sozialen Marktwirtschaft

Da der freie Wettbewerb das Kernstück der Sozialen Marktwirtschaft ist und da diese in der Bundesrepublik Grundlage und System für das wirtschaftliche Geschehen sein soll, hat das Grundgesetz in den Grundrechten der Artikel 2 und 12 einen verfassungsmäßigen Schutz für die freie Entfaltung der Persönlichkeit und für den freien

Wettbewerb gegeben. Freie Berufs- und Arbeitsplatzwahl und das Recht zur gewerblichen Betätigung sind damit vor staatlichen Eingriffen und Beschränkungen auch verfassungsrechtlich geschützt. Diese verfassungsmäßige Garantie bedeutet auch, daß im Gegensatz zum früheren, auch vor 1933 geltenden Recht gesetzliche Bestimmungen, die, wie es zum Teil in der Gewerbeordnung, zum Teil in gewerberechtlichen Spezialgesetzen der Fall war, eine staatliche Bedürfnisprüfung durch die Verwaltungsbehörden als Voraussetzung für die Zulassung zur Ausübung eines bestimmten Gewerbes vorgeschrieben haben, mit dem Grundgesetz nicht vereinbar und deshalb außer Kraft getreten sind. Bundesverfassungsgericht und Bundesverwaltungsgericht haben dies in vielen Entscheidungen übereinstimmend festgestellt. Dieser Schutz der Freiheit des Wettbewerbs soll aber in der Sozialen Marktwirtschaft nicht nur gegenüber staatlichen Eingriffen und Beschränkungen gelten. Er gilt auch innerhalb und gegenüber der Wirtschaft selbst, d. h. auch gegenüber allen privatwirtschaftlichen Maßnahmen, die sich in ihren Folgen als Beschränkung des Wettbewerbs und Einschränkung der wirtschaftlichen Betätigungsmöglichkeit anderer Wettbewerbsteilnehmer auswirken. Wenn, wie gesagt, der freie Wettbewerb ein wesentliches Merkmal der Sozialen Marktwirtschaft ist, so liegt in seinem Schutz vor Beschränkungen, die aus der Wirtschaft selbst kommen, ein ebenso wichtiges Merkmal. Hier unterscheidet sich die Soziale Marktwirtschaft vom uneingeschränkten liberalen Wirtschaftssystem einer individualistischen Marktwirtschaft, in der dem freien Spiel der Kräfte, dem laissez faire, laizzes aller, keinerlei Grenzen gesteckt sind und in der sich das Recht des wirtschaftlich Stärkeren auch auf Kosten des freien Wettbewerbs und der Zugangsmöglichkeiten anderer zum Wettbewerb entwickeln oder, vielleicht richtiger gesagt, ausarten kann. In Übereinstimmung mit der neoliberalen Wirtschaftsauffassung schließen die Grundsätze für den freien Wettbewerb im Rahmen der Sozialen Marktwirtschaft eine seiner Erhaltung dienende gesetzliche Ordnung nicht nur nicht aus, sondern diese Ordnung zu schaffen gilt als eine vorrangige staatliche Aufgabe. Ein das Marktgeschehen sich uneingeschränkt selbst überlassendes Wirtschaftssystem im Sinne des Altliberalismus, das auf eine jegliche Ordnung verzichtet, bringt den Wettbewerb in eine echte Gefahr, die aus der Wirtschaft selbst kommt, indem Zügellosigkeit im wirtschaftlichen Machtstreben die Freiheit des Wettbewerbs für andere Wettbewerbsteilnehmer de facto beseitigt und Monopol- und Oligopolstellungen im Markt an deren Stelle setzt[5]. Die Soziale Marktwirtschaft

[5] Alexander Rüstow bezeichnet in: Soziale Marktwirtschaft als Gegenprogramm, in „Wirtschaft ohne Wunder" (Rentsch-Verlag, Zürich 1953), die Monopolbekämpfung sogar als wichtigstes Kernstück des Programms der Sozialen Marktwirtschaft.

ist mit dem ihr eigenen ordnungspolitischen Zielstreben mehr als die bloße Verwirklichung der Wettbewerbstheorie und Wettbewerbswirtschaft. So erklären sich auch die Vorschriften des Gesetzes gegen Wettbewerbsbeschränkungen (Kartellgesetz) vom 26. 7. 1957, die den Wettbewerb in der Bundesrepublik gegen unzulässige Beschränkungen durch wettbewerbsbeschränkendes und deshalb wettbewerbsschädliches Verhalten einzelner Wettbewerbsteilnehmer schützen soll. Solche wettbewerbsschädlichen Verhaltensweisen reichen von Preisabsprachen, Kartellvereinbarungen, bis zum Mißbrauch wirtschaftlicher Macht. Die hier der staatlichen Verwaltung gestellte Aufgabe, den Wettbewerb und seine Freiheit gegen unzulässige Beschränkungen, die aus der Wirtschaft selbst kommen, zu schützen und „das angestrebte Optimum an Wettbewerb und Minimum an wirtschaftlicher Macht"[6] zu sichern, erfordert bei den damit beauftragten Behörden, in Sonderheit dem Bundeskartellamt, das zur Anwendung und Handhabung des Kartellgesetzes in erster Linie berufen ist, nicht nur umfassende Kenntnisse der wirtschaftlichen Vorgänge und Entwicklungstendenzen, sondern auch viel Einfühlungsvermögen in die unternehmerischen Aufgaben, vor denen der privatwirtschaftliche Unternehmer im Marktgeschehen steht. Es sind weitgehend Ermessensentscheidungen, die zu treffen sind, und die den ordnungspolitischen Gehalt der Sozialen Marktwirtschaft zur Geltung zu bringen haben. Ermessensmißbrauch oder jede falsche Ermessensabwägung kann hier, darüber darf kein Zweifel sein, selbst eine Verletzung der Grundprinzipien der Sozialen Marktwirtschaft bedeuten, indem sie zu einem dieser widersprechenden staatlichen Eingriff wird. Regulierende Ordnungsmaßnahmen im Sinne der Erhaltung der Marktgesetze und diese Marktgesetze selbst verletzende staatliche Eingriffe liegen unter Umständen sehr dicht beieinander. Es bedarf deshalb einer sehr sorgfältigen Prüfung aller im Einzelfall relevanten Elemente eines Marktvorkommnisses, um eine marktwirtschaftlich richtige Entscheidung zu treffen und die Grenze zwischen berechtigter Ordnung und unzulässigem Eingriff zu wahren.

Daß in der Sozialen Marktwirtschaft unter dem so geschützten Wettbewerb nur der echte, d. h. lautere Wettbewerb zu verstehen ist, bedarf kaum einer näheren Begründung. Unlautere Wettbewerbshandlungen bewegen sich in der Sozialen Marktwirtschaft eindeutig außerhalb der ordnenden Regeln, sind unzulässig und werden mit den dafür in Betracht kommenden gesetzlichen Handhaben bekämpft. Die Vorschriften des Gesetzes gegen unlauteren Wettbewerb, des Rabattgesetzes und der Zugabeverordnung, um nur die wichtigsten zu nennen, kommen im Bereich der Sozialen Marktwirtschaft voll zur

---

[6] Franz Böhm: Im Bundestag, 223. Sitzung, Stenogr. S. 13250.

Geltung. Indem durch die Novelle zum Gesetz gegen unlauteren Wettbewerb vom 21. 7. 1965 nun auch die Verbraucherorganisationen ein gerichtliches Klagerecht gegen unlautere Wettbewerbshandlungen erhalten haben, wird die Bedeutung der Lauterkeit einer Wettbewerbshandlung als Wettbewerbselement noch unterstrichen. Wer gegen die Grundgesetze der Lauterkeit des Wettbewerbs verstößt, steht in der Sozialen Marktwirtschaft außerhalb des von ihr geschützten Wettbewerbs und seiner Regeln.

III. Die gesamtwirtschaftliche und gesellschaftspolitische Orientierung der Sozialen Marktwirtschaft

In der ordnungspolitischen Funktion der Sozialen Marktwirtschaft kommt deutlich die Rücksicht auf die Gesamtheit und die gesellschaftliche Ordnung zum Ausdruck, in die die Gesamtwirtschaft und ihre Entwicklung eingebettet ist. Mit dieser Rücksicht auf die gesamte gesellschaftliche Ordnung geht die Soziale Marktwirtschaft auch über den den Wettbewerb und seine Regeln als wichtigstes und ausschließliches Instrument zur Gestaltung der Wirtschaftsordnung betrachtenden Neoliberalismus hinaus. Kurt A. Körber[7] formuliert hierzu zutreffend: „Wir können heute mit Recht von zwei Ordnungsprinzipien unserer Marktwirtschaft sprechen. Das liberale ist durch das soziale Prinzip ergänzt worden. Diese sozialökonomische Symbiose ist ein Ergebnis der geschichtlichen Entwicklung und zugleich die Antwort der westlichen Gesellschaft auf den ideologischen Angriff des Ostens. Diese symbiotische Einheit unseres Wirtschaftssystems ist aber nur dann lebensfähig, wenn beide Merkmale in ihrer Eigengesetzlichkeit gewahrt und dennoch in ihrer Wirkeinheit begriffen werden. Die Marktwirtschaft, die infolge der motorischen Kraft der privaten Initiative der Unternehmer viel schneller und wirksamer ist als jede staatlich betriebene Wirtschaft, trägt unauflöslich eine sozialpolitische Verpflichtung in sich. Das wiederum bedingt, daß wirtschaftliche und gesellschaftliche Zielsetzungen heute in Übereinstimmung gebracht werden müssen.“ In ihrer gesellschaftspolitisch auf die Gesamtheit schlechthin ausgerichteten Orientierung liegt das wesentliche und besondere Merkmal der Sozialen Marktwirtschaft, mit dem sie sich von jeder anderen liberalen Wirtschaftsordnung unterscheidet. Es versteht sich deshalb auch, daß tiefgreifende wirtschaftliche Strukturänderungen und die mit ihnen verbundenen notwendigen wirtschaftlichen Umstellungsprozesse in ihrer Entwicklung in der Sozialen

---

[7] Kurt A. Körber in einem als Broschüre erschienenen Vortrag vor der Universität Hamburg vom 28. 4. 1965. Vgl. ferner hierzu auch die Bücher von Wilhelm Röpke: „Maß und Mitte“, Zürich 1950, und „Jenseits von Angebot und Nachfrage“, Zürich 1958.

Marktwirtschaft nicht schlechthin dem freien Spiel der Kräfte überlassen werden, sondern daß sie vom Staat her mit Umsicht und Vorsicht gesteuert werden, damit sie in ihrem Ablauf möglichst spannungslos gestaltet werden. Die im letzten Jahrzehnt in der Bundesrepublik so fühlbar gewordene Bedrängung des Steinkohlenbergbaus durch das Öl ist ein beredtes Beispiel dafür. Helfende staatliche Steuerungsmaßnahmen werden sich auch beim Einbau der deutschen Wirtschaft, vor allem der Landwirtschaft, in den gemeinsamen Markt nicht vermeiden lassen. Es liegt durchaus noch im Rahmen der Grundsätze der Sozialen Marktwirtschaft, wenn der Staat Anpassungen und Umstellungen, die durch Strukturveränderungen für einzelne Wirtschaftszweige notwendig werden, durch Subventionen und auch steuerliche Interventionen erleichtert oder gar erst ermöglicht. Entscheidend ist nur, daß diese staatlichen Hilfen vorübergehender Art sind und gezielt gewährt werden. Sie stehen mit den Grundsätzen der freien Wettbewerbswirtschaft auch deshalb nicht im Widerspruch, weil die durch sie korrigierten Situationen nicht Ergebnisse eines normalen und echten Leistungswettbewerbs sind. Alle die aus übergeordneten Interessen der Gesamtheit notwendig werdenden staatlichen Steuerungs- und Hilfsmaßnahmen, die in der Praxis der verschiedensten Art sein können, setzen echte strukturelle Veränderungen in den Grundbedingungen des Marktgeschehens voraus. Bei Wettbewerbserschwerungen, die sich aus Leistungserfolgen und dadurch erzieltem Wachstum einzelner Unternehmungen für andere ergeben, sind solche staatlichen Interventionen keinesfalls berechtigt. Für wirtschaftliche Naturschutzgebiete ist in der Sozialen Marktwirtschaft kein Raum. Soweit es sich um echten Leistungswettbewerb handelt, gelten die Spielregeln des Wettbewerbs uneingeschränkt, wenn sie auch für manche Unternehmungen hart, vielleicht sogar tödlich sein mögen. Der wirtschaftlich Schwache muß auch in der Sozialen Marktwirtschaft aus eigener Kraft stark werden, wenn er mit seinen Leistungen im Wettbewerb bestehen will.

Zu den dem Staat in der Sozialen Marktwirtschaft obliegenden Steuerungsaufgaben gehören auch die notwendigen staatlichen Maßnahmen zur Stabilisierung der Konjunktur, zur Stetigkeit der Vollbeschäftigung und zur Erhaltung einer gesunden wirtschaftlichen Expansion. Eine gesunde wirtschaftliche Konjunktur ist für alle Lebensbereiche im Staat und der Gesellschaft von gleichwichtiger und auch vorrangiger Bedeutung. Daß die wirtschaftliche Entwicklung in der Bundesrepublik schon jetzt eine gewisse Stabilisierung der Konjunktur aufzeigt, kann angesichts der seit vielen Jahren anhaltenden Expansion kaum bestritten werden. Gewiß, auch in der Bundesrepublik hat es im Laufe der vergangenen Jahre vorübergehende konjunkturelle Dämpfungsperioden gegeben. Diese haben aber keine krisenhaften Ausmaße angenommen und letztlich die Stabilität der Konjunktur auch nicht ernsthaft zu gefährden vermocht. Das Sozialprodukt ist, wie bei den übrigen Mitgliedstaaten der OEEC, auch in der Bundesrepublik seit 1950, wenngleich mit von Jahr zu Jahr verschiedenen Wachstumsquoten, doch stetig gewachsen und hat von 98 Mrd. im Jahr 1950 die Summe von 412,5 Mrd. im Jahr 1964 erreicht. Ebenso ist der Index der industriellen Produktion der gesamten Industrie der Bundesrepublik von 49 im Jahr 1950 auf 150 im Jahr 1964 gestiegen. Die Umsätze der gesamten Industrie haben sich in diesem Zeitraum mehr als verdreifacht, die Umsätze des Einzelhandels sind von 30,8 Mrd. im Jahr 1950 (ohne Saarland und Berlin) auf 118,3 Mrd. im Jahr 1964 — hier allerdings einschließlich Saarland und Berlin — gestiegen[8]. Von rhythmischen Erscheinungen im Sinne eines echten „Krisenzyklus", wie sie in dem Auf und Ab der wirtschaftlichen Entwicklung früherer Zeiten immer wieder vorgekommen sind und vielfach auch in der Wissenschaft als unvermeidbar betrachtet wurden, kann bisher jedenfalls keine Rede sein. Vielleicht sind 15 Jahre noch keine hinreichend lange Zeitspanne, um ein endgültiges Urteil über die Krisenfestigkeit des nach den Grundsätzen der Sozialen Marktwirtschaft gesteuerten Wirtschaftsablaufes in der Bundesrepublik zu geben. Jedenfalls zeigen die Tendenzen der wirtschaftlichen Entwicklung in der Bundesrepublik bisher keine zyklische Dynamik. Daß trotzdem in der Bundesrepublik die staatliche Wirtschaftspolitik auch im Rahmen der Sozialen Marktwirtschaft noch stärker als bisher der Erhaltung der Stabilität der Konjunktur auch durch institutionelle Garantien dienen sollte und könnte, ist nicht zu bestreiten. Dabei gehört zur Erhaltung der Stabilität der Konjunktur als wichtigstes Erfordernis auch die Erhaltung der Währungsstabilität. Der Rat der „Fünf Weisen", die wissenschaftlichen Beiräte beim Bundeswirtschaftsministerium und beim Bundesfinanzministerium, der Zentralrat der Bundesbank, sind zwar durchaus bedeutsame und wichtige institutionelle Ansätze, aber doch in ihrer Ingerenz auf das Wirtschaftsgeschehen noch zu schwach. Das zeigt auch die verhältnismäßige Hilflosigkeit der Bundesbank gegenüber der immer wieder zu beobachtenden wirtschaftlich falschen Verhaltensweise der öffentlichen Hand in der Ausgabenpolitik besonders drastisch. Hier liegen ohne Zweifel noch ungelöste Aufgaben für Regierung und Gesetzgebung, wobei einer längerfristigen antizyklischen Haushaltsgebarung bei Bund, Ländern und Gemeinden eine praktisch sehr wichtige Rolle

[8] Diese und die nachfolgend genannten Zahlen sind der vom Bundesministerium für Wirtschaft veröffentlichten Zusammenstellung: „1964 Leistung in Zahlen" entnommen.

zukäme. In solchen institutionell garantierten Steuerungsmöglichkeiten der staatlichen Wirtschaftspolitik liegt kein Widerspruch zu den Grundsätzen der freien Wettbewerbswirtschaft. Sie haben auch mit einer staatlichen Planung nichts zu tun, sie verstehen sich vielmehr als Ordnungselemente, die der Sozialen Marktwirtschaft zum Zwecke der Erhaltung der freien Wettbewerbswirtschaft als Teil der gesellschaftlichen Ordnung, in deren Rahmen sich die Gesamtheit der menschlichen Beziehungen und das menschliche Zusammenleben abspielen, eigen sind.

Die Soziale Marktwirtschaft ist keine ausschließliche Wettbewerbswirtschaft im Sinne des Altliberalismus, in ihr sind die gesellschaftsorientierten Ordnungsgewichte auch stärker als bei dem neoliberalen Wirtschaftsliberalismus. Die Koordination zwischen den Lebensbereichen des Marktes, des Staates und der gesellschaftlichen Gruppen soll in ihr Ziel und Aufgabe sein. Mit dem Wort „sozial" sind bei der Sozialen Marktwirtschaft eben die Erfordernisse der gesellschaftspolitischen Ordnung und nicht nur die einzig auf den wirtschaftlichen Wettbewerb und auf die mit ihm zu erzielenden Erfolge eingestellte Ordnung angesprochen. Nachdem der wirtschaftliche Wiederaufbau in der Bundesrepublik einen gewissen Abschluß erfahren hat und der Wirtschaftsablauf nach den Spielregeln einer freien Wettbewerbswirtschaft in normalen Bahnen vor sich geht, ist die Soziale Marktwirtschaft in ihre zweite Phase eingetreten, in der ihre Aufgaben „umfassender in gesellschaftspolitischem Sinne zu sehen sind"[9]. In der Sozialen Marktwirtschaft sollen nicht nur die von dem Unternehmer, einerlei ob in einem mittelständischen Betrieb im Handwerk oder in einem industriellen Großbetrieb, mit dem freien und echten Leistungswettbewerb erhofften und erstrebten Erfolge möglich sein, sondern es sollen als nicht minder wichtig auch für alle unselbständig werktätigen Menschen die möglichen sozialen Sicherungen gewährt und verbürgt werden. Dazu gehört vor allem die Sicherung der Arbeitsplätze, die Gestaltung guter und harmonischer menschlicher Beziehungen im Betrieb einschließlich Unfallschutz und Gesundheitsdienst, die Sicherung der Aufstiegsmöglichkeiten für alle tüchtigen Arbeiter und Angestellten und die Sicherung der Möglichkeiten, aus einer unselbständigen und abhängigen Tätigkeit in eine selbständige und unabhängige Berufsstellung zu kommen. Dazu gehört ferner ein Lohn- und Gehaltsniveau, das auch den Werktätigen den Zugang zu den Gütern gehobenen Bedarfs bis zum Fernsehapparat und Auto und ebenso zu den kulturellen Errungenschaften und Werten der Menschheit ermöglicht. Dazu gehört endlich der Schutz für die große Zahl der durch Krankheit oder Alter aus der beruflichen Tätigkeit ausgeschiedenen Renten-

---

[9] Müller-Armack in Heft 3, 1962, S. 23, der Wirtschaftspolitischen Chronik.

empfänger durch eine fortlaufende Anpassung ihrer Rentenbezüge an die Kosten der Lebenshaltung, indem auch ihnen ein menschenwürdiges Dasein gesichert wird. Mit der Vollbeschäftigung ist in der Bundesrepublik hier zwar vieles, wenn auch nicht schon alles erreicht worden. Das Volkseinkommen hat sich, in jeweiligen Preisen, von 75,2 Mrd. im Jahr 1950 oder von 1 602,— DM je Einwohner auf 315,3 Mrd. oder 5 410,— DM je Einwohner im Jahr 1964 erhöht. Auch die Entwicklung der Löhne und Gehälter zeigt seit Bestehen der Bundesrepublik eine steil aufwärtssteigende Linie. Die Brutto-Lohn- und Gehaltssumme je beschäftigten Arbeitnehmer ist von monatlich 243,— DM im Jahr 1950 auf 708,— DM im Jahr 1964 gestiegen. In der Industrie, einschließlich Bergbau und Baugewerbe und dem Handwerk, betrug der Brutto-Wochenverdienst männlicher Arbeiter im April 1964 183,68 DM gegenüber 63,86 DM im März 1950. Auch im Jahre 1965 hat diese Entwicklung angehalten. Das Nettoarbeitseinkommen zeigt im ersten Halbjahr 1965 eine Zuwachsrate von gut 10,5 % gegenüber 8,6 % in der ersten Hälfte des Jahres 1964. Nach dem August-Bericht (1965) der Bundesbank sind im ersten Halbjahr 1965 noch stärker als die Nettoarbeitseinkommen die sogenannten öffentlichen Einkommensübertragungen gegenüber 1964 gestiegen, wobei vor allem die den Arbeitseinkommen in einem gewissen zeitlichen Abstand folgende und an ihnen orientierte Erhöhung der Sozialrenten ins Gewicht fällt. Durch Gesetz vom 23. 2. 1957 ist die „dynamische Rente" eingeführt worden, d. h. die Anpassung der Renten, die „der Entwicklung der wirtschaftlichen Leistungsfähigkeit und der Produktivität sowie den Veränderungen des Volkseinkommens je Erwerbstätigen" Rechnung zu tragen hat. Die Anpassung erfolgt durch jeweilige Rentenanpassungsgesetze, über die der Bundestag auf Grund des ihm alljährlich vorzulegenden Gutachtens des beim Bundesministerium für Arbeit und Sozialordnung gebildeten Sozialbeirats zu beschließen hat. Dabei haben die Leistungen der sozialen Rentenversicherungen, die den Alters-, Invaliden- und Hinterbliebenen-Versicherungen dienen, nicht nur den größten Anteil am gesamten Sozialaufwand, sondern sind von allen sozialen Leistungen am stärksten gestiegen. Die Rentenausgaben aller Rentenversicherungszweige haben sich von 3,3 Mrd. im Jahre 1950 auf 23 Mrd. im Jahr 1964 erhöht. Die gesamten gesetzlichen Sozialleistungen in der Bundesrepublik sind stärker gestiegen als das Sozialprodukt. Alle sozialen Leistungen und sozialen „Errungenschaften", auch die Lohn- und Gehaltssteigerungen, müssen in ihrer Gesamtheit auch in der Sozialen Marktwirtschaft durch die Ergebnisse und Erfolge der Gesamtwirtschaft ermöglicht und gedeckt sein. Sie müssen gesamtwirtschaftlich erst „verdient" worden sein. Die Entwicklung der Preise und der Kaufkraft in der Bundesrepublik seit ihrem Bestehen bildet zwar den dynamischen Hintergrund für alle die Steigerungen der sozialen Leistungen im weitesten Sinne, sie zeigt aber deutlich einen merklich hinter der Lohn- und Gehaltssteigerung zurückbleibenden Abstand. In diesem Spielraum liegt ein Teil des Wohlstandes, den die Soziale Marktwirtschaft in der Bundesrepublik auch für die breiten Bevölkerungsschichten geschaffen hat. Der Preisindex für die Lebenshaltung eines Vier-Personen-Haushalts mit mittlerem Einkommen des Haushaltsvorstands, der als Arbeitnehmer arbeitet, hat sich von 100 im Jahr 1950 auf 133,8 im Jahr 1964 erhöht. Nach Angaben des Bundesvorstandes des Deutschen Gewerkschaftsbundes haben sich die Lebenshaltungskosten in der Zeit von 1950 bis 1963 um 35 %, das Nettoeinkommen je Kopf der Lohn- und Gehaltsempfänger in der gleichen Zeit um 125 % erhöht[10]. Mit dieser Reallohnsteigerung liegt die Bundesrepublik an der Spitze der wichtigsten Industrieländer. So ist es auch nicht verwunderlich, daß die privaten Spareinlagen bei allen Bankengruppen in den letzten Jahren gleichfalls ein stetes Anwachsen zeigen. Sie erreichten Ende 1964 die beachtliche Summe von 84,963 Mrd. oder je Einwohner 1 450,— DM.

Als noch ungelöste Aufgabe stellt sich der Sozialen Marktwirtschaft in der Bundesrepublik das schwierige, gegenwärtig viel erörterte und in seiner methodischen Lösung im einzelnen umstrittene Problem der Eigentumsbildung und der Schaffung von Vermögen für die breiteren Schichten des Volkes, eine Aufgabe, die auch die beiden christlichen Kirchen — die Evangelische Kirche Deutschlands in der Denkschrift vom 6. 4. 1962 zur „Eigentumsfrage in sozialer Verantwortung" und die Katholische Kirche in der Enzyklika von Papst Johannes XXIII „Mater et Magistra" — als Forderung an die Gegenwart gestellt haben. Hier gilt es, ohne romantische Zielsetzungen den richtigen Weg einzuhalten, der beim eigenen Sparwillen und der eigenen Spartätigkeit beginnt. Unter den bisher in der Bundesrepublik neben der steuerlichen Förderung der Vermögensbildung (Barsparen, Versicherungs- und Bausparen, Wertpapiersparen u. a.) erlassenen verschiedenen Gesetzen zur Förderung der Vermögens- und Eigentumsbildung ist wohl das wichtigste das Gesetz zur Vermögensbildung der Arbeitnehmer aus dem Jahr 1961 (sogenanntes „312 DM"-Gesetz). Aber es handelt sich bei all diesen gesetzlichen Maßnahmen noch um kasuistische Versuche, bei denen es an einer systematisch aufgebauten Methode zur Vermögensbildung fehlt. Die Kommission für dringliche sozialpolitische Fragen, die bei der Deutschen Forschungsgemeinschaft gebildet worden ist, sagt in ihrer Mitteilung zur sozialen Umver-

---

[10] Zitiert von Carl Albrecht: Um die Freiheit der Entscheidung, Verlag Handelsblatt, Düsseldorf 1965, S. 37.

teilung[11]: „Die öffentlichen Aufwendungen für die soziale Sicherheit (Umverteilungsleistungen) in der Bundesrepublik übertreffen alles frühere in der deutschen Sozialgeschichte Geleistete; in ihrer Gesamtheit und gemessen am Bruttosozialprodukt übertreffen sie auch die Leistungen der vergleichbaren ausländischen Systeme sozialer Sicherheit in der Gegenwart, wie die Statistiken des Internationalen Arbeitsamtes ausweisen. Dennoch besteht die Gefahr, daß das eigentliche Ziel aller Sozial- und Gesellschaftspolitik, Wohlfahrt und Würde der Person in einem gesunden Gesellschaftsaufbau zu mehren, immer häufiger verfehlt wird. Die Gründe hierfür liegen darin, daß es an einer Gesamtkonzeption und einheitlichen Planung fehlt und in isolierten politischen Aktionen von Fall zu Fall Lösungen gesucht werden, wie sich bereits durch die Existenz von mindestens sechs mit sozialpolitischen Fragen befaßten Bundesministerien dokumentiert." Daran hat auch das weitere und zweite Gesetz zur Förderung der Vermögensbildung der Arbeitnehmer vom 1. 7. 1965 nichts geändert. Das gilt um so mehr, als bezweifelt werden muß, ob mit der in § 3 Abs. 1 dieses Gesetzes vorgesehenen Tarifierungsmöglichkeit der 312 DM-Sparquote der Weg, der den eigenen Sparwillen zum Ausgangspunkt hat, noch auf die Dauer eingehalten oder ob damit nicht bereits der Anfang zu einem eine weitreichende Problematik beinhaltenden Investivlohn gemacht wurde. Im übrigen ist nicht zu bestreiten, daß der Prozeß der Vermögensbildung breiterer Bevölkerungsschichten schwierig und langfristig und nicht „von heute auf morgen" erreichbar ist[12].

IV. Der Wohlstand und Soziale Marktwirtschaft

In ihrer Höhe und in ihrem inneren Zusammenhang sind alle die vorgenannten Zahlen sicher eindrucksvoll. Sie sind ein eindeutiges Barometer für den materiellen Wohlstand, der sich in der Bundesrepublik schon seit Jahren breitgemacht hat. Dieser Wohlstand hat in seiner Auswirkung auf die seelische Grundhaltung der Bevölkerung naturgemäß auch Gefahren. Das materielle Wohlstandsstreben kann, wenn es in eine Einseitigkeit einmündet, die ethischen Lebensgrundlagen leicht außer acht und vergessen lassen. Die Wohlstandsgesellschaft darf, wenn sie nicht in einen reinen Materialismus und in einen ethisch-moralischen Nihilismus geraten will, bei allem Wohlergehen der Bevölkerung diese nicht von den sittlich-ethischen Lebensgesetzen und den sich aus ihnen ergebenden Forderungen an die

---

[11] Mitteilung 1 der Kommission für dringliche sozialpolitische Fragen, Steiner Verlag, Wiesbaden 1964, S. 8.

[12] Johannes Semler, Präsident der Deutschen Schutzvereinigung für Wertpapiere auf dem Deutschen Wertpapiertag am 21. 10. 1964 in Frankfurt: „Es ist eine einer ganzen Generation gestellte Aufgabe."

Lebenshaltung wegführen. So berechtigt das Unbehagen ist, das eine kritische Betrachtung gewisser Zeiterscheinungen im gesellschaftlichen und auch im geschäftlichen Leben der Bundesrepublik heute auslösen kann, so falsch und unbegründet ist es aber andererseits, wenn nun über alles, was in der Bundesrepublik jetzt geschieht, einerlei, ob das im politischen, im wirtschaftlichen, im gesellschaftlichen oder im individuell persönlichen Bereich liegt, schlechthin negative und spöttische Urteile[13] gesprochen werden. Abgesehen davon, daß ähnliche negativ zu bewertende Zeiterscheinungen auch bei anderen Völkern zu beobachten, und daß sie wohl in der Kulturgeschichte der Menschheit mehr oder weniger zu allen Zeiten vorgekommen sind, werden bei einer solch negativen Kritik teils bewußt, teils aus Oberflächlichkeit auch die sehr ernst gemeinten Bestrebungen weiter Kreise in der Bundesrepublik, die ethisch-moralischen Grundlagen unseres Daseins weiter zu festigen und weiter zu entwickeln, ebenso übersehen, wie auch die wissenschaftlichen und sehr ansehnlichen kulturellen Leistungen, die heute auch in der Bundesrepublik vollbracht werden. Es wird neuerdings oft von einem Bildungsnotstand in der Bundesrepublik gesprochen. Gewiß, es fehlt in der Bundesrepublik hier noch vieles. Es fehlt besonders an Schulen, an Lehrpersonal und auch an Geld für die Forschung. Allein die Zahl der Studierenden an den Hochschulen hat sich seit 1950 fast verdreifacht. Aber die Kritik, die hier vielfach laut wird und die übrigens gerade auch als Beweis für das kulturell geistige Streben innerhalb der Wohlstandsgesellschaft im Volke, vor allem der Jugend, gewertet werden darf, übersieht in ihrer Heftigkeit vielfach, daß die Ursachen nicht so sehr in mangelnder Einsicht und in mangelndem Willen der politischen und staatlichen Instanzen gegeben sind, sondern daß die Folgen des Krieges und seiner Zerstörungen auch auf dem kulturellen Gebiet nur schrittweise überwunden werden können und daß erst durch den wirtschaftlichen Wiederaufbau die hierfür notwendigen finanziellen Mittel geschaffen und freigemacht werden müssen. Es kann nicht geleugnet werden, daß in der Bundesrepublik für Bildung, Unterrichtung, Forschung und kulturelle Unterhaltung nicht nur von Staats wegen, sondern auch von privater Seite, von Unternehmungen und Stiftungen, vieles geschehen ist und laufend geschieht. Neue Universitäten und Hochschulen sind im Entstehen begriffen. Nicht nur die Zahl der Studierenden ist in dauernder Zunahme, auch das Bildungsinteresse der breiteren Volksschichten und der Berufstätigen ist ständig größer geworden. An 1 113 Volkshoch-

[13] Satire und Humor sind auch in der Kritik an den Zuständen der Bundesrepublik berechtigt und sollen in der zeitgenössischen Chronik durchaus ihren Platz haben. Aber mir scheint, daß in manchen Darstellungen der auch für den Satiriker durch Pflicht zur Objektivität gezogene Rahmen heute bereits verlassen wird.

schulen nahmen im Jahr 1964 über 70 400 Erwachsene an Arbeitsgemeinschaften, Kursen und Lehrgängen teil, während 1956 noch 47 700 Teilnehmer registriert worden waren. Für Bildung und Weiterbildung wird heute wesentlich mehr ausgegeben als in früheren Zeiten. Die Soziale Marktwirtschaft würde auch in ihrem Wert und Nutzen einbüßen, wenn die immateriellen, ethischen Werte im Bereich von Wissenschaft und Kultur unter ihrer Herrschaft vernachlässigt blieben und wenn die sittliche Lebensgrundhaltung der Bevölkerung verkümmerte. Dem ist aber nicht so, trotz gewisser nicht zu leugnender Ausartungen des Zeitgeistes.

So reicht die Soziale Marktwirtschaft mit ihren Zielen weit über die Wirtschaft und die Ordnung des wirtschaftlichen Geschehens und des Wettbewerbs hinaus, sie will mit ihnen die gesamten menschlichen Lebensbedingungen, die gesellschaftliche Struktur und die staatliche Ordnung erfassen. Das gesellschaftliche Leitbild der Sozialen Marktwirtschaft ist die klassenlose Gesellschaft und, wie Müller-Armack sagt, auf das Ganze der Gesellschaft gerichtet: „Ihr Ziel ist, das Dreieck der Spannung zwischen Wachstum, persönlicher Freiheit und Initiative sowie das soziale Gleichgewicht, das den ganzen Komplex sozialer Sicherung von der Vollbeschäftigung bis zur individuellen Hilfe umfaßt, zu finden[14]."

Diesem Leitbild, das der Sozialen Marktwirtschaft bisher Inhalt und Richtung gegeben und ihre eindrucksvollen Leistungen geprägt hat, ist von Ludwig Erhard in jüngster Zeit, wohl auch um dem materiellen Wohlstandsstreben, das mit dem „Wohlstand für Alle" als Ergebnis der Sozialen Marktwirtschaft vielfach zu einseitig und zu vordergründig geworden ist, Grenzen zu setzen, ein neues gesellschaftspolitisches Ziel gesteckt worden. Er nennt es die „Formierte Gesellschaft". Wegen ihrer Ungenauigkeit und Unklarheit hat diese Bezeichnung mancherlei Kritik und Zweifel ausgelöst. Andere meinen, „Geformte" oder „Gestaltete" Gesellschaft wären klarere, richtigere und deshalb verständlichere Kennzeichnungen[15]. Jedenfalls sollen in einer so geformten Gesellschaft über die klassenlose Gesellschaft, die praktisch heute schon erreicht ist, hinaus die letzten Reste einer pluralistischen Gesellschaft durch die Bildung eines „gesamtgesellschaftlichen" Bewußtseins bei jedem einzelnen überwunden werden. Dazu gehöre auch, so sagt Erhard[16], daß sich eine zielbewußte Sozialpolitik in Zukunft vom einzelnen weg auf das Ganze der Gesellschaft richte und gesellschaftliche

---

[14] Heft 3, 1962, S. 16, der Wirtschaftspolitischen Chronik.

[15] So Antonius John im Handelsblatt vom 1./2. 10. 1965, S. 13. Vgl. auch den Aufsatz von Wilhelm Schulte: „Formierte Gesellschaft und Ombudsman" im Industriekurier Nr. 168, S. 11, vom 28. 10. 1965.

[16] Vgl. Bulletin des Presse- und Informationsamtes der Bundesregierung vom 21. Juli und 28. Juli 1965, Nr. 124 und 129.

Strukturpolitik sein müsse. Die Gemeinschaft übernehme in der „Formierten Gesellschaft“ die soziale Bürgschaft für den einzelnen. Alle Sozialpolitik und Sozialreform habe dabei aber stets die Leistungsfähigkeit der Gesamtwirtschaft zu berücksichtigen, da nur sie die soziale Sicherung garantieren könne. In einer solchen Ordnung sei für ein maximales Wachstum und für eine optimale Verteilung des Sozialproduktes Sorge getragen[17].

Die der Sozialen Marktwirtschaft schon bisher eigene gesamtgesellschaftliche Orientierung wird damit ein zwar noch stärkeres, aber schließlich doch nicht neues Begriffselement. Sicher würde in dieser „Formierten Gesellschaft“ die Soziale Marktwirtschaft ihre höchste und wichtigste Aufgabe erfüllt und eine volle Synthese der wirtschaftlichen, gesellschaftlichen, sozialen und auch politischen Ordnung hergestellt haben. Ein erstrebenswertes, aber sehr hoch gestecktes Ziel. Zu seiner Erreichung bedarf es eines langen geistigen Prozesses, der das gesellschaftliche Bewußtsein und die Denkweise aller erfassen und gestalten und bei allen die dafür nötige Reife schaffen muß. Die Zukunft wird lehren, ob und wann dieses Ziel erreicht werden kann.

[17] Erhard vor der Vollversammlung des Deutschen Industrie- und Handelstags in Hamburg am 6. 5. 1965, Schriftenreihe des DIHT Heft 95, S. 31.

Gedanken über einen Bundeswirtschaftsrat unter besonderer Würdigung der Vorarbeiten Hans Schäffers zum Vorläufigen Reichswirtschaftsrat

Von Joachim Tiburtius

I

Die Leistung Hans Schäffers im Reichswirtschaftsministerium während der Jahre 1919 ff. fand einen besonders charakteristischen Ausdruck in seinen Vorarbeiten für einen Reichswirtschaftsrat. Dieses Organ wurde durch die Verordnung vom 4. Mai 1920 unter der Kennzeichnung „vorläufig" geschaffen. Hans Schäffer hat diese Verordnung in einem ausführlichen Kommentar[1] erläutert und weit über diesen Zweck hinaus die Errichtung eines endgültigen Reichswirtschaftsrates gedanklich und politisch vorbereitet. Wir würdigen Hans Schäffer wohl am besten, wenn wir die Bedeutung seiner Gedanken aus jener Zeit den Erfordernissen der Gegenwart gegenüberstellen und versuchen, daraus zu lernen.

Hans Schäffer ging es im Jahre 1919 darum, eine Einrichtung zu schaffen, die das politische Parlament durch unmittelbar persönliche Verantwortung tragende Sachkenner der Wirtschaft ergänzen und von Einzelstreitigkeiten entlasten sollte, um es für die unvertretbare Aufgabe der Entscheidungen über die Grundfragen der Politik frei zu machen. Hans Schäffer wollte also eine Stelle der Beurteilung wirtschaftlicher Verhältnisse durch den Gesetzgeber begründen, nicht aber einen Mitträger der Gesetzgebung selber. Mit dieser Aufgabe der Beurteilung war für ihn verbunden die ständige Nähe eines Reichswirtschaftsrates zu den Bewegungen und Kämpfen innerhalb der Wirtschaft und die Berufung, auf die streitenden Interessenten aufklärend und ausgleichend einzuwirken.

II

Um diesen Ausgangspunkt Hans Schäffers von 1919 würdigen zu können, muß man daran denken, daß damals die Vorstellung von

[1] Kommentar der Verordnung vom 4. Mai 1920, erschienen im J. Schweitzer-Verlag, München, Berlin und Leipzig.

einem Reichswirtschaftsrat als oberste Krönung der Durchführung des „Rätegedankens“ erörtert wurde. Im Kampf um diesen Gedanken standen einander die beiden polar entgegengesetzten Flügel der äußersten Linken und der äußersten Rechten gegenüber. Während der extreme linke Flügel auf Grund seiner unmittelbaren Fühlung zu den Arbeitern und Angestellten in den „Räten“ die Beteiligung der Arbeitnehmerschaft in neuen Einrichtungen der Betriebe und die Zurückdrängung der traditionsbelasteten Gewerkschaften als politische Morgenröte herbeisehnte, sah die äußerste Rechte in den aus den Betrieben wachsenden „Räten“ den Gedanken einer nach Ständen gegliederten Vertretung des Volkes verkörpert, den sie der aus allgemeinen Wahlen hervorgehenden parteipolitisch gegliederten Volksvertretung vorzog.

In der Reichsregierung, wie sie durch die Nationalversammlung vom Februar 1919 auf Grund allgemeiner, gleicher und geheimer Wahlen gebildet worden war, bekämpften sich mit unterschiedlicher Heftigkeit die von radikalen Vorstellungen von einer politischen Willensbildung durch Vertreter der Betriebsbelegschaften geleiteten „Unabhängigen“ Sozialisten mit Vertretern der Mehrheits-Sozialdemokratie, denen eine aus allgemeinen Wahlen hervorgehende Volksvertretung alten Stils am nächsten stand.

III

In der Reichsregierung erlangte schließlich die parlamentarische Demokratie auf Grund allgemeiner Wahlen die Oberhand. Eine Erklärung vom 5. März 1919 brachte zum Ausdruck, daß Arbeiter-Räte (unter Einbeziehung der Angestellten) für die einzelnen Betriebe als gleichberechtigte Vertreter der Arbeitnehmer zur Zusammenarbeit mit den Unternehmern einzusetzen seien. Für alle Industrie- und Gewerbezweige sollten „fachliche Arbeitsgemeinschaften als Organe der Kontrolle und Regelung der Produktion und Warenverteilung“[2] gebildet werden, in denen wieder die beiden Sozialpartner unter ausdrücklicher Erwähnung ihrer Organisationen gleichberechtigt mitzuwirken hatten. Den Weg in die Politik wies diese Erklärung durch die Bemerkung, daß für territoriale Bezirke „Bezirksarbeitsräte“ (Arbeitskammern), für das ganze Reich ein Zentralarbeitsrat gebildet werden sollten. In diesen Räten sollten „alle selbst Arbeitleistenden, auch die Arbeitgeber, freien Berufe usw. vertreten sein“. Diesen Räten wurde die Mitwirkung bei Sozialisierungsmaßnahmen, bei der Kontrolle sozialisierter Betriebe und Gewerbezweige und die *Begutachtung* aller

[2] Schäffer, Hans, Der Vorläufige Reichswirtschaftsrat, München, Berlin, Leipzig 1920, S. 13.

wirtschafts- und sozialpolitischen Gesetze zugesagt; sie sollten das Recht haben, solche Gesetze zu beantragen. Die Reichsregierung selbst wollte den Zentralarbeitsrat „vor der Einbringung wirtschaftlicher und sozialer Gesetze hören“[3]. Diese Erstreckung und zugleich Beschränkung der Räte auf die Mitwirkung bei Sozialisierungsmaßnahmen und auf eine Begutachtung wirtschafts- und sozialpolitischer Gesetze einschließlich des Rechts, solche Gesetze zu beantragen, bedeutete damals eine deutliche Grenzziehung gegenüber den weiterreichenden Plänen kommunistischer und Unabhängig-sozialistischer Gruppen, aus den Räten Organe der Gesetzgebung zu machen. Auch der Artikel 165 der Reichsverfassung vom August 1919 ließ den Räten die Funktion der Begutachtung. Die Reichsregierung betonte den Fortschritt in der Gleichberechtigung der in den Räten vertretenen Arbeiter und Angestellten gegenüber den Unternehmern[4] und erkannte die „beiderseitigen Organisationen und ihre Vereinbarungen“ ausdrücklich an. Aus den Bezirksarbeiterräten (mit ihren Vertretern aus den Betriebsarbeiterräten, und dem Reichsarbeiterrat mit den „Vertretungen ... der Unternehmer und sonst beteiligter Volkskreise“ wurden auf Grund des Artikels 165 Bezirkswirtschaftsräte und ein Reichswirtschaftsrat entwickelt. Dabei wurde Wert darauf gelegt, neben den Arbeitern und Angestellten und den Unternehmern alle wichtigen Berufsgruppen entsprechend ihrer wirtschaftlichen und sozialen Bedeutung in diesen Räten vertreten sein zu lassen. Aus der Gedankenkonstruktion der Räte in ihrer paritätischen Gliederung sollte eine politische Wirklichkeit in wirksamer Weise dadurch herbeigeführt werden, daß der Reichswirtschaftsrat das Recht erhielt, Gesetzesvorlagen sozial- und wirtschaftspolitischer Art nicht nur beantragen zu dürfen, sondern auch bei Ablehnung seiner Anträge durch die Reichsregierung trotzdem die Einbringung der Vorlage beim Reichstag zu erzwingen. Die Reichsregierung hatte das Recht, ihren abweichenden Standpunkt dem Reichstag darzulegen. Über die Aufgaben der Gesetzesvorbereitung hinaus wurden den „Arbeiter- und Wirtschaftsräten“ auf den ihnen überwiesenen Gebieten „Kontroll- und Verwaltungsbefugnisse“ in Aussicht gestellt.

---

[3] Schäffer, a. a. O., S. 165.

[4] Von einer Gleichberechtigung der Gewerkschaften als der Vertretungen von Arbeitern und Angestellten hatte übrigens schon der Preußische Kriegsminister in Richtlinien vom Juni 1915 gesprochen. In diesen Richtlinien, für die der Verfasser dieses Aufsatzes mit verantwortlich zeichnete, wurde den stellvertretenden Generalkommandos mitgeteilt, daß die Arbeiter neben den Unternehmern gleichberechtigte „Schöpfer der Arbeit“ seien und daß sie in der Erfüllung ihrer Aufgaben und den daraus erwachsenden Ansprüchen und Pflichten in den Gewerkschaften ihre berechtigte Vertretung hätten.

IV

Die Gegensätze, die im Jahre 1919 von der Reichsregierung mit Anerkennung und Verwirklichung von Räten auf den Ebenen der Betriebe, der Bezirke und des Reiches geschlichtet werden sollten, werden deutlicher als im Artikel 165 der Reichsverfassung in der Begründung des Artikels 34a der Reichsverfassung[5]. Der Artikel selber ist eine kurze Zusammenfassung des Inhalts von Artikel 165. In der Begründung aber wird die Rätebewegung als geschichtlich notwendige Ergänzung der Gewerkschaften und der von diesen und den Unternehmern im November 1918 begründeten Arbeitsgemeinschaften gewürdigt. Den Räten wird Aufgabe und Eignung zuerkannt, dem Arbeiter „über die Arbeitsstelle hinaus" in das wirtschaftliche Ganze Einblicke zu verschaffen, seine Sachkunde und Erfahrung im Hinblick auf die gesamtwirtschaftliche Entwicklung nutzbringend einzusetzen. Die Gesetzgebung habe die Aufgabe, diese „neuen Lebenstriebe" zu erkennen und „eine die gesamte Arbeiterschaft aufwühlende geistige Bewegung"[6] anzuerkennen. „Die wertvolle und notwendige Arbeit der Gewerkschaften" solle „durch die Arbeiterräte nicht ersetzt werden". Ihr Ziel könne nur sein, diese Arbeit zu ergänzen. Diese Notwendigkeit wird in der Begründung zu Artikel 34a[7] recht geschickt damit verknüpft, daß der „soziale Einfluß der Gewerkschaften ... in keiner Weise öffentlich-rechtlich gesichert ist". Die Gewerkschaften hätten bisher „nur privaten Charakter, nicht aber behördliche Autorität". Der Gedanke, eine neue Autorität durch die soziale Gesetzgebung des Jahres 1919 in Ausnutzung der damals gewonnenen neuen Freiheiten herzustellen, wird damit begründet, daß die Gewerkschaften nicht alle Angehörigen ihres Berufes verträten und untereinander in „mannigfachen Konkurrenzschwierigkeiten" lebten. Auch sei ihr Aufbau „zentralistisch an die Berufe und weniger an die Betriebe gebunden". Die Arbeiterräte sollten dagegen organisierte und unorganisierte Arbeiter und Angestellte zusammenfassen, „allen Gewerkschaftseinrichtungen ein gemeinschaftliches Aktionsfeld ... eröffnen und ihnen ein öffentlich-rechtliches Vertretungsorgan zur Verfügung ... stellen"[8].

An diese allgemeine Charakterisierung der verschiedenen Vertretungsorgane schließen sich in der Begründung zum Regierungsentwurf von Artikel 34a der Reichsverfassung Ausführungen über die besonderen Aufgaben der Betriebsarbeiterräte in der Kontrolle der Durchführung bestehender Tarifverträge an. Nach wie vor müßten solche überbetrieblichen Aufgaben durch „die Arbeitervertretung der Berufe"

---

[5] Schäffer, a. a. O., S. 13 f. und S. 167 ff.
[6] Schäffer, a. a. O., Anlage III, S. 168.
[7] Schäffer, a. a. O., S. 169
[8] Schäffer, a. a. O., S. 169.

geregelt und kontrolliert, notfalls — bei Fehlen solcher überbetrieblichen Verträge — durch Betriebsvereinbarungen ergänzt werden. Die Notwendigkeit der selbständigen Leitung des Betriebes durch seinen Inhaber solle auch weiterhin als unentbehrliche Voraussetzung produktiver Wirtschaft erhalten bleiben.

Die „Wirtschaftsräte" sollten den Betriebsordnungen übergeordnet im Dienste der „Produktionspolitik" stehen. Die „gesamtwirtschaftlichen Aufgaben, deren Lösung den Wirtschaftsräten obliegen soll, gehen über die gemeinwirtschaftlichen, d. h. die der bereits sozialisierten Wirtschaft hinaus"; sie gelten auch in der privatkapitalistischen Wirtschaft. Zu der damals strittigen und nur schleppend betriebenen Sozialisierungspolitik heißt es in der Begründung[9], daß „eine organisierte Produktionsförderung in die elementare Voraussetzung für jede Sozialisierung" sei. Diese selber könne aber nur durch die Gesetzgebung und nicht durch isolierte Aktionen der Arbeiterschaft in Betrieben oder Betriebszweigen geregelt werden. Wohl aber könnten die Wirtschaftsräte auf Grund ihrer „gesamtwirtschaftlichen Tätigkeit" die gesetzliche Sozialisierung fördern.

Diese Würdigung der Betriebsräte und der aus ihnen abzuleitenden Vertretungen der Arbeiter und Angestellten in Bezirkswirtschaftsräten und Arbeitskammern widersprach damals scharf den Grundgedanken der Gewerkschaften. Diese sahen sich in einem schweren Kampf um ihr Ansehen, das durch ihr bedingungsloses Eintreten für die Kriegspolitik der Reichsregierung von 1914—1918 in weiten Teilen der Arbeitnehmerschaft schwer gefährdet war. Der Staatssekretär des Reichsarbeitsamtes, Gustav Bauer, hat im Beisein des Verfassers dieses Beitrages noch im Februar 1919 Vertretern von Betriebsräten gesagt, er „kenne keine Arbeiterräte". Mit diesem Standpunkt sollte scharf unterschieden werden zwischen der Funktion der Betriebsräte, die Interessen von Arbeitern und Angestellten innerhalb der Betriebe in Zusammenarbeit mit den Unternehmern zur Geltung zu bringen, und einer überbetrieblichen Wahrnehmung dieser Interessen durch Organe, die nicht aus den Gewerkschaften, sondern unmittelbar aus den Belegschaften zu bilden wären. Eine solche Organisationsform lehnten die Gewerkschaften ab. Auch die gemeinsame Arbeit mit den Unternehmern in Bezirkswirtschaftsräten oder Arbeitskammern und vollends in einem Reichswirtschaftsrat stellten sich die alten Gewerkschaftler und ihre politischen Freunde in der Reichsregierung von 1919 durchaus als Aufgaben der Gewerkschaften und nicht der Vertreter der Arbeitnehmer auf Grund allgemeiner Wahlen in den Betrieben vor. Wie in der Begründung des Artikels 34a aufgezeigt wird, hat sich

---

[9] Schäffer, a. a. O., S. 172.

auch in der tatsächlichen Entwicklung nach 1919 der Gewerkschaftsstandpunkt gegenüber der Räteidee Geltung verschafft.

Kennzeichnend für das Bemühen der Reichsregierung vom April 1919 um einen Kompromiß zwischen den Standpunkten parlamentarischer und „direkter“ Belegschaftsdemokratie ist die Stellungnahme zur Mitwirkung der Räte in der Gesetzgebung. In dem Entwurf zu Artikel 34a wird dem Reichswirtschaftsrat ausdrücklich das Recht zuerkannt, von der Reichsregierung *vor* der Beschlußfassung über wirtschafts- und sozialpolitische Gesetzentwürfe gehört zu werden und gesetzgeberische Initiative durch das Einbringen eigener Entwürfe, auch gegenüber abweichenden Standpunkten der Regierung, zu entfalten. Dieses Recht dürfe keineswegs nur ein Scheinrecht sein. Demgegenüber betont derselbe Entwurf aber auf das deutlichste die Souveränität des „politischen Parlaments in der Annahme oder Ablehnung von Gesetzesvorschlägen, die der Reichswirtschaftsrat ihm macht“[10]. Das Parlament soll diese Entwürfe unverkürzt kennenlernen, aber allein über sie entscheiden. Es war also keine Rede davon, daß der Reichswirtschaftsrat eine „ständische Kammer“, ob Erste oder Zweite Kammer sei dahingestellt, werden solle. Dagegen sollten den Wirtschaftsräten Aufgaben der *Verwaltung*[11], insbesondere der „sozialpolitischen Verwaltung“, übertragen werden können, die damit der allgemeinen Verwaltung entzogen würden. Dabei sollte es sich um Ausführungsvorschriften für sozialpolitische Gesetze und die Gestattung von Ausnahmen in Einzelfällen auf Grund solcher Gesetze handeln. Auf diese Weise würden auch die Arbeiterschichten unmittelbar an der Verwaltung beteiligt. In der Begründung der gesetzgeberischen Absichten der Regierung wurde die „Nutzbarmachung sozialer Kräfte“ zur Vermittlung von „Sachkunde und Entschlossenheit“ für die Gesetzgebung wie für die Verwaltung erwartet; der Staat werde nicht ausgeschaltet, seine „organisatorische Funktion wird nur eine andere“. Er stellt „auf der Grundlage der gesicherten Einzelbeziehungen soziale Rechts- und Verfassungsformen zur Verfügung, in denen sich dann das Leben selbsttätig und unmittelbar in Sachkunde und frischer Initiative auswirken kann ... Eine solche Selbstorganisation innerhalb der allgemeinen staatlichen Gesetze dient dem Staate ... Sie dient der Wirtschaft ... (und) befriedigt schließlich den Trieb nach Selbstbetätigung und Selbstverantwortlichkeit, der wie auf allen Lebensgebieten, so besonders auch auf dem Gebiete der wirtschaftlichen Lebensgestaltung in unserer Zeit mächtiger denn je geworden ist“[12].

Es muß leider gesagt werden, daß die Wirklichkeit in der Durchführung der Rätegesetzgebung wesentlich von diesen hohen Ziel-

---

[10] Schäffer, a. a. O., S. 175.
[11] Schäffer, a. a. O., S. 175.
[12] Schäffer, a. a. O., Anlage IV, S. 176 f.

setzungen abwich. Praktische Bedeutung gewonnen hat nur die Zusammenführung von Unternehmern mit Betriebsräten als betriebliche Vertretungen der Arbeiter und Angestellten. Hierdurch ist die Arbeitsordnung aus der Form einseitigen Erlasses durch den Unternehmer in die Form von Verträgen zwischen Betriebsräten und Unternehmern umgebildet worden. Innerhalb der Betriebe haben die Betriebsräte Vertrauensmänner zur Erstellung von Arbeitsbedingungen im Rahmen der Tarifverträge eingesetzt. Dadurch konnte den Arbeitern Einfluß auf Urlaubszeiten, Pausenregelung und nicht zum wenigsten auf die Festsetzung von Akkordbedingungen eingeräumt werden, wodurch das Mißtrauen gegen die ,unsoziale' Natur der Akkordlöhne wesentlich überwunden und wertvolle Ansätze produktionsfördernder Lohnpolitik geschaffen werden konnten. In den wilden Zeiten politischer Radikalisierung der Arbeiterschaft haben aber die Betriebsräte vielfach das Feuer da geschürt, wo sie es hätten löschen können. Das heißt, sie gaben häufig Anlaß dazu, daß Beamte des Staates Kämpfe schlichten mußten, die oft gegen den Willen der Gewerkschaften — etwa bei Einstellung unwillkommener Vorgesetzter oder bei Unzufriedenheit über die von den Gewerkschaften mit den Unternehmerverbänden vereinbarten Tarifverträge — entstanden waren.

Für das Verständnis der Funktionen, die in den Jahren 1919/20 einem Reichswirtschaftsrat zugedacht waren, ist es wesentlich, das Verhältnis dieses Organs zu den Trägern der Gesetzgebung klarzustellen. Die Reichsregierung hatte sich, wie bereits erwähnt, zum Standpunkt durchgerungen, den Reichswirtschaftsrat als Organ einer Begutachtung, und zwar im wesentlichen für sie selber und vermittelt durch sie für die Träger der Gesetzgebung, Reichsrat und Reichstag, einzusetzen. Nicht dagegen sollte nach ihren Vorstellungen der Reichswirtschaftsrat eine „Kammer der Arbeit" werden. Diese Aufgaben dachte in erster Linie Georg Bernhard[13] dem Reichswirtschaftsrat zu. Er wollte aus dem Sachverständnis und den Interessen von Unternehmern, Arbeitern und Angestellten mit Einbeziehung von neutralen Sachkennern der Wirtschaft ein neben Reichstag und Reichsrat gleichberechtigtes Organ der Gesetzgebung entstehen lassen. Als Unterbau dieser „Kammer der Arbeit" sollten die von der Reichsregierung für Gutachtertätigkeit und Ausgleich widerstreitender Interessen vorgesehenen Bezirks-Arbeitskammern dienen. Die unterste Stufe der Mitarbeit von Vertretern des Wirtschaftslebens waren auch in seinen Vorstellungen Betriebsräte in Zusammenarbeit mit den einzelnen Unternehmern. Bei Georg Bernhard war der Aufbau vom Betrieb bis zur gesetzgebenden Körperschaft verbunden mit der Gliederung der

[13] Bernhard, Georg, Wirtschaftsparlamente. Von den Revolutionsräten zum Reichswirtschaftsrat, Wien 1923.

Berufsvertretungen nach den verschiedenen Aufgaben sozialpolitischer und produktionswirtschaftlicher Natur. Den Betriebsräten dachte er überwiegend die Mitwirkung an Arbeitsbedingungen und Arbeitsordnungen zu. Die Behandlung von Produktionsfragen wollte er aus einseitiger Regelung im betrieblichen Rahmen herausheben und besonderen Organen übertragen, auf der Ebene der Wirtschaftszweige Arbeitsgemeinschaften für fachliche Fragen und Bezirkswirtschaftsräten für regionale Fragen. Ein Zusammenhang zwischen den Arbeitnehmern in den einzelnen Betrieben und der Ordnung von Produktions- und Absatzwirtschaft sollte auch nach Georg Bernhards Vorstellungen durch die Betriebsräte hergestellt werden. Diese könnten auf Grund ihres Einblickes in das Produktionsgeschehen ihrer Betriebe Vertrauensleute sowohl aus ihren Reihen wie aus denen der Gewerkschaften in die Bezirkswirtschaftsräte und in die Arbeitnehmervertretungen in den Wirtschaftszweigen delegieren.

In ähnlicher Weise dachten Cohen und Kaliski über den Aufbau der Arbeitnehmervertretungen für die Ordnung sozialpolitischer und produktionswirtschaftlicher Fragen. Ihr Wunsch nach Einsetzung eines Reichswirtschaftsrates als gesetzgebende Kammer der Arbeit war folgerichtig als Ausgleich dafür gedacht, daß sie die Forderung nach Verdrängung des Parlaments durch einen Zentralarbeitsrat zu Fall gebracht hatten. Parlament und Reichsrat sollten weiterhin bestehenbleiben, ergänzt jedoch durch eine Vertretung von Arbeitnehmern und Unternehmern in der Kammer der Arbeit.

Die besondere Form der Arbeitnehmervertretung in produktions- und absatzwirtschaftlichen Fragen neben der sozialpolitischen Arbeit der Betriebsräte und der regional wirtschaftspolitischen Arbeit der Bezirkswirtschaftsräte stand im Jahre 1919 im Einklang mit den Wissel — von Moellendorffschen Plänen.

V

Der besondere Beitrag von Hans Schäffer[14] zu diesen Auseinandersetzungen lag darin, den Arbeitnehmern Anteil an der Regelung der Arbeitsbedingungen im eigenen Betrieb und darüber hinaus Unterrichtung über Stellung und Funktion „ihrer Betriebe" im zugehörigen Wirtschaftszweig und in der Gesamtwirtschaft zuteil werden zu lassen. Einwirkungen auf die Gestaltung der Produktions- und Absatzbedingungen könnten dann als Ergebnis dieser Unterrichtung von den Arbeitnehmern des einzelnen Betriebes in erster Linie durch Gewerkschaften und daneben neu zu schaffende fachliche und regionale Arbeitnehmervertretungen in paritätischen Organen, sei es für ein-

[14] Schäffer, a. a. O., insbesondere Einleitung, S. 26 f.

zelne Wirtschaftszweige, sei es für Bezirke, erfolgen. Die Autoren, die sich mit den Folgen der Arbeitsteilung beschäftigt haben, wie insbesondere Heinrich Herkner, Lujo Brentano und Otto v. Zwiedineck-Südenhorst, haben jeden ernsthaften Ansatz begrüßt, die Isolierung der Arbeitnehmer in ihrer Bedingtheit durch die Arbeitsteilung zu kompensieren durch Unterrichtung über die weiterreichenden Bestimmungsgründe und Ziele der Einzelarbeit. Sie wollten fachlich-sachliche Information über den einzelnen Ausschnitt hinaus, wie ihn der Berufsplatz umfaßt. Hans Schäffer sah eine folgerichtige Verwertung derartiger Unterrichtungen darin, daß sie dem Arbeitnehmer auch Einfluß auf die Bedingungen ermöglichen sollten, unter denen er tätig war. Dieser Einfluß sollte je nach Natur der einzelnen Aufgabe im Betriebsrat oder an Stellen des Mittel- und Oberbaues bis hin zum Reichswirtschaftsrat geltend gemacht werden. Immer aber wahrte Schäffer den Grundsatz der Parität als Ausdruck der Gleichberechtigung von Unternehmern und Arbeitnehmern und zog die Grenzen zwischen allen wirtschaftlichen Betriebs-, Berufs- und Gesamtwirtschaftsvertretungen einerseits, den gesetzgebenden Gewalten (damals Reichsrat und Reichstag) andererseits, die sich von den Wirtschaftsvertretungen beraten, nicht aber ersetzen lassen sollten.

VI

Hans Schäffer hat zur Frage eines Reichswirtschaftsrates nicht nur als Verfasser oder als Kommentator der Verordnung über den vorläufigen Reichswirtschaftsrat vom 4. Mai 1920 Stellung genommen; er hat darüber hinaus als Beamter des Reichswirtschaftsministeriums auch den Aufbau dieser „vorläufigen" Körperschaft entscheidend mit beeinflußt und später den Gesetzentwurf über einen endgültigen Reichswirtschaftsrat als Leiter der zuständigen Abteilung seines Ministeriums aufgebaut. Dieser Entwurf wurde aus dem Artikel 165 in dem hier geschilderten Sinn hergeleitet. Er beschränkte die Funktionen des Reichswirtschaftsrates auf Beratung der Reichsregierung, des Reichsrates und des Reichstages, gab aber dem Reichswirtschaftsrat die Vollmacht, „sozialpolitische und wirtschaftspolitische Gesetzentwürfe von grundlegender Bedeutung von der Reichsregierung vor ihrer Einbringung zur Begutachtung vorgelegt" zu erhalten. Der Verfassungsausschuß des vorläufigen Reichswirtschaftsrates und die Reichsregierung billigten dem endgültigen Reichswirtschaftsrat das Initiativrecht des Artikels 165 zu. Der Unterausschuß gab dabei der Meinung Ausdruck, daß der Reichswirtschaftsrat über den Entwurf der Reichsregierung hinaus das Recht erhalten solle, von ihm eingebrachte Vorlagen vor dem Reichstag in ausgiebiger Weise zu vertreten; seine Beauftragten sollten im Reichsrat und Reichstag zu Gehör kommen können. Diese begutachtende und initiativische Tätigkeit wollte der Referentenentwurf der Reichsregierung nur auf Gesetzentwürfe von grundlegender Bedeutung ausdehnen; der Unterausschuß des Reichswirtschaftsrates aber verlangte, daß alle wirtschafts- und sozialpolitischen sowie alle wichtigen finanzpolitischen Gesetzentwürfe in dieses Recht einbezogen würden.

VII

Erheblicher Streit wurde über die Mitgliederzahl des endgültigen Reichswirtschaftsrates und über die Beteiligung der einzelnen Gruppen an diesem Gremium zwischen Reichsregierung, Reichswirtschaftsrat, politischen Parteien, Ländervertretungen und den Wirtschaftsverbänden geführt. Die ursprünglich vom Referentenentwurf vorgesehene Mitgliederzahl von 126 ist durch den Unterausschuß schon bald auf 144 erhöht worden, wofür maßgebend war, daß Reichsregierung und Reichsrat das rechte Gleichgewicht zwischen allgemeinen und regionalen Wirtschaftsinteressen durch Vergrößerung der ursprünglich vorgesehenen Zahl von Vertretern herstellen zu müssen glaubten.

In dem Bemühen um Gliederung erwies sich das von der Reichsregierung angestrebte Prinzip der Parität in seiner Vielfältigkeit und Begrenztheit[15]. Der Begriff Parität entstammt der Sozialpolitik und bedeutet die Vertretung von Arbeitgeber- und Arbeitnehmerinteressen durch jeweils gleiche Zahlen von Mitgliedern. Im Aufbau des Reichswirtschaftsrates waren neben diesem als selbstverständlich zugrunde gelegten Erfordernis aber auch Paritätswünsche einzelner Berufsgruppen zu beachten. Die deutsche Landwirtschaft verlangte damals ein Drittel aller Sitze des Reichswirtschaftsrates, was weder im Referentenentwurf noch in den Beschlüssen des Verfassungsausschusses des Reichswirtschaftsrates erfüllt worden ist. Sie erhielt nach den Vorschlägen des Verfassungsausschusses einschließlich der Forstwirtschaft und der Fischerei etwa 22 % der Sitze. Über diese Zeit hinaus war die Forderung des Handwerks bedeutsam, neben der Industrie in der Reihe der gewerblichen Produzenten selbständig vertreten zu sein. Reichsregierung und Verfassungsausschuß waren der Meinung, diese Forderung mit einer Zubilligung von 4,8 % der Sitze angemessen zu erfüllen.

Als Arbeitnehmervertretungen waren nach dem Standpunkt der Reichsregierung nur solche Verbände vertretungsberechtigt, die das Streikrecht in ihren Satzungen anerkannten.

Für den Aufbau des Reichswirtschaftsrates in seiner Gesamtheit war vorherrschend das Prinzip der Gliederung nach Abteilungen,

---

15 Hierzu besonders anschaulich Ludwig Heyde, Reform des Reichswirtschaftsrates, Jahrbuch für Sozialpolitik, 1930, S. 29 ff.

d. h. die Gegenüberstellung von Arbeitnehmer- und Arbeitgebervertretungen in gleicher Zahl und die Ergänzung durch die Abteilung III der „sonst beteiligten Volkskreise" einschließlich der von der Reichsregierung zu ernennenden Vertreter der freien Berufe, der Wirtschafts- und Sozialwissenschaft und des Wirtschaftsrechts. Diese Gliederung nach sozialen Gruppen war analog der Wirtschaftsverfassung, die in erster Linie durch den Gegensatz zwischen Arbeitgebern und Arbeitnehmern gekennzeichnet war. Nach dem Entwurf für den Aufbau des endgültigen Reichswirtschaftsrates ergab sich aus der paritätischen Gegenüberstellung dieser beiden Abteilungen mit je 53 Vertretern ein absolutes Übergewicht. In der Abteilung III sollte durch die Repräsentation der Vertreter der Verbraucher, der Gemeinden, der Wissenschaft und anderer Personen öffentlichen und allgemeinen Vertrauens ein Ausgleich hergestellt werden. Hinter diesem Bemühen um *soziales* Gleichgewicht trat die Berücksichtigung der unmittelbaren Zusammenhänge des Wirtschaftslebens zurück. Zwar schrieb der Entwurf vor, daß eine *natürliche* Gliederung durch die Einsetzung von Gruppen gewahrt werden sollte; diese Gruppen waren aber nur für die Auswahl der Unternehmervertreter bestimmend. In 6 Gruppen hatten sie die Industrie, den Handel, das Kredit-, Verkehrs- und Versicherungsgewerbe sowie die Land- und Forstwirtschaft zu repräsentieren. Die zur Benennung berechtigten Organisationen der Arbeitnehmer waren nur gehalten, auch Angestellte sowie Arbeiter aus Land- und Forstwirtschaft auszuwählen. In der Praxis des vorläufigen Reichswirtschaftsrates haben die Gruppen, also die Vertretungen von Produktion, Handel, Kredit, Verkehr, Versicherung und Verbrauch eine weit geringere Bedeutung erlangt als die beiden Abteilungen der Sozialpartner. Die „Gruppen" verloren besonders in dem Augenblick an Bedeutung, als der vorläufige Reichswirtschaftsrat nicht mehr als Vollversammlung, sondern nur noch in den Ausschüssen zusammentrat. Die Wahrung der Standpunkte einzelner Gruppen wurde aber im Gesetz wie auch in der Geschäftsordnung des Reichswirtschaftsrates dadurch gesichert, daß Gruppen oder auch Teile von Gruppen, die bei einer Abstimmung in der Minderheit geblieben waren, das Recht hatten, ihre Stellungnahme als Minderheitsvotum der Reichsregierung zu übermitteln.

Erhebliche Diskussionen entspannen sich um die Frage, ob die Mitglieder des Reichswirtschaftsrates Vertreter des Gesamtvolkes, der Gesamtwirtschaft oder nur der Gruppen seien, die sie benannt hätten. Im Ausschuß des Reichswirtschaftsrates kam nach langer Prüfung eine Übereinstimmung darüber zustande, daß die Mitglieder des Reichswirtschaftsrates Vertreter der wirtschaftlichen Interessen des ganzen Volkes und mithin nur ihrem Gewissen verantwortlich und an Aufträge und Weisungen nicht gebunden seien. Sie durften wegen ihrer Abstimmung oder ihrer Mitwirkung an den vorangegangenen Verhandlungen weder gerichtlich noch dienstlich verfolgt oder in anderer Form außerhalb des Reichswirtschaftsrates zur Verantwortung gezogen werden. Die benennenden Körperschaften wie auch die von ihnen ernannten Mitglieder, der Reichsrat und die Reichsregierung hatten ein Abberufungsrecht. Die Durchführung dieses Rechts sollte aber durch eine unparteiische Instanz des Reichswirtschaftsrates nachgeprüft werden.

Keine Klärung fand im Entwurf für den endgültigen Reichswirtschaftsrat die schon von seinem Vorläufer nicht gelöste Frage nach dem Aufbau der Gesamtvertretung aus einem Mittelbau paritätischer Bezirks- und Fachwirtschaftsräte oder -kammern. In dieser Frage stießen zu starke Gegensätze zwischen Arbeitgebern und Arbeitnehmern einerseits und zwischen politischen Parteien und Ländervertretungen andererseits aufeinander, als daß der Gesetzgeber die Möglichkeit gefunden hätte, diesen Mittelbau vor Schaffung des endgültigen Reichswirtschaftsrates einzurichten.

Dieser Streit hat freilich mit dazu beigetragen, daß der endgültige Reichswirtschaftsrat im Weimarer Staat nicht mehr zustande gekommen ist. Die Gründe, die diesem Vorhaben entgegenstanden, bestehen zum Teil heute noch; sie sollen daher in den abschließenden Gedanken dieses Beitrages dargestellt werden.

VIII

Als abgeschlossen kann für die Gegenwart das Problem gelten, ob ein Bundeswirtschaftsrat den Charakter einer berufsständischen Vertretung als Organ der Gesetzgebung neben Bundesrat und Bundestag haben solle, oder nur dazu da sei, die Träger der Gesetzgebung, in erster Linie die Bundesregierung, zu unterstützen. In der öffentlichen Erörterung wird die begutachtende und beratende Tätigkeit eines Bundeswirtschaftsrates, soweit dieser überhaupt für nützlich gehalten wird, fast einstimmig betont. Gedanken über den Aufbau des Staates auf ständischen Grundlagen, also Einfügung einer Kammer der Arbeit in die Organe der Gesetzgebung, werden nicht mehr geäußert. Dieses Urteil stützt sich auf Diskussionsbeiträge der auf den Grundsätzen parlamentarischer Demokratie gegründeten Parteien und auf Stimmen aus der Wissenschaft. Hier wäre besonders auf den Diskussionsentwurf des ehemaligen Ministerpräsidenten von Nordrhein-Westfalen, Karl Arnold[16], aus dem Jahre 1953 zu verweisen. Ferdinand Fried[17] hat einen Bundeswirtschaftsrat für sachliche, beratende und aufklärende

[16] Recht der Arbeit, H. 2 von 1954, S. 63 f.
[17] Die Welt, Nr. 212 vom 13. 9. 1954.

Funktionen als eine „Art wirtschaftlicher Clearingstelle“ empfohlen, die freilich „die Autorität des Parlaments als eigentlicher Gesetzgeber und Souverän nicht anzutasten“ habe.

IX

In der Prüfung der Frage, welchen Nutzen ein Bundeswirtschaftsrat für die augenblicklichen wirtschaftspolitischen Aufgaben der Bundesregierung haben könne, sollen zunächst einmal die Bedenken dargestellt werden, die der Wiedereinrichtung eines Wirtschaftsrates in der Literatur entgegengestellt werden. Eine genaue Darstellung und kritische Wertung dieser Bedenken bringt die Schrift „Bundeswirtschaftsrat und Conseil économique“ mit dem Untertitel „Die französischen Erfahrungen als Hinweis auf die Zweckmäßigkeit deutscher Pläne zur Errichtung eines zentralen Wirtschaftsrates“ von Rolf Geberth (Mainzer Diss.) von 1960.

In dieser kritischen Betrachtung scheint mir der Standpunkt richtig zu sein, daß es nicht mehr nötig sei, der Arbeitnehmerschaft in einem Wirtschaftsrat eine unmittelbare Vertretung in der Gesetzgebung und Verwaltung zu schaffen. Bundestag, Länderparlamente und kommunale Vertretungen seien ausreichend mit Arbeitnehmervertretern besetzt. Außerdem sei die Stellung und der Einfluß der Gewerkschaften in der öffentlichen Diskussion und bei der Gesetzesinitiative in dieser Hinsicht so nachhaltig, daß es hierzu keiner neuen Einrichtungen bedarf. Auch hierin möchte ich Geberth zustimmen, wenn er meint, es sei unwirksam, durch Zusammenführung von Gewerkschaften und Unternehmerverbänden in einem umfassenderen Wirtschaftsrat eine Annäherung der beiderseitigen Standpunkte zu erwarten. Der Bundeswirtschaftsrat erscheint nicht geeignet, den Rahmen für menschliche Annäherung als Voraussetzung sachlicher Gespräche zu bilden, nachdem der Weg der Verhandlungen zwischen den Vertretungen beider Sozialpartner in einer Fülle von fachlichen, regionalen und zentralen Verhandlungsgemeinschaften immer wieder begangen wird.

Nicht überzeugend finde ich die Ansicht, daß die großen Verbände der Arbeitnehmer und Arbeitgeber aus der Not und den Versuchen ihrer Überwindung genügend Erfahrungen und Einsichten gewonnen hätten, um ihre Wünsche und Standpunkte schon von sich aus den Erfordernissen der Gesamtwirtschaft und der Gesellschaft anzupassen, unhaltbare Einseitigkeiten zu vermeiden oder rechtzeitig abzustellen. An dieser Stelle des sozialen Gefüges ist eine Einrichtung vonnöten, die die Vertreter gegensätzlicher Anschauungen dazu führt, ihre Haltung und Stellungnahmen auch kritischen Vertretern des Gesamtbedürfnisses der Volkswirtschaft und der Gesellschaft glaubhaft zu machen. Ein Wirtschaftsrat sollte kein Forum sein, dessen Teilnehmer zusammenkommen, um sich gegenseitig zu überzeugen oder im Nichteinigungsfalle zu überwinden, sondern ein Rat, in dem Interessenvertreter dem Staate für seine Gesetzgebung wie für seine Verwaltung Maßstäbe liefern. Diese Leistung kann nur gelingen, wenn der Staat mit seinen Vertretern an den Auseinandersetzungen der Interessenvertreter nicht nur als Zuhörer und Empfänger der aus diesen Kämpfen entstehenden Ergebnisse teilnimmt, sondern wenn eine unabhängige Bestimmung der Aufgaben und Leitung der Aussprachen ihn in die Lage versetzen, Klarheiten zu gewinnen. Die Diskussion der Wirtschaftssachverständigen in Deutschland spielt sich zur Zeit meist so ab, daß die Vertreter widerstreitender Interessen ihre Standpunkte in Abwesenheit des anderen Teils darlegen, worauf dieser andere Teil bald danach mit demselben Verfahren einer zwar rednerisch wirkungsvollen, aber nicht auf die Gegenanschauungen kongruent eingehenden Stellungnahme antwortet. Sehr selten sind Auseinandersetzungen zwischen beiden Teilen, die nicht nur in Anwesenheit des Interessengegners, sondern vor der Öffentlichkeit stattfinden, so daß auch diese in der Lage ist, sich ein Urteil zu bilden und Stellung zu nehmen. Verhandlungen zwischen den Sozialpartnern und dem Staate finden (wenn überhaupt gemeinsam mit dem Staat verhandelt wird) in engen Zirkeln statt, über die hinaus selten deutliche Bilder vom jeweils erreichten Stand des Meinungsaustausches an die Öffentlichkeit gelangen.

Geberth macht gegen die Erneuerung dieser Form wirtschaftspolitischer Diskussion geltend, daß ein solcher Wirtschaftsrat keinesfalls dazu führen könne, Kenntnisse und Urteile von Behörden oder Parlamenten über wirtschaftspolitische Aufgaben und Leistungsmethoden zu erweitern. Solche Kenntnisse verschaffe sich diese Institution unmittelbar durch Befragung von Unternehmerverbänden und Gewerkschaften. Auch die Gelehrten kämen in solchen Einzelgesprächen ausgiebig zur Geltung. Alle diese Gedanken Geberths und anderer Autoren[18] gehen davon aus, daß sich die politischen Stellen lieber in Einzeldiskussionen mit den jeweils von einer gesetzgeberischen Absicht *betroffenen* Gruppen der Wirtschaft und Vertretern der Wissenschaft informieren. Der Wissenschaftliche Beirat beim Bundeswirtschaftsministerium hat über Einzelfragen hinaus zentrale Bedeutung[19]. Er ist aber einseitig nur aus Lehrstuhlinhabern zusammengesetzt; auf die

[18] Tuchtfeld, Egon, Wirtschaftspolitik und Verbände, Hamburger Jahrbuch für Wirtschafts- und Gesellschaftspolitik, Tübingen 1956, S. 81 ff. Kaiser, Joseph H., Die Repräsentation organisierter Interessen, Berlin 1956, S. 351 ff. und S. 362. Mathiot, André, Les „Pressure Groups" aux Etats Unis, in: Revue française de Science politique, Juli—Sept. 1952, S. 473.

[19] Vgl. hierzu die Ausführungen von Albert Wissler, Die Gutachten des Wissenschaftlichen Beirats beim Bundeswirtschaftsministerium, in: Konjunkturpolitik, Zeitschrift für angewandte Konjunkturforschung, Berlin 1956, S. 56 ff.

Zusammenführung dieser Forscher mit den zentralen Vertretungen von Unternehmern und Arbeitnehmern und der Arbeitsgemeinschaft der wirtschaftswissenschaftlichen Forschungsinstitute wird verzichtet.

Eine Verbindung von Männern der Forschung und Vertretern wirtschaftlichen Sachverstandes und Interesses zeigen zwei Einrichtungen in den Vereinigten Staaten[20]. Ein Council of Economic Advisers besteht aus drei Persönlichkeiten, von denen das Beschäftigungsgesetz von 1946[21] verlangt, daß sie „auf Grund ihrer Ausbildung, Erfahrung und Eigenschaften hervorragend qualifiziert (sind), die wirtschaftliche Entwicklung zu interpretieren, die wirtschaftspolitischen Programme und Maßnahmen der Regierung in dem Lichte der Politik eines hohen und stabilen Beschäftigungsniveaus zu überprüfen und eine nationale Wirtschaftspolitik zu empfehlen, die geeignet ist, in einer freien Marktwirtschaft Beschäftigung, Produktion und Kaufkraft zu fördern". Das Gesetz schreibt jedoch für die Mitglieder nicht einmal akademische Ausbildung geschweige denn eine Tätigkeit als Forscher und Hochschullehrer vor. Dieser Council ist dem Exekutiv-Büro des Präsidenten zugeordnet, hat ihn zu unterstützen und zu beraten, insbesondere in der Vorbereitung des jährlichen Wirtschaftsberichtes, hat dazu Programme und Maßnahmen der Regierung zu prüfen und darf selber hierfür Vorschläge machen. Für Vorschläge und Pläne des Council und darauf erfolgende wirtschaftspolitische Maßnahmen trägt der Präsident der Vereinigten Staaten die alleinige Verantwortung. Der Council hat keine Aufgaben im Bereich der Legislative. In diesem Bereich sieht der „Employment Act 1946" die Bildung eines Joint Economic Committee vor. Er besteht aus je sieben Vertretern des Senats und des Repräsentantenhauses des Kongresses, innerhalb deren die beiden Parteien nach dem Wahlverhältnis vertreten sind. Dieses Committee ist ein Partner und Gegenspieler der Advisers. Es hat „alle im Zusammenhang mit dem Wirtschaftsbericht des Präsidenten stehenden Fragen laufend zu überprüfen, die Möglichkeiten einer Koordinierung der Wirtschaftsprogramme zu untersuchen und beiden Häusern des Kongresses Bericht über seine Feststellungen und Empfehlungen bezüglich des Wirtschaftsberichtes des Präsidenten einzureichen ...". Eine wichtige Einrichtung dieses Joint Economic Committee sind die sogenannten „hearings", in denen Persönlichkeiten der Wirtschaft durch Mitglieder des Committee, die selber profunde wirtschaftliche Kenntnisse besitzen,

---

[20] Köhler-Rieckenberg, Ingeborg, Die institutionelle Verankerung von Instrumenten der Konjunkturpolitik ... in den Vereinigten Staaten, Beihefte der Konjunkturpolitik, Heft 3, S. 194 ff.

[21] Sachs, Rudolf, Aktive Arbeitsmarktpolitik in den USA und das Gesetz zur Entwicklung der Arbeitskräfte von 1962, in: Festschrift Hans Schäffer, hier S. 269.

verantwortlich vernommen werden. Beiden Einrichtungen — dem Council of Economic Advisers und dem Joint Economic Committee — fehlt aber die hier für einen künftigen Bundeswirtschaftsrat empfohlene konstitutionelle Durchdringung von Forschung und Wirtschaft. Im praktischen Verlauf freilich haben sowohl im Council als auch im Committee Professoren wie auch Vertreter der großen Wirtschaftszweige mitgearbeitet. Die Verteilung der Aufgaben erfolgte nach dem jeweiligen Bedürfnis ohne grundsätzliche Zuordnung zu bestimmten Gruppen. Zahlreiche Wirtschaftsverbände, wie etwa eine Vereinigung amerikanischer Arbeitgeber (Committee on Economic Development), unabhängige, gemeinnützige Organisationen und die Gewerkschaften arbeiten bereitwillig in den „hearings“ und Zusammenkünften der Advisers mit Wissenschaftlern und sachkundigen Mitgliedern von Committee und Council zusammen.

X

Für den Aufbau des Bundeswirtschaftsrates sollten folgende Regeln gelten: Seine vier Hauptsäulen seien Landwirtschaft, Industrie, Handwerk und Handel. Dazu kämen Kreditwesen, Verkehr, Versicherung und die in der Wirtschaft tätigen freien Berufe. Die Stärke der einzelnen Vertretungen, um die in den Verhandlungen über das Gesetz für den endgültigen Reichswirtschaftsrat von 1926 ff. unendliche Schwierigkeiten entstanden, könnte dadurch in Grenzen gehalten werden, daß aus jedem Bereich nur einige Persönlichkeiten weiten Wissens und starker Urteilsfähigkeit ausgewählt werden. Ein Spezialwissen auf einzelnem Gebiete sollte nicht Maßstab der Auswahl für die ständigen Mitglieder sein; hierzu wären Sachverständige außerhalb der Mitgliedschaft heranzuziehen.

Innerhalb dieser großen Gruppen der Wirtschaft wären gleich starke Vertretungen von Unternehmern und Arbeitnehmern zu bestellen. Je 10 Vertreter der Sozialpartner von Landwirtschaft, Industrie, Handwerk und Handel, die den gestellten Anforderungen an die ständigen Mitglieder genügen, müßten von der Bundesregierung ernannt werden. Für Kreditwesen einschließlich der Bundesbank, für Verkehr einschließlich der Bundesbahn und für das Versicherungsgewerbe kämen je 2 mal 3 Vertreter hinzu. Somit würden diese Hauptgruppen der Wirtschaft durch insgesamt 98 Vertreter repräsentiert. Für Wirtschaftsprüfer und Wirtschaftspresse wären 4 Vertreter als ausreichend anzusehen. 4 Mitglieder wären aus Verbraucherzentralen und Hauswirtschaftsorganisationen zu bestellen.

Die Verbraucher sollten in einem neuen Wirtschaftsrat nicht nur in einem speziellen Typus, wie etwa dem der Hausfrau, berücksichtigt werden. Man sollte sich hier von einer terminologischen „Reinheit" frei machen und die Verbraucher als Abnehmer in der jeweiligen Beziehung zur vorgelagerten Stufe innerhalb eines Wirtschaftszweiges konkretisieren. Damit würde man Situationen vermeiden, die im alten Reichswirtschaftsrat manchmal groteske Formen annahmen. Als damals ein Verbrauchervertreter für den Reichskohlenrat gesucht wurde, hoffte man, ihn in den Gemeinden zu finden. Die Reichsregierung ließ sich daher vom Deutschen Städtetag und anderen kommunalen Spitzenverbänden Persönlichkeiten, die nach ihrer Vorstellung dem reinen Verbrauchertypus entsprachen, vorschlagen. Solche wurden auch benannt. Bei einem Verbrauchervertreter wurde dann der Beruf festgestellt; es stellte sich heraus, daß der brave Mann Kohlenhändler war, womit zwar Sachkunde, aber nicht das spezifische Interesse eines Verbrauchers ins Spiel gebracht wurde.

Nach Möglichkeit sollten die ständigen Mitglieder des Bundeswirtschaftsrates bei der Behandlung von gesamtwirtschaftlichen Fragen, beispielsweise über den Ausbau der Bestimmungen über marktbeherrschende Unternehmungen, nicht nur Vertreter der Grundstoffindustrie, sondern auch Lieferanten und Abnehmer dieser Unternehmungen anhören.

Besondere Bedeutung käme im neuen Bundeswirtschaftsrat den Vertretern der Wissenschaft zu. Ihnen sollte die Geschäftsführung des Wirtschaftsrates und die Leitung der Verhandlungen in den Arbeitsausschüssen übertragen werden. Wenn unter diesem Gesichtspunkt für 3 Arbeitsausschüsse je 2 Nationalökonomen nötig sind und daneben noch Fachleute für Sondergebiete, wie Außenhandel, Kreditwesen und Wirtschaftsrecht, so käme eine Gesamtzahl von etwa 14 Vertretern der Wissenschaft (aus wissenschaftlichen Instituten und Lehrstühlen) zustande. Damit ergäbe sich insgesamt eine Zahl von 126 Mitgliedern, die weit unter den Zahlen des alten Reichswirtschaftsrates, die auch unter den im Entwurf für den endgültigen Reichswirtschaftsrat genannten lägen und noch stärker hinter denen des Conseil économique zurück blieben. Für die Benennung der Mitglieder aus der Wirtschaft und den Gewerkschaften stehen die Spitzenverbände repräsentativ zur Verfügung, für freie Berufe und Verbraucher deren Vertretungen, für die Wissenschaftler der Wissenschaftsrat.

Die Gesamtheit dieser Mitglieder bildet die Vollversammlung. Deren Aufgabe besteht zunächst darin, den Vorstand des Bundeswirtschaftsrates zu wählen und Arbeitsausschüsse einzusetzen. Abweichend von den Gepflogenheiten des vorläufigen Reichswirtschaftsrates sollten Grundfragen der Wirtschaft in Form von Gesetzentwürfen oder Verwaltungsanordnungen auf wirtschaftlichem, sozialem und finanzpolitischem Gebiet zunächst in der Vollversammlung ausgiebig erörtert und Beschlüsse gefaßt werden. Das gleiche müßte für Gutachten gelten, die entweder von der Bundesregierung, dem Bundesrat oder Bundestag angefordert oder die vom Bundeswirtschaftsrat aus eigener Entschließung erstattet werden. Nach dem Vorbild des vorläufigen Reichswirtschaftsrates müßte bei der Beschlußfassung eine überstimmte Minderheit (insbesondere die wissenschaftlichen Mitglieder, auch einzelne Persönlichkeiten) innerhalb jeder Gruppe ihren Standpunkt ungekürzt zur Geltung bringen und der Bundesregierung darlegen dürfen.

XI

Zur Ausführung der Beschlüsse der Vollversammlung wären drei Hauptausschüsse, für Wirtschafts-, Sozial- und Finanzpolitik, zu bilden, denen im Bedarfsfall weitere Ausschüsse, etwa für Landwirtschaft, Außenhandel, Kredit und Verkehr, für Handwerk und Binnenhandel hinzuzufügen wären.

XII

Für die praktische Arbeit des Bundeswirtschaftsrates wären folgende Fälle als Beispiele von besonderer Bedeutung kurz darzulegen:

1. die Begutachtung von Gesetzentwürfen oder Plänen für Verwaltungsmaßnahmen, die von der Bundesregierung an den Bundeswirtschaftsrat weitergeleitet werden. Das Gesetz über den Bundeswirtschaftsrat sollte vorschreiben, daß jedes Ministerium Entwürfe v o r der Beschlußfassung durch das Bundeskabinett dem Wirtschaftsrat vorzulegen hat; das Kabinett soll damit vor seiner Entschließung Kenntnis von den Auffassungen des Bundeswirtschaftsrates erhalten. Auch der Bundeswirtschaftsrat müßte das Recht haben, eigene Entwürfe zu erarbeiten und der Bundesregierung einzureichen. Entsprechend den Vorstellungen, die bei Vorbereitung des vorläufigen Reichswirtschaftsrates von manchen Autoren vertreten wurden, müßte die Bundesregierung verpflichtet sein, Entwürfe des Bundeswirtschaftsrates an Bundesrat und Bundestag weiterzuleiten, auch wenn sie diesen Entwürfen nicht zustimmt, wobei sie ihre abweichende Stellungnahme zu erläutern hätte.

   Eine besondere Verantwortung sollte bei den Beratungen über derartige Entwürfe den Vertretern der Wissenschaft im Bundeswirtschaftsrat zugebilligt werden. Das Ziel, aus der kontrapunktischen Auseinandersetzung zwischen den verschiedenen Wirtschaftsgruppen und den Sozialpartnern in Anwesenheit von Regierungsvertretern ein ausgewogenes Urteil über einen Gesetzentwurf, einen Verwaltungsplan oder eine wirtschaftspolitische Streitfrage zu gewinnen, scheint dem Verfasser dieses Beitrages am besten gesichert, wenn eine unabhängige Persönlichkeit, also ein Vertreter der Forschung, die Verhandlungen leitet. Ihm würde es obliegen, die einzelnen Standpunkte in der Vollversammlung wie in den Arbeitsausschüssen in ihrer Vollständigkeit hervortreten zu lassen und dafür zu sorgen, daß Gegenmeinungen innerhalb der Gruppen deutlich dargestellt und begründet werden. Zur Vermeidung von Einseitigkeiten einzelner Forscher müßten sich die gelehrten Mitglieder in Vollversammlung und Arbeitsausschüssen, wenn sie sich dem Votum der Mehrheit des betreffenden Organs nicht anschließen können, als Gruppe äußern, wobei auch hier die abweichenden Meinungen innerhalb des Kreises der Wissenschaftler zum Ausdruck gebracht werden sollten.

2. Gutachten über gesetzgeberische oder Verwaltungsmaßnahmen werden oft davon abhängen, daß zugrunde liegende Fragen in einer Enquete geklärt werden. Anregungen zu solchen Untersuchungen müßten sowohl von der Bundesregierung, dem Bundesrat oder dem Bundestag als auch dem Bundeswirtschaftsrat ausgehen. Der Bundeswirtschaftsrat hätte hierüber in einer Vollversammlung zu beschließen. Der Gruppe der Wissenschaftler müßte das Recht zugestanden werden, in der Vollversammlung über *eigene* Gutachten abzustimmen und bei Nichtannahme der Bundesregierung vorzulegen. Wenn eine solche Untersuchung nur durch eidliche Vernehmungen von Sachverständigen oder sachverständigen Zeugen Erfolg verspricht, wird dazu — im Einvernehmen mit der Bundesregierung — eine gesetzliche Ermächtigung nötig sein. Sollte diese widersprechen, müßte der Bundeswirtschaftsrat die Vollmacht hierzu unmittelbar vom Gesetzgeber erbitten dürfen.

Mit diesen Vollmachten für die wissenschaftlichen Mitglieder des Bundeswirtschaftsrates würde ein ganz neuer Stil der Arbeit versucht werden gegenüber dem im vorläufigen Reichswirtschaftsrat üblich gewesenen. Auch von den Funktionen der Wissenschaftler in den bisher in der Bundesrepublik vorhandenen Beiräten unterscheiden sich diese Aufgaben wesentlich. Die Männer der Wissenschaft würden weder in Klausur und Beschränkung auf ihren eigenen Kreis arbeiten, wie im Ständigen Beirat beim Bundeswirtschaftsministerium, noch in der zahlenmäßigen Begrenzung auf 3 Wissenschaftler und 2 Vertreter der Praxis mit der sich daraus ergebenden Lückenhaftigkeit der Auslese, wie im „Sachverständigenrat zur Begutachtung der gesamtwirtschaftlichen Entwicklung". Als wesentlichster Mangel bei diesem Gremium erscheint uns die stark unterbrochene Kontinuität der Auseinandersetzung. Das Gesetz schreibt dem Sachverständigenrat vor, jährlich ein Gutachten zu erstellen; darüber hinaus kann er nach eigenem Ermessen oder auf Grund eines Auftrages der Bundesregierung Gutachten erstatten. Dabei fehlt die geistige Fühlungnahme mit der Arbeitsgemeinschaft der Wirtschaftsforschungsinstitute ebenso wie die mit den verantwortlichen Vertretungen der Wirtschaft und den Arbeitnehmern. Auch vom Forschungsbeirat des Ministeriums für Gesamtdeutsche Fragen unterscheidet sich die hier gedachte Funktion leitender Mitarbeit der Wissenschaftler.

XIII

Die Arbeitsweise der Vertreter der Wirtschaft müßte sich ebenfalls — verglichen mit dem vorläufigen Reichswirtschaftsrat — entscheidend ändern. Dort lag das Schwergewicht durchaus bei der Gegenüberstellung von Arbeitgebern und Arbeitnehmern. Auf der Arbeitgeberseite in der damaligen Abteilung I waren die Mitglieder in Gruppen zusammengefaßt entsprechend den Fachgebieten, aus denen sie stammten. Diese Arbeitgebergruppen sollten mit den zu ihnen gehörenden Arbeitnehmervertretern ungeachtet ihrer sozialen Unterschiede in gemeinsamer Arbeit zusammengebracht werden, um etwa über Zollfragen die Ansichten von Gutsbesitzern und Bauern oder über die Frage einer Berufsgesetzgebung für den Handel die Sozialpartner dieses Gebietes zu hören. Hiervon war in der Wirklichkeit nach anfänglichen Ansätzen kaum noch etwas zu merken. Die Abteilung I faßte die Beschlüsse, zu denen sich die Unternehmervertreter von Landwirtschaft, Handel, Industrie usw. geeinigt oder durch Abstimmung ein Ergebnis festgestellt hatten. Auf der Arbeitnehmerseite war überhaupt auf die Bildung von Fachabteilungen verzichtet worden. Der Reichswirtschaftsrat begnügte sich damit, daß wichtige Wirtschaftszweige auch in der Abteilung der Arbeitnehmerschaft vertreten waren. Es kam aber nicht mehr zu einer Gemeinschaftsarbeit der Sozialpartner in den Fachgruppen. Der neue Bundeswirtschaftsrat sollte auf diesem Gebiet trotz ungünstiger Erfahrungen seines Vorläufers doch noch einmal ernsthafte Anstrengungen unternehmen. Vielleicht sind hierzu die Erfahrungen internationaler Wirtschaftsvertretungen eine gewisse Ermutigung[22].

XIV

Mit der Aktivierung der wissenschaftlichen Mitarbeiter werden die Aufgaben des Bundeswirtschaftsrates stärker auf die Untersuchung von Grundfragen des Wirtschaftslebens gelenkt. Diese Tendenz ent-

[22] Der Verfasser bedauert, die Schrift von Dr. Marita Estor: „Der Sozialökonomische Rat der niederländischen Wirtschaft“, Volkswirtschaftliche Schriften, Heft 93, Berlin—München 1966, nach Abschluß dieses Beitrages in die Hand bekommen zu haben, so daß wichtige Hinweise auf die Verhältnisse in unserem Nachbarstaat nicht mehr möglich waren.

spricht den französischen Erfahrungen, über die Rolf Geberth[23] in seiner Arbeit über den Conseil économique berichtet. Die öffentliche Meinung, in erster Linie die Presse, habe an der Arbeit dieses Conseil und seiner Fortführung durch den Conseil économique et social in dem Maße steigendes Interesse genommen, als sich diese Räte stärker mit der Erforschung der Wirklichkeit und ihrer Beurteilung beschäftigt und nicht nur als Gutachter über Vorlagen der Regierung betätigt haben. Der Vorzug dieser Arbeit eines Wirtschaftsrates würde in größerer Deutlichkeit zur Geltung kommen, wenn seine Geschäftsführung in den Händen von Forschern und nicht von Beamten oder Politikern läge. Diese Wandlung der Zuständigkeit setzt voraus, daß Bundesregierung, gesetzgebende Körperschaften und Wirtschaftsverbände sich von dem Vorzug überzeugen lassen. Als Denkmodell behält die hier gedachte Form in jedem Fall ihren Sinn; an der Realisierung gilt es zu arbeiten. Dazu müßten die gelehrten Mitglieder des Wirtschaftsrates selber überzeugt sein und ihre Standpunkte innerhalb des Vorstandes des Bundeswirtschaftsrates vertreten.

Schwierigkeiten würden der hier entwickelten Vorstellung zunächst schon bei der Bestimmung von Gegenständen für eine Gutachtertätigkeit und vollends für eine Enquete entgegentreten. Im Falle einer Enquete müßten sich nicht nur die Bundesregierung, sondern auch die Gesetzgeber von der Notwendigkeit der Vollmachten für die wissenschaftlichen Mitglieder überzeugen lassen. Für diese schwierige Genesis vertraut der Verfasser dieses Beitrages auf den persönlichen Einsatz der Wissenschaftler des Bundeswirtschaftsrates. Sie könnten für die Bestimmung des Gegenstandes von Gutachten und Enqueten genügend sachliche Argumente liefern; denken wir nur z. B. an die alte Frage des Verhältnisses zwischen Arbeitszeit, Arbeitsleistung, Arbeitslohn und — wie wir über die Aufgabenstellungen des Vereins für Socialpolitik in den 90er Jahren und des Reichswirtschaftsrates von 1926 hinaus hinzufügen müßten — Produktivität oder der Bedeutung von Eigenkapital und langfristigen Krediten im Handel für die Verbilligung der Handelsleistungen.

Der Bundeswirtschaftsrat hätte auch zu begutachten, ob dem Bundesarbeitsminister oder dem gesamten Kabinett das Recht zur Verbindlicherklärung von Schiedssprüchen in Arbeitsstreitigkeiten von gesamtwirtschaftlich grundlegender Bedeutung als Ultima ratio zu übertragen wäre. Sollte die Gesetzgebung dem Bundeswirtschaftsrat ein solches Recht zuerkennen, dann müßte ein Spezialausschuß gebildet werden, der Mitglieder des Bundeswirtschaftsrates und zur Ergänzung des Urteils der unmittelbar Betroffenen Sachverständige aus den angrenzenden Wirtschaftszweigen, namentlich Lieferanten und Abnehmer, fer-

---

[23] Geberth, Rolf, a. a. O., S. 175 ff.

ner Vertreter der betroffenen Landesteile, beruft. Vor diesem Ausschuß hätten die Mitglieder des Schlichtungsausschusses erster Instanz, außerdem Vertreter der beteiligten Bundes-, Landes- und gegebenenfalls Gemeindeverwaltungen zu erscheinen. Dieser Ausschuß müßte zunächst eine Einigung der Streitenden versuchen. Wenn dies mißlingt, hätte er einen Spruch zu fällen, der nicht nur über die Frage der Verbindlicherklärung, sondern über den ganzen Streitstand ein Urteil erbringt, so daß fachliche und gesamtwirtschaftliche, regionale und allgemeinpolitische Maßstäbe vereint würden. Bevor Kampfhandlungen von einer Gruppe unternommen würden, müßte eine angemessene Frist eingeräumt werden, in der die unmittelbar beteiligten Kreise wie auch die Öffentlichkeit Gelegenheit hätten, sich mit dem Inhalt dieses Spruches vertraut zu machen.

XV

Zwischen Bundeswirtschaftsrat und Bundesregierung ist der unmittelbare Geschäftsverkehr als Voraussetzung für die Vorbereitung von Gutachten und Enqueten von allen Hindernissen zu befreien; Referenten und Abteilungsleiter sollten unformell an den Sitzungen des Bundeswirtschaftsrates teilnehmen. Alte Vorurteile und Eifersüchteleien müßten preisgegeben werden, die es früher verhindert haben, daß Mitglieder des Reichswirtschaftsrates in Sitzungen von Reichsrats- und Reichstagsausschüssen zu Worte kamen. Auch dem Plenum dieser Körperschaften könnten Referate von Wirtschaftskennern von Nutzen sein. Gewiß sind Wirtschaftssachverständige auch in den politischen Parteien und in den Landesregierungen zu finden. Wenn aber das Mandat des Bundeswirtschaftsrates als Gesamtvertretung der Wirtschaft des deutschen Volkes in allen ihren Gliederungen ernst genommen wird, dann spricht ein Vertreter dieser Körperschaft bei der Gesetzgebung nicht als Mandatar einer Partei oder eines Ressorts, sondern eben als Sprecher der Gesamtwirtschaft, auch wenn er dabei die unterschiedlichen Meinungen einzelner Gruppen in den Gesamtbericht mit einschließt. Umgekehrt ist es ebenso nützlich, wenn politische Gesichtspunkte aus den Organen der Gesetzgebung in die kontrapunktische Diskussion der verschiedenen Wirtschaftsgruppen im Bundeswirtschaftsrat mit eingeschaltet werden. Für eine solche Aufgabe könnten die akademischen Mitglieder ihre wissenschaftlichen Denkmethoden nutzbringend anwenden. Walter Rathenau meinte, man solle die Wirtschaft nicht sozialisieren, aber transparent machen. Genau darum geht es dem Verfasser dieses Beitrages. Hierbei hat der Wille zur Klärung „dem Intellekt die Laterne angesteckt“, wie Schopenhauer sagt. Diese Laterne soll aber auch in umgekehrter Richtung vom Intellekt her dem politischen Willen leuchten und Ziele zeigen.

On Goals Research

By Gerhard Colm

I still remember — even though it was about 40 years ago — when Hans Schäffer explained to me, as usual with tongue in cheek, that a typical politician in a democracy, in case of a desirable development would say that this was what he has been working for day and night; in case of undesirable developments he would blame nature, the forces of the market, or a foreign country. The politician would never say in advance too clearly what his goals are because that would enable the people to compare his achievements with his promises. What Schäffer really meant to say was that a responsible political leader should state his objectives and then let the record of achievement speak for itself.

Yet forty years ago it would not have been regarded as appropriate for a democratic government to formulate specific national goals, to determine what the government's contribution should be in support of these goals, to formulate programs for providing that support, and to review periodically the progress made toward their achievement.

Many events had to happen to make the people goals-conscious and to expect the social sciences to aid in the process of formulating goals and setting up priorities among goals so that the pursuit of goals makes full use but does not exceed the limits of available productive resources.

The social sciences cannot give the final answer to these and similar questions. The answers emerge from the interplay of value judgments made by millions of people in the market place and through the political process. But research can assist these millions of people in making better judgments by clarifying the issues and by providing information about the likely consequences of the alternative decisions that might be made. It is the task of goals research to clarify such issues and to provide relevant information for people in public and private life who must or wish to take a position on such choices.

How is it possible to deal objectively with national goals? Are not attitudes toward national goals very largely determined by the values

* This essay is based largely on an introductory chapter for *Goals, Priorities, and Dollars*, by Leonard Lecht, to be published for the National Planning Association by The Free Press in 1966.

and traditions embedded in our culture? And, where a deliberate decision has to be made in a pluralistic society, should not the choice be left primarily to the judgment of individuals in accordance with their interests and their consciences? A few decades ago, I am sure, there would have been general doubt that national goals could or should be a legitimate field for detached research.

National goals could not become a subject of research before there had arisen a national goals consciousness and a recognition that decision makers needed help in the clarification of goals and of the consequences of decisions to be made concerning them.

Emergence of a National Goals Consciousness

In permissible simplification, we may distinguish four phases in the evolution of a national goals consciousness.

1. In the first phase, national goals are not articulated as such. Individuals try to find remunerative jobs; they strive to better their standard of living; they grumble about merchants who raise the prices of goods. Businessmen work to make profits, improving their machinery and their methods in order to gain in the competitive struggle. However, people interested in jobs, price stability, and business investments are not aware that they are pursuing national goals of full employment, price stability, and economic growth.

2. The second phase is characterized by a crisis. When the pursuit of individual and corporate interests becomes frustrated on a large scale, it becomes clear that more is involved than individual or corporate failure. Out of the experience of the Great Depression and the Second World War, full employment, price stability, economic growth, and international economic balance emerged as national goals. These were performance goals because they were related to the restoration of a desirable economic performance. The adoption of the Employment Act of 1946 can be regarded as the milestone symbolizing that the American people had become performance-goal conscious.

These goals are related to a satisfactory level and to the general character of economic activity; they are not concerned with the substance, the results of that activity.

3. In the third phase, we are concerned not only about whether our economic machinery is in smooth working condition, but also about what it produces. These concerns arose temporarily during the war emergency, when the question "guns or butter?" was asked. It was believed that, after the war, the concern for the type and quality of our production could safely revert to individual preferences ex-

pressed through demand in the market place and the conventional process of government policy formation. Again a crisis was necessary to make us aware of what may be called achievement goals. It had been taken for granted that, in a democratic society, not only economic performance but also education, research, and technological achievements were superior to achievements in any other type of society. This confidence was shaken by Soviet accomplishments, especially the orbiting of the Sputnik spacecraft in 1957. Competitive coexistence in this and other fields provided a challenge which compelled us to look critically at deficiencies in our own achievements. Of course, there has been periodic dissatisfaction with the deficiencies in medical training and other aspects of education, and with poverty and especially with poor housing. But, for the first time, it was felt necessary to look at the achievement of Western society as a whole and at the allocation of resources as it is accomplished through the market and the political process.

4. In the second and third phases, it was the experience of failure and frustration which resulted in a reexamination of assumptions taken for granted, and in the birth of a new goals consciousness. The fourth phase is one in which, after controversy and debate, some general acceptance of these goals emerges and consensus is approached, at least to the extent of absence of significant opposition to the goals. In this phase, controversy centers more on the speed and the means with which to pursue the goals than on the goals themselves. It is also the phase in which the mutual relationship between performance goals, especially a desirable rate of growth, and achievement goals is recognized. I do not suggest that concern with education or health is something new. But what is characteristic of this phase is the recognition that the development of resources (economic growth) is desirable because it permits achievement of the many goals we are pursuing. Equally characteristic of this phase is the recognition that pursuit of the goals, in such fields as education, research, industrial modernization, urban development, and so on, contributes to economic growth. At this phase it becomes urgent to study the mutual interrelationship between economic performance on the one side of the ledger, and the resources which are mobilized and utilized in pursuit of individual and collective goals on the other side.

Various goals have a different impact on economic growth. Therefore, growth depends not only on the intensity of efforts in pursuit of goals but also on the combination of goals which is selected for pursuit through the public and private sectors of the economy. In this phase, goals research becomes feasible because some consensus is evolving about goals which are desired. Goals research becomes required because choices need to be made about priorities and combinations of goals and the manner in which to pursue them. Here the need for scientific guidance arises. It is the phase which we have now entered.

The Approach to Goals Research

Partly in response to the shock that the Soviet space achievement brought to the American public in 1957, President Eisenhower appointed a Commission on National Goals. The report of that Commission, published in 1960, was significant in that a group of outstanding leaders from different walks of life recognized the importance of a critical examination of our national goals, but no attempt was made to evaluate what advances could and should be made with respect to these goals and what the costs would be either in terms of dollars or of resources. Also, the compatibility of the several goals and the relative priorities in pursuit of them were not examined. Nonetheless, the work of the Eisenhower Commission was very significant because it helped to articulate the rising concern for national goals. Many studies followed, concerned with individual goals, such as education, health, research, and others. The National Planning Association recognized the need for providing information for those concerned with the totality of, and the interrelationships among, the national goals. It established a Center for Priority Analysis in response to that need.

A first study of the Center for Priority Analysis deals with the economics of national goals[1]. Most of the national goals are not of an economic nature, but they have an economic aspect to the extent that they influence economic development and that productive resources are used in their pursuit. The economics of goals is only one of several aspects of goals research, and even the economics of goals cannot be merely economics. By their nature, goals are related to the basic values of a society and in that respect reach beyond economics. Economics is concerned with the development and use of resources and with the resources needed for accomplishing goals. This is, however, not the same as saying that we are concerned only with the means which serve given ends. For example, one of the resources involved is manpower. Manpower, however, is human beings, and work is a part of human life. Human beings and the quality of life are ends. Therefore, the manner in which human resources are used and the conditions

---

[1] Leonard Lecht, *Goals, Priorities, and Dollars,* with an Introduction by Gerhard Colm. To be published for the National Planning Association by The Free Press in 1966. A summary of this study was published in 1965 under the title „The Dollar Costs of our National Goals“, National Planning Association, Washington.

under which managers and laborers work are means in one sense and ends in another.

We are dealing with the distribution of resources among various goals. But the manner by which the use of resources is determined — (e. g., the freedom of individuals to choose among existing opportunities) — is also a goal. Some functions must be determined and possibly performed by government, and some degree of compulsion and regulation is inevitable. These positive and negative values cannot be measured.

When the economist in our culture speaks of the "dollar costs of national goals" he specifically assumes that he is working within the frame of a social system in which human self-determination is one of the major goals and in which some degree of compulsion is inevitable. He cannot measure to what extent the goal of human freedom and dignity is or is not accomplished. He also cannot measure to what extent respect for human freedom and dignity promotes or hinders achievements of other goals. But, the fact that it cannot be measured does not mean that the goal of human freedom will be omitted from the economist's analysis. It enters as a restraint in the consideration of means to be selected in the pursuit of goals. In determining, for example, a feasible and desirable rate of growth the degree of controls which will be needed should be considered.

Goals-consciousness does not mean that all deficiencies in goals will be or should be remedied by direct government action. The largest part of resources is allocated through the market mechanism by individuals — as consumers, as workers, as farmers, as managers of corporations, and so on. The result of the allocation of resources by the market and political processes can be and is observed and should be appraised. Achievements and deficiencies are noted. All over the country, groups of experts and citizens ask themselves such questions as: Does our educational system give us satisfactory results? Do we make necessary advances in physical and mental health? Do we provide the basic and applied research needed for technological progress? Are our homes and cities adequate by modern standards of living and transportation? Are we conquering poverty and eliminating race discrimination in our own country? Are we contributing adequately to the development of allied and friendly countries in other parts of the world? If there are serious deficiencies in achieving goals, how can the market mechanism be improved to remedy the deficiencies? What government action may be needed to remedy deficiencies in the market mechanism and to improve the performance in the public sector? These and similar questions regarding goals are raised and debated by many individuals and organizations throughout the United States. Goals research as conceived here would not provide the answers to these questions, but could contribute information for those seeking an answer.

Some Basic Concepts

In the attempt to make goals amenable to research it is useful to introduce some distinguishing concepts. Of all performance goals, the most important is the rate of economic growth. Here we distinguish three interrelated sets of assumptions. First, it is possible to estimate the probable rate of growth that would result from continuation of present policies of government and present attitudes of business, labor, and consumers. A present-policy rate of growth might give us, for example, a rate of 3% per annum or less for the United States. With continued increase in the labor force and productivity-raising technology (but present hours of work), this rate of growth would result in a rapid rise in the rate of unemployment and heavy cyclical fluctuations. A change in the attitudes of business and labor and in Government policies would certainly follow. To evaluate these changes, it is necessary to construct a second model of growth which would prevent a rise of unemployment, counteract recessions, make it possible to realize desirable objectives, but would not require drastic controls. This construction gives us, second, the *target* rate of growth and a device for considering the change in policies and attitudes consistent with that target. Let us assume that we reach the conclusion that, considering all factors involved, a long-term rate of growth of 4½% should be the target. Now why is not the sky the limit for a target? Why 4½%, and not 6 or 8%? The highest sustainable rate of growth compatible with other national objectives is believed to be 4½%. Aiming at a substantially higher rate of continuing growth would be likely to create conflicts between the goals of domestic growth and international balance of payments, or might necessitate Government controls believed to be unacceptable under peacetime conditions but deemed necessary to prevent bottlenecks and price rises. This is where the previously mentioned restraints become important.

The establishment of targets of economic performance is useful for a consideration of policies. The setting of targets is, however, not prediction. In order to make projections which may be needed as realistic benchmarks for the guidance of business decisions and many other purposes, we introduce as a third concept a *judgment* rate of growth. An estimate, in this case, is based on the assumption that policies and attitudes will change in the direction of the changes required by the targets. In reality, attitudes change only after some time has lapsed, and there will be slippages in the process of formulation, legislative adoption, and implementation of policy changes. To continue our numerical illustration, we assume that the long-term judgment rate of growth in the United States will be somewhat above 4 %, which is less than the target rate but substantially more than the present-policy rate of growth.

We make similar distinctions with respect to achievement goals. The base estimate is again that of a continuation of the present condition, in this case the continuation of present standards in education, health, and so on, for determining the costs of goals. We assume, for example, that for each category of schools, costs per pupil remain the same. Corresponding estimates can be made for the other achievement goals. Total costs rise only because of increase in population, changes in the age and occupational distribution of the population, and movement of the population from rural to urban communities. Actually, a large part of the prospective increase in the production of goods and services is "preempted" by the need to provide for a growing and increasingly urbanized population.

Estimates of the „preempted" increase in production are significant because they are based on continuation of present political and individual preferences and take account mainly of the relatively predictable increase in population of various age groups and of trends in geographic and occupational shifts in the population. The fact that a large part of the expected increase in the economic potential will be absorbed by rising use of resources for existing goals narrows the amount of resources which can be mobilized and utilized by future discretionary decisions about *new* goals or *improved* standards for existing goals.

The next step, also with respect to achievement goals, is the formulation of targets which reflect the need to provide for rising standards in addition to the rise and shift in population. The combination of the desired improvement in standards with the rise and changing distribution of population gives us the *aspiration goals.* These reflect what knowledgeable people regard as desirable achievement and what could be obtained if the specific goal under consideration were to have high priority. In other words, the estimate of aspiration goals does not allow for the fact that advocates of other goals may make claims for the same financial or real resources. These aspiration goals reflect the subjective judgment of knowledgeable people, but they are not arbitrary. They are regarded as realistic by people who are familiar with one particular field, but who do not consider the place a particular goal may have in the totality of goals. A further step is needed to estimate *feasible priority combinations* of goals. This requires a reconciliation of the aspiration goals with projections of the judgment rate of growth. If the sum of aspiration goals exceeds the projected production total, priorities must be established. The decision makers on priorities can best be served if they obtain information on alternative priority combinations which are internally consistent and consistent with the projected economic potential.

We have conceptually distinguished between performance and achievement goals as the two sides of an economic account. To repeat, what combination of achievement goals can be realized depends on the success in economic performance. Actually, there is a close interrelationship between the two kinds of goals. The economy will grow in a satisfactory manner only in the pursuit of national goals. Conversely, little progress in the direction of achieving our goals can be made if the economy fails to grow in a satisfactory manner.

The achievement goals include the goals of individuals and their families, the goals of businesses to modernize and expand their operations, the goals pursued through government programs at Federal, state, and local levels. Thereby it becomes possible to relate the resources in dollars or manpower required for each goal, and for all goals combined, to a total Economic Budget (total projected Gross National Product) or to a total Manpower Budget for the nation as a whole. This makes goals research operational.

Quality and Quantity

The quantification of the costs of goals in a manner which makes them comparable with resource availabilities is essential for making goals research applicable. However, we cannot express qualities in quantities without losing something. While some such loss is unavoidable, the goals researcher and those using the findings of goals research must be fully aware of this limitation. I have already referred to the fact that ultimate goals such as human dignity and freedom enter quantitative goals research only as a restraint on policies (e. g., minimizing government regulation and controls). Goals research is not directly concerned with ultimate values but with proximate values — such as national security, individual well-being, and cultural achievements — on which people can often agree who disagree on ultimate values.

There are goals in our civilization which have become goals only because we have to compensate for „costs“ which are not measured in our usual cost accounting. Combatting pollution of air and water, restoring of scenic beauty, and providing for recreational facilities are activities that belong in this category. These are goals, costly goals in our society, even though of lesser need in less industrialized societies. The importance of these goals affects the comparability of costs of goals between countries of different culture.

Expressing the production of goods and services in terms of Gross National Product (GNP) also disregards certain qualities. With rising national income, consumers can buy more goods — this is reflected in GNP. But with rising ability to buy, the consumer also obtains a greater freedom of choice in the use of his income, which is a source of additional satisfaction (although sometimes also of a headache). On the other hand, our society compels the individual to spend money on socially prescribed clothing or on commuting, which may be items of not unqualified „enjoyment“ and might better be treated as social costs rather than as fulfillment of goals. Nevertheless, in our system of national economic accounts (national economic budgets), expenditures for these purposes are treated as consumption — and are thereby regarded as contributing to the achievement of goals.

Very important advances in quality of products or services escape statistical measurement. A substantial portion of the benefits of automation, for example, accrues to the consumer in terms not of lower costs, but of higher quality and of speedier service. It has been estimated that the improvement in the quality of goods and services corresponds to something like a 1 % hidden increase in the GNP per annum. Thus, when we refer to a 4 % per annum long-term increase (judgment model) in the measured supply of goods and services available for meeting our national goals, we may in reality refer to a yearly increase of 5 % in the ability to meet goals.

The National Planning Association's (NPA) Costing of Goals

In a study by Dr. Leonard Lecht for NPA's Center for Priority Analysis, an estimate was prepared of the measurable dollar costs which would be involved in pursuing the aspirations for each of the achievement goals of the American economy. The aspiration goals were based on estimates prepared by experts for the various fields. Again, it should be emphasized that the study is not supposed to show the aspirations of these experts, nor those of the NPA advisory committee and staff, but what are, to the best of their judgment, the aspirations of „knowledgeable people“ in the respective fields. After elimination of double counting, the costs for all these goals were summed up and compared with the total annual production of goods and services which could be expected to be available at that future time. Thereby, it became possible to compare these aspiration goals with resources expected to be available to meet them.

The result of this comparison supports two broad conclusions. First, substantial advances toward these goals appear to be feasible. Second, not all aspirations for all goals can be met simultaneously within the given period of time.

The sum of all aspiration goals exceeds substantially what can be achieved even if a satisfactory performance of the economy is assumed. It follows that priority decisions need to be made for bringing aspirations and resources into balance. Does that mean that our experts are overambitious and should set their sights lower? I would not draw that conclusion at all. I believe that the experts should be ambitious for the fields with which they are concerned. They should set the sights too high rather than too low, but they should recognize that society has to reconcile goals and resources.

Every person with experience in government budget-making knows that devoted and imaginative bureau chiefs will always submit program proposals in excess of those which can be granted. This means, however, that a mechanism must exist for reconciling aspirations and resources. In Government proper, this function is performed by the Chief Executive, with the assistance of the Budget Bureau and the Cabinet, and by the Legislature.

Fifty years ago, it became essential for all democracies to develop more meaningful budget systems in order to enable officials in the executive and legislative branches of government to base budget decisions on the best possible factual information and to enable interested individuals to judge the wisdom of actions taken by the government. This process of providing meaningful information for the decision makers in government is far advanced but by no means completed. We are today, with respect to decisions on national goals, where we were about fifty years ago in the development of government budgeting.

For national goals, the priority decisions are made by governmental processes and the market system. These actions involve every citizen either as a decision maker in public and private life or as a person who accepts these decisions or voices disagreement, thereby attempting to work toward changes in the future.

Perspectives in Goals Research

The estimates of the dollar costs of aspiration goals should be very useful for those who wish to form an opinion of the advances which can be made within the limits of available resources. We can go a good part of the way toward achieving the aspiration goals. However, the estimates in the study to which I referred also show the limits and the necessity for public and private decision makers to adopt priorities in the pursuit of the goals. A necessary refinement consists in translating the dollar terms of the cost estimate into manpower requirements. This might show that, for certain goals, restraints from competing claims may become effective sooner than suggested by the dollar estimates.

In the NPA study, the costs of the goals have been added up, with adjustment only for overlapping and consequent double counting. However, the various goals are so related to each other that progress toward one goal facilitates the achievement of some of the others. In other cases, various goals compete for the same kind of manpower or other resources and, therefore, may conflict with each other. For example, up to a certain point, more adequate education and training of scientists or engineers would diminish the number of scientists and engineers immediately available for practical research work, because a longer period of education and training would be required, and a larger proportion of graduates would be absorbed by teaching rather than become available for practical work. Only in the longer run would more adequate education and training increase the quantity and quality of scientists and engineers available for research and development. Alternative combinations should therefore be presented both with a shorter and a longer time horizon. Priority analysis should aim at analyzing such relationships and presenting alternative, internally compatible packages of goals.

Thus, one function of goals research aims at trying out alternative priority combinations of goals that are compatible with each other and with the resources that can be activated in their pursuit. Another function of goals research is the study of the manner in which the forces in society are mobilized in pursuit of these goals. We said before that our society became goals-conscious through failure and frustration. However, there seems to be evolving now a steady, less dramatic process in which goals are more rationally formulated and forces of society are mobilized for the realization of the goals. In our democratic society, which are the key positions for determination and realization of goals? What are the motivations of individuals in these key positions? To what extent are their actions based on relevant information, and to what extent on prejudice or obsolete knowledge? What kinds of information resulting from goals research should they have? These are some of the problems which are also essential in the field of goals research and on which some work has been initiated.

Goals research is a new field which involves several branches of the social sciences and requires the use of different approaches. It should be regarded as a continuing process. Aspirations don't stand still. What is a gleam in the eye of some visionaries today may become a goal recognized by realistic and knowledgeable people tomorrow — and what is regarded as a goal today may become obsolete tomorrow. Social science has shied away from goals research because setting of goals appeared to be incompatible whith the tenets of a pluralistic society, and goals research appeared out of character for a social scientist engaged in "value free" research. However, the need for goals research has appeared and the social sciences have begun to respond to it. The social scientist does not determine goals but aids in their formulation and pursuit. By giving such aid, he is no longer a detached observer and analyst on the social scene but moves from the position of an observer seated in the gallery of the theater to the stage — if not as an actor then at least as a stage hand. But the play could not go on without him. To that extent he is involved in its success or failure. Whether that means that his work can still remain "value free" is a matter of definition. Social science, by responding to the need for goals research, may have lost some of its innocence but has a chance to perform a highly useful social service.

Significance of Comparative Analysis of Economic Systems[1]

By Carl Landauer

A comparative analysis of economic systems... is characterized by its special viewpoint, derived from its task to point out the differences of the various systems in structure, operation, and achievement and to be applied to much of the total area of economies.

In judging the performance of an economic system, the comparative approach is vital, since statements can be made only in relative terms. No economic system assures the theoretical maximum of efficiency in production or makes the economy completely sovereign in its relations with the political power or achieves absolute equality or complete protection of human liberty from economic threats. It is equally possible, for instance, to describe present-day American society as equalitarian or as highly stratified by class. It simply depends on whether old world standards or an ideal society of equals is used as a yardstick. Similarly, the contention that we have an „economy of freedom" conveys little meaning since freedom is not absolute in America, but it does make good sense to say that the economic system of the United States is more favorable to personal freedom than that of the Soviet Union.

Although hardly any social scientists would deny these propositions, the comparative analysis of economic systems has so far been treated as a field for specialists rather than as an integral part of economic education, and for good reasons. Whereas the economics of capitalism were susceptible to the simplified presentation suitable for a course of instruction or for a textbook on an elementary or intermediate level, the same could be said only with great reservations about the most important alternative system, that of Soviet Communism. Not long ago, the popularity among economists of research on the Soviet Union was declining rapidly from the high level which it had reached in the 1930's and 1940's because the field proved unrewarding from the point of view of economics.

---

[1] This article is an excerpt, reprinted by permission, from the Preface and the Introduction of Carl Landauer, "Contemporary Economic Systems — a Comparative Analysis", Philadelphia: J. B. Lippincott Company. Copyright © 1964.

It seemed that the decisive considerations underlying the Soviet plans were in the field of endineering, and that the economic problems, the questions of the relative worthiness of alternative uses of resources, were playing an entirely subordinate role. Recently however, there has been an important change in this respect. Russia today shows a degree of interest in economic rationality not recognizable in Stalin's Russia; and, as a consequence, efforts to develop a meaningful pricing system are now much stronger. These tendencies play an even greater role in Yugoslavia. Whereas specialists previously had to unearth economic issues involved in Soviet planning and often found the output of that research discouragingly small, these issues have now come to the surface. They are being discussed by Soviet economists as well as by outside observers, and they can be made understandable not only to the Sovietologist but also to those who wish to acquire a general knowledge of economics.

In other words, recent historical developments have brought to light more similarities between the capitalistic and communistic economic systems, and it has therefore become clearer that these systems represent alternative ways to ends which are not so completely different as to preclude any useful comparison. For the first time since the end of the New Economic Policy in the Soviet Union, the economic processes in the two worlds have developed sufficient common traits to make their comparison a proper subject of studies on a non-specialist level.

Strong emotions may color one's approach to the subject of comparative economic systems; and deep-rooted and widespread biases, supported by wishful thinking, make it difficult to reach the minds of an audience with a description of the facts as they are. Yet obviously, such biases cannot go unchallenged. It is bitter but necessary to realize that an economic system that is a product of a hostile ideology may have some points on which its technical performance is superior to that of our system. It is false loyalty to blind ourselves to this possibility. For in a struggle of rival ideologies, victory is not likely to go to those who refuse to see the strong points of the opponent and to learn from him. Of course, we cannot emulate our opponent in those practices that are incompatible with our beliefs even if these practices were found to contribute to success. We must be true to ourselves. But it is simply not true that all the economic techniques which the communists are using are necessarily destructive to freedom or to other values that we cherish. Since the communists have begun to show an inclination to adopt some techniques of capitalist economies, we have every reason to examine the institutions and practices of the other side, to see which of the successful measures could conceivably be fitted into our own system.

What is an Economic System? Production of commodities is a social activity. In a social economy, however, choices must be made between the purposes of different persons, and ways must be found to induce different persons to direct their activities toward a common goal.

Although the determination of production purposes and the coordination of activities are two different problems, the decisions involved jointly determine the allocation of resources: The amount of bread produced in a particular society over a given period reflects both the importance attached to the availability of bread and the success of methods used to induce farmers, millers, transportation workers and others to effect the necessary division of labor and combination of effort. An economic system may be defined as the sum total of the devices by which the preference among alternative purposes of economic activity is determined and by which individual activities are coordinated for the achievement of these purposes. The central problem of any economic system is the allocation of resources.

Although no two countries use exactly the same devices to allocate resources, in most periods of history the traditions and laws of some nations have been sufficiently similar to permit classification of economic systems of the United States, Japan, and West Germany as capitalistic. Likewise, despite differences between the Russian and Chinese economic systems, they can both be called communist. Feudalism at its peak developed in so many different ways throughout the world that historians are still debating whether the term should be applied to any phases of Chinese and Islamic development. Yet such decomposed products of feudalism as peonage and sharecropping combined with personal dependency are scattered over a large portion of the globe.

We shall apply the term *economic system* to the typical devices common to a group of countries, not to the peculiar devices used in a particular country. Like every classification by type, the term *economic system*, as used here, is an abstraction, but it is not so far removed from realty as the classical concepts of capitalism, socialism, and communism.

Classical and Contemporary Concepts: Capitalism, in the classical sense, is a system of private property in producer and consumer goods, freedom of contract and perfect competition, with government intervention in economic affairs restricted essentially to the protection of property, enforcement of contracts and the prevention of fraud. Classical socialism is a system of complete collectivization of the instruments of production; there are no private profits, but incomes may differ according to individual skills and amount of work done; also, personal property in assets serving consumption directly, such as homes and furniture, is recognized. In classical communism, as in socialism, all the means of production and distribution are owned and managed by the community. Under this classic system the principle of collective ownership extends to assets serving consumption; thus the very concept of private property disappears under communism. The social product would be distributed 'according to need' — an ambiguous phrase intended to mean that shares in the national product should be equal, with only such logical exceptions as medicine available to the sick but not to the healthy. Communist writers assume that in such a society no value calculation is needed either to guide production or to determine income shares, and no coercive machinery is required, since with the disappearance of private property the need for its protection would vanish: Infringement of other personal rights is to be so rare that it is possible to dispense with institutionalized management of justice. Government, therefore, and the use of money and the concept of economic value, are expected to wither away like unused limbs of a body.

Classical concepts cannot help in the exploration of some of the most significant traits of our social life for two reasons: First, each classical model contains inconsistencies which have led to new organizational forms that are not found either in the classical concept itself or in its classical opposite; secondly, some current institutions and practices result from the character of a mixed economy and therefore also are missing in the pure type.

Our „mixed" economy, as it is often called, has deviated from laissez-faire capitalism partly under the impact of socialist ideas. Some of these deviations mean simply that our capitalism is more socialistic than classical and our socialism more capitalistic than classical. We have, for instance, more government enterprise than would exist under laissez-faire and less than under the kind of socialism described in nineteenth-century socialist programs. To understand these institutions and practices, the classical models would indeed serve us well. But the imperfect character of competition, which is a conspicuous characteristic of contemporary economic life in the United States and other „capitalist" countries, is not due to any socialist ingredients; rather, this feature resulted from inconsistencies in classical capitalism. One of the classical elements was freedom of contract. But contracts that are not made between sellers and buyers, but among sellers to set a minimum price, or among buyers agreeing not to pay more than a maximum price, are destructive of perfect competition; competition is another important element of classical capitalism. Since even the most orthodox defenders of capitalism have admitted some limitations on the freedom of contract — for instance the voiding or outlawing of agreements made for illegal or grossly immoral purposes

— attempts have been made to present the prohibition of monopoly and semi-monopoly as equally compatible with the principles of classical capitalism. But while acts such as gambling or extortion can be identified and dealt with by law without interfering with legitimate business, it was soon found that enforcement of perfect competition required far more intense government regulation, so intense as often to be irreconcilable with the laissez-faire philosophy. Thus a two-headed compromise was inevitable: More deviations from perfect competition were tolerated and more government interference was inaugurated than was considered permissible under classical capitalism. Obviously this would have been inevitable even if no socialist had ever written a book or had run for a seat in any legislature. Imperfect competition cannot be explained as a development of our economy that stands between classical socialism and laissez faire.

Second, some of the phenomena resulting from the position of our economies between classical capitalism and socialism arise from problems peculiar to mixed economies and therefore remain outside the scope of any analysis confined to pure types. For instance, public opinion and governments in capitalist countries today have adopted the socialist postulate of a high degree of economic security for the masses. The expense of the policies required to satisfy this demand must be borne by taxation, and the tax burden falls largely upon business. Since business under capitalism is conducted for profit, the question arises of how the impact of taxation, which inevitably deprives those responsible for the management of production of some of the fruits of their endeavors, can be so cushioned as to leave enough incentive for effort and risk-taking. This problem does not exist in laissez-faire capitalism because the basic security postulate is not adopted, and classical socialism knows no such problems because business for profit would not exist there. Similarly, one of the most important difficulties confronting contemporary communist economies arises from the coexistence of planning in physical terms, the sole type of planning under classical communism, with the elements of a price system and a market, which were reinstituted after an approximation of classical communist systems had failed.

Common Purposes of Different Economic Systems: A comparison of institutions and practices ist not very meaningful unless they have some common purposes. In our comparison of economic systems, we are much interested in comparing performances. For example, we want to know whether there are any problems that communism or socialism can solve more efficiently than capitalism. But this question makes sense only if there are problems common to both, and such a community of problems can exist between economic systems only if they share at least some purposes. Here a doubt may arise as to the validity of comparing the performances of capitalism, socialism and communism when the goals and values of the systems are so different.

It is unnecessary and impossible here to spell out all the differences in those values which determine economic activities in the United States and the Soviet Union. But great as these differences are, they still leave room for some likeness of purpose of economic practices and institutions. The communist countries, it is true, are far more prepared to sacrifice the interests of the generation now living to the interests of the future; yet it would be a gross overstatement to say that communist governments are entirely indifferent to the standard of living which they can offer their masses now. On the other hand, capitalist countries are by no means indifferent to the prospects of their own economic development and are willing to make sacrifice for a rate of economic growth which they consider adequate. The Soviet Union, in spite of the communist commitment to achieve economic equality in the future, is prepared to accept greater inequalities now than would be tolerable in the United States and some other capitalistic countries; yet the communists too regard inequality as an evil which they accept only for the sake of the purpose such as greater advantages in the armament race.

A meaningful comparison of performance, moreover, is possible even if *ultimate* purposes are completely different, as long as auxiliary goals are alike. Production of steel, for example, is among the auxiliary goals. Steel is required for the construction of hospitals, machinery and tanks. Efficiency in steel production, therefore, is essential whether the economic system emphasizes the welfare of the living generation, rapid economic growth or national power as an end in itself. Although the kind of efficiency directly involved here is engineering efficiency, only an efficient organization of society can produce efficient engineers and research workers. It makes sense to compare economic systems as different as the American and the Russian on the basis of their efficiency in industrial operations. Efficiency in the production of goods, however, is not the only measure of performance. The conditions under which people have to work, the effect of their jobs on their health, their home life and other determinants of their happiness, the distribution of income which results from a particular organization of work must also be considered to obtain a picture of over-all performance. Dependent on our ultimate goals, a system with a higher degree of efficiency in the output of commodities may seem inferior if it fails to satisfy us in one of the other respects.

In comparing economic systems for performance, it is, therefore, impossible to reach an objectively valid conclusion, if by „objective" we mean a judgment that supporters of all economic systems can be logically forced to accept. Our comparison of performance can achieve only two things: It can point out where each system excels the other in meeting certain goals, and it may suggest the extent to which one purpose is sacrificed for another; it may also enable us to decide that we prefer one particular system, because we support the goal which it approaches more closely than do the other systems. It is everybody's right to judge economic systems not only for their efficiency in terms of their own goals but also for the emphasis they place on some goals and not on others. We must not, of course, be surprised to find that those whose goals are different, or who give different weight to the same goals, refuse to accept our judgment.

All economic systems are built with the same bricks. Although there is great diversity among economic systems, they all consist of a very limited number of elements — just as styles of architecture may be exceedingly different when there is much less variety among the bricks used in all the structures.

By what means can men be induced to accept certain goals for their actions and to coordinate their own actions with those of others? First, by command: The goals can be set and everybody told what to do by a superior power which few if any members of society dare resist. This is conceptually the simplest of all devices, although not so simple as it first appears, if the society has an economic horizon encompassing a great variety of goals; the ruler may be equipped with all the power, but what he can achieve is still limited by the scarcity of resources, and the determination of priorities for the various goals, if done rationally, will require a complex apparatus. An alternative way of determining goals and coordinating economic activities is that of exchange. Nobody can satisfy his wants exclusively with resources at his immediate, personal disposal, especially with his own labor power, but needs resources at the disposal of others; among these other men there are almost always some over whom he has no power of command. Therefore he induces these fellow members of society to cooperate with him by offering them compensation. This is the method of barter; in the more developed economies, exchange is facilitated by the use of some kind of token, called money, which everybody may earn by putting part of his resources at the disposal of others. In any event, the mutual bidding for resources will establish goals of productive efforts with definite priorities and at the same time will coordinate people's activities for the realization of these goals. Obviously, the greater the role of command in an economic system, the less important will be the role of exchange. An economic system in which the exchange principle predominates is conceivable only where the great majority is free to dispose of its most important resource, its labor power, i. e. where it consists neither of slaves nor of subjects of a despot.

But people are not always guided by self-interest. Sometimes they work in the interest of others, not in the hope of receiving anything in return but because they adopt the purpose of promoting other people's welfare. This motive has often been called altruism; a more fitting term, perhaps, is solidarity. The circle of people to whom we feel tied with sufficiently strong bonds of solidarity, transcending self-interest, may be very wide or very narrow; it may include only the members of our immediste family or it may extend to all mankind. One cannot always draw a hard and fast line between the exchange and solidarity motives. ... These difficulties in identifying solidarity as a source of individual action do not affect its importance as a motivation; without it no economic system can be explained.

Command, exchange and solidarity prompt men to act rationally to achieve conscious purposes. But people may also accept goals of economic effort because they are traditional goals and are no longer subject to scrutiny, and they may cooperate for their realization because it has long been customary. The importance of tradition in accepting goals has decreased with the rise of the modern scientific spirit, which weakens the power of tradition, but it would be a mistake to believe that the latter plays no role in the economic life of even the most advanced nations[2].

This is not a complete list of human motives; the incentives enumerated are those that are important in determining the purposes of management of material goods and services and in coordinating human activities for the sake of such management. None of these incentives is uniquely related to any ultimate impulse: A command may be issued by an infatuated king to serve the whim of a royal mistress, or by a patriotic leader to organize work for a great national purpose, or by a big entrepreneur to improve the coordination of work in his plants in order to increase profits; exchange, obviously, can serve any consumer's purpose, from the purchase of liquor to satisfy a physical craving, to the payment for the education of a child. Although acts of solidarity, by definition, cannot serve an entirely selfish purpose, there is a wide range of possibilities with regard to the kind of people whom we want to serve from motives of solidarity by an appropriate allocation of our labor power or other resources which we control; we may wish to serve our family members or our friends whom we love, or co-believers in a cause whom we wish to strengthen for our common struggle, or fellow men who have suffered misfortune. Traditions may

---

[2] On the role of tradition, see especially Eduard Heimann, Soziale Theorie der Wirtschaftssysteme, Tübingen 1963, pp. 36 f.

have originated from almost any motive that can induce men to action.

Command, exchange, solidarity and *tradition* are the building blocks of every economic system, and it is important that we do not confuse them with the economic systems themselves. There is no economic system which would not make use of all four devices. Even a dictator who decides to regulate all production by command would be foolish not to leave his subjects a wide range of choice in the field of consumption. ... Nor is any economy exclusively regulated by exchange; The protection of property, for instance, requires the enforcement power of the state. Moreover, no large-scale enterprise, even if its relations to customers and suppliers are regulated wholly or mainly by exchange, can be conducted without using the power of command to coordinate efforts. Solidarity and tradition exist in every society and affect economic decisions, but only saints forget their own interests in favor of those of others, and a society that blindly follows tradition in all matters will fail to adjust itself to changing conditions and will soon perish. In some systems the command element prevails, in others exchange, in still others tradition; solidarity may not be the principal element of any system, but it is more important in some than in others[3].

Economic Systems and Political Systems: Determination of economic goals or coordination of economic activities by command does not always mean the same thing; much depends on the nature of the commanding power. Even the democratic state commands, but in the decision of what the command shall be, the citizen of a democracy is given a voice which the subject of a dictatorship is denied. Because the economy will function very differently, depending on whether the command power of the state is organized democratically or autocratically, economic systems cannot be studied without reference to political systems. Conversely, since economic power can be used for political purposes, any study of a political system which does not consider the economic system is at best superficial. Nothing can be gained, however, by blurring the distinction between the methods by which the „will of the state“ is formed and those by which economic priorities are determined and economic activities coordinated. Such

---

3 The idea that all economic systems consist of the same building stones has been expounded by Robert A. Dahl and Charles E. Lindblom in their excellent book“ Politics, Economics and Welfare“ (New York 1953), pp. 99 ff. They distinguish four „basic control techniques“: spontaneus field control, manipulated field control, command, reciprocity. This arrangement, based on very refined and ingenious definitions of the various control techniques, is useful for some purposes, but for an overall comparison of economic systems the cruder (and, through the inclusion of tradition, more complete) arrangement given above seems preferable.

terms as socialist and capitalist, referring to a form of government, are a source of confusion. Socialism and capitalism are economic systems; democracy and dictatorship are political systems. When we speak of „economic democracy", we refer to the economic and social implications of the philosophy behind democratic systems of government; in this sense the expression is not objectionable, but the temptation to use it loosely, with ensuing confusion, is very great. Even in the case of communism and feudalism, in which political and economic elements are more closely intertwined than in those of socialism and capitalism, the economic and political aspects must be separated in analysis as much as possible.

This distinction would be less important if it were not for the significant role played by the theory that each political system is uniquely related to an economic system. In its most important application, if this theory were true and political democracy and capitalism were interdependent systems, then the attempt to distinguish between political and economic systems might well be wasted effort. This theory is part of the Marxist doctrine, but has gained followers far beyond the circle of Marxists. In fact, it has been upheld with particular insistence by some anti-Marxists, who have argued that the only way to preserve democracy is to retain a capitalist system much like the classical model.

We are concerned with the fundamental problem of the relationship between political and economic systems. Not only are they intertwined, as we have indicated, but they form part of the pattern of social living, which can be fully understood only when visualized as a whole. Before that can be fruitfully done, however, it is necessary to analyze the structure and functioning of the individual parts. As a rule, we understand the purpose of a machine only when observing how it operates as a unit, but we understand this operation only when we understand the shape of the components and know what makes each of them move. Similarly, we can understand society only when we proceed from the separate analysis of its political and economic elements to the consideration of social life as a unit. Neither the initial steps nor the final step must be omitted; to try to undertake them simultaneously is to invite failure.

Certainly not every economic system is compatible with every political system. Just as democratic rights cannot be exercised according to the citizen's own convictions where his livelihood can be arbitrarily controlled by other private interests or by the executive power of the state, so an economic system based on decisions by private enterpreneurs cannot function where the government does not offer sufficient protection of property and enforcement of contracts. It would be easy to find other examples of the incompatibility of some economic and some political arrangements. Although it is true that discrepancies within a social structure can cause intolerable disharmony, it does not follow that there is only one economic system for a given political system. If it is false that a capitalist or a socialist economy can function only if all the parts conform to the classical model, it is equally false that there is only one viable combination of any particular economic system with a political system. If socialist elements within a capitalist economy do not necessarily form a foreign body with lethal effects, then there is even less reason to assume that any economic system different from nineteenth-century capitalism must ruin a liberal or democratic political constitution. Some tension may well exist between economic and political arrangements, just as it may exist between different economic or different political institutions; it is indeed unlikely that the same degree of freedom should exist in all parts of the social structure. Greater freedom in one area will often be used to loosen the bonds in another; but not all tension is harmful; progress toward a better life often depends on the existence of irritants which make for change along with entrenched interests, which limit change.

The compatibility of a wide range of social forms is a great blessing. If the kind of institution in one area were rigidly determined by the kind of institution in another, all parts of the social structure would have to change simultaneously if there were to be any change at all. Thus the evolution of social institutions could never be gradual, since they do not normally change at the same rate and in the same direction. Mankind would therefore be doomed to an infinite series of revolutions: Their destructiveness of material and moral values would be the price we would have to pay for social progress, as radical revolutionaries have indeed maintained for a long time.

Fortunately, we do not have to accept the radical revolutionaries' arguments. All historical experience supports the compatibility of each type of institution in one sector of social life with a wide range of different institutions in other sectors, and therefore we have a right to believe in the possibility of gradualism in social transformation.

Die neue geplante Wirtschaftspolitik der Vereinigten Staaten[1]

Von Hans Staudinger

Was ist unter der neuen nationalen geplanten Wirtschaftspolitik Amerikas generell zu verstehen? Die europäische Variante, nämlich die „Planwirtschaft", trifft nicht das, was ich meine. Denn es handelt sich hier in den Vereinigten Staaten nicht darum, ein neues Kontrollsystem in die Wirtschaft einzubauen, oder um öffentliches Wirtschaften in den privaten Wirtschaftssektoren. Die neue geplante Wirtschaftspolitik Amerikas ist „total", das heißt, sie ist an nationalen Wirtschaftszielen orientiert.

I

Jede planvolle nationale Wirtschaftspolitik — damit komme ich zum ersten Punkt ihrer Charakteristik — verlangt ein Bündel von Zielsetzungen, ein in sich selbst geordnetes und abgestimmtes Programm. Diese Ziele werden der Wirtschaft von außen, von der politischen Sphäre, in einer Rangordnung entsprechend ihrer Bedeutung für das nationale Interesse gegeben. Auch die Art der Ausführung, die zu erreichenden Standards sowie die Größenordnung der für sie notwendigen Beanspruchung und Beschaffung der Mittel menschlicher und materieller Art aus den gesamtwirtschaftlichen Mitteln, ist in diesem Sinne von der Gesamtpolitik einer Regierung her bestimmt.

---

[1] Vorbemerkung des Verfassers, gerichtet an Hans Schäffer: Persönliche und gleichzeitig wissenschaftliche Unterhaltungen schließen sich nicht aus. Wir haben dies mündlich wie schriftlich in unserem Leben bewiesen. Sie verlangten dabei nicht nur ein klar ausgelegtes Programm — ein geistiges Menü. Sie forderten Methode. Einer Ihrer unvergeßlichen Lehrer in Breslau hatte Ihnen dieses zur lebenslänglichen Nutznießung eingetrommelt. Die Methode war das Wesentliche des Nibelungenliedes erst programmatisch in „fünf" Minuten, dann in einer halben Stunde und zuletzt in einer vollen Stunde erläuternd wiederzugeben. Zu einer stündlichen Darlegung bin ich mit Ihnen selten gekommen. Das erlaubte unsere meist gegensätzliche Betrachtungsweise nicht, die uns einander notwendig machte. Im Prinzip will ich auch heute der Nibelungenliedmethode folgen. Doch gebe ich Programmpunkte und Erläuterungen der Raumersparnis wegen gleich zusammen, um an Material und Gedanken für ein dickes Buch Ihnen ein Essay präsentieren zu können. Die folgenden Betrachtungen und Aussagen, die Sie vielleicht an Ihre Moellendorf-Rathenau-Periode erinnern werden, möchten Ihnen ein Zeichen meiner treuen Zuneigung und Aufforderung zur Fortsetzung unserer Gespräche sein. Wie immer Ihr Hans Staudinger.

II

a.) Damit komme ich zum zweiten Merkmal: Eine nationale Wirtschaftspolitik wird zentralistisch manipuliert. Wirtschaftspolitik als solche wurde früher und wird auch heute noch von den organisierten und machtbewußten Gruppen, den Unternehmer-, landwirtschaftlichen und Arbeiterorganisationen, oft unabhängig voneinander und von der Regierungspolitik gemacht. Dies zeigen Beispiele der jüngsten Zeit wie der Versuch der Preiserhöhungen der Aluminiumwerke und die weittragenden Lohnverhandlungen von Arbeitgebern und Arbeitnehmern in der Stahlindustrie, und jetzt der Verkehrsstreik in New York. Solche Politik der mächtigen Organisationen ergibt wesentliche Änderungen der Nachfrage- und Angebotsstruktur nicht nur auf den von ihr unmittelbar betroffenen Märkte, sondern führt darüber hinaus zu kettenartigen Reaktionen in den anderen Märkten. Das Vorhandensein einer einheitlich gerichteten nationalen Wirtschaftspolitik verlangt der inneren wirtschaftlichen Logik nach ein In-Einklangbringen dieser einzelnen Wirtschaftsaktionen mit der Gesamtpolitik. Hier setzt in Amerika die neue Entwicklung ein.

Die neue Wirtschaftspolitik verlangt, daß neben den politisch gesetzten Zielen und der Auswahl optimaler Mittel und Methoden noch die Wege gefunden werden, die die verschiedenen antagonistischen Wirtschaftsinteressen so zusammenführen, daß die Durchführung des Programms zur gegebenen Zielsetzung garantiert ist.

Die neue Wirtschaftspolitik fordert eine neue theoretische und praktische ökonomische Einstellung zu dem, was wir „Gesamtwirtschaft" nennen. Für Adam Smith galt es nur eine Wirtschaft in genialer Weise theoretisch zu erfassen, nämlich die „kapitalistische"; unter den Neo-Klassikern erweiterte sich der Wirtschaftsraum. In der makro-ökonomischen Einstellung wurde dem öffentlichen wie dem privaten Wirtschaftssystem die Funktion zugewiesen, ihre Nachfrage in den Märkten gegenseitig so zu kompensieren, daß das steigende Gesamtprodukt voll abgesetzt werden kann. Heute hat sich die Wirtschaftswelt abermals erweitert. Der Volkswirtschaftler hat sich mit den verschiedenartigen Wirtschaftssystemen innerhalb der amerikanischen Gesamtwirtschaft auseinanderzusetzen. Diese Systeme — die späterhin geschildert werden — haben jeweilig ihre eigene Produktion, ihre Verteilung, ihre Investitionen, ihre besondere Art des Sparens. Sie sind durch verschiedenartige Motivierung, durch verschiedene Arten des Antriebs geleitet. Das Wesentliche aber für unsere Betrachtung ist, daß die Wirtschaftsentscheidungen innerhalb der Systeme teilweise mehr auf längere Sicht, teilweise nur kurzfristig eingestellt sind. Die letztere Einstellung muß naturgemäß, und das kann ich hier schon vorausschicken, einer langfristigen nationalen geplanten Wirtschaftspolitik im Wege stehen.

b.) Es ist nun die zentrale Frage: Wie ist es dazu gekommen und welche Folgen wird eine zentralistische Wirtschaftspolitik für den Weiterbestand einer freien Marktwirtschaft haben? Um dies zu beantworten, müssen wir zuerst die politische, soziale und wirtschaftliche Gesamtlage analysieren. Werfen wir daher — kurz und fragmentarisch — einen Blick auf die Entstehungsgründe. Wie entwickelte sich diese neue Wirtschaftspolitik?

Die Ziele des heutigen nationalen Wirtschaftsprogramms sind an sich keineswegs neu. Neu war das Erscheinen des Sputnik. Mit dessen Kreisen im Weltenraum kreisten in der erregten Diskussion jener Tage Selbstkritik und Erstaunen — mehr über uns selbst. Man wurde sich der gewaltigen Anstrengungen der Russen auf dem Erziehungsgebiet, der einseitigen, doch intensiven Berufsschulung ihrer Arbeiter und Ingenieure bewußt. Man erkannte die erheblichen Leistungen der Russen auf dem technisch-wissenschaftlichen Forschungsgebiet und ihre Fähigkeit, wissenschaftliche Erfindungen praktisch anzuwenden[2].

Zu dieser Ein- und Umkehr trug weiter die seßhaft gewordene Arbeitslosigkeit bei. Technischer Fortschritt, Rationalisierung ausmündend in Automatisierung, brachte uns das Phänomen einer strukturellen Arbeitslosigkeit mit vielen Nicht-mehr-Beschäftigungsfähigen selbst in besten Altersklassen. Der starke, in den kommenden Jahren jährlich zahlenmäßig noch wachsende Einstrom von jugendlichen Arbeitern offenbarte ihre schlechte Ausbildung als wesentlichen Grund ihrer Unfähigkeit, Arbeit zu finden. Die Probleme wuchsen: Die jahrhundertlange, nun mehr gefühlte Diskriminierung der Neger, ihre stets höhere Arbeitslosenquote, augenblicklich ganz besonders unter den Jungen, die mit wachsender Zahl schlechter werdenden Wohnungsverhältnisse, zurückgebliebene Erziehung und Schulung der Farbigen mit dem Festhalten der lokalen Bevölkerung an der Trennung zwischen Schwarz und Weiß in ihren Schulen sowie im öffentlichen Leben ... all das mußte Revolten mit sich bringen, die uns dauernd bedrohen. Damit erkannten die Amerikaner, daß sie selbst ein Kolonialland waren, mit Kolonien innerhalb ihrer eigenen Grenzen. Deren Zeit war vorüber. Gleiche Chancen des kulturellen, sozialen und wirtschaftlichen Aufstiegs mußten den Farbigen gewährt werden.

---

2 Daran wird Amerika fortlaufend erinnert, wie beispielsweise in dem guten Buche von Alec Nova: *The Soviet Economy*, F. A. Praeger, New York, 1964, Seite 200: „The concentration of so many of the best brains in pure science must bring nearer the day when Russians will emerge as important innovators. Though hitherto they have tended to copy western methods, outside of a narrow and predominantly military field, there is no reason why in the future they should astonish us only with Sputniks.“

Trotz ihrer alten, seit langem in der Verfassung verbrieften Rechte werden die Farbigen erst jetzt allmählich „American citizens".

Zu all dem der eigenartige Wirtschaftsrhythmus der letzten zwanzig Jahre: Kurzatmige Aufschwünge und am Ende der fünfziger Jahre eine abfallende Wachstumsrate.

Dies waren die äußeren und inneren Umstände, unter denen eine Kommission von führenden Männern der Regierung, der Wirtschaft, der Arbeiterschaft und der öffentlichen Meinung, sowie der Wissenschaft und der Kunst, „The President's Commission on National Goals", im Jahre 1960 von Präsident Eisenhower einberufen, ihre Beratungen begann. Sie sollte im gleichen Jahre dem Präsidenten und der Öffentlichkeit einen Bericht vorlegen, welches die national wichtigen Gebiete seien, welche Änderungen und Verbesserungen in ihnen erforderlich waren und welche gesamtpolitische Neueinstellung sie verlangten. Der Bericht war mit Vorschlägen für ein koordiniertes Aktionsprogramm zu verbinden. Der endgültige Report wies die folgenden 15 Gebiete von nationalem Interesse auf (die Reihenfolge gibt im allgemeinen auch die amerikanische Hierarchie der Werte wieder): „Goals at Home: 1. The Individual, 2. Equality, 3. The Democratic Process, 4. Education, 5. The Arts and Sciences, 6. The Democratic Economy, 7. Economic Growth, 8. Technological Change, 9. Agriculture, 10. Living Conditions, 11. Health and Welfare. Goals Abroad: 12. Helping to Build an Open and Peaceful World, 13. The Defense of the Free World, 14. Disarmament, and 15. United Nations[3]."

Präsident Kennedy fügte 1961 ein sechzehntes Ziel hinzu: die Erforschung des Weltraums mit der Reise nach dem Mond und zurück. Doch wesentlich war, daß zur Erreichung dieser nationalen Ziele schon in den nächsten Jahren Schritte, wenn auch zum Teil noch kleine, unternommen wurden, und zwar in der Form von administrativen Maßnahmen, Gesetzen, sowie der neuartigen Methode von Direktiven (Guide Posts)[4]. Die meisten Maßnahmen erhielten überparteiliche Unterstützung im Kongreß. Kennedy verkündete diese Ziele unter der Propaganda-Losung: „New Frontier", und von Lyndon Johnson empfing das amerikanische Volk die Hoffnung auf das Werden einer neuen großen Gesellschaftsordnung ohne Armut und mit kulturell verbesserten Lebensaussichten (Great Society).

---

[3] Der Report war von Ratschlägen und 16 Essays begleitet und bleibt wertvoll zu lesen (Goals for Americans — Programs for Action in the Sixties, Prentice Hall, 1960, Englewood Cliffs, New Jersey).

[4] Die Jahresberichte der ökonomischen Berater der Präsidenten (Annual Reports of the Economic Advisers, Government Printing Office, Washington, D. C.) geben die Einzelheiten wie auch Versuche von theoretischer Untermauerung der neuen nationalen Wirtschaftspolitik wieder.

Diese hohen politischen Zwecksetzungen sind in das Wirtschaftspolitische und in den „Gesamtwirtschaftlichen Haushaltsplan" zu übersetzen. Fünf Hauptgebiete dieser Politik heben sich heraus:

1. Zuerst die Einkommens- und die wohlfahrtspolitischen Ziele. Sie bauen institutionell auf der New Deal Sozialversicherungs-Gesetzgebung auf, wie die jetzt endlich durchgeführte Krankenunterstützung der älteren Staatsbürger zeigt. Auch die Versicherungen sind an sich verbessert. Sie schließen mehr Anwärter ein mit erhöhten Unterstützungen. Der bisher nicht der Verbesserung zugängliche Anteil der Armut, die Kernarmut von all denen, die als Familienoberhäupter ein Einkommen von unter $ 3000 haben, soll jetzt entscheidend beseitigt werden. Im Gegensatz zu einem Durchschnittseinkommen pro Konsum- oder Familieneinheit von $ 8000 im Jahre 1965 erwartet man in zehn Jahren ein Durchschnittseinkommen von $ 11 000 bis $ 12 000 (in konstanter Werteinheit des Dollars). Diese Steigerung wird naturgemäß den Sozialbegriff der Armut ändern und damit die Unterstützungen erhöhen. Wir sehen, daß ein Programm, einmal begonnen, künftig kein Ende in der erzielten Besserung finden kann. Ich erwähne das Wohnungsbau-Programm für Minderbemittelte. Auch hier ist Ausdehnung und Besserung mit den Jahren vorgesehen. Die Gesundheitspflege wird enorme Zuwendungen von öffentlichen und privaten Forschungsmitteln erhalten. Die Wohlfahrtspflege und die Unterstützungen werden sich in den einzelnen Bundesstaaten durch Bundesbeihilfe einander angleichen, so daß die Kaufkraft der ärmeren Staaten gesteigert und die Not vermindert wird. Alle diese im Standard zu verbessernden und die dazukommenden neuen Projekte des „Wohlfahrtsstaats" — einmal wirklich durchgeführt — bringen eine richtige Neuverteilung des Gesamteinkommens mit sich, welche in den letzten fünfzehn Jahren hier nicht stattfand.

Auch die großen landwirtschaftlichen Zuschüsse sind mindestens zu 80 % Einkommenssicherung der Landwirte, um angesichts der laufend größer werdenden Überproduktion einem Preisverfall entgegenzuwirken. Der alten Bauernhof-Landwirtschaft wurde der Überfluß zur wirtschaftlichen Katastrophe. Der gewaltige technische Fortschritt — mit einer jährlichen Wachstumsrate von über 6,5 Prozent — erzwingt die großen Sozialleistungen, oder besser gesagt beträchtliche Subventionen für die sozialen Übergangsnöte von der Farmwirtschaft zum kapitalistischen Großgrundbesitz.

Sodann müssen die Programme ausgebaut werden, um den Menschen mit verminderter Arbeitszeit erweiterte Erholungsmöglichkeiten zu geben. Diese öffentlichen Ausgaben bringen uns Parks und Spielplätze, vermehren den Naturschutz und — das ist nicht unwesentlich — fördern die private Motel- und Hotelindustrie und geben damit neue Arbeitsstellen. In Amerika ist die Freizeitdienstleistungs- und -produktionsindustrie die größte Industriegruppe im Gesamtabsatz geworden.

2. Die zweite Gebietsgruppe mit den neuen und zu spät aufgegriffenen Problemen hat mit der großen Wanderung vom Land zur Stadt zu tun; 1975 werden zwei Drittel, wahrscheinlich über 70 Prozent der Bevölkerung von 230 Millionen verstädtert sein. Schon heute ist in den Metropolen und selbst um sie herum keine Verkehrsbeweglichkeit vorhanden. Zeit- und damit enorme Geldverluste zeigen, daß wieder mitten in den „modernen" Städten ein Stadium von „Unentwickeltheit" erreicht wird, wenn nicht durch Städte- und Verkehrsplanung vorausschauend geholfen wird. New York ist ein Beispiel der modernen Verkehrskatastrophe. Die neuen Großstadtgebiete werden sich über weite Teile von Neu-England bis Virginia er-

strecken mit konzentrierten Knotenpunkten wie Boston, New York, Philadelphia, Baltimore und Washington.

Die sozialen und wirtschaftlichen Probleme und die intensive Art des Lebens, die einen neuen Großstadtmenschen schaffen wird, ist in dem Buche des „Twentieth Century Fund" von Jean Gottmann mit dem Titel „Megalopolis", das heißt, „Die riesengroße Stadt", beschrieben. In diese Gruppe gehören auch die regionalen Wiederaufbauprojekte. Neue Verkehrszubringerstraßen, neu errichtete Unternehmungen bringen neue Beschäftigung den mit Armut gestraften Gebieten (Ghost-Towns) — eine Armut, die der Niedergang der Kohlen- und anderen Industrien und die fortschreitende Automatisierung verursachten. Die Eisenbahnen wie die Bergwerke zeigten den größten Arbeiterrückgang und durch technische Verbesserungen die größten Produktivitätssteigerungen; die Küsten- und Flußschiffahrt geht zurück. Lufttransport, Kraftwagen, Motorlastwagen und Omnibusse werden einen weiteren Anteil am Gesamtverkehr erringen, wenn sie sich durch verbesserte Fernverkehrslinien wieder optimal bewegen können. All dieses sind Projekte, die jährlich fortschreitende Sozialleistungen verlangen werden. Doch bleibt die Frage offen, ob, wenn man Sozialleistungen und Privatkosten für jedes Verkehrsinstrument zusammenaddiert, in Amerika auf längere Sicht die optimale Verteilung der Güter auf die einzelnen Verkehrsmittel hinsichtlich wirklich erforderlicher Zeit und anderer Kosten (Verladung) erreicht wird. Vielleicht bevorzugt die moderne Ungeduld per se die schnellste Lieferungsmöglichkeit. Ein irrationales Element ist damit in die sonst scharfe Konkurrenzwirtschaft im Verkehrswesen gebracht worden.

3. Die dritte Gruppe ist mit die wesentlichste: Verbreitung des Erziehungs- und Ausbildungswesens und bessere Erziehungsstandards. Allen Begabten — das ist das Ziel — soll durch Erziehungsbeihilfe die ihrer Begabung angemessene Ausbildung ermöglicht werden. Der Zuwachs an Studenten zur höheren Bildung macht dagegen wieder die Hebung des Erziehungsniveaus zum Problem.

Noch vor kurzem ersetzte der ungelernte Arbeiter den Angelernten und der Angelernte den Facharbeiter. Heute ist es umgekehrt. Es werden verhältnismäßig immer weniger ungelernte Arbeiter gesucht. Auch unter Vollbeschäftigung werden die Ungeschulten nicht leicht Arbeit finden. Es fehlt jedoch an gelernten Kräften. Eine Strukturwandlung ist auf dem Arbeitsmarkt eingetreten. Diese zeigt sich auch darin, daß nur noch 43 Prozent der Gesamtarbeitsstellen von Handarbeitern zu besetzen sind. Dieses Verhältnis von Angestellten und Handarbeitern wird sich weiterhin zu ungunsten der Handarbeiter und ihrer Organisationen, der Gewerkschaften, verschieben. Die größere Zahl der Arbeitskräfte sind jetzt Angestellte, Ingenieure, Aufsichtsbeamte, Selbständige und höhere Beamte der öffentlichen wie der Privatindustrie. Vor allem Staat und Städte verlangen für die Ausführung dieses Programms zunehmend neue Arbeitskräfte dieser Art.

Diese Strukturwandlung auf dem Arbeitsmarkt schafft ständig neue Probleme und verschärft die Lage der Arbeiter mit schlechter Schulung und Erziehung. Konzentrierte Reformen sollten daher der Berufsschulung gewidmet sein. Umschulung von der Industriearbeit zum Leistungsgewerbe wie Aufschulung durch öffentliche wie private Zusammenarbeit ist Erfordernis. Viel wird geredet, selbst Geld steht zur Verfügung, doch es fehlt die Koordination der Anstrengungen. Koordination ist eine weitere Voraussetzung planvoller Politik — doch leider ist sie eine der schwächst entwickelten Seiten der amerikanischen Bürokratien. Mindestens 1 Prozent der ungelernten Arbeiter sollte jährlich für angelernte wie gelernte Arbeit aufgeschult werden.

250.000 Arbeiter werden jährlich durch Automation freigesetzt. 150.000 Arbeiter werden durch den Rückgang der Unternehmen (auch meistens durch technischen Fortschritt verursacht) auf den Arbeitsmarkt geworfen. 200.000 Arbeitskräfte scheiden jährlich freiwillig aus dem Arbeitsmarkt von über 73 Millionen Arbeitern, meistens wegen Alters, aus. Danach müssen selbst bei Vollbeschäftigung für die von der Automation und durch Rückgang der Unternehmen freigesetzten Arbeiter, dazu für den wachsenden Zustrom von jungen Arbeitskräften und Frauen jährlich drei bis dreieinhalb Millionen neue Arbeitsstellen in der Gesamtwirtschaft im kommenden Jahrzehnt bereitgestellt werden. Ein ungeheures Problem, welches mit großen Investitionen verbunden ist.

4. Die vierte Gruppe kann man mit dem Ausdruck „Nationale Verteidigung" zusammenfassen. Selbst wenn die Abrüstung „ausbrechen" sollte, wird die Mittelbeschaffung eine wirtschaftlich ausschlaggebende Belastung bleiben: für verkleinerte, doch stets für das einzelne Projekt teurer werdende Atomverteidigung, für die Verbesserung der Waffen und vor allem für Transportmöglichkeiten, welche große Truppenmassen im „Wenn"-Falle bewegen müssen. Man hat dazu noch die Arbeitskräfte und materiellen Mittel zu rechnen, welche für Mond-Experimente, Bild- und Nachrichtensatelliten, die Atomenergie-Kommission, militärische Forschungs- und Entwicklungszwecke (Military Research and Development) benötigt werden. Für letzteres werden in diesem Jahre wohl 21 Milliarden Dollar verwandt. Man nimmt an, daß sich diese Ausgaben in einem Jahrzehnt verdoppeln werden. 80 Prozent dieser R. und D.-Ausgaben sind für militärische Zwecke, die zum größten Teil von der Industrie investiert oder verwandt werden. Research und Development, wie die vielartigen Fonds, Privatstiftungen und Universitäten geben schon jetzt jährlich über 2 Milliarden Dollar für rein wissenschaftliche Forschungen — nur leider meist auf dem Gebiete der Naturwissenschaften — aus (Basic Research).

5. Zur fünften Gruppe gehören die Ausgaben für die Außenpolitik der Vereinigten Staaten. Für die sicher wieder steigende Entwicklungshilfe, die Beiträge für die Vereinten Nationen und ihre Unterorganisationen werden mehr als fünf Milliarden Dollar einzusetzen sein. Ich habe dabei nicht einmal die großen Ausgaben für die internationalen monetären Institutionen (International Monetary Fund) genannt, die sich auch steigern werden.

Im ganzen wird für Verteidigungszwecke, für Außen-, internationale Handels- und Geldpolitik sowie die dazu erforderlichen Neuinvestitionen über 15 Prozent der Gesamtproduktion (G. N. P.) in Zukunft verwandt werden müssen.

Ein guter Teil dieser Wirtschaftsziele sind danach nur *Mittel* zu militärischen, außenpolitischen, innenpolitischen, sozialen und kulturellen *Endzwecken.* Doch auch diese Endzwecke fördern das Wachstum der Wirtschaft. Die technische militärische Entwicklung mit hohen Standards hebt rückwirkend die Produktivität großer Teile der Wirtschaft. Die verbesserte Ausbildung gibt nicht nur erfolgreichere Berufschancen, sondern bietet der fortschreitenden Technik adäquate Arbeitskräfte. Das sind bedeutende

„feedback"-Effekte, die zu Produktivitätssteigerungen, besonders in langer Sicht, führen müssen[5].

III

Denken wir an den „New Deal", der in der großen Depression geschaffen wurde und das amerikanische Volk politisch bei seinem demokratischen „way of life" hielt; sehen wir uns das große innen- und außenwirtschaftliche Programm an, dann drängt sich die Frage auf: Sind wirklich solche außenpolitischen Spannungen, ist ein solcher innenpolitischer Druck notwendig, um ein Volk zu einer so gigantischen Kraftanstrengung eines — im amerikanischen Sinne — gemeinwirtschaftlichen Programms (joint and mixed economic program) zu führen? Doch was wäre aus Amerika geworden, wenn dieser Druck gefehlt hätte?

Das ganze Paket der nationalen Ziele beeindruckt den Wirtschaftspolitiker. Es führt vor allem — was auch immer die veranlassenden Motive sein mögen — zu einer politisch und für das Leben besser erzogenen sowie auch enger verbundenen neuen Gesellschaft, wie dies Lyndon B. Johnson letzthin erstrebt. Es ist meinen Beobachtungen nach die neue Mentalität mit einem nationalen Oberton, die neben dem persönlichen Einfluß L. B. Johnson's die weitgehende Unterstützung dieses Programms erklärt. Wenn ich es mit Studenten diskutiere, unterstreichen diese den sich daraus offenbarenden Gemeinsinn. Andererseits kritisieren die meisten heftig die Ausweitung des Krieges in Vietnam sowie unser vergrößertes Engagement. Sie befürchten, daß die vermehrten Kriegsausgaben die neuen Wohlfahrts-

---

[5] Edward F. Dennison gibt in seinem Buche: The Sources of Economic Growth in the United States and the Alternatives Before Us, — (Committee for Economic Development, New York 1962) — eine Untersuchung der Quellen des realen Nationaleinkommens pro Person in der Periode 1929—1957 wieder. Ich erwähne hier nur, daß die Erhöhung der Kapitalanlage pro beschäftigter Person neun Prozent zur Gesamterhöhung des Nationaleinkommens in dieser Periode beigetragen hat; ein Prozent Wachstumserhöhung war durch die etwas schnellere Verwendung von Erfindungen erzielt worden; — der Fortschritt der verschiedenartigen Kenntnisse (einschließlich der verbesserten Geschäftsführung) hat 36 % zur Wachstumsrate hinzugefügt, doch die verbesserte Erziehung der Arbeiter hat 42 % zur Gesamterhöhung des Nationaleinkommens in dieser Periode beigetragen. Auf die allgemeine Bedeutung der Ergebnisse dieser Untersuchung haben die ökonomischen Berater in ihren Aussagen vor dem Kongreßkomitee hingewiesen, welches sich mit der Frage beschäftigte, ob die lang anhaltende Arbeitslosigkeit durch Nachfragemangel oder durch eine strukturelle Wandlung des Arbeitsmarktes herbeigeführt worden war, die wiederum verursacht und verlängert wurde durch den Mangel an Eignung, Schulung sowie fundamentaler Erziehung der Arbeitssuchenden. (The Annual Report of „The Council of Economic Advisers", January 1964, Washington D. C., Seite 165).

Projekte in den Hintergrund drängen würden. Aus dieser Haltung ergibt sich, daß das gestärkte nationale Gemeingefühl bei den jüngeren Menschen noch keine nationalistischen Formen angenommen hat. Die jüngeren Menschen, die jahrelang keine wirklichen Zukunftsaussichten vor sich sahen, sind teils bohemisiert, doch sicher radikalisiert und suchen nach neuen Lösungen. Amerika war bisher noch keine Nation im europäischen Sinne. Sie mag es jetzt werden.

Zusammenfassend kann ich nun die dritte Charakteristik der neuen geplanten Wirtschaftspolitik formulieren: Sie braucht nicht allein eine stillschweigende oder offene Zustimmung und einen Kompromiß zwischen den Hauptakteuren der wirtschaftlichen Interessenmächte, einen „Konsensus". Sie braucht mehr, nämlich ein nationales Bewußtsein und einen werdenden Gemeinsinn, um die wirtschaftlichen, sozialen und politischen Antagonismen zu mildern und zu überbrücken.

Was die Mitglieder der „President's Commission on National Goals" nicht konnten, — was die „Economic Advisers of the President" nicht taten —, tat Gerhard Colm und das Forschungsinstitut, die „National Planning Association", in dem er seine wirtschaftspolitischen Kenntnisse wirksam machen konnte. Sie berechneten die „Kosten" dieses großen Regierungsprogramms gemäß den Standards, die heute maßgebend sind und projizierten, was dasselbe Programm in den Jahren 1970 bis 1975 an gesamtwirtschaftlichen Mitteln beanspruchen würde. Allein durch das Wachstum der Bevölkerung würde 1975 eine Summe von 772 Milliarden Dollar benötigt werden, jedoch werden inzwischen schon höhere Standards und höhere Durchführungskosten die Kosten der Einzelprojekte erhöhen. Nach den Vernehmungen der Untersuchungskommissionen des Kongresses (hearings), wie nach Gutachten von Fachleuten innerhalb und außerhalb der Regierung, sind auf vielen Gebieten, vor allem der Erziehung, große Verbesserungen eine unbedingte Notwendigkeit. Gemäß diesen Gutachten würde das in den Standards verbesserte Programm im Jahre 1975 1127 Milliarden Dollar kosten. In dieser Summe sind die Einkommen- und Verbrauchssteigerung der Konsumenten wie auch die notwendigen Investitionen der privaten Industrie eingeschlossen. Sie berechneten weiter, daß bei einer Produktivitätssteigerung von 3,3 Prozent, einer vergrößerten Arbeitsarmee von heute 73 Millionen auf nahezu 100 Millionen in 1975 und einer ständigen Arbeitslosigkeit von nicht mehr als 4 Prozent, Amerika ein potentielles Gesamteinkommen von nahezu 1.000 Milliarden Dollar im Jahre 1975 haben würde, anstatt von 670 Milliarden Dollar heute. Ergo: Mit einem unter den gegebenen Annahmen nicht zu niedrig geschätzten künftigen Gesamtvolkseinkommen kann das notwendigerweise verbesserte Programm nicht durchgeführt werden. Nach den unter der Ägide von Gerhard Colm von Leonard A. Lecht eben veröffentlichten Berechnungen verbleibt ein Defizit von 124 Milliarden Dollar. Lecht sagt: „Doch die Schätzungen dieses Defizits unterstreichen das Dilemma für die nationalen Ziele. Selbst mit einer Billion Dollar des Gesamtvolkseinkommens würden wir noch nicht die Mittel haben, einen genügenden und befriedigenden Standard für die einzelnen Projekte zu erreichen[6].“

Wir sind hier an der entscheidenden Frage angekommen, wieviel von privaten Investitionen notwendig sind, um unter dem heutigen Stande der sich verbessernden technischen Kenntnisse die einmal begonnenen Projekte zur vollen Realisation zu führen. Die Antwort lautet: Um jährlich eine vierprozentige Wachstumsrate in der amerikanischen Wirtschaft auf die Dauer zu erreichen, sind mindestens private Investitionen von über 11 Prozent des Gesamtproduktes (G. N. P.) jährlich notwendig, welches heute 678 Milliarden erreichen wird. Sind Industrien willig, anstatt Reserven aufzuhäufen, schneller als bisher neue Erfindungen anzuwenden und dieses Risiko vor allem auch in den zurückgebliebenen Sektoren auf sich zu nehmen, dann kann eine Produktivitätssteigerung von über 3,6 Prozent erzielt werden, was zu einer fünfprozentigen Gesamtwachstumsrate ausreichen könnte; doch das nur, wenn die Arbeiter die Arbeitszeit nicht weiter wie in der Periode der höheren Arbeitslosigkeit verringern. Damit könnten wir die standardgemäßen Ziele in ihrem erstrebten Umfange erreichen. Die Kernfrage ist, ob die freie amerikanische Wirtschaft erkennt, daß es in ihrem eigenen gesicherten Ertragsinteresse liegt, eine langfristige planvolle Investitionspolitik auf der Grundlage von Produktionsprojektionen durchzuführen und dies unter der Annahme, daß alle entscheidenden Wirtschafts-Akteure dieselbe optimale Wachstumspolitik befolgen werden.

Im zehnten Kapitel dieses Buches: „The Dollar Cost of our National Goals“ spekuliert der Verfasser mit dem Gedanken, daß eine für heute hohe vierprozentige Wachstumsrate im Jahre 1975 vielleicht schon als bescheiden angesehen werden könnte. „Sollte diese optimistische Version zur Realität werden, dann würde das schnelle Wachstum sehr wahrscheinlich noch höhere Standards als notwendig erscheinen lassen.“ Diese Bemerkung zeigt meines Erachtens eines der Dilemmas solcher Projizierungen per se; doch auf der anderen Seite, und diese ist die wesentlichere, veranschaulicht sie drastisch, daß wir selbst mit steigendem Nationaleinkommen nicht den Grad einer „Affluent Society“ erreicht haben. Es bleibt ein Nachfrage-Überhang. Die private Wirtschaft kann sich und hat sich in langer Sicht auf

[6] Lecht, The Dollar Cost of our National Goals, Veröffentlichung der National Planning Association, Washington D. C. 1965, S. 43.

eine stets zunehmende gemischte, öffentlich- und privat-wirtschaftliche Nachfrage mit ihrem Investitionsprogramm einzurichten. Doch dies setzt privat-wirtschaftliches Planen der Unternehmer in der mikroökonomischen Ebene voraus. Sollte es für die Industriegruppen nicht möglich sein, sich neue Spielregeln für eine langfristige private Planung zu geben, um ihre Autonomie der dezentralisierten Entscheidung zu bewahren, dann hat die Bundeswirtschaftspolitik zuerst mit neuen Richtlinien (guide posts) herauszukommen. Im Falle eines weiteren Versagens der Privatwirtschaft kann die Regierung dann politisch gezwungen werden, Kontrollen einzuführen. Es ist eine eiserne Logik in einer einmal eingeschlagenen Wirtschaftspolitik. Die Projekte des Programms sind begonnen und haben gesamtpolitische Zustimmung gefunden. Nur wenn der große Krieg kommen sollte, können diese gemeinwirtschaftlichen Ziele (toward a „Great Society" through the growth of a joint and mixed economy) zeitweise verschoben werden. Die Bedürfnisse sind geweckt und wachsen. Es handelt sich jetzt darum, neben die Zweckziele klare neue Grundlinien ihrer *Durchführung* zu setzen. Colm nennt diese in seinem Aufsatz in dieser Festschrift „performance goals", das heißt „Ausführungsmaxime". Irgendein Konsensus, das heißt eine Einordnung der mikro-ökonomischen dezentralisierten Entscheidungen, in oder unter die Makroziele, wird herbeigeführt. Und im Grunde genommen, vielleicht besser gesagt, im Prinzip, stimmen die Hauptwirtschaftsakteure schon überein, daß Stabilitätspolitik, nämlich Herbeiführung der Vollbeschäftigung, und Wachstumspolitik, dauernde Erhaltung der Vollbeschäftigung mit wachsender Produktivität, die entscheidenden Maximen der amerikanischen Wirtschaftspolitik sein werden. Professor Adolph Lowe — „auch einer" der früheren Mitarbeiter von Hans Schäffer — äußerte sich zu dem gleichen Problem.

Adolph Lowe macht in seinem 1965 veröffentlichten Buche: On Economic Knowledge — Toward a Science of Political Economics[7] den Versuch, seine ökonomischen Kollegen zu überzeugen, daß eine realitätserklärende ökonomische Theorie nur möglich ist, wenn sich die mikro-ökonomischen Einheiten den makro-ökonomischen Zielen und den Wegen, die zu deren Verwirklichung führen, in ihren dezentralisierten Entscheidungen verständnisvoll anzuschließen vermögen. Es ist wert, ihn zu zitieren wie ihn zu lesen: „By extending the opportunity for the utilization of present resources and by assuring the utilization of newly accruing ones at a rising rate of productivity, both... these Macrogoals: Stabilization and Balancing of Growth... offer benefits all around to the ultimate detriment of no one... it is the

[7] Adolph Lowe, On Economic Knowledge — Toward a Science of Political Economics, Harper and Row, New York 1965.

well understood interest of the micro-units that must agree with the macro-goal, rather than their crude strivings ... To enlighten the individual marketeer about his true interests by reducing expectational uncertainty and by suitable patterning action directives is the very function of manipulative controls ... Wealthy societies with a long tradition in decentralized decision-making may succeed, as the example of Britain shows, in adjustment of their social structures without surrendering the essentials of micro-autonomy. Poor societies without such traditions are likely to sacrifice freedom by adopting control by command as the only conceivable organizational means for conquering destitution and exploitation — a turn towards restriction of micro-autonomy, of which we see the beginning but not the end[8]."

IV

Mit der vierten Charakteristik der neuen Wirtschaftspolitik komme ich zu einer zusammenfassenden Formulierung dieser amerikanischen geplanten Wirtschaftspolitik: Wir sagten schon, daß sie eine zentralistische Wirtschaftspolitik ist und zum guten Teil dezentralistisch verwirklicht wird. Sie ist an einem Programm von Wirtschaftszielen orientiert, die meist wieder Mittel zu nichtökonomischen Endzielen sind. Diese sind unter weitgehender politischer Übereinstimmung als neue Lebensziele einer erst jetzt werdenden amerikanischen „Nation" proklamiert. Zu ihrer wirtschaftlichen Durchführung bedürfen sie Grundsätze für das Verhalten der wirtschaftlich mächtigen Akteure. Sie bedürfen der Festsetzung einer totalen Wirtschaftspolitik, in die die mikro-ökonomischen Entscheidungen sich ein- oder unterzuordnen haben. Die Gesamtpolitik verlangt die Realisierung der Ziele, und die geplante Wirtschaftspolitik erzwingt ihre optimale Durchführung, doch mit dem Ziele eines möglichst großen Freiraums für die private kapitalistische Marktwirtschaft.

In Amerika handelt es sich also heute wirklich um einen politischen Konsensus, mit dem das Programm aufgestellt und begonnen worden ist. Doch der Konsensus der Wirtschaftskräfte, der zur vollen Durchführung notwendig ist, scheint noch nicht auf die Dauer gesichert zu sein. Außerdem ist, wie oben gezeigt, das politische Programm mit einem wirtschaftlichen „Defizit" belastet, falls es nicht gelingt, das Gesamtprodukt über die gegenwärtige Projektion zu erhöhen. Diese Frage der Durchführung des Programms hängt entscheidend von der Durchführung des Wirtschaftsmaximums ab: „Stability and Growth". Zweifel mögen begründet sein, ob das neue nationale Bewußtsein so

---

[8] Ibid: Seite 319/320.

weit reicht, daß es die antagonistischen Interessen überbrückt und eine langfristige Durchführungs-Wirtschaftspolitik ermöglicht.

Wie an der Börse so in der Wirtschaftspolitik — es gibt „Bears and Bulls“. Die Optimisten glauben, daß wir durch „Krisenvermeiden“ und durch Projektions-Erziehen der privaten Wirtschaft zu einer langfristigen, in ihren Erträgen gleichmäßigeren und mit vermindertem Risiko behafteten Wirtschaftsführung kommen werden. Sie glauben, daß die freie Marktwirtschaft — gelenkt durch eine geplante Wirtschaftspolitik, ausgerichtet an den nationalen politischen Zielen — in den Durchführungsmaximen zur optimalen Wachstumssteigerung kommen wird.

Sie knüpfen noch weitere Hoffnungen daran, die ich kurz erwähne: Die Öffentliche Hand erscheint heute als großer, monopsonistischer, Käufer auf den Märkten. Bald 27 Prozent der Gesamtwirtschaftsproduktion wird von ihr dirigiert. Sie kann auf dem Preisgebiet Einflüsse üben wie dies der Verteidigungsminister McNamara in den Stahl- und Aluminiumpreiskonflikten zwischen der Regierung und Industrie gezeigt hat. Die Regierung kann heute mit ihren Vorräten (stockpiles) den Kupferpreis auf dem Markt herunterdrücken. Hoheitspolitik und Wirtschaftspolitik sollen nach alten liberalen Grundsätzen streng getrennt bleiben. Aber wie sollen diese durchgeführt werden, wo die Alternative heute lautet: Private Preis-Kontrolle oder öffentlicher Preis-Druck auf dem freien Markte. Die Festsetzung von „festen Preisen“ (rigidity) sucht die Regierung mit Recht soweit irgendmöglich zu vermeiden — jedoch die Inflation *muß* von ihr mit allen Mitteln bekämpft werden. In einer ausgebauten modernen Marktwirtschaft werden wir Preiserhöhungen haben müssen, einer Wirtschaft, wo 80 Prozent der Bevölkerung über dem biologischen Existenzminimum leben und ein stetig steigendes Einkommen durchschnittlich erwarten können. Zum mindesten statistische Indexpreiserhöhungen werden aufgezeigt, weil mit steigendem Einkommen das Gewicht der Qualitätswaren im Gesamtindex zunimmt. Eine solche Steigerung von 1 Prozent in jedem Jahr allein wird die Dollar-Kaufkraft über ein Fünftel in 25 Jahren senken — ein bleibender Schaden für die Rentenbezieher. Doch das ist noch keine kriechende Inflation und sollte uns nicht hysterisch machen. Zur Beurteilung einer wirklichen inflatorischen Preiserhöhung ist jedoch die Bewegung des Großhandelsindex von Wichtigkeit. Sollte dieser stärker steigen als der Einzelhandelsindex, dann sind fraglos inflationistische Kräfte in weiteren Gebieten der Wirtschaft am Werke, die sich zu einer sich selbst aufwärtsdrehenden Inflationswelle (Lohn-Preis-Spirale) auswirken können. Und diese könnte, wie es der koreanische Krieg zeigte, durch Flucht in die Sachwerte (inventory hoarding) vervielfacht werden. Die Optimisten sagen, daß die gegenwärtige Regierung es nicht bei dem Diskont-Alarm belassen würde. Mit Krediteinschränkung würden Ausgabeeinschränkung oder Ausgabehinausschiebung verbunden werden, um das Gleichgewicht herzustellen, das heute schon durch eine 2—3 prozentige Preissteigerung gestört ist. Die Optimisten sagen, daß die Regierung auch nicht vor Steuererhöhungen zurückschrecken würde. Hoffen wir!

Größere Hoffnungen für die zukünftige Entwicklung sind auf die Durchsetzung einer langfristigen Wirtschaftspolitik gebaut: Die zunehmende Erfolgsabhängigkeit der Privatwirtschaft von den Sozialleistungen wird eine Kooperation ermöglichen, in der die Initiative zu weiteren öffentlichen Investitionen von der ihrerseits investitionswilligen Privatindustrie ausgeht. Es wird ein „korporatives" Verhältnis zwischen dem privaten und dem öffentlichen Wirtschaftssystem ermöglichen.

Die neue Entwicklungspolitik der großen Städte und Vorstädte verlangt nicht nur neue Verkehrsstraßen für das zweite Auto in jeder amerikanischen Familie; es erfordert neue private Verkaufszentren und ein Netz von neuen, privaten Leistungsindustrien. Es ist das Bemerkenswerte dieses Programms, daß es die öffentlich-private Zusammenarbeit, wie z. B. das Unternehmen Komsat und die Zusammenarbeit der Atomic Energy Commission mit den privaten Elektrizitätswerken und der Schiffsindustrie fördert. So wird ein neues Verständnis für die vervielfachende Gesamtwirtschaftswirkung der öffentlichen Ausgaben mit der Zeit entstehen und auch dafür, daß diese sich dauernd im Gesamtwachstumsverhältnis steigern und erhöhen müssen. Der schadenstiftende Plagegeist der großen „Öffentlichen Schuld" in Wallstreet wird sich zur Ruhe begeben, nicht, weil diese Bundesschuld von 320 Milliarden Dollar mit wachsendem Gesamtprodukt kleiner und damit weniger beunruhigend wird, sondern weil sich die Erkenntnis durchsetzt, daß eine dynamisch wachsende Wirtschaft eine private und öffentliche Verschuldungssteigerung im Verhältnis zum Wachstum des Gesamtwirtschaftsproduktes braucht. Ein Wirtschaftsprogramm von diesen Ausmaßen erfordert eine wachsende private und öffentliche Verschuldung. Nicht die Haushalte der öffentlichen Körperschaften, sondern der gesamte nationale Wirtschaftshaushalt muß balanciert werden.

Die Pessimisten stellen die Frage: „Aber wenn nicht?" Sie verweisen dabei auf vier nicht leicht zu nehmende Momente.

Erstens: stellt sich die „Tradition" dem „Neuen" in den Weg? Nehmen wir eine der dafür typischen Wirtschaftsgruppen als Beispiel heraus, die Gruppe der Bankiers. Sie denken vom Kurszettel bis zum Kredit an das Risiko. Sie sehen besonders in Amerika die Frage der

Zahlungsbilanz viel größer als sie in Wirklichkeit ist, da sie mit dem Risiko der Abwanderung der kurzfristigen Kredite verbunden ist. Mitglieder dieser „guilt-edged“ Gruppe haben einen besonderen „flair“, Bedenken gegenüber einer groß angelegten Wirtschaftspolitik aufzuhäufen. Die Hüter des Dollars müssen naturgemäß „kurzfristig“ eingestellt sein, solange wir cyklische Bewegungen in der Wirtschaft haben. So auch das Federal Reserve System.

Zweitens steht die „Antitrust-Gesetzgebung“ hindernd im Wege. Sie stammt aus der ersten liberal-wirtschaftlichen Epoche — des Einbruchs der Monopole in die freie Preis-Konkurrenzwirtschaft und zum Schutze der kleinen und mittleren Betriebe — doch nicht für den Konsumenten ausgebaut. Sie wird noch heute im Geiste dieser Tradition gehandhabt, besonders in der Frage einer weitschauenden Zusammenlegungspolitik der Unternehmen. Ein Fortschritt ist durch die Umstellung von Gerichts- auf administrative Entscheidungen (consent decree) erzielt worden. Doch bleibt es schwer für eine Wirtschaftsgruppe, zu einer wirklich geplanten Investitionspolitik als Gruppe zu kommen, ohne kriminell zu werden.

Wenn die Bundesregierung jedoch durch die neue „Guide Post“-Politik neue Spielregeln für die Wirtschaft, z. B. hinsichtlich der Auslandsinvestitionen in Vorschlag bringt, ist eine „conspiracy“, eine gemeinsame Vereinbarung der Industrie, nicht gegeben — auch wenn sie „restraint of trade“, eine Beschränkung der Produktion und des Handels, mit sich bringt. Es scheint ein Paradox zu sein, daß mit einem Regierungsvorschlag die Verfolgung des „Antitrust-Gesetzes“ außer Kraft gesetzt werden kann. Und doch ist dies echtes Amerika. Was sind denn diese Spielregeln der Wirtschaft? Sie sind keine geheimen oder offenen Vereinbarungen. Sie sind Präzedenzfälle, die von dem führenden Werk in der Industrie aufgestellt werden und denen die anderen folgen. Wir haben hier Preisführer und Lohnführer. Die „Guide Post“-Politik ist auf diesem Präzedenzfallsystem aufgebaut. Sie sucht die „führenden“ Industrie-Corporationen zu beeinflussen, daß sie die „guide posts“ als Spielregeln in der Form der Präzedenzfall-Schaffung übernehmen. Die Pessimisten sagen: Das ist ein weiterer und sehr entscheidender Punkt des Zweifels, ob diese Wirtschaftspolitik in der freien Marktwirtschaft durchgeführt werden kann, da das nationale Gesamtinteresse doch noch nicht so entwickelt sei, um die kurzfristigen antagonistischen Wirtschaftsinteressen zu überbrücken. Die „guide posts“ würden daher nur von solchen Industrien und Gewerkschaften befolgt werden, in deren Interesse sie lägen. Dies sind ernste Einwände, auf die ich später zurückkomme.

Drittens wird von den Pessimisten erwähnt, daß Regierungen sich ändern können; unter Goldwater als Präsident wäre eine neue geplante Wirtschaftspolitik nicht durchführbar gewesen. Die Frage bleibt, ob sich die machtvollen wirtschaftlichen Organisationen und die Großindustrie bei einer neuen Regierung und einem geänderten Programm gegen die gemeinwirtschaftliche Politik Kennedys und L. B. Johnsons stemmen werden. Und die Sozialisten verkünden immer noch, daß die letzte Etappe der kapitalistischen Wirtschaft vor uns liege, wo die konzentrierte Finanzkapitalmacht und die Industriemonopole (Oligopolies) eine nationalistische Diktatur in amerikanischem Gewande schließlich mit sich brächte, die den „Wohlfahrtsstaat" revidieren würde.

Eine grundsätzliche Änderung dieser nun eingeschlagenen Politik ist jedoch weder wahrscheinlich noch heute möglich — es müßte schon zu einer Revolution über den Krieg kommen. Zuviele Menschen sind innerlich und auch materiell — beides vereint sich — an dem Programm interessiert. Eine volksweite Übereinstimmung besteht über diese geplante Wirtschaftspolitik und auch darüber — auch dies ist ein „Nationales Ziel" —, die freie kapitalistische Marktwirtschaft zu erhalten. — Also die freie Marktwirtschaft ist mitinteressiert. Die Selbsterkenntnis der Interessenlage in langer Sicht setzt jedoch eine gute ökonomische Erziehung voraus. Diese Erziehung ist an sich eines der wesentlichen Durchführungsmittel einer planvollen Politik.

Viertens: Viel wichtiger ist der Einwand, daß wir eine solche politische Gesamtzustimmung unmittelbar nach dem Ende des Zweiten Weltkrieges für den Employment Act 1946 hatten, der große politische Zwecksetzungen und Maximen ihrer Durchführung gab. Erst jetzt nach nahezu zwanzig Jahren ist der Anfang der eigentlichen Durchführung gemacht worden durch die Übernahme seiner hohen Ziele in das Programm und die Gesetzgebung, wie wir es „oben" sahen.

Die „Full Employment Bill" hat vier Entstehungswurzeln. Eine ist in den unabhängigen Wirtschaftsorganisationen zu finden, besonders in der „Farmers Union", welche unter der Führung von James Patton eine viel radikalere „Bill" vorschlug, als sie später dem Kongreß unterbreitet wurde. Auch die privaten Forschungsorganisationen wie die „National Planning Association" und das „Committee of Economic Development" unterstützten die Annahme eines derartigen wirtschaftspolitischen Grundgesetzes.

Drittens arbeiteten die Mitglieder des Kongresses an gleichartigen Vorschlägen — es war Senator Murray mit der Hilfe von Bertram Gross als Assistenten und Senator Wagner unterstützt von Leon Keyserling, dem späteren ersten „Economic Adviser", sowie Representative Patman, die diese Vorschläge vorwärtstrieben. Auch Robert Taft spielte eine kritische, doch sehr konstruktive Rolle, was die Zustimmungen der Republikaner sicherte.

Die vierte Einflußgruppe bestand aus den, in der Wirtschaftspolitik damals und zum Teil noch heute führenden Intellektuellen, die mit Zustimmung von Präsident Roosevelt 1944 Programme und Institutionsvorschläge für eine Vollbeschäftigungspolitik nach Kriegsende ausarbeiteten. Darunter waren Alvin Hansen, Weldon Jones, Arthur Smithies und andere, aber besonders Gerhard Colm, die zu einem Bericht an Präsident Roosevelt beitrugen, welcher als „guide line" für die Stellungnahme der Beamten in den Komitees des Kongresses herausgebracht wurde. Es waren die Intellektuellen, die entscheidend durch den Richter Rosenman und Harold Smith auf die Stellung von Präsident Roosevelt einwirkten. Ich erwähne dies hier, weil diese Urquellen einer neuen nationalen Wirtschaftspolitik bisher geschichtlich unvollständig dargestellt wurden, und dies selbst in dem guten Buche von Stephen Bailey: „Congress Makes a Law". Diese Zusammenarbeit gab den ersten Anstoß zur Formulierung einer einheitlichen nationalen Wirtschaftspolitik in Amerika; und diese Zusammenarbeit von vier Seiten war wieder ein Resultat gemeinsamer Erfahrungen der dreißiger- und der Kriegsjahre.

Die Krisenerfahrungen nach dem Ersten Weltkrieg, die Erschütterung der langanhaltenden Depression in den dreißiger Jahren und die Möglichkeit einer Vollbeschäftigung in der Kriegswirtschaft rechtfertigen es, daß nunmehr auf dem Gesetzeswege — also politisch — die Vollbeschäftigung als großes nationales Ziel zur Durchsetzung zu bringen sei. Man war dies auch der großen Zahl der heimströmenden Soldaten schuldig. Gerhard Colm wollte schon damals durch die jährliche und mehrjährige Aufstellung eines Gesamtwirtschaftshaushalts (national economic budget) eine in die Zukunft orientierte, geplante Wirtschaftspolitik verwirklichen. Doch der Kongreß verschob diese Forderungen. Sie waren „zu" neu. Verankert wurde jedoch in dem „Vollbeschäftigungsgesetz" von 1946 die so wesentliche Institution der „Economic Advisers", die jährlichen Berichte des Präsidenten über das gegenwärtige Niveau von Beschäftigung, Produktion und Kaufkraft, und die zu ergreifenden Maßnahmen, die im Gesetz vorgeschrieben waren, einem gemeinsamen Kongreßkomitee von Haus und Senat, dem jetzt durch seine erfolgreichen Untersuchungsarbeiten berühmt gewordenen „Joint Economic Committee on the Report of the President", vorzuschlagen. In dem Gesetz war die Verpflichtung des Präsidenten festgelegt, in Zusammenarbeit mit den organisierten Wirtschaftsgruppen — Industrie, Landwirtschaft, Arbeitern, wie Ländern, Städten und Gemeinden — jedes mögliche Mittel zu ergreifen, um die fünf Haupt-Zweckziele zu erfüllen: nämlich Förderung der freien Wirtschaft und der allgemeinen Wohlfahrt durch die wirtschaftspolitischen Maximen einer optimalen Beschäftigung der Wirtschaftskräfte, durch optimale Produktions- und optimale Kaufkraftsteigerung.

Das Gesetz schreibt zusätzlich für die Berichte der ökonomischen Berater vor: Analysen wirtschaftspolitischer Natur; Untersuchungen darüber, wie weit augenblickliche wirtschaftliche „Trends" der Verfolgung einer konsequenten, optimalen Beschäftigungspolitik im Wege stehen und wie weitgehend die gegenwärtige Politik der öffentlichen Institute zur Durchführung der Ziele beitragen oder nicht. Dann haben die Berater die Aufgabe, eine Wirtschaftspolitik in Vorschlag zu bringen, die ökonomische Rückschläge und Depressionen vermeidbar macht oder zum mindesten ihre Auswirkungen vermindert und (dies ist im Gesetzentwurf wiederholt betont) die dauernde Steigerung der Produktion und der Gesamtnachfrage sicherstellt: Ebenso ist wiederholt im Gesetz als eine weitere Funktion der Berater herausgestellt: Schutz und Förderung der freien privaten Konkurrenzwirtschaft. Das Gesetz tut hohen juristischen Anforderungen Genüge. Ziele, Wege, selbst Resultate sind festgelegt, und eine langfristige Wirtschaftspolitik ist in seinem Rahmen möglich, ja eine Notwendigkeit. Zusätze oder Amendments — darüber berät zur Zeit eine Kongreß-Kommission — können ihm nur schaden. Ob es sich um eine institutionelle Änderung handelt, wie die Errichtung eines ständigen Wirtschaftsbeirates, oder ob eine Stabilisierung des Preisniveaus ausdrücklich als besonderes Ziel angefügt wird — ein der Erhaltung der optimalen Beschäftigung angepaßtes Preisniveau ist schon in der Logik des Gesetzes stillschweigend eingeschlossen — ist unwichtig angesichts der zwanzigjährigen Frage, wie und inwieweit das Gesetz durchgeführt wird oder werden kann.

Seine Handhabung also ist entscheidend. Bei der augenblicklichen Beratung über Zusätze oder Verbesserungen des Gesetzes ist ausgesagt worden, daß einer der Gründe, warum das Gesetz nur negativ, das heißt im Wirtschaftsrückgang, in der Depression, und nicht positiv in der Aufstiegsperiode gewirkt habe, auf die zu schwache Anwendung von Geld-, Kredit- und fiskalischen Maßnahmen zurückzuführen sei. Dr. Walter W. Heller, der frühere Vorsitzende der ökonomischen Berater unter Kennedy und Johnson — ein hervorragender Wirtschaftspolitiker, der die neue Richtung Kennedys wesentlich mit ausarbeitete — sagte, retrospektiv, in dem Jahresbericht der ökonomischen Berater (von 1964): „Es hätte in der Vergangenheit manche Möglichkeiten gegeben, die Balance zwischen Nachfrage und Kapazität zu erhalten, wenn die Regierungspolitik aktiv gewesen wäre, und damit hätte sich der Verlauf der Geschichte anders gestaltet[9]." Dies ist in der Tat eine bittere Anklage gegenüber seinen Vorgängern.

[9] Annual Report of the Council of Economic Advisers, Washington D. C. 1964 Seite 39.

Die folgenden Gedanken und Tatsachen überzeugten mich, daß diese zurückschauenden Beurteilungen unrichtig sind. Dagegen hat Arthur Burns, einer der Vorgänger von Heller, recht, wenn er betont, daß in wirtschaftlichen Rückschlägen (recessions) ein Kosensus, eine Übereinstimmung zwischen Regierungs-, Gewerkschafts- und Unternehmerpolitik leicht herzustellen ist und der Kongreß dann bereit ist, schneller aktiv zu werden. Das ist auch durch die Tatsache bewiesen, daß alle vier „Recessions" nach dem Kriege von kurzer Dauer waren. Doch in den früheren Prosperitätsperioden waren dieselben mächtigen Gruppen gespalten. Unternehmer und Arbeiter gingen zusammen. Administrative private Preiserhöhungen folgten schnell vereinbarten Lohnsteigerungen. Die Regierung stand draußen, zu schwach, um sich zeitig gegen die Preisinflation zu stemmen; der Kongreß, würde auch die gerade in der Depression gesenkten Steuern nicht so bald erhöht haben, um die Konjunktur, belastet mit Inflationsfieber, abzudrehen. Eine starke fiskalische Politik war somit ausgeschlossen. Dazu verlangte das Vollbeschäftigungsgesetz eine Konjunktur ohne Arbeitslosigkeit. Im Jahre 1956 in der letzten Inflationsepoche war zum letzten Male Vollbeschäftigung. Die ungelernten Arbeiter des Südens erhielten zum letzten Male Arbeit im Mittelwesten Amerikas, in Detroit. Eine geldpolitische Drosselung war noch weniger möglich, da das „Federal Reserve Board" an sich „schwach" war. Neben der Strukturwandlung auf dem Arbeitsmarkt — wie Arthur Burns es in seiner Verteidigungsbroschüre: Prosperity Without Inflation[10] aus seiner Erfahrung heraus darstellt — hatten wir nach dem Kriege eine Strukturwandlung im Geld- und Kreditwesen. Ich gebe seine Punkte der Wichtigkeit wegen kurz wieder:

1. Ausdehnung der Kreditinstitute. Die Guthabenseite der kommerziellen Banken verbesserte sich zwischen 1946 und 1956 um 50 Milliarden Dollar, die der anderen Institute, die nicht dem Federal Reservesystem angehörten, um 230 Milliarden.

2. Konsumentenkredit und garantierter Wohnungskredit wuchsen: Das ist die neue Form des „Später Sparens". Man gewöhnte sich daran, schon heute die Nutznießung, noch nicht aber das Eigentum des gewünschten Gutes zu haben. Finanziert wurde diese Kreditgewährung mit Spar- und Leihpapieren, die von Unternehmungen ebenso gekauft wurden wie zinstragende Regierungsbonds. So expandierte eine neue Form des Geldes: „Substitute Money" (Geldersatz). Diese kurzfristigen flüssigen Anlagen nahmen von 1945 bis 1956 um 116 Prozent zu, während die alte Form der Geldversorgung — Bankeinlagen und

---

10 Arthur Burns „Prosperity Without Inflation", McGraw Hill, New York 1958.

Bargeld — mit erhöhter Umlaufgeschwindigkeit sich nur um 36 Prozent erhöhte.

3. Die Höhe der Zinsrate verlor bei Investitionsentscheidungen an Bedeutung wegen der gestiegenen Selbstfinanzierungsmöglichkeiten der Industrie und wegen der Notwendigkeit, auch mit höheren Zinsen, zu modernisieren. Anders waren die Verhältnisse nur im Baumarkt.

4. Zinssätze sind selten ein großer Anteil der Geschäftskosten und ihre praktische Bedeutung wird weiter verkleinert als Resultat der höheren Steuersätze nach dem Kriege.

5. Die Entwicklung und das schnelle Wachstum von längerfristigen Anleihen mit festen Amortisationszahlungen stumpfte das Gefühl für die Höhe des Zinses ab.

Dies alles bewies eine Geldflüssigkeit, die mit der Inflation zuerst noch stieg.

Ergo: Die Macht des Federal Reservesystems war vermindert, doch nicht — und das ist meine Anmerkung — die „Fähigkeit“ des Federal Reservesystems, der Gesamtwirtschaft Warnungssignale zu geben — wenn sie nur rechtzeitig gemacht worden wären. Preiserhöhungen folgten neuen Arbeiterforderungen und so fort. Doch war es, so hoffen wir, der letzte die Gesamtwirtschaft belastende, kurzfristige Tanz der privaten mächtigen Wirtschaftsakteure um die goldenen Kälber.

V

Blicken wir tiefer, doch bleiben wir bei der Frage, ob unter den Nachkriegsumständen und den gesamtwirtschaftlichen Fragen eine starke Regierung damals eine langfristige Politik ohne Inflation machen konnte. Was ist denn diese amerikanische Gesamtwirtschaft? Sie besteht aus mehreren verschiedenartigen Wirtschaftssystemen. Jedes einzelne — und das ist die einheitliche Charakteristik — hat seine Produktion, seinen Konsum, seine Investitionen, seine Lagerhaltung. Sie sind verschieden in ihren Motiven (incentives), Intentionen und Zielen ihres wirtschaftlichen Handelns. Sie sind noch mehr verschieden in ihrem kurzfristigen (dem Konjunkturverhalten) oder langfristigen Planen — diese Verschiedenheiten sind entscheidend für ihre Einstellung zu einer geplanten Wirtschaftspolitik der Regierung.

Das größte und unwirtschaftlichste System ist das Haushaltungssystem — das Familiensystem. Es ist von Einkommens- und Sicherheitsmotiven bestimmt und verhält sich völlig kurzfristig: Es spart in der Rezession und erweitert seine Konsumkredite, also seine „Spätersparnisverpflichtung“, bis zum Äußersten in der Prosperität. Es ist für eine Investition nicht so sehr der Preis des Gutes, z. B. eines Autos, es ist die monatliche Abzahlungsrate im Verhältnis zum steigenden Einkommen entscheidend. Die Raten werden pünktlich abgezahlt, um sich „kreditwürdig" zu halten — sehr wesentlich zum Dasein. Man borgt von Freunden und Verwandten und von anderen Banken. Dies ist das elastischste Kreditsystem, das ich je kannte. Ein letzter Schatten der Pionierzeit.

Die Produktion ist naturgemäß und traditionell bestimmt. Der Anteil der Frauenarbeit ist nicht in seiner Wertschöpfung erfaßt. Eine neue Leistungsindustrie hat sich um die Familien mit Kindern gebildet, die Babysitters. Das System ist nicht rationell. Ich habe in meinen Klassen während der Jahre gefragt, ob die gehobene Gruppe meiner jungverheirateten Studenten ein Haushaltungsbuch führe. Niemand kennt das. Sie leben planlos, doch mit einem Bilde (image) der glücklichen amerikanischen Familie vor sich.

Eine zweite Produktionsart ist aus diesem System hervorgegangen, und zwar mit der Zunahme der Freizeit, nämlich, die Axt im Haus erspart den Zimmermann. Nach grober Schätzung: 25 Milliarden Dollar werden jährlich für selbstfabrizierte Haus- und Haushaltsinvestitionen ausgegeben. Doch auch hier wird der jährlich erarbeitete Wertzuwachs im nationalen Gesamtwirtschaftseinkommen nicht statistisch erfaßt — meines Erachtens ein schwerer Fehler. Es wäre für die Entwicklungsländer von größtem Wert, wenn die Haushaltsproduktion in ihrem Wertzuwachs in das nationale Wirtschaftseinkommen voll eingerechnet würde. Über die Hälfte der Menschheit lebt unter diesem Haushaltssystem, dessen Produktivitätssteigerung aber nicht voll registriert werden kann.

Die Arbeiterklasse gehört zu diesem System und die Gewerkschaftspolitik reflektiert seine Züge.

Zweitens, das sich in Bedeutung schnell verkleinernde System der freien Preis-Konkurrenzwirtschaft — sie geht mit der zyklischen Bewegung und hat in ihren Preisen die größten Konjunkturausschläge nach oben wie unten — (dieses System folgt dem Diktat des Marktes).

Der Produktionsanteil der freien Preis-Konkurrenzwirtschaft geht zurück. Doch der Zahl nach wächst das System. Viele Dienstleistungsindustrien stoßen schnell vermehrend hinzu. Auch das landwirtschaftliche System mag einmal von Subventionen freikommen, wenn es sich völlig kapitalistisch entwickelt hat (doch das ist nur eine vage Zukunftshoffnung, da die Landwirtschaft jetzt internationale Preisbindungen erstrebt).

Drittens, und das ist für die Produktivitätssteigerung wie auch für die Erhaltung von Vollbeschäftigung sowie für eine langfristige Wirtschaftspolitik das wichtigste Wirtschaftssystem — das System der großen Firmen (economics of scale). Dieses System umfaßt 65 Prozent der industriellen Produktion und ist wachsend und ein schon für Jahre hinaus planendes System. Es ist nicht wie das Preiskonkurrenzsystem allein am Profit motiviert: der Profit ist eine der wesentlichen Varianten — doch nur eine —; das System ist hauptsächlich an der Erhaltung und Ausweitung der Marktstellung der Firmen interessiert. Ich gehe nicht so weit wie Jay W. Forrester (Massachusetts Institute of Technology), der in einem „Symposium“ der „Industrial Relations Counselors Inc.“ (New York, im Mai 1965) erklärte, es sei nur noch ein Märchen, daß das „Profitmotiv“ die korporativen „Managers“ — (Generaldirektoren ohne Eigentum am Betrieb) — in ihren Entscheidungen wesentlich bestimme. Er sagte: „Man kann bezweifeln, ob die Leute, selbst an der Spitze, vom Profitmotiv in ihren Entscheidungen beeinflußt werden. Wenn der Profit normal im Vergleich zu anderen Industrien ist, spielt das Prestige die entscheidendere Rolle[11].“

Dieses System der Großwirtschaft beherrscht heute die Wirtschaftspolitik der Unternehmer. Seine Leiter sind an dem Fortbestehen der Firmen — am verminderten Risiko —, am gleichmäßigen und dauernden Ertrage interessiert. Sie sind somit logischerweise auf eine langjährige Wirtschaftsführung eingestellt, wie dies auch das vierte, heute politisch führende und entscheidende Produktions- und Investitionssystem der öffentlichen Körper ist. Dieses System ist nach politischem Beschluß an den für notwendig erachteten Ausgaben orientiert. Deren Produktion und Investitionen sind in erster Linie für den Ausbau ihrer Institutionen als solcher und ihre Verteidigung nach außen bestimmt. Für das Wirtschaftsprogramm von L. B. Johnson ist entscheidend, daß in vermehrtem Umfange kollektive Güter und Leistungen für den Einzel- oder Gruppenbedarf produziert werden. Dieses öffentlich-wirtschaftliche System wie das der großen Industrien, der Verteilung, der Versicherungsunternehmungen und der Institutionen der großen Trust Funds ist — ich wiederhole — an langfristiger Wirtschaftspolitik, an der Herbeiführung und Erhaltung von dauernder Prosperität mit Vollbeschäftigung interessiert. Die Konstellation der Wirtschaftssysteme zueinander und in der Zielgemeinschaft der Großwirtschaft mit der öffentlichen Wirtschaft hat sich mit ihrem enormen Wachstum in den letzten zehn Jahren geändert.

Hier liegt der Unterschied zwischen gestern und heute. Das Vollbeschäftigungsgesetz 1946 konnte vor 1958 nicht in vollem Umfange durchgeführt werden. Jetzt ist dessen Ziel schon eher erreichbar ge-

---

[11] „Computer Technology — Concepts for Management“, Industrial Relations Monograph No. 25, Industrial Relations Counselors, Inc. New York: 1965, Seite 70.

worden. Der Sputnik und der innere Druck erzwingen die Durchführung auch in einer Prosperität und ohne Inflation—ohne erhebliche Änderungen im Gesamt-Preisniveau (Großhandelspreise). Naturgemäß können Automobil- und Stahlindustrie nicht immer die gleichen Rekordjahre haben wie 1965. Deren Nachfragesenkungen sind durch andere Produktionserhöhungen und andere Investitionen auszugleichen. Wir brauchen keine Rezession, keinen Niedergang der Gesamtnachfrage und Produktion, doch geplante Verschiebungen im öffentlichen und privaten Verbrauch. Ich stimme der anderen Bemerkung von Dr. W. W. Heller deshalb sehr zu: „Es ist eine Tatsache, daß die allgemeinen Wirtschaftsschwankungen keinen festen Rhythmus zeigen und daß Konjunkturrückschläge im wissenschaftlichen Sinne vermeidbar sind[12]."

---

12 Annual Report, 1964, Seite 39.

Außenwirtschaft — Rückblick und Ausblick*

Von Kurt Daniel

1918 — 1945 — zwei Tiefpunkte der deutschen Geschichte, die nicht nur politisch, sondern auch wirtschaftlich katastrophale Ausmaße hatten. Nach dem zweiten Weltkrieg war die Lage noch hoffnungsloser, furchtbarer als 1918. Und dennoch hat in einem Tempo und einer Stärke schon bald nach dem zweiten Zusammenbruch eine wirtschaftliche Regeneration eingesetzt, die so erstaunlich war, daß von einem „Wirtschaftswunder" gesprochen wird. Wir, die wir in den zwanziger Jahren in das damalige Reichswirtschaftsministerium als junge Anwärter für die Wirtschaftsverwaltung eintraten, haben einen wirtschaftspolitischen Anschauungsunterricht erhalten, wie er nicht vielen beschert worden ist. Die damaligen wirtschaftlichen und sozialen Probleme sind von uns, die wir bis über die Ohren zugedeckt waren mit den besonderen Aufgaben und Arbeiten unseres Fachgebiets, in ihren Zusammenhängen und ihrer ganzen Bedeutung gewiß nicht voll erkannt worden. Gerade die Zeit aber, in der der Jubilar Hans Schäffer als Leiter der Abteilung I des Reichswirtschaftsministeriums unser Vorgesetzter war, als der unvergessene Lautenbach seine umfassenden, richtungsweisenden Gedanken zum Ausdruck brachte und niederlegte und Wagemann die Grundlagen einer Konjunkturforschung schuf, hat uns jungen Beamten damals eine Vorahnung gegeben von den Möglichkeiten einer auf Marktanalyse und Konjunkturforschung ruhenden aktiven Wirtschaftspolitik. Vieles, was damals in der Zeit der großen Krise nach dem ersten Weltkrieg von weitsichtigen und mutigen Männern erarbeitet und erkannt worden ist, dann aber infolge der politischen Ereignisse nicht mehr zum Tragen kam, ist nach 1945 — bewußt oder unbewußt — aufgegriffen und verwertet worden. Es liegt nahe, diese Zusammenhänge zu untersuchen. Haben wir wirklich aus der Wirtschaftskatastrophe nach 1918, aus der großen Krise 1926/1929 gelernt und gehen wir mit neuen Erkenntnissen und Möglichkeiten unserer wirtschaftlichen Zukunft entgegen? Das ist die Frage, die uns gestellt ist. Sie soll nachstehend für das Gebiet der Außenwirtschaft behandelt werden, wobei aber nicht außer acht

* An diesem Artikel hat Oberregierungsrat a. D. Dr. Hames, insbesondere bei der Aufbereitung des Materials, mitgearbeitet, wofür Verfasser und Herausgeber ihm zu Dank verbunden sind.

gelassen werden darf, daß die Wirtschaft ein zusammenhängendes Ganzes ist und daher die gesamtwirtschaftlichen Fakten und Entwicklungen mit zu berücksichtigen sind. Im Rahmen dieser Darstellung kann die wirtschaftliche Entwicklung vor und nach den beiden Weltkriegen nicht in allen Einzelheiten erörtert werden. Wir werden uns vielmehr darauf beschränken müssen, die wesentlichen Probleme in ihrem Ursprung und ihren Auswirkungen aufzuzeigen.

Werfen wir zunächst einen Blick auf die weltwirtschaftlichen Entwicklungen. Zwischen den beiden Weltkriegen hat die Weltwirtschaft ein verändertes, neues Gesicht erhalten. Die Grundlagen der Weltwirtschaft vor dem ersten Weltkrieg waren aufgebaut auf den besonders von englischen Nationalökonomen entwickelten Gedanken der klassischen Volkswirtschaftslehre einer freien, von staatlicher Ordnung und Lenkung unabhängigen Wirtschaft. Sicherlich können auch aus der Wirtschaftsordnung vor dem ersten Weltkrieg Einwirkungen und Eingriffe des Staates in die Wirtschaft nicht weggedacht werden, aber der Gedanke an die wirtschaftliche Freiheit als Prinzip, die Vorstellung, daß über die Staatsgrenzen hinweg Waren, Kapital und Arbeit frei getauscht werden können, Handel frei ausgeübt werden kann, war in dieser Zeit weitgehend verwirklicht worden. Gewiß gab es damals natürliche, auf geschichtlicher, sozialer und wirtschaftlicher Entwicklung beruhende Unterschiede zwischen den Wirtschaftszonen der Erde. Technische Erfindungen und eine freie wirtschaftliche Entfaltung, unterstützt durch wirtschaftspolitische, auf liberaler Einstellung basierende Maßnahmen hatten aber zu einer wachsenden gegenseitigen wirtschaftlichen Abhängigkeit zwischen den einzelnen Wirtschaftsgebieten beigetragen; eine internationale Arbeitsteilung nach dem klassischen Gesetz der komperativen Kosten zeichnete sich mehr und mehr ab. Durch den weit gespannten Bogen des Freihandels, der Freizügigkeit der Arbeitskraft und des Kapitals war auf dieser Grundlage ein weltweites Wirtschaftsgebäude mit beispiellosen Auftriebskräften entstanden, dem die Weltwirtschaft ihren großen Aufstieg bis weit in das 20. Jahrhundert hinein verdankte. Daß die in dieser Zeit entwickelten und mit so hervorragenden Erfolgen in Wirksamkeit getretenen Ideen über die nachfolgenden Rückschläge und Einbrüche hinaus ihre Kraft behalten haben, hat die Neuordnung der Weltwirtschaft nach dem zweiten Weltkrieg trotz mancher Wandlungen und Modernisierungen bewiesen.

Nach dem ersten Krieg

Der erste Weltkrieg brachte den ersten tiefen Einbruch in diese Entwicklung. Die Länder, die auf den Bezug der Industrieerzeugnisse aus den kriegsführenden Ländern angewiesen waren, waren gezwungen, eigene Industrien aufzubauen. Andere Länder, darunter vor allem auch Deutschland, mußten, um nicht zu verhungern, eine Reagrisierung betreiben. So entwickelte sich bei allen Staaten ein starker Protektionismus, der auch nach der Einstellung der Feindseligkeiten nicht aufgegeben wurde, sondern weiterhin zu einer Behinderung des Welthandels führte, die stärker blieb als vor dem Kriege und tiefgreifende Folgen für die Entwicklung der Weltwirtschaft in der nachfolgenden Zeit hatte. Immerhin aber war noch im Jahre 1929 der Welthandel um etwa $^1/_3$ höher als im Jahre 1913. Erst als Folge der großen Krise, von der noch zu sprechen sein wird, ging er bis auf rd. 35 % des Vorkrisenwertes zurück. Daß die deutsche Außenwirtschaft nach dem verlorenen Kriege in ganz besonderem Maße in diese Entwicklung hineingezogen wurde, ist nicht verwunderlich.

Die wirtschaftliche Lage Deutschlands um 1925 war gekennzeichnet einmal durch die Folgen des furchtbaren Zusammenbruchs und die damit verbundenen unsinnig hohen, einseitigen Reparationsverpflichtungen — weit über 100 Milliarden Goldmark! —, die nicht nur schwer auf der deutschen Wirtschaft lasteten, sondern auch den Geldmarkt der Welt steigend in Unordnung brachten. Der lange, aufreibende Kampf um die Beendigung der Reparationen, den neben Schacht auch Hans Schaeffer maßgebend geführt hat, ist uns allen in Erinnerung geblieben. Damals folgte eine Konferenz der anderen; die großen Verdienste Hans Schaeffers, der mit nie ermüdendem Einsatz für eine vernünftige Lösung der Reparationsfrage eintrat, sind bekannt. Zusammen mit den Bemühungen, ein wirtschaftlich tragbares, dauerhaftes Ergebnis zu finden, gingen die Tendenzen zu einer politischen Befriedigung, gekennzeichnet in erster Linie durch Briand und Stresemann. Die Ansätze zu einer internationalen großzügigen Zusammenarbeit, schon damals verbunden mit Genf als Mittelpunkt eines neuen Abschnitts der weltweiten Wirtschaft, gaben vor allem der jungen Beamtenschaft Hoffnung und Auftrieb. Gedanken an einen umfassenden Zollabbau und an eine internationale Großraumwirtschaft sind schon zu dieser Zeit entwickelt worden; sie sollten erst nach Jahren furchtbarer Erschütterungen und Zusammenbrüche verwirklicht werden.

Zurückblickend auf diese Zeit müssen wir feststellen, daß in der Mitte der zwanziger Jahre die Bestrebungen nach einer aktiven Wirtschaftspolitik nicht wirksam geworden sind, daß vielmehr in der Wirtschaftsverwaltung mit geringen Ausnahmen der Glaube an den klassischen Automatismus der Wirtschaftsfaktoren vorherrschte. Die weiter oben beschriebenen protektionistischen Tendenzen als Folge des Weltkrieges hatten sich noch nicht so weit durchgesetzt, um die liberalen

Grundsätze der Weltwirtschaft entscheidend zu ändern. Noch bestand auf dem Gebiete der Außenwirtschaft im Prinzip völlige Freiheit. Noch standen die wirtschaftlichen Vorgänge in der Welt zueinander weitgehend in Abhängigkeit. Es bestand im allgemeinen Freizügigkeit des Waren- und Kapitalverkehrs sowie des internationalen Arbeitsmarktes. Die Goldwährung sicherte die Stabilität der internationalen Wechselkurse und den internationalen Ausgleich der Preise. Es war die Zeit, in der vor allem in den Vereinigten Staaten ein rapider wirtschaftlicher Aufschwung stattfand, der gekennzeichnet war durch technische Fortschritte, steigenden Massenabsatz (Automobile, Wohnungen usw.) bei konsequent fortentwickelter Konsumfinanzierung, sinkenden Kosten und fallenden Preisen. In diese hoffnungsvolle Entwicklung fuhr die weltweite Wirtschaftskrise vom Herbst 1929, die auch für die deutsche Außenwirtschaft wie darüberhinaus für die Wirtschaftspolitik allgemein so weitgehende, noch jetzt ausstrahlende Konsequenzen hatte.

Über diese Krise ist viel geschrieben und diskutiert worden. Nach Jahren großartigen wirtschaftlichen Aufstiegs vor allem in den Vereinigten Staaten traf sie die ganze Welt fast unvorbereitet mit ungeheurer Kraft und Auswirkung. Sie führte dazu, daß die Arbeitslosigkeit in Deutschland rapide anstieg und bis 1932 6 Millionen erreichte. Die Industrieproduktion ging in dieser Zeit um mehr als 40 % zurück. Große Unternehmen wie Nordwolle, die Frankfurter Allgemeine Versicherungsgesellschaft brachen zusammen; die Danatbank mußte saniert werden. Die Deflationskrise ergriff die Wirtschaft immer tiefer. Staatliche Maßnahmen reichten entweder nicht aus, um diese Krise zu bekämpfen, oder wurden überhaupt nicht oder nicht rechtzeitig ergriffen. Diese, die ganze Weltwirtschaft erfassende Krise hat dazu geführt, daß die Ziele der Wirtschaftspolitik in völlig andere Richtung gelenkt wurden. An Stelle des internationalen freien Spiels der Kräfte trat jetzt das Bestreben nach dem Schutz des inländischen Marktes durch Schutzmaßnahmen aller Art, durch die vor allem die Außenwirtschaft betroffen wurde. Durch Moratorien, Stillhalteverträge, bilaterale Handels- und Zahlungsabkommen wurde der Geld- und Warenverkehr von Land zu Land mehr und mehr eingeengt. Dabei spielte das Bestreben, trotzdem den Zugang zu den ausländischen Märkten zu erhalten, eine entscheidende Rolle.

Interessant ist in diesem Zusammenhang die Entwicklung des deutschen Außenhandels:

Deutschland		in Mrd. RM		
	Einfuhr	Ausfuhr	insgesamt	Saldo
1927	14,2	10,8	25,0	— 3,4
1928	14,0	12,3	26,3	— 1,7
1929	13,4	13,5	26,9	+ 0,1
1930	10,4	12,0	22,4	+ 1,6
1931	6,7	9,6	16,3	+ 2,9
1932	4,7	5,7	10,4	+ 1,0
1933	4,2	4,9	9,1	+ 0,7

Parallel hierzu wies auch die Kapitalbilanz — sichtbare Kapitalbewegung plus ungeklärter Rest —, die noch 1928 mit 2,0 Mrd. RM hoch aktiv war und damit eine hohe Kapitaleinfuhr anzeigte, ein steigendes Defizit aus, das 1931 auf 3,3 Mrd. RM angewachsen war.

Mit dieser bedrohlichen Entwicklung seit 1929 wurde die Notwendigkeit einer autarkischen Wirtschaftsordnung begründet. Zwar wiesen namhafte Wirtschaftsexperten und Wirtschaftspolitiker auf die Gefahren einer solchen Entwicklung hin und versuchten nachzuweisen, daß der Ausbau unserer internationalen Handelsbeziehungen schon deshalb eine zwingende Notwendigkeit sei, weil nur bei einer mit mindestens 1,5 Mrd. RM Überschuß abschließenden Handelsbilanz Deutschland — ganz abgesehen von Reparationen, die dabei schon gar nicht mehr in Rechnung gestellt wurden — in der Lage sei, seinen internationalen Zahlungsverpflichtungen nachzukommen. Die Auseinandersetzungen zwischen den Anhängern einer internationalen Arbeitsteilung bei Ausbau der weltweiten Handelsbeziehungen und Förderung der Ausfuhr auf der einen, einer Privilegierung des inländischen Marktes durch eine Schutzzollmauer und sonstige Einfuhrbeschränkungen auf der anderen Seite, führten damals zu einem Sieg der Anhänger des Schutzzolles, eine Entwicklung, die dann unter den nationalsozialistischen Machthabern, verbunden mit den dann folgenden Rüstungs- und Kriegsmaßnahmen, zur Perfektion einer lückenlosen Devisenbewirtschaftung geführt worden ist. Es ist gerade heute, nachdem wir nach dem wirtschaftlichen Chaos als Folge des zweiten Weltkrieges einen anderen, erfolgreicheren Weg gegangen sind, von ganz besonderem Interesse, die Bemühungen derjenigen zu verfolgen, die damals ihre warnende Stimme gegen die Abschließung vom Welthandel durch Autarkie erhoben haben. Man muß dabei allerdings berücksichtigen, daß infolge einer falschen Kreditpolitik, die die Abdeckung der bestehenden Verpflichtungen durch die Aufnahme kurzfristiger Auslandskredite duldete, Deutschland seit 1931 seine Transferverpflichtungen nicht mehr erfüllen konnte und daß an eine Steigerung der Einfuhr, die zur Behebung der anwachsenden Arbeitslosigkeit durch Maßnahmen der Arbeitsbeschaffung notwendig gewesen wäre, bei dieser Situation nicht gedacht werden konnte. Die uns jetzt geläufige Erkenntnis aber, daß nur eine Förderung des gesamten Außenhandels in der Weise eine wirtschaftlich vernünftige Lösung bringt, daß jede Steigerung der Einfuhr wieder zwangsläufig zu einer entsprechenden Ausfuhrsteigerung führen muß, während die Autarkie eine Schrumpfung des Außenhandels zur Konsequenz hat, die dann notwendigerweise, wie wir es erlebt haben und noch erleben, eine staatliche Förderung der Ausfuhr durch Subventionen, Garantien und dergleichen nach sich zieht und als Ergebnis eine weltweite Verzerrung der Wettbewerbsbedingungen an Stelle eines offenen Marktes ausweist, konnte sich damals nicht durchsetzen.

Autarkie bedeutet Planwirtschaft, Planwirtschaft bedeutet Lenkung des Wirtschaftslebens durch den Staat. Als Folge trat an die Stelle des internationalen Ausgleichs der Preise und Löhne eine Vielzahl nationaler Preisbildungen. Ziel der Wirtschaftspolitik wurde an Stelle des automatischen Ausgleichs der internationalen Wechselkurse die Stabilität des national bestimmten Preisspiegels. Das bisher geltende System der Goldwährung fiel. Die nachfolgende Rüstungs- und Kriegswirtschaft hat dann diese Entwicklung beschleunigt und zur umfassend geplanten und gelenkten Wirtschaft geführt.

Die Frage ist berechtigt, ob diese Entwicklung zwangsläufig war, oder ob die Möglichkeit bestanden hätte, nach Überschreitung des Gipfels der großen Krise durch eine aktive Wirtschaftspolitik eine Gesundung der Wirtschaft zu erreichen. Es hat damals nicht an mutigen, weitsichtigen Männern gefehlt, die solche Wege empfohlen und gewiesen haben. 1925 war das Institut für Konjunkturforschung errichtet worden, dessen Leiter Wagemann nicht müde wurde, unterstützt von seinen Mitarbeitern, auf die Notwendigkeit einer auf die Ergebnisse der Konjunkturforschung gestützten aktiven Wirtschaftspolitik hinzuweisen. Im Rahmen dieser Abhandlung kann hierauf nicht näher eingegangen werden. Es sei hier nur vermerkt, daß namhafte deutsche Volkswirtschaftler darauf hingewiesen haben, daß auch oder gerade in Zeiten einer Krise auf einen wachsenden Außenhandel nicht verzichtet werden kann und daß eine Autarkie jedenfalls nur vorübergehend in der Erwartung geduldet werden dürfe, daß sie — unterstützt von einer aktiven, weltoffenen Konjunktur- und Wirtschaftspolitik — wieder in eine neue Verflechtung und Wachstumsperiode der Weltwirtschaft umschlagen würde. Die Annahme ist wohl berechtigt, daß die auf dem inneren Markt sich langsam abzeichnende Gesundung, verbunden mit einer Reihe sich entwickelnder Auftriebskräfte, auch außenwirtschaftlich sich ausgewirkt und zu einer wieder ansteigenden Tendenz unseres Außenhandels geführt hätte.

Die Entwicklung ist anders gelaufen. Das Bestreben, einen eigenen Lebensraum zu schaffen, eine größtmögliche Eigenversorgung zu erreichen und durch eine Neuordnung der Handelspolitik sich darauf zu beschränken, die Einfuhr lebensnotwendiger Güter zu sichern, führte zu einer raumwirtschaftlichen Lösung auf bilateraler Basis, die dem deutschen Außenhandel ein völlig verändertes Gesicht gab und ihn aus dem System der kommunizierenden, voneinander abhängigen Märkte in eine außenwirtschaftliche Isolierung führte. Symptomatisch dafür war die grundlegende Wandlung in den außenwirtschaftlichen Beziehungen zu den Handelspartnern. Während bisher diese Beziehungen in einer fast hundertjährigen wirtschaftspolitischen Entwicklung aufgebaut waren auf langfristigen Freundschafts-, Handels- und Schiffahrtsverträgen mit dem Prinzip der Meistbegünstigung, die eine allgemeine zollmäßige Gleichstellung zum Ziele hatte, wurden als Folge der Zerlegung der Weltwirtschaft in zahlreiche kleine Wirtschaftsräume bilaterale, kurzfristige Handelsverträge notwendig, die einen umfassenden Katalog der auszutauschenden, für Ein- und Ausfuhr auf beiden Seiten vorgesehenen Güter nach Art und Menge enthielten und nach jeweils 1/2 bis 1 Jahr neu ausgehandelt werden mußten. Die im britischen Commonwealth eingeführten Präferenzzölle, die beachtliche Erfolge gehabt hatten, dienten dabei als nachahmenswertes Beispiel. Daß durch eine allgemeine Einführung dieser Wirtschaftspolitik ein erschreckendes Durcheinander in den außenwirtschaftlichen Beziehungen zwischen den nationalen Wirtschaftsräumen entstehen mußte, wurde in Kauf genommen. Hinzu kam, daß diese bilaterale Ordnung des Außenhandels dazu zwang, auch die Außenhandelsbilanz bilateral zu betrachten. Das Bestreben mußte dahingehen, mit jedem Handelspartner gesondert zu einer ausgeglichenen Handelsbilanz zu kommen, im Ergebnis also den Handelsaustausch dem zahlenmäßig geringeren Handelsstrom anzugleichen. In einem Einfuhrausschuß, der von den branchenmäßig gegliederten Reichsstellen die erforderlichen Unterlagen erhielt, wurden in einer bis ins einzelne gehenden „Generalstabsarbeit“ der notwendige Einfuhrbedarf und die zu erwartende Ausfuhrgütermenge sowie die sonst zur Verfügung stehenden Devisenbeträge festgestellt und danach die notwendigen Weisungen an die Leiter der deutschen Handelsdelegationen erteilt. Nicht nur der Außenhandel, auch der Dienstleistungs- und Kapitalverkehr mit dem Ausland wurde in dieser bilateralen Weise gelenkt.

Dieses, vor dem zweiten Weltkrieg entwickelte und naturgemäß während des Krieges in dem dann noch möglichen, sehr eingeschränkten Rahmen konsequent weiter durchgeführte System der bilateralen Handelverträge ist nach dem Kriege unter der Regie der Militärregierungen zunächst beibehalten worden und hat sich erst auf Grund der Neuordnung unserer gesamten wirtschaftlichen Verhältnisse, von der noch zu sprechen sein wird, wieder in eine freiheitliche Gestaltung umgewandelt und aufgelöst.

Interessant sind in diesem Zusammenhang die Erörterungen in den dreißiger Jahren über eine raumwirtschaftliche Lösung und eine Zollunion. Die Vorteile einer Ausweitung des nationalen Marktes durch zusätzliche Produktions- und Absatzmöglichkeiten in einem durch Zollunion angeglichenen größeren Wirtschaftsraum, sind von manchen Volkswirtschaftlern damals bereits behandelt und befürwortet worden. Man dachte u. a. an eine europäische Ausrichtung des deutschen Außenhandels, um die wirtschaftliche Isolierung aufzufangen und einen größeren Wirtschaftsblock zu schaffen, an dem auch Deutschland teilhaben könnte[1] — Gedanken, die infolge der politischen Ereignisse damals nicht zum Zuge kommen konnten, später aber — wenn auch in anderer Form — wieder hervortraten und schließlich zu den jetzt bestehenden europäischen Zusammenschlüssen und zur Bildung internationaler Gremien zum Zwecke der wirtschaftlichen Zusammenarbeit beitrugen.

Nach dem zweiten Krieg

Nach dem totalen Zusammenbruch als Folge des verlorenen Krieges und der Kapitulation 1945 gab es zunächst keine irgendwie nennenswerte deutsche Außenwirtschaft. Das deutsche Auslandsvermögen war verloren, Ein- und Ausfuhren waren so gut wie auf dem Nullpunkt angelangt. Auch von deutscher Außenwirtschaftspolitik war keine Rede. Regierungs- und Verwaltungsbefugnisse lagen bei den Besatzungsmächten; nur zögernd und schrittweise gingen sie auf deutsche Behörden über. Erst am 15. Oktober 1949 wurden die bisherigen Aufgaben der Joint Export/Import Agency (JEIA) auf die Verwaltung für Wirtschaft übertragen; am 30. November erhielt die Bundesrepublik Vollmacht, Verhandlungen über Handels- und Zahlungsabkommen selbst zu führen. Die volle Devisenfreiheit hat die Bundesrepublik erst mit Aufhebung des Besatzungsstatuts im Mai 1955 erhalten. Aber noch bis zum Inkrafttreten des Außenwirtschaftsgesetzes und der Außenwirtschaftsverordnung am 1. September 1961 galten in der Bundesrepublik die Devisenbewirtschaftungsgesetze der Besatzungsmächte (Gesetze Nr. 53 der amerikanischen und britischen Militärregierungen, Verordnung Nr. 235 des Französischen Hohen Kommissars), ferner das Gesetz Nr. 33 der Alliierten Hohen Kommission. Diese Bestimmungen

---

[1] Vgl. hierzu: Groskopp „Die große Krise", S. 223 ff. und dortige Literaturhinweise.

enthielten ein grundsätzliches Verbot jedes Außenwirtschaftsverkehrs; durch allgemeine und Sondergenehmigungen, die durch Verwaltungsentscheidungen und Runderlasse Außenwirtschaft des Bundesministeriums für Wirtschaft ausgesprochen wurden, mußten die für den Handels- und Zahlungsverkehr mit dem Ausland notwendigen Geschäfte und Verträge zugelassen werden. Erst das Außenwirtschaftsgesetz brachte die grundsätzliche Freiheit des Außenwirtschaftsverkehrs mit dem Vorbehalt der Möglichkeit von Beschränkungen. Praktisch war allerdings durch weitgehenden Gebrauch von Allgemeinen Genehmigungen schon bei Inkrafttreten des Außenwirtschaftsgesetzes ein breiter Spielraum für die Außenwirtschaft gegeben.

Wenn so nach dem Zusammenbruch allmählich die deutsche Devisenhoheit und eine deutsche Außenwirtschaftspolitik entstanden, fand auch schon bald der katastrophale Zustand des Währungs- und Kreditwesens durch das Gesetz zur Neuordnung des Geldwesens vom 20. Juni 1948 sowie das Gesetz über Leitsätze für die Bewirtschaftung und Preispolitik nach der Geldreform vom 24. Juni 1948 mit der großen Preisfreigabeanordnung vom 25. Juni 1948 ein Ende. Mit der Neuordnung des Geldwesens waren auch auf dem Gebiete von Währung und Kredit die Voraussetzungen für eine Reorganisation und neue Entfaltung der Außenwirtschaft gegeben.

Die Entwicklung, die der Außenhandel der Bundesrepublik dann genommen hat, ging weit über alle Erwartungen hinaus und war so grandios, daß von einem „Wirtschaftswunder" gesprochen wurde. Nur einige wenige Zahlen mögen diese Entwicklung in das Gedächtnis rufen: 1946 betrug die Einfuhr in das Vereinigte Wirtschaftsgebiet nur 643 Mio. $, die Ausfuhr sogar nur 144 Mio. $; die kommerzielle Einfuhr und Ausfuhr lagen also praktisch völlig danieder. Schon 1949 stieg die Einfuhr auf 7 846 Mio. DM, die Ausfuhr lag bereits bei 4 136 Mio. DM. Die Expansion des deutschen Außenhandels nahm dann ein atemberaubendes Tempo an. In der Ausfuhr hat die Bundesrepublik seit 1959 Großbritannien, das klassische Handelsland, vom zweiten Platz hinter den Vereinigten Staaten verdrängt. Bei einem Gesamtvolumen von rd. 65 Mrd. DM hatte die Bundesrepublik 1964 einen Anteil von 10,7 % an der Weltausfuhr. Innerhalb der Welteinfuhr steht mit 9,2 % im Jahre 1964 die Einfuhr der Bundesrepublik bei einem Gesamtvolumen von rd. 59 Mrd. DM an dritter Stelle. Im Gesamtaußenhandel, also Ein- und Ausfuhr zusammengenommen, lag 1964 die Bundesrepublik mit rd. 10 % des Welthandels nach den Vereinigten Staaten an zweiter Stelle vor Großbritannien. Von 1950 bis 1964 ist der Gesamtumsatz im Außenhandel von knapp 20 Mrd. DM auf rd. 124 Mrd. DM, also um mehr als das Sechsfache gestiegen. Auch innerhalb der deutschen Gesamtwirtschaft nimmt der Außenhandel eine überragende Stelle ein. Die Ausfuhr betrug 1963 rd. 16 % des gesamten Brutto-Sozialprodukts (Großbritannien rd. 14 %, USA rd. 4 %). Zugleich zeigt sich hierin die große Abhängigkeit unserer Wirtschaft vom Außenhandel und die enge Verflochenheit mit dem Welthandel, die größer ist als in den Vereinigten Staaten und selbst in Großbritannien. Die Geld- und Devisenbestände der Bundesbank, die noch 1952 weniger als 5 Mrd. DM betrugen, sind 1964 auf über 30 Mrd. DM angestiegen. In der Tat eine Entwicklung, die in diesem Ausmaß auch der kühnste Optimist nicht erwarten konnte. Sie ist um so erstaunlicher, als noch bis in das Jahr 1948 hinein einflußreiche amerikanische Kreise, mit dem Namen Morgenthaus verbunden, Deutschland keineswegs den Anschluß an die Weltwirtschaft und den Weg zum Wiederaufbau einer starken Außenwirtschaft freigeben wollten. Zudem bestanden zu Beginn des Wiederaufbaus der deutschen Außenwirtschaft Hemmnisse der verschiedensten Art, wie die Abtrennung der Ostgebiete, das Flüchtlingsproblem, die politische Unsicherheit, die der Bereitschaft zu großen und langfristigen Investitionen entgegenstanden, und ähnliches mehr.

Bei Würdigung dieser Vorgänge ist zu berücksichtigen, daß — ebenso wie bei Ausgang der großen Wirtschaftskrise in den zwanziger Jahren — starke Auftriebskräfte vorhanden waren, die die Wiederbelebung der Außenwirtschaft maßgebend begünstigt haben. Es bestand ein ungeheurer Nachholbedarf, der einen fast unbegrenzt aufnahmefähigen Markt schuf. Vorhandene, nicht ausgenutzte Produktionskapazität wartete auf Einsatz. Arbeitskräfte, die bereit waren, unter vernünftigen, tragbaren Bedingungen die Arbeit aufzunehmen, waren in ausreichender Menge vorhanden. Ein beachtlicher Bestand an Vorräten, der wegen des katastrophalen Zustandes der Währung zurückgehalten worden war, kam hinzu. Es fehlte nur eine gesunde Währung, um alle diese Kräfte wirksam werden zu lassen. Während nach der großen Krise 1929 die Bemühungen, durch Kreditschöpfung und Arbeitsbeschaffung die Wirtschaft anzukurbeln, zunächst durch Unentschlossenheit und Uneinigkeit keinen Erfolg haben konnten und erst durch das nationalsozialistische Regime in autoritärer Weise zur Wirkung kamen, ist es nach dem zweiten Weltkrieg gelungen, durch weitschauende und konsequente Wirtschaftspolitik mit ausländischer Hilfe die Marktwirtschaft ins Spiel zu bringen und auszubauen und dabei die Außenwirtschaft von den bestehenden Einschränkungen und Belastungen zu befreien.

Die oben geschilderten besonderen Umstände allein hätten allerdings zur Errichtung des jetzigen Standes unserer Außenwirtschaft noch nicht ausgereicht. Als Novum gegenüber der Zeit vor 1933 kam hinzu, daß gleichlaufende, weitschwingende Kräfte auf internationaler Basis tätig wurden. Es wurde weiter oben schon erwähnt, daß schon vor 1933, auf dem Gipfelpunkt der großen Weltwirtschaftskrise, namhafte Wissenschaftler und Wirtschaftler — allerdings damals ohne Erfolg — auf die Notwendigkeit hingewiesen hatten, durch eine aktive Wirtschaftspolitik, in erster Linie durch eine Kreditexpansion und ein Arbeitsbeschaffungsprogramm, die Konjunktur wieder zu beleben und in Gang zu bringen. Erinnert sei auch an dieser Stelle daran, daß Lautenbach schon damals nachdrücklich eine bewußte Politik der Vollbeschäftigung in den Industrieländern und die Wiederherstellung der Marktwirtschaft sowie die Förderung der Unternehmerinitiative als notwendige und fundamentale Bedingung für die Prosperität der Weltwirtschaft und gesunde internationale Währungsverhältnisse gefordert hat[2]. Auch Wagemann hat die deutsche Wirtschaft immer nur im Zusammenhang und in Wechselwirkung mit der Weltwirtschaft gesehen. Es ist gewiß nicht abwegig, die Rückkehr Deutschlands in die Weltwirtschaft zu einem gewissen Teil auch als ein Erbe derjenigen anzusehen, die damals vergeblich die Stimme der wirtschaftlichen Einsicht und Vernunft erhoben haben.

Schon während des zweiten Weltkrieges war, geführt von den Vereinigten Staaten, eine Bewegung entstanden mit dem Ziel, Protektionismus und Bilaterismus zu ersetzen durch einen freien, multilateralen Handel. Im Atlantikvertrag vom August 1941 sind bereits Gedanken zu einer Neuorganisation der Weltwirtschaft enthalten. Einen wesentlichen Schritt weiter gingen die Beschlüsse von Bretton Woods im Sommer 1944. Als Mittel der geplanten Neuordnung wurden die Weltbank und der Internationale Währungsfonds geschaffen. Die Weltwirtschaftskonferenz in Havana im Winter 1947/48 hat dann den freien und multilateralen Handel zum Grundsatz erhoben und mit diesem Ziel das General Agreement on Tariffs and Trade (GATT) geschaffen. Im GATT-Statut ist unter anderem festgelegt, daß unter dem Schild der Meistbegünstigung eine allgemeine Senkung der Zölle zu erfolgen hat und daß die bestehenden Beschränkungen des Handels- und Dienstleistungsverkehrs schrittweise zu beseitigen sind.

Es ist als Sieg der wirtschaftlichen Vernunft und des Willens zur Aussöhnung zu würdigen, daß der Bundesrepublik der Beitritt zu diesen internationalen Institutionen, die aus dem Wiederaufbau der deutschen Nachkriegsaußenwirtschaft nicht fortgedacht werden können, gestattet worden ist[3]. Darüber hinaus haben die Vereinigten Staaten

---

[2] Vgl. hierzu die von W. Stützel im Verlag Duncker & Humblot herausgegebene Sammlung der Schriften Lautenbachs, S. 167 ff.

[3] Gesetz über den Beitritt der Bundesrepublik zum Internationalen Währungsfonds und zur Internationalen Bank für Wiederaufbau und Entwicklung vom 30. Juli 1952.

einen besonderen Beitrag zum Wiederaufbau der deutschen Außenwirtschaft durch die Marshall-Plan-Hilfe und die damit verbundenen Programme geleistet. Durch diese wahrhaft großzügige Hilfsaktion wurde es auch möglich, den Europäischen Wirtschaftsrat (Organisation of European Economic Cooperation — OEEC) zu errichten, der 1948 als Europäische Marshall-Plan-Behörde gegründet wurde und eine konsequente und umfassende Liberalisierung des gesamten Waren- und Dienstleistungsverkehrs zwischen den europäischen Mitgliedsländern zum Ziele hatte[4]. Zeitlich festgelegte, stufenweise Liberalisierungsmaßnahmen, an denen die Bundesrepublik nicht nur entscheidenden Anteil genommen hat, sondern denen sie sogar autonom mit weitgehenden Liberalisierungen vorangegangen ist, führten dazu, daß schon 1952 ein Liberalisierungssatz von über 90 % auf dem Gebiet des Warenhandels erreicht wurde. Praktisch ist jetzt die volle Liberalisierung des europäischen Waren- und Dienstleistungsverkehrs und die freie Konvertibilität der Währungen durchgeführt, ein Zustand, der seit mehr als einem Vierteljahrhundert nicht mehr bestanden hatte.

Eine noch größere Bedeutung für die Nachkriegsentwicklung der deutschen Außenwirtschaft hat die Europäische Wirtschaftsgemeinschaft, der „Gemeinsame Markt". Am 25. März 1957 waren in Rom die Verträge zur Gründung der Europäischen Wirtschaftsgemeinschaft unterzeichnet worden, die am 1. Januar 1958 in Kraft getreten sind. Diese Verträge enthalten gemeinsame Grundsätze nicht nur für die Außenwirtschaft, sondern für die gesamte Wirtschaftspolitik der Mitgliedsstaaten schlechthin, einschließlich der Konjunktur- und Währungspolitik. Neben der schrittweisen Bildung eines gemeinsamen Außenzolltarifs und der ebenfalls stufenweisen Aufhebung der internen Zölle ist eine gemeinsame liberale Außenwirtschaftspolitik vorgesehen, die die Bundesrepublik stets und nachdrücklich gefordert und unterstützt hat.

Von den für die Wirtschaftspolitik verantwortlichen Stellen in der Bundesrepublik war von vornherein erkannt und gefordert worden, daß die Errichtung einer umfassenden Zone freien Handels zwischen allen europäischen Staaten unbedingt notwendig sei und daß eine wirtschaftliche Spaltung Europas verhindert werden müsse. Verhandlungen, die in den Jahren 1956 und 1957 zwischen den Ländern der Europäischen Wirtschaftsgemeinschaft und den anderen Mitgliedsländern der OEEC über die Bildung einer umfassenden europäischen Freihandelszone auf Anregung Großbritanniens stattgefunden haben, hatten indessen keinen Erfolg. In einer Ministerratssitzung der OEEC

[4] Inzwischen ist die OEEC nach Beitritt der Vereinigten Staaten und Kanada zur Organisation für wirtschaftliche Zusammenarbeit und Entwicklungshilfe (OECD) erweitert worden.

in Paris im Februar 1957 hat der damalige Bundeswirtschaftsminister Prof. Dr. Erhard seinen schweren Sorgen über diese Entwicklung mit den nachstehenden Worten Ausdruck gegeben:[5]

„Die Verwirklichung eines europäischen Freihandelsraumes von 250 Mio. Konsumenten schafft ein Wirtschaftsgebiet, in dem die großen Möglichkeiten moderner industrieller Methoden und Kraftquellen voll ausgeschöpft werden können. Gleichzeitig wird eine großräumige Arbeitsteilung Platz greifen, die alle Länder der Vorteile der rationalen Massenproduktion teilhaftig werden läßt. Die damit verbundene Steigerung der Produktion und Produktivität führt zu einer erhöhten Wettbewerbsfähigkeit, um Europa neben den heute vergleichbaren großen Wirtschaftseinheiten in seiner technischen, ökonomischen und sozialen Leistung ebenbürtig zu machen. Nur ein solcher wirtschaftlicher Zusammenschluß wird unserem bisher so zersplitterten Kontinent als Ganzes ein größeres Gewicht und eine stärkere wirtschaftliche Dynamik verleihen, die letztlich auch zum Nutzen und zum Vorteil jedes einzelnen Landes sein wird ... Ich vermag ... keinen grundsätzlichen Widerspruch zwischen der Schaffung einer starken europäischen Wirtschaft und einer freiheitlichen Politik nach außen zu sehen, deshalb darf ich auch hier für mein Land die Auffassung aussprechen, daß jede europäische Lösung zugleich eine weltoffene Lösung sein muß."

Die Entwicklung ist trotz dieser, nicht zu überhörenden Warnung anders verlaufen. Großbritannien, Schweden, Norwegen, Dänemark, Österreich, Portugal und die Schweiz haben nach dem hauptsächlich durch den Widerstand Frankreichs hervorgerufenen Scheitern der Verhandlungen über die Bildung einer allgemeinen europäischen Freihandelszone und der Errichtung des „Gemeinsamen Marktes" eine besondere, auf ihre Mitgliedschaft beschränkte Freihandelszone gebildet. Das weitere Zusammenwachsen des „Gemeinsamen Marktes", besonders die Errichtung gemeinsamer Finanzfonds, die Entscheidung durch Mehrheitsbeschlüsse sowie die im Endergebnis angestrebte politische Gemeinschaft sind nach den jüngsten Ereignissen an der französischen Haltung gescheitert. Zur Zeit ist noch nicht abzusehen, wie die Entwicklung weitergeht. Fest steht jedenfalls, daß eine gesamteuropäische Lösung gefunden werden muß, wenn Europa nicht zur wirtschaftlichen und politischen Bedeutungslosigkeit absinken will.

Die Entwicklungshilfe

Eine Übersicht über die Entwicklung der Außenwirtschaft wäre unvollkommen, wenn nicht die Entwicklungshilfe Erwähnung finden würde. Bereits vor dem zweiten Weltkrieg waren durch staatlich

[5] L. Erhard, Deutsche Wirtschaftspolitik, 1962, S. 334 f.

rückgedeckte Exportkreditversicherungen, staatliche Ausfallbürgschaften und Garantien Ausfuhrgeschäfte, besonders langfristige Liefergeschäfte nach dem Ausland begünstigt worden. Dabei stand aber der Gedanke an eine Förderung der deutschen Ausfuhr und die Schaffung neuer Devisenquellen im Vordergrund. Bedingt durch die politische und wirtschaftliche internationale Nachkriegsentwicklung hat die Entwicklungshilfe nach dem Kriege in steigendem Maße den Charakter einer echten Hilfe für die unterentwickelten Länder, besonders die vormals unter Kolonialherrschaft befindlichen, und damit zugleich einen zunehmend politischen Hintergrund erhalten. Während in den großen Industrieländern der freien Welt die Klassengegensätze weitgehend durch wachsenden Wohlstand und durch den Ausgleich demokratischer Regierungsformen aufgefangen worden sind, zeichnet sich weltweit eine wachsende internationale Spannung zwischen wohlhabenden und wirtschaftlich zurückgebliebenen Völkern ab, die revolutionäre Formen anzunehmen droht. Die Bundesregierung hat oft betont, daß sie die Verpflichtung sieht und anerkennt, nach Kräften zur wirtschaftlichen Entwicklung und Hebung der Lebensbedingungen der unterentwickelten Völker beizutragen. Der hiermit zum Ausdruck gebrachte Wille zu einer aktiven Entwicklungshilfe berührt in hervorragendem Maße auch die Außenwirtschaft. Es ist nur dann sinnvoll, den in der wirtschaftlichen Entwicklung zurückgebliebenen Ländern durch Kredite und Anleihen zu helfen, wenn ihnen gleichzeitig die Möglichkeit gegeben wird, sie später zu angemessenen Bedingungen zurückzuzahlen. Schon jetzt rächt sich die Tatsache, daß hierauf zu Beginn nicht genügend Rücksicht genommen worden ist. In zunehmendem Maße muß über Stillhalte- und Konsolidierungsvereinbarungen verhandelt werden; für die nächsten Jahre ist mit wachsenden, erheblichen Schwierigkeiten bei dem Eingang fälliger Kapital- und Zinszahlungen aus der Entwicklungshilfe und entsprechend mit der Verpflichtung zur Einlösung der den deutschen Lieferanten und Kreditgebern gewährten Bürgschaften und Garantien zu rechnen. Der von den Entwicklungsländern zum Teil in massiver Form im GATT und auf der letzten Weltwirtschaftskonferenz in Genf im Sommer 1964 vorgebrachten Forderung nach vermehrter Abnahme ihrer Produkte konnten und können die Industrieländer nur in sehr bescheidenem Umfange nachkommen. Es zeigt sich hier klar, daß die völlige Freiheit des Außenhandels, wie sie z. B. in der Bundesrepublik Deutschland erreicht worden ist, der Regierung die Möglichkeit nimmt, darauf Einfluß zu nehmen, bestimmte Produkte aus bestimmten Ländern einzuführen. Es ist den Konsumenten und Einfuhrhändlern überlassen, im Ausland einzukaufen, wo sie die billigste und beste Ware finden. Hier stoßen bei den Verhandlungen die Interessen und Meinungen hart aufeinander. Auf der anderen Seite wehrt sich die einheimische Industrie dagegen, daß Produkte, die von den Entwicklungsländern mit Hilfe der durch Entwicklungshilfe überhaupt erst ermöglichten und aufgebauten neuen Industrie hergestellt und zu unverhältnismäßig billigen Preisen angeboten werden, den einheimischen Markt stören. Wenn man dazu bedenkt, daß die Entwicklungsländer schon jetzt in den internationalen Institutionen, wie UNO und GATT, und auf der Weltwirtschaftskonferenz schon rein stimmenmäßig ein stetig wachsendes Gewicht haben und daß sowohl die Sowjetunion wie besonders auch China die in diesen Ländern zunehmende Unzufriedenheit und Enttäuschung zu politischen Zwecken ausnutzen, so wird die ganze Bedeutung und Gefahr dieser Entwicklung klar, die in der Zukunft auch und vor allem auf dem Gebiet der Außenwirtschaft unsere volle Aufmerksamkeit erfordert. Ohne eine energische, weitschauende Wirtschaftspolitik und ohne materielle Opfer wird es nicht möglich sein, diese Probleme zu lösen.

Eine zusammenfassende und kritische Betrachtung der vorstehend in großen Umrissen geschilderten Entwicklung legt die Erkenntnis nahe, daß sich nach Abschluß der ersten Nachkriegsperiode des Aufbaus und der Reorganisation ein Umbruch der außenwirtschaftlichen Konstellation anbahnt, der weitreichende Probleme sowohl inner- wie auch außenpolitischer Natur für die Bundesrepublik Deutschland aufwirft. Wenn nach dem Kriege die Bemühungen und Maßnahmen der Bundesregierung darauf ausgerichtet waren, die Voraussetzungen für eine freie Entfaltung der deutschen Außenwirtschaft und deren Anschluß an die Weltwirtschaft zu schaffen, wird es jetzt darauf ankommen, das Erreichte zu erhalten und an eine weltweite Entwicklung, die immer mehr erkennbar wird, anzupassen.

Ausblicke

Die Wirtschaftskatastrophen nach zwei verlorenen Weltkriegen, zwei Inflationen unerhörten Ausmaßes haben bei uns die Erkenntnis erhärtet, daß eine gesunde, stabile Währung die oberste Voraussetzung für eine erfolgreike Wirtschaftspolitik und eine gedeihliche Entwicklung der Außenwirtschaft ist. Wir hören von maßgebender Seite oft mit berechtigtem Stolz, die deutsche Mark sei eine der härtesten Währungen der Welt, die Stabilität unserer Währung sei gesichert. Ist das wirklich so? Die Lebensmittelkosten sind seit dem zweiten Weltkrieg überall und unablässig gestiegen, in manchen Ländern mehr als in anderen. Im Vergleich zu anderen Ländern kann der Preisauftrieb in der Bundesrepublik noch als mäßig bezeichnet werden; die Preissteigerungsrate hat in den Jahren 1957 bis 1960 unter 2,2 % gelegen, erst nach 1961 hat sie 3 % erreicht. Das mag bei expansiver Konjunktur im Zeichen einer Vollbeschäftigung und steigender Produktion noch tragbar erscheinen. In letzter Zeit haben sich aber am wirtschaftlichen Horizont drohende Wolken gezeigt, die nicht übersehen werden können. In den Haushalten des Bundes, der Länder und der Kommunen stehen Defizite bevor, die zu ernsten Sorgen Anlaß geben. Ob es der neuen Bundesregierung gelingen wird, mit drastischen Maßnahmen diese Gefahr abzuwehren, bleibt abzuwarten. Bereits vor den Bundestagswahlen 1953 hatten Bundestag und Bundesregierung in einer großzügigen Weise Ausgaben in einer Höhe bewilligt, die kaum noch mit den Grundsätzen einer gesunden Marktpolitik in Einklang standen und die Gefahr weiterer Ansprüche mit sich brachten. Die Zusagen vor den letzten Wahlen haben jedes vernünftige Maß überschritten und die Gefahr heraufbeschworen, daß wir in Fehlbeträge von Milliardenhöhe hereinrutschen. Wenn sich nicht dieselben Fehler wiederholen sollen, die bei der großen Krise 1929 zu den oben geschilderten Rückschlägen geführt haben, muß dieses unerträgliche Anwachsen von Lasten, Ausgaben und Verpflichtungen energisch unterbunden werden. Anderenfalls wird keine Möglichkeit bestehen, das Preisniveau stabil zu halten und unsere Industrie auf den Weltmärkten konkurrenzfähig zu erhalten. Es kommt hinzu, daß auch die Entwicklung unserer Zahlungsbilanz neuerdings zu Besorgnissen Anlaß gibt. Zum ersten Mal seit 1958 hat sich in mehreren Monaten des Jahres 1965 ein Einfuhrüberschuß ergeben. Auch die gesamte Zahlungsbilanz hat seit Frühjahr 1965 eine eindeutige Tendenz zur Passivierung gezeigt. Zwar ist auch die Ausfuhr gestiegen, aber die Zunahme ist gegenüber dem Anstieg der Einfuhr langsamer geworden. Nun ist diese Tatsache allein sicher noch kein Anlaß zu Kassandrarufen. Es ist noch nicht allzu lange her, da wurden in Kreisen der Bundesregierung und der Wirtschaftswissenschaft Überlegungen angestellt, was zur Belebung der deutschen Einfuhr getan werden könne, um von den hohen Devisenüberschüssen herunterzukommen und das Preisniveau zu halten, Überlegungen, die sogar zu der recht anfechtbaren Aufwertung der DM im März 1961 führten. Man sollte jetzt nicht in das Gegenteil verfallen und den Niedergang der deutschen Außenwirtschaft voraussagen. Wir dürfen aber nicht übersehen, daß die sich anbahnende Entwicklung nicht nur vorübergehender Natur zu sein scheint und daß wir in weit größerem Maße von Ausfuhrgeschäften abhängig sind als die meisten unserer Partnerländer. Die Vereinigten Staaten, die nach 1947 mit der großartigen Marshall-Plan-Hilfe einsprangen, als die Dollarlücke bei den europäischen Ländern den Bezug von Rohstoffen und Nahrungsmitteln aus dem Dollarraum in Frage stellte, machen jetzt große Anstrengungen, ihre Zahlungsbilanz zum

Ausgleich zu bringen. Die Gefahr einer erneuten Dollarknappheit ist für die Zukunft keineswegs ausgeschlossen. Die Erhaltung einer stabilen Währung muß daher oberstes Gesetz unserer Wirtschaftspolitik bleiben. Auch werden wir den Mut und die Einsicht aufbringen müssen, angesichts einer stetig wachsenden harten Konkurrenz auf den Weltmärkten unsere Ausfuhrbemühungen mehr als bisher auf Hochleistungsprodukte mit hohem Verarbeitungsanteil zu konzentrieren. Der deutsche Export nach den europäischen Ländern und den USA hat anteilmäßig laufend zugenommen; schon jetzt sind $^2/_3$ der deutschen Ausfuhr Investitionsgüter. Hier zeigt sich ein Trend zur Arbeitsteilung, der den Ansatz zu einer nützlichen Neuordnung unseres Außenhandels bilden könnte. Allerdings würde das bedeuten, daß Produktionszweige, die bei uns unter erheblich ungünstigeren Bedingungen arbeiten als im Ausland und nur durch Subventionen aufrechterhalten werden können, unter Umständen aufgegeben werden müßten. Das erfordert eine starke Hand in der Wirtschaftspolitik, um sich gegen die Interessen der Betroffenen zum Wohle des Ganzen durchzusetzen. Das Schicksal der englischen Baumwollindustrie mag als Beispiel dienen.

Ein beruhigender Faktor ist die wachsende internationale Zusammenarbeit auf dem Währungsgebiet. Der schon erwähnte Internationale Währungsfonds verpflichtet seine Mitglieder zu währungspolitischer Disziplin und sieht in Notfällen zur Überbrückung von Zahlungsschwierigkeiten die Gewährung von Krediten vor. Ergänzt wird der Fonds durch die Allgemeinen Kreditvereinbarungen der zehn wichtigsten Industrieländer, den sogenannten Club der Zehn, der, eng mit der OECD zusammenarbeitend, weitere Kreditmöglichkeiten schafft. Schließlich hat sich die gute Zusammenarbeit zwischen den Notenbanken bewährt. Alle diese Institutionen sind sich darin einig, daß die Gefahr inflationärer Entwicklungen in jedem Fall vermieden werden muß. Eine gewisse Gefahr liegt aber darin, daß die Mitgliedsländer im Vertrauen auf diese internationale Stütze und den damit verbundenen Mechanismus die eigene Verantwortung zum Ausgleich ihrer Zahlungsbilanzen und zur Stabilität ihrer Währungen unterschätzen. Autonome Maßnahmen sind durch die internationale Aktivität keineswegs überflüssig geworden; eine straffe Notenbankpolitik, die sich die Erfahrungen der Zwanziger Jahre vor Augen halten sollte, muß von allen zu Gebote stehenden Mitteln zu diesem Zweck Gebrauch machen. Das Beispiel Frankreichs und Italiens, die nach dem Kriege zunächst durch großzügige Ausgabenwirtschaft und Subventionen, verbunden mit einer Politik des billigen Geldes, ihre Zahlungsbilanz gefährdet haben, statt sie durch straffe Finanzpolitik in Ordnung zu halten, sollte warnen.

Eine weitere Problematik entsteht für unsere Außenwirtschaft durch die wachsende, stark forcierte internationale Zusammenarbeit auf dem Gebiet des Welthandels, die zu einer zunehmenden gegenseitigen Abhängigkeit und Verflechtung führt. Weiter oben wurde schon hingewiesen auf das GATT, die Weltwirtschaftskonferenz, die OECD und die EWG, womit der Katalog noch keineswegs erschöpft ist. Die Schwierigkeiten beim Gemeinsamen Markt in den letzten Monaten haben gezeigt, wo die Gefahren und Grenzen dieser Entwicklung liegen. Solange keine vitalen nationalen Interessen auf dem Spiele standen und die nationale Souveränität nicht angetastet wurde, ging alles mehr oder weniger gut. Am 1. Januar 1966 beginnt aber die dritte Stufe des Aufbaus der EWG, die in wichtigen Fragen Mehrheitsentscheidungen innerhalb des Ministerrats vorsieht. Die Agrarregelung greift tief in die nationalen Interessen der Mitgliedsländer ein. Sogleich zeigt sich, wie unendlich schwer es ist, nationale Opfer für einen internationalen wirtschaftlichen Zusammenschluß zu erwarten und zu bringen, wenn es hart auf hart geht. Frankreichs Haltung kann für Kenner der Materie, die aufmerksam die Entstehung und Entwicklung des Gemeinsamen Marktes verfolgt haben, nicht überraschen. Man muß sich fragen, wie sich die Bundesregierung verhalten würde, wenn z. B. durch Mehrheitsbeschluß Entscheidungen getroffen würden, durch die die deutsche Industrie oder der deutsche Bauer in Schwierigkeiten gebracht würden. Eine realistischere Betrachtung wäre hier am Platz.

Ähnliche Schwierigkeiten sind im GATT zu verzeichnen. Die engen Verflechtungen auf dem Zollgebiet, das Verbot einseitiger Erhöhungen gebundener Zölle verbunden mit der Meistbegünstigung, die Verpflichtung, keine neuen Beschränkungen des Waren- und Zahlungsverkehrs einzuführen und bestehende aufzuheben, haben dazu geführt, daß den Mitgliedsländern in ihrer autonomen Außenwirtschaftspolitik weitgehend die Hände gebunden sind. Das GATT hat den Welthandel in eine Richtung gelenkt, in der es nur noch Zollsenkungen und Beseitigung von Handelsbeschränkungen gibt. Verstöße gegen diese Regeln führen zu Gegenmaßnahmen. Was aber soll werden, wenn z. B. durch Einfuhr billiger Waren der eigene Markt gestört wird. Es braucht nicht immer Dumping zu sein, gegen das Abwehrmaßnahmen erlaubt sind. Die Begriffe der „Marktstörung" oder der „Marktzerrüttung", die im Vordergrund der Diskussion stehen und das Recht zu einseitigen Schutzmaßnahmen geben sollen, sind auslegungsfähig und können das Problem allein nicht lösen. Die Gefahr, daß bei einem Konjunkturrückgang jeder sich seiner eigenen Haut wehrt und autonome, protektionistische Maßnahmen einzelner betroffener Länder den Rückfall in die Zeit vor 1945 in bedrohliche Nähe bringen, ist nicht von der Hand zu weisen. So hat selbst Großbritannien, als seine Zahlungsbilanz 1964 eine bedrohliche Entwicklung nahm, nicht gezögert, trotz GATT-Regeln und lauter Proteste einen Sonderzoll von 15 % einzuführen. Solche einseitigen Zollerhöhungen können Vergeltungsmaßnahmen der betroffenen Handelspartner nach sich ziehen, die in einer Kettenreaktion leicht einen Handelskrieg über die ganze Welt auslösen könnten. Es darf aber nicht sein, daß die gewaltigen, epochalen Fortschritte, die mit so viel Idealismus und Vernunft vorangetragene Gemeinsamkeit des Welthandels wieder in Frage gestellt werden. Die internationalen Bindungen werden auch hier nie so stark werden, daß auf eine nationale Außenpolitik verzichtet werden könnte. Bescheidenheit, vernunftbedingte Zurückhaltung und Geduld sind bei der Verfolgung der weltweiten außenwirtschaftlichen Ziele am Platze, um Rückschläge zu verhindern und das Erreichte nicht zu gefährden. Internationale Verträge und Konferenzen haben den großen Wert, Interessengegensätze zu konfrontieren und den Ausgleich zu erleichtern; ohne sie würde der Protektionismus sicher große Wellen schlagen. Die Bundesrepublik ist in ganz besonderem Maße an einer Befriedung und Konsolidierung des Welthandels interessiert. Wir sind sicher, daß die neue Bundesregierung fortfahren wird, ihre Wirtschaftspolitik nach dieser Zielrichtung zu führen.

Auf das Problem der Entwicklungshilfe ist schon hingewiesen worden. Auch hier stehen weitreichende, bedeutungsvolle Aufgaben vor uns. Die bisherigen Anstrengungen, den Entwicklungsländern den Anschluß an die großen Handels- und Industrieländer zu ermöglichen, den Lebensstandard ihrer Bevölkerung zu steigern, waren sowohl unzureichend wie auch nicht immer sinnvoll und erfolgreich. Kredithilfen, technische Hilfe, Zollvergünstigungen, Rohstoffabkommen — alle diese Hilfsmaßnahmen müssen ausgebaut und nach vernünftigen wirtschaftlichen Gesichtspunkten orientiert werden. Richtig mag sein, daß solche Maßnahmen nicht immer und ganz den im internationalen Wirtschaftsverkehr der freien Welt erzielten Grundsätzen einer freien Marktwirtschaft und eines freien Wettbewerbs entsprechen. Es zeigt sich, auch hier, daß unter den jetzigen politischen und wirtschaftlichen Verhältnissen eine Außenwirtschaftspolitik des absolut freien Spiels der Kräfte, das „Laissez faire, laissez aller“ nicht mehr möglich ist, daß vielmehr auf gewisse staatliche Einwirkungen nicht verzichtet werden kann. Wichtig erscheint vor allem, durch Überbrückungsmaßnahmen für eine Übergangszeit einigermaßen geordnete Verhältnisse auf den Rohstoffmärkten zu schaffen, um die notwendigen strukturellen Anpassungen hier wie da durchführen zu können. Der Bundesregierung stehen hier große und verantwortungsvolle Aufgaben bevor, die

Sachkunde, diplomatisches Geschick und nicht zuletzt den Willen zu echter Hilfsbereitschaft fordern.

So zeigt die deutsche Außenwirtschaft, eingebettet in weltweite Entwicklungen, nach dem zweiten Weltkrieg einen großartigen Aufschwung. Vor uns stehen eine Reihe schwerwiegender Probleme. Wir hoffen, daß der Außenwirtschaft weiterhin der ihr gebührende Platz in der Gesamtpolitik eingeräumt wird. Daß sich dabei die Bundesregierung auf ein wirksames Instrumentarium für eine aktive Wirtschaftspolitik stützen kann, zu dem Pläne und Ideen beigetragen haben, die von Wirtschaftlern und Wissenschaftlern aus der Zeit und der Umgebung des damaligen Ministerialdirektors im vormaligen Reichswirtschaftsministerium Dr. Hans Schaeffer entwickelt worden sind, möge gerade in diesem Beitrag mit Dank und Genugtuung festgestellt werden.

Die Chancen der Mitbestimmung in West und Ost

Von Gert von Eynern

Der Umbau der Wirtschaftsysteme in den kommunistischen Ländern, der seit 1963 schrittweise vorgenommen wird, hat nicht nur ökonomische, sondern auch große soziale und politische Bedeutung. Denn mit dem Einbau weiterer marktwirtschaftlicher, ja geradezu kapitalistisch anmutender Elemente in die Zentralverwaltungswirtschaft des Ostens, die sogenannte „Planwirtschaft", ist eine allgemeine Pragmatisierung des Denkens, eine Auflockerung von Ideologien verbunden. Dadurch wird es möglich, daß der Osten (z. B. die DDR) außer spezifisch wirtschaftlichen Institutionen auch soziale Einrichtungen aus dem Westen (z. B. der Bundesrepublik) übernimmt, falls es politisch zweckmäßig erscheint. Zu diesen sozialen Einrichtungen könnte auch die eigenartige und eigenwertige Institution der Mitbestimmung der Arbeitnehmer im Betrieb und im Unternehmen gehören. Ist eine solche Entwicklung nicht nur möglich, sondern sogar wahrscheinlich?

Für die Beantwortung dieser Frage sind drei Vorfragen wichtig. Erstens: Wie radikal und konsequent geht die Umgestaltung der kommunistischen Wirtschaftsysteme vor sich? Sind die Maßnahmen der Sowjetunion seit der Liberman-Diskussion, das Neue ökonomische System in der DDR, die Liberalisierungen in anderen Ostblockstaaten lediglich verwaltungstechnische Verbesserungen einer im Prinzip straffen Zentralverwaltungswirtschaft, oder sind sie Etappen im Prozeß einer Transformation des ökonomischen Systems?

Zweitens: Wie strikt ist die Interdependenz zwischen wirtschaftlichen, geistigen, sozialen, politischen Vorgängen? Können sich erhebliche Wandlungen in der Wirtschaft ohne nennenswerte Wirkungen auf anderen Gebieten vollziehen, oder sind sie teils Folgen, teils Ursachen geistiger und politischer Änderungen?

Drittens: Könnte die innerbetriebliche Mitbestimmung der Arbeitnehmer in der Bundesrepublik für den Osten attraktiv sein? Hat sie die Erwartungen, die man vernünftigerweise an sie stellen kann, erfüllt, oder hat sie versagt? — Zu diesen drei Vorfragen können im Rahmen dieses Aufsatzes nur einige grundsätzliche Bemerkungen gemacht werden.

I

Bereits unter Lenin, Stalin und Chruschtschow wich das Wirtschaftsystem, das in der Sowjetunion und den anderen Ostblockstaaten verwirklicht war oder zumindest als Leitbild für die Gestaltung der Wirtschaft diente, in wesentlichen Zügen von dem theoretischen Modell einer reinen „Zentralverwaltungswirtschaft" ab. Das Vertragssystem mit den Geldzahlungen, die freie Konsumgüterwahl und die im Prinzip freie Wahl des Berufs und des Arbeitsplatzes usw. gaben den Theoretikern Anlaß, von einem besonderen Systemtyp, nämlich der „Zentralverwaltungswirtschaft *sowjetischen Typs*" zu sprechen (so Karl C. Thalheim). Aber die neuen Gedanken, wie sie seit Libermans Aufsatz in der Prawda vom September 1962 freimütig diskutiert werden und inzwischen teilweise realisiert sind — vor allem im „Neuen ökonomischen System der Planung und Leitung der Volkswirtschaft" der DDR — haben eine noch wesentlich größere Bedeutung: Die Preise sollen künftig den Kosten entsprechen, also beweglich werden. Rational ermittelte Gewinne sollen, ausgedrückt in Prozent des Kapitals, als Indiz für die Leistungsfähigkeit der Betriebe und als Richtschnur des Betriebsgeschehens dienen. Die Betriebsmanager sollen deshalb einen breiteren Entscheidungsspielraum erhalten, also zu Unternehmensmanagern werden. Alsdann dürfte es nicht ausbleiben, daß die Unternehmensleiter auch auf die Höhe und Art der Investitionen einen wesentlichen Einfluß gewinnen, selbst wenn hierüber formell staatliche Planungsbehörden entscheiden.

Selbstverständlich bestreitet man im Osten — aus innen- und außenpolitischen Gründen — lebhaft, daß eine solche Wandlung irgend etwas mit einer Entwicklung zur Marktwirtschaft oder gar zum Kapitalismus oder zu dem jugoslawischen Wirtschaftstyp zu tun habe. In der Tat ist es möglich, daß die Partei, obwohl sie bisher Trägerin und nicht etwa Gegnerin dieser Wandlungen ist, das Steuer eines Tages wieder herumwirft, zumal die östlichen Wirtschaftsbehörden anscheinend bei weitem noch nicht die großen Chancen ausgenutzt haben, die der Planung heutzutage mit den elektronischen Datenverarbeitungsmaschinen gegeben sind.

Dennoch spricht vieles dafür, daß man auf dem jetzt beschrittenen Weg weiter gehen wird. Denn dieser Weg ist sachlogisch konsequent. Mit ihrem raschen Wachstum hat die Wirtschaft in der UdSSR und in der DDR einen hohen Reifegrad erreicht. In der Fabrikation und im Bereich des Verbrauchs ist die Wirtschaft derart differenziert und kompliziert geworden, daß es zweckmäßig (!) erscheint, Entscheidungen auf untere Verwaltungsstellen, Unternehmungen und Betriebe zu dezentralisieren und sich die — gewiß begrenzten — Vorteile eines Marktautomatismus teilweise nutzbar zu machen.

Mit der Umgestaltung der Wirtschaftsorganisation ist eng eine *geistige* Umstellung verbunden. Wenn man nämlich die Betriebe rational organisiert und womöglich automatisiert, wenn man im Betrieb, im Konzern, in der Planung Computers verwendet, wenn man Kybernetik praktiziert, Sputniks baut und ähnliches mehr — sei es aus technischem Spaß, ökonomischem Fortschrittsdrang oder militärischen Erwägungen —, so muß man freie Grundlagenforschung treiben, d. h., man muß sich von orthodoxen und „ordo“doxen Lehren wie der Politökonomie des Marxismus-Leninismus-Stalinismus lösen. In der Tat ist offensichtlich ein Prozeß der Ent-Ideologisierung und der Pragmatisierung im Gange. Er beruht nicht auf Zufall, sondern auf immanenter Logik.

Es ist gut möglich, daß dieser Entwicklung im Osten eine entgegengesetzte Bewegung im Westen entspricht. Gewiß läuft es manchem Bewohner der Bundesrepublik kalt über den Rücken, wenn er das Wort Planung oder „planification“ hört; die Erinnerung an die Nazi-Zeit und Friedrich Hayeks Warnruf vom „Weg zur Knechtschaft“ lasten auf unseren Gemütern. Doch zeigt eine vernünftige Einsicht in unsere Wirtschaftsprobleme, daß jede Wirtschaftspolitik „aus einem Guß“ bestehen sollte, und das bedeutet doch wohl auch so etwas wie eine planende Vorausschau. Die „planifizierte“ Wirtschaft Frankreichs weist bereits starke Ähnlichkeiten mit der liberalisierten Wirtschaft Jugoslawiens auf. So scheint sich ein genereller Prozeß der An-Ähnelung der beiden scheinbar entgegengesetzten „Wirtschaftsordnungen“ zu vollziehen. Vielleicht wird mit einer solchen An-Ähnelung der wirtschaftlichen und sozialen Systeme auch eine An-Näherung auf politischem Gebiet verbunden sein[1].

II

Auf dem Hintergrund solcher spekulativer Aspekte gewinnt die spezielle Frage nach der Zukunft der innerbetrieblichen Mitbestimmung der Arbeitnehmer ihr Gewicht. Neben der Durchsetzung der kollektiven Tarifverträge und dem staatlichen Schlichtungswesen stellten das Betriebsrätegesetz (1920) und das Gesetz über die Entsendung von Betriebsratsmitgliedern in den Aufsichtsrat (1922) die größten sozialpolitischen Taten der Weimarer Republik dar. Die verantwortliche Mitwirkung der Betriebsräte in sozialen und personellen

[1] Vgl. meinen Beitrag zu den Universitätstagen der Freien Universität Berlin 1965 (Wissenschaft und Planung): Tendenzen wirtschaftlicher und politischer Annäherung von Ost und West. Berlin 1965.

Angelegenheiten ist inzwischen zu einer Selbstverständlichkeit geworden. Umstritten aber ist das Institut der Mitbestimmung von Arbeitnehmervertretern bei *wirtschaftlichen* Entscheidungen, wie es heute hauptsächlich im Mitbestimmungsgesetz für die Montanindustrie (1951) und im Betriebsverfassungsgesetz (1952) fixiert ist. Danach besteht in der normalen Aktiengesellschaft ein Drittel des Aufsichtsrates aus Arbeitnehmervertretern („einfache Mitbestimmung"). In den Kohle- und Stahlunternehmen setzt sich der Aufsichtsrat je zur Hälfte aus Vertretern der Kapital- und der Arbeitseite zusammen; außerdem gibt es im Vorstand dieser Gesellschaften einen besonderen Vertrauensmann der Arbeiter, den „Arbeitsdirektor"; das ist die „paritätische" Mitbestimmung, die fälschlich meist als „qualifizierte" bezeichnet wird.

Das ganze System der Mitwirkungen und Mitbestimmungen beruht auf drei Fakten. Erstens sind die großen Fabriken und Büros, in denen die meisten Menschen den wesentlichen Teil ihres wachen Lebens verbringen müssen, unvermeidlich hierarchisch strukturierte Herrschaftsgebilde mit strenger Betriebsdisziplin. Zweitens setzt sich die Arbeiterbewegung für Selbstbestimmung, ökonomische Besserung und Hebung des sozialen Prestiges und Stärkung des politischen Einflusses der Arbeitnehmer ein. Drittens wurde im Bereich des Staates die Herrschaft des absoluten Monarchen längst durch eine demokratische Verfassung ersetzt, die den Machtadressaten an der politischen Willensbildung des Machtträgers beteiligt: Die Befehlsgeber sind nunmehr für den Befehlsempfänger nicht mehr fremde, von außen eingesetzte oder durch Geburt oder Reichtum legitimierte Herren, sondern Repräsentanten des Volkes; aus dem Untertan wurde der Staatsbürger. Was liegt näher als die Idee, auch dem Betrieb und dem Unternehmen eine demokratische Verfassung zu geben, in der aus dem fremdbestimmten unselbständigen Arbeiter ein „Wirtschaftsbürger" wird? Demokratie ist ja nicht nur eine gute — allerdings peinlich komplizierte — Staatsform, sondern eine allgemeine Lebensform. Politische Demokratie ist nicht lebensfähig, wenn sie nicht auf einer demokratischen Grundhaltung der Menschen beruht.

Wenn also die Arbeiter und Angestellten nicht mehr bloß Objekte des Betriebes, sondern Mitgestalter und „Wirtschaftssubjekte" werden, so hebt sich ihr Lebensgefühl, ihre Menschenwürde; ihre Möglichkeiten, im Betrieb aufzusteigen, wachsen, weil traditionelle Hemmungen, die bisher einer vertikalen Mobilität entgegenstanden, wegfallen; ihr Dasein wird inhaltsreicher.

Dies jedenfalls ist die Hoffnung jener modernen Sozialisten, die aus Enttäuschung über das Versagen sowohl des wirtschaftlichen Liberalismus als auch des orthodoxen Marxismus den Weg zum Revisionismus oder zum religiösen Sozialismus fanden[2]. Zugleich ist es die Hoffnung eines breiten Teils der katholischen Kirche. Wenn auch die radikale Formulierung des Bochumer Katholikentages 1949 — die Mitbestimmung sei „ein natürliches Recht in gottgewollter Ordnung" — heute kaum noch als gültig betrachtet wird, so entspricht es doch der katholischen Naturrechtslehre, daß das Privateigentum nur eine Verfügungsmacht über Sachen ist und nicht zu einer Herrschaftsmacht über Menschen ausgedehnt werden darf. Kapitalist und Arbeiter, so legt z. B. Oswald von Nell-Breuning dar, stehen in einem Ergänzungsverhältnis zueinander. Eine Subordination der einen Seite unter die andere ist weder naturgemäß noch funktionell bedingt; sie beruht nicht auf den Notwendigkeiten eines gedeihlichen menschlichen Zusammenlebens, sondern nur auf menschlichen Herrschaftsansprüchen. Im Hinblick auf die sozialen Spannungen in der Industriewirtschaft ist es zulässig, zweckmäßig, ja notwendig, daß die Manager, die in den Unternehmen Entscheidungen zu treffen haben, ihre Legitimation nicht nur von den Kapitalvertretern, sondern auch von den Arbeitnehmervertretern erhalten. Dadurch können die sozialen Spannungen vermindert werden. Im Vergleich mit dem anderen Mittel zur Milderung der Spannungen, nämlich der Abschaffung des Privateigentums an den Produktionsmitteln, also der Sozialisierung, ist die Mitbestimmung zumindest das kleinere Übel.

Indessen ist damit nicht unbedingt gesagt, daß außer Vertretern der Belegschaft auch unternehmensfremde Gewerkschaftsvertreter in die Gesellschaftsorgane eintreten sollen. Ein solches Kondominium im Unternehmen bringt vielmehr nach der Auffassung breiter katholischer Kreise die Gefahr einer Korrumpierung der Gewerkschaften mit sich; denn dann wird es den Gewerkschaften schwerfallen, wenn nicht unmöglich werden, außerhalb der Unternehmen, vor allem bei Tarifverhandlungen, die Interessen der „Arbeitnehmer" konsequent zu vertreten. Außerdem könnte es sich ereignen, daß die Gewerkschaftsvertreter in den Unternehmensorganen von ihren Gewerkschaftszentralen aus ferngesteuert werden; damit wäre die Autonomie der Unternehmen und mit ihr die Grundlage des marktwirtschaftlichen Systems bedroht.

Die Einstellung der katholischen Kirche zur Mitbestimmung ist, im ganzen gesehen, positiv. Die evangelische Kirche hat sich mit dieser Frage weniger konkret und weniger verbindlich beschäftigt.

Rechts und links von der breiten Mitte, die das Mitbestimmungsrecht bejaht, gibt es Gruppen, „Extremisten", die eine Mitbestimmung

---

[2] Zur Stellung der verschiedenen geistigen und politischen Strömungen zur Mitbestimmung vgl. die gedanken- und materialreiche Untersuchung von *Kunze*, Otto (Hrsg.), Alfred *Christmann* u. Gerhard *Leminsky*: Wirtschaftliche Mitbestimmung im Meinungsstreit. 2 Bde., Köln (1964).

strikt ablehnen. Rechts sind es die Neo-Liberalen[3]. Von den Alt-Liberalen haben sie die Vorstellung von der allein selig machenden Kraft der Wettbewerbswirtschaft, der „Marktwirtschaft", übernommen. Zwar glauben sie nicht mehr, wie weiland Adam Smith, daß dem Menschen ein natürlicher Drang zum Wettbewerb innewohne, und daß die auf diesem Drang beruhende Wettbewerbsordnung eine prästabilisierte Harmonie darstelle. Vielmehr erkennen sie an, daß dem wirtschaftenden Menschen auch ein Drang zum Monopol innewohnt. Daraus ergibt sich für den Staat die Aufgabe, Monopole, die Störenfriede des Konkurrenzsystems, zu bekämpfen; er muß also die Rechte von Eigentümern beschränken. Dennoch ist die wirtschaftspolitisch entscheidende Auffassung der Neo-Liberalen die, daß die Privatautonomie der Eigentümer erhalten werden müsse: Jedes Unternehmen, jeder Konzern müsse seine innere Struktur, seine Verfassung, selbst festlegen dürfen. Wenn der Staat dem Unternehmen eine Mitwirkung anderer, der Arbeiter, aufzwinge, so sei das rechtsstaatlich unzulässig, sozialpolitisch untragbar, wirtschaftlich bedenklich und politisch gefährlich:

Es sei unzulässig, denn der Staat verletze damit die Gestaltungskraft der Privateigentümer zugunsten privatrechtlicher Vereinigungen, der Gewerkschaften, die dazu verfassungsrechtlich nicht legitimiert seien. Es sei sozialpolitisch untragbar; denn der Staat zerstöre damit das Gleichgewicht der „Sozialpartner" bei den Tarifverhandlungen. Es sei wirtschaftlich bedenklich; denn die Arbeiter hätten ein Interesse an der Erhaltung ihres Arbeitsplatzes und seien deshalb geneigt, den technischen und wirtschaftlichen Fortschritt zu hemmen; damit werde unweigerlich der Weg zur Wirtschaftsreglementierung, also zur Abschaffung des Wettbewerbsystems, eingeschlagen. Und es sei politisch gefährlich; denn die Gewerkschaften erhielten dadurch das gewaltigste Wirtschaftsmonopol der Geschichte; sie würden ihre Macht zusammen mit den Unternehmern zur gemeinsamen Ausbeutung der Konsumenten mißbrauchen; im System der politischen Demokratie stellten sie also einen systemzerstörenden Fremdkörper dar.

Von links her wird die Mitbestimmung durch die Neo-Marxisten abgelehnt. Ausgangspunkt aller Marxisten ist die Selbstentfremdung, in die der Mensch durch die technische und organisatorische Spezialisierung, die Arbeits-Zerteilung, geraten ist. Während aber nach altmarxistischer Auffassung die inneren Spannungen im Kapitalismus

[3] Die Grundgedanken der Neoliberalen zur Mitbestimmung sind — außer in den Werken, die in der in Anm. 2 zitierten Quelle aufgeführt werden — neuerdings formuliert in: „Wirtschaftliche Mitbestimmung und Freiheitliche Gesellschaft — Eine Stellungnahme des Arbeitskreises Mitbestimmung bei der Bundesvereinigung der Deutschen Arbeitgeberverbände zu den gewerkschaftlichen Forderungen", Köln 1965.

automatisch zu einem Zusammenbruch dieses Systems führen werden, sind die Neo-Marxisten davon überzeugt, daß dieses Ziel nur durch politische und soziale Kämpfe zu erreichen sei. Deshalb stehen sie allen Versuchen, die Klassengegensätze zu überkleistern, äußerst skeptisch gegenüber. Auch in der Mitbestimmung sehen sie einen solchen Versuch, einen raffinierten Trick der Kapitalisten. Prinzipiell sei es zwar denkbar, daß die Mitbestimmung einen Einbruch der Arbeiter in das kapitalistische Klassenprivileg bewirke. Aber die Erfahrungen hätten gezeigt, daß davon praktisch keine Rede sei; vielmehr hätten sich die Arbeitervertreter gewissermaßen kaufen lassen. Das sei auch verständlich, weil es sich überwiegend um Belegschaftsvertreter handle, die sich mit den Kapitalisten ihres Unternehmens zur gemeinsamen Ausnutzung von Marktchancen verbündeten, indem sie z. B. die Preise erhöhten zu Lasten der Gesamt-Arbeiterschaft. Die Gewerkschaften seien dadurch unglaubwürdig geworden und ihre Kampfbereitschaft sei gesunken.

Wenn Mitbestimmung den Gang der Geschichte vorwärtstreiben solle, dann dürften nach dieser Auffassung ausschließlich Vertreter von Gewerkschaften Funktionen erhalten. Die Mitbestimmung nach deutschem Muster sei mithin nicht einmal als taktisches Mittel im Klassenkampf verwertbar, auch nicht während einer Übergangsperiode auf dem Wege zur total sozialisierten Wirtschaft.

III

Nunmehr (Ende 1965) liegen praktische Erfahrungen von 19 Jahren — Montanbestimmung — bzw. 12 Jahren — übrige Aktiengesellschaften — vor, die eine vorläufige Antwort auf die Frage erlauben, ob sich die Mitbestimmung bewährt habe[4]. Wenn man billigerweise über eine Reihe von Kinderkrankheiten hinwegsieht, so läßt sich global sagen, daß die vielfach befürchteten üblen Wirkungen nicht eingetreten sind. Ausländisches Kapital hat sich durch die Mitbestimmung keineswegs davon abhalten lassen, in Deutschland zu investieren. Die Arbeitervertreter in den Aufsichtsräten haben sich als genauso fortschrittsbegeistert und investitionsfreudig erwiesen wie die Kapitalvertreter — kein Wunder wenn man bedenkt, daß sich in den Lohndebatten alle Welt darüber einig ist, die Arbeiter müßten an den Erfolgen der Produktivitätsteigerung beteiligt werden. Von einer ge-

---

[4] Vgl. u. a. *Voigt*, Fritz und *Weddigen*, Walter: Zur Theorie und Praxis der Mitbestimmung, 2 Bde. (Schriften des Vereins für Socialpolitik, Neue Folge, Band 24 I und II). Berlin 1962, 1964. *Potthoff*, Erich, *Blume*, Otto, und *Duvernell*, Helmut: Zwischenbilanz der Mitbestimmung. Tübingen 1962.

fährlichen Fernsteuerung der Gewerkschaftsfunktionäre in den Aktiengesellschaften kann keine Rede sein. In den Aufsichtsräten verhalten sich die Arbeitervertreter, auch die „fremden", nicht anders als z. B. die betriebsfremden Bankenvertreter; nur ihre gesellschaftliche Position ist eine andere. Die Stellung des Arbeitsdirektors mit seinen zwei Seelen in einer Brust — einerseits Unternehmensleiter und Arbeitgeber, andererseits Vertrauensmann der Arbeitnehmer — ist zwar schwierig, aber im Prinzip ähnlich derjenigen eines evangelischen Kultusministers in einem Land mit großer katholischer Bevölkerung oder eines Landwirtschaftsministers, der zugleich die Interessen der Verbraucher wahrzunehmen hat. Die Besorgnis, die Mitbestimmung höhle die Rechte der Kapitaleigentümer so stark aus, daß damit unsere ganze Gesellschaftsordnung aufgelöst werde, hat sich als illusorisch erwiesen.

Blieben auf der einen Seite die vielfach befürchteten Schäden der Mitbestimmung fast völlig aus, so sind auf der anderen Seite die erwarteten positiven Wirkungen wenigstens teilweise eingetreten. Die sozialen Spannungen sind vermindert; wahrscheinlich wäre die Zahl der Streiks wesentlich größer, wenn es keine Mitbestimmung gäbe. Die Aufstiegsmöglichkeiten der „Arbeitnehmer", auch in verantwortliche Positionen, sind in einem gewissen Umfang gewachsen. An der Steigerung des Lebensgefühls und Sozialprestiges der Arbeiter hat auch die Mitbestimmung mitgewirkt. Zwar ist die Mitbestimmung nicht „populär" in dem Sinne, daß ihre Nutznießer sie rational durchschauten, im Tagesgeschehen bewußt erlebten, und große Opfer für sie zu bringen bereit wären; aber dieses Schicksal teilt die Mitbestimmung mit ihrer großen Schwester, der Demokratie. Das ist zwar ein bedauerliches Faktum, aber kein schlüssiger Beweis gegen ihre Vorzüge und ihre Bewährung. Wie bedeutend die Demokratie und die Mitbestimmung heute tatsächlich sind, wird am besten klar, wenn man sich die beklemmende und gefahrenreiche Leere vor Augen führt, die entstände, müßten wir ohne sie leben, ohne „Staatsbürger" und ohne „Wirtschaftsbürger".

Selbst in dem harten Streit, der nach der Bundestagswahl im September 1965 plötzlich um die Mitbestimmung entbrannt ist, fordern die Unternehmerverbände deshalb nicht die völlige Abschaffung, nicht einmal die Minderung der Mitbestimmung, sondern nur die Eindämmung ihrer — von den Gewerkschaften erstrebten — Expansion[5].

Bei dieser Lage wäre es prinzipiell denkbar, daß die Mitbestimmung auch für den Osten, besonders für die DDR, attraktiv wäre.

---

[5] Vgl. die in Anm. 3 zitierte Stellungnahme der Arbeitgeberverbände.

IV

Im Osten haben allerdings, wie fast alle Fakten und Probleme, auch die Mitbestimmungsfragen ein ganz anderes Gesicht als im Westen[6]. Zum Beispiel sind die Beziehungen und Gegensätze zwischen den Arbeitern und den Betriebsleitern in der „sozialistischen" DDR grundsätzlich anders. Da das Privateigentum an Produktionsmitteln abgeschafft ist, beruht die Legitimität der Betriebsleiter nicht auf Eigentumsrechten und auf überkommenen Vorstellungen darüber, was dem Eigentümer oder seinem Vertreter rechtens gebührt. Der Betriebsleiter kann und soll vielmehr überall kritisiert werden; wenn er sich nicht bewährt, kann er seine Stellung und seine Macht verlieren, er kann herabsinken. Umgekehrt hat der Arbeiter die Chance aufzusteigen, sei es dank fachlicher Tüchtigkeit, sei es dank politischer Bewährung in der Gewerkschaft und Partei — am besten durch eine Kombination beider Möglichkeiten. Gewiß ist die hierarchische Befehlsgewalt des Betriebsleiters mindestens so scharf ausgeprägt wie im Westen. Aber die Befehlenden und die Gehorchenden stehen sich im Osten sozial wesentlich näher.

Außerdem sind in der „Planwirtschaft" des Ostens die wirtschaftlichen Vorgänge nicht ganz so schwer zu durchschauen wie in der Marktwirtschaft des Westens. Der Marktvorgang im Westen, das Auf und Ab der Preise, die Spekulationen, die Machtkämpfe der Oligopole, die Finanztransaktionen und ähnliches vermag kaum ein Wirtschaftsfachmann genau zu überblicken. Der Arbeiter gar kann die Zweckmäßigkeit unternehmerischer Entscheidungen in dem komplizierten Marktgeflecht, in das sein Betrieb eingespannt ist, ohne besondere Anleitung nicht beurteilen. Prinzipiell einfacher, wiewohl immer noch sehr schwierig ist es in einem planwirtschaftlichen System, den Standort des Arbeiters im Betrieb und den Standort des Betriebs im volkswirtschaftlichen Ganzen zu erkennen. Denn die Bezugsgrößen — im einfachen Fall: die produzierten Tonnen — sind konkret vorstellbar, und die Bezugsmethoden — Prozente des Plansolls — sind unmittelbar einleuchtend.

Diese beiden Fakten — die soziale Nähe der Arbeiter und Betriebsleiter sowie die Durchschaubarkeit der meisten Vorgänge — geben

[6] Vgl. *Zimmermann*, Hartmut: Der FDGB als Massenorganisation und seine Aufgaben bei der Erfüllung der betrieblichen Wirtschaftspläne. In: Peter Christian *Ludz* (Hrsg.): Studien und Materialien zur Soziologie der DDR, Sonderheft 8 der Kölner Zeitschrift für Soziologie und Sozialpsychologie. Köln und Opladen 1964. Ferner die dort angegebenen Literaturhinweise, bes. S. 500 ff. — Material enthalten auch die vier Tätigkeitsberichte des Forschungsbeirats für Fragen der Wiedervereinigung Deutschlands beim Bundesministerium für Gesamtdeutsche Fragen, Bonn und Berlin 1953, 1957, 1961 und 1965.

einer Mitbestimmung der Arbeiter im Osten größere Chancen als im Westen. Denn wenn man kritisieren kann, ohne in einen fremden Bereich einzudringen, und wenn man sogar sachkundig kritisieren kann, weil man Einblick und Überblick hat, so ist Mitwirkung und Mitbestimmung sinnvoll möglich. Aber ist sie auch notwendig?

Der *Staat* ist nach der offiziellen kommunistischen Lehre ein Staat der Arbeiter und Bauern. Da alle Fabriken dem „Volke" gehören, gibt es theoretisch keinen ernsthaften Interessengegensatz zwischen dem Staat und den einzelnen, zwischen dem staatlichen Werkleiter und den Arbeitern. Deshalb besteht theoretisch auch kein Bedürfnis nach Mitbestimmung, so wie auch kein Bedarf nach einem Streik besteht, weil sich jeder Streik gegen die eigenen Interessen richten würde, die sich ja mit den Interessen der Gesamtheit angeblich decken.

Dennoch hätte eine Mitwirkung der Arbeiter auch in einer „sozialistischen Planwirtschaft" zwei wichtige Funktionen: eine pragmatische und eine pädagogische. Die pragmatische ergibt sich daraus, daß es zweckmäßig ist, den Wirtschaftsablauf einer ständigen Kontrolle von unten zu unterwerfen. Denn im Betrieb und in der Gesamtwirtschaft entstehen auch bei der besten Planung immer wieder Störungen. Das Recht der Arbeiter zur Kritik und ihre Pflicht zur Initiative können erheblich dazu beitragen, solche Reibungen zu mildern.

Die pädagogische Funktion einer Mitwirkung der Arbeiter hängt mit der Stellung der Gewerkschaft zusammen. Der „Freie Deutsche Gewerkschaftsbund" (FDGB) ist einer der Transmissionsriemen, mit dem die führende Gruppe, die Partei, die Entwicklung zum Kommunismus vorwärtstreibt. Dazu gehört, daß sie die Massen mit „sozialistischem Bewußtsein" erfüllt. Die Legitimität hierzu leitet die Partei daraus her, daß sie, nur sie, die Entwicklung von Wirtschaft und Gesellschaft kennt und die Tagesereignisse und -probleme sinnvoll in die Entfaltung der sozialistischen Gesellschaft einzuordnen versteht. Vorläufig ist, nach der kommunistischen Ideologie, das sozialistische Bewußtsein noch nicht genügend verbreitet. Die meisten Menschen kennen noch nicht hinreichend genau die gesellschaftliche und politische Bedeutung ihrer Stellung und ihres Handelns. Zum Beispiel sind sie noch nicht genügend durchdrungen von der Notwendigkeit und Möglichkeit, die Produktivität der Wirtschaft zu steigern. Deshalb müssen sie zum sozialistischen Bewußtsein erzogen werden. Das beste pädagogische Mittel besteht darin, ihnen konkrete Aufgaben, Verantwortungen zu übertragen, sie also an den wirtschaftlichen Entscheidungen mitwirken zu lassen, sei es wirklich oder nur scheinbar.

Wir sehen: Die sogenannte „Mitbestimmung" enthält in der DDR nicht nur Einflüsse von unten nach oben, sondern auch Einflüsse von oben nach unten. Die Verwendung des Wortes „Mitbestimmung“ kann deshalb als eine semantische Erschleichung aufgefaßt werden.

Im Bereich der sozialen und personellen Angelegenheiten haben die Betriebsgewerkschaftsleitungen (BGL), in denen etwa 90 % der Werktätigen organisiert sind, wesentliche Mitwirkungsrechte, z. B. bei der Gestaltung der Arbeitsbedingungen, der Aufstellung der betrieblichen Arbeitsordnung, der Verteilung der Arbeitszeit, der Aufstellung der Urlaubspläne, der Berufsausbildung, der Verwendung der Mittel des Prämienfonds, des Kulturfonds, des Sozialfonds; auch Kündigungen bedürfen ihrer Zustimmung. Trotz zahlreicher Unterschiede im einzelnen entsprechen diese Rechte ungefähr den Funktionen der Betriebsräte in der Bundesrepublik.

Außerdem hat der FDGB Funktionen, denen die Bundesrepublik nichts Ähnliches an die Seite stellt. So ist der FDGB Träger der ganzen Sozialversicherung; das ist für ihn ein breites und wichtiges zusätzliches Arbeitsgebiet. Außerdem gibt es in jedem größeren Betrieb „Kameradschaftsgerichte“, „Konfliktkommissionen“. Ihre Mitglieder sind Betriebsangehörige, Nichtjuristen; sie werden unter der Führung der Betriebsgewerkschaftsleitungen von der Belegschaft gewählt. Diese Kommissionen sind nicht nur für Streitfälle aus dem Arbeitsverhältnis zuständig, sondern auch für kleinere Straftaten — Diebstähle, Beleidigungen, Körperverletzungen — und für kleinere Zivilstreitigkeiten. Sie verhängen Strafen: Sie verpflichten z. B. den Sünder, sich öffentlich zu entschuldigen; sie erteilen ihm offizielle Rügen, und sie verpflichten ihn rechtsverbindlich zur Wiedergutmachung des Schadens. Bei ihren Untersuchungen dringen sie oft tief in die private Sphäre des Angeschuldigten ein; ihre Beratungen sind öffentlich. So üben sie einen starken sozialen Druck aus.

Zwei Fakten aber bewirken, daß die Mitbestimmung der Arbeitnehmer auch bei den sozialen und personellen Fragen in der DDR geringer ist als in der Bundesrepublik. Das eine Faktum betrifft die Lohnfestsetzung, das andere die innere Struktur des FDGB.

Die Löhne kommen nicht, wie im Westen, durch Tarifverhandlungen zwischen autonomen Tarifpartnern zustande; sie werden vielmehr durch den Staat festgesetzt und bilden einen wichtigen Bestandteil der staatlichen Volkswirtschaftspläne. Dem einzelnen Betrieb wird ein bestimmter „Lohnfonds“ zugewiesen. An der Festlegung der Lohnformen, der Akkordsätze (Normen), werden die BGL zwar beteiligt, sie sind jedoch dabei an enge Richtlinien gebunden.

Dazu kommt, daß der FDGB, wie alle anderen Massenorganisationen, nach dem Prinzip des „demokratischen Zentralismus“ aufgebaut ist. Er ist kein Bund selbständiger Gewerkschaften wie der DGB in

Düsseldorf, sondern eine Einheitsorganisation. Die einzelnen Industriegewerkschaften sind nicht Verbände, sondern Abteilungen des FDGB. Die Organe des FDGB werden zwar von unten nach oben gewählt; aber jedes Organ ist an die Beschlüsse der ihm übergeordneten Stellen gebunden. Ein ausgeklügeltes System bei der Aufstellung der Kandidatenlisten und bei der Durchführung und Bestätigung der Wahlen sichert dabei der SED den entscheidenden Einfluß.

Im Grunde sind es deshalb nicht die Arbeiter oder ihre Repräsentanten in den BGL, die das Mitwirkungs- und Mitbestimmungsrecht innehaben. Die BGL sind vielmehr Instrumente der Partei, die durch sie ihren Willen durchzusetzen versuchen. In seiner Satzung erkennt der FDGB die Führungsrolle der SED auch offiziell an, und die SED erhebt in ihrem Statut den Anspruch, „die führende Kraft aller Organisationen der Arbeiterklasse und Werktätigen" zu sein.

Eine eigenständige Mitbestimmung im westdeutschen Sinne ist also in Ostdeutschland kaum zu finden — erst recht nicht in wirtschaftlichen Angelegenheiten. Für eine wirtschaftliche Mitbestimmung fehlt überhaupt der rechte Ansatzpunkt. Denn der Betriebsleiter entscheidet allein; es gibt keine Kollegialentscheidungen. Für einen „pluralistisch" zusammengesetzten Aufsichtsrat, ja selbst für ein kollegial entscheidendes Direktorium, ist in der bisherigen Konstruktion der Wirtschaftsverwaltung kein Platz.

Außerdem ist die Gestaltungskraft des Betriebsleiters gering. Er ist an den allgemeinen Wirtschaftsplan gebunden. Die großen Entscheidungen über Produktion, Investition und Löhne fallen bei den „Vereinigungen volkseigener Betriebe" (VVB), also den großen Konzernspitzen, und bei den zentralen Planbehörden. Wenn überhaupt ein Einfluß auf die wirtschaftliche Entwicklung ausgeübt werden sollte, dann wäre er — nach der westlichen Terminologie — eher im Bereich der überbetrieblichen als der betrieblichen Mitbestimmung denkbar. Doch hiervon kann, wenigstens bisher, kaum die Rede sein. Denn der FDGB ist an der Erarbeitung der Volkswirtschaftspläne nur wenig beteiligt.

Allerdings kommt der Volkswirtschaftsplan nicht einfach dadurch zustande, daß ein hohes Parteigremium oder die staatliche Plankommission am grünen Tisch den Plan ausarbeitet. Die Planvorschläge laufen vielmehr zunächst von oben nach unten, zu den VVB und den einzelnen Betrieben; sie können durch Gegenvorschläge von unten geändert werden, und hierbei spielen die BGL eine wichtige Rolle. Aber die Änderungen, die die Betriebe vorschlagen, sind grundsätzlich nur Erhöhungen der Kennziffern, keine Einschränkungen.

Hierbei und bei dem Betriebs-Kollektiv-Vertrag, den die BGL mit ihrer Werksleitung schließt — ein Vertrag, der übrigens mit einem

Tarifvertrag keine Ähnlichkeit hat —, übernimmt die BGL Funktionen, die nach westlichen Vorstellungen eher Aufgabe einer Unternehmensvertretung als einer Arbeitervertretung sind. Denn das Ziel ist eine forcierte Erhöhung der Produktivität der Arbeit.

Das ist verständlich und selbstverständlich. Denn einerseits ist das östliche System scharf auf Fortschritt und Wachstum eingestellt; andererseits fehlt ihm der Druck des Konkurrenz-Mechanismus, der die Unternehmer im kapitalistischen System zu immer neuen Kostensenkungen und Markterweiterungen antreibt. Die Konkurrenzimpulse des Kapitalismus müssen in der östlichen Zentralverwaltungswirtschaft, die wie fast jede Bürokratie zur Schwerfälligkeit und Nachlässigkeit neigt, durch andere Impulse ersetzt werden.

Zu diesem Zweck hat die DDR nach dem Vorbild der Sowjetunion eine ganze Reihe von Institutionen entwickelt. Im „sozialistischen Wettbewerb" zwischen einzelnen Arbeitern oder Arbeitergruppen („Brigaden") oder Betrieben werden Sonderleistungen und Über-Erfüllungen der Plan-Kennziffern belohnt, sei es nach dem Prinzip der materiellen Interessiertheit durch das Lohn- und Prämiensystem, sei es durch Orden und Ehrentitel, die das Prestige des „Aktivisten" und „Neuerers" heben. Gremien verschiedener Art haben die Aufgabe, zur Initiative und zum Fleiß anzuregen. Ihre Namen, ihre Zusammensetzung, ihre Zugehörigkeit zu Organisationen der Partei, der FDJ, des FDGB usw. wechseln. Offenbar treten immer wieder Ermüdungserscheinungen auf, und durch neue Institutionen und Experimente versucht man, immer neue Impulse zu schaffen. Die (1965) jüngste, aber sicher nicht die letzte Institution sind die „Ständigen Produktionsberatungen" und „Produktionskomitees" in den Betrieben. Ihre wichtigste Aufgabe ist es, bei der Ausarbeitung, der Durchführung und der Kontrolle der Betriebspläne mitzuwirken. Man mag darin einen Ansatzpunkt für eine künftige echte Mitbestimmung erblicken; vorerst besteht ihre Funktion vornehmlich im Koordinieren und im Aufspüren ungenutzter Initiativen im Rahmen des vorgegebenen Gesamtplans.

V

Beschränkt man die Analyse der wirtschaftlichen und politischen Verhältnisse in West und Ost auf eine statische Betrachtung dessen was ist, so läßt sich in dem Gedanken, die Mitbestimmung auf den Osten zu übertragen, kein Sinn finden. Ganz anders aber ist das Ergebnis, wenn man die Tendenzen der Entwicklung im Westen und im Osten untersucht.

In der Bundesrepublik[7] hat man es lange Zeit nur als einen juristischen Schönheitsfehler angesehen, daß gewisse Prinzipien des Gesellschaftsrechts (Aktiengesetz) in verkrampfter Weise mit Prinzipien der Mitbestimmung verbunden wurden; am deutlichsten tritt dieser Bruch in den Bestimmungen über die Wahl der Aufsichtsratsmitglieder zu Tage. Seit einiger Zeit aber wird der Gedanke erörtert, ob sich nicht hinter dieser juristischen Schwierigkeit ein ernstes Sachproblem verbirgt. Denn das Gesellschaftsrecht ist nach seiner Geschichte und Natur in erster Linie dazu geeignet, die Kapitalverhältnisse zu regeln und die unterschiedlichen Interessen der Kapitalgeber, Gläubiger und Schuldner miteinander in Einklang zu bringen. Daneben aber besteht das Bedürfnis, das Zusammenwirken von Kapital und Arbeit im Unternehmen zu formen, also dem Unternehmen eine „Unternehmensverfassung" zu geben. Zumindest für die großen Unternehmungen, die nach Umfang und Tätigkeit über den Rahmen rein privatwirtschaftlicher Institutionen hinausgewachsen sind, ist ein Unternehmens-Verfassungs-Recht zu entwickeln. Hier, nicht im Gesellschaftsrecht, wäre der rechte Ort für die Gestaltung der Mitbestimmung.

Auch im Osten — das wurde bereits dargelegt — sind die Dinge im Fluß. Die mehr pragmatische Denkweise, die sich anscheinend schrittweise durchsetzt, gibt der jüngeren Generation unter den Wissenschaftlern, Politikern, Funktionären und Betriebsmanagern Raum für eine nüchterne Betrachtung der Realitäten. Im Zuge dieses freieren Denkens setzt sich die Idee durch, daß auch in der „sozialistischen" Gesellschaft die Interessen der Arbeiter nicht einfach mit dem Gemeinwohl, nach dessen Verwirklichung der Staat sucht, identisch sind. Konflikte sind vielmehr möglich und existent. Deshalb hat man nach brauchbaren Institutionen zu ihrer Bewältigung zu suchen!

Im Zuge einer solchen Entwicklung kann — nicht „muß" — es geschehen, daß auch die Institution der Mitbestimmung in einer für den Osten neuen Form ausgebaut wird — als eine zusätzliche „soziale Errungenschaft".

---

7 Über die Mitbestimmung in anderen westlichen Ländern unterrichtet neuerdings *Leminsky,* Gerhard: Der Arbeitnehmereinfluß in englischen und französischen Unternehmen — ein Vergleich mit der deutschen Mitbestimmung. Köln 1965.

Wohnungsbau und Konjunkturrhythmus

Von Joachim Fischer-Dieskau

I

Die Bedeutung der Bauwirtschaft als sogenannter „Schlüsselindustrie" für das Auf und Ab der wirtschaftlichen Gesamtkonjunkturen — namentlich im langfristigen Trend — ist von eh und je der Praxis bekannt gewesen und von der volkswirtschaftlichen Theorie anerkannt worden. In der Tat stellen Bauindustrie und Baugewerbe, also die ganze Bauwirtschaft, einen äußerst wichtigen Teil der Gesamtwirtschaft dar, zumal für das Funktionieren der Bauwirtschaft zahlreiche Zubringerindustrien erforderlich sind, die produzieren und liefern müssen. So liegt auf der Hand, daß von der Beschäftigungslage der Bauwirtschaft die Gesamtkonjunktur sowohl in positiver wie auch in negativer Hinsicht stark beeinflußt wird — ein Satz, der naturgemäß auch umgekehrt gilt[1].

Der Wohnungsbau hat stets einen sehr erheblichen Teil der Bauwirtschaft beschäftigt. Dieser Teil hat sicherlich beträchtlichen Schwankungen unterlegen. Man wird aber davon ausgehen können, daß er in den letzten 100 Jahren wohl kaum unter ein Viertel der ganzen Bauwirtschaft abgesunken ist, manchmal aber nahezu die Hälfte der Baukapazitäten beansprucht hat. Es bedarf daher kaum vieler Worte, daß gerade die Situation im Wohnungsbau und die sich daraus ergebende Auftragslage für die Bauwirtschaft auf die Konjunkturzyklen große Rückwirkungen hat.

Es ist eine bekannte Tatsache, daß man sich in der vorkapitalistischen Periode, vor allem in der sogenannten landesfürstlichen Epoche, des Wohnungsbaues zur Beeinflussung der wirtschaftlichen Lage bedient hat. Wenn die Landesherren nach Kriegen, in Zeiten großer Arbeitslosigkeit oder in ähnlichen Situationen den Wohnungsbau mit mannig-

---

[1] Vgl. hierzu und zu den Ausführungen der Abschnitte I und II namentlich die Studie „Wohnungsbau und Konjunktur" von Gertrud Ecker-Belting, Bd. 45 der Beiträge und Untersuchungen der Forschungsstelle für Wohnungs- und Siedlungswesen der Universität Münster, Köln 1953, Lütge, Wohnungswirtschaft, 2. Aufl. Stuttgart 1949, S. 445 ff. und Lütge, Die Wohnungs- und Siedlungswirtschaft in der Konjunktur, Heft 11 der von dem gleichen Institut herausgegebenen Sammlung „Vorträge und Aufsätze", Köln 1957.

fachen Methoden, wie Bereitstellung von Geldmitteln, von Bauholz und anderen Baustoffen. mit Steuerprivilegien und Baulandzuweisungen und durch Hand- und Spanndienste in Gang zu bringen suchten, sind hier sicherlich eine Fülle von Motiven verschiedenster Art maßgebend gewesen. Immerhin hat der Gedanke, die allgemeine Konjunktur über die Förderung des Wohnungsbaues anzuregen, sicherlich bewußt oder unbewußt eine erhebliche Rolle gespielt.

Dieses Bild änderte sich grundlegend mit dem Beginn des Kapitalismus im 19. Jahrhundert. Von da an bis zum I. Weltkrieg ist abgesehen von rein baupolizeilichen Vorschriften, die namentlich der Standfestigkeit der Gebäude und der Vorbeugung gegen Feuersgefahr und gegen Seuchen dienten, jedenfalls in Deutschland kaum eine nennenswerte Beeinflussung der Wohnungsproduktion durch die öffentliche Hand spürbar gewesen. Der Staat beschränkte sich also hier auf die berühmte Nachtwächterrolle. Er sah weder aus sozialpolitischen Gründen noch aus Gründen der Beeinflussung der Konjunktur — im fördernden oder bremsenden Sinne — Anlaß, auf das Baugeschehen, namentlich den Wohnungsbau, Einfluß zu nehmen. Auch die Gemeinden überließen ihn dem Marktgeschehen; nur einzelne große Städte begannen etwa gegen die Jahrhundertwende, sich in bescheidenem Ausmaße fördernd um den Wohnungsbau zu bekümmern.

Hier ist nun das Phänomen zu verzeichnen, daß der Baumarkt und namentlich der Wohnungsbau sich aus den marktwirtschaftlichen Kräften und Gegebenheiten heraus selbst eine Art von Automatismus schuf, der die stimulierenden oder bremsenden Wirkungen des bauwirtschaftlichen Geschehens auf die Gesamtkonjunktur steuerte — ein Vorgang, bei dem man an das Faustzitat erinnert wird, wonach der Wein sich durch den Weinstein selbst das Faß schuf. Wenn auch die vorhandenen Unterlagen aus den Jahrzehnten vor dem I. Weltkrieg über den Baumarkt und speziell über den Wohnungsbau, über die Zahl der beim Bau Beschäftigten, über die Bauarbeiterlöhne, die Baupreise und Baukosten, die Baulandpreise, über die Entwicklung der Zinsen und die anderen Faktoren, die den Wohnungsbau beeinflussen, gemessen an den statistischen Vorstellungen der heutigen Zeit dürftig sind, so reichen sie doch aus, um uns ein einigermaßen zuverlässiges Bild vom damaligen Verlauf der Dinge und von den Rückwirkungen des Wohnungsbaues auf die Gesamtkonjunktur zu verschaffen.

In einer stark vereinfachenden und schematisierenden Form, die viele Abweichungen, Nebenerscheinungen und aus anderen Zusammenhängen wirkende Kräfte bewußt außer Betracht läßt, kann man die Rolle der Bauwirtschaft und speziell des Wohnungsbaues für die Konjunkturzyklen im kapitalistischen marktwirtschaftlichen System wie folgt skizzieren[2]:

Bei einem Nachlassen der allgemeinen Konjunktur und beim Übergang zur Depression verstärkten sich die Kräfte, die auf eine Steigerung der Bautätigkeit, namentlich des Wohnungsbaues, hinwirkten. Die Voraussetzungen hierfür sind leicht faßlich. Bei einem Nachlassen der allgemeinen Konjunktur verflüssigten sich Geld- und Kapitalmarkt. Dadurch wurden sowohl das kurzfristige Baugeld, das für die Zwischenfinanzierung während des Bauvorgangs nötig war, wie aber auch die Mittel für die Dauerfinanzierung, die in Deutschland seinerzeit namentlich von den Pfandbriefinstituten, aber auch den Sparkassen und Lebensversicherungsgesellschaften aufgebracht wurden, billiger und konnten leicht zu verhältnismäßig niedrigen Zinsen beschafft werden. Das bedeutete naturgemäß einen starken Anreiz für eine Verstärkung der Wohnbautätigkeit, da für die Miethöhe der neuzuschaffenden Wohnungen und damit für ihre Vermietbarkeit die Zinsen von entscheidendem Gewicht sind. In der nachlassenden Konjunktur und erst recht in der Depression ließen auch die Preise der Baustoffe nach und waren relativ preisgünstig zu haben, was wiederum ein Anreiz für die Ingangsetzung einer stärkeren Bautätigkeit bedeutete. Weiter wurde der Zugang zu geeigneten Baugrundstücken erleichtert, weil die Eigentümer sich von Grundstücken trennen mußten, um wenigstens etwas flüssige Mittel in die Hand zu bekommen, oder weil sie sich in ihren spekulativen Absichten oder Möglichkeiten enttäuscht sahen. Auch die Löhne der Bauarbeiter werden in der Depression nachgelassen haben, obwohl hier nach den vorhandenen statistischen Unterlagen das Bild nicht so eindeutig ist wie bei den Baustoffen und anderen für die Ingangsetzung der Bautätigkeit wichtigen Elementen. Immerhin spricht vieles für die Annahme, daß die Lohnverhältnisse gleichfalls für die Bauherren und Bauunternehmer günstiger waren als etwa in Zeiten der Hochkonjunktur[3].

Das stärkere Ingangkommen der Bautätigkeit, vor allem des Wohnungsbaues, schwächte die Depression ab und trug wegen der vielen Rückwirkungen der verstärkten Bautätigkeit auf die Zuliefererindustrien, wie die Ziegeleien, die eisenschaffende Industrie, die keramische Industrie usw., dazu bei, einen neuen allgemeinen, konjunkturellen Aufschwung einzuleiten. Nun zeigte sich ein weiterer Automatismus der Marktwirtschaft insofern, als mit dem allmählichen Anlaufen der Gesamtkonjunktur die Antriebskräfte geringer wurden,

---

[2] Vgl. hierzu Wagemann, Konjunkturlehre, Berlin 1928, S. 168.

[3] Eine ganze Reihe anderer Komponenten, die Umfang und Zeitpunkt des Wohnungsbaues von der Nachfrageseite her beeinflußten, können hier aus Raumgründen nicht behandelt werden.

die zu einer Verstärkung der Wohnbautätigkeit geführt hatten. Schon bevor die Konjunktur ihren Höhepunkt erreichte, schwächte sich die Bautätigkeit tendenziell ab. Die Investitionseinschränkungen im Baumarkt wirkten sich in der Richtung aus, eine Überhitzung der Hochkonjunktur zu verhindern und ihr rechtzeitig die Spitzen abzubrechen.

Diese konjunkturausgleichende Funktion der Bauwirtschaft durch einen der allgemeinen industriellen Wellenbewegung in gewissem Grade entgegengesetzt verlaufenden Rhythmus[4] wurde offenbar in erster Linie vom Wohnungsbau, daneben in geringerem Ausmaße vom gewerblichen Bau getragen. Dieser pflegte in der Phase der Abschwächung der Depression in Ausnutzung der günstigen Situation an Ausdehnung zu gewinnen und verstärkte die Auftriebskräfte; er folgte also dem Wohnungsbau in zeitlicher Phasenverschiebung. Der öffentliche Bau dagegen hatte nach allem, was man weiß, in der Vorkriegsepoche kaum oder doch nur ganz beschränkt konjunkturausgleichende Funktionen. Dieser Sektor des Baugeschehens ist völlig abhängig von der Ausstattung der öffentlichen Haushalte, die nur schwerfällig und langfristig umgestaltet werden können. Die Überlegung, öffentliche Bauten im Sinne einer antizyklischen Konjunkturbeeinflussung einzusetzen, hat praktisch keine nennenswerte Rolle gespielt oder jedenfalls kaum Auswirkungen gezeitigt. So war es speziell der marktwirtschaftliche, von Unternehmern (vielfach Baugeschäften) betriebene „spekulative" Wohnungsbau, der durch einen eigenen Automatismus mit starken Schwankungen der jährlichen Wohnungsproduktion in den verschiedenen Konjunkturphasen ausgleichende Elemente in den allgemeinen Konjunkturverlauf einfügte und ihn im Sinne eines flachen, langen Ablaufs der Zyklen beeinflußte[5].

Das Wissen um diese Zusammenhänge, das jetzt etwas in Vergessenheit geraten ist, war der Generation von Wirtschaftlern absolut plastisch, der der verehrungswürdige Mann angehört, dem diese Festschrift gewidmet ist. Der Verfasser dieser Zeilen, der 1925 als junger Assessor dem damaligen Ministerialdirektor Dr. Schäffer zugeteilt war, erinnert sich dankbar manches anregenden Gesprächs mit ihm hierüber.

---

[4] Vgl. hierzu Pohle, Das Wohnungswesen in der modernen Stadt. Sammlung Göschen, Berlin 1920, Hunscha, Die Dynamik des Baumarktes, Vierteljahreshefte zur Konjunkturforschung, Heft 17, Berlin 1930.

[5] Der Verfasser legt Wert auf die Feststellung, daß den positiven Seiten des Marktautomatismus beim Wohnungsbau schwerwiegende negative Folgen und Auswirkungen in anderer Hinsicht gegenüberstehen, auf die im Rahmen der vorliegenden Betrachtungen nicht eingegangen werden kann.

II

Diese auf dem Marktautomatismus beruhende, ausgleichende Wirkung des Wohnungsbaues auf die Konjunkturzyklen fand mit dem ersten Weltkrieg durch den Übergang zur Zwangswirtschaft im Wohnungsbau ein Ende. Die Einführung der Wohnungszwangswirtschaft und die starke öffentliche Subventionierung des Wohnungsbaues schaltete die marktwirtschaftlichen Reaktionen dieser Sparte des Baugeschehens auf die Gesamtkonjunktur weitgehend aus.

Die bald nach Kriegsbeginn einsetzende gesetzliche Fixierung der Mieten mußte sich in der Inflationsepoche mit ihren völlig verzerrten Preisverhältnissen gänzlich lähmend auf den Wohnungsbau auswirken, sofern für diesen sonst überhaupt noch Voraussetzungen gegeben waren.

Als sich nach Beendigung der Inflation die Schleier lüfteten, die über dem ganzen finanziellen und wirtschaftlichen Geschehen gelegen hatten, zeigte sich, was Baumarkt und Wohnungsbau anbetrifft, folgendes Bild:

An dem gesetzlichen Mietenstopp, der von der Fiktion Mark gleich Mark ausging, wurde festgehalten. So ergab sich für die Masse des Wohnungsbestandes eine durchschnittliche Miethöhe, mit der beim Wohnungsneubau nach marktwirtschaftlichen Gesetzmäßigkeiten die Bauherren unter gar keinen Umständen hätten auskommen können; sie hätte vielmehr bei wirtschaftlicher Kalkulation wesentlich höher liegen müssen, um die Herstellungs- und Bewirtschaftungskosten abzudecken. So fehlte es an jedem wirtschaftlichen Anreiz, Eigenkapital im Wohnungsbau zu investieren. Der Kapitalmarkt war zunächst so schwach, daß er die für die Finanzierung großer Wohnungsprogramme erforderlichen Mittel überhaupt nicht hergeben konnte. Für die Beträge, die er leisten konnte, mußten übermäßig hohe Zinsen bezahlt werden.

Andererseits war das Ingangkommen des Wohnungsbaues wegen der durch Krieg und Inflationsperiode hervorgerufenen Wohnungsnot eine unbedingte soziale Notwendigkeit. Unter diesen Umständen entschloß man sich, den Wohnungsneubau mit öffentlichen Mitteln zu subventionieren.

In Gestalt des Geldentwertungsausgleichs beim vorhandenen Hausbesitz durch die sogenannte Gebäudeentschuldungssteuer (bekannter unter der preußischen Bezeichnung „Hauszinssteuer"), die nach dem Währungsschnitt die dem Hypothekengläubiger genommenen Anteile der Hypotheken für den Staat abschöpfte, schuf man eine von der jährlichen Haushaltsgestaltung unabhängige ergiebige Finanzierungsquelle für die Gewährung von nachstelligen Förderungshypotheken;

diese öffentlichen Mittel wurden noch durch Mittel aus Steueraufkommen der Länder und Gemeinden, später auch des Reiches, verstärkt.

Die aus den genannten Mitteln gegebenen Förderungshypotheken hatten eine doppelte Funktion: sie schlossen einmal die Finanzierungslücke zwischen der I. Hypothek aus Kapitalmarktmitteln und dem Eigenkapital des Bauherrn, die bei der damaligen Schwäche des Kapitalmarktes anderweitig wohl kaum zu schließen gewesen wäre; andererseits verbilligten die Förderungshypotheken dadurch, daß sie zinslos oder niedrig verzinslich gegeben wurden, die Lasten und damit auch die Mieten der neugeschaffenen Wohnungen, so daß sie nicht allzu sehr über den gestoppten Mieten des vorhandenen Altwohnungsbestandes lagen.

Es gelang tatsächlich, damit den Wohnungsbau in erheblichem Ausmaße in Gang zu bringen und so allmählich der Wohnungsnot zu Leibe zu rücken. Diese Wohnungsnot, also vor allem sozialpolitische Gründe und Gesichtspunkte waren es, die den Hauptanstoß zu diesen Formen des subventionierten Wohnungsbaues gaben, nicht so sehr dagegen konjunkturpolitische Überlegungen. Das wird schon äußerlich dadurch dokumentiert, daß die federführende Zuständigkeit für den Wohnungsbau — der mehr und mehr zu einer Angelegenheit wurde, bei der die öffentliche Hand in jeder Weise reglementierend und fördernd mitwirkte — nicht etwa bei den Wirtschaftsministerien des Reichs und der Länder lag, sondern meist bei den Arbeits- und Sozialministerien.

Nach marktwirtschaftlichen Gesetzmäßigkeiten und nach dem Marktautomatismus hätte der Wohnungsbau, wie schon angedeutet, sicherlich nicht so schnell den Umfang annehmen können, den er tatsächlich erreichte, weil wichtige wirtschaftliche Voraussetzungen hierfür, wie niedrige Zinsen, niedrige Baukosten und niedrige Löhne nicht gegeben waren. Im Gegenteil, alle diese Faktoren waren denkbar ungünstig. Hier zeigte sich wieder einmal, daß Politik, namentlich die Sozialpolitik Vorrang vor rein wirtschaftlichen Überlegungen beansprucht und beanspruchen muß. Man konnte in der Tat die Wohnungsnot als ein soziales — übrigens auch produktionshemmendes — Spannungselement erster Ordnung nicht einfach hinnehmen und warten, bis sich im Ablauf der Konjunkturrhythmen von selbst durch den Marktautomatismus günstige Voraussetzungen für ein Ingangkommen des Wohnungsbaues ergeben würden.

Es zeigten sich aber auch bald Schattenseiten und Nachteile eines zwangswirtschaftlichen, auf Subventionen beruhenden Systems. Sicherlich nicht zuletzt aus dem Grunde, weil der Wohnungsbau durch Subventionen stärker in Gang kam, als es nach den rein wirtschaftlichen Voraussetzungen hätte geschehen können, stiegen die Baukosten in den Jahren 1924 bis 1929 schneller an als die Kosten anderer Sparten der Produktion und als etwa die Lebenshaltungskosten. Die relativ zu starke Beanspruchung des Hypothekenmarktes trug dazu bei, ein Einpendeln der Hypothekenzinsen auf ein einigermaßen niedriges und dadurch bauwirtschaftlich vertretbares Niveau zu verhindern. Durch Mietenstopp und Neubausubventionierung wurde psychologisch in weiten Kreisen der Bevölkerung die Vorstellung erweckt, daß man für das lebenswichtige Konsumgut „Wohnung" nur einen bescheideneren Teil des Einkommens aufzuwenden habe als das etwa in den Verhältnissen der Vorkriegszeit der Fall gewesen war. Das führte zu Substanzverlusten beim Altwohnungsbestand und wirkte sich auf Jahrzehnte hinaus als ein bedeutendes Hemmnis für die Abkehr von zwangswirtschaftlichen Methoden aus.

Weil die Wohnungsnot als das damals beherrschende Motiv für alle Maßnahmen im Bereiche des Wohnungsbaues am ausgeprägtesten in den Großstädten war, oder weil sie jedenfalls dort am stärksten empfunden und politisch gewertet wurde und weil zugleich in den Großstädten das Aufkommen aus der Hauszinssteuer am reichlichsten floß, lag das Schwergewicht der Wohnbautätigkeit in eben diesen großen Gemeinden, wo Bauplätze, Baustoffe und Bauarbeiterlöhne am teuersten waren. Insofern wirkte sich die damalige Wohnungspolitik wiederum gegenläufig zum Marktmechanismus aus. Gewiß hat es aus verschiedenen Motiven, bei denen wirtschaftliche, konjunkturpolitische Überlegungen stark mitschwangen, nicht an Bemühungen des Reichs und der Länder gefehlt, den Wohnungsbau stärker auf das Land oder doch in die Regionen zu verlagern, die sich noch durch niedrigere Baulandpreise, Baukosten und Löhne auszeichneten. Diesen Bemühungen konnte aber schon wegen des Dominierens des Gesichtspunktes der schnellen Bekämpfung der politisch gefährlichen Wohnungsnot in den Großstädten naturgemäß nur ein geringer Erfolg beschieden sein. Sie seien daher hier nur am Rande vermerkt.

Über die Gesamtinvestitionen (Auszahlungen) im Wohnungsbau, den Reinzugang an Wohnungen und den Index der Baukosten in den Zwischenkriegsjahren 1924 bis 1939 unterrichtet die umseitige Tabelle, die zur Illustrierung der geschilderten Vorgänge hier abgedruckt sei.

Als zum Ende der zwanziger Jahre die große Krise einsetzte, hätte theoretisch nach dem Marktautomatismus, wie wir ihn in unseren einleitenden Betrachtungen unter I. geschildert haben, eine stärkere Belebung der Wohnbautätigkeit eintreten und die Depression abflachen müssen. Tatsächlich trat das Gegenteil ein, wobei die Abhängigkeit des Wohnungsbaues von den staatlichen Subventionen eine

Investitionen, Wohnungszugang und Baukosten im Reichsgebiet von 1937[a)]

Jahr	Gesamt-investition im Wohnungs-bau / Mill. RM	davon öffentliche Mittel	Reinzugang an Woh-nungen[b)]	Baukosten für den Wohnungsbau 1913 = 100
1924	1 100	634	106 502	138,9
1925	1 553	1 032	178 930	170,9
1926	2 400	1 576	205 793	165,9
1927	2 750	1 624	288 635	167,9
1928	3 400	1 330	309 762	175,3
1929	2 800	1 290	217 682	178,1
1930	2 735	1 150	310 971	170,9
1931	1 450	600	233 648	155,9
1932	700	150	141 265	132,1
1933	800	200	178 038	125,9
1934	1 400	275	283 995	131,6
1935	1 600	220	238 645	131,8
1936	2 200	175	305 856	131,8
1937	2 100	200	315 695	134,7
1938	2 000	250	282 788	136,0
1939	1 500	250	206 229	137,4

a) Wiedergegeben nach Ecker-Belting, a.a.O. S. 69. Dort sind die Quellen angegeben.
b) Die Statistik des Reinzugangs an Wohnungen ist insofern irreführend, als von etwa 1931 ab ein immer größerer Teil des Zugangs aus Wohnungen bestand, die durch Umbau oder Teilung, also nicht durch Neubau, entstanden waren. 1932 sind 17,6 vH., 1933 34,3 vH., 1934 rd. 40,4 vH. des Zugangs durch Umbau oder Teilung gewonnen worden. 1935 sank der Anteil der Umbauwohnungen auf 19,2 vH., ab, um sich über 15 vH. 1936 auf etwa 9 vH. in den folgenden Jahren zu normalisieren.

maßgebende Rolle spielte. Die Krise führte auf der einen Seite zu einem Nachlassen der Wohnungsnachfrage, auf der anderen Seite zu einer immer größeren Ebbe in den öffentlichen Kassen. Länder und Gemeinden mußten daher die Subventionen für den Wohnungsbau einschränken. Auch das Aufkommen der mehrfach erwähnten Gebäudeentschuldungssteuer (Hauszinssteuer) ließ infolge der Notlage vieler Grundstücke und aus sonstigen Gründen nach; es wurde schließlich entgegen klaren gesetzlichen Bestimmungen aus der Not heraus von den Ländern nur noch zu einem kleinen Teile für seine eigentliche Zweckbestimmung, den Wohnungsbau, verwendet. Wurden 1925 RM 1.032,— Mio, 1927 RM 1.624,— Mio an öffentlichen Mitteln im Wohnungsbau investiert, so ging dieser Betrag 1929 auf RM 1.290,— Mio, 1931 auf RM 600,— Mio und 1932 auf RM 150 Mio zurück. Die öffentliche Hand konnte sich also, was den Wohnungsbau anbetrifft, keineswegs antizyklisch verhalten und ihn in der Depression ankurbeln; sie mußte es im Gegenteil hinnehmen, daß ihre eigenen Hilfen schwächer und schwächer wurden und damit dem Wohnungsbau die Grundlagen weitgehend nahmen, statt daß sie ihn hätte verstärkt fördern können. Wegen der zwangswirtschaftlichen Verflechtungen konnte der Wohnungsbau nicht aus eigenen Antriebskräften in Schwung bleiben, obwohl der Baukostenindex (1913 = 100) von 178 im Jahre 1929 auf 132 im Jahre 1932 absank. Der Wohnungszugang halbierte sich von rd. 310.000 in 1928 auf rd. 141.000 Einheiten in 1932. Die Wohnungsbaukonjunktur dieser Nachkriegsepoche verlief also im Gegensatz zur vorauseilenden und ausgleichenden Wohnungsbaukonjunktur der Vorkriegszeit parallel zur Gesamtkonjunktur[6].

Die Erschöpfung der Länder- und Gemeindefinanzen und das Versiegen des Wohnungsbauförderungsanteils der Gebäudeentschuldungssteuer riefen zwar von 1931 an das Reich auf den Plan. Dieses entschloß sich im Rahmen von Arbeitsbeschaffungsprogrammen zu einer, wenn auch schwächlichen und zögernden Förderung des Wohnungsbaues mit Reichsmitteln durch sogenannte gezielte Maßnahmen. Gefördert wurden durch Reichsdarlehen zu niedrigen Zinssätzen der Bau von Not- und Behelfswohnungen, Landarbeiterwohnungen, Kleinsiedlungen und namentlich auch Volkswohnungen (d. h. besonders billigen und bescheidenen Mietwohnungen). Daneben wurde in sehr beachtlichem Außmaße durch verlorene Zuschüsse aus Reichsmitteln die Instandhaltung des Hausbesitzes und der Gewinn von Wohnungen durch Umbau, Ausbau und Teilung gefördert[7].

Nicht so sehr das Ausmaß, das alle diese Förderungsmaßnahmen erreichten, macht sie im Rahmen unserer Betrachtungen bemerkenswert, wohl aber die Tatsache, daß hier neben vielen anderen Gründen allgemein politischer und sozialpolitischer Art durchaus Überlegungen maßgebend waren, über eine Ankurbelung des Wohnungsbaues als Schlüsselindustrie, die ab 1934 gelang, die allgemeine Konjunktur anzuregen oder doch der Depression entgegenzuwirken. In der Tat ist hier eine gewisse Initialzündung ausgelöst worden. Diese hat sicherlich in Verbindung mit anderen Arbeitsbeschaffungsprogrammen dazu beigetragen, den Umschwung der Konjunktur herbeizuführen, der schließlich durch die ins Verderben führenden Rüstungsaufträge endgültig durchgesetzt wurde.

III

Die verhängnisvollen Kriegsjahre 1940 bis 1945 und die Zeit unmittelbar nach dem Zusammenbruch können wir hier übergehen, da

---

6 Ecker-Belting, a. a. O., S. 71.

7 Der hohe Anteil von Wohnungen, die durch Teilungen, Um- und Ausbauten mit Förderung durch Zuschüsse aus Reichsmitteln gewonnen wurden, verfälscht, in etwa die Aussagekraft der Statistik des Wohnungszugangs jener Jahre.

in dieser Epoche naturgemäß alles beherrscht wurde vom Krieg und seinen Folgen. Von Auswirkungen des marktwirtschaftlichen Automatismus im Wohnungsbau, der auf einen ganz geringen Umfang absank, konnte ebensowenig die Rede sein wie von einer konjunkturpolitisch bedingten antizyklischen Beeinflussung des Wohnungsbaues durch die öffentliche Hand.

Nach der Stabilisierung der Währung waren die Verhältnisse, was den Wohnungsbau anbetrifft, in Deutschland und speziell in den westlichen Besatzungszonen in mancher Hinsicht ähnlich wie dies 1923 nach Beendigung der Inflation der Fall gewesen war. Allerdings hatten sich die Gesichtspunkte und Kräfte, die damals auf einen staatlichen Interventionismus im Wohnungsbau mit Zwangswirtschaft und Subventionen hingewirkt hatten, ungeheuerlich verstärkt. Die Wohnungsnot hatte durch die Zerstörung von etwa 2 1/2 Millionen Wohnungen und durch den Zustrom von weit über 10 Millionen Heimatvertriebenen und Flüchtlingen Ausmaße erreicht, die als katastrophal zu betrachten waren. Der Kapitalmarkt lag völlig darnieder; Ersparnisse, die als Eigenleistungen der Bauherren hätten eingesetzt werden können, waren kaum vorhanden. So war einfach nicht daran zu denken, hier die Dinge dem Marktautomatismus zu überlassen, die Mietpreisbindungen und die Wohnungszwangswirtschaft aufzuheben und abzuwarten, bis der Wohnungsbau von selbst nach den Gesetzen des Marktautomatismus wieder in Gang kommen würde. Das hätte das Chaos noch gesteigert. So mußte man — nach unserer Meinung zwangsläufig — zunächst ähnliche Wege gehen wie nach dem ersten Weltkrieg, also an Wohnungszwangswirtschaft mit Mietenstopp, Preisüberwachung, Mieterschutz und Wohnraumbewirtschaftung festhalten, diese Dinge noch ausbauen und verfeinern und den Wohnungsbau, der sich zunächst vor allem im Wiederaufbau zerstörter Gebäude vollzog, durch Bereitstellung öffentlicher Mittel ermöglichen.

Obwohl, wie bemerkt, die Voraussetzungen für ein Ingangkommen des Wohnungsbaues nach rein marktwirtschaftlichen Gesetzmäßigkeiten absolut nicht gegeben waren, funktionierte auch diesmal der neue subventionswirtschaftliche, nach den Erfahrungen der Zwischenkriegsperiode verfeinerte Mechanismus. Der Bund stellte schon 1950 — übrigens sehr betont auch unter dem Gesichtspunkt der Ankurbelung der Wirtschaft — über 1/2 Milliarde DM zur Förderung des Wohnungsbaues bereit. So konnten von diesem Jahr ab Wohnungsbauprogramme eines Ausmaßes durchgeführt werden, wie man dies auch unter optimistischen Sachverständigen kaum für möglich gehalten hatte. Die brennende Not als stärkste Triebkraft bewirkte hier ein harmonisches Zusammengehen von Bund, Ländern und Gemeinden mit öffentlichen und privatwirtschaftlichen Einrichtungen aller Art, den Wohnungsunternehmen sowie den sonstigen Bauherren; das führte in der Bundesrepublik zu enormen zahlenmäßigen Erfolgen.

Schon 1949 wurden erheblich mehr Wohnungen (220.000) im Gebiet der Bundesrepublik fertiggestellt als in den gleichen Gebietsteilen des alten Reiches in dem damaligen Rekordjahr 1929. 1951 betrug die Wohnungsproduktion in der Bundesrepublik schon mehr als das Doppelte, von 1954 an etwa das Dreifache der Wohnungseinheiten, die auf dem gleichen Gebiet 1929 fertiggestellt worden waren. Über diese Entwicklung, die Investitionen und die Baupreisentwicklung, unterrichtet die umseitige Tabelle.

Bei der Finanzierung dieser riesigen Wohnungsbauprogramme haben die öffentlichen Mittel für die Förderungshypotheken im Verhältnis zu den Gesamtinvestitionen ein geringeres Gewicht gehabt als etwa in der Periode zwischen den Weltkriegen. Der höchste Anteil der öffentlichen Mittel am effektiven Aufwand für den Wohnungsbau war 1952 mit 43,1 v. H. der Gesamtinvestitionen zu verzeichnen; dagegen hatte dieser Anteil im Schnitt der Jahre 1924 bis 1927 62,4 v. H. betragen, wobei der höchste Anteil 1925 bei 66,5 v. H. lag. 1957 war in der Bundesrepublik der Anteil der öffentlichen Mittel auf 30,6 v. H. der Investitionen für den gesamten Wohnungsbau abgesunken; 1964 betrug er noch knapp 20 v. H., wobei allerdings die immer stärkere Abkehr von der objektbezogenen Kapitalsubvention und der Übergang zur Aufwands- oder Ertragssubvention durch Zinszuschüsse, Annuitätsbeihilfen u. dergl. zu beachten ist.

Sehr bemerkenswert ist die verhältnismäßige Gleichmäßigkeit in der Zahl der Wohnungen, die in den einzelnen Jahren fertiggestellt worden sind. Hier sind im Gegensatz zu der Zeit vor dem I. Weltkrieg und auch zu der Zwischenkriegsepoche nur ziemlich geringe Schwankungen zu beobachten, die mit Ausnahme eines kleinen Einbruchs in den Jahren 1957/58 und der Rekordleistung des Jahres 1964 kaum mehr wie als Oszillationen zu werten sind. Diese Gleichmäßigkeit der Wohnungsproduktion ist um so beachtlicher, als der Teil des Programms, der durch den Einsatz öffentlicher Mittel beeinflußt worden ist, immer kleiner wurde. Waren im Schnitt der Jahre 1950 bis 1952 mehr als 2/3 aller fertiggestellten Wohnungen öffentlich gefördert, so wuchs der Anteil der ohne öffentliche Mittel gebauten Wohnungen seitdem rasch an. 1960 waren mehr Wohnungen nur steuerbegünstigt oder freifinanziert gebaut als solche mit öffentlicher Förderung. Seitdem ist der Anteil der öffentlich geförderten Wohnungen weiter ständig rückläufig gewesen und hat 1964 kaum noch 40 v. H. aller fertiggestellten Wohnungen betragen.

Wenn auch die bauwirtschaftliche Leistung, die sich in den Zahlen des Wohnungszugangs ausdrückt, nicht ganz so gleichmäßig ist wie

Der Wohnungsbau im Bundesgebiet[a)]

Jahr	Insgesamt bezugsfertig gewordene Wohnungen rund	Bezugsfertig gewordene steuerbegünstigte u. freifinanzierte Wohnungen	Bezugsfertig gewordene öffentl. geförderte Wohnungen etwa	*Investitionen* Mrd. DM insgesamt	*Investitionen* Mrd. DM davon öfftl. Mittel	Baupreisindex für Wohngebäude (1913 = 100)
1950	360 000	110 000[b)]	250 000	3,8	1,7	252
1951	410 300	120 300[b)]	290 000	4,7	2,2	291
1952	343 300	133 300[b)]	310 000	6,3	2,7	311
1953	514 600	224 200	290 400	7,8	2,8	300
1954	542 800	258 000	284 800	9,0	3,0	302
1955	538 100	268 700	269 400	9,3	2,8	318
1956	560 500	274 100	286 400	10,0	3,2	327
1957	527 800	253 700	274 100	10,4	3,2	338
1958	488 400	238 500	249 900	11,1	3,5	348
1959	554 900	274 700	280 200	13,5	3,9	377
1960	550 800	308 500	242 300	15,7	4,0	395
1961	543 400	321 900	221 500	17,8	3,8	424
1962	553 300	329 000	224 300	19,8	4,6	461
1963	569 600	340 800	228 800	20,9	4,7	489
1964	623 800	375 300	248 500	24,5[c]	4,7[c]	515
	7 781 600	3 831 000	3 950 600	184,6	50,8	

a) Bis einschließlich 1959 ohne Saarland und ohne Berlin, von 1960 bis 1962 einschließlich Saarland aber ohne Berlin, ab 1963 einschließlich Saarland und Berlin; Quelle: Bundesbaublatt. b) Geschätzt; c) vorläufig.

die bloßen Zahlen vermuten lassen, weil die Wohnungen ständig größer und besser ausgestattet wurden, so ist doch eine derartig gleichmäßige Beschäftigung der Bauwirtschaft durch den Wohnungsbau ein wichtiges konjunkturpolitisches Faktum. Es ist damit — und zwar in weiten Bereichen ohne die Anregung und Steuerung durch öffentliche Subventionen, allerdings unter starken steuerlichen Begünstigungen — insofern ein erstrebenswertes Ziel erreicht worden, als es der Bauwirtschaft ein langfristiges Disponieren und eine zweckmäßige Ausnutzung des Potentials ermöglichte.

Im Rahmen unserer Betrachtungen über Wohnungsbau und Konjunktur ist freilich diese verhältnismäßige Gleichmäßigkeit der jährlichen Wohnungsbauprogramme nicht nur in positivem Sinne bemerkenswert. Schon nach der Mitte der fünfziger Jahre begann sich eine gewisse Überbeanspruchung der Bauwirtschaft abzuzeichnen, die dem allgemeinen Konjunkturaufschwung vorauseilte. Diese Überbeschäftigung wuchs sich gegen das Ende der fünfziger Jahre zu einem förmlichen Bauboom aus, da nicht etwa nur der Wohnungsbau, sondern ebenso auch der gewerbliche und namentlich der öffentliche Bau ständig steigende Anforderungen an die Baukapazitäten stellten. Obwohl die Bauwirtschaft sich immer mehr mit Baumaschinen und Geräten ausrüstete und die Produktivität je Arbeitsstunde sich entsprechend steigerte, konnte ihre Kapazität doch mit der wachsenden Nachfrage der Bauinteressenten nicht Schritt halten. Die Folge war eine zum Teil fast sprunghafte, dabei ständige Steigerung der Baupreise und der ganzen Baukosten, übrigens gerade auch der Baulandpreise. Obwohl von vielen Seiten, in erster Linie von der Bundesbank etwa von 1959 an, immer nachdrücklicher im Interesse der Erhaltung der Stabilität der Währung und der Vermeidung von Konjunkturüberhitzungen eine Beschränkung der Bautätigkeit und namentlich auch ein Abbau der Förderung des Wohnungsbaues gefordert wurde, verringerte sich die Beanspruchung des Baumarktes keineswegs. Im Gegenteil, diese Beanspruchung, ja Überbeanspruchung hielt auch in den Jahren 1959 bis 1964 an, die Bauaufträge nahmen noch weiterhin bei allerdings wachsenden Baukapazitäten zu. Dabei fehlte es keineswegs an Bemühungen der Bundesregierung und der gesetzgebenden Körperschaften, hier Beschränkungen durchzusetzen, um die auf die Gesamtwirtschaft ausstrahlende Konjunkturüberhitzung am Baumarkt zu dämpfen. Anfang Juni 1962 erging ein befristetes Gesetz zur Einschränkung der Bautätigkeit, das die Inangriffnahme von Bürobauten, Verwaltungsgebäuden, Hotels, Luxusvillen und Wochenendhäusern verbot. Dieses Gesetz wurde im Juni 1963 bis zum Ende des genannten Jahres verlängert. Seine praktischen Auswirkungen waren wegen vieler Ausnahmemöglichkeiten sehr gering und kaum spürbar.

Der Wohnungsbau wurde davon nur ganz am Rande betroffen und erfuhr keinen Rückschlag. Auch der Auslauf wichtiger steuerlicher Vergünstigungen, wie z. B. der Auslauf der Vergünstigung des § 7c des Einkommensteuergesetzes zum Ende 1961 und die teilweise Aussetzung der Abschreibungsvergünstigungen des § 7b des Einkommensteuergesetzes im Oktober 1962 bewirkten wohl Verschiebungen in der Art der Wohnungen, deren Bau in Angriff genommen wurde, drosselten aber den Umfang des Wohnungsbaues im ganzen nicht. Dieser behielt steigende Tendenz.

Was speziell die Bereitstellung öffentlicher Mittel für den Wohnungsbau anbetrifft, so nahm auch hier der Bund gewisse Abschläge vor. Es sei verwiesen auf die im Zweiten Wohnungsbaugesetz von 1956 vorgesehene jährliche Degression der Förderungsmittel des Bundes um je 70 Mio DM und auf die noch stärkere Degression der für den Wohnungsbau bestimmten Mittel des Lastenausgleichsfonds, die im Lastenausgleichsgesetz festgelegt war. Wie wir oben gesehen haben, ging der relative Anteil der öffentlichen Mittel an der Gesamtfinanzierung des Wohnungsbaues laufend zurück; der absolute Betrag dieser öffentlichen Mittel blieb aber hoch bei steigender Tendenz (1957 DM 3,17 Mrd. / 1960 DM 4,04 Mrd. / 1964 DM 4,7 Mrd.). Das erklärt sich z. T. daraus, daß bei dem Rückgang der Bundesmittel die Länder ihre für den Wohnungsbau bestimmten Mittel erhöhten; auch die Gemeinden folgten z. T. diesem Beispiel. Die Effizienz der öffentlichen Mittel wurde durch den Übergang zur Gewährung von Zinszuschüssen und sonstigen Annuitätsbeihilfen an Stelle der Kapitalsubvention erhöht; die Übernahme von öffentlichen Bürgschaften durch Bund und Länder ermöglichte eine stärkere Ausschöpfung des Kapitalmarktes für den Wohnungsbau.

Im Rahmen unserer Betrachtungen über die Zusammenhänge von Wohnungsbau und Konjunktur ist jedenfalls die Feststellung wichtig, daß sich auch in den Jahren der Hochkonjunktur die öffentliche Hand als ganzes gesehen, also Bund, Länder, Gemeinden und andere öffentliche Körperschaften zusammen, nicht antizyklisch verhielt, also die öffentlichen Mittel wesentlich verringerte; sie setzte vielmehr die Förderung auch nach Eintreten und bei Anhalten des Baubooms fort. Für die konjunkturelle Wirkung ist es dabei belanglos, daß sich zwischen den fördernden und geldgebenden öffentlichen Stellen Gewichts- und Akzentverschiebungen ergaben. So zeigte die Zahl der mit öffentlichen Mitteln geförderten, in den Jahren 1960—63 bezugsfertig gewordenen Wohnungen nur einen verhältnismäßigen geringen Rückgang und 1964 sogar wieder eine Zunahme.

Was den nicht mit öffentlichen Mitteln geförderten Anteil des Wohnungsbaues anbetrifft, so kann von einem Funktionieren eines ausgleichenden Marktautomatismus, wie er in der Zeit vor dem ersten Weltkrieg zu beobachten war, keine Rede sein. Weder die überaus schnell und stark gestiegenen Baukosten — der Baupreisindex für Wohngebäude stieg allein in dem Jahrfünft 1959 bis 1964 um 40,4 v. H. — noch die zum Teil spekulativ in die Höhe getriebenen Baulandpreise und die erhöhten Erschließungskosten, noch auch die zeitweise wegen der Überbeanspruchung des Kapitalmarktes und aus anderen Gründen stark angestiegenen Zinsen, noch auch der Abbau verschiedener steuerlicher Vergünstigungen für die Wohnungsbaufinanzierung durch den Bund, noch auch die Verlängerung der Bauzeiten vermochten die Bauherren zu einer Einschränkung ihrer Aufträge zu veranlassen.

Es sind eine ganze Reihe von Gründen, die den alten Marktautomatismus im Wohnungsbau ausschalteten. Auf der einen Seite war bis in die letzte Zeit der Druck der Wohnungsnot noch immer sehr stark. Dabei wirkte die unaufhaltsame Wanderungsbewegung vom Land in die Stadt oder in das Umland größerer Städte sich ebenso nachfragesteigernd aus wie etwa die Verkleinerung der Haushalte, die Verlängerung der Lebensdauer der Menschen, die Änderung der Wohngewohnheiten, die Anforderungen des Verkehrs und nicht zuletzt der allgemeine Wohlstand mit den gehobenen Ansprüchen an die Wohnung. Gegenüber diesem massiven Druck verloren die wirtschaftlichen, auf einen Konjunkturausgleich hinzielenden und hinwirkenden Überlegungen und Kräfte an Stoßkraft. Ein weiterer Grund, der zweifellos das Maßhalten im Bau und namentlich beim Wohnungsbau erschwert und verhindert hat, ist das Sachwertdenken oder krasser ausgedrückt, die Inflationsfurcht. Der homo oeconomicus der alten volkswirtschaftlichen Lehre ist keine Realität mehr. Irrationale Vorgänge, durch die Erlebnisse der letzten Generationen geformt, üben einen stärkeren Einfluß aus, als rein wirtschaftliches Denken. Schließlich wirkte auch die Erkenntnis mit, daß eine Aufhebung der überlebten Wohnungszwangswirtschaft und ihrer üblen Folgeerscheinungen politisch nur durch einen forcierten Wohnungsbau zu erreichen war.

Jedenfalls kann man feststellen, und darauf kommt es uns im Rahmen dieser Betrachtungen an, daß in der Periode nach dem Zusammenbruch in der Bundesrepublik der Wohnungsbau nicht antizyklisch zur allgemeinen Konjunktur verlaufen ist. Der Wohnungsbau hat wohl dazu beigetragen, die Konjunktur anzukurbeln und ist ihr Motor gewesen, ist aber dann mit dem allgemeinen Konjunkturtrend parallel verlaufen und der allgemeinen Konjunktur sogar davongeeilt. Als der Bauboom sich deutlich abzeichnete, ist er weder von selbst zurückgegangen, noch auch gedrosselt worden.

Die wirtschaftliche Bilanz, die sich aus den geschilderten Tatsachen ergibt, weist sicherlich manche negativen Posten auf. Die Forcierung des Wohnungsbaues über das Maß hinaus, das den bauwirtschaftlichen Möglichkeiten echt entsprach, hat im Zusammenhang mit der Überbeanspruchung des Baumarktes durch den öffentlichen und den gewerblichen Bau zu Preissteigerungen geführt, die schon einen inflationistischen Charakter haben. Es ist klar, daß derartige Preissteigerungen in einem wichtigen Sektor der Gesamtwirtschaft nicht ohne Rückwirkungen auf die allgemeine Preissituation bleiben konnten. Ebenso ist wohl unbestreitbar, daß der Kapitalmarkt in einzelnen Jahren durch den Wohnungsbau stärker beansprucht worden ist als das bei einer gesamtwirtschaftlichen Betrachtung gut und gesund gewesen wäre. Dadurch ist das Einpendeln des Zinses auf ein gesundes Maß erschwert worden.

Auf der anderen Seite aber ist auch viel Positives festzuhalten. Vom Zusammenbruch 1945 an bis Ende 1965 sind im Gebiet der Bundesrepublik einschließlich West-Berlin annähernd 9 Millionen Wohnungen wiederaufgebaut und neu gebaut worden — eine Zahl, die schon etwas Astronomisches an sich hat und die die normale Vorstellungskraft übersteigt. Jeder zweite Mensch in der Bundesrepublik wohnt in einer erst nach dem Zusammenbruch geschaffenen Wohnung. Und diese Wohnungen sind von Jahr zu Jahr besser in ihrer Qualität geworden. Sie haben im allgemeinen ein Niveau an Größe und Ausstattung erreicht, das beinahe schon manchmal als übersteigert betrachtet werden muß. Im ganzen haben wir also jetzt einen Wohnungsbestand in der Bundesrepublik, der der Bevölkerung nicht nur ein besseres Wohnen als vor dem Zweiten Weltkrieg ermöglicht, sondern dem einzelnen Menschen — natürlich nur im Schnitt — auch schon mehr Raum zur Verfügung stellt, als das vor 1939 der Fall gewesen ist. Nicht nur in der Qualität der neuen Wohnungen, sondern auch in der städtebaulichen Gestaltung der einzelnen Wohnanlagen sind wesentliche Fortschritte erzielt worden. Die Wohnungsproduktion ist erfolgreich durch den Bau zahlreicher Eigenheime zur Schaffung von Eigentum in privater Hand genutzt worden. Es ist schließlich gelungen, die Wohnungszwangswirtschaft trotz aller Widerstände Schritt für Schritt weitgehend abzubauen.

IV

Es liegt die Frage nahe, ob nach der Beseitigung des durch den Krieg und seine Folgen bedingten Wohnungsdefizits der Wohnungsbau wieder sozusagen sich selbst überlassen werden kann und dann unter Umständen wieder durch seinen eigenen Marktautomatismus seine frühere konjunkturausgleichende Rolle übernehmen wird. Wir glauben, daß in einer sozialen Marktwirtschaft die Versorgung der Bevölkerung mit Wohnraum nicht völlig dem freien Spiel der Kräfte überlassen bleiben kann. Gewiß wird der „Markt“ immer entscheidender werden, und diese Entwicklung gilt es durch den Abbau der letzten zwangswirtschaftlichen Rudimente und die äußerste Beschränkung der Subventionierung des Wohnungsbaues zu unterstützen und zu beschleunigen. Ein gewisser Interventionismus der öffentlichen Hand im Wohnungswesen ist aber unvermeidlich und wird bestehen bleiben müssen. So wird es wohl auch nicht wieder den mit etwas sehr grobem Hobel arbeitenden „Marktautomatismus des Wohnungsbaues“ mit den allerdings günstigen, ausgleichenden Wirkungen auf den allgemeinen Konjunkturverlauf geben.

Wohl aber erscheint es nötig und mit dem verfeinerten Instrumentarium der sozialen Marktwirtschaft auch durchaus möglich, den Wohnungsbau stärker im Sinne einer antizyklischen Konjunkturpolitik zu beeinflussen und sich auswirken zu lassen, als das in den Epochen nach dem Ersten und nach dem Zweiten Weltkrieg tatsächlich geschehen ist. Das gilt um so mehr, als im Laufe der nächsten Jahre an die Stelle des Wohnungsbaues schlechthin die systematische Stadt- und Dorferneuerung treten wird, wir also vom „Wohnungsbau zum Städtebau“ kommen werden. Hier handelt es sich um eine Aufgabe säkularen Ausmaßes, kaum geringer als die Aufgabe, die sich nach dem Zusammenbruch für die Beseitigung der furchtbaren Kriegszerstörungen und des riesigen Wohnungsdefizits stellte. Aber in gewissem Gegensatz dazu brennen uns bei der Stadt- und Dorferneuerung die Dinge nicht so auf den Nägeln, wie dies damals der Fall war. Deshalb ist bei den künftigen Aufgaben im Wohnungs- und Städtebau durchaus die Möglichkeit, in gewissem Umfang konjunkturpolitischen Überlegungen Raum zu geben. Das gilt um so mehr, als bei der Stadt- und Dorferneuerung dem Wesen der Aufgabe nach wohl immer in dieser oder jener Form öffentliche Mittel mitwirken müssen; das erleichtert die konjunkturpolitische Beeinflussung. Schließlich sind es oft nur die Auftragsspitzen, die eine Überhitzung bewirken, und es genügen u. U. schon geringe Einschränkungen, um einen Ausgleich am Baumarkt herbeizuführen; umgekehrt können manchmal schon geringe Auftragsspitzen ausreichen, um den Baumarkt anzukurbeln. Wird dies beachtet, so kann der Wohnungsbau wieder zu einem ausgleichenden Faktor im Konjunkturrhythmus werden.

Konjunkturausgleich durch Einschränkung öffentlicher Aufträge

Von Kurt Wolf

Unter den wenigen Arbeitsunterlagen, die ich aus der Zeit meiner Tätigkeit im Reichswirtschaftsministerium vor 1933 gerettet habe, fand ich eine Vorlage für den Reichstag mit dem Titel: „Ergebnisse der statistischen Erhebungen über die im Rechnungsjahr 1929 vergebenen Aufträge des Reichs und der Länder." Sie bezweckte vor allem, einen Überblick über die räumliche Verteilung der Aufträge zu geben. Daneben aber befaßte man sich auch mit der zeitlichen Verteilung der öffentlichen Aufträge, verglich sie mit den saisonalen Schwankungen und mit der Bewegung der Arbeitslosigkeit. Konjunkturbeeinflussung mit Hilfe öffentlicher Aufträge war das Thema, das in der Zeit steigender Arbeitslosigkeit die Politiker, Wissenschaftler und Behörden beschäftigte. Ich selbst habe dazu seinerzeit einen Aufsatz veröffentlicht, der kein tieferes Eindringen in die Probleme der Konjunktur- und Währungspolitik, wie wir sie heute sehen, verrät. Es heißt dort: „Solange die Finanzlage der öffentlichen Körperschaften nur die Beschaffung des Notwendigen zuläßt, ist in vielen Fällen ein Zwang zur Auftragsvergebung im Zeitpunkt des auftretenden Bedürfnisses gegeben. Eine planmäßige Verausgabung der Mittel ist bei einem Von-der-Hand-in-den-Mund-Leben nicht möglich. Ferner ist die Ausführung eines großen Teils der Aufträge wegen der Abhängigkeit von den Witterungsverhältnissen zeitlich gebunden. Schließlich wirken in besonderem Maße hemmend haushaltsmäßige Schwierigkeiten, die sich daraus ergeben, daß die Haushaltsordnungen starre Vorschriften über die Art der Verausgabung der bewilligten Mittel enthalten und zur Ermöglichung einer Haushaltskontrolle in gewissem Umfange auch enthalten müssen ... Eine weitsichtige Konjunkturpolitik mittels der öffentlichen Auftragvergebung wird dann einsetzen müssen, wenn die Wirtschaft sich wieder in aufsteigender Entwicklung befindet. Mit allen Kräften muß dann versucht werden, durch Zurückhaltung von öffentlichen Mitteln eine Finanz- und Auftragsreserve für Zeiten beginnenden Konjunkturrückgangs anzulegen[1]."

Diese Auffassung, die ich als junger Beamter im Reichswirtschaftsministerium vertrat, entsprach der seinerzeitigen Deflationspolitik. Die

---

[1] In Deutsche Wirtschafts-Zeitung, Organ des Deutschen Industrie- und Handelstages, 27. Jahrgang 1930, Nr. 40, S. 934.

Finanzlage erlaubte nach dieser Auffassung keine aktive Konjunkturbeeinflussung. Der Gedanke, öffentliche Aufträge mit einem Rückgriff auf die Reichsbank zu finanzieren, wurde als eine Gefährdung der Mark gewertet und strikte abgelehnt. Einer der wenigen, die gegen diese Auffassung ankämpften, war Wilhelm Lautenbach, seinerzeit Ministerialrat im Reichswirtschaftsministerium. Er erkannte die Besonderheit der damaligen Lage, die eine Mobilisierung brachliegender Produktionsanlagen und brachliegender Arbeitskräfte verlangte: „Der einzige Weg, der hierfür offensteht, ist der der Vergebung der öffentlichen Aufträge, die unter dem Druck der Finanznot künstlich gedrosselt worden sind[2].“ Mir selbst hat Lautenbach gelegentlich überspitzt gesagt: Es ist ganz egal, was wir in dieser Situation bauen, wie wir die Produktionsmittel nützen; auch wenn wir Pyramiden bauen, ist es noch sinnvoll.

Wir wissen heute, daß die Geschichte unseres Volkes einen anderen Verlauf genommen hätte, wenn die Männer um Lautenbach Gehör gefunden hätten. Wir wissen aber heute auch, daß die Probleme der Währungs- und Konjunkturpolitik keine Geheimwissenschaft sein dürfen; sie gehen das ganze Volk an, sie greifen an die Wurzeln des staatlichen und gesellschaftlichen Lebens. Deshalb sollen wir es auch nicht bedauern, daß heute diese Fragen in allen möglichen nationalen und internationalen Organisationen und Gremien klar und offen erörtert werden. Wir sollen es auch nicht bedauern, daß das deutsche Volk besonders hellhörig ist, wenn es sich um Sparen, Investieren, Konjunktur und Preise handelt.

Die Lage ist heute eine andere. Die Erfahrungen der 30er Jahre haben uns gelehrt, wie man — unter bestimmten Voraussetzungen — die Konjunktur wieder beleben und Arbeitslosigkeit vermeiden kann. Noch ungelöst ist offenbar die Frage, wie man innerhalb der Marktwirtschaft eine Überkonjunktur in normale Bahnen zu lenken vermag. Dabei liegen die Schwierigkeiten wohl weniger im theoretischen Bereich. Wir wissen, was not tut, wir kennen die Instrumente einer dämpfenden Konjunkturpolitik, aber wir wagen sie nur zum Teil einzusetzen. Dazu ist zunächst zu sagen, daß in der Marktwirtschaft jeder Eingriff in das Marktgeschehen Gefahren in sich birgt. Insofern ist die Lage heute keine andere als in den 30er Jahren. Der erste Schritt ist leicht getan, aber man weiß nicht, wo man endet. Wer hat den Mut, die große Initiative unserer Unternehmen, auf der Entwicklung und Wohlstand beruhen, einzuschränken, den Optimismus zu dämpfen und

[2] Lautenbach: Zins, Kredit und Produktion, herausgegeben von Wolfgang Stützel, bei J. C. B. Mohr, Tübingen 1952, S. 128. Die weiteren Arbeiten von Lautenbach sind zitiert bei Kroll: „Von der Weltwirtschaftskrise zur Staatskonjunktur“, Duncker & Humblot, Berlin 1958, mit vorzüglichem Überblick über die damalige Problematik.

kritische Situationen in Kauf zu nehmen? Wer hat die Weisheit, alle möglichen politischen und weltwirtschaftlichen Fakten, die das Konjunkturbild andern können, einzukalkulieren? Wie hat sich in jüngster Zeit plötzlich die deutsche Außenhandelssituation geändert — nur zum Teil durch die Aufwertung der DM, in der Hauptsache aber durch eine Änderung der Wirtschaftspolitik europäischer und außereuropäischer Länder! Überraschend stehen wir vor einer neuen Situation. Es strömen nicht mehr jährlich Milliarden aus den Außenhandelsüberschüssen auf den Markt, aber wir disponieren noch so, als hielte dieser Geldzufluß an. Das Kuponsteuergesetz wurde in einem Zeitpunkt angekündigt, als die deutsche Zahlungsbilanz stark aktiv war. Es besteht weiter und wirkt weiter auch jetzt noch, da die deutsche Zahlungsbilanz passiv ist.

Ich sagte, wir wagen es nur zum Teil, für eine Konjunkturdämpfung geeignete Mittel einzusetzen. Eines dieser Instrumente ist die Einschränkung der Vergabe öffentlicher Aufträge. Sollten die öffentlichen Aufträge in den 30er Jahren die Wirtschaft beleben, so sollte ihre Einschränkung heute die Konjunktur eindämmen. Der Vertreter der öffentlichen Hand als Auftraggeber ist der gegebene Gesprächspartner für den staatlichen Vertreter der Konjunkturpolitik. Das private Unternehmertum oder die Gewerkschaften sind schwierige Partner. Sie verfolgen in der Marktwirtschaft ihre legitimen Wirtschaftsinteressen und disponieren nach den akuten Erfolgsaussichten. Man kann von den Unternehmern nicht verlangen, daß sie Investitionen unterlassen, wenn die Warennachfrage steigt; man kann von den Gewerkschaften nicht erwarten, daß sie ihre Lohnforderungen einschränken, wenn die Gewinne der Unternehmer nicht zurückgehen. Man kann von dem Leiter eines Kreditinstituts nicht verlangen, daß er einen gesunden Kredit ablehnt, weil die Konjunkturlage dies erfordere. Solche Anforderungen sind schon deshalb illusionär, weil der Folgsame sehr bald von seinem konkurrierenden Nachbarn eines „Besseren" belehrt wird.

Es ist also schon so, daß in unserer Wirtschaftsverfassung dem staatlichen, halbstaatlichen und gemeindlichen Auftraggeber eine regulierende Funktion zukommt. Es gibt viele Vorschläge in dieser Richtung. Vor allem wird schon seit langem immer wieder eine längerfristige Planung im Rahmen mehrjähriger Haushaltspläne oder eine beweglichere Steuerpolitik gefordert. Diese Forderungen sind gut. Daß sie bisher nicht verwirklicht wurden, liegt an der Schwierigkeit der Materie und an der Schwerfälligkeit der Gesetzesmaschinerie. Es besteht wohl auch die Sorge, daß jede Beweglichkeit von den politischen Instanzen aus anderen als konjunkturellen Gründen ausgenützt werden könnte. Der Bundestagspräsident hat es einmal richtig formuliert, als er — im Blick auf die sogenannten Wahlgeschenke — sagte: Es komme darauf an, eine bessere Technik zu entwickeln, die den Druck auf die Bundesfinanzen abzufangen vermag. Dies scheint mir der springende Punkt zu sein. Jeder Abgeordnete eines Parlaments — sei es des Staates oder der Gemeinde — ist dem fortgesetzten Druck der Wähler ausgesetzt, sich für bestimmte Investitionen einzusetzen. Der stärkste Druck wird auf die Mitglieder der Gemeindeparlamente ausgeübt, da die gemeindlichen Aufgaben das Leben des einzelnen am stärksten berühren. Wir finden dann die groteske Situation, daß in der lokalen Presse der Wirtschaftsredakteur für eine Einschränkung des Haushaltsvolumens und der gemeindlichen Investitionen, der Lokalredakteur für den Bau einer neuen Schule und der Sportredakteur für die Errichtung eines neuen Stadions eintreten. Die Ausführungen der beiden Letzteren werden sicher gelesen. Ob die mahnenden Worte des Wirtschaftsredakteurs vernommen werden, ist mir zweifelhaft. Vorbei sind die Zeiten, da die Volksvertretungen es als ihr mühsam errungenes Recht und als ihre vornehmste Aufgabe ansahen, die Ausgabenfreudigkeit des Fürsten zu beschränken. Dabei wird der einzelne Abgeordnete immer wieder bestätigen, daß es sicher nicht möglich ist, in wenigen Jahren ein zerstörtes Gemeinwesen wieder aufzubauen und zusätzlich den Standard erheblich über das Niveau zu heben, das vor der Zerstörung bestand. Ich muß dabei auf Grund reicher Erfahrungen betonen, daß — innerhalb der öffentlichen Wirtschaft — dem gemeindlichen Sektor alle Einschränkungen am wehesten tun; denn hier liegen die Investitionen, die die Grundlagen unserer Wirtschaft und Kultur darstellen, hier bilden sich der politische Wille, die gesellschaftliche Solidarität und die geistige Kraft der Nation. Das sollte sich jeder überlegen, der heute die Gemeinden zu Prügelknaben der Konjunkturdiskussion zu machen geneigt ist. Wenn die Wirtschaft den Gemeinden ihre Investitionsausgaben vorwirft, ihnen aber gleichzeitig vorrechnet, welche Verluste die Wirtschaft beispielsweise durch schlechte Verkehrsverhältnisse zu tragen hat, dann ist das frivol.

Ich befasse mich deshalb besonders mit dem Haushalt des Bundes. Der Bund hat die Steuergesetzgebung in der Hand. Die Bundesausgaben sind in der Hauptsache Konsumausgaben; sie tragen also nur sehr beschränkt zur Erhöhung der Produktivität unserer Wirtschaft bei. Der Bund erhielt 1964 55,5 % des gesamten Steueraufkommens. Er ist der Hauptnutznießer der Steuerprogression. Von ihm muß in erster Linie die konjunkturregulierende Kraft ausgehen. Natürlich wird es nötig sein, daß auch die Länder und die Gemeinden mit dem Bund sich über die Dringlichkeit von Vorhaben — wenigstens der Struktur nach — abstimmen. Diese Abstimmung über die sogenannten Prioritäten wird aber sehr schwierig sein und zu endlosen Auseinandersetzungen führen. Nötig ist eine einfache Technik zur Beschränkung der Ausgaben in konjunkturell überhitzten Zeiten, eine Selbstbeschränkung des Parlaments, auf die sich der Abgeordnete berufen kann, wenn das Übermaß der Interessentenwünsche an ihn herangetragen wird. Ich denke an die Schaffung eines Konjunkturausgleichsfonds, der aus dem ordentlichen Bundeshaushalt (und entsprechend auch aus dem ordentlichen Haushalt der Länder) abzuzweigen, also aus Steuermitteln zu bilden wäre. Als Richtschnur für die Höhe dieses Fonds hätte zu gelten, daß jedenfalls die Steuermittel, die — vor allem durch die Steuerprogression — über die reale Steigerung des Sozialprodukts hinaus eingehen, in den Fonds zu legen wären. Die Bildung dieses Fonds müßte auf einem freien Entschluß des Parlaments beruhen. Der Fonds wäre bei der Bundesbank zu bilden; die Mittel würden stillgelegt. Er wäre ganz oder teilweise freizugeben, wenn die Konjunkturlage dies zuläßt oder gar erforderlich macht. Über die Freigabe hätte ein Sachverständigengremium zu entscheiden, dessen Zusammensetzung das Parlament festlegt. Über die Verwendung der freigegebenen Mittel entschiede wieder das Parlament. Auf diese Weise hätte die Volksvertretung selbst das Konjunkturinstrument geschaffen, das der Sicherung der Stabilität unserer Wirtschaft dienen würde, der Stabilität, die wohl jeder Abgeordnete fordert und an die er meist nicht mehr denkt, wenn er im „Kollektiv" des Parlaments für einzelne Maßnahmen eintritt.

Bundeskanzler Erhard hat die Errichtung eines Gemeinschaftswerks gefordert, ohne bisher Näheres über die Bildung und Verwendung dieses Fonds zu sagen. Ihm liegt wohl vor allem daran, durch einen solchen Fonds Aufgaben finanzieren zu lassen, deren Bedeutung überregional ist. Mir liegt daran, einen Fonds zu bilden, der ausschließlich konjunkturpolitischen Zwecken dient.

Man kann gegen diesen Gedanken sicher manches einwenden. Man wird sagen, das Parlament werde derartiges nie beschließen. Man sollte es aber auf einen Versuch ankommen lassen. Der neue deutsche Bundestag steht nicht unter dem Druck einer zu Ende gehenden Wahlperiode, wobei ich anmerken darf, daß es unter den hier behandelten Gesichtspunkten dringend nötig wäre, daß die Wahlperiode verlängert und die Parlamente dadurch in die Lage versetzt würden, längerfristig zu disponieren. Man kann sagen, die Steuerprogression bedeute ja schon eine erhöhte Kaufkraftabschöpfung, beinhalte also eine Konjunkturdämpfung. Dies ist nur dann richtig, wenn die progressiv eingehenden Mittel nicht wieder in den Wirtschaftskreislauf, etwa über die Konsumausgaben des Bundes, gelangen. Schließlich kann man sagen, wenn die Mittel des ordentlichen Haushalts durch den Ausgleichsfonds gekürzt werden, dann wird der Bund stärker an den

Anleihemarkt gehen. Dieser Einwand ist nicht von der Hand zu weisen. Zu bedenken ist aber, daß die verstärkte Inanspruchnahme des Anleihemarktes den Zins erhöht und damit schon konjunkturdämpfend wirkt. Vor allem aber ist es ungleich leichter, das Herantreten des Bundes an den Anleihemarkt zu drosseln, als während des Etatjahres Ausgabenkürzungen durchzusetzen.

Die freie Welt will freie Wirtschaft. Sie scheut aber das Auf und Ab einer wirtschaftlichen Entwicklung, das eigentlich ein Element der Marktwirtschaft darstellt. Sie sucht nach Wegen, die der Stabilisierung dienen könnten. Die öffentlichen Aufträge gehören zweifellos zu den Instrumenten des Konjunkturausgleichs, ja ich möchte sagen, eine konjunkturgerechte Vergabe der öffentlichen Aufträge wäre die beste Unterstützung der Notenbank und sie wäre das wirksamste Mittel zur Erreichung der erstrebten wirtschaftlichen Stabilität.

Spezielle Wirtschaftsprobleme

Grundsatzfragen zur Förderung und zum Rechtsschutz privater Auslandsinvestitionen

Von Hermann J. Abs

I. Vorwort*

Die alten handeltreibenden Völker des Mittelmeerraumes haben sich schon mit der Frage beschäftigt, wie die freie Ausübung und Entfaltung des Handels mit anderen Völkern und wie dort errichtete Handelsniederlassungen rechtlich gesichert werden könnten. Die Tatsache, daß manche völkerrechtliche Handelsabkommen abgeschlossen wurden, ist bekannt[1]. Der erste von deutscher Seite geschlossene Handelsvertrag ist der unter Kaiser Marc-Aurel von Rom mit dem Stamme der Markomannen vereinbarte[2]. Das zeigt uns, daß man schon vor Jahrtausenden die Bedeutung des Rechts auch in diesem Zusammenhang erkannt hat. Diese Praxis hat sich bis auf den heutigen Tag, wenn auch mit Unterbrechungen, fortgesetzt.

Die Akzente haben sich aber heute verschoben. Neben den internationalen Handel treten in immer stärker werdendem Umfang private Auslandsinvestitionen und zwar in Industrieländern wie in Entwicklungsländern. Eine besondere Bedeutung kommt den Auslandsinvestitionen im Zusammenhang mit dem Aufbau der Industrie in Entwicklungsländern zu. Während der Handel sich meist kürzerfristig abwickelt, werden private Auslandsinvestitionen ihrem Wesen nach nur im Rahmen längerfristiger Planung vorgenommen. Wesentliche Voraussetzung für den Entschluß im Ausland zu investieren ist aber neben rein wirtschaftlichen Überlegungen stets, daß eine Atmosphäre gegenseitigen Vertrauens besteht. Diese Atmosphäre kann dauerhaft gesichert werden, durch die Anerkennung entsprechender Völkerrechtsprinzipien. Die Tatsache der verbindlichen Anerkennung allein ist schon als Beitrag zur Schaffung der Vertrauensatmosphäre zu werten.

---

* Dieser Abhandlung liegt ein Vortrag zugrunde, den der Verfasser im Oktober 1965 vor Mitgliedern und Freunden der Gesellschaft zur Förderung des Schutzes privater Auslandsinvestitionen e. V. in Köln gehalten hat.

1 Vgl. z. B. Nussbaum, „Geschichte des Völkerrechts", München—Berlin 1960, Seite 13, Veith-Böckstiegel, „Der Schutz von ausländischem Vermögen im Völkerrecht", Baden-Baden 1962, S. 25 ff.

2 Vgl. Nussbaum, a. a. O.

Es gibt zwar Skeptiker, die behaupten, daß letztlich alles eine Frage der Macht sei. Das ist jedoch nicht ein Problem des Rechts und seines Charakters, sondern eine Frage der praktischen Durchsetzbarkeit des Rechts. Da es dem Ausdruck gemeinsamer Überzeugung der Mehrheit entspricht, die sich diesem Recht unterwirft, sollte man Wert oder Unwert einer Rechtsregel nicht am Verhalten eines Rechtsbrechers messen. Wir meinen deshalb, daß gerade die Frage des Rechtschutzes privater Auslandsinvestitionen von großer Bedeutung ist und damit auch die Ausarbeitung, Festlegung und Fortentwicklung der einschlägigen Regeln des Völkerrechts.

Daß man das im Osten nur bedingt anerkennt, erscheint nicht weiter verwunderlich. So schreibt der bekannte russische Völkerrechtler Tunkin[3] u. a. „... ergibt sich, daß in den internationalen Beziehungen die Mehrheit der Staaten keine Normen schaffen kann, die für andere Staaten bindend sind, und daß sie nicht das Recht hat zu versuchen, anderen Staaten diese Normen aufzuzwingen". Andererseits erkennt er jedoch das Prinzip „pacta sunt servanda" als Gewohnheitsnorm, wenn auch nicht als Grundnorm, an[4]. Ferner kann man bei ihm lesen, „Die materielle Verantwortlichkeit als Folge einer Völkerrechtsverletzung drückt sich in der Verpflichtung des Rechtsverletzerstaates aus, den verursachten materiellen Schaden zu ersetzen"[5]. Allerdings erkennt er diese Verpflichtung nur als zwischen den Staaten — in ihrer Eigenschaft als Völkerrechtssubjekte — bestehend an.

Damit ist dem einzelnen privaten Investor nicht immer gedient. Dessen Förderung und Schutz ist aber unser Anliegen. Erfreulicherweise ist manches auf diesem Gebiet schon in Angriff genommen worden, aber viel bleibt noch zu tun, wie im folgenden dargelegt werden soll. Bevor wir uns aber den eigentlichen Fragen der Gestaltungsmöglichkeiten des Schutzes zuwenden, ist noch ein Blick auf die heutige Situation privater Auslandsinvestitionen, ihre Bedeutung und ihre Schwierigkeiten zu werfen.

II. Bedeutung privater Auslandsinvestitionen

Wir sollten unterscheiden zwischen Investitionen in Industrieländern und Entwicklungsländern. Die Unterschiede sind mannigfach. Portefeuille-Investitionen werden wohl nur selten in Entwicklungsländern gemacht, selbst bei fortgeschrittenen lateinamerikanischen Ländern. Eher schon trifft man in einigen lateinamerikanischen Staaten privaten ausländischen Grundbesitz.

---

[3] „Völkerrecht der Gegenwart", Berlin 1963, Seite 85.

[4] a. a. O., Seite 142.

[5] a. a. O., Seite 238.

Anders liegen die Dinge bei industriellen Investitionen. Hier ist ein hervorragender Unterschied zwischen den beiden Ländergruppen, der Gesamtumfang solcher Investitionen. Ich will mich darauf beschränken, als kennzeichnendes Beispiel folgende Ziffern bezüglich deutscher Auslandsinvestitionen zu nennen:

Von dem Gesamtbetrag deutscher Auslandsinvestitionen per 30. 6. 1965 von rd. DM 7,8 Mio. entfallen auf Investitionen in Entwicklungsländern rd. DM 2,4 Mio = rd. 32 % gegenüber rd. 33 % Ende 1964 und rd. 36 % Ende 1963. Gemessen an dem Umfang von Auslandsinvestitionen anderer Industrieländer sind die Zahlen für Deutschland aber gering zu nennen. Das ist nicht zuletzt eine Folge der Tatsache, daß wir zweimal unser gesamtes Auslandsvermögen verloren haben und das Vertrauen in eine gerechte Behandlung privater Auslandsinvestitionen nur langsam zurückkehrt. Das Verhältnis zwischen Investitionen in Industrieländern und in Entwicklungsländern ist nicht weiter verwunderlich, wenn man bedenkt, daß man sich bei Investitionen in anderen Industrieländern gewissermaßen unter seinesgleichen befindet, obwohl hier auch nicht alles „geordnet" ist. Aber die rechtliche Situation ist nicht allzu schwierig nachzuprüfen, genaues statistisches Zahlenmaterial erleichtert die Marktforschung, die politischen wie aber auch die wirtschaftlichen Risiken sind leichter zu übersehen; man spricht letztlich „die gleiche Sprache". Andererseits ist die Konkurrenz „gefährlicher". Bei den Überlegungen spielen Standortfragen unter dem Gesichtspunkt der Kostenkalkulation und der Preisgestaltung eine erhebliche Rolle.

Anders die Überlegungen bei industriellen Investitionen in Entwicklungsländern. Die Gefahr, den Markt zu verlieren, ist weniger eine Frage des Preises — einschließlich der Transportkosten — als der immer größer werdenden Schwierigkeiten des Exports von Industrieerzeugnissen in die Entwicklungsländer. Denken wir nur an die steigende Devisenknappheit dieser Länder und die dadurch bedingten Importrestriktionen, an Zollbarrieren und durch nationalistisches Gedankengut verursachte sonstige Hindernisse. Hinzu kommen die inflatorischen Gefahren, die gerade in jenen Ländern zumeist nicht so wirkungsvoll bekämpft werden wie bei uns[6].

Man muß an den berüchtigten Teufelskreis denken, wenn man die Lage mancher Entwicklungsländer betrachtet; Importrestriktionen und geringere Arbeitsproduktivität führen zu Preiserhöhungen, sinkenden Exportchancen und steigenden Handelsbilanzdefiziten, die wiederum zu weiteren Importrestriktionen führen usw. usw. Hinzu kommt der

---

[6] Auf die sich daraus ergebenden Gefahren hat Bundesbankpräsident Blessing auf dem Ibero-Amerika-Tag 1965 in Bremen unsere latein-amerikanischen Freunde nachdrücklich hingewiesen.

rapide Bevölkerungszuwachs. Sind schon die wirtschaftlichen Risiken schwer überschaubar, wieviel schwerer ist es, die politischen Risiken zu schätzen.

Es ist daher verständlich, wenn sich vorwiegend größere und Großbetriebe für Investitionen in Entwicklungsländern interessieren. Diese Betriebe haben mehr Auslandserfahrungen und können sie leichter sammeln. Auch sind Auslandsinvestitionen für sie eher finanziell zu verkraften, als für kleinere Betriebe. Ein gewisser Mindestaufwand ist für die Errichtung jeder ausländischen Produktionsstätte nun einmal erforderlich. Die Summe dieser Aufwendungen spielt bei einem kleineren Betrieb naturgemäß eine viel größere Rolle, in der Relation gesehen, als bei einem Großbetrieb. Es ist daher nicht verwunderlich, wenn verschiedentlich die Zahl der für Auslandsinvestitionen in Betracht kommenden deutschen Firmen auf nur 500 bis 1000 geschätzt wird. Ähnliches gilt auch bezüglich internationaler Relationen. Unzweifelhaft verlangt z. B. der Erdöl- und Bergbausektor den zahlenmäßig größten Investitionsaufwand, Stichwort: Erdölraffinerie, Erzbergwerk. Wieviel leichter ist es aber den großen internationalen Gesellschaften möglich, diese Mittel aufzubringen, als z. B. den in diesen Sektoren arbeitenden deutschen Industriebetrieben.

III. Das Ziel

Je intensiver die weltweite wirtschaftliche Zusammenarbeit, je geringer die Hindernisse, die dem entgegenstehen, desto besser sind die Chancen für einen steigenden Wohlstand in den Industrieländern wie den Entwicklungsländern. Eine Einschränkung sei mir jedoch gestattet. Von steigendem Wohlstand kann man bei den meisten heute als Entwicklungsland klassifizierten Ländern noch nicht sprechen. Für sie ist es vielmehr eine Frage, überhaupt einmal Grund unter die Füße zu bekommen und das einmal Erreichte nicht wieder zu verlieren. Ja, für manche Entwicklungsländer ist es einfach eine Frage des bloßen Überlebens, da viele ihrer Bürger nicht einmal das Existenzminimum, so wie wir es sehen, haben.

Ich will hier nicht auf die Motive der Entwicklungshilfe eingehen, diesen manchmal leider mißtönenden Dreiklang kaum aufeinander abzustimmender christlich-humanitärer, wirtschaftlicher und politischer Motive. Fest steht m. E. jedenfalls, daß wir weiterhin Entwicklungshilfe im großen Umfange betreiben müssen, und daß im Rahmen der Entwicklungshilfe private Auslandsinvestitionen in Entwicklungsländern eine wesentliche Rolle spielen müssen. Viele Investitionen können oft dabei als „Initialzündung“ fungieren, d. h. als Basis für weitere industrielle Entwicklung. Wir müssen deshalb solche Investitionen fördern. Das, und vor allem das Verständnis hierfür zu fördern, ist eine wesentliche Aufgabe für uns.

Aber auch die Auslandsinvestitionen in Industrieländern haben ihre Probleme, um deren Lösung wir uns bemühen. Auf diesem Sektor können wir mit größerer Aussicht auf eine nicht zu ferne Realisierung die Forderung auf Beseitigung aller Hemmnisse vertreten. Leider bleibt aber auch hier noch manches zu wünschen übrig, trotz regionaler und überregionaler Zusammenarbeit.

IV. Die Schwierigkeiten

Allgemein darf ich zu diesem Thema auf die Arbeit des National Industrial Conference Board verweisen. „Obstacles and Incentives to Private Foreign Investment", eine Arbeit, die für die International Industrial Conference 1965 in San Francisco erstellt wurde[7]

a) Industrieländer

Bleiben wir zunächst bei den Industrieländern. Regionale Verträge, wie die EWG-Verträge und bilaterale Freundschafts-, Handels- und Niederlassungsverträge tragen viel dazu bei, die Errichtung von Auslandsniederlassungen zu erleichtern. Auch Doppelbesteuerungsabkommen helfen. Trotzdem bleiben noch manche Probleme und Wünsche in der Praxis. Nehmen wir das Beispiel Bundesrepublik und USA. Hier bereitet die Frage der Größenordnungen gar manches Kopfzerbrechen bei uns: die finanzielle Stärke und die allein schon daraus resultierende Machtposition der in Deutschland investierenden amerikanischen Großunternehmen in den USA, namhafte Investitionen zu machen. Trotzdem meine ich, daß wir unsere liberale Einstellung nicht aufgeben sollten, denn wir würden anderenfalls letztendlich doch Schaden nehmen. Vielmehr sollten wir alles tun, um deutsche Investitionen in den USA zu fördern, da eine internationale Verflechtung nicht zur Einbahnstraße werden sollte. Ein Hemmnis konnte bisher auf diesem Gebiet aber in der Frage der Finanzierung solcher Investitionen gesehen werden. Auf Grund der US-zahlungsbilanzpolitischen Maßnahmen sind nämlich die bei uns investierenden US-Unternehmen gehalten, sich möglichst weitgehend aus deutschen Quellen zu finanzieren, während unsere Unternehmen aufgefordert wurden, die Finanzierung gleich mitzubringen. Eine Besserung für deutsche Unternehmen in den USA hat sich aber bereits angebahnt.

---

7 Vgl. Goltz, Voraussetzungen, Vorteile und Hindernisse privater Kapitalanlagen in Entwicklungsländern, BAnz, Beilage Nr. 20/65; Fatouros, Government Guarantees to Foreign Investors, New York 1964, S. 29.

b) Entwicklungsländer

Bei den Entwicklungsländern sind die Schwierigkeiten anders gelagert, obwohl auch hier Finanzierungsprobleme eine große Rolle spielen. Wie oben ausgeführt, sind die Risiken, zumindest aber die Einschätzung dieser Risiken, allgemein größer. Unser Hauptaugenmerk sollte sich daher auf diese Risiken richten. Bezüglich der wirtschaftlichen Risiken können wir den an Auslandsinvestitionen Interessierten nur helfen durch die Vermittlung guter Partner und die Beschaffung von in Betracht kommenden Unterlagen über die wirtschaftlichen und rechtlichen Verhältnisse.

Anders bezüglich der im Investitionsland liegenden politischen Risiken. Diese Risiken sind z. T. recht erheblich, wenn auch von Land zu Land verschieden. An erster Stelle sind hier nationalistische Tendenzen zu nennen, die schon zu manchen grotesken Auswüchsen geführt haben. Das Mißtrauen gegenüber dem Ausländer ist groß. Man stößt immer wieder auf die Befürchtung der Entwicklungsländer, daß der Ausländer einem Ausbeuter gleichzusetzen ist, der übermäßige Profite zu Lasten der heimischen Wirtschaft zieht und ins Ausland transferiert. Hinzu kommen weitverbreitete sozialistische Tendenzen. Diesen Tendenzen mit zugkräftigen Argumenten entgegenzutreten, ist nicht immer einfach. Mit Fug und Recht wird auf die Sozialisierungstendenzen in manchen Industrienationen verwiesen. Hier kann eigentlich nur das gute Beispiel steigenden Wohlstands in Ländern mit liberaler Wirtschaftsordnung dienen, wozu wir auch unser Heimatland rechnen dürfen.

Letztlich ist das alles eine Sache des gegenseitigen Vertrauens, das nur langsam aufgebaut werden kann. Dazu zählt aber nicht nur die Frage des Wohlverhaltens der Staaten, in denen investiert wird, sondern auch des ausländischen Investors, das verschiedentlich, leider nicht immer zu Unrecht, kritisiert wird. Solange dieser Prozeß läuft, müssen wir zu Hilfsmitteln Zuflucht nehmen, da wir aus den bekannten Gründen an verstärkten privaten Auslandsinvestitionen in den Entwicklungsländern interessiert sind, nicht zuletzt in deren Interesse.

V. Lösungsmöglichkeiten

a) Einseitige Maßnahmen

Wenn man die Mittel und Wege betrachtet, die dazu dienen, private Auslandsinvestitionen zu fördern, so sind an erster Stelle die einseitigen Maßnahmen der Industrieländer zu nennen. Von Bedeutung sind solche Maßnahmen in Deutschland eigentlich nur in Bezug auf Investitionen in Entwicklungsländern. Die Vorschriften des Entwicklungshilfe-Steuergesetzes sind besonders interessant für unsere Unternehmen. Hier kann ein echter Anreiz gegeben werden, Produktionsstätten in Entwicklungsländern aufzuziehen. Nach übereinstimmender Auffassung unserer Wirtschaft können die entsprechenden Bestimmungen aber noch um einiges verbessert werden. Dies vor allem im Hinblick auf die Risiken, für die ein ordentlicher Kaufmann auch steuerlich anerkannte Vorsorge treffen möchte.

Für die Refinanzierung solcher Investitionen haben wir einen besonderen Fonds von z. Z. DM 20 Mio., gewißlich kein großer Betrag. Trotz der für die Inanspruchnahme dieser Mittel viel zu langwierigen und komplizierten Verfahren nähern wir uns nun der Ausschöpfung des Fonds. Hier kann noch manches verbessert werden. Immer wieder hört man Fälle, in denen ein Antragsteller nach einiger Zeit sich nach anderen Finanzierungsquellen umtut, da er sonst Gefahr läuft, eine gute Investitionschance zu verlieren.

Ein weiterer Punkt ist die Bundesdeckung für Auslandsinvestitionen. Das Verfahren ist weniger kompliziert als bei der Refinanzierung. Die Bedingungen sind erst kürzlich verbessert worden. In letzter Zeit ist aber kritisiert worden, daß die Gewährung solcher Bundesdeckungen an den Abschluß bilateraler Kapitalförderungsabkommen[8] geknüpft ist. Die Kritiker übersahen hierbei m. E. folgendes:

1. Bis zum Abschluß eines derartigen Abkommens kann die Dekkung auch dann gewährt werden, wenn die rechtlichen und politischen Bedingungen in dem betreffenden Land als hinreichend sicher angesehen werden können. Gerade im Falle Brasiliens, der immer wieder zitiert wird, ist das von Bedeutung. Die Tatsache, daß längere Zeit hindurch deutsche Investitionen in Brasilien nicht in Deckung genommen wurden, war nämlich in erster Linie darauf zurückzuführen, daß die dortigen Bedingungen für Auslandskapital zu Zeiten der Regierung Goulart ausgesprochen schlecht waren, und nicht darauf, daß mit Brasilien bisher kein bilaterales Abkommen geschlossen werden konnte. Diese Bedingungen haben sich unter der jetzigen Regierung Branco wesentlich gebessert. Indeckungnahmen könnten daher in gewissem Umfang wieder zugelassen werden, zumal die brasilianische Regierung bereit ist, die Gespräche über eine bilaterale Abmachung bezüglich deutscher Investitionen in Brasilien wieder aufzunehmen.

---

[8] Dieser Vertragstypus, früher Kapitalschutzabkommen genannt, legt die Frage der Behandlung privater Investitionen im Partnerland in völkerrechtsverbindlicher Form fest. Zu den Regeln zählen: Nichtdiskriminierung, Enteignung nur gegen prompte und angemessene Entschädigung, Vertragstreue (pacta sunt servanda), Transferzusicherungen, neutrales Schiedsgericht bei Streitigkeiten usw. Siehe unter b).

2. Eine Aufgabe des Grundsatzes der Koppelung würde die bisher recht erfolgreiche Bemühung um den Abschluß weiterer bilateraler Verträge zunichtemachen, was nicht zugelassen werden sollte, da damit der richtige Weg verlassen werden würde. Es erscheint doch bemerkenswert, daß manche Ausländer uns um unser System und das bisher Erreichte sehr beneiden.

3. Wenn ein Land privaten Auslandsinvestitionen gegenüber feindlich eingestellt ist, sollte man auch nicht dort hingehen. Dann sollte man aber auch nicht vom Staat verlangen, daß er — und damit die Gesamtheit als Steuerzahler — wissentlich das erhöhte Risiko zugunsten eines Einzelnen übernimmt, zumal damit keine größere, erhöhte Prämienzahlung verbunden ist.

Aber auch die Entwicklungsländer selbst können durch einseitige Maßnahmen dazu beitragen, ausländische Investitionen anzuziehen. Ich denke in erster Linie an die Schaffung eindeutiger rechtlicher Voraussetzungen, z. B. in der Form von Investitionsförderungsgesetzen, die wir heute schon in vielen Entwicklungsländern antreffen. Wichtig ist, daß diese Gesetze auch in der Praxis vernünftig gehandhabt werden und Entscheidungen binnen kurzer Fristen erhalten werden können. Mancher Anlaß zur Klage ist in Bezug auf die administrative Handhabung solcher Gesetze gegeben worden. Es geht nicht an, daß ein potentieller Investor ein Jahr und länger warten muß, bis er endlich erfährt, was und zu welchen Bedingungen er investieren darf und diese Entscheidung womöglich später wieder zum Nachteil des Investors geändert wird.

b) Bilaterale Maßnahmen

Wichtig sind auf diesem Gebiet neben Doppelbesteuerungsabkommen vor allem die schon genannten bilateralen Kapitalförderungsabkommen[9]. Der erste Vertrag dieser Art wurde am 25. 11. 1959 mit Pakistan unterzeichnet. Mit im wesentlichen gleichgebliebenem Inhalt wurden inzwischen 29 Verträge unterzeichnet bzw. paraphiert sowie der Schriftwechsel mit Indien, von denen 12 Verträge ratifiziert sind. Darunter sind Verträge mit drei lateinamerikanischen Staaten: Chile, Ecuador und Kolumbien, obwohl immer wieder zu hören war, daß lateinamerikanische Staaten niemals dazu gebracht werden könnten, überhaupt darüber zu verhandeln, geschweige denn, solche Verträge zu unterzeichnen. Weitere Verträge dieser Art werden folgen. Auch einige unserer Nachbarländer haben diese Praxis aufgegriffen.

Leider hat es den Anschein, daß auch in Kreisen der deutschen Wirtschaft noch hin und wieder Mißverständnisse über Sinn und Zweck

---

[9] Vgl. z. B. Kern, Investitionsförderungverträge der BRD und der deutschen Entwicklungshilfe, Beilage Nr. 82 v. 3. 5. 1963 (BAnz).

solcher Verträge bestehen. Auf die „leichteren“ amerikanischen Garantieabkommen wird verwiesen, und selbst bei uns hört man Stimmen, die sich auf die angeblich ausreichende nationale Gesetzgebung der Entwicklungsländer berufen.

Hierzu möchte ich ganz dezidiert wie folgt Stellung nehmen:

1. Unsere Kapitalförderungsverträge sind mit den US-Abkommen nicht vergleichbar[10]. Während wir verbindlich die Anwendbarkeit materiellen wie prozessualen Rechts festlegen, enthalten selbst die am weitesten gehenden US-Abkommen keine vergleichbaren Verpflichtungen. Der Inhalt des viel zitierten US-Brasilianischen Abkommens beschränkt sich z. B. darauf, den Rechtsübergang der Entschädigungsforderungen eines amerikanischen Investors, der durch behördliche Maßnahmen in Brasilien einen Schaden gehabt hat, auf die US-Regierung zu regeln, und zwar nur insoweit und sofern die entsprechenden Schadensereignisse unter dem amerikanischen System der Deckung von Risiken amerikanischer Auslandsinvestitionen abgesichert waren. In der Verfügung über die Schadensleistung ist die US-Regierung nicht einmal völlig frei. Schließlich ist die Anrufung eines Schiedsgerichts nur in beschränktem Umfang zulässig.

Vielfach sind solche Abmachungen nicht in der Form völkerrechtlich verbindlicher Verträge enthalten. Ein Vorbild können diese Abkommen deshalb für uns nach unserer Auffassung kaum sein. Nicht zu übersehen ist hierbei noch der praktisch wichtige Einfluß durch das sogenannte „Hickenlooper Amendment“ zum Auslandshilfegesetz. Danach hat der amerikanische Präsident jegliche Hilfe an ein Land einzustellen, wenn es amerikanisches Privateigentum rechtswidrig vereinnahmt hat, ein m. E. recht effektvolles Mittel, die Entwicklungsländer zum Wohlverhalten gegenüber US-Investitionen anzuhalten[11].

2. Die nationale Gesetzgebung im Investitionsland betreffend den Eigentumsschutz, zumeist in der Form von Verfassungsvorschriften, deckt sich in der Regel mit unseren Vorstellungen. Aber selbst die Verfassung kann mit entsprechender Mehrheit des nationalen Parlaments, dessen Mitglieder ja vom ausländischen Investor nicht gewählt worden sind, geändert oder nicht angewandt oder befolgt werden, wie dies schon öfters geschehen ist, auch zum Nachteil ausländischer Investoren. Auch nationale Investitionsförderungsgesetze, die oft die Grundlage für eine Auslandsinvestition bilden, können ohne weiteres geändert werden.

---

[10] Vgl. The Protection of Private Property Invested Abroad, Report by the Committee on International Trade and Investment, American Bar Association Chicago 1963, Seite 24.

[11] Vgl. den Report des American Bar Association Committees, a. a. O., Seite 30.

Der Sinn der Kapitalförderungsabkommen ist nun, die Gültigkeit der auf eine Auslandsinvestition anwendbaren Bedingungen zumindest für einen gewissen Zeitraum zu fixieren. Andererseits verlangt die Berücksichtigung des Souveränitätsgedankens, daß es jedem Staat belassen bleibt, die Bedingungen festzulegen, zu denen eine Auslandsinvestition getätigt werden kann. Nur sollen diese Bedingungen nicht nachträglich einseitig zu Lasten des Investors, der darauf vertraut hat, geändert werden dürfen. Das wird dadurch erreicht, daß die Kapitalförderungsverträge dem Völkerrecht unterliegen und als völkerrechtliche Vereinbarung nicht mehr einseitig, d. h. von einem Partner des Vertrages, während der Gültigkeitsdauer einer nachteiligen Änderung unterworfen werden können.

3. Nun wird uns manchmal entgegengehalten, daß das alles bei einem revolutionären Umsturz nicht mehr zieht. Auf das Beispiel Cuba wird verwiesen. In einem solchen Extremfall würden aber auch die entsprechenden nationalen Eigentumsschutzbestimmungen ohne Wirkung bleiben. Wenn aber ein völkerrechtlicher Vertrag gebrochen wird, so ist das eben ein Bruch des Völkerrechts mit allen sich daraus ergebenden Konsequenzen, vor denen man vielleicht doch etwas zurückscheut. Interessant ist hierbei auch die Möglichkeit ein Schiedsgerichtsurteil gegen den vertragsbrüchigen Staat zu erhalten, womit vor der Weltöffentlichkeit der Staat und seine Methoden verurteilt werden. Auch in einem solchen Falle ist es also besser, einen Kapitalförderungsvertrag zu haben.

c) Multilaterale Maßnahmen

Es ist schon soviel über dieses Thema gesagt und geschrieben worden, daß ich mich hier auf das Wesentliche beschränken kann. Auf drei Möglichkeiten des Vorgehens, die sich bisher herauskristallisiert haben, ist aufmerksam zu machen:

1. Multilaterale Schutzkonvention,
2. Multilaterale Schiedskonvention,
3. Multilaterale Garantiekonvention.

ad 1: Ich habe mich seit 1957 dafür eingesetzt, eine multilaterale Schutzkonvention ins Leben zu rufen[12]. Auf Grund der Vorarbeiten von Lord Shawcross und denen der Gesellschaft zur Förderung des Schutzes von Auslandsinvestitionen hat die OECD einen Text für eine solche Konvention ausgearbeitet, der als vernünftige Lösung angesehen werden darf[13]. Wir hoffen nun, daß diese Konvention in nächster

[12] Vgl. Veith-Böckstiegel, a. a. O., Seite 108.

[13] Vgl. Veith-Böckstiegel, a. a. O., Seite 109 und Gutachten des ABA Committee, a. a. O., Seite 59 mit Text.

Zukunft von dem Ministerrat der OECD verabschiedet und zur Zeichnung aufgelegt wird. Z. Z. wird noch an kleineren Änderungen des Textes gearbeitet. Diese Arbeiten dürften bald abgeschlossen sein. Die deutsche Bundesregierung wie auch die Regierungen fast aller anderen OECD-Mitgliederstaaten geben diesem Vorhaben ihre Unterstützung.

ad 2: Bekanntlich hat die Weltbank vor kurzem eine multilaterale Schiedskonvention zur öffentlichen Zeichnung aufgelegt. Diese Konvention sieht für die Regelung von Streitigkeiten über Auslandsinvestitionen zwischen dem betreffenden Investor und dem Investitionsland die Errichtung eines neutralen Schiedsgerichtes und einer Schiedsstelle vor[14]. Leider ist hierbei die Unterwerfung unter das Schiedsgericht in das Belieben jedes Zeichnerstaates gestellt, im Gegensatz zu der Schiedsgerichtsklausel der bilateralen Kapitalförderungsverträge und dem OECD-Entwurf einer Schutzkonvention. Bis jetzt haben bereits 30 Staaten die Konvention unterzeichnet und ein Staat sogar ratifiziert. Es besteht die Aussicht, daß auch die Bundesrepublik diesem nützlichen Abkommen beitreten wird.

ad 3: Nachdem seit Jahren von den verschiedensten Seiten der Gedanke eines multilateralen Garantiefonds verfolgt worden ist, hat sich die Welthandelskonferenz der Sache angenommen und die Weltbank beauftragt, diesen zu prüfen. Die OECD hat einen entsprechenden Entwurf ausgearbeitet, der aber nach unserer Auffassung noch eine Reihe von Mängeln hat[15].

Wie ist nun das Verhältnis dieser drei möglichen Wege zueinander? Alle dienen dem gleichen Ziel, private Auslandsinvestitionen durch Herabminderung des im Ausland liegenden politischen Risikos zu fördern. Der eine Weg schließt den anderen nicht aus. Im Gegenteil, die Wege ergänzen sich. Die Schutzkonvention enthält vor allem materielles Recht, die sogenannten Regeln des Wohlverhaltens; die Schiedskonvention allein prozessuales Recht. Das eine ohne das andere ist unvollständig. Das materielle Recht bedarf der Durchsetzungsmöglichkeit. Daher ist in dem OECD-Entwurf auch eine Schiedsvereinbarung vorgesehen. Man überlegt jetzt eine Kombination dergestalt, daß bezüglich der Schutzkonvention auf die Schiedsgerichtskonvention verwiesen wird — ein naheliegender Gedanke. Eine umgekehrte Verweisung gilt nur insoweit, als das Schiedsgericht die Regeln des Völkerrechts anwenden soll, zu denen auch die Grundsätze gehören, die durch die Schutzkonvention kodifiziert werden sollen. Eine Garantie-

---

[14] Vgl. Berger, Internationale Zentrale zur Beilegung von Investitionsstreitigkeiten, AWD 1965 Seite 434.

[15] Es würde zu weit gehen, hier auf die Einzelheiten einzugehen. Verschiedene Gremien, wie z. B. die Int. Handelskammer und die APPI befassen sich z. Z. mit dem Studium des Vorschlages.

konvention kann aber nach meiner Auffassung und der Auffassung meiner Freunde nur dann mit Aussicht auf Erfolg gehandhabt werden, wenn zumindest gleichzeitig von den entsprechenden Zeichnerstaaten auch die einschlägigen materiellen und damit verbunden die prozessualen Regeln anerkannt werden. Damit soll das Risiko auf ein erträgliches Maß gemindert werden, ähnlich wie wir es in Deutschland auf dem Wege bilateraler Kapitalförderungsverträge im Zusammenhang mit Bundesgarantien für Auslandsinvestitionen handhaben.

Das Fazit dieser Überlegungen ist daher:

Eine Schutzkonvention kann für sich allein bestehen und wirken, da sie materielles und Verfahrensrecht enthält. Eine Schiedskonvention sollte auf das von dem Schiedsgericht anwendbare materielle Recht, wie in der Schutzkonvention enthalten, Bezug nehmen. Eine Garantiekonvention kann dagegen m. E. nicht für sich allein wirksam werden.

Gedanken zur Energiewirtschaft

Von Gustav Brecht

Nach dem ersten Weltkrieg

Unser „Laudandus" Hans Schäffer und der Verfasser des nachfolgenden Beitrages lernten sich Ende 1918 als Referenten im neugegründeten Reichswirtschaftsministerium in Berlin kennen. Wir haben unter dem Staatssekretär Wichard von Moellendorff und dem Reichswirtschaftsminister Rudolf Wissell in gemeinsamer Arbeit die ersten gesetzlichen Grundlagen einer „Energiewirtschaft" in Deutschland entworfen und dabei Wort und Begriff „Energiewirtschaft" erstmalig in die Gesetzes- und Fachsprache eingeführt.

Politik und Wirtschaft wurden in dem damaligen Nachkriegs-Deutschland vornehmlich durch Mangel an Brennstoffen und an Devisen bestimmt, wobei beides einen natürlichen Zusammenhang hatte. Nach dem Grundsatz Moellendorffs, gemeinwirtschaftliche Ziele mit privatwirtschaftlichen Mitteln zu erreichen, gelang es, die sozialistischen Bestrebungen auf Verstaatlichung der Kohlenbergwerke durch Ordnung ihres Absatzes ohne Eigentumsübertragung abzuwenden. Bei der anschließenden gesetzlichen Regelung der Elektrizitätswirtschaft setzten sich staatskapitalistische Interessen von Reich und Ländern stärker durch, so daß hier die öffentliche Hand einen wesentlich größeren Anteil an den gesamten Erzeugungsstätten erhielt.

Zur Beleuchtung der damaligen Leitgedanken über die angestrebte Energiewirtschaft möchte ich einiges aus unserer ersten Arbeit zitieren, dem am 13. 3. 1919 von der Nationalversammlung in Weimar angenommenen „Sozialisierungsgesetz" und seiner Begründung.

Das „Sozialisierungsgesetz"[1] bestimmte in § 4, daß

> „die Ausnutzung von Steinkohle, Braunkohle, Preßkohle und Koks, Wasserkräften und sonstigen natürlichen Energiequellen und von der aus ihnen stammenden Energie *(Energiewirtschaft)* nach gemeinwirtschaftlichen Gesichtspunkten geregelt"

werden solle. In der Begründung und anderen amtlichen Auslassungen hieß es dazu u. a.:

---

[1] R.G.Bl. 1919, S. 341.

„Die Energie in ihren verschiedenen Gebrauchsformen ist die Grundlage und Voraussetzung jeder Industrie und das verbreitetste und wichtigste Produktionsmittel. Die von Menschen in irgend einer Form beherrschte, zweckmäßig geleitete und verwendete Energie ist die Urbedingung jeder fortgeschrittenen Wirtschaft, überhaupt jeder entwickelten Daseinsform des Menschen. Sie kann Menschenarbeit hier ersetzen und dort ermöglichen..."

„Geordnete Verteilung und vorteilhafte Verwertung der begrenzten Energievorräte ist unzweifelhaft gemeinwirtschaftliches Erfordernis."

„Mit den begrenzten Energievorräten muß im ganzen Reichsgebiet einheitliche Wirtschaft getrieben werden."

„In der deutschen Energiewirtschaft müssen sich auch norddeutsche Kohle und süddeutsche Wasserkraft gegenseitig ergänzen."

Nach dem zweiten Weltkrieg bis zur Gegenwart

Es ist reizvoll, nicht nur für die damals Beteiligten, sondern auch für spätere, interessierte Beobachter, über die Frage nachzudenken, was aus diesen Leitsätzen geworden ist, um dabei eine fast 50jährige Entwicklung einmal im Lichte der heutigen Auffassungen und Erkenntnisse zu überschauen.

Jüngere Leser werden sich beim letzten Zitat wundern, warum diese Selbstverständlichkeit noch besonders betont werden mußte. Tatsächlich war dieses „Zusammenschalten" vor 45 Jahren selbst in den Fachkreisen noch recht umstritten („Maschinen lassen sich leichter parallel schalten als Menschen!") und wurde erst ein Jahrzehnt später, vor allem auf Betreiben von Arthur Köpchen-RWE, der auch die Bezeichnung „Verbundbetrieb" dafür einführte, zur Selbstverständlichkeit.

Diese Stichproben zeigen das damalige Autarkie-Denken und als leitenden Gesichtspunkt die Sicherung der zukünftigen Energieversorgung im Interesse der Allgemeinheit. Im Gegensatz zu damals gibt es gegenwärtig — vorläufig — keinen Mangel an Brennstoffen und Devisen. Aber gewisse Grundgedanken von damals sind teils lebendig geblieben, teils unter moderneren Gesichtspunkten wieder aufgetaucht. Das gilt selbst für die alten Streitfragen, ob privater oder öffentlicher Besitz der Energiegewinnungs- und -erzeugungsstätten vorteilhafter ist, wie weit Plan- oder gebundene Wirtschaft von Nutzen sein oder eine Staatsnotwendigkeit werden kann und dergleichen mehr.

Vollauf bestätigt hat sich die Voraussicht einer unaufhaltsamen Steigerung des gesamten Energieverbrauches je Kopf der Bevölkerung. Dies war u. a. schon einer genaueren amtlichen Statistik der gewerblichen Betriebszählung 1925 zu entnehmen, nach der die Zahl der Pferdekräfte, die auf eine beschäftigte Person entfallen, sich von der Vorkriegszeit bis zur Nachkriegszeit verdoppelt hatte. Die weitere Entwicklung soll anschließend beleuchtet werden.

Inzwischen sind erfreulicherweise bei manchen Universitäten besondere Lehrstühle für Energiewirtschaft errichtet worden. Hierdurch sind Klärung der Begriffe und verbesserte Statistik der primären Energieträger — fossile Brennstoffe, Wasserkräfte, Erdöl, Erdgas usw. — erreicht worden, die Erkenntnisse über die Entwicklungstendenzen wurden erweitert. Auch der wechselnde Anteil der einzelnen primären Energieträger am gesamten Energieverbrauch der Bundesrepublik wurde jetzt laufend beobachtet. Hierbei wurde erkannt, daß merkliche — teilweise unerwartete und kaum vorherzusehende — Unterschiede zwischen den Energieträgern in dem Grade ihrer Verbrauchssteigerung eingetreten sind.

Der Verbrauch an elektrischer Energie hat in seiner unaufhaltsamen Steigerung höchstens *die* Überraschung gebracht, daß die Prognosen vielfach übertroffen wurden. Bei der Steinkohle dagegen kann von einer gleichsinnig fortschreitenden Entwicklung keine Rede sein, obwohl ihre Förderung — auf das jetzige Bundesgebiet bezogen — von 1900 bis 1913 noch ziemlich stetig von 69 auf 119 Mrd. Jahrestonnen zugenommen hatte.

Die anfangs der 20er Jahre noch so drückenden Sorgen wegen der Kohlenknappheit — es sei nur an die Reparations-Kohlenlieferungen erinnert, die wegen unmöglicher Erfüllung sogar den Vorwand zur Ruhrbesetzung gebildet hatten — verloren bald ihre Schrecken. Für den jüngeren Leser mag die Erinnerung an dieses rasche Umschlagen eines labil gewordenen Marktes kaum glaubhaft, aber um so lehrreicher sein. Noch ehe nach Einstellung des passiven Widerstandes an der Ruhr von dort wieder Kohlen ins unbesetzte Deutschland geliefert wurden, konnte mit dem Abbau der jahrelangen Brennstoff-Zwangsverteilung begonnen werden. Die Förderkapazität der Welt war gewaltig gesteigert und hatte den Bedarf überflügelt. Als dann 1926 die englischen Bergarbeiter fast 7 Monate lang streikten, zeigte die Welt-Steinkohlenproduktion des Jahres kaum eine Senkung: mühelos hatten Kontinental-Europa und Amerika den Ausfall gedeckt.

Im Gegensatz zur Kohlenknappheit blieb bekanntlich der Devisenmangel, die andere drückende Sorge der ersten Nachkriegszeit, erheblich länger bestehen und verschwand erst in der zweiten Nachkriegszeit. Die einstweilige Befreiung von dieser Sorge infolge günstiger Außenhandels-Entwicklung, der wesentlichen Grundlage des „Wirtschaftswunders", ermöglichte — im Zuge des allgemeinen Strebens nach möglichst freier Wirtschaft — auch steigende Einfuhren interessanter ausländischer Primärenergieträger: billige Steinkohle, Rohöl aus den neu erschlossenen Gebieten, demnächst Erdgas und schließlich Kernenergieträger (Uran, Plutonium, Thorium usw.).

Wie sich unter dem Einfluß dieser Entwicklung neuerdings die Verteilung der Energieträger auf den gesamten Energieverbrauch in der Bundesrepublik änderte, mag mit einigen Zahlen veranschaulicht werden; infolge des erwähnten Absatzmangels, der bald nach Beendigung des ersten Weltkrieges fast alle Steinkohlenreviere der Welt ergriffen hatte, konnte im jetzigen Bundesgebiet die bis dahin höchste Förderung von 1913 (119 Mill. t) erst in den mittleren 30er Jahren — Wiederaufrüstung! — wiedererreicht werden, um 1938 in den Höchststand von 151 Mill. t zu kommen. Der gleiche Höchststand wurde nach dem zweiten Weltkrieg noch einmal 1956 erreicht. Seitdem geht die Förderung wieder langsam zurück: 1964 bis auf 142 Millionen t, wovon auf die Ruhr allein 118 entfielen.

Die vom Bergbauverein Essen regelmäßig veröffentlichte „Primär-Energiebilanz der Bundesrepublik Deutschland" gibt in summarischer Darstellung, alle Energieträger auf Steinkohleneinheiten (SKE) umgerechnet, in der Form

Inlands-Gewinnung ± Bestandsänderung — Ausfuhr = Inlands-
+ Einfuhr Verbrauch

folgendes Bild vom Zeitraum 1958 — 1964:

Die *Gewinnung* von Primärenergieträgern aller Art (Steinkohle, Braunkohle, Mineralöl, Strom aus Wasserkraft, Erdöl, Erdgas usw.) im Inland stieg

von .... 192 auf 195 Mill. t SKE.
Der *Verbrauch* im Inland stieg von .... 195 auf 263 Mill. t SKE.

Der gesamte Inlandsverbrauch ist in den 6 Jahren um ein gutes Drittel gewachsen, das Mehr aber nicht im Inlande gewonnen. Die bundesdeutsche Energiewirtschaft ist in einem bisher noch nicht bekannten Grade importabhängig geworden. Der Steinkohlen-Verbrauchsanteil ist von rd. 126 auf 122 Mill. t SKE abgesunken, der von Kohle insgesamt mit 156 — 157 Mill. t SKE etwa gleich geblieben, aber der von Mineralöl gedeckte Anteil von rd. 30 auf 96 Mill. t SKE angestiegen.

Ich gestehe offen, diese Entwicklung weder vorausgesehen, noch einen derartigen Aufstieg der Mineralöleinfuhr von 25 auf 95 Mill. t SKE innerhalb von 6 Jahren devisenmäßig auf die Dauer für möglich gehalten zu haben. Ich hatte auch nicht erwartet, daß die bekannten stolzen Weltölgesellschaften einen für ihre deutschen Tochtergesellschaften so ruinösen Stellungskampf um ihre deutschen Absatzmärkte führen würden. Dies war im Energieverbrauch der letzten Jahre die zweite Überraschung nach dem Minderverbrauch an heimischer Steinkohle und erklärt diesen zum größten Teil. — Wer Jahrzehnte der Devisenknappheit erlebt hat, neigt zum Mißtrauen gegen die Verläßlichkeit solcher „Wunder“, wie sie die überstürzte Überschwemmung von Raumheizung und Industrie mit unnatürlichen Preisüberraschungen darstellt. Selbst wenn man den starken Verbrauch von Erdgas in den USA berücksichtigt, erscheint es widersinnig, daß der Heizölverbrauch der Industrie in der Bundesrepublik mit 22 % schon jetzt höher liegt, als in den USA (15 %).

Die dritte und wohl von niemandem in den 20er Jahren vorauszusehende Überraschung bildet die Entdeckung von technisch und wirtschaftlich aussichtsvollen Möglichkeiten, die Kernenergie zur praktischen Energieerzeugung auszunutzen, eine Entwicklung, die führende Atomphysiker wie z. B. Rutherford noch vor wenigen Jahrzehnten als utopisch bezeichneten. Diese Entwicklung beginnt im Großen erst jetzt. Sie wird m. E. in der Bundesrepublik kaum das von begeisterten Propheten erwartete rapide Tempo einschlagen, wovon später noch zu sprechen sein wird. Aber sicher wird die Kernenergie auch in der deutschen Energiewirtschaft in den kommenden Jahrzehnten eine immer bedeutsamere Rolle spielen.

Eine vierte, wenn auch übersehbarere, energiewirtschaftliche Überraschung bedeutet neuerdings für die Bundesrepublik das Erdgas, das vor allem durch die Funde in den Niederlanden auch die deutschen Ferngas-Unternehmen, an der Spitze die Ruhrgas-Aktiengesellschaft, auf eine breitere Grundlage stellen dürfte. Das Erdgas wird bekanntlich in den USA seit langem und reichlich ausgenützt. Es deckt dort zur Zeit 21 % der primären Energieversorgung der Elektrizitätswerke. In den Jahren 1960 bis 1962 wurde schon fast die Hälfte des End-Energieverbrauchs in der Raumheizung durch Gas gedeckt und dies scheint dort zu Lasten der Kohle und sogar des Erdöles weiterzugehen.

Die OECD errechnet für die Länder des gemeinsamen Marktes 1600 Mrd. cbm Erdgas als sichere Vorräte (neuere verläßliche Schätzungen sind höher und nennen rund 2 000 Mrd. Nm^3, d. h. etwa 2 300 Mio. t SKE), deren Löwenanteil in den Niederlanden liegt. Dort wird für Groningen mit 30 bis 35 Mrd. cbm jährlicher Förderung gerechnet, wovon etwa die Hälfte ausgeführt werden wird.

Wie wird die Zukunft?

Kann man eine einigermaßen verläßliche *Prognose* für die weitere Entwicklung auf dem deutschen Energiemarkt stellen? Dies ist neuerdings mehrfach versucht worden, etwa von der Kommission der Europäischen Wirtschaftsgemeinschaft, von energiewirtschaftlichen Instituten wie in Köln, von dem Münchner „Institut für Wirtschaftsforschung (Ifo)“ und von namhaften Fachmännern aus der Strom- und

Mineralöl-Versorgungswirtschaft. Wenn man sich nicht zu sehr auf genaue Zeiträume, Leistungszahlen und ähnliches festlegt, können diese nach verschiedenen Methoden vorgenommenen Extrapolierungen immerhin die wahrscheinlichste Richtung der Entwicklung zu beurteilen helfen, um sich weitsichtig auf sie vorzubereiten. Da ich einen Beobachtungstermin von fast 5 Jahrzehnten aus eigener Anschauung rückwärts überblicken und mich dabei auch der eigenen Fehleinschätzungen erinnern kann, glaube ich, mir über die Problematik auch der sorgfältigsten Prognosen ebenso klar zu sein wie über ihren relativen Erkenntniswert und ihre praktische Nützlichkeit. Hiermit komme ich zu unserer Hauptfrage: Wie wird sich der Gesamtenergieverbrauch der Bundesrepublik im Großen entwickeln und wie etwa kann er im einzelnen befriedigt werden?

Ausgehend von der wohlfundierten Berechnung der „Hohen Behörde" zeigt sich für den allgemeinen primären Bedarf von 1950 bis 1965 ein Wachstum von 129 auf 239 Mill. SKE. Das ist eine Steigerung von rund 4 % von Jahr zu Jahr. Von 1950 bis 1960 war die jährliche Steigerung aus naheliegenden Gründen, nämlich wegen des Wiederaufbaus, größer, darnach mit rd. 3 % kleiner als der Durchschnitt. Legt man diesen letzten Satz auch für die Zukunft zugrunde, so kommt man für 1975 auf 330, nach der EWG-Prognose für 1980 auf etwa 380 bis 390 Mill. SKE. Der hierin enthaltene, auf die Stromerzeugung verwandte Primärenergiebedarf muß für sich allein betrachtet werden. In der Elektrizitätswirtschaft hatte sich bereits bisher die Faustregel eingebürgert, daß der Verbrauch sich in 10 Jahren etwa verdoppele, was einem jährlichen Steigerungssatz von 7 % entspräche. Da unzweifelhaft der Elektrizitätsverbrauch im gesamten Energiebereich der Anteil mit dem größten inneren Wachstum ist und bleiben wird, könnte man für die nächsten 15 Jahre wohl unbedenklich mit einer fortschreitenden Steigerung etwa in den Grenzen von 6 bis 8 % jährlich rechnen. Die damit für die Bundesrepublik enthaltenen Zahlen haben nichts Unwahrscheinliches, wie die Betrachtung des spezifischen Nettostromverbrauches je Kopf der Bevölkerung verdeutlicht. Dieser war 1925 erst 325 kWh in Deutschland, wurde aber für die Wasserkraftländer Norwegen, Schweiz und Schweden damals bereits mit 1680, 1070 und 533 kWh berechnet. Die Hohe Behörde gibt diesen Kopfverbrauch für die B. R. in 1950 mit unter 1 000 kWh, in 1960 mit 2 260 kWh an und schätzt ihn für 1965 auf 3070, für 1970 auf 4 100 und für 1975 auf 5 300 kWh. Das ließe für 1980 zwischen 6 000 und 8 000 kWh je Einwohner erwarten. Prof. Mandel weist anschaulich darauf hin, daß die Bundesrepublik bei diesen Meßzahlen immer noch 5 bis 6 Jahre hinter der Schweiz und 10 bis 13 Jahre hinter den USA zurückbleiben würde. Die OECD erwartet für 1980 in Großbritannien 9 400 und in den USA 11 300 kWh Je-Kopf-Verbrauch.

Versucht man den Bereich der elektrischen Energie als den führenden „Wachstumswert“ in bezug auf die Anteile der Primärenergieträger an seiner Erzeugung zu analysieren, so muß man mit vielen Unbekannten rechnen. Politische Verwickelungen sollen, weil gar zu unberechenbar, hier ausscheiden. Technische Entwicklungen, die insbesondere auf dem Gebiet der Kernenergie zu erwarten sind, sollen vorsichtig eingeschätzt werden. Zeitweilige unnatürliche Entwicklungen, wie sie gegenwärtig der Stellungskampf um den deutschen Ölmarkt mit dem überraschenden Anwachsen des Mineralölanteiles am deutschen Energieverbrauch bewirkt, müssen auf normale Verhältnisse umgedacht, also gleichsam bereinigt werden. So kommt man etwa zu folgenden „Wahrscheinlichkeitsaussagen“:

Wenn der gesamte Energiebedarf der Bundesrepublik jährlich um durchschnittlich 3 %, der Strombedarf aber um 6 bis 8 % steigen soll, muß letzterer, der 1964 schon etwa ein Viertel des Gesamtbedarfs ausmachte, auch relativ so stark zunehmen, daß er sich innerhalb von zwei Jahrzehnten schon der Hälfte nähern würde. Die Deckung dieses Bedarfsanteils spielt daher schon größenordnungsmäßig eine immer ausschlaggebendere Rolle. Dazu kommt, daß die Entscheidungen gerade für diesen Teil der Bedarfsdeckung dringender als andere werden. Denn 7 % jährlicher Bedarfszuwachs bedeutet doch, daß die vorhandene Kraftwerkskapazität innerhalb von rd. 10 Jahren neu erstellt werden muß. Für welchen Brennstoff soll man die neuen Kraftwerke bauen?

Für die allgemeine Stromversorgung ist aus den Wasserkräften nicht mehr viel zu holen. Für das heimische Erdöl und Erdgas bestehen zwar Hoffnungen auf höhere Gewinnung aus neuen Vorkommen. Aber bei beiden Energieträgern hilft im Großen nur Einfuhr, wenn sie den künftigen Mehrbedarf zu einem wesentlichen Teile decken sollen.

Große Braunkohlen-Kraftwerke werden sicher und modernste Steinkohlen-Kraftwerke wahrscheinlich noch längere Zeit erweitert oder neu errichtet werden müssen, obwohl bei beiden Senkungen der Brennstoffkosten kaum noch zu erwarten ist.

Bis man Kernkraftwerke im großen für die Energieversorgung einsetzen kann, wird man sich aber unvermeidlich mehr und mehr auf Einfuhr der ausländischen Energieträger — Steinkohle, Öl und Gas — teilweise in ambivalenten Kesselfeuerungen, stützen müssen. Bei der Deckung des Zuwachsbedarfes werden die verschiedenen Energieträger jahrzehntelang in Wettbewerb miteinander liegen.

Preisverhältnisse, Standortbedingungen, staatliche Maßnahmen zur Steuerung der Entwicklung und vieles mehr werden das jeweilige Ergebnis dieses Wettbewerbes nach verschiedenen Richtungen beeinflussen. Für die Inanspruchnahme von Import-Steinkohle — solange sie für den Verbrauchsort billiger ist als die heimische Steinkohle — wird die künftige Außenhandelsentwicklung ebenso entscheidend sein wie für eine weitere Zunahme der Mineralöl-Importe. Es ist nicht unmöglich, daß unter diesem Gesichtspunkt vorübergehend, auch ohne kritische politische Entwicklungen oder staatliche Eingriffe, eine Dämpfung des Einsatzes von ausländischer Primärenergie eintritt. Jedenfalls muß der heimischen Steinkohle — vielleicht auf etwas niedrigerem Niveau, als bisher erhofft — eine Lebensfähigkeit erhalten bleiben. Eine absolut freie Wirtschaft auf dem Energiemarkt ist, wie die Beispiele der meisten Länder im laufenden Jahrhundert zeigen, nicht möglich, so daß mit wirtschaftspolitischen Nachhilfen immer zu rechnen bleibt.

Aber an der Tatsache, daß die Energiewirtschaft der Bundesrepublik in zunehmendem Maße importabhängig werden muß, ist nicht mehr vorbeizukommen, und damit stellt sich die eingangs erwähnte Frage der Sicherheit der Energieversorgung immer aufs neue.

Prof. Mandel hat den interessanten Versuch gemacht, die Verteilung der Primärenergie auf die künftige Stromerzeugung — als den größten und am stärksten wachsenden Anteil des Gesamtverbrauches an Primärenergie — trotz der von ihm klar erkannten Problematik kostenmäßig zu analysieren. Er kommt dabei für das Ende einer Übergangszeit von etwa 15 Jahren zu einer Rangordnung der verschiedenen Primärenergieträger nach der Höhe ihrer Betriebskosten je kWh, die von heimischer zu importierender Steinkohle, weiter vom Öl zum Erdgas und schließlich zur Kernenergie geht. Erdgas kommt nach Mandel der optimalen Kernenergie schon sehr nahe, wenn es reichlich und wohlfeil geliefert werden kann, weil es die geringsten Anlagekosten verursacht. Mit dieser Rangordnung entsteht ein anschauliches Bild von dem Zustand etwa im Jahre 1980 [2].

Bei Gesamt-Jahresleistungen von 410 bis 540 Mrd. kWh würden davon rd. 25 bis 28 % auf Kernenergie, 26 % auf heimische Steinkohle, 22 bis 15 % auf Braunkohle, 16 bis 19 % auf Öl, je rd. 4 bis 5 % auf Gas und import. Steinkohle und 3 bis 2 % auf Wasserkraft entfallen.

---

[2] Auf dies bestimmte Jahr kommt es dabei weniger an. Ich stelle mir lieber den Zeitraum eines Jahrzehnts, etwa 1980—1990, wo nach dem Obengesagten schon fast die Hälfte des ganzen Energieverbrauchs der Bundesrepublik auf die Elektrizitätserzeugung entfallen könnte, als Bezugzeit für dies ungefähre Bild der Verteilung vor.

Das größte Fragezeichen dabei bildet natürlich die Kernenergie. Im Jahre 1970 dürften 1 500 MW Kernkraftwerksleistungen in der Bundesrepublik in Betrieb sein und eine jährliche Bruttostromerzeugung von 6–10 Mrd. kWh, etwa 3 % der gesamten Elektrizitätserzeugung, decken. Sicher ist die aus Uran, Thorium und Plutonium gewinnbare Kernenergie gegenwärtig die einzige Primärenergie, die eine fortschreitende Kostensenkung verspricht. Zwar sind die thermischen und schnellen Brutreaktoren in der Entwicklung noch weit zurück, aber die Uranvorräte unseres Erdballes dürften so lange reichen, bis durch die Brutverfahren oder andere aussichtsreiche Methoden eine bessere Ausnutzung des Uran 238 und des Uran 233 (über Thorium) möglich ist.

Es sei daran erinnert, daß man noch in den 20er Jahren von einer Erschöpfung der Welt-Erdölvorräte innerhalb von 2 oder 3 Jahrzehnten sprach. In Wirklichkeit wurde bekanntlich immer mehr Öl gefunden, je mehr gebraucht wurde. Dies dürfte sich ähnlich beim Uran wiederholen. Prof. Mandel weist mit Recht darauf hin, daß nach einiger Entwicklungszeit auch steigende Kosten für Urankonzentrat in der Betriebskostenrechnung keine umwälzende Bedeutung mehr haben würden. Selbst eine Verdoppelung würde nur einer Erhöhung der Preise von Kohle oder Heizöl um 15 bis 20 % entsprechen. Bei Verwirklichung der „Brüter" mit Rückführung des Plutoniums würden solche Steigerungen noch ungefährlicher. — Es ist unter diesen Umständen durchaus möglich, daß schon etwa ab 1980 die weitere Steigerung des Energieverbrauches in zunehmendem Maße durch Kernenergie gedeckt werden wird.

Die EWG-Kommission erwartet in ihrer 1963 gegebenen Voraussage für die Gemeinschaft in 1965 über 1 000 MW installierter Kernkraftleistung mit rd. 6,5 Mrd. kWh Stromabgabe, die bis 1970 auf 20 bis 25 (Bundesrepublik: 4 bis 6) und bis 1975 60 bis 100 (Bundesrepublik: 19 bis 30) Mrd. kWh steigen könnte. Bei vorsichtiger Extrapolation und in guter Übereinstimmung mit dem 3. Gesamtbericht von Euratom, der besagt, daß die nukleare Leistung alle 3 Jahre verdoppelt, alle 5 Jahre verdreifacht wird, nimmt sie für 1980 etwa 40 000 MW nuklearer installierter Leistung in der EWG an, was für die Bundesrepublik etwa 10 bis 15 000 MW mit 60 bis 90 Mrd. kWh im Jahr — oder umgerechnet 24 bis 36 Mill. t SKE — bedeuten würde.

Mit solchen Zeitangaben steht man naturgemäß auf diesem Gebiete noch auf recht unsicherem Boden, aber der Trend dürfte richtig gesehen sein. Man beachte, daß selbst umwälzende Erfindungen — außer in Zeiten des heißen oder kalten Krieges, wo unbegrenzte Finanz- und Machtmittel eingesetzt werden — sich nicht kurzfristig auf breiter

Front einführen lassen, selbst wenn ihre wirtschaftliche Überlegenheit unbestritten ist. Beispielsweise stehen die wirtschaftlichen und sonstigen Überlegenheiten des elektrischen Bahnbetriebes und gut erprobte Systeme dafür schon seit Jahrzehnten fest, aber bei der Bundesbahn sind erst knapp 20 % der Streckenlänge „verstromt". Auf der anderen Seite sei daran erinnert, daß bestimmt bei keinem anderen bekannten Energieträger so begründete Aussicht besteht, fortschreitend die Erzeugungskosten senken zu können. Nicht nur die eigentlichen Brennstoffkosten werden bei diesem — und eigentlich nur bei diesem — Energieträger mit der eingeleiteten besseren Ausnutzung von Uran und ähnlichen stark absinken, sondern auch die Anlagekosten der Nuklearwerke werden bei ihren — nur bei diesen möglichen — größten Erzeugungseinheiten auf niedrigere spezifische Werte (DM/inst. kW) kommen, als die konventionellen Werke.

Zum Schluß möchte ich noch kurz auf unser altes Bestreben nach Sicherheit unserer Energieversorgung zurückkommen, die, wie vorerwähnt, unentrinnbar importabhängig bleiben wird, aber nicht überall und jederzeit den jeweils optimalen Gewinnmöglichkeiten untergeordnet werden darf. Wir müssen immer für Notzeiten gerüstet bleiben. Prof. Mandel hat in einer viel beachteten Veröffentlichung diesen Gedanken auch für die Kernenergie in den Vordergrund gestellt. Er glaubt, daß in Zukunft, und vielleicht schon in 20 Jahren, die Stromgewinnung aus Kernenergie gegenüber den anderen oben genannten Verfahren, insbesondere gegenüber dem Strom aus heimischer Steinkohle, so verbilligt sein würde, daß man die hier möglichen Ersparnisse mit Vorteil für die Sicherheit der Energiewirtschaft zur Lagerung großer Jahresverbrauchsmengen von Urankonzentrat verwenden könne.

Zur Geschichte der deutschen Exportkreditversicherung

Von Kurt Hamann und Hermann Habicht

Nach dem unglücklichen Ausgang des ersten Weltkrieges, den Verheerungen der Inflation und der Deflationskrise, die der Währungsstabilisierung gefolgt war, bot die deutsche Wirtschaft um die Jahreswende 1925/26 das traurige Bild einer weitgehenden Lähmung der Produktions- und Investitionstätigkeit und entsprechend hoher Arbeitslosigkeit. Unter den dringenden Aufgaben zur Überwindung dieser Lähmung und zur Hebung von Produktion und Absatz nahmen die Bemühungen um die Wiederbelebung des deutschen Exports einen besonderen Rang ein. Gerade hier aber waren die Schwierigkeiten sehr groß. Zahlreiche ausländische Märkte waren der deutschen Exportwirtschaft verlorengegangen, langjährige Kunden der deutschen Exporteure hatten sich anderen Lieferanten zugewendet, die wirtschaftlichen und politischen Verhältnisse der traditionellen Abnehmerländer hatten sich zumeist grundlegend verändert, und die Kreditsicherheit war nicht entfernt so gut wie in Vorkriegszeiten. Das Ausfuhrgeschäft war auf der ganzen Linie risikoreicher und schwieriger geworden, als je zuvor, zumal die durch Krieg und Inflation verursachten Verluste an Volksvermögen und die hiermit in Zusammenhang stehende Verteuerung des Geldes der Finanzierung des Exports schwer überwindbare Hindernisse in den Weg stellten.

Es nahm deshalb nicht wunder, daß sich der deutsche Bankiertag im September 1925 mit der Frage befaßte, ob nicht eine Exportkreditversicherung geeignet sein könnte, durch weitgehende Übernahme des in der Kreditgewährung liegenden Risikos Anreiz zur Verstärkung der Ausfuhr zu bieten und auch die Finanzierung der Exportgeschäfte zu erleichtern. Kurz darauf behandelte der Ausschuß für Bank- und Kreditfragen im Reichsverband der Deutschen Industrie das gleiche Problem und beauftragte eine Kommission mit der Prüfung der Bedürfnisfrage. Auch die Spitzenverbände des Ausfuhrhandels setzten sich mit dieser Frage auseinander. Alle Gremien stießen bei ihren Überlegungen verständlicherweise zunächst auf die naheliegende Frage, warum die deutschen Kreditversicherer, zu deren Aufgaben es gehörte, Warenforderungen zu versichern, nicht auch die Kreditversicherung für Ausfuhrforderungen übernahmen. Seit etwa der Jahrhundertwende hatten verschiedene Sachversicherungsgesellschaften die Kreditversicherung in ihren Geschäftsplan aufgenommen; aber vor allem die 1917 als Spezialgesellschaft für diesen Geschäftszweig gegründete „Hermes Kreditversicherungsbank AG, Berlin“ (heute Hermes Kreditversicherungs-Aktiengesellschaft Hamburg-Berlin) hatte dem jungen Versicherungszweig nach 1924 zu kräftigem Wachstum verholfen. Von ihr waren vereinzelt auch Warenforderungen aus Exportgeschäften in die Delkrederepolicen für innerdeutsche Warenforderungen eingeschlossen worden. Dabei hatte sich aber sehr bald herausgestellt, daß den besonderen Risiken des Ausfuhrgeschäftes mit den Mitteln der Inlandskreditversicherung nur unzulänglich beizukommen war. Es zeigte sich, daß die Kreditfähigkeit ausländischer Kunden für den Lieferanten wie für den Kreditversicherer nicht leicht zu untersuchen und zu überwachen war, daß das Informationswesen über ausländische Firmen z. T. im argen lag, daß die Wirtschaftslage zahlreicher überseeischer Absatzgebiete sich vielfach als besonders krisenanfällig erwiesen hatte und daß Gläubigerschutz und Rechtsverfolgung draußen erheblich schwieriger waren als im eigenen Land. Vor allem aber traten nach dem ersten Weltkrieg bedeutsame Veränderungen und Erschwerungen im zwischenstaatlichen Waren- und Zahlungsverkehr auf, die es im Welthandel der Vorkriegszeit nicht gegeben hatte. Zahlreiche Gefahren, die mit dem Risiko einer durch wirtschaftliche Umstände verursachten Zahlungseinstellung des Auslandskunden nichts zu tun hatten, bedrohten die Warenforderungen des Exporteurs. Diese auf außerwirtschaftliche Faktoren zurückzuführenden Risiken wurden zuerst kurz als „Katastrophenrisiken“, später als „politische Risiken“ bezeichnet. Man verstand — und versteht — darunter im wesentlichen die Gefahren, die darin liegen, daß der ausländische Schuldner infolge von Krieg, Unruhen, Revolution oder Naturkatastrophen seine Verbindlichkeiten nicht erfüllen kann oder daß staatliche Maßnahmen wie Moratorien, Behinderungen im Waren-, Zahlungs- und Überweisungsverkehr die Begleichung der Forderung oder die Beitreibung unmöglich machen, und schließlich die Gefahr, daß die Ware nach der Versendung beschlagnahmt, vernichtet oder beschädigt wird. Die Deckung dieser Risiken überstieg die Möglichkeiten der privaten Assekuranz, und es ist bis heute die einhellige Auffassung aller privaten Kreditversicherungsgesellschaften wie der professionellen Rückversicherer geblieben, daß auf kommerzieller Basis die politischen oder Katastrophenrisiken im Ausfuhrgeschäft nicht versichert werden können.

Erkannt zu haben, daß letztere vom Staat als der einzig in Frage kommenden Gefahrengemeinschaft übernommen werden müssen, und das dafür Notwendige veranlaßt zu haben, ist das Verdienst des deutschen Reichswirtschaftsministeriums, das, ohne den Ausgang der

Erörterungen auf dem Bankiertag und in den Verbänden abzuwarten, entschlossen handelte. Der damalige Ministerialdirektor im Reichswirtschaftsministerium, Dr. Hans Schäffer, wurde der geistige Vater und Schöpfer eines Systems der Exportkreditversicherung, das auf der engen Zusammenarbeit und der Risikoteilung zwischen Staat und privater Kreditversicherung beruht und 1926 zuerst in Deutschland verwirklicht wurde. Die Reichsregierung ging dabei von der Überzeugung aus, daß eine wesentliche Hemmung für die Entwicklung der deutschen Ausfuhr in der Kapitalarmut liege, die es den Lieferfirmen oft unmöglich mache, dem ausländischen Abnehmer Kredite in gleichem Umfange und auf die gleiche Dauer zu geben, wie sie seitens der ausländischen Konkurrenz zur Verfügung gestellt werden konnten. Man hoffte, die Ausfuhr besonders in solchen Waren zu fördern, in denen ein erheblicher Anteil deutscher Arbeit enthalten war, und wollte dem Exporteur durch die Deckungszusage der Versicherungsgesellschaften leichtere Kreditmöglichkeiten bei den Banken eröffnen. Als Dr. Schäffer später als Staatssekretär ins Reichsfinanzministerium übertrat, hat er auch dort dieses Vorhaben besonders gefördert. Sein wichtigster Partner auf der Seite der privaten Kreditversicherung war das leitende Vorstandsmitglied des „Hermes", Dr. Emil Herzfelder, der jetzt in London lebt. Es wäre möglich gewesen, die zu schaffende deutsche Exportkreditversicherung unter dem Gesichtspunkt der dringend notwendigen regierungsseitigen Förderung der Ausfuhr als eine rein staatliche Einrichtung aufzuziehen, wie es in England geschehen war, wo das 1919 gegründete „Export Credits Guarantee Department" damit begonnen hatte, Exportförderung durch Gewährung staatlicher Garantien an die Ausfuhrgeschäfte finanzierenden Banken zu betreiben. Das Reichswirtschaftsministerium zog es vor, die private Versicherung zur Mitarbeit heranzuziehen, sie am Risiko zu beteiligen und nicht den Banken Finanzierungsgarantien zu geben, sondern den Exporteuren Kreditversicherungspolicen zur Verfügung zu stellen. So führte der erste im Jahre 1926 zwischen dem Reichswirtschaftsministerium einerseits, dem „Hermes" und der zunächst noch beteiligten „Frankfurter Allgemeine Versicherung-AG" andererseits abgeschlossene Generalvertrag über die deutsche Exportkreditversicherung ein Verfahren ein, nach dem die beiden Kreditversicherer bei Ausfuhrgeschäften mit privaten ausländischen Firmen Kreditversicherungs-Policen zu zeichnen und somit als Erstversicherer zu fungieren hatten, während das Reich als Rückversicherer das politische und Katastrophen-Risiko 100%ig übernahm und sich auch am wirtschaftlichen Risiko mit einer hohen Quote beteiligte. Der entscheidende Einfluß des Reiches auf die Bedingungen und die zu übernehmenden Deckungen war allgemein bekannt. Eine von der Reichsregierung als oberstes Organ eingesetzte „Große Kommission“ aus Vertretern der beteiligten Ministerien und Versicherungsgesellschaften sowie Sachverständigen aus Industrie, Handel und Banken fungierte als ehrenamtliche Überwachungsstelle, die für die Aufstellung der Richtlinien zur Durchführung der Exportkreditversicherung, aber auch für den organisatorischen Aufbau der Einrichtung und für die Genehmigung der Versicherungsbedingungen zuständig war.

Eine besondere „Exportkreditversicherungsstelle“ hatte die von den beiden Versicherern vorbereiteten Deckungsanträge der Exporteure zu prüfen und dem von der Kommission eingesetzten „Ausschuß“, der regelmäßig unter Vorsitz eines Regierungsvertreters tagte, zur Entscheidung vorzulegen. 1929 schied die „Frankfurter“ aus dem Verfahren aus, und der „Hermes“ wurde alleiniger Partner des Reiches.

Das Vertragswerk zwischen ihm und der Reichsregierung, in das auch zwei führende Rückversicherer des „Hermes“, die „Münchener Rückversicherungs-Gesellschaft“ und die „Frankona Rück- und Mitversicherungs-AG.“ einbezogen waren, behandelte im sog. Plan A das Deckungsverfahren für Ausfuhrforderungen deutscher Exporteure an private ausländische Firmen, im Plan B ein besonders der Finanzierung von Exportgeschäften dienendes Instrument, das keine größere Bedeutung erlangte, im Plan C, der 1932 auslief, die „Reichsbürgschaften“ für die damals umfangreichen Rußlandgeschäfte und im Plan D die allgemeinen „Reichsbürgschaften für Regierungsgeschäfte“. Letztere waren teils vom „Hermes“, teils von der „Deutsche Revisions- und Treuhand-Aktiengesellschaft“ dann zu zeichnen, wenn es sich um die Deckung von Lieferungen an ausländische Staaten und Körperschaften öffentlichen Rechts handelte, bei denen die Tatbestände einer wirtschaftlichen Zahlungsunfähigkeit nicht gegeben sein können, sondern ein „politisches“ Risiko angenommen werden muß, falls eine unbestrittene Forderung nicht bezahlt wird. Die beiden beauftragten Gesellschaften hatten solche „Reichsbürgschaften“ namens, im Auftrage und für Rechnung des Reiches auszustellen, womit unmittelbare Haftungen der öffentlichen Hand begründet wurden.

Es ist hier nicht der Ort, auf Einzelheiten des Verfahrens, des Deckungsumfanges, der Bedingungen, der Prämienabrechnung u. a. einzugehen und die interessanten Etappen in der organisatorischen Entwicklung der Einrichtung zu verfolgen. Der erste Garantiefonds des Reiches in Höhe von 10 Mio. RM wurde aus den Mitteln der produktiven Erwerbslosenfürsorge bereitgestellt. Auf die „Große Kommission“ wurde bald verzichtet, und der „Ausschuß“ übernahm zu seinen eigenen Entscheidungsbefugnissen auch noch die wichtigsten Funktionen der „Kommission“.

Was war das Bedeutungsvolle an den Maßnahmen, die in so hohem Grade der Initiative und dem Weitblick von Dr. Hans Schäffer zu verdanken waren?

1. Das Wirtschaftsministerium erkannte, daß die Exportkreditversicherung, also eine auf die Besonderheiten des Ausfuhrgeschäftes abgestellte Warenkreditversicherung, ein brauchbares wirtschaftspolitisches Instrument sein kann, und entschloß sich, es zur Förderung der deutschen Ausfuhr einzusetzen. (Auf anderem Wege war ihm die englische Regierung mit der 1919 erfolgten Gründung des staatlichen „Export Credits Guarantee Department" vorausgegangen, das allerdings bis dahin keine zur Nachahmung reizenden Erfolge aufzuweisen hatte.)

2. Die Reichsregierung übernahm als erste auf den Staat als die denkbar größte Gefahrengemeinschaft einer nationalen Wirtschaft die Deckung der politischen und Katastrophenrisiken im Ausfuhrgeschäft, die die private Versicherung nicht zu tragen vermag. (Die englische Regierung folgte hierin erst in den 30er Jahren.)

3. Trotz des wirtschaftspolitischen Zwecks der staatlichen Ausfuhrförderung überließ die Reichsregierung die praktische Durchführung des Verfahrens nicht dem behördlichen Beamtenapparat, sondern übertrug sie der privaten Kreditversicherung, um eine möglichst kaufmännische und unbürokratische Handhabung sicherzustellen und deren Erfahrungen weitgehend zu nutzen. Auch damit wurde sie international bahnbrechend und beispielgebend für andere wichtige Exportländer.

Ein neues Kapitel der Geschichte der Kreditversicherung hatte begonnen, von dem der angesehene englische Wirtschaftspublizist Paul Bareau in seiner Schrift „Credit Insurance", herausgegeben von der International Credit Insurance Association, Zürich, schreibt:

> „Die Geschichte der Exportkreditversicherung seit dem Ende des ersten Weltkrieges ist dann in der Hauptsache — mit ein oder zwei bedeutenden Ausnahmen — die Geschichte der fruchtbaren und erfolgreichen Zusammenarbeit zwischen dem Staat und der privaten Wirtschaft. In Deutschland haben wir das früheste Beispiel einer solchen Zusammenarbeit."

Die Ausstrahlung des deutschen Beispiels auf das Ausland ist in der Tat bemerkenswert:

Als in *Holland* die 1925 für die Versicherung inländischer Warenkredite gegründete „Nederlandsche Credietverzekering Maatschappij N.V." 1932 die Ausfuhrkreditversicherung aufnahm, beteiligte sich die holländische Regierung in ähnlicher Weise wie in Deutschland als

Rückversicherer für das volle politische und den größten Teil des wirtschaftlichen Risikos.

In *Frankreich* deckt die 1946 von führenden Banken und Versicherungsgesellschaften gegründete „Compagnie Française d'Assurance pour le Commerce Extérieur" (Coface) auf eigene Rechnung die beim Exportgeschäft entstehenden wirtschaftlichen Risiken, mit der Garantie des Staates die politischen, Währungs-, Transfer- und Katastrophengefahren.

In *Belgien* besteht eine gut funktionierende Zusammenarbeit zwischen dem privaten Kreditversicherer, der 1929 gegründeten „Compagnie Belge d'Assurance-Crédit", und dem regierungseigenen, aber autonomen „Office National du Ducroire", das 1921 zur Abdeckung der politischen Risiken im Ausfuhrgeschäft geschaffen worden war. Seit 1957 nimmt die private Gesellschaft in ihrem Ausfuhrkreditversicherungsgeschäft nur Exportkredite nach Europa in Deckung, wobei sie die politischen und Katastrophenrisiken ausschließlich für Rechnung des regierungseigenen „Ducroire" versichert, während das letztere für die Versicherung aller Kreditrisiken bei Exporten nach außereuropäischen Ländern zuständig ist.

In *Irland* hat eine aus vier führenden Versicherungsgesellschaften bestehende Gruppe 1952 mit der Kreditversicherung inländischer Warenforderungen begonnen und kurz darauf auch die Exportkreditversicherung aufgenommen. Auch hier werden die politischen Risiken für Rechnung des Staates versichert.

In *Süd-Afrika* traf die „Credit Guarantee Insurance Corporation of Africa" 1958 mit dem Wirtschaftsministerium die Vereinbarung, nach der die Südafrikanische Union die politischen Risiken übernimmt.

Auch in *Spanien* beruht die Ende 1960 ins Leben gerufene Exportkreditversicherung auf der Zusammenarbeit zwischen dem halbstaatlichen „Consorcio de Compensacion de Seguros, Madrid", das die politischen und Katastrophenrisiken im Exportkreditgeschäft übernimmt, und der seit dem Jahre 1929 auf dem Gebiet der inländischen Kredit- und Kautionsversicherung tätigen „Compania Espanola de Seguros de Crédito y Caucion, Madrid". Letztere versichert die wirtschaftlichen Risiken im Exportgeschäft und kann sie z. T. beim „Consorcio" rückversichern. In Händen der „Compania Espanola" liegt die gesamte Bearbeitung des spanischen Exportkreditversicherungssystems.

In den *Vereinigten Staaten von Amerika* schließlich findet seit 1961 ebenfalls eine weitgehende Zusammenarbeit zwischen der öffentlichen Hand und der Privatversicherung statt. Eine große Zahl privater Versicherungsgesellschaften hat sich zur „Foreign Credit Insurance Association" (FCIA) zusammengeschlossen und betreibt gemeinsam mit der staatlichen „Export-Import Bank of Washington“ die Kreditversicherung der Ausfuhrgeschäfte. Die wirtschaftlichen Risiken werden von FCIA und Eximbank gemeinsam getragen, für die politischen Risiken handelt die FCIA als Agent und für Rechnung der Eximbank.

Doch zurück zur Entwicklung in Deutschland! Es ist nicht uninteressant festzustellen, daß das neue Projekt der Reichsregierung in den ersten Jahren eigentlich nur von der deutschen Industrie tatkräftig unterstützt wurde. Kühler war die Haltung der Banken, fast ablehnend zunächst die Einstellung des Exporthandels, der nach den Zeiten der Zwangswirtschaft gegenüber jeder Mitwirkung des Staates beim Handel allergisch war und die Förderung ungeeigneter Wettbewerber befürchtete. Das Reichswirtschaftsministerium ließ sich jedoch von dem eingeschlagenen Weg nicht abbringen. In loyaler und fruchtbarer Zusammenarbeit mit den Gesellschaften und den Verbänden des Handels und der Industrie wurde den Bedenken der Boden entzogen und die Einrichtung laufend verbessert. Einer raschen Ausdehnung stand damals entgegen, daß die Versicherung längere Zeit nur für solche Geschäfte in Anspruch genommen werden konnte, die ohne die Versicherung für die deutsche Volkswirtschaft verlorengehen würden. Zweckbestimmung der Einrichtung war ja, *zusätzliche* Ausfuhr und vermehrte Arbeitsplätze zu schaffen. Damit hing auch die Vorschrift zusammen, daß die Deckung nur für Einzelgeschäfte beantragt werden konnte, was das Verfahren recht schwerfällig machte. Eine gesündere Entwicklung bahnte sich erst an, als auf diese einengenden Vorschriften verzichtet wurde und die Gesamtumsatzversicherung in Gestalt von Bündel- und Mantelpolicen in den Vordergrund trat, die technisch einfacher zu handhaben war und wegen der Risikomischung auch günstigere Prämien festzusetzen erlaubte.

Leider wurde die Aufwärtsentwicklung durch die Weltwirtschaftskrise unterbrochen, die nicht nur einen starken Rückgang der deutschen Exportgeschäfte, sondern auch einen erheblichen Schadenanfall zur Folge hatte. In den folgenden Jahren konnten weitere Verbesserungen des Deckungsschutzes und des Verfahrens in Kraft treten. Neue Akzente setzte der Ausbruch des zweiten Weltkrieges.

Ausfuhrkreditversicherung und Reichsbürgschaften für Regierungsgeschäfte erlebten begreiflicherweise in den ersten Kriegsjahren einen besonderen Auftrieb. Gute Erfahrungen mit dem „Hermes“ veranlaßten das Reich, der Gesellschaft noch weitere Aufgaben zuzuweisen, die in ihrem Umfang sehr bald weit über die gemeinsam betriebene Ausfuhrkreditversicherung hinausgingen. Die unmittelbar nach Kriegsbeginn ins Leben gerufenen „Reichsgarantien für Einfuhrgeschäfte“ nahmen den Importeuren die mit der Einfuhr verbundenen Gefahren ab, die darin bestanden, daß die jetzt im Gegensatz zur Vorkriegszeit im Ausland vorausbezahlten und auf Gefahr des Importeurs reisenden Einfuhrwaren aus politischen Gründen (Kriegsverlauf!) nicht nach Deutschland verbracht werden konnten, oder daß ins Ausland hinausgelegte Devisenbeträge nicht mehr für den Einkauf von Waren verwandt und — ebenfalls aus politischen Gründen — nicht zurücktransferiert werden konnten. Der „Hermes" wurde beauftragt, namens, im Auftrage und für Rechnung des Reiches die Garantien zu zeichnen und zu verwalten.

Eine zweite mit der Ausfuhrkreditversicherung verwandte Aufgabe entstand in der „Leistungsdelkredereversicherung Ausland". Als die deutschen Firmen wegen voller Auslastung ihrer eigenen Kapazitäten Aufträge ins Ausland verlagern mußten und den dortigen Auftragnehmern Vorausleistungen in Gestalt von Vorauszahlungen oder Rohstoff- und Materialzulieferungen zu bewirken hatten, drohte ihnen die Gefahr, daß der ausländische Lieferant infolge eigener Insolvenz, vor allem aber aus den politischen Gründen nicht in der Lage war, die vereinbarte Ware zu liefern oder die empfangenen Vorausleistungen zurückzuerstatten. Auch hier machte sich das Reich zum alleinigen Träger des politischen und zum entscheidenden Träger des wirtschaftlichen Risikos, während der der „Hermes" wie bei den Ausfuhrgeschäften die Policen zu zeichnen hatte.

Der ungünstige Verlauf des Krieges führte bei den von der Gesellschaft mit dem Reich oder in seinem Auftrag betriebenen Geschäften zu einem in scharfer Progression steigenden Schadensanfall, bis zuletzt mit der Kapitulation der größte Teil der noch in Kraft befindlichen Reichsgarantien, Bürgschaften und Policen notleidend wurde. Das Reich als Träger der hier ausnahmslos eingetretenen politischen Schadensfälle war nicht mehr vorhanden. Der Versuch, den „Hermes" für die Schäden verantwortlich zu machen und in Anspruch zu nehmen, konnte mit Erfolg abgewehrt werden. In den Währungsgesetzen wurde 1948 bestimmt, daß die im Namen oder unter der Garantie des Reiches betriebenen Geschäfte keine Verbindlichkeiten der Gesellschaft begründeten und aus ihrem Geschäft auszugliedern seien. Sie werden von einem Verwalter abgewickelt, der von der Versicherungsaufsichtsbehörde eingesetzt wurde.

So hatte 1945 die 20jährige Zusammenarbeit zwischen der Reichsregierung und dem „Hermes" ein Ende gefunden. Erst 4 Jahre später, nach der Währungsreform, ergaben sich Möglichkeiten für einen neuen Anfang.

Nachdem die Währungsreform und wichtige Maßnahmen der Besatzungsmächte den Weg zu einer eigenständigen deutschen Wirtschaft wieder freigemacht hatten, war die Wiederingangsetzung der deutschen Ausfuhr — wie 20 Jahre vorher — eine der dringendsten, aber auch schwierigsten Aufgaben des Wiederaufbaus. Es lag deshalb nahe, daß zunächst die Verwaltung für Wirtschaft und die Verwaltung für Finanzen des Vereinigten Wirtschaftsgebietes, danach das Bundeswirtschafts- und das Bundesfinanzministerium auf die langjährigen Erfahrungen der Zusammenarbeit des Reiches mit dem „Hermes" zurückgriffen. Mit dem „Gesetz über die Übernahme von Sicherheitsleistungen und Gewährleistungen im Ausfuhrgeschäft" vom 26. August 1949 wurde die Grundlage geschaffen für die neuen „Ausfuhrgarantien und -bürgschaften des Bundes", die dann seit 1950 Entscheidendes zu dem schnellen und steilen Aufstieg des deutschen Exports beigetragen haben. Die Bearbeitung dieser Geschäfte wurde einem Konsortium, bestehend aus der „Hermes Kreditversicherungs-Aktiengesellschaft" und der „Deutsche Revisions- und Treuhand-Aktiengesellschaft (Treuarbeit)" übertragen. In diesem Konsortium ist der „Hermes" federführend. Eingedenk der beim Zusammenbruch des Reiches entstandenen Schwierigkeiten für den Versicherer haben es die Vertragsparteien für ratsam gehalten, das frühere Partnerschaftsverhältnis zwischen dem Reich und dem „Hermes" bei der Deckung des wirtschaftlichen Risikos der Ausfuhrgeschäfte nicht zu kopieren, also keine Versicherungspolicen durch den „Hermes" ausstellen zu lassen, sondern ausschließlich die Bundesrepublik Deutschland verpflichtende, das wirtschaftliche und das politische Risiko geschlossen deckende „Ausfuhrgarantien und -bürgschaften" herauszugeben und alle Urkunden durch die beiden Mandatargesellschaften namens, im Auftrag und für Rechnung des Bundes zeichnen zu lassen. Als Versicherer und Mitträger des wirtschaftlichen Risikos fungiert der „Hermes" mithin z. Z. nicht; aber die Geschäftsführung der Einrichtung — die mittlerweile nach dem Umfang der übernommenen Deckungen und der Prämieneinnahme die zweite Stelle unter den Exportkreditversicherungseinrichtungen der Welt einnimmt — liegt weitgehend in seinen Händen. Ein interministerieller Ausschuß, der regelmäßig in Bonn unter dem Vorsitz eines Vertreters des Bundeswirtschaftsministerium tagt, entscheidet über die Deckungsanträge. Dem Ausschuß gehören neben den Vertretern der beteiligten Ressorts als ehrenamtliche Berater und Sachverständige profilierte Vertreter der Exportwirtschaft, der Außenhandelsbanken und der Bundesbank an. Alle Entgelte (Prämien), die die Exporteure zu zahlen haben, sowie die Schäden und Kosten sind Einnahmen und Ausgaben der Bundesregierung und laufen somit nicht über die Bilanzen der Mandatare.

Wie sich die neue Einrichtung seit 1950 entwickelt hat, wird an dem für sie eingesetzten staatlichen Garantiefonds deutlich. 1949 wurde mit einem Garantiefonds von 120 Mio. DM begonnen, 1964 betrug er 16 Mrd. DM und war am Ende dieses Jahres mit rund 15 Mrd. DM ausgenutzt. Im Jahre 1965 wurde er auf 17 Mrd. DM erhöht. Während die Prämieneinnahme aus der alten Exportkreditversicherung vor dem zweiten Weltkrieg einen Betrag von 2 Mio. RM jährlich nicht überschritten hat, wurden im Jahre 1964 den deutschen Exporteuren für die Ausfuhrgarantien und -bürgschaften des Bundes 80,6 Mio. DM als Entgelt (Prämie) in Rechnung gestellt.

Aus bescheidenen Anfängen hat sich somit die unter maßgeblicher Mitwirkung von Dr. Hans Schäffer vor 40 Jahren ins Leben gerufene, auf der Zusammenarbeit zwischen dem Staat und der privaten Versicherung beruhende deutsche Exportkreditversicherungs-Einrichtung zu einer achtunggebietenden Größe entwickelt.

Doch seit etwa 10 Jahren ist die Geschichte der deutschen Exportkreditversicherung nicht mehr nur „die Geschichte der fruchtbaren und erfolgreichen Zusammenarbeit zwischen dem Staat und der privaten Wirtschaft“ (Bareau). Zwar gilt auch heute wie von jeher die Überzeugung der Versicherungswirtschaft, daß die politischen und Katastrophenrisiken im Ausfuhrgeschäft nur von der größten Gefahrengemeinschaft, dem Staat, getragen werden können. Wo sich deshalb eine geschlossene Deckung des wirtschaftlichen und des politischen Risikos in einem Versicherungs- oder Garantiedokument für den Exporteur empfiehlt, wird sie entweder von einem rein staatlichen Kreditversicherungsunternehmen — wie in England — übernommen, oder ihr Träger ist eine private Kreditversicherungsgesellschaft, welcher der Staat das politische Risiko voll abnimmt und sich am wirtschaftlichen Risiko mehr oder minder stark beteiligt, oder es greift schließlich das gegenwärtige deutsche Verfahren Platz, bei dem der Staat das volle wirtschaftliche und politische Risiko trägt, während er das Management der Exportförderungseinrichtung weitgehend einem privaten Kreditversicherer überläßt.

Nun gibt es zweifellos Exportgeschäfte (z. B. nach dem benachbarten europäischen Ausland, nach Nordamerika und Kanada), bei denen das politische Risiko entweder keine Rolle spielt oder vom Exporteur für so gering erachtet wird, daß er — nicht zuletzt aus Gründen der Prämienersparnis — seine Ausfuhrkreditversicherung auf die Deckung der durch rein wirtschaftliche Gründe verursachten Insolvenz seines Auslandskunden abzustellen wünscht. Hier liegt ein natürliches Betätigungsfeld für die privaten Kreditversicherungsgesellschaften. In der Bundesrepublik sieht zwar der „Hermes“ mit Rücksicht auf seine Mandatartätigkeit für den Bund vom Betrieb einer eigenen Ausfuhrkreditversicherung ab. Dagegen hat sich die 1954 gegründete „Gerling-Konzern Speziale Kreditversicherungs-Aktiengesellschaft“ in Köln dieses Geschäftszweiges mit Erfolg angenommen, und in jüngster Zeit ist die aus der „Rheinische Garantie- & Kautionsversicherungs-AG." in Mainz hervorgegangene „Allgemeine Kreditversicherung Aktiengesellschaft" vor allem deshalb auf eine breitere Grundlage gestellt worden, damit sie sich ebenfalls der privaten Ausfuhrkreditversicherung widmen kann.

Daß sich auch im Ausland die private Kreditversicherung der Indeckungnahme rein wirtschaftlicher Risiken im Ausfuhrgeschäft nicht versagt, sei der Vollständigkeit halber zum Schluß festgehalten. So betreibt die führende englische Kreditversicherungsgesellschaft, die Trade Indemnity Company Ltd., London, seit langem ein nicht unbedeutendes Exportkreditversicherungsgeschäft mit solchen Exporteuren, die eine Mitdeckung des politischen Risikos nicht benötigen oder wünschen. Gleiche Möglichkeiten bieten u. a. die schweizerischen, schwedischen und italienischen Kreditversicherungsgesellschaften neben den in ihren Ländern bestehenden staatlichen Exportkreditversicherungseinrichtungen.

Die Privatisierung bundeseigener Unternehmen in der Bundesrepublik Deutschland

Von Alfred Hartmann

I. Einführung

Die Veräußerung von Aktien industrieller Unternehmen der Bundesrepublik Deutschland an breite Bevölkerungskreise gehört zu den Zielen der Politik der Bundesregierung; sie ist ein Ausfluß ihrer wirtschaftspolitischen und gesellschaftspolitischen Vorstellungen.

In der nachstehenden Abhandlung wird zunächst ein Überblick über den industriellen Besitz der Bundesrepublik Deutschland vor Beginn der Privatisierungsmaßnahmen im Frühjahr 1959 gegeben; seine Entstehungsursachen werden dargelegt. Alsdann werden die einzelnen Privatisierungsaktionen bei der Preußag, dem Volkswagenwerk und der VEBA mit ihren Besonderheiten geschildert. Hieran schließt sich eine Erörterung an, ob und welche wirtschaftspolitische Funktion Industrieunternehmen in der Hand des Bundes heute noch haben können, und in welcher Weise durch sie etwa eine Beeinflussung des Marktes möglich wäre. Weiterhin werden die gesellschaftspolitische Begründung der Eigentumspolitik sowie die Voraussetzungen für die Ausgabe von Volksaktien behandelt. Ein letzter Abschnitt beschäftigt sich mit der Privatisierung aus der Sicht der Unternehmen.

II. Der industrielle Bundesbesitz

1. Überblick über den industriellen Bundesbesitz

Das wirtschaftliche Gewicht des industriellen Bundesbesitzes ist zwar im Verhältnis zu dem der gesamten Industrie in der Bundesrepublik gering. Im Jahre 1963 lag der Anteil der Bundesgesellschaften am Gesamtumsatz der Industrie bei 2,7 %. Absolut gesehen stellt das industrielle Vermögen des Bundes jedoch einen beachtlichen Wert dar. Der Zeitwert wurde Ende 1960, also vor der Privatisierung des Volkswagenwerkes, auf rd. 9 Milliarden DM geschätzt. Durch die Privatisierungen hat sich der Zeitwert bis März 1964 unter Berücksichtigung der Börsenentwicklung auf rd. 6,0 Milliarden DM verringert[1].

[1] Quellen: „Das industrielle Bundesvermögen 1963/64, Seite 11."

Die industriellen Beteiligungen des Bundes waren zusammengefaßt vor allem in vier großen Konzernen: der Vereinigte Elektrizitäts- und Bergwerks-AG (VEBA), der Salzgitter AG, der Vereinigte Industrieunternehmungen AG (VIAG) sowie dem Volkswagenwerk. Außerdem gehören dem Bund u. a. mehrere konzernfreie Gesellschaften, darunter die Howaldt-Werft in Hamburg, sowie ein Anteil von 74 % der Saarbergwerke.

2. *Entstehungsursachen des industriellen Bundesbesitzes*

Die vielfältige wirtschaftliche Tätigkeit der Bundesunternehmen legt die Vermutung nahe, als ob diese Unternehmen als Folge eines bewußten Staatskapitalismus entstanden wären, durch den sich die öffentliche Hand systematisch beherrschenden Einfluß auf die Wirtschaft sichern wollte. Diese Vermutung trifft jedoch nur zu einem geringen Teil zu. Vielmehr handelt es sich um sehr verschiedene Ursachen für die wirtschaftliche Betätigung des Staates.

Die Unternehmen des Bundes verdankten ihre Entstehung vor allem den folgenden fünf Ursachen:

1. Staatliche Tätigkeit auf Grund von Regalien, die bis in das Mittelalter zurückreichen, insbesondere im Bergbau, wie Salz- und Silberbergbau, NE-Metalle und Kohle (letztere an der Saar und früher in Oberschlesien);

2. Staatliche Gründungen während des Kameralismus, insbesondere in Preußen (Manufakturen);

3. Gründungen von Unternehmen, um die wirtschaftliche Entwicklung durch Pionierleistungen zu fördern, ferner um die private Monopolisierung wichtiger Wirtschaftszweige zu verhindern (Energieversorgung und Grundstoffindustrie);

4. Gründungen aus militärwirtschaftlichen Gründen im Ersten Weltkrieg und während des Nationalsozialismus; im Ersten Weltkrieg: Aluminiumwerke, Stickstoffindustrie (Haber-Bosch-Verfahren); während des Nationalsozialismus: Eisenerzgruben, Eisen- und Stahlerzeugung, Fahrzeugbau (zunächst für militärische Zwecke im Volkswagenwerk);

5. Übernahme privater, in den großen Wirtschaftskrisen notleidend gewordener Unternehmen durch den Staat aus volkswirtschaftlichen bzw. sozialen Gründen (Howaldtwerften in Hamburg und Kiel, Rheinmetall-Borsig in Düsseldorf und Berlin, Waggonfabrik Linke-Hofmann-Busch früher in Breslau, dann in Salzgitter).

Hieraus wird deutlich, welche Zufälligkeiten oft am Anfang der Gründung oder des Erwerbs der Unternehmen durch die öffentliche Hand gestanden haben. Die heute teilweise unsystematisch erscheinende Gliederung des industriellen Bundesbesitzes ist weitgehend eine Folge dieser Entstehungsgeschichte.

a) Preußischer Besitz

Der ehemalige preußische Unternehmensbesitz war 1929 in der Vereinigte Elektrizitäts- und Bergwerks-AG (VEBA) zusammengefaßt worden, um die Finanzierung der dazu gehörenden Unternehmen zu erleichtern. Er bestand damals aus folgenden Gesellschaften:

1. Die Reste des alten, vornehmlich auf dem staatlichen Bergregal beruhenden Staatsbesitzes, der insbesondere der Gewinnung von NE-Metall und Kohle diente, wurden 1923 in der Preußische Bergwerks- und Hütten AG (heute PREUSSAG AG) zusammengefaßt.
2. In der zeitlichen Abfolge ist als weitere große Beteiligungsgesellschaft der VEBA die Bergwerksgesellschaft Hibernia AG zu nennen. Der Preußische Staat hatte in den ersten Jahren des 19. Jahrhunderts Kohlefelder im Ruhrgebiet und eine wesentliche Beteiligung an der 1855 gegründeten Gesellschaft Hibernia erworben, um Einfluß auf das Rheinisch-Westfälische Kohlensyndikat zu gewinnen. Die von dem Preußischen Staat erworbenen Kohlefelder bei Recklinghausen wurden 1926 in die Bergwerks-Aktiengesellschaft Recklinghausen eingebracht. Die heutige Bergwerksgesellschaft Hibernia AG entstand im Jahre 1935 durch Vereinigung der Bergwerks-Aktiengesellschaft Recklinghausen mit der Bergwerksgesellschaft Hibernia zu *einer* Aktiengesellschaft.
3. Die jüngste Tochter der VEBA ist die 1927 gegründete Preußische Elektrizitäts-AG. Das Eingreifen des Preußischen Staates in der Elektrizitätswirtschaft war einerseits darauf gerichtet, die Bildung eines privaten Monopols zu verhindern; außerdem war er darum bemüht, in den damals fast rein agrarischen Gebieten Norddeutschlands die Elektrizitätsversorgung sicherzustellen, welche privaten Unternehmen nicht gewinnbringend erschien.

b) Besitz des Deutschen Reiches

Neben den Unternehmen aus preußischem Besitz übernahm der Bund auch den industriellen Besitz des ehemaligen Deutschen Reiches. Bis zum Ersten Weltkrieg hatte das Deutsche Reich keine wirtschaftlichen Unternehmen gegründet oder erworben. Dies änderte sich im

Laufe des Ersten Weltkrieges, als eine allgemeine Rohstoffbewirtschaftung auch bei der industriellen Produktion erfolgen mußte. Soweit diese Bewirtschaftung nicht ausreichte, um eine genügende Kriegsproduktion sicherzustellen, sah sich das Reich gezwungen, eigene Rohstoffproduktionen zu errichten, z. B. für künstlichen Stickstoff. Ähnlich lagen die Verhältnisse in der Aluminiumproduktion.

Da Kupfer nicht mehr eingeführt werden konnte, entstand während des Krieges ein großer Bedarf an Aluminium. Die inländische Aluminiumproduktion war in der Vorkriegszeit nur gering. In den ersten Kriegsjahren wurden daher auf Veranlassung des Reiches zunächst private Werke zur Aluminiumerzeugung errichtet. Später ging das Reich dazu über, ein eigenes Werk zu bauen, und faßte dann die gesamten Aluminiumwerke zusammen in der Vereinigte Aluminiumwerke AG, einer gemischt-wirtschaftlichen Aktiengesellschaft, an deren Kapital neben dem Reich die privaten Firmen beteiligt blieben. Auch eine zweite Gründung des Reiches wurde in die Vereinigte Aluminiumwerke AG eingebracht. Da bei der Aluminiumgewinnung sich ein großer Strombedarf für die Elektrolyse ergab, machte der staatliche Aufbau der Aluminiumindustrie gleichzeitig die Angliederung oder den Bau großer Kraftwerke notwendig. Diese Werke wurden in der Elektrowerke AG zusammengefaßt. Die Vereinigte Aluminiumwerke AG kam schließlich in den Alleinbesitz des Reiches. Die früheren Heeresbetriebe wurden in die neu gegründeten Deutsche Werke AG eingebracht.

Als Holdinggesellschaft wurde im Jahre 1923 die Vereinigte Industrieunternehmungen AG (VIAG) gegründet. Außer diesen großen reichseigenen Gesellschaften verwaltete die VIAG auch einige Minderheitsbeteiligungen des Reiches an privaten Unternehmen, die fast ausschließlich auf Darlehen für Produktionsanlagen im Kriege zurückzuführen waren. Die Deutsche Werke AG mußte nach dem Ersten Weltkrieg mehrmals umgestaltet werden; die dauernd unrentabel arbeitenden Betriebe wurden stillgelegt und zur Verwertung in die Industrieanlagen GmbH eingebracht, während die übrigen Betriebe als Sondergesellschaften im VIAG-Konzern weitergeführt werden. Wie die VEBA so hatte auch die VIAG als wesentliche Aufgabe, angesichts der angespannten Haushaltslage die Finanzierung der ihr angeschlossenen Unternehmen des Reiches zu sichern.

c) Gründungen des Nationalsozialismus

Schließlich seien noch die beiden wichtigsten Unternehmen aus der Erbmasse des Nationalsozialismus erwähnt, nämlich die Salzgitter AG, die Anfang 1941 unter dem Namen Reichswerke AG für Berg- und Hüttenbetriebe „Hermann Göring“ gegründet wurde. In diesem Unternehmen wurden die im Zuge der Autarkiebestrebungen gegründeten Unternehmen zusammengefaßt, welche die bis dahin nicht verarbeitungsfähigen Erzvorkommen bei Salzgitter ausbeuteten und verhütteten.

Eine Sonderstellung als staatliches Unternehmen nahm die Gründung des Volkswagenwerkes ein, dessen Eigentümer bis 1945 die sogenannte Deutsche Arbeitsfront war. Das Werk war 1938 als Volkswagenwerk GmbH gegründet worden. Es diente aber von vornherein der Erzeugung von Militärfahrzeugen und nicht der Produktion von Personenkraftwagen (Volkswagen).

3. Die Tätigkeit der Bundesrepublik als Unternehmer

Die Tätigkeit der Bundesrepublik Deutschland als Unternehmer beschränkte sich darauf, diesen vom Reich und von Preußen nach dem Zusammenbruch übernommenen industriellen Besitz im ganzen zu erhalten. Die nicht nur durch Kriegsschäden, sondern auch durch Demontagen stark betroffenen Werke wurden wieder aufgebaut und erweitert. Dabei mußte besonders bei den auf Rüstungsproduktion ausgerichteten Industriebetrieben eine Umstellung auf die Erzeugung „friedlicher Güter" erfolgen. Schwierige Probleme ergaben sich zudem bei den Grundstoffindustrien, die — nicht selten durch ungünstige Standorte benachteiligt — zum Teil mit zu hohen Kosten produzierten. Hier ging die staatliche Politik dahin, selbst bei geringer oder fehlender Rentabilität die Arbeitsplätze möglichst zu erhalten. Ohne Zweifel hätte ein privater Unternehmer das Risiko langanhaltender Ertragslosigkeit nicht übernehmen können.

Neue Unternehmungen hat die Bundesrepublik weder erworben noch gegründet. Der Wiederaufbau und die Erweiterung vollzog sich bei den ertragreichen Unternehmen weitgehend über die Selbstfinanzierung, da der Bund aus Haushaltsgründen nicht in der Lage war, umfangreichere Kapitalerhöhungen durchzuführen.

III. Die bisherigen Privatisierungsmaßnahmen

1. Überblick

a) Preußag

Als erstes Unternehmen wurde im Jahre 1959 die Preußag zum Teil privatisiert. Sie befand sich bis dahin in vollem Besitz der VEBA, also mittelbar im Besitz des Bundes. Zunächst war lediglich daran gedacht, junge Aktien aus einer Kapitalerhöhung in Höhe von nom.

DM 30 Mio. an Bezieher kleiner und mittlerer Einkommen zu veräußern. Als jedoch rd. 250.000 Personen die jungen Preußag-Aktien zeichneten, entschloß man sich, die Nachfrage von insgesamt mehr als nom. 80 Mio. DM voll zu befriedigen, und zwar zusätzlich durch Veräußerung alter Preußag-Aktien aus dem Besitz der VEBA. Der Anteil der VEBA an dem Kapital der Preußag sank dadurch auf unter 25 % ab.

Da die VEBA bei weiteren Kapitalerhöhungen der Preußag in den folgenden Jahren nicht über ausreichende Mittel verfügte, um ihr Bezugsrecht voll auszuüben, sank ihre Beteiligung schließlich auf unter 20 % ab. Der Verlust der Schachtelbeteiligung von 25 % brachte für die VEBA auch steuerliche Nachteile, da sie nunmehr die Dividenden der Preußag voll versteuern mußte, während diese vorher auf Grund des sogenannten Schachtelprivilegs körperschaftssteuerfrei blieben. Im Jahre 1965 hat die VEBA ihre Beteiligung an der Preußag auf über 25 % erhöht und kommt damit wieder in den Genuß des Schachtelprivilegs.

b) Volkswagenwerk

Der Privatisierung der Preußag folgte im Jahre 1961 die des Volkswagenwerkes. Nach dem Kriege bestand lange Zeit Unklarkeit, wem das Eigentum an diesem Unternehmen zustand. Schließlich einigte sich der Bund mit dem Land Niedersachsen auf einen Kompromiß, wonach die Volkswagenwerk GmbH in eine AG umgewandelt und das Kapital aus Gesellschaftsmitteln auf DM 600 Mio. erhöht wurde; der Bund und das Land behielten je 20 % des Grundkapitals, während 60 % des Kapitals, also nom. DM 360 Mio., in Form von Kleinaktien veräußert werden sollten. Der Betrag wurde erheblich überzeichnet, so daß eine Zuteilung notwendig wurde. Mit 1,5 Mio. Aktionären war das Volkswagenwerk zu diesem Zeitpunkt die größte deutsche Publikumsgesellschaft geworden. Während bei der Privatisierung der Preußag die Erlöse aus der Kapitalerhöhung der Gesellschaft selbst und aus den alten Aktien der VEBA zuflossen, erhielten bei der Privatisierung des Volkswagenwerks nicht das Volkswagenwerk, sondern Bund und Land Niedersachsen die Erlöse, da den Zeichnern nur alte Aktien der bisherigen beiden Eigentümer angeboten wurden. Der Erlös aus der Privatisierung von 60 % der Aktien wurde einer „Stiftung Volkswagenwerk“ zur Förderung von Wissenschaft und Technik übertragen. Die Stiftung erhält ferner laufend die Erträge aus der Anlage dieser Erlöse sowie die Dividenden, welche der Bund und Niedersachsen auf die bei ihnen verbliebenen je 20 % der Aktien beziehen.

c) VEBA

Im Jahre 1965 wurde die Teilprivatisierung der Vereinigte Elektrizitäts- und Bergwerks-AG (VEBA) als bisher größte Privatisierungsaktion durchgeführt. Zunächst war vorgesehen, das Kapital der VEBA von DM 450 Mio. um DM 375 Mio. zum Kurse von 210 % auf DM 825 Mio. zu erhöhen und die jungen Aktien im Rahmen einer Teilprivatisierung zu veräußern; der Bund sollte also seine Majorität behalten. Es entwickelte sich jedoch eine derart rege Nachfrage, daß insgesamt rd. DM 1,3 Mrd. VEBA-Aktien gezeichnet wurden. Um wenigstens jedem Zeichner der untersten Einkommensgruppe 2 Aktien zuteilen zu können, entschloß sich der Bund, aus altem Bundesbesitz zusätzlich rd. 150 Mio. Aktien nom. zur Verfügung zu stellen. Damit ging der Bundesanteil auf rd. 36 % zurück.

Da die meisten Zeichner bei der VEBA-Privatisierung die Zuteilung von 5 Aktien beantragt hatten, ergab sich eine Zuteilung von noch nicht der Hälfte der gezeichneten Aktien. Mit anderen Worten: bei der bestehenden Nachfrage hätten für rd. DM 1,3 Mrd. VEBA-Aktien veräußert werden können; allerdings stellte sich später heraus, daß es sich zum Teil um eine spekulative Nachfrage handelte. Insgesamt wurden rd. DM 525 Mio. VEBA-Aktien an fast 2,7 Mio. Aktionäre zugeteilt. So hohe Aktionärszahlen sind bisher nur bei der American Telephone & Telegraph Company (ATT) erreicht worden.

Der VEBA flossen aus ihrer Kapitalerhöhung netto rd. DM 745 Mio. zu. Diese Mittel verwendete sie für Kapitalerhöhungen bei Preußenelektra, Hibernia und Preußag, für den Ankauf von Aktien der Firmen Hugo Stinnes AG und Mathias Stinnes AG sowie für die Ablösung von Verbindlichkeiten, die sie zur Vorfinanzierung der Kapitalerhöhungen eingegangen war.

2. Besonderheiten bei einzelnen Privatisierungen

a) Stimmrechtsbeschränkung

In Verfolg der eigentumspolitischen Zielsetzung sollte die breite Streuung der Aktien auf lange Sicht sichergestellt werden. Es sollte vermieden werden, daß im Laufe der Zeit inländische oder gar ausländische Interessentengruppen durch Ankauf der Aktien maßgeblichen Einfluß auf die privatisierten Unternehmen gewinnen könnten. Dieses Ziel war nur durch eine Stimmrechtsbeschränkung zu erreichen. Während bei Preußag dieser Stimmrechtsbeschränkung auch der Großaktionär VEBA und bei VW auch die Großaktionäre Bund und Land Niedersachsen, jedoch erst von 1970 an, unterliegen, behält bei VEBA der Bund für seine Restbeteiligung von noch rd. 36 % das volle Stimmrecht. Die Stimmrechtsbeschränkung bemißt sich bei Preußag auf 1/1.000 des Grundkapitals, bei VW und der VEBA auf 1/10.000. Für den Kleinaktionär dürfte die Beschränkung ohne Bedeutung sein; denn er kann beispielsweise bei VEBA bis zu nom. DM 82.500,— Aktien besitzen, ohne unter die Stimmrechtsbeschränkung zu fallen.

Bei der VW-Privatisierung wurde auch das Vertretungsstimmrecht der Depotbanken beschränkt, und zwar auf 2 % des Grundkapitals. Darüber hinaus wurden die Banken verpflichtet, in jedem einzelnen Fall von den Aktionären, die durch sie vertreten werden, genaue Weisungen einzuholen. Man ist bei der VEBA-Privatisierung von dieser Regelung wieder abgekommen, da es sich herausgestellt hat, daß die Banken nach ihren internen Richtlinien bereits gehalten sind, Weisungen der Aktionäre einzuholen. Darüber hinaus sind die Kreditinstitute nach dem neuen Aktiengesetz verpflichtet, die Aktionäre, die sie vertreten, zur Erteilung von Weisungen für die Hauptversammlung aufzufordern.

Die Stimmrechtsbeschränkungen führen dazu, daß die Volksaktien in gewissem Umfang den Charakter von Vorzugsaktien erhalten. Das gilt insbesondere bei der VEBA, für deren Volksaktien eine besondere Aktienkategorie eingeführt wurde, die auch einen Dividendenvorzug von 1,5 % gegenüber dem Bund gewährt.

b) Soziale Ausgestaltung, Zeichnungsrecht und Ausgabekurs

Bei allen Privatisierungsaktionen wurde das Zeichnungsrecht auf Personen mit kleinen und mittleren Einkommen beschränkt:

	Unverheiratete	*Verheiratete*
bei Preußag und VW:		
Höchst-Jahreseinkommen	DM 8.000,—	DM 16.000,—
bei VEBA:		
Höchst-Jahreseinkommen	DM 8.000,—	DM 16.000,— = I. Gruppe
Höchst-Jahreseinkommen	DM 11.000,—	DM 22.000,— = II. Gruppe
Höchst-Jahreseinkommen	DM 14.000,—	DM 28.000,— = III. Gruppe

Die Beschränkung des Zeichnungsrechts auf die Bezieher kleiner und mittlerer Einkommen ist ein wesentliches Merkmal der sozialen Ausgestaltung der Privatisierung. Ein zweites ist der „soziale Kurs". Bei allen Privatisierungen bestand ja das Problem, daß die zu veräußernden Aktien noch nicht an der Börse notiert waren und damit keinen Kurs hatten. Es wurden daher Bewertungsgutachten eingeholt, um auf Grund dieser Gutachten einen Ausgabekurs festzusetzen, bei dem die Bestimmungen der Reichshaushaltsordnung (RHO) berücksichtigt wurden. In § 47 RHO heißt es u. a.: „Gegenstände, die im Eigentum des Reiches (Bundes) stehen, dürfen nur gegen einen dem vollen Wert entsprechenden Preis veräußert werden.“ Da die Kursfestsetzung bereits zu einem Zeitpunkt erfolgen mußte, zu dem die Entwicklung der Börsenlage bei der Börseneinführung noch nicht übersehen werden konnte, ergaben sich bei den VW-Aktien starke Differenzen zwischen Ausgabekurs und Börsenkurs, der Kurs stieg bald auf über das Dreifache des Ausgabekurses. Die Kursfestsetzung bei VEBA dagegen entsprach angesichts der geringen Kursdifferenz von 16 Punkten zwischen Ausgabekurs und erster Notierung von 220 noch am ehesten der Börsenlage (vergl. aber unten zu V 2b).

Die soziale Ausgestaltung der Privatisierung wurde beim VW-Werk noch durch eine dritte Maßnahme verstärkt. Obwohl damals bei der Kursfestsetzung die Untergrenze des Vertretbaren gewählt und dadurch in Verbindung mit der Einschränkung der Zeichnungsberechtigung auf Bezieher kleiner und mittlerer Einkommen bereits ein sozialer Effekt erzielt wurde, gewährte man außerdem noch einen Sozialbonus, der bis zu 20 % des Ausgabekurses betrug. Das war, wie die spätere Kursentwicklung zeigte, weit übertrieben. Dieser Bonus war verbunden mit der Auflage, die Aktien innerhalb von zwei Jahren nicht zu verkaufen. Diese Bestimmungen brachten sowohl für die Banken als auch für die Finanzämter, an die bei vorzeitigem Verkauf der Bonus zurückgezahlt werden mußte, erhebliche Belastungen. Die Wirkung war übrigens sehr zweifelhaft, da gerade diejenigen, die innerhalb der Sperrfristen verkauften, die größten Kursgewinne realisiert haben. Der Bonus erwies sich mithin als ungeeignet, die Erwerber von der vorzeitigen Veräußerung abzuhalten. Man ist daher bei der Privatisierung der VEBA von der Gewährung eines Sozialbonus und der Einführung einer Sperrfrist abgekommen. Übrigens hätte die VEBA als Aktiengesellschaft bei ihrer Kapitalerhöhung einen Nachlaß auf den Ausgabepreis an bestimmte Aktionärgruppen gar nicht gewähren können. Der Bonus hätte daher, wenn überhaupt, aus dem Bundeshaushalt gezahlt werden müssen.

IV. Heutige wirtschaftspolitische Funktion von Bundesunternehmen

Es ist zu fragen, ob die Veräußerung industrieller Unternehmungen des Staates überhaupt wirtschaftlich wünschenswert ist oder ob der Staat sich nicht durch die Veräußerung bestimmter Möglichkeiten wirtschaftspolitischer Einflußnahme begibt. Hat dieser Besitz auch heute noch eine wirtschaftspolitische Funktion, die nach der Privatisierung nicht mehr wahrgenommen werden kann?

Produktionsmittel in der Hand des Staates zu wissen, löst bei vielen Staatsbürgern ein gewisses Unbehagen aus, weil um die Freiheit in der Wirtschaft gefürchtet wird, bei anderen dagegen Befriedigung, weil nach ihrer Meinung nur auf diese Weise eine Benachteiligung der Allgemeinheit durch private Machtgruppen ausgeschlossen werden könne.

Wie hieraus ersichtlich wird, sind die Meinungen ideologisch bedingt: Marktwirtschaft oder Zentralverwaltungswirtschaft? Die Bundesrepublik hat sich im Jahre 1949 für das marktwirtschaftliche Wirtschaftssystem entschieden. Das bedeutet jedoch nicht, daß der Staat in einem solchen System auf jegliche unternehmerische Tätigkeit verzichten müßte. Die wirtschaftliche Tätigkeit des Staates unterliegt jedoch in einem solchen Wirtschaftssystem einer strengen Beurteilung.

Zunächst könnte es Ziel der wirtschaftlichen Betätigung des Staates sein, sich auf diese Weise Einnahmen zu verschaffen. Während in den Anfängen der öffentlichen Finanzwirtschaft die Besteuerung nur eine subsidiäre Finanzquelle bildete und der Staat als primäre Deckungsmittel für seine Ausgaben auf selbsterwirtschaftete Mittel angewiesen war, haben heute die Einnahmen aus wirtschaftlicher Tätigkeit für die öffentlichen Hauhalte nur eine sehr geringe Bedeutung. Die Kritiker einer Veräußerung von industriellen Bundesunternehmen befürchten daher auch weniger einen Einnahmeausfall der öffentlichen Hand infolge dieser Maßnahmen als vielmehr eine untragbare Verringerung des Einflusses der öffentlichen Hand auf die Wirtschaft. Die Argumente der Vertreter einer zentralgeleiteten Verwaltungswirtschaft können hier außer Betracht bleiben, da deren Kritik sich auf das gesamte marktwirtschaftliche System bezieht. Man muß sich jedoch mit den Argumenten derjenigen Kritiker auseinandersetzen, die bei grundsätzlicher Bejahung der Marktwirtschaft einen gewissen Interventionismus des Staates befürworten. In diesem Zusammenhang ist zu bemerken, daß die Wirtschaftspolitik der Nachkriegsjahre keineswegs immer auf interventionistische Maßnahmen verzichtet hat.

Auch von Vertretern der Marktwirtschaft wird anerkannt, daß sich der Staat dort wirtschaftlich betätigen soll, wo das zur Förderung des Gemeinwohls dienlich ist. Ferner wird dort eine Betätigung des Staates für gerechtfertigt gehalten, wo die Privatwirtschaft nicht in der Lage ist, als befriedigenswert erachtete Bedürfnisse zu befriedigen oder wo die Gefahr der Monopolisierung besteht. Nur wenige werden heute daran Anstoß nehmen, daß sich der Staat beispielsweise in der Atomforschung betätigt oder maßgeblich an Luftfahrtunternehmen beteiligt ist. Gerade wenn sich der Staat aus den letztgenannten Gründen wirtschaftlich betätigt, wird er mehr oder weniger in die Rolle des Lückenbüßers gedrängt und dürfte aus dieser Tätigkeit nur selten wirtschaftliche Einnahmen erzielen. Schließlich kann vom interventionistischen Standpunkt aus an den Staat die Forderung gerichtet werden, allgemein mit seinen wirtschaftlichen Unternehmungen Wachstum und Konjunktur der Wirtschaft zu beeinflussen. Zwei Wege bieten sich für eine solche Beeinflussung an:

1. *Preispolitik*

Ein Unternehmen kann durch seine Preispolitik nur dann in nennenswertem Umfang Einfluß auf die Wirtschaft ausüben, wenn es eine Art von Preisführerschaft auf dem Markt innehat. Eine solche Preisführerschaft ist beispielsweise bei dem Volkswagenwerk in gewissem Umfang gegeben. In der Hochkonjunktur könnte es bei bestehender Übernachfrage durch Preiserhöhungen zusätzlichen Gewinn erzielen. Verzichtet nun dieses Unternehmen auf Veranlassung des Staates auf Preiserhöhungen oder nimmt es sogar entgegen dem allgemeinen wirtschaftlichen Trend auf staatliche Anweisung Preissenkungen vor, dann können zwar die anderen Unternehmen in dem betreffenden Wirtschaftszweig im allgemeinen ebenfalls keine Preiserhöhungen vornehmen; die Preissenkung hat jedoch zur Folge, daß die schon bestehende Übernachfrage sich noch verstärkt. Wenn die Kapazitäten weitgehend ausgenutzt sind, kann das preisführende Unternehmen auch kurzfristig nicht durch Erhöhung der Produktion den Gewinnausfall je abgesetztem Gut ausgleichen. Es gehen ihm also durch solche Maßnahmen erreichbare Gewinne und dadurch mögliche Gewinnpolster verloren. Ein Unternehmen wie das Volkswagenwerk, das in hartem internationalem Wettbewerb insbesondere mit ausländischen Großunternehmen steht, kann aber im allgemeinen auf mögliche Gewinne nicht verzichten. Würde ein solches Unternehmen beispielsweise auf eine im Markt durchsetzbare Preiserhöhung infolge einer Intervention der öffentlichen Hand verzichten, dann könnte es etwa in späteren Verlustjahren vom Staat mit Recht Hilfe verlangen. Seitdem das Volkswagenwerk zum größten Teil privatisiert ist, kann die Unternehmensführung auch schon deshalb nicht auf Gewinne verzichten, weil sie ja in erster Linie die Interessen der Mehrheitsaktionäre, nämlich der Volksaktionäre, berücksichtigen muß.

2. *Investitionspolitik*

Neben der Preispolitik könnte ein Ziel des Interventionismus die Investitionspolitik der Unternehmen sein. Beispielsweise könnte der

Staat versuchen, bei einer Strukturkrise in einem Wirtschaftszweig Investitionen durch öffentliche Unternehmen vornehmen zu lassen, die einem rein privatwirtschaftlich denkenden Unternehmer zu riskant erscheinen würden. Auch hier besteht die Gefahr, daß die betreffenden Unternehmen infolge dieser Maßnahmen auf Gewinne verzichten müssen oder gar in die Verlustzone geraten.

Auch für Maßnahmen, welche die Sicherung der Marktwirtschaft zum Ziele haben, sind also öffentliche Industrieunternehmen heute weder notwendig noch überhaupt brauchbar. Die Bildung von Monopolen und auch der Mißbrauch monopolistischer Marktstellung sollte durch die Gesetzgebung weitgehend verhindert werden. Während der Preußische Staat vor fast 60 Jahren glaubte, nur durch den Erwerb von Bergbauunternehmen auf das Rheinisch-Westfälische Kohlensyndikat Einfluß gewinnen zu können, besteht heute eine Kartellaufsicht auch für den Bergbau; die Preisbildung der Elektrizitätsunternehmen unterliegt ebenfalls der staatlichen Überwachung.

Auch außenhandelspolitisch haben die Staatsunternehmen bei uns keine Bedeutung mehr, da mit der Aufgabe der Autarkiebestrebungen und der zunehmenden internationalen Verflechtung der Wirtschaft eine etwa ursprünglich gegebene Berechtigung für die industrielle Tätigkeit des Staates unter diesem Gesichtspunkt entfällt.

Zusammenfassend zeigt sich, daß der wirtschaftspolitische Einsatz der industriellen Unternehmen der öffentlichen Hand in der Regel mit einer Gewinneinbuße verbunden ist. Vom System der Marktwirtschaft her gesehen ergibt sich also kein zwingender Grund, die Unternehmen zu den genannten Zwecken einzusetzen. Entsprechend der grundsätzlichen Entscheidung für die Marktwirtschaft in der Bundesrepublik wurden die industriellen Bundesunternehmen nach dem Zweiten Weltkrieg auch nur nach privatwirtschaftlichen Gesichtspunkten geleitet. Steuerprivilegien, die für die öffentlichen Versorgungsunternehmen bestanden, wurden sogar 1965 beseitigt, um die Privatisierung der VEBA zu ermöglichen. Wenn hiernach auch in der derzeitigen wirtschaftlichen Situation der Bundesrepublik industrieller Besitz der öffentlichen Hand als entbehrenswert angesehen werden kann, so muß man sich darüber im klaren sein, daß nach einer gänzlichen oder teilweisen Veräußerung dieser Unternehmen an Kleinaktionäre ein Eingreifen des Bundes in die Geschäftspolitik der Unternehmen für die Zukunft auch dann nicht mehr angängig sein wird, wenn dadurch befürchtete Nachteile für die Volksaktionäre abgewendet werden sollen.

V. Gesellschaftspolitische Begründung der Privatisierungsmaßnahmen

1. Konzeption der Eigentumspolitik

Geht man hiernach davon aus, daß industrielle Unternehmen der öffentlichen Hand in der Marktwirtschaft keine wirtschaftspolitischen Funktionen auszufüllen haben, dann steht von dieser Seite einer Veräußerung solcher Unternehmen nichts im Wege. Infolgedessen konnten gesellschaftspolitische Vorstellungen Raum fassen, die zum Ziele haben, durch derartige Veräußerungen die Grundlagen der marktwirtschaftlichen Ordnung zu stärken, wie sie sich in der Bundesrepublik nach dem Zusammenbruch von 1945 unter Führung von Prof. Erhard herausgebildet hatten.

Die marktwirtschaftliche Ordnung soll es dem einzelnen in dem durch die Gesetze geregelten Rahmen ermöglichen, seine unternehmerische Initiative frei zu entfalten. In der ursprünglichen Form des Liberalismus ging man davon aus, daß der Unternehmer das Eigentum an den Produktionsmitteln hat; dieses Eigentum wurde als wichtigste Grundlage für ein eigenverantwortliches Handeln des Unternehmers angesehen. Es vermittelte dem Unternehmer den Rückhalt, der notwendig war, um die mit einem solchen Handeln verbundenen Risiken tragen zu können. Im übrigen wurde die Allgemeinheit von Verlusten des Unternehmers im allgemeinen nicht berührt, da dieser zunächst erst einmal sein eigenes Vermögen einzusetzen hatte.

Schon früher, seit der Gründung von Kapitalgesellschaften, war die Verbindung von Kapital und Unternehmertätigkeit nicht immer gegeben; darüber hinaus beschränkte sich die unternehmerische Tätigkeit auf einen nicht sehr großen Personenkreis. Heute kann man beobachten, daß in größeren Unternehmen das Eigentum an den Produktionsmitteln und die Unternehmertätigkeit nur noch in wenigen Fällen in einer Person zusammenfallen. Die meisten Unternehmer sind heute als Vorstände oder Geschäftsführer von Kapitalgesellschaften angestellt. Das Kapital für diese Unternehmen wird von anderen Personen zur Verfügung gestellt. Diese Trennung von Unternehmer und Kapitalgeber eröffnet zwei Aspekte:

Einmal kommt der Kapitalgeber immer mehr in die Funktion eines Gläubigers. Geht in einem Unternehmen das Kapital verloren, dann liegt das nicht an der eigenen schlechten Unternehmensleitung durch den Kapitalgeber — denn er leitet das Unternehmen ja gar nicht —, sondern daran, daß er die Qualität des Unternehmens und der Unternehmensführung falsch beurteilt hat.

Die andere Konsequenz aus der Trennung von Unternehmer und Kapitalgeber ist, daß jedermann in der Wirtschaft als Kapitalgeber von Unternehmen auftreten könnte, auch der sonst in abhängiger

Stellung Tätige, sofern er über Kapital verfügt und es einzusetzen gewillt ist.

Von der Wirtschaftsordnung her sind damit die Voraussetzungen dafür gegeben, daß der einzelne Bürger Kapital zum Erwerb von Anteilen an Gesellschaften einsetzt und damit Anteil auch an den Wachstumschancen der Volkswirtschaft erhält. Um solche Vorstellungen zu verwirklichen, müssen jedoch zwei Voraussetzungen erfüllt sein:

1. Die Bürger müssen über eine ausreichende Sparfähigkeit verfügen, d. h. Einkommen beziehen, die es ihnen ermöglichen, Ersparnisse zu bilden.
2. Die Bevölkerung muß sparwillig sein, und zwar nicht generell zum Sparen auf Sparkonten usw., sondern speziell auch zum Erwerb von Aktien.

Im Elend der ersten Nachkriegsjahre war eine Sparfähigkeit fast nirgendwo gegeben. An eine Vermögensbildung war in weiten Kreisen nicht zu denken, schon deshalb nicht, weil ein großer Nachholbedarf an Verbrauchs- und Gebrauchsgegenständen bestand. Durch Maßnahmen im Bereich der Steuerpolitik (§ 7-Gruppe des Einkommensteuergesetzes) wurde zunächst sogar eine einseitige Vermögensbildung in den Unternehmen begünstigt. Mit Recht wird diese einseitige Vermögensbildung als unbefriedigend bezeichnet. Sie war jedoch in der Situation der Jahre 1948 bis etwa 1952 angesichts des Festhaltens der westlichen Besatzungsmächte an dem überhöhten Einkommensteuertarif von 1948 wohl der einzige Weg, um die volkswirtschaftlich notwendige industrielle Kapitalbildung sicherzustellen.

In den folgenden Jahren stieg aber die Sparfähigkeit mit wachsendem Einkommen und zunehmender Befriedigung des Nachholbedarfs in weiten Kreisen der Bevölkerung. Um Staatsbewußtsein und Eigenverantwortung zu fördern, wurde von Seiten bürgerlicher Politiker immer stärker die Notwendigkeit betont, nunmehr neben der kollektiven Vorsorge und als Gegengewicht dazu auch der eigenverantwortlichen Vorsorge ihren Platz zu geben. So wurde als politisches Ziel die Vermehrung des persönlichen Eigentums weiter Bevölkerungskreise herausgestellt: Eigentum nicht nur an den Gütern des täglichen Gebrauchs, sondern auch an Anteilen am Produktionsvermögen.

Dabei ging es nicht nur darum, nach der Behebung der Kriegsfolgen die Sparfähigkeit der Bevölkerung zu heben, damit sie Vermögen erwerben konnte, sondern insbesondere darum, der Bevölkerung bisher unbekannte Formen der Vermögensbildung, insbesondere das Aktiensparen, nahezubringen. Die Einstellung zum Besitz von Aktien war bei Arbeitnehmern nämlich auch beeinflußt durch grundsätzliche Bedenken und daher für sie häufig suspekt.

Dies ist — in groben Zügen gezeichnet — der politische Hintergrund, vor dem sich die Privatisierung von Unternehmen des Bundes abspielt.

2. *Voraussetzungen für die Ausgabe von Volksaktien*

a) Breite Streuung der Aktien

Um einen möglichst großen Teil der Bevölkerung an dem Erwerb von Aktien zu interessieren, ist es notwendig, daß das zu privatisierende Unternehmen über eine ausreichende Größe verfügt. Sämtliche bisherigen Privatisierungsaktionen zeigen, daß ein besonders großes Interesse an der Zeichnung der Aktien bestand, wenn dieses offenbar auch zum Teil spekulativer Art war. Bei der VW- und VEBA-Privatisierung wurden weit mehr Aktien gezeichnet, als zur Verfügung standen. Angesichts der großen Zahl der neuen Aktionäre — 1,5 Mio. Aktionäre bei VW und mehr als 2,6 Mio. Aktionäre bei VEBA — kann man mit Recht von einer breiten Wirkung der Privatisierungsaktionen sprechen.

b) Sicherheit der Anlage

Es wurde bereits ausgeführt, daß infolge der Trennung von Unternehmer und Kapitalgeber letzterer mit seinem Kapital die Folgen von Fehlentscheidungen des Unternehmens tragen muß. Im Großunternehmen ist zwar infolge des internen Risikoausgleichs die Gefahr von Verlusten für die Aktionäre gering; dem Kapitalgeber kann aber auch nicht ein zu hohes Risiko aufgebürdet werden. Dies gilt insbesondere für den Fall der Privatisierung, wo der Erwerb von Aktien Menschen empfohlen wird, die zum großen Teil bisher solche Papiere noch nicht besaßen und daher auf Kursverluste nicht vorbereitet sind.

Die Sicherheit der Anlage wird einmal durch eine gefestigte Ertragskraft der Unternehmen bestimmt. Bei den bisher privatisierten Unternehmen war eine durchaus gute Ertragslage gegeben. Die Preußag rechnet den durch die Nachkriegskonjunktur lange Jahre begünstigten NE-Metall-Bergbau sowie die Betätigung im Verkehrssektor (Tankwagen auf Schienen und Straßen) zu ihren Stützen. Die Ertragskraft und Dynamik des Volkswagenwerkes, getragen ebenfalls von der Nachkriegskonjunktur, ließ dieses Unternehmen besonders geeignet für eine Privatisierung erscheinen, ebenso wie die VEBA, in der ein breiter Fächer von Tätigkeiten mit Stromerzeugung, Chemie, Kohlebergbau, Handel und Verkehr für eine Mischung des Risikos sorgt.

Das Risiko für den Aktionär wird jedoch nicht allein durch eine gute Ertragslage vermindert, sondern auch durch einen Ausgabekurs der Aktien, der so niedrig gewählt sein sollte, daß zumindest in der ersten Zeit Kursverluste nicht befürchtet werden müssen. Während bei der Preußag- und auch bei der VW-Privatisierung der Ausgabekurs so niedrig war, daß bis heute (Januar 1966) ein Absinken unter diesen Kurs nicht eintrat, hat bei der VEBA-Privatisierung der Börsenkurs den Ausgabekurs zeitweise unterschritten. Das bedeutet nicht unbedingt, daß der Ausgabekurs, gemessen am Wert und der Rendite des Unternehmens, zu hoch festgelegt worden war (vergl. oben zu III 2 b). Die Schwierigkeit lag darin, daß die VEBA-Privatisierung in einem Zeitpunkt stattfand, an dem die allgemeine Situation an der Börse nicht günstig war. Beschleunigt durch eine Diskonterhöhung der Bundesbank in der Woche nach der Börseneinführung sowie durch die Enttäuschung mancher Zeichner über das Ausbleiben einer von ihnen nach dem Muster der VW-Aktien erhofften starken spekulativen Kurssteigung, setzte eine in diesem Umfang nicht vorhersehbare Baisse ein, der sich auch die VEBA-Aktie nicht entziehen konnte, obwohl zunächst versucht wurde, den Kurs nicht unter den Ausgabekurs sinken zu lassen. Trotzdem kann man rückschauend vielleicht sagen, daß angesichts der Börsenentwicklung sowohl in Deutschland wie im Ausland die Kapitalerhöhung, welche die VEBA ja dringend benötigte, nicht zu früh, sondern gerade noch im letzten, einigermaßen geeigneten Augenblick vorgenommen worden ist.

Da die Mehrzahl der Volksaktionäre mit dem Aktienbesitz noch nicht vertraut ist, war bei diesen Aktionären das Bewußtsein, daß es sich bei dem Erwerb von Volksaktien um eine Dauerlage handeln sollte, nicht genügend ausgeprägt. Zwar wurde bei der Ankündigung der Privatisierung stets darauf hingewiesen, daß es sich um eine langfristige Vermögensbildung handeln solle, das Interesse der Zeichner wurde jedoch in starkem Maße von kurzfristigen Gewinnerwartungen bestimmt, die man nach den Erfahrungen mit den VW-Aktien hegte. Sicherlich bedeutet der Kursrückgang der VEBA-Aktien für viele Aktionäre, die einen schnellen Kursgewinn erhofften, eine Enttäuschung. Die Aktionäre, die eine Daueranlage beabsichtigen, brauchen sich dadurch jedoch nicht beunruhigen zu lassen.

VI. Privatisierung aus der Sicht der Unternehmen

1. Kapitalbedarf

Während auf der politisch-parlamentarischen Ebene eigentums- und gesellschaftspolitische Ziele die Durchführung der Privatisierungsmaßnahmen bestimmten, gab es auf seiten der Bundesunternehmen ebenfalls wichtige Gründe, die für eine Privatisierung sprachen. Sowohl bei der Preußag als auch insbesondere bei der VEBA waren seit Jahren Kapitalerhöhungen unumgänglich. Der Kapitalbedarf dieser Unternehmen konnte vom Bund angesichts seiner angespannten Haushaltslage seit längerer Zeit nicht mehr gedeckt werden. Die Tochterkonzerne der VEBA, die Hibernia und die Preußenelektra, mußten jahrelang ihren hohen Finanzbedarf ausschließlich durch einbehaltene Gewinne und vor allem durch Fremdfinanzierung decken. Als schließlich die Preußenelektra 1961 ihre Kapitalerhöhung nicht weiter verschieben konnte, konnte die VEBA ihren Einzahlungsverpflichtungen nur dadurch nachkommen, daß der Bund ihr für längere Zeit die Dividenden stundete. Die Ablösung dieser Vorfinanzierung sowie der erneute Eigenkapitalbedarf der Tochterkonzerne machten die Kapitalerhöhung der VEBA unvermeidlich.

Auch durch Fremdfinanzierung konnte sich die VEBA damals weiteres Kapital nicht beschaffen. Insbesondere die Preußenelektra hatte ihren Anleihespielraum voll ausgenutzt. Die VEBA selbst konnte Fremdmittel allein aus steuerlichen Gründen nicht in nennenswertem Umfang aufnehmen, da sie für Zinsen und Tilgungsleistungen, die sie aus ihren schachtelbegünstigten Erträgen bezahlt, die sogenannte Nachsteuer der Körperschaftsteuer entrichten muß.

2. *Anzahl der Aktionäre*

Aus der Sicht des Unternehmens konnte es zunächst gleichgültig sein, wer das Kapital zur Verfügung stellt. Es ist jedoch ein Unterschied, ob nur einer oder wenige Aktionäre die Mittel aufbringen, oder ob mehrere 100.000 oder gar Millionen die Aktien besitzen.

Im Zusammenhang mit der zunehmenden Publizität, die heute von großen Aktiengesellschaften erwartet wird, stellt sich die Frage einer ausreichenden Information so vieler Aktionäre. Das neue Aktiengesetz bringt weitgehende Verpflichtungen der Gesellschaften, die Aktionäre vor der Hauptversammlung zu unterrichten. Jeder Aktionär muß beispielsweise über sein Geldinstitut die Unterlagen für die Hauptversammlung zugesandt bekommen, wie Tagesordnung, Verwaltungsvorschläge und deren Begründung sowie etwaige Gegenanträge von Aktionären.

Die Unterrichtung einer so großen Zahl von Aktionären ist einerseits recht kostspielig und bereitet andererseits vielfältige technische Schwierigkeiten. Bei den Kosten spielt nicht nur die absolute Höhe eine Rolle, sondern auch die Tatsache, daß die Aufwendungen je Aktie unverhältnismäßig hoch sind, da ja die Mehrzahl der Aktionäre nur wenige Aktien besitzen wird. Insofern ist auch ein Vergleich mit amerikanischen Gesellschaften, die ähnlich große Aktionärszahlen aufweisen und dabei eine umfangreiche Publizität treiben, nicht stichhaltig, denn dort besitzen die Aktionäre in der Regel wesentlich mehr Aktien der betreffenden Gesellschaft je Person.

VII. Schluß

Die Darlegung der Ursachen für die Gründung oder den Erwerb von industriellen Staatsunternehmen (oben II) hat ergeben, daß diese Ursachen zwar sehr verschiedener Art, aber überwiegend zeitbedingt waren und heute für ein Beharren der öffentlichen Hand auf dem Besitz an derartigen Unternehmen keine Gültigkeit mehr beanspruchen können.

Was die Volksaktionäre betrifft, so hat ihre zeitweilige Enttäuschung über die Kursentwicklung der VEBA (oben unter V. 2 b) sicher auch eine positive Seite. Die Vorstellung, daß es sich bei Volksaktien um eine Art von Geschenk handele, wurde zerstört. Jeder Erwerber von Aktien muß wissen, daß in einer Aktie nicht nur Wachstumschancen, sondern auch Risiken liegen und daß er auch einmal Kursverluste hinnehmen muß. Darauf wurde auch schon bei der Werbung hingewiesen. Auch die Volksaktie ist selbstverständlich ein Risikopapier und deshalb soll man — wie jeder gute Anlageberater — die Volksaktionäre davor warnen, den Aktienkauf als einziges Mittel der Vermögensbildung anzusehen. Er sollte vielmehr hinter anderen Sparformen rangieren, wie dem Kontensparen, dem Sparen in festverzinslichen Wertpapieren und auch dem Erwerb von Eigenheimen.

Ob man die Privatisierung im ganzen bisher als einen Erfolg betrachten kann, läßt sich zur Zeit (Januar 1966) noch nicht beurteilen. Bei der Preußag und beim VW-Werk konnte man feststellen, daß bis heute, also über sechs bzw. vier Jahre nach der Privatisierung, noch die überwiegende Mehrzahl der Zeichner an ihrem Aktienbesitz festgehalten und damit zu erkennen gegeben hat, daß sie an einer langfristigen Anlage interessiert ist. Wenn es gelingt, den Volksaktionären trotz der zeitweise ungünstigen Kursentwicklung bei der VEBA die Überzeugung zu vermitteln, daß sie durch ihren Aktienbesitz an den Chancen (aber auch an den Risiken) einer modernen Wirtschaft beteiligt sind und daß Kapital und Arbeit sich nicht feindlich gegenüberstehen, sondern sich gegenseitig voraussetzen und sich ergänzen, dann ist für die freiheitliche Gesellschaftsordnung viel gewonnen. Es ist klar, daß auch ein solcher Wandel in den Auffassungen nicht von heute auf morgen kommen und daß die Volksaktie allein ihn nicht schaffen kann. Hinzu müssen insbesondere im Bereich der Erziehung und Ausbildung Maßnahmen treten, die die Menschen zu einer positiven Einstellung zur industriellen Welt und zum Wirtschaftssystem der Marktwirtschaft bringen.

Es bestehen berechtigte Aussichten, daß der Gedanke der dauerhaften Eigentumsbildung durch Erwerb von Aktien bei der Mehrzahl der Zeichner feste Wurzeln geschlagen hat.

Bei allen privatisierten Gesellschaften hat sich bisher kein Anzeichen dafür ergeben, daß ihr Ausscheiden aus der Beherrschung durch den Bund zu irgendwelchen Nachteilen, weder für die Gesellschaften selbst noch für ihre neuen Aktionäre, geführt hätte.

Kohlepolitik nach zwei Weltkriegen

Von Theobald Keyser[1]

Eine Darstellung der Kohlepolitik nach beiden Weltkriegen kann naturgemäß nicht in Einzelheiten gehen, sie hat vielmehr in großen Zügen die bestimmenden Momente und wesentlichen Linien der politischen Entscheidung zu kennzeichnen und sollte sich nach folgenden Gesichtspunkten ordnen:

— Kohlepolitik im internationalen Bereich,

— Kohlepolitik im nationalen Bereich,

wobei vor allem im nationalen Bereich zwischen den wirtschaftlichen und sozialen Problemen zu unterscheiden ist.

Die Kohlepolitik nach dem ersten Weltkrieg ist im internationalen Bereich bestimmt worden durch das Reparationsproblem. Unter denen, die für das Ende der Reparationen gekämpft haben, wird Hans Schäffer immer in der ersten Linie genannt werden müssen.

Der Friedensvertrag sah in seinem 8. Teil „Wiedergutmachungen" die Bestimmungen über Kohle vor. Die Kohlengruben des Saargebietes mußten abgetreten werden. Fünf Jahre lang sollten jährlich 40 bis 50 Mio. t, später fünf Jahre lang 33 Mio. t Kohle geliefert werden. Nach der Abstimmung in Oberschlesien am 20. 3. 1921, bei der 60 % der Bevölkerung für Deutschland, 40 % für Polen gestimmt hatten, wurde Oberschlesien geteilt. Deutschland verlor 42,5 % seiner Steinkohlenvorräte, 60 % seiner Zink- und 27 % seiner Bleiproduktion, Nach dem Beschluß des Obersten Rates der Alliierten vom Januar 1921 sollte Deutschland in 42 Jahren 226 Mrd. Goldmark und außerdem 12 % des Goldwertes seiner Ausfuhr zahlen.

J. M. Keynes, damals junger Mitarbeiter in der britischen Friedensdelegation, hat auf den wirtschaftlichen und politischen Widersinn

[1] Vom Jahre 1928 ab hat der Autor als junger Hilfsarbeiter im Kohlereferat des Reichswirtschaftsministeriums unter Ministerialrat Kralik und dem Abteilungsleiter, Ministerialdirektor Schäffer, die letzten Jahre des Kampfes gegen die Reparationen und die schweren Folgen der Kohlenkrise in den damaligen Jahren erlebt. Er konnte nach dem zweiten Weltkrieg zunächst als Mitarbeiter von Herrn Kost in der Deutschen Kohlenbergbauleitung und später als Hauptgeschäftsführer der Wirtschaftsvereinigung Bergbau und des Unternehmensverbandes Ruhrbergbau die Kohlenpolitik aus nächster Nähe beobachten.

dieser Bestimmungen hingewiesen. Für mich ist dieser „Vorgang" immer eine Warnung und eine Mahnung gewesen, auch die Ansichten junger Mitarbeiter gut anzuhören — wie es im alten Reichswirtschaftsministerium und in der Abteilung Schäffer so vorbildlich geübt wurde.

Die weitere Entwicklung der Reparationsfrage und der Sachlieferungen Kohle sollen nur durch folgende Stichworte in der Erinnerung anklingen:

Juli 1920 Konferenz in Spa mit Reichskanzler Fehrenbach. Hugo Stinnes als Sachverständiger.

Mai 1921 Londoner Zahlungsplan mit Reparationsverpflichtungen in Höhe von 132 Mrd. Goldmark und vorerst 3 Mrd. Goldmark Annuität, nachdem im März 1921 Düsseldorf, Duisburg und Ruhrort als „Sanktion" besetzt waren; Zollsperre zwischen dem Rheinland und dem Reich.

Januar 1923 Besetzung des Ruhrgebietes durch eine Ingenieur-Kommission, die von Truppen geschützt wurde wegen der „absichtlichen Verfehlungen Deutschlands aus Kohlen- und Holzlieferungen". Passiver Widerstand an der Ruhr. Zusammenbruch des Wertes der Mark[2].

1924 Sachverständigenausschuß unter Vorsitz von Dawes. Annahme des Dawes-Plans im sogenannten Londoner Pakt (August 1924). Ruhrbefreiung.

1929 Sachverständigen-Konferenz — Young-Plan — mit Senkung der Annuitäten. Rücktritt Vöglers als Sachverständiger[2].

1929/30 1. und 2. Haager Konferenz, auf der Lord Snowden als britischer Schatzkanzler bezeichnenderweise für eine Senkung der deutschen Reparationskohlenlieferungen eintrat, um englische Kohle an deren Stelle zu setzen.

1931 Zusammenbruch der geborgten Konjunktur. Übertritt des Ministerialdirektors Schäffer als Staatssekretär in das Reichsfinanzministerium.

9. Juli 1932 Unterzeichnung des Abkommens von Lausanne durch Papen, der am 1. Juni 1932 an die Stelle Brünings getreten war.

Im nationalen Bereich stellte sich nach den Ereignissen im Jahre 1918 mit aller Klarheit und Deutlichkeit das Sozialisierungsproblem. Am 23. März 1919 wurde das Sozialisierungsgesetz verkündet und im Zuge dieses Gesetzes am gleichen Tage das Kohlenwirtschaftsgesetz

---

[2] Vgl. hierzu die Auseinandersetzung mit Schacht, die Hans Schäffer in der Voss. Zeitung 1931 in einem 3-Sterne-Artikel zum Schacht'schen Buch „Das Ende der Reparationen" veröffentlichte.

erlassen. Unter dem 21. August 1919 ergingen die Ausführungsbestimmungen zum Gesetz über die Regelung der Kohlenwirtschaft.

Das Ziel der Sozialisierung wurde aufgegeben, weil eine „Vollsozialisierung“, wie sie dem Erfurter Programm der Sozialdemokraten vorgeschwebt hatte, im Chaos des wirtschaftlichen und politischen Zusammenbruchs undurchführbar war. Man hat damals bewußt auf den Umbau eines grundlegenden Wirtschaftszweiges verzichtet, obwohl diese Umgestaltung aus idelogischen Gründen weiten Volkskreisen erwünscht gewesen wäre. Der wirtschaftliche Vorteil einer Sozialisierung war zumindest zweifelhaft, und der Staat war klug genug, angesichts anderer wichtigerer Aufgaben seine Möglichkeiten nicht zu überschätzen.

Man einigte sich auf einen Kompromiß, auf die von Wissell und von Möllendorf empfohlene „Gemeinwirtschaft“. Die Kohlenwirtschaft wurde unter den Grundsatz der Selbstverwaltung gestellt. Oberstes Organ der Kohlenwirtschaft war der Reichskohlenrat, ein Wirtschaftsparlament, das aus Vertretern der Arbeitgeber und Arbeitnehmer des Kohlenbergbaus, des Kohlenhandels und der Kohlenverbraucher sowie aus Vertretern der Länder und der Wissenschaft zusammengesetzt war. Unter der Oberleitung des Reichskohlenrats wurde die Kohlenwirtschaft in Syndikaten zusammengefaßt, die für die einzelnen Bergbaubezirke gegründet wurden. Zwischen ihnen und dem Reichskohlenrat stand der aus den Syndikaten gebildete Reichskohlenverband. Die Leitung des Reichskohlenverbandes lag in Personalunion in den Händen des Reichskohlenkommissars; dieser hatte als nachgeordnete Behörde des Reichswirtschaftsministers den Verkehr mit Kohle, insbesondere die Einfuhr zu regeln (Bekanntmachung vom 28. 2. 1917).

Das Kohlenwirtschaftsgesetz ist seinerzeit von ersten Kennern der Kohlenwirtschaft formuliert und bearbeitet worden, wobei besonders der damalige Leiter des Kohlenreferats im Reichswirtschaftsministerium, Geheimrat Brecht, und das spätere Vorstandsmitglied des Rheinisch-Westfälischen Kohlensyndikats, Bergrat Herbig, zu nennen sind. Unter genauer Beachtung der besonderen Lage der Kohle und in detaillierter Kenntnis der kohlenwirtschaftlichen Notwendigkeiten und Zusammenhänge sind die Bestimmungen des Gesetzes nach eingehenden Beratungen mit den Sachverständigen der Kohlenwirtschaft formuliert worden. Heute, wo jede energiewirtschaftliche Eintagsfliege meist wenig sachverständig dem grellen Tageslicht ausgesetzt wird, überrascht es, wenn Geheimrat Brecht für die Ausarbeitung des Kohlenwirtschaftsgesetzes feststellt, daß „die Behandlung der Einzelheiten in Sachverständigen-Ausschüsse verlegt und den Einflüssen der lärmenden Tagespolitik entzogen wurde“.

Das Kohlenwirtschaftsgesetz enthielt eine Menge Möglichkeiten und Ermächtigungen, die einem auf Beschäftigung und Machtausübung bedachten Beamtenapparat jede Befriedigung solchen Dranges eröffnete. Die für die Kohlenwirtschaft verantwortlichen Männer sind einer solchen Versuchung nicht erlegen. An dieser Stelle muß anerkannt werden, mit welcher Verantwortung und mit welchem Sachverstand die damaligen Beamten im Reichswirtschaftsministerium — zu nennen sind neben anderen insbesondere Trendelenburg, Schäffer und Kralik, aber auch die Männer des Reichskohlenrats, in erster Linie Berghauptmann Bennhold, der Reichskohlenkommissar Geheimrat Stutz, und die verantwortlichen Männer im Reichskohlenverband, wie Geheimrat Keil, Dr. Bonikowsky und andere — sich immer wieder eingesetzt haben, um im Sinne des wohlverstandenen Gemeinwohls für eine gesunde Kohlenwirtschaft und damit auch für die in der Kohle Beschäftigten einzutreten. Auch die damaligen Reichswirtschaftsminister haben — unabhängig von der politischen Einstellung, ob es Curtius und Moldenhauer von der Deutschen Volkspartei oder Robert Schmidt als Sozialdemokrat oder Dietrich als Freier Demokrat war — stets dem Ziele einer gesunden Kohlenwirtschaft gedient. Das Kohlenwirtschaftsgesetz ist unter den damals gegebenen Verhältnissen ein gutes Gesetz gewesen, es ist insbesondere gut gehandhabt und durchgeführt worden.

Am 2. November 1923 wurde die Kartellverordnung erlassen. Die Syndikate des Kohlenbergbaus blieben unberührt, weil man sich der besonderen Probleme und der Eigenart des Kohlenbergbaus bewußt war. R. Isay gibt in seinem Vortrag „Deutsches Kohlenwirtschaftsrecht" vom 18. 1. 1952[3] eine klassische Begründung:

„Der Nachteil dieser Organisationsform der Syndikate besteht in der Gefahr, daß das Preisniveau erstarrt. Zwar unterliegen die Preise behördlicher Kontrolle. Aber keine Preisprüfungsstelle kann ebenso wirksam arbeiten wie der freie Wettbewerb. Man könnte daher theoretisch folgern, es sei volkswirtschaftlich erwünscht, gelegentlich die Preise und den Kampf um den Abnehmer freizugeben. Natürlich sei bei der Auswahl des geeigneten Zeitpunkts Vorsicht am Platze. Würde die Freigabe in einem Augenblick der Kohlenknappheit erfolgen, so würde das Gegenteil des gewünschten Erfolgs eintreten. Statt daß der Kampf der Lieferanten um den Kunden eine Preissenkung auslöste, würde das Wettrennen der Verbraucher um die lebenswichtige Kohle zu einer Preissteigerung führen. Die Freigabe des Kohlenverkaufs und der Preise müsse in dem Augenblick erfolgen, in dem eine Hochkonjunktur umschlägt. In diesem Moment hätten die Zechen ein dringendes Interesse daran, ihre bisherige Vollbeschäftigung aufrechtzuerhalten, und würden zu diesem Zwecke auch zu Preisnachlässen bereit sein. Die Preisermäßigung der Kohle würde sich durch die Wirtschaft fortpflanzen und der erlahmenden Konjunktur neuen Auftrieb geben.

[3] Isay, R.: Deutsches Kohlenwirtschaftsrecht im Rahmen des Schuman-Plans, München und Berlin 1952, S. 29, 30.

Diese zunächst einleuchtenden und für andere Wirtschaftszweige zutreffenden Erwägungen sind für die Kohle unrichtig. Angesichts der Eigentümlichkeiten des Kohlenbergbaus würde die Behörde, die bei absinkender Konjunktur die Freigabe des Kohlenverkaufs anordnen wollte, sich bald in der Rolle des Zauberlehrlings befinden, der die Geister, die er rief, nicht meistern kann. Bei dem hohen stehenden Kapital und den großen fixen Kosten des Kohlenbergbaus bedeutet Vollbeschäftigung einen so entscheidenden Vorteil, daß alle Betriebe der Kundschaft bedeutende Preisnachlässe gewähren würden, die es sich wegen günstiger Kohlenvorkommen und guter Finanzlage irgend leisten können. Dann aber sind auch die Betriebe gezwungen mitzumachen, für welche ermäßigte Preise bereits einen Verlust bedeuten. Andernfalls droht ihnen nämlich die Stillegung, d. h. der Totalverlust ihres Vermögens, da bei Stillegung des Betriebes das Bergwerk ersäuft. Die besser situierten Betriebe werden, um ihre Vollbeschäftigung aufrechtzuerhalten, mit einer neuen Preisermäßigung antworten, und das Preisniveau kann erst dann zur Ruhe kommen, wenn so viel Betriebe ausgeschieden sind, daß das Angebot wieder dem Bedarf entspricht. Die Arbeiter dieser Betriebe werden brotlos, und statt der erhofften Belebung tritt eine Erschütterung der Wirtschaft ein. Wenn später die Konjunktur sich bessert, so fehlen die ersoffenen Schächte zur Deckung des sich erneut meldenden Bedarfs. Das Nationalvermögen ist um diese Schächte und um die Kohle vermindert, die von ihnen aus zugänglich gewesen wäre."

Aus diesen Überlegungen folgert Isay:

„Jedes Kohlenwirtschaftsgesetz, das seine Aufgabe erfüllen soll, muß eine Synthese von Marktregelung und Wettbewerbsfreiheit ermöglichen. Es darf weder das eine noch das andere Prinzip einseitig verfolgen, sondern muß ein Gleichgewicht zwischen beiden zu erzielen suchen. Der Punkt, wo dies Gleichgewicht hergestellt wird, darf nicht starr festgelegt sein, sondern muß sich entsprechend der Wirtschaftslage bald nach dieser, bald nach jener Seite hin verschieben lassen."

Durch das Kohlenwirtschaftsgesetz, die hierzu erlassenen Ausführungsbestimmungen und durch die Kohlenpolitik des Reichskohlenkommissars sind klare rechtliche und sachliche Linien nach den Forderungen der Gemeinwirtschaft und des Gemeinwohls festgelegt worden. In den acht Jahren meiner Tätigkeit im Reichswirtschaftsministerium von 1928 bis 1936 wurden einmal jährlich im Reichstag Kohlenfragen behandelt, nämlich aus Anlaß der Kohlenlieferungen zugunsten Minderbemittelter auf Kosten des Reichsetats. Sonst ist in all den Jahren im Reichstag nie über Kohle- und Energiepolitik — dieses Wort wurde schon damals von Geheimrat Brecht geprägt — gesprochen worden. Aufgrund der gesetzlichen Grundlagen war eine klare Kohlenpolitik möglich, und es war nicht notwendig, in wiederholten Energiedebatten den Reichstag zu bemühen und statt festgelegter Grundsätze der Energiepolitik jeweils ad hoc-Maßnahmen aus der Situation heraus und noch dazu im Parlament zu behandeln.

Diese Kohlepolitik beruhte auf dem Grundsatz des Gemeinschaftsverkaufs in den einzelnen Kohlerevieren und einer mengenmäßigen Beeinflussung der Kohleneinfuhr.

Ohne diese klare Linie hätte bei den nun einmal in der Kohle gegebenen Marktgegebenheiten ein Kampf aller gegen alle zu einem Niedergang des deutschen Kohlenbergbaus geführt. Die heutige Generation wird sich kaum vorstellen können, welche Folgen sich für den deutschen Bergbau trotz dieser klaren Kohlepolitik aus der allgemeinen wirtschaftlichen Entwicklung ergeben haben. Im Laufe der 20er Jahre wurde an der Ruhr eine Förderkapazität von mehr als 12 Mio. Jahrestonnen stillgelegt. Dazu traten von 1929 bis 1932 weitere 15 Mio. Jahrestonnen, davon allein 9,3 Mio. Jahrestonnen im Jahre 1931. Die Kohlenförderung an der Ruhr sank von 123,6 Mio. t im Jahre 1929 auf 73,3 Mio. t im Jahre 1932. Im gleichen Zeitraum ging die Belegschaft von 382 000 Mann auf 206 000 Mann zurück, die Feierschichten stiegen von 0,18 auf 4 im Monatsdurchschnitt der genannten Jahre. Die Leistung stieg unter Tage von 1,56 t auf 2,16 t, mit Hilfe dieser Leistungssteigerungen sanken die Lohnkosten je t Förderung von 6,77 M auf 3,83 M.

Diese Zahlen zeigen, welche Belastungen die deutsche Wirtschaft und der deutsche Bergbau damals unter dem Druck der Reparationen und der allgemeinen wirtschaftlichen Entwicklung übernehmen mußten. Die steigenden Arbeitslosenziffern redeten eine deutliche Sprache und führten schließlich zu den bekannten Ereignissen.

Gegen eine solche Entwicklung war jede Kohlenpolitik machtlos. Der entscheidende Unterschied gegenüber der heutigen Lage besteht jedoch darin, daß der Kohlenbergbau seinerzeit trotz einer klaren Linie in der Kohlenpolitik mitverhaftet war im allgemeinen wirtschaftlichen Niedergang. Heute liegen die Probleme eben gerade umgekehrt: der Bergbau ist in einer sonst blühenden Wirtschaft einseitig das Opfer einer Politik, die ihn einem völlig verzerrten Wettbewerb aussetzt und diese diskriminierende Wettbewerbslage als Strukturkrise bezeichnet.

Diese Darstellung der Kohlenkrise in den 20er Jahren, insbesondere ihrer sozialen Folgen zeigt deutlich, welche schweren Probleme in bezug auf Stillegungen, Rationalisierung und Stärkung der wirtschaftlichen Grundlagen der damaligen Generation von Bergleuten gestellt waren.

Heute kann bei den Verhandlungen der Sozialpartner die Erkenntnis, wenn auch nicht immer die praktische Anwendung dieser Einsicht unterstellt werden, daß eine gesunde Sozialpolitik ohne gesunde Wirtschaftsverhältnisse insgesamt und in den einzelnen Bereichen nicht durchgeführt werden kann und umgekehrt ohne gesunde soziale Verhältnisse eine gesunde Wirtschaft nicht möglich ist. Zur damaligen Zeit waren diese Erkenntnisse noch nicht so weit gediehen. Insbesondere spielten in diesen Jahren auf Arbeitnehmerseite die marxistischen

Begriffe von Mehrwert, Ausbeutung und einem irgendwie unerschöpflichen Unternehmergewinn, aus dem alles bezahlt werden kann, eine wesentliche Rolle. Zwar wurde das bekannte Abkommen Stinnes — Legien abgeschlossen, aber die Wirksamkeit in der politischen Praxis war nicht tiefgehend.

So wurde trotz steigender Arbeitslosigkeit weiter gefordert. Deutlich erinnere ich mich der Beratungen im Großen Ausschuß des Reichskohlenrats, in denen Husemann und Imbusch sogar unter „Wettbewerbs"gesichtspunkten zwischen freien und christlichen Gewerkschaften immer wieder auf Lohnerhöhungen drängten, die bei der hohen Arbeitsintensität der Kohle zwangsläufig mit Preiserhöhungen verbunden sein mußten. Das Vetorecht des Reichswirtschaftsministers konnte keine retardierende Wirkung gegenüber solchen Preiserhöhungen haben. So vermehrten sich die Feierschichten, Stillegungen wurden durchgeführt, bisher abbauwürdige Lagerstätten wurden aufgegeben. Und diese unausbleiblichen Folgen einer auch den Interessen der Arbeitnehmer nicht entsprechenden Lohnpolitik waren nicht so zu verkraften wie heute, wo bei Entlassungen im Bergbau genügend freie Arbeitsstellen in anderen Bereichen zur Verfügung stehen.

Es war eindeutig, daß jede Lohnerhöhung zwar gewisse Vorteile für die Weiterbeschäftigten bot, aber auf Kosten derjenigen, die aus dem Produktionsprozeß ausgeschaltet werden mußten. Hier drängt sich zwingend die ewig alte und ewig junge Frage auf, wo die Grenzen einer vernünftigen Sozialpolitik liegen und ob nicht durch ein Überschreiten dieser Grenze lediglich ein sozialpolitischer Vorteil für eine begrenzte Gruppe zu Lasten einer anderen benachteiligten Gruppe erzielt werden kann. Gerade auf sozialem Gebiet sind als Erfahrung folgende Sätze festzuhalten: soziale Forderungen und wirtschaftliche Möglichkeiten müssen nicht zuletzt auch im sozialen Interesse zu einer Einheit zusammenfinden. Sie können nicht unter gegensätzlichen Gesichtspunkten behandelt werden. Man kann sich nicht der Illusion hingeben, als ob sozialer Fortschritt unter Vernachlässigung der wirtschaftlichen Grundlagen erreichbar wäre. Ein Verstoß gegen diesen Grundsatz führt zu sozialpolitisch nicht zu verantwortenden Folgen. Sozialpolitik steht immer in der Gefahr, eine „Ausbeutung" der Arbeitnehmer und der Wirtschaftsbereiche untereinander zu begünstigen, in der Situation der damaligen Jahre ...: Die in Arbeit verbleibenden Bergarbeiter beuten durch ihren hohen Lohn diejenigen aus, die ihren Arbeitsplatz verloren haben und auf unzureichende Arbeitslosenunterstützung angewiesen sind.

Auf dem Leipziger Kongreß der Freien Gewerkschaften im Jahre 1925 hat Dissmann erklärt: „Es ist wirklich keine besondere Leistung für einzelne Berufsgruppen, einen Pfennig mehr Lohn herauszuholen;

das haben uns die Unternehmer oft genug angeboten. Besondere Lohnerhöhungen für besondere Facharbeitergruppen erfolgen nur auf Kosten der Arbeiterschicht. Wo bleibt die Pflege der allgemeinen Solidarität?" Aus diesen Erkenntnissen sind weder früher noch heute Schlußfolgerungen gezogen worden. Für die Zeit nach dem 1. Weltkrieg gilt für den Bergbau das Zitat aus einer gewerkschaftlichen Veröffentlichung des Jahres 1927, die im Jahre 1955 erneut erschienen ist: „Was wir heute haben, das ist nicht Lohnpolitik, sondern Lohnanarchie ... Eine richtige Lohnpolitik aber kann nicht von einer Seite eingeleitet und durchgeführt werden, sondern bedarf der Zusammenarbeit von Unternehmern und Arbeitern ... Sie werden sich finden, wenn auch das Schicksal solche Männer anscheinend dazu bestimmt hat, zum guten Schluß von beiden Seiten verprügelt zu werden[4]."

Im Jahre 1933 endete der Kampf um das Ende der Reparationen, an dem Hans Schäffer in vorderer Reihe beteiligt war. Der Reichsregierung Hitler wurde weitgehend bewilligt, was man einer Reichsregierung Brüning und Männern wie Schäffer verweigert hatte.

Die Ausgangslage nach dem 2. Weltkrieg ist allen, die diese Jahre erlebt haben, in schwerer Erinnerung. In der Reparationspolitik nach dem 2. Weltkrieg spielte das Problem der Kohle wiederum eine besondere Rolle. Die Besatzungsmächte übernahmen zunächst die volle Verantwortung für alles Geschehen im deutschen Kohlenbergbau. Den Führungskräften wurden weitgehend die Führungsaufgaben entzogen; sie wurden in Lager überführt. Da dieser Weg sich bald als falsch erwies, erfolgte eine gewisse Delegierung der Verantwortung an eine deutsche Stelle, die Deutsche Kohlenbergbau-Leitung.

Die Besatzungsmächte belasteten mit ihren Ideologien und der Forderung nach Dekartellisierung und Dekonzentration die deutsche Wirtschaft, insbesondere die deutsche Kohlenwirtschaft mit dem ausgesprochenen Ziel, eine Angleichung an den wirtschaftlichen Stand in den anderen Ländern zu verhindern.

Das Gesetz 27 der Alliierten Hohen Kommission vom 16. Mai 1950 verfolgte eine Umgestaltung des deutschen Bergbaus und der deutschen Stahlindustrie, um eine „übermäßige Konzentration wirtschaftlicher Macht, die eine Bedrohung für den Völkerfrieden oder die Aufrechterhaltung einer demokratischen Regierungsform in Deutschland darstellt oder den Handel ungebührlich beschränkt zu beseitigen". Die Unternehmen unterlagen zunächst der Beschlagnahme durch die Alliierte Hohe Kommission. Die Vermögenswerte des Kohlenbergbaus wurden sodann nach deutschem Recht zu gründenden „Einheitsgesellschaften" übertragen.

---

[4] Brauer, Theodor: Expansive Lohnpolitik. Gewerkschaftliche Monatshefte 6 (1955), Nr. 2, S. 89.

Die Forderungen, die das Leben stellte, gingen bald über viele der ursprünglich von den Alliierten vertretenen Auffassungen hinweg. Sehr bald wurde die Forderung erhoben, die letzte Tonne Kohle zu fördern, weil, wie mir später ein Mitglied der damaligen alliierten Kohlenbehörde sagte, „die Besatzungsmächte sich klar darüber waren, daß sie den Frieden nicht weiter verlieren durften“. In der alliierten Kohlenbehörde saßen kohlenwirtschaftlich sachverständige Männer, die sich mit allen Mitteln für eine höchstmögliche Kohlenförderung einsetzten.

Der im Jahre 1951 geschlossene Vertrag über die Europäische Gemeinschaft für Kohle und Stahl wurde vom deutschen Bergbau mit großen Erwartungen begrüßt. Schon damals war den Kennern der Kohlenwirtschaft jedoch klar, daß der kohlenwirtschaftliche Sachverstand bei der Abfassung dieses Planes nicht in bevorzugter Weise zur Anwendung gekommen ist. Der Schuman-Plan wollte für Kohle und Stahl auf dem Gebiete der Teilnehmerstaaten (Deutschland, Frankreich, die Benelux-Staaten und Italien) einen einheitlichen Markt herstellen, auf dem freier Wettbewerb aller Erzeugnisse herrscht. Die Ländergrenzen sollten für jene beiden Wirtschaftszweige nicht mehr existieren. Weder Zölle sollten auf Kohle und Stahl an den Grenzen erhoben werden, noch sollten durch Einfuhrkontingente, Frachttarife oder Subventionen die eigene Erzeugung künstlich geschützt und der Wettbewerb verfälscht werden. Von dem so ermöglichten großräumigen Markt erhoffte man sich eine Ausbreitung der Produktion, eine bessere Versorgung der Verbraucher und eine Erhöhung des allgemeinen Lebensstandards.

Man war sich aber klar darüber, daß dieser freie Wettbewerb nicht von vornherein möglich war und sah deshalb Übergangsregelungen vor. Die Kohlenvorkommen in Frankreich und insbesondere in Belgien sind weniger günstig beschaffen, sie weisen eine geringere „Intelligenz der Flöze“ auf als in der Bundesrepublik. Durch Übergangsregelungen versuchte man, diesem Tatbestand Rechnung zu tragen, wobei allerdings nicht beachtet wurde, daß durch noch so weitherzige Übergangsregelungen das Faktum unterschiedlicher geologischer Strukturen nicht aus der Welt geschafft werden kann. Der Schuman-Plan ging ferner von der damals gegebenen Mangellage aus; das Problem eines Kohlenüberflusses wurde nur unvollkommen berücksichtigt. Die Artikel 58 (Überflußlage) und Artikel 59 (Mangellage) erwiesen sich in der Praxis als schwer durchführbar. Der Versorgungspflicht in Mangelzeiten stand keine Abnahmepflicht in Überflußzeiten gegenüber, eine vom wirtschaftlichen, aber noch mehr vom sozialen Standpunkt gesehen schwer verständliche Regelung. Die Bestimmungen der Festsetzung von Höchst- und Mindestpreisen (Artikel

61) wurden ebenso einseitig nur für Höchstpreise praktiziert. Der Schuman-Plan weist insbesondere in den Artikeln 65/66 deutliche Diskriminierungen zu Lasten der privatwirtschaftlich organisierten Kohlenbergbauzweige auf.

Als besonders belastend für den deutschen Kohlenbergbau haben sich die Kartellbestimmungen (Artikel 65) erwiesen. Während die Alliierten, solange sie die Verantwortung trugen, das stärkste Kohlenkartell in Deutschland aufbauten, wurde durch den Schuman-Plan, das Prinzip der Dekartellisation wieder zu neuem Leben erweckt. Nur von belgischer Seite wurde für eine Fassung des Artikels 65 gekämpft, die einen Gemeinschaftsverkauf ermöglicht hätte. Die deutsche Seite hatte trotz der Überlegungen und Erfahrungen bei Abfassung des deutschen Kohlenwirtschaftsgesetzes gegen ein allgemeines Kartellverbot keine Bedenken. Bezeichnend ist gerade in diesem Zusammenhang eine Äußerung eines französischen Mitglieds der Hohen Behörde, wonach der Schuman-Plan nicht zuletzt eine Fortsetzung der Besatzungspolitik im Auge gehabt habe.

Einer der größten Mängel des Schuman-Plans liegt darin, daß er den Energieträger Öl nicht berücksichtigt. Daraus folgt, daß die Hohe Behörde nur für Kohle zuständig ist, während sie auf dem Ölmarkt nichts zu sagen hat. Es gelten demgemäß gänzlich unterschiedliche Bestimmungen für Kohle und Öl, obwohl der Energiemarkt wegen der Substitution von Kohle und Öl und umgekehrt jeder wirtschaftlichen Vernunft entsprechend nur als Einheit betrachtet werden kann.

Die Erkenntnis der Notwendigkeit einer Änderung des Vertrages hat sich heute in immer stärkerem Maße durchgesetzt; eine Vertragsrevision ist vom Europäischen Parlament und von der Hohen Behörde immer wieder gefordert worden. Das Versäumnis, Sachverständige der Kohlenwirtschaft bei Abfassung des Vertrages auch auf deutscher Seite ausreichend heranzuziehen und auch zu hören, wie es bei Abfassung des deutschen Kohlenwirtschaftsgesetzes im Jahre 1920 vorbildlich geschehen war, hat sich bitter gerächt.

Gerade nach den oben angeführten Erfahrungen mit der Handhabung des deutschen Kohlenwirtschaftsgesetzes nach dem 1. Weltkrieg muß festgestellt werden, daß beim Schuman-Plan sicher auch die Möglichkeit bestanden hätte, durch eine vernünftige Handhabung Mängel des Vertrages zu überwinden. Stattdessen waren Formalismus und Rechtspositivismus weitgehend bestimmend, die die Kohlenwirtschaft, insbesondere die deutsche Kohlenwirtschaft, schwer belasteten und, was weit schlimmer ist, dem europäischen Gedanken des Schuman-Planes ausgesprochen Abbruch getan haben. Bedauerlicherweise sind überdies die großen Präsidenten der Hohen Behörde, Monnet und

Mayer, und der deutsche Vizepräsident Etzel, die sicherlich mit den Mängeln des Vertrages fertiggeworden wären, zu früh abgetreten.

Als Musterbeispiel einer verfehlten Vertragsanwendung ist das Ruhrkohle-Urteil des Gerichtshofes vom 18. Mai 1962 anzusehen. Der Gerichtshof vertritt hier die Auffassung, der Kohlemarkt sei oligopolistisch, wodurch die Möglichkeit einer gemeinsamen Marktstrategie und damit der Preisbestimmungsmacht gegeben sei. Zum Vergleich zieht der Gerichtshof allein die auf dem Kohlemarkt bestehenden Organisationen (Charbonnages de France) heran und läßt unberücksichtigt, daß der Ruhrbergbau in den Giganten der internationalen Mineralölkonzerne die entscheidenden Konkurrenten gefunden hat. Dies wird besonders deutlich durch den rapide abfallenden Anteil der Steinkohle am Gesamtenergieverbrauch der Bundesrepublik von 70,7 % im Jahre 1955 auf 47 % im Jahre 1964. Im gleichen Zeitraum stieg der Anteil des Heizöls von 9,5 % auf 40 %.

So mußte das Schicksal seinen Lauf nehmen. Die oben skizzierten Ziele des Schuman-Planes, die auf einen großen gemeinsamen Markt gerichtet waren, wurden immer weiter ausgehöhlt. Der geforderte gemeinsame Markt für Kohle ist in Wirklichkeit nicht zustande gekommen. Frankreich hat sein Instrumentarium zur Erhaltung der einheimischen Industrie sowohl auf dem Gebiete der Kohle als auch des Öls aus erklärlichen und verständlichen Gründen nie aufgegeben. Selbst Belgien hat seine Kohlengruben in weitem Maße nicht dem freien Wettbewerb geopfert. Holland, das in der Kohle als Exponent der freien Marktwirtschaft und der ursprünglichen Ziele des Schuman-Planes aufgetreten ist, hat in dem Augenblick, als es auf dem Gebiete Erdgas selbst zum Produzenten wurde, auf eine einheimische nationale Energiepolitik nicht verzichtet. Aus dem Gemeinsamen Markt ist tatsächlich ein „Ferment der Desintegration" geworden, und die Hohe Behörde sah sich gezwungen, in der Subventionsentscheidung von 1964 das ursprüngliche Ziel des Schuman-Planes einen unverfälschten echten Wettbewerb innerhalb eines großen Gemeinsamen Marktes aufzugeben, indem sie sich ein Instrumentarium zur Genehmigung unterschiedlicher Subventionen schuf.

Artikel 3 des Montanvertrages verlangt, daß Voraussetzungen erhalten bleiben, die einen Anreiz für die Unternehmen bieten, ihr Produktionspotential auszubauen und zu verbessern, der Artikel fordert ferner eine Politik rationeller Ausnutzung der natürlichen Hilfsquellen unter Vermeidung von Raubbau zu verfolgen, wobei die Organe der Gemeinschaft gehalten sind, auf eine Verbesserung der Lebens- und Arbeitsbedingungen der Arbeiter hinzuwirken. Bei der Interdependenz zwischen wirtschaftlichen Voraussetzungen und sozialen Folgen besteht eine immer größere Gefahr, daß der Bergmann die ihm gebührende Sozialstellung nicht halten kann. Die in Artikel 3 des Schuman-Planes genannten Ziele sind bisher nicht erreicht worden.

Der Schuman-Plan verpflichtet in Artikel 86 die Mitgliedsstaaten zur Mitarbeit. Die Bestimmung hätte die Organisation der deutschen Kohlenwirtschaft im Rahmen des Schuman-Planes ermöglicht. Es ist seinerzeit versucht worden, durch ein deutsches Kohlenwirtschaftsgesetz unter Beachtung der Bestimmungen des Schuman-Planes Formen der Organisation zu schaffen, um wenigstens einige der gekennzeichneten Mängel des Vertrages aufzufangen. Es ist damals sogar mit den Unterschriften Hueck für die Unternehmerseite und August Schmidt für die Gewerkschaftsseite ein solcher Entwurf vorgelegt worden. Man war aber auch auf seiten der Bundesregierung in der ersten Euphorie des Schuman-Planes so sehr von der Wirksamkeit der getroffenen internationalen Vereinbarungen überzeugt, daß diesen Erwägungen der unmittelbar betroffenen Unternehmer und Arbeitnehmer im Kohlenbergbau keine Beachtung geschenkt wurde. Infolgedessen ist nach dem 2. Weltkrieg kein klares gesetzliches Instrumentarium auf nationaler Ebene geschaffen worden. Die Kohle mußte sich den diskriminierenden Bestimmungen des Schuman-Planes, insbesondere dem Artikel 65, unterwerfen; im nationalen Bereich wurde ihr immer wieder aufgegeben, sich in den allgemeinen Rahmen der Sozialen Marktwirtschaft einzufügen.

So kam es nicht zu einem nationalen Instrumentarium für die Kohlenwirtschaft. Bestimmend für die deutsche Energiewirtschaftspolitik war allgemein die Forderung nach möglichst billiger und möglichst sicherer Energie, wobei die entscheidende Frage der Sicherheit der Versorgung lange Jahre nicht ernst genommen wurde. Die Streuung der Ölbezugsquellen in der Welt und die Vorstellung, daß in allen Krisenlagen die Zufuhr gesichert sei, beherrschten das energiepolitische Feld.

Die Forderung nach Billigkeit der Energieversorgung hatte damit den eindeutigen Vorrang. Dieser billige Energiepreis wurde erzielt durch eine klare Preisbindung für Kohle in der Mangellage und durch einen zügellosen Wettbewerb, sobald der Energieüberfluß eintrat. Solange die Weltmarktpreise für Öl und Einfuhrkohle weit über den Förderkosten für deutsche Kohle lagen, wurden die deutschen Kohlenpreise gebunden; sobald die Ölpreise einschließlich der Seefrachten unter das Kostenniveau der deutschen Kohlenpreise fielen, wurde der Kohlenbergbau „in den Wettbewerb gestellt". Preisgebundene Kohle beim Wiederaufbau, entsprechende Opfer von Bergbau und Bergmann, keine ausreichenden Investitionen und damit verbunden nur begrenzte Rationalisierungsmöglichkeiten, keine innere Rüstung für schwierige Wettbewerbslagen waren die Folgen. Dazu traten die Belastungen aus dem Schuman-Plan, die als weiteres politisches Opfer gewürdigt werden müssen.

Die billigen Energiepreise wurden in der Bundesrepublik zu einer Art Fetischglauben. Es bedarf keiner Begründung, daß andere Kosten in jeder Volkswirtschaft eine viel bedeutendere Rolle spielen. Löhne, Mieten, Baupreise sind von ungleich größerem Gewicht. Und alle Kunststücke, die Bedeutung der Energiepreise „aufzuwerten“, indem auch mittelbare Energiekosten einbezogen werden oder auf besonders energieintensive Wirtschaftszweige verwiesen wird, ändern nichts an der Tatsache der ungleich höheren Bedeutung anderer Kosten für eine Volkswirtschaft. Aber die Energiekosten sollten offenbar einen besonderen Virus oder eine Potenz enthalten, von denen allgemeines Preisniveau, Stabilität der Währung und alle übrigen für eine Volkswirtschaft wichtigen Funktionen abhängen. In amtlichen Unterlagen stehen Sätze, daß sogar der gesamte soziale Fortschritt von billiger Energie abhängt, womit unzutreffende Vorstellungen über den Anteil der Energiekosten an den Gesamtkosten der volkswirtschaftlichen Produktion ausgelöst werden. Nach Ermittlungen der amtlichen Statistik sind beispielsweise die Energiekosten auf etwa 4 % des Wertes der industriellen Produktion in der Bundesrepublik zu beziffern, wogegen die Personalkosten mit mehr als 22 % fünfmal so hoch liegen.

In ihrem durch Preisbindung und alle anderen Opfer geschwächten Zustand wurde die Kohle dem ungleichen Wettbewerb der Marktmacht und der Finanzstrategie der großen internationalen Mineralölkonzerne ausgeliefert. Der Leidensweg der deutschen Kohle, die über die besten Anlagen in Europa verfügt, begann.

Dies „In den Wettbewerb stellen“ fiel — sonst wäre dieser Weg einer Energiepolitik sicher nicht gegangen worden — mit der inzwischen eingetretenen Überflußlage auf dem Ölmarkt der Welt zusammen. Im Jahre 1958 schlug das Pendel auf dem Ölmarkt als Folge der Suezkrise um. Die Ölförderung wurde auf der ganzen Linie gesteigert. Alle Länder trafen zum Schutze der einheimischen Energiequellen Maßnahmen gegen diese große Ölwelle. So werden in den USA — ein Beispiel für viele — die einheimische Ölförderung und die Einfuhr ausländischen Öls kontrolliert; der Bau von Pipelines und die Förderung von Erdgas, Preise, Gewinne, Zölle usw. sind weitgehenden Bestimmungen der Regierung unterworfen. Die Energieimporte sind auf 12,5 % der einheimischen Produktion beschränkt. Die USA — ähnlich andere große Industrieländer — leisten sich somit bewußt im Interesse der Sicherheit höhere Energiepreise. Bei freier Öleinfuhr in die USA könnte die amerikanische Volkswirtschaft die Ölpreise in den USA um etwa 23,— bis 29,— DM/t senken. Die hierdurch möglichen Einsparungen von 12 Mrd. DM entsprechen etwa dem Anderthalbfachen des

Umsatzes der Ruhrkohle. Die meisten Industrieländer, insbesondere auch die USA, verzichten somit bewußt auf kurzfristige Preisvorteile, weil sie der Ansicht sind, daß nur mit einer solchen Politik langfristig die möglichst billige Energieversorgung gesichert werden kann.

Als Tatsache ist festzustellen, daß wohl kein Markt so sehr von marktfremden Strukturen wie Oligopolen, Protektionismen und Interventionismen vielfältiger Art durchsetzt und verzerrt ist, wie der Energiemarkt der Welt, so daß es nicht verwunderlich ist, wenn bis heute nicht einmal der durch den Motanvertrag geforderte Gemeinsame Kohle-Markt verwirklicht werden konnte.

Die deutsche Kohle steht im Wettbewerb mit den großen Ölmächten der Welt und den meist sozialisierten Kohleoligopolen Europas, die überdies in ihren nationalen Bereichen den Schutz nationaler Regierungsmaßnahmen genießen. Dieser völlig verzerrte, mit hoher und höchster Politik durchsetzte und verzerrte Wettbewerb wird beim Überschreiten der europäischen Grenze als „freier und offener Markt" bezeichnet und beim Überschreiten der deutschen Grenze als „Leistungswettbewerb der Sozialen Marktwirtschaft" anerkannt. Es wird die Forderung an die deutsche Kohle gestellt, im internationalen Wettbewerb unter solchen Bedingungen zu bestehen und sich gleichzeitig im kleineren nationalen Bereich „in die Soziale Marktwirtschaft einzugliedern".

Eine derartige Konzeption mußte zwangsläufig mit dem Leben und der Wirklichkeit in unlösbaren Konflikt geraten. Wollte man nicht von vornherein die deutsche Kohle trotz ihrer besten Anlagen in Europa opfern, so wurden Schritte zum Schutze der einheimischen Kohle nötig, die aber nicht als notwendig zur Herstellung eines echten und fairen Wettbewerbs, sondern eher als Sünde gegen die Marktwirtschaft empfunden wurden. Am 11. Februar 1959 setzte die Bundesregierung Kohlenzoll und Freikontingent für Kohlenimporte durch. Es wäre folgerichtig gewesen, gleiche Prinzipien auch beim anderen Primärenergieträger Öl anzuwenden. Dazu konnte man sich jedoch nicht entschließen. So mußte fast jedes Jahr eine Energiedebatte im Bundestag stattfinden mit dem Ergebnis, daß vielfach Einzel- oder Sofortmaßnahmen ergriffen wurden, die die deutsche Steinkohle über eine augenblickliche und drängende Schwierigkeit hinwegbringen sollten. Eine große einheitliche Konzeption, die, wie in den übrigen Ländern, der einheimischen Kohlenförderung einen festen Platz im Rahmen einer nationalen Energiepolitik einräumte, konnte bisher nicht verwirklicht werden.

Es ist sicher anzuerkennen, daß auch heute in ähnlicher Weise wie nach dem 1. Weltkrieg in der Verwaltung Kräfte vorhanden sind, die die Probleme der Kohle genau kennen und nach dem alten Bergmannslied als „Obrigkeit, die für uns stets sorgt und zu sorgen ist bereit“ sich einsetzen. Diese Kräfte müssen sich naturgemäß in ihrem Bemühen an die Grundsätze und Richtlinien halten, die ihnen die Politik gibt. Hier ist aber ganz eindeutig die Situation mit der nach dem 1. Weltkrieg geschilderten Lage nicht zu vergleichen. Infolgedessen kam es nur zu jeweils pragmatischen Lösungen, die die für die Kohle lebensnotwendigen Grundlagen auf weite Sicht nicht herstellen konnten.

Wenn man die wirklichen Gründe für eine solche nur pragmatische und im Einzelfall nach den politischen Tagesgegebenheiten abgestellte Energiepolitik sucht, muß man sehr tief schürfen. Notwendig wäre vor allem eine Auseinandersetzung der volkswirtschaftlichen Wissenschaft mit den von H. Krüger in seiner „Allgemeinen Staatslehre“ geäußerten Gedanken über „den Wettbewerb als Strukturmodell und Arbeitsprinzip der modernen Gesellschaft“[5].

Walter Eucken[6] kennzeichnet in „Grundsätze der Wirtschaftspolitik“ klar die Lage, wie sie für die Kohlenpolitik nach dem 2. Weltkrieg gegeben ist:

„Wer da meint, man könne Handelspolitik, Preispolitik, Patentpolitik, Agrarpolitik und überhaupt Wirtschaftspolitik punktuell und unter den Eindrücken des Tages treiben, irrt — wie wir wissen — völlig. In diesem Verhalten liegt eine Hauptursache der jetzigen wirtschaftspolitischen Not.

Die Wirtschaftspolitik hat die Neigung, entweder in einen unrealistischen Doktrinarismus zu verfallen, der die jeweilige historische Situation nicht berücksichtigt, oder in einen ungrundsätzlichen Punktualismus, der die Wirtschaftspolitik zu einem Chaos unzusammenhängender oder widerspruchsvoller Maßnahmen macht. In jedem Falle wird das Ziel verfehlt.“

Eucken fährt fort:

„Vielmehr ist eine positive Wirtschaftsverfassungspolitik notwendig, die darauf abzielt, die Marktform der vollständigen Konkurrenz zur Entwicklung zu bringen und so das Grundprinzip zu erfüllen. Auch hierin unterscheidet sich die Politik der Wettbewerbsordnung vollständig von der Politik des Laissez-faire, die nach ihrem Grundgedanken eine positive wirtschaftliche Ordnungspolitik nicht kannte.“

Aber was geschieht nun, wenn die Marktform der vollständigen Konkurrenz nur auf dem kleinen Markt der Bundesrepublik im Sinne der Forderung auf „Eingliederung der Kohle in die Soziale Marktwirtschaft“ mit krypto-religiösem Fanatismus angestrebt wird, gleichzeitig aber eine völlige Hilflosigkeit als Faktum hinzunehmen ist, auf dem Energiemarkt der Welt eine ähnliche Marktform der vollständigen Konkurrenz herzustellen?

---

[5] Krüger, H.: Allgemeine Staatslehre, Stuttgart 1964, S. 434 ff.

[6] Eucken, W.: Grundsätze der Wirtschaftspolitik, Tübingen 1960, III. Aufl.

Adam Smith hat auf eine solche Frage die Antwort der Retorsion gefunden[7]. In der modernen Volkswirtschaftslehre wird diese Frage mindestens im Energiebereich der Bundesrepublik umgangen. Weil hier nicht so verfahren wird, im Gegenteil sogar ein schlechtes Gewissen besteht, wenn nationale energiepolitische Maßnahmen als Antwort auf die nichtvollständige Konkurrenz im Energiemarkt der Welt und als Entgegnung auf nationale Maßnahmen der anderen gefordert werden, ist die schwierige Lage der deutschen Kohle entstanden.

Es gibt Wissenschaftler, die dieses ihr eigenes Unvermögen, auf die gestellte Frage die gleiche Antwort wie Adam Smith oder eine den modernen Erkenntnissen angepaßte Lösung zu finden, als Strukturkrise der Kohle bezeichnen. Im Grunde handelt es sich hier um die Frage, ob ein volkswirtschaftliches Prinzip — das Prinzip der sogenannten Sozialen Marktwirtschaft — in unserem kleinen nationalen Bereich zum Prinzip der Wirtschaftsverwaltung gemacht werden kann. Am klarsten äußert sich Lorenz von Stein über das Verhältnis zwischen Volkswirtschaftslehre und den Aufgaben einer Wirtschaftsverwaltung, die er als Volkswirtschaftspflege bezeichnet. Er stellt dabei den wichtigen Satz heraus, daß die Volkswirtschaftspflege, d. h. die Wirtschaftsverwaltung, stets da beginnen soll, wo die Kraft des einzelnen ihrer Natur nach aufhört, und stets da aufhören soll, wo die Einzelkraft beginnt. Lorenz von Stein[8] weist mit besonderem Nachdruck darauf hin, daß man Begriff und Umfang der Verwaltungslehre gründlich falsch versteht, wenn man ihn mit der Anwendung wirtschaftlicher Begriffe und Gesetze identifiziert. Er führt aus:

„Die Volkswirtschaftslehre muß aus einer großen organischen Wissenschaft zu einer geistigen Räumlichkeit werden, in die man überflüssiges hineinstellt oder notwendiges aufbewahrt, eine ordnungs- und vor allen Dingen charakterlose Sammlung von Einzelheiten, die für und gegen alles Gründe und Zitate hat, ein Nachschlagebuch für jedes Interesse, eine bereite Dienerin, die niemanden absolut widerspricht, allen in etwas nützt, dafür aber auch selbständig weder Mühe noch Gefahr, weder tiefen Ernst, noch ernste Tiefe hat, und zu einer Berieselungs-Anstalt für alle möglichen Ansichten des sog. ‚praktischen Lebens' wird."

Die bisherigen Darlegungen haben gezeigt, daß die Kohlenpolitik nach dem 2. Weltkrieg weder im internationalen noch im nationalen Bereich sich frühere Erfahrungen zunutze gemacht hat.

Die Kohle ist ein arbeitsintensiver Wirtschaftszweig mit 55—60 % Arbeitskosten. Eine richtige oder falsche Sozialpolitik ist deshalb von

---

[7] Retorsion bedeutet, daß auf Sünden anderer gegen liberale und marktwirtschaftliche Grundsätze der betroffene Liberale eine gleichgewichtige Antwort finden muß, wenn er nicht einseitige Nachteile hinnehmen will.

[8] Lorenz von Stein, Die Verwaltungslehre, Neudruck der 1.—2. Auflage, 1962, Teil 7, S. 16.

entscheidender Bedeutung für die wirtschaftliche Gesundheit des Bergbaus, für die Sicherheit der Arbeitsplätze und für den Sozialstand des Bergarbeiters. Wie steht es mit der Sozialpolitik nach dem 2. Weltkrieg?

Es ist aus früheren Erfahrungen einiges gelernt worden. Der Staat hat sich aus der Schlichtung weitgehend zurückgezogen. Dadurch wurde die Verantwortung der Tarifpartner sicher gestärkt, überhöhte Forderungen mit dem Hintergedanken, daß man in der Schlichtung doch zurückstecken müsse, sind unterblieben. Stattdessen haben sich aber andere sozialpolitische Probleme ergeben.

Die wirtschaftliche Entwicklung und das Ausmaß der Erzeugung sind nicht mehr vom Einkommen und Verbrauch kleiner privilegierter Schichten abhängig, sondern werden bestimmt vom Massenkonsum und vom Masseneinkommen, d. h., sie sind abhängig von der Kaufkraft aller an der Wirtschaft Beteiligten. In der modernen Wirtschaft ist auf die Dauer eine Produktionssteigerung ohne eine entsprechende Anhebung der Masseneinkommen nicht denkbar. Nur dadurch, daß jede Steigerung der Produktivität in der Wirtschaft in dem für den Verbrauch notwendigen Umfange weitergegeben wird, bleibt der Kreislauf der Wirtschaft geschlossen.

Während somit über den Grundsatz der Beteiligten des Arbeiters am Produktivitätsfortschritt weithin Einigkeit besteht, gehen die Auffassungen über Umfang und Grenzen seiner Verteilung weit auseinander.

Je niedriger der Anteil der Arbeitskosten am Produktionswert ist, um so leichter fällt es, Lohnerhöhungen ohne Preisausgleich zu gewähren. Bei einer Lohnquote von 20 % läuft eine Erhöhung der Löhne um 10 % nur auf eine Erhöhung der gesamten Kosten um 2 % hinaus, die im Zweifel in Kauf genommen werden kann, ohne daß die Preise erhöht werden müssen. Anders sieht es dagegen bei einer Lohnquote von fast 60 % aus, wie sie der Steinkohlenbergbau aufweist. Hier bedeutet eine Lohnerhöhung um 10 % eine Kostensteigerung von 6 %. Bei einer Produktivitätsentwicklung, die hinter diesem zurückbleibt, läßt sich eine derartige Kostenerhöhung nur durch eine Anhebung der Preise ausgleichen.

Die ordnungsgemäße Verteilung des volkswirtschaftlichen Zuwachses an Produktivität auf die einzelnen Industriezweige setzt die Beachtung sehr komplizierter Zusammenhänge voraus. Die praktische Lohnpolitik beachtet aber diese Zusammenhänge vielfach nicht. Die einzelnen Wirtschaftszweige versuchen vielmehr, ihre niedrigen Lohnquoten und eine starke Zunahme der Produktivität ohne Rücksicht auf die Gesamtentwicklung lohnpolitisch für sich auszunutzen. Die Löhne in den Wirtschaftszweigen mit verhältnismäßig geringen Lohnsummen laufen den Löhnen in den arbeitsintensiven Wirtschaftszweigen davon.

Versucht man, diese Zusammenhänge nüchtern zu analysieren, so wird deutlich, wie überholt die Auffassung ist, daß die Lohnpolitik vorwiegend im Zeichen von Klassenkämpfen stände. Wir haben es hier nicht mit einem Klassenkampf zu tun, sondern vielmehr mit dem „Kampf" Wirtschaftszweig gegen Wirtschaftszweig. Die Lohnpolitik ist in einer vollbeschäftigten Wirtschaft zu einem Kampf der Sozialkartelle der einzelnen Wirtschaftsbereiche geworden. In diesem Kampf ist derjenige Wirtschaftszweig überlegen, der die niedrigsten Arbeitskosten und zugleich die höchsten Produktivitätssteigerungen besitzt.

Ich habe auf diese Zusammenhänge bereits in einer früheren Veröffentlichung hingewiesen[9]. Professor Briefs geht in seinem Buch „Das Gewerkschaftsproblem gestern und heute" auch auf diese Fragen ein und vertritt die gleichen Auffassungen[10]. Er führt klar und eindeutig aus, daß die Struktur der einzelnen Wirtschaftszweige privilegierte und unterprivilegierte Sozialpartnerschaften schafft und daß sich vor allem hieraus die echten sozialen Spannungen ergeben.

Im Rahmen dieser Auseinandersetzungen hat der Bergbau eine ungünstige Position. Nicht nur infolge seiner hohen Lohnquote, sondern auch aus geologischen Gründen ist er nicht in der Lage, den durchschnittlichen Produktivitätszuwachs anderer Wirtschaftszweige auf die Dauer durchzuhalten. Die Politik einer branchenegoistischen Inanspruchnahme der Produktivitätssteigerung durch die Arbeiter der einzelnen positionsstärkeren und privilegierten Wirtschaftszweige, natürlich auch mit Zustimmung der beteiligten Unternehmer, ist die Ursache für die spürbare Nivellierung zu Lasten des bergmännischen Sozialstandes. Hier liegen die Wurzeln für alle sozialen Schwierigkeiten im Bergbau. Unternehmer und Arbeiter des Bergbaus werden von den anderen Wirtschaftszweigen über deren strukturelle Positionsstärke und in der Vergangenheit zusätzlich über die politisch gebundenen Kohlenpreise — dieses drastische Wort aus der Nomenklatur des Klassenkampfes sei erlaubt — „ausgebeutet", und zwar in einem Maße, wie es von keinem Bergbauunternehmer dem Bergmann gegenüber geschehen könnte.

Fragt man, in welcher Form sich Lohn- und Preisentwicklung vernünftig ordnen lassen, so gelangt man zu dem Ergebnis, daß die nach einzelnen Wirtschaftszweigen aufgesplitterte Lohnpolitik zu koordinieren ist. Wenn soziale Forderungen gestellt werden, sogar mit dem

[9] Keyser, Th.: Gedanken über Bergbaupolitik. Volkswirt 8 (1954) Nr. 37 Beil. Deutsche Wirtschaft im Querschnitt, Folge 27, S. 9/15.

[10] Briefs, G.: Das Gewerkschaftsproblem gestern und heute, Frankfurt 1955, S. 41.

ausdrücklichen Hinweis, daß die Ertragslage für den Sozialstand in einem Wirtschaftszweig nicht bestimmend sein kann, sondern nur das soziale Voreilen anderer, so ist diese Frage mit den heutigen Mitteln der Aufteilung der Tarifautonomie nach Wirtschaftszweigen nicht zu lösen. Um zu dieser Erkenntnis zu kommen, bedarf es nicht sehr tiefgründiger Überlegungen. Die Lohnfindung ruht heute auf den starken vertikalen Stützmauern der fachlichen Tarifautonomie, Stärke und Höhe dieser Mauern sind jedoch durchaus unterschiedlich, je nach der Stärke der jeweiligen Tarifpartner. Horizontale Decken und ein Dach fehlen in diesem Haus. Ein so konstruiertes Gebäude kann seinen Zwecken nicht dienen.

Im Rahmen der Sozialpartnerschaft sind Arbeitgeber und Arbeitnehmer, wenn auch in der Form einer „widerstrebenden Harmonie", wie sie Heraklit schon fünfhundert Jahre v. Chr. als Zelle des gesellschaftlichen Aufbaus erkannt hat, verbunden. Deshalb sollte die Polemik von Arbeitgebern und Arbeitnehmern, nach denen einerseits Lohnerhöhungen im voraus grundsätzlich abgelehnt, andererseits aber höchste Löhne bei billigsten Preisen verlangt werden, der Vergangenheit angehören; die Wirksamkeit der wirtschaftlichen Strukturgesetze wird sich über solch hochtönende Postulate achtlos hinwegsetzen. Diese Forderungen sind überdies weder geeignet, eine gesunde Vertrauensbasis zu schaffen, noch die ernsten und schwerwiegenden Probleme unserer Zeit wirklich einer Lösung nahezubringen.

Die schleichende Geldentwertung erhöht darüber hinaus die Schwierigkeiten.

Von 1953 bis 1964 sind die Realeinkommen um 77 %, die Nominaleinkommen aber um 120 % gestiegen. Warum diese Optik von Nominallöhnen statt einer echten Reallohnpolitik? Daß bei diesem Zahlenspiel die arbeitsintensiven Bereiche wie Kohle, Verkehrsbetriebe, Landwirtschaft und alle Dienstleistungsbereiche in schwerer Weise sozial benachteiligt werden, bedarf keiner eingehenden Begründung.

Zusammenfassend läßt ein Vergleich der Kohlenpolitik nach den beiden Weltkriegen einseitige Opfer der deutschen Kohle im internationalen Bereich erkennen: nach dem 1. Weltkrieg im Rahmen der Reparationsverpflichtungen, nach dem 2. Weltkrieg infolge der Dekartellisierungs- und Dezentralisierungsbestrebungen, insbesondere aber aufgrund des Montanvertrages. Der große Gedanke eines Gemeinsamen Marktes, der allein der exportorientierten deutschen Kohle als Ausgleich für die Belastungen gewisse Vorteile hätte bringen können, wurde nicht verwirklicht, sondern durch eine immer stärkere Desintegration und Abschirmung der Energiewirtschaft in den übrigen Partnerländern ersetzt.

Im nationalen Bereich wurden nach dem 1. Weltkrieg klare gesetzliche Grundlagen geschaffen, die eine zielsichere Kohlenpolitik ermöglichten. Wenn diesen Bestrebungen der volle Erfolg versagt geblieben ist, so nur, weil es nicht möglich war, bei einem allgemeinen weltweiten wirtschaftlichen Niedergang einen einzelnen Wirtschaftszweig auszuschließen.

Heute fehlt ein ähnliches Konzept, um den Auswirkungen eines völlig verzerrten Wettbewerbs zu begegnen. Die aufgrund der politischen Tageslage jeweils getroffenen Maßnahmen haben sich bisher als unzureichend erwiesen, wobei hierfür keineswegs die wirtschaftliche Gesamtlage verantwortlich gemacht werden kann.

Auf sozialem Gebiet war nach dem 1. Weltkrieg das Problem der Arbeitslosigkeit und nach dem 2. Weltkrieg das Problem des Arbeitskräftemangels vorherrschend. In beiden Fällen konnte keine befriedigende Lösung gefunden werden.

Der Erfahrungen sind genug gesammelt, und auch die Erkenntnis über die Wege, die zum gewünschten Ziele führen, ist gewachsen. Wird aber auch gehandelt?

Die beiden Währungsreformen von 1923 und 1948

Von Hermann Pünder

Unser verehrter Jubilar und ich haben in der Weimarer Periode einen verhältnismäßig langen Abschnitt unseres amtlichen Lebensweges in unmittelbarer Nachbarschaft zurückgelegt, und zwar in der Umwelt der Berliner Wilhelmstraße; er im Reichswirtschafts- und später im Reichsfinanzministerium und ich im Reichsfinanzministerium und später in der Reichskanzlei. Wenn wir beide auch nicht ein gemeinsames Arbeitspensum hatten, so wußten wir doch schon recht frühzeitig voneinander, und jeder nahm an der Arbeit des anderen sachlich und persönlich lebhaftes Interesse.

Bei Hans Schäffer hielt dieses freundliche Interesse unvermindert auch noch an, als er schon in Schweden weilte, und ich nach den ersten Kölner Wiederaufbaujahren nach 1945 als Oberdirektor des Bizonalen Verwaltungsrates in Frankfurt wirkte. Gerade in diesen beiden Jahren 1948 und 1949, die für unseren Wiederaufbau von so schicksalhafter Bedeutung waren, standen wir beide wieder in einem recht lebhaften Gedankenaustausch, sowohl schriftlich wie namentlich auch mündlich gelegentlich damaliger recht häufiger Besuche meines alten Kollegen in Frankfurt. Sein besonderes Interesse fand hierbei unsere damals gerade im Gange befindliche Währungsreform von 1948, wobei wir beide uns begreiflicherweise unserer Mitarbeit an der genau ein Vierteljahrhundert vorher erfolgten ersten Währungsreform von 1923 erinnerten.

Besonders gerne benutze ich daher die Gelegenheit dieser unserem achtzigjährigen Jubilar gewidmeten Festschrift, um aus eigenem Miterleben einiges über jene ein Vierteljahrhundert auseinanderliegenden Vorgänge größter wirtschaftlicher Bedeutung zu berichten.

Währungsreformen sind in der Finanz- und Wirtschaftsgeschichte der modernen Staaten recht seltene Vorkommnisse, die sich in der Regel nicht in einem Abstand von nur einem Vierteljahrhundert wiederholen sollten. Wenn dies trotzdem bei uns der Fall war, so zeigt schon dieser Vorgang deutlich, welch schwere Katastrophen unser geplagtes deutsches Volk in verhältnismäßig kurzem Zeitabstand erlitten hat.

Die Währungsreform von 1923 interessiert heute — 43 Jahre danach — nur noch wenige und gehört eigentlich nur noch der Finanzgeschichte an. Soweit die Allgemeinheit überhaupt noch davon etwas weiß oder sich dafür interessiert, ist es eigentlich nur der Streit um die Urheberschaft, die im Gedächtnis haften blieb. War es nun wirklich Luther oder Helfferich oder gar Schacht oder wer sonst? Zu dieser Frage haben die Nächstbeteiligten zum Teil recht deutlich Stellung bezogen, ich persönlich — als sozusagen tätiger Zeuge — übrigens auch, indem ich die m. E. unbestreitbaren und vorrangigen Verdienste meines damaligen Chefs, des Reichsministers Dr. Luther, in den Vordergrund zu stellen versucht hatte.

Zur Vorgeschichte der Währungsreform von 1923 sei in grober Zusammenfassung zunächst gesagt, daß es nach dem fürchterlichen Zusammenbruch vom November 1918 schon sehr bald einsichtsvollen Wirtschaftlern und Politikern dämmerte, von allen jetzt vordringlich zu lösenden Problemen müsse die Währungssanierung ganz vornean stehen. So fehlte dieser Hinweis als einer der wichtigsten Programmpunkte denn auch in keiner Regierungserklärung der in jenen Jahren sich leider viel zu häufig ablösenden Reichsregierungen. Aber abgesehen von der Abfassung gelehrter Denkschriften, der Einberufung von Kommissionen und dergleichen mehr ereignete sich praktisch im ersten Jahrfünft seit 1918 nichts. Wer jene Zeiten noch nicht als reifer Mensch miterlebt hat, ist heute begreiflicherweise schnell mit seiner Kritik bei der Hand. Wenn man aber jene Jahre gerecht beurteilen will, muß man die Gesamtlage bedenken:
Deutschland lebte damals in den ersten Jahren des Schmachdiktates von Versailles, und die der Höhe nach von den früheren Kriegsgegnern mit Absicht noch nicht festgesetzte Reparationsschuld in astronomischen Größen hing als drohendes Damoklesschwert schwer über dem deutschen Haupt. Unser damaliges Verhältnis zu Frankreich war mit der heutigen freundschaftlichen Verbundenheit nicht im entferntesten zu vergleichen. Unsere Grenzen nach dem Westen waren völlig offen. Der offen oder versteckt geförderte Separatismus konnte nur mit Mühe niedergehalten werden. Auch die widerrechtliche Ruhrbesetzung mit dem tapferen passiven Widerstand, die willkürliche Erhebung von Zöllen und Abgaben an den Zonengrenzen durch die Besatzung und die völlige Unmöglichkeit einer deutschen Kontrolle des ungeregelten Devisenabflusses und noch manche andere schrecklichen Dinge sind zu erwähnen. Damals war eben die Weltpolitik noch nicht so klug wie heute, daß es bei solchen Weltkatastrophen überhaupt keine Sieger mehr geben kann, sondern nur mehr oder weniger Besiegte. Damals herrschte in der internationalen Politik noch der Grundsatz, wonach der Nachteil des einen der Vorteil des anderen sei.

Wenn man dies alles bedenkt, ist es wohl kein Wunder, daß selbst bei manchen einsichtsvollen deutschen Persönlichkeiten der Gedanke Oberhand gewann, man müsse erst diese letztlich entscheidenden außenpolitischen Fragen zur Lösung bringen, ehe man an eine Währungsreform herangehen könne. Anderenfalls schöpfe man ja geradezu in ein Danaidenfaß. Diese skeptische Betrachtung war vor allem in der Leitung der Reichsbank zu Hause. Der alten Exzellenz Havenstein wollte es überhaupt schon nicht in den Kopf, daß der gute preußische

Taler und die kaiserlich-deutsche Reichsmark keine Goldwährung mehr sein sollten. Nur zu gerne hätte man sich dort an den Gedanken gewöhnt, das Ganze sei nur eine Teuerung, die auch wieder abebben würde, wenn erst einmal die schwierigen außenpolitischen Probleme gelöst wären. Deshalb war von einer Art Federführung für die Vorarbeiten einer Währungsreform durch die Reichsbank, die an sich doch hierfür an erster Stelle zuständig gewesen wäre, keinerlei Rede. Die Impulse mußten daher von anderswo herkommen, und sie kamen.

Die Ernährungslage des deutschen Volkes wurde in jenen Jahren von Monat zu Monat schlechter und drohender. Auch damals war die deutsche Landwirtschaft selbst in guten Jahren nur etwa zu 75 % in der Lage, unser Volk selbständig zu ernähren. Das restliche Viertel mußte eingeführt werden, was in guten Zeiten angesichts eines gesunden Exports und eines hinreichenden Devisenpolsters kaum ein Problem war. Das war aber nunmehr völlig anders, da der deutsche Export ganz darniederlag und daher Devisen zum Einkauf von Lebensmitteln in immer geringerem Umfang zur Verfügung standen. Mit der guten alten Reichsmark war bei ihrem sich mehr und mehr verflüchtigenden Wert im Ausland natürlich auch kein Staat mehr zu machen. Ganz schlimm wurde die Ernährungslage nun im Sommer 1923. Obschon wir gerade in diesem Jahre eine verhältnismäßig besonders gute eigene Ernte hatten, war das deutsche Volk nahezu am Verhungern. Dies zusammen mit der fortgesetzt steigenden Arbeitslosigkeit war dann auch der Grund für die an allen Ecken des deutschen Reiches jetzt erneut wieder aufflackernden politischen Unruhen von Ultralinks und Ultrarechts. Es war also mit dem Währungsproblem, wie man zu sagen pflegt, Matthäi am Letzten. Man mußte eben handeln, so widersinnig es auch scheinen mochte, daß man jetzt den deutschen Wiederaufbau eben nicht auf soliden Fundamenten, sondern genau umgekehrt mit dem Dach beginnen mußte.

Es war also nicht von ungefähr, daß um die Mitte des Jahres 1923 die entscheidende Initiative im damaligen Kabinett Stresemann vom Reichsernährungsminister ausging. Dies war Dr. Hans Luther, der kurz vorher noch der energische Oberbürgermeister der rheinischen Großstadt Essen mit ihrem riesigen Arbeiterheer gewesen war. So wußte Dr. Luther aus eigenem Miterleben nur zu genau, wo der Schuh drückte. Er hatte seinen Eintritt in das Kabinett Stresemann geradezu an die Bedingung geknüpft, daß die Währungsreform nun tatsächlich sofort in Angriff genommen werden müsse. Nach seinem Vortrag über die Ernährungslage hatte dann auch das Kabinett Stresemann gleich in seiner ersten Sitzung beschlossen, daß die Schaffung einer neuen, beständigen Währung sofort aufzunehmen sei.

Vorarbeiten lagen damals schon ziemlich viele und zum Teil von beachtlicher Güte vor, so z. B. die Beschlüsse des vorangegangenen Kabinetts Cuno über eine Goldanleihe und der Plan des vormaligen Kaiserlichen Reichsstaatssekretärs und jetzigen deutschnationalen Reichstagsabgeordneten Dr. Helfferich über die Schaffung eines Roggenpfundes als Währungsgeld. Das große Verdienst des hochgebildeten Dr. Helfferich bestand darin, daß er seinen Plan gleich in wohldurchdachter Paragraphenform vorlegen konnte. Gerade dieser Umstand hob ihn, auch wenn er späterhin in dieser Form nicht durchgeführt wurde von allen anderen Vorschlägen ab, da letztere sich im wesentlichen in allgemeinen Sentenzen erschöpften. Der historischen Gerechtigkeit wegen muß ich auch die Vorschläge des vorigen Reichsfinanzministers Dr. Hilferding erwähnen, der währungspolitische Pläne ganz anderer Art verfolgte, weil er sich einen Aufbau des neuen Zahlungsmittels nur auf der Goldbasis denken konnte.

Unter Auslassung vieler wichtiger Einzelheiten möchte ich historisch festhalten, daß der Reichsernährungsminister Dr. Luther um die Mitte September in seinem Ministerium, aber unter Beteiligung auch der übrigen Ressorts und namentlich des Reichsfinanzministeriums und der Reichsbank, umfangreiche Verhandlungen mit maßgeblichen Wirtschaftskreisen geführt und auf dieser Grundlage dem federführenden Reichsfinanzminister Dr. Hilferding einen fertigen Entwurf vorgelegt hat. Dieser Entwurf hielt, gemeinverständlich ausgedrückt, ungefähr die Mitte zwischen den Roggenpfundplänen von Dr. Helfferich und den Goldplänen von Dr. Hilferding. Das inzwischen außerordentliche Schwanken der Roggenpreise ließ es Dr. Luther untunlich erscheinen, an den Roggenwert anzuknüpfen. Einige Zeit später stürzte das Kabinett Stresemann — übrigens aus ganz anderen politschen Gründen — und im neuen Kabinett Marx ab 6. Oktober 1923 wurde der bisherige Reichsernährungsminister Dr. Luther Reichsfinanzminister.

Die entscheidende Besprechung des neuen Reichsfinanzministers im Athene-Saal seines Ministeriums am Berliner Wilhelmplatz mit maßgeblichen Vertretern der deutschen Wirtschaft, unter denen sich auch Dr. Helfferich befand, am 13. Oktober 1923 wird mir zeitlebens unvergessen bleiben. Nach stundenlanger hochstehender Aussprache wurden alle Beschlüsse, die letztlich die des vorsitzenden Reichsfinanzministers waren, einhellig gefaßt. Da der politische und damit auch der wirtschaftliche Kredit des deutschen Reiches vor allem angesichts der fehlenden Hilfsbereitschaft, ja teilweise noch offener Feindschaft der früheren Kriegsgegner faktisch gleich null war, hatte schon die Reichsregierung und nun auch diese Versammlung vorgesehen, daß der Träger des neuen Geldes nicht das deutsche Reich — oder richtiger gesagt: „das Deutsche Arm" — werden sollte, sondern die gesamte deutsche

Wirtschaft. Die Sicherung des neuen Geldes bestand in der Eintragung von wertbeständigen verzinslichen Hypotheken auf die gesamte deutsche Wirtschaft und in der Ausfertigung von wertbeständig verzinslichen Pfandbriefen, die in das neue Geld jederzeit umgetauscht werden konnten. So ist denn auch in der Versammlung vom 13. Oktober 1923 von Dr. Luther erstmalig die Bezeichnung „Rentenmark" vorgeschlagen worden, was allseitige Billigung fand. Da diese neue Rentenmark völlig losgelöst von der noch gültigen offiziellen Währung der Papiermark bleiben sollte, wurde mit der Durchführung und Sicherung der erarbeiteten Grundsätze nicht die Reichsbank betraut, sondern eine nunmehr zu schaffende „Deutsche Rentenbank". Die Papiermark sollte zunächst noch das offizielle deutsche Zahlungsmittel bleiben, während die neue Rentenmark vorerst nur als „gesetzlich zugelassenes Zahlungsmittel" bezeichnet wurde.

Am gleichen 13. Oktober 1923 war ein Ermächtigungsgesetz zugunsten der Regierung Marx-Luther-Stresemann in Kraft getreten, auf Grund dessen die Reichsregierung schon zwei Tage darauf am 15. Oktober diese Vorschläge aus dem „Athene-Saal" des Reichsfinanzministeriums in sauberer Paragraphenform als erste Verordnung in Kraft gesetzt hat. Dies war zweifellos ein Beschluß von ungeheurer Verantwortlichkeit, und kein Tag mehr hätte bis zu diesem Rettungsversuch gezögert werden dürfen.

Trotz fieberhafter Arbeit aller beteiligten Stellen buchstäblich bei Tag bis in die tiefe Nacht hat es noch einen vollen Monat gedauert, bis die neue Rentenmark nun auch tatsächlich herausgebracht werden konnte. Dies waren schwere vier Wochen höchster Nervenanspannung! Die Organisation der neuen „Deutschen Rentenbank" mußte sozusagen aus dem Boden gestampft werden. Zu einem historischen Tag wurde dann der 16. November 1923, an welchem Tage für 209 Millionen neue Rentenmark-Noten in den Verkehr gebracht wurden. Am nächsten Tag waren es schon 242 Millionen. Diese Beträge waren an sich verhältnismäßig noch recht klein, aber ein längeres Abwarten war politisch und sozial einfach nicht mehr zu verantworten. Das deutsche Wirtschaftsleben war eben in diesen Schicksalstagen bereits in größtem Umfang erlahmt.

Mit dem Erscheinen der neuen Rentenmark auf dem Geldmarkt hatte nun die Papiermark, obschon sie noch das „gesetzliche Zahlungsmittel" war, auch den letzten Rest ihrer Anziehungskraft verloren, so daß ihre Notenpressen schon am zweiten Tage, also dem 17. November, ohne viel Zutun von außen stillstand. Das ist heute — 43 Jahre danach — schnell erzählt, aber davon, was alles in jenen Wochen und Monaten außerdem noch an finanz-, wirtschafts- und nicht zuletzt sozialpolitischen Maßnahmen überlegt und verordnet werden mußte, kann sich die heutige Generation kaum eine Vorstellung machen. In meinem Ministerium war schon Ende Oktober einer der beiden Staatssekretäre, nämlich der mit der Währungsreform besonders befaßte Dr. Schroeder, der dann später der Präsident der Preußischen Staatsbank wurde, von all seinen sonstigen Dienstgeschäften entbunden worden, um sich ausschließlich dieser Tag- und Nachtarbeit zum Besten der neuen Währung zu widmen. Schließlich wurde drei Tage vor dem Ablauf dieses schwersten Zeitraumes bis zur Herausgabe der neuen Rentenmark, nämlich am 12. November 1923, auf personellem Gebiet eine weitere wichtige Entschließung getroffen: der bisherige Bankdirektor Dr. Hjalmar Schacht wurde von der Reichsregierung zum Reichswährungskommissar mit beratender Stimme im Kabinett berufen. Dies geschah eigens auf Vorschlag des Reichsfinanzministers Dr. Luther, obschon Dr. Schacht vorher und auch in der Öffentlichkeit sich lebhaft gegen diese Konstruktion der Rentenmark gewandt und eine Lösung der Währungsfrage nur auf der Goldbasis für möglich bezeichnet hatte. Mit diesem 12. November 1923 hatte also die aktive Mitarbeit von Dr. Schacht am Währungsproblem begonnen, keinen Tag früher, allerdings auch keinen später.

Diesen Ruf hat Dr. Hjalmar Schacht in raschem Entschluß angenommen und sich seinen schwierigen neuen Aufgaben als ausgezeichneter Bankfachmann mit Hingebung und Erfolg gewidmet. Diese historische Feststellung kann mich aber nicht hindern, außerdem auszusprechen, daß der beim Wahlkampf im folgenden Jahr 1924 — wohl weniger von Dr. Schacht selber, als vielmehr von seiner Demokratischen Partei — erfundene Wahlschlager: „Wer hat die Rentenmark erdacht? Ein Demokrat, der Doktor Schacht!" ganz gelinde gesagt, ein kleiner Wahlschwindel war.

Zum Schluß darf ich noch berichten, daß der alte Reichsbankpräsident Havenstein, jetzt vom Krankenlager aus, aber doch mit wohlwollendem Staunen all diese Maßnahmen der jungen Revolutionäre und „Entthroner des Goldes" beobachtete. Lange hat die alte Exzellenz sich allerdings nicht der neuen Geldschöpfung erfreuen können. Schon wenige Tage danach, am 20. November 1923, schloß er die Augen für immer. Sein Nachfolger wurde der eben ernannte Reichswährungskommissar Dr. Schacht.

Die Währungsmaßnahmen des Jahres 1923 sind als „das Wunder der Rentenmark" in die Geschichte eingegangen. Diese Wertung war wohlverdient, allerdings mit der Maßgabe, daß es in solchen irdischen Dingen Wunder im echten Wortsinn doch wohl nicht gibt. Das „Wunder der Rentenmark" war in knapper Zusammenfassung das Ergebnis der pflichtgetreuen und unverdrossenen Arbeit einiger weniger hochgebildeter und wagemutiger Männer, die trotz aller Bedenken und Schwierigkeiten das von ihnen nach reiflicher Überlegung als richtig Erkannte ohne Zögern in die Tat umgesetzt haben. „Erst wägen — dann wagen!“ hatte schon der alte Moltke gesagt. Persönlich habe ich versucht, für meine eigene weitere Lebensarbeit aus solchen Beobachtungen die nötigen Lehren zu ziehen.

Nach 25 Jahren war es dann wieder soweit. Wie es dazu kam, brauche ich nicht darzulegen. Es war in jenen Spätfrühlingswochen 1948, wo ich nun in Frankfurt als nunmehr oberster deutscher Amtschef mit meinem lieben alten Kollegen Hans Schäffer, jetzt in Schweden, nach langen und schweren Jahren Wiedersehen feiern konnte. Es war für mich in meiner neuen amtlichen Stellung ungemein wertvoll, in den jetzt zur Entscheidung anstehenden wichtigen wirtschafts- und finanzpolitischen Maßnahmen die Auffassung eines solchen Sachverständigen, und zwar vom neutralen Ausland her, hören zu können. Zu unserer beiderseitigen Befriedigung konnten wir feststellen, daß wir, wie schon früher, so auch jetzt, in allem wesentlichen übereinstimmten. Dies galt auch für die vor der Tür stehende zweite Währungsreform, soweit wir Deutsche daran überhaupt mitwirken konnten. Die Ursachen für diese zweite Währungsreform waren grundverschieden von denjenigen des Jahres 1923. Hierzu erscheinen einige finanzwirtschaftliche Vorbemerkungen erforderlich: Die Finanzierung der gesamten Finanz- und Wirtschaftspolitik des „DrittenReiches“ und sodann auch des zweiten Weltkrieges beruhte sozusagen auf einem genialen Trick, zu dem Hitler die nötigen Tips vom Reichsbankpräsidenten und zeitweiligen Reichswirtschaftsminister Dr. Schacht erhalten hatte. Zu Ehren von Dr. Schacht füge ich aber sofort hinzu, daß dieser in dem Augenblick, als auch er erkannte, daß Hitler mit kalter Absicht mit diesen Mitteln einen zweiten Weltkrieg vorbereitete, den lebensgefährlichen und daher anerkennenswerten Mut zum Absprung gefunden hat. Andere hatten dies allerdings schon früher erkannt, aber wieder andere haben den Mut zum Absprung überhaupt nicht gefunden.

Dieses technische kunstvolle Gebäude der Rüstungs- und Kriegsfinanzierung Hitlers etwa ab 1936 ruhte vor allem auf drei Pfeilern: Der erste bestand darin, daß in vollem Gegensatz zur Finanzierung des ersten Weltkrieges keine Kriegsanleihen aufgelegt wurden, wodurch die überschüssige Kaufkraft des breiten Publikums abgeschöpft worden war. Vielmehr beschritt man den Weg einer möglichst geräuschlosen Rüstungs- und Kriegsfinanzierung, da die Absicht der Kriegsführung bis zum letzten Augenblick ja bestritten wurde. Das Wesen dieser geräuschlosen Finanzierung lag darin, daß die erforderlichen Milliarden vor allem durch Begebung von mittel- und kurzfristigen Reichstiteln bei der Reichsbank und den Geschäftsbanken aufgebracht wurden.

Damit nun nicht diese fortgesetzt steigende Geldflüssigkeit sich auf die Konsumgüter stürzte, wurde 1936 — und das war der zweite Pfeiler — ein ganz radikaler Preisstopp auf allen Gebieten eingeführt. Mit allen Machtmitteln des Staates und der Partei wurde eine Fixierung aller Preise auf das Niveau von 1936 erzwungen. Hand in Hand mit diesem Preisstopp wurde ab 1938 ein Lohnstopp und eine lückenlose Rationierung praktisch aller Güter des Lebensbedarfes eingeführt. Durch solche rigorosen Kniffe blieben zwar auf dem Papier dem Volk seine neuen und z. T. hohen „Ersparnisse" erhalten, aber alle bewährten Grundsätze einer soliden Volkswirtschaft wurden dadurch leichtfertig über Bord geworfen. Der progressiv wachsende Geldüberhang wurde zu einer immer größer werdenden Gefahr, vor allem für die Zeit nach dem Kriege. Doch das machte Hitler und seinen Taschenspielern keine Sorge, da nach dem „Siegfrieden" die Kriegsgegner ja doch alles bezahlen müßten!

Der dritte Eckpfeiler dieses künstlichen Finanzgebäudes bestand in einer totalen Devisenzwangswirtschaft, die nach und nach zu einer geradezu raffinierten Vollkommenheit entwickelt wurde. Dadurch wurde der deutsche Preisspiegel gegen das Ausland völlig abgeschirmt und im Inland wurde die in Wirklichkeit natürlich völlig unrealistisch gewordene Goldparität der total verwässerten Reichsmark formell aufrechterhalten.

Gestützt auf diese drei Eckpfeiler führte Hitler finanz- und wirtschaftspolitisch sechs lange Jahre seinen Weltkrieg, bei dessen katastrophalem Zusammenbruch im Frühjahr 1945 selbstredend auch dieses phantastische Kartenhaus zusammenstürzte. Die Schulden des deutschen Reiches hatten 1933 nur erst 12,3 Milliarden RM betragen. 1939 waren es schon 37,5 Milliarden. Die gesamte Reichsschuld bei Kriegsende bezifferte sich auf mindestens 500 Milliarden RM. Gleichzeitig war allein das Geldvolumen auf rund 300 Milliarden RM gestiegen. Angesichts solch astronomischer Ziffern war mit den gesunden Mitteln einer geordneten Finanzwirtschaft wie Verzinsung, Tilgung, Steuern usw. selbstredend nichts zu machen. Eine abermalige Währungsreform war wieder einmal fällig.

Die Ziele dieser zweiten Währungsreform wurden bald ziemlich klar: Es mußte ein funktionsfähiges Geldwesen wiederhergestellt und der Umfang der Reichsschuld auf ein nach Lage der Dinge erträgliches Maß zurückgeführt werden. Aber über das Wie, Wo und Wann konnte bei einem solchen Zusammenbruch nicht so schnell Klarheit gewonnen werden. So dauerte es noch gut drei Jahre bis zum Juni 1948.

Angesichts der völligen Besetzung von ganz Deutschland durch die vier Alliierten kam eine Zuständigkeit deutscher Stellen nicht in Betracht. In der ersten Zeit nach dem Waffenstillstand schwebte den vier

Alliierten noch eine gemeinsame Lösung vor. Aber ihre politische Harmonie fand dann bald ein Ende, und England, Amerika und Frankreich standen nun vor der Frage, ob sie allein die Währungsreform durchführen sollten. Ihre Bereitschaft hierzu war durchaus vorhanden, wie es überhaupt in vollem Gegensatz zu der Zeit nach dem ersten Weltkrieg international allen Verständigen klar war, daß es — wie schon vorhin einmal betont — nach solchen Weltkatastrophen im rechten Wortsinn keine Sieger auf der einen Seite gibt, sondern nur mehr oder weniger Besiegte. Der Nachteil des einen war keineswegs grundsätzlich der Vorteil des anderen. Es lag daher im wohlverstandenen Interesse aller Mächte und Völker, die bestmögliche Lösung zu finden.

Aber die drei Westalliierten waren sich jedoch auch darüber klar, daß eine nur zu dritt gefundene Lösung die Teilung Deutschlands in West und Ost vorerst besiegeln würde. Bei diesen sehr berechtigten Bedenken war allerdings zu berücksichtigen, daß diese Teilung infolge vieler und einschneidender Maßnahmen der sowjetischen Besatzungsbehörden tatsächlich schon gegeben war. Aber ein anderes beachtliches Bedenken drängte sich auf: Wer sollte der Träger des neuen Geldes sein und die Schuldnerschaft für einen neuen Titel übernehmen, die an die Stelle der alten Reichsschuld treten sollte? Da das Reich zwar staatsrechtlich noch bestand, aber in Wirklichkeit funktionsunfähig war, kamen als neue Träger nur die Länder der drei westlichen Besatzungszonen in Betracht, elf an der Zahl, die sich gerade eben erst konstituiert hatten.

Ein weiterer Unsicherheitsfaktor kam hinzu, nämlich die damalige völlige Unkenntnis der Umlaufhöhe der Reichsbanknoten, zuzüglich des noch von den Alliierten herausgegebenen Besatzungsgeldes in den drei Zonen. Diese Unkenntnis war noch dadurch besonders groß, daß die bisherige Reichsmark in dem gesamten Gebiet des „Großdeutschen Reiches" und auch noch z. T. in den besetzten Ländern in Umlauf gesetzt worden war. Würde nun zuviel an neuem Geld bei der Währungsreform in Umlauf gesetzt, so würde dadurch der Gesamterfolg aufs schwerste gefährdet, während umgekehrt bei zuwenig neuem Geld die Ingangsetzung des Wirtschaftslebens verhindert würde. Bei dem völligen Fehlen von Devisen-Reserven wäre es auch nicht möglich gewesen, gewisse Übergangsschwierigkeiten durch zeitweise verstärkte Einfuhren zu überbrücken.

So war für alle — Alliierte und Deutsche —, die überhaupt etwas mit der Währungsreform zu tun hatten, dies alles ein Sprung ins Dunkle. Kein Wunder also, daß da und dort Bedenken aufkamen, ob man nicht überhaupt mit der Währungsreform bis zur Klärung dieser und noch vieler anderer Zweifelspunkte warten sollte. Das war haarscharf die gleiche Situation wie vor einem Vierteljahrhundert vor der Währungsreform von 1923. Dessen eingedenk, habe ich mich Anfang 1948, als ich zum obersten Deutschen Amtschef der Bizone berufen wurde, mit äußerstem Nachdruck dafür eingesetzt, ungeachtet aller Schwierigkeiten und Unklarheiten die Währungsreform sofort durchzuführen. Die Richtigkeit des alten Satzes: „Das Fehlgreifen in der Wahl der Mittel ist nicht so schlimm wie das Unterlassen!" mußte sich doch auch diesmal erweisen. Erfreulicherweise hatten die maßgeblichen Stellen der Militärregierungen, die ja letztlich zuständig waren, die gleiche Auffassung.

Der Lösungsmöglichkeiten, die alle Für und Wider hatten, boten sich viele an, die ich aber nicht alle behandeln kann. Wertvolle Vorschläge auch deutscher erster Sachverständiger, von denen allerdings 1923 noch niemand dabei war, lagen vor. Den Alliierten gefielen diese deutschen Vorschläge aber nur zum Teil. Immerhin hatten sie erkannt, daß trotz fehlender deutscher Zuständigkeit eine Hinzuziehung deutscher Sachverständiger bei Ausarbeitung des endgültigen Planes zweckmäßig war. So kam es in diesem Frühjahr 1948 zu dem berühmt gewordenen Conclave alliierter und deutscher Sachverständiger, das in völliger Abgeschlossenheit von der Außenwelt in Rothwesten, einem Ort im Taunus, nicht zu weit von unserer Zentrale in Frankfurt zusammentrat. Auf deutscher Seite waren die Verfasser des „Homburger Planes" in diesem Conclave maßgeblich vertreten. Als einziges Mitglied der bisherigen „Sonderstelle Geld und Kredit" blieb Ministerialdirektor Dr. Harmening in Bad Homburg zurück, den ich zum Leiter meines „Büros für Währungsfragen" bestellte, und der mir mit Genehmigung der Militärgouverneure über den Fortgang der Arbeiten im „Conclave" tagtäglich berichtete. Mitte Juni 1948 kamen die Teilnehmer des Conclave aus Rothwesten nach Frankfurt zurück und legten ihre fertigen Gesetzentwürfe vor, auf deren Gestaltung in diesem letzten Stadium der ebenso jugendliche wie gebildete amerikanische Finanzwissenschaftler Tannenbaum den maßgeblichsten Einfluß genommen hatte.

Es folgten jetzt noch verschiedene Besprechungen im Frankfurter IG-Haus zwischen den beiden Militärgouverneuren und ihren Sachverständigen einerseits und den Mitgliedern unseres bizonalen Verwaltungsrates (dem Vorläufer der heutigen Bundesregierung) sowie einigen Vertretern des Wirtschaftsrats und des Länderrats andererseits. Der bis zuletzt vor der Öffentlichkeit geheim gehaltene und zwischen den Militärgouverneuren und unserem Verwaltungsrat vereinbarte Stichtag der Währungsreform war bekanntlich der 21. Juni 1948. Einige Tage vorher war das sog. Währungsgesetz ergangen, das die entscheidenden Vorschriften über die Einführung der neuen Währung, über die Anmeldung und Ablieferung von Altgeld sowie über die Erstausstattung mit dem neuen Geld brachte. Gleich darauf erging dann das Emissionsgesetz, das der soeben geschaffenen Bank Deutscher Länder (als Ersatz der alten Reichsbank) vor allem das Notenausgaberecht verlieh. Eine knappe Woche nach dem Stichtag erging dann das sog. Umstellungsgesetz, das vor allem die Überleitung von Verbindlichkeiten in alter Währung in die neue Währung regelte. Schließlich wurde dann im Oktober 1948 von den drei Militärgouverneuren noch das Festkontogesetz erlassen.

In diesen vier alliierten Militärgesetzen ist die Währungsreform von 1948 enthalten. Ihnen folgten in den nächsten Monaten noch sehr zahlreiche Durchführungs- und Ergänzungsverordnungen, so daß es sich insgesamt um ein außerordentlich umfangreiches und auch kompliziertes Gesetzgebungswerk handelte. Alle diese Verordnungen wurden formell von der „Alliierten Bankkommission“ erlassen, waren aber sachlich alle von der durch das Emissionsgesetz ausdrücklich geschaffenen „Währungabteilung“ der neuen Bank Deutscher Länder entworfen worden.

Den sachlichen Inhalt der Währungsreform kann ich auf diesem geistigen Rundgang natürlich nur in groben Umrissen zeichnen, zumal er wohl als weitgehend bekannt vorausgesetzt werden kann. Abgesehen von einer großen Gruppe von Reichsbankverbindlichkeiten, die als erloschen erklärt wurden, war für alle anderen Verbindlichkeiten der Umrechnungssatz 10 : 1. Jedoch verblieb eine große Gruppe anderer Verbindlichkeiten im Verhältnis 1 : 1, vor allem Löhne und Gehälter, Pensionen und Renten, ferner Miet- und Pachtzinsen. An Kopfgeld wurden am Stichtag sofort allen natürlichen Personen von den Lebensmittelkartenstellen neue 40 DM gegen Hergabe von Altgeld desselben Nennbetrages augezahlt, und im August 1948 folgten weitere 20 DM. Alle Einwohner des Währungsgebietes waren außerdem gehalten, alle ihre nicht zur Erlangung der vorerwähnten 60 DM schon abgelieferten alten Reichsmarktbestände bei einer Umtauschaktion abzuliefern, worauf dann nach eingehender Prüfung unter Einschaltung der Finanzämter nach einiger Zeit sog. Freigabebescheide erteilt wurden. Diese Regelung erwies sich als segensreich. Denn Altgeldbestände in kaum zu schätzender sehr großer Höhe, die sich bestimmt noch in den Taschen vieler Einwohner befanden, namentlich von Schwarzhändlern, deren Gewerbe noch kurz vorher sehr geblüht hatte, wurden aus berechtigter Angst vor anschließenden steuerlichen Maßnahmen nicht abgeliefert! Die ordnungsmäßig abgelieferten Altgeldbeträge wurden über die schon erwähnten Festkonten im Verhältnis 100 : $6^1/_2$ umgetauscht. Dies war eine an sich wenig befriedigende Regelung, da dadurch die allgemeine Regelung von 100 : 10 an einer sehr entscheidenden Stelle doch wieder durchbrochen wurde. Der Grundsatz der Gleichbehandlung aller Geldansprüche wurde hier nicht gewahrt. Andere und nach unserer Ansicht bessere deutsche Ratschläge wurden aber von den Militärregierungen nicht angenommen.

Diese alliierte Regelung führte — wie übrigens noch manche andere — vielfach zu erheblichen Ungerechtigkeiten. Diese waren aber — im großen Rahmen gesehen — doch nur Schönheitsfehler, die heute nach 18 Jahren längst vergessen sind. Im Bewußtsein unseres ganzen Volkes ist abschließend nur festzustellen, daß die Währungsreform von 1948 ein ganz großer Erfolg gewesen ist. Der Zuversicht, daß die Entwicklung sich so gestalten würde, habe ich damals in einer Rundfunkrede, die ich am Vorabend der Währungsreform von Frankfurt aus als Oberdirektor und Vorsitzer des Verwaltungsrats über alle deutschen Sender der drei Westzonen gehalten habe, lebhaft Ausdruck gegeben.

Obschon wir Nächstbeteiligten damals ziemlich einsam waren und allein standen, war unsere Zuversicht zweifellos berechtigt. Gewiß war die Währungsreform z. T. sehr hart, härter als die deutschen Sachverständigen es vorgeschlagen hatten. Aber echte Vermögenswerte hat sie nicht zerstört, sondern eigentlich nur Illusionen. Was unsere Zuversicht anlangte, glaubten wir im Verwaltungsrat und in ihm vor allem auch unser heutiger Bundeskanzler Prof. Dr. Erhard als damaliger Direktor der Verwaltung für Wirtschaft eben mehr zu wissen als andere oder jedenfalls mehr hoffen zu dürfen. Diese Währungsreform mit all ihrem Guten und auch mit ihren Schönheitsfehlern war doch eben nur ein — allerdings das wichtigste — Rädchen in dem Gesamtgetriebe unserer Planung. Anderes kam eben Zug um Zug dazu, von alliierter Seite und von uns Deutschen. Dies war auf amerikanischer Seite der Marshall-Plan als unvergleichliche Initiativzündung und auf unserer Seite die Aufhebung der Nazi-Zwangswirtschaft, die Schaffung der sozialen Marktwirtschaft nach den Vorschlägen von Prof. Erhard, das damit zusammenhängende ganz überraschend große Warenangebot aus Hortungsbeständen, so daß sich alsbald ein Wandel vom bisherigen „Verkäufermarkt“ zum „Käufermarkt“ vollzog. Ein gesunder Ausleseprozeß in der Wirtschaft wurde erkennbar; in einem schärfer werdenden Konkurrenzkampf wurde abgestoßen, was ungesund und unsolide aus der Nazizeit noch übrig war. Schon am Tage nach der Währungsreform kam am 22. Juni 1948 unsere „Kleine Steuerreform“ als Gesetz der Militärregierungen heraus, durch die die stark überhöhten Verbrauchssteuern und auch die den Arbeitswillen lähmenden gar zu hohen direkten Steuern aus der RM-Zeit wesentlich abgebaut wurden. Unser Ziel und unsere Hoffnung, daß der zunächst eintretende Steuerausfall durch eine anschließende Wirtschaftsbelebung bald wieder wettgemacht werde, erfüllte sich. Das Steueraufkommen in der neuen DM wuchs von jetzt ab ständig. Aber auch der Staatshaushalt selber mußte so schnell wie möglich in Ordnung gebracht werden. Dem guten Beispiel der sofortigen Aufstellung eines soliden und ausgeglichenen Bizonalen Haushalts wurde in Stadt und Land gern gefolgt.

Wenn nun schon sehr bald, genau wie vor einem Vierteljahrhundert, von einem „Wirtschaftswunder" gesprochen wurde, so kann ich auch hierzu nur wiederholen, daß all dies ein „Wunder" im echten Wortsinn nicht gewesen ist. Vielmehr war es das schöne Ergebnis sehr vieler genau aufeinander abgestimmter wichtigster Einzelmaßnahmen, die von Sachverständigen auf deutscher und westalliierter Seite sorgfältig überdacht und dann aber auch mit Mut in die Tat umgesetzt wurden.

Doch zum Schluß nochmals zurück zu meinem alten Kollegen Schäffer! Mit brennender Anteilnahme hat er diese schicksalhafte Entwicklung mit verfolgt, teils von Schweden aus und teils gelegentlich von Besuchen in unserem Umkreis von Frankfurt. Vor mir liegt noch ein lieber Brief von ihm, den er wenig später mir geschrieben hatte, da wir beide uns bei einem Besuch von ihm in Frankfurt verpaßt hatten. Wegen zu vieler Artigkeiten an meine Adresse möchte ich ihn nicht wörtlich zitieren. Aber betonen möchte ich, daß gerade dieser Brief zeigt, wie sehr sich unser verehrter Jubilar fast bis in die Gegenwart hinein mit den schicksalhaften Problemen unseres Wiederaufbaus verbunden fühlt und in welch erfreulichem Ausmaß Hans Schäffer mit unserer Arbeit in Frankfurt einverstanden war.

Zur Geschichte der Industriekreditbank[1]

Von Ludwig Kastl

Am 10. Januar 1920 trat der Vertrag von Versailles, der den ersten Weltkrieg von 1914—1918 rechtlich beenden sollte, in Kraft. Durch diesen Vertrag gingen die deutschen Schutzgebiete, gewöhnlich Kolonien genannt, in Afrika und in der übrigen Welt verloren. So mußte ich Deutsch-Südwestafrika, das meiner Familie und mir zur zweiten Heimat geworden war, bald nach dem 10. Januar 1920 verlassen. Ich habe dort mehr als 13 Jahre, ab Juli 1915 als deutscher Kommissar und Leiter der in deutschen Händen gebliebenen Zivilverwaltung unter der feindlichen Besatzung, gewirkt. Ich kam mit meiner Familie im Mai 1920 nach Deutschland. Nachdem ich in Deutschland im neugegründeten „Ministerium für Wiederaufbau" die südwestafrikanischen Angelegenheiten abgewickelt hatte, trat ich im Frühjahr 1921 die Stelle des neugeschaffenen Hauptreferenten für Reparationsangelegenheiten im damaligen Reichsfinanzministerium an.

Nach dem Scheitern der Londoner Konferenz im Jahre 1920 wurde die Federführung für Reparationsangelegenheiten, die sich aus dem Vertrag von Versailles ergaben, von dem Auswärtigen Amt an das Reichsfinanzministerium übertragen. Selbstverständlich wirkten alle Ministerien in dieser wichtigen und eigentlich in allen Erscheinungen politischer und wirtschaftlicher Art hineinragenden Angelegenheit mit. So fanden dann alle Besprechungen in einem neuen Nebenteil des Finanzministeriums, dem Haus Kaiserhofstr. 3, wo die neue Abteilung des Reichsfinanzministeriums ihr Domizil hatte, statt. Von seiten des Reichswirtschaftsministeriums erschienen da sehr oft der Staatssekretär Professor Dr. Julius Hirsch mit einem Gefolge von Referenten. Es war erstaunlich, unter diesem Gefolge einen Herrn zu finden, der in der persönlichen Größenerscheinung nicht hervorragte, der aber dadurch auffiel, daß er meist sehr zutreffende und geistreiche Bemerkungen machte. Der Staatssekretär Prof. Dr. Hirsch

[1] Wenn man aus Anlaß eines Geburtstages, wie die Vollendung des 80. Lebensjahres eines Freundes, von anderen Freunden des Jubilars gebeten wird, einen Beitrag zu einer Festschrift zu liefern, so ist es mit dem Willen allein nicht getan. Es muß auch ein Beitrag sein, der mit dem Wirken und mit dem Leben des Jubilars in enger Verbindung steht. Der Inhalt des Beitrages muß ein Thema behandeln, das auch einen größeren Kreis von Freunden interessiert.

entpuppte sich als ein ehemaliger Mitschüler am Humanistischen Gymnasium in Bad Kreuznach, das er etwa 4 Klassen unter mir besuchte. Dadurch gewann ich an der Mitarbeit des jungen Herrn noch mehr Interesse, als das ohnehin der Fall gewesen wäre.

Die Durchführung des Vertrages von Versailles, insbesondere des ominösen Teils VIII, war eine sehr schwierige Aufgabe. Man war daher für jede Mitarbeit dankbar. Jede Anregung konnte Nutzen bringen, und so kam es, daß ich an dem freundlichen und mit viel Humor ausgestatteten Jubilar, der ja nahezu 8 Jahre jünger war als ich, ein besonderes Interesse fand.

Alles, was zu bearbeiten war, war neu. Täglich stellten sich uns Widerstände entgegen, die in vielen Fällen nicht vorauszusehen waren. Ein großes Thema, das uns alle damals bewegte, waren eben die Reparationslasten, die die Siegermächte in einer astronomischen Höhe verlangten, nachdem schon vorher Leistungen der verschiedensten Art im Werte von vielen Milliarden an die Siegermächte erfolgt waren. — Der Transfer inländischer, meist durch Steuerdruck aufgebrachter Zahlungsmittel, hatte den Staatskredit völlig erschüttert.

Im Verlauf der vielen Verhandlungen, insbesondere zum Zwecke der Vorbereitung der Beratung mit verschiedenen in- und ausländischen Finanzexperten über die deutsche Leistungsfähigkeit, hat sich die Zusammenarbeit mit dem Jubilar von meiner Seite aus immer mehr verdichtet.

Die Dawes-Kommission

Um die immer größer werdenden Schwierigkeiten für Deutschland zu vermindern, hat auch der jetzt kürzlich verstorbene Präsident der Vereinigten Staaten, Herbert *Hoover*, eine nicht zu unterschätzende Rolle gespielt. Er war einer der Hauptanreger der im Jahre 1923 nach Deutschland gesandten „*Dawes-Kommission.*“ Die Verhandlungen mit der Dawes-Kommission mußten vorbereitet werden, und so entstand in einer großen gemeinsamen Arbeit die Schrift „*Deutschlands Wirtschaft, Währung und Finanzen*“.

Diese Schrift sollte die Arbeit der Dawes-Kommission auf einer Grundlage aufbauen, die der wirklichen Lage Deutschlands entsprach. An dieser Schrift hatte auch der Jubilar durch häufigen Gedankenaustausch mit dem Verfasser sehr stark mitgewirkt.

Als dann die Dawes-Kommission ihre Tätigkeit antrat, verdichtete sich die gemeinsame Arbeit, und es entstand eine Reihe von Plänen. Ich möchte hier nur einen der Pläne herausgreifen, nämlich die Gründung der „*Deutschen Bank für Industrieobligationen*“.

Die Schöpfer des Dawes-Planes wollten angesichts der erschütterten Steuerkraft und des Kredites in Deutschland die Möglichkeit eines unmittelbaren Zugriffs auf die deutschen Sachwerte seitens der Reparationsgläubiger sichern. Die Daweskommission konnte sich in ihrem Gutachten zur Regelung der Reparationszahlungen vom 9. April 1924 auf ein Angebot stützen, das der Reichsverband der Deutschen Industrie für die deutschen Reparationsverpflichtungen abgegeben hatte. Dieses Angebot sah vor, daß die deutsche Industrie die Garantie für eine Last von 5 Milliarden, die mit 5 % zu verzinsen und mit 1 % zu tilgen war, übernehmen sollte. Zeitweilig hoffte die Kommission sogar, durch den Verkauf von Bonds in dieser Höhe den stets drängenden Reparationsgläubigern früher zu höheren Einnahmen zu verhelfen. Diese Bestrebungen mußte die Industrie natürlich ablehnen. Kein Kapitalmarkt der Welt wäre in der Lage gewesen, diese 5 Milliarden aufzunehmen, insbesondere nicht in der damaligen Zeit. Nach dem Dawes-Plan bestimmten das *„Industriebelastungsgesetz“* und das *„Aufbringungsgesetz“* vom 30. August 1924, daß ein genau definierter Kreis von Gewerbe- und Handelsbetrieben Reparationen aufzubringen hatte, die der Tilgung und Verzinsung von ad hoc geschaffenen Industrieobligationen in Höhe von 5 Mrd. Goldmark entsprachen. Die Deutsche Industrie hatte zur Bedingung gemacht, daß die Durchführung der Sonderbelastung der gewerblichen Wirtschaft von einem Instrument zu erfolgen hatte, an dem ihre Mitwirkung gesichert war. Am 30. September 1924 wurde deshalb für die Abwicklung dieses Teils der Reparationen in Berlin die *„Bank für deutsche Industrieobligationen“* gegründet. Das Aktienkapital, das treuhänderisch von Industriefirmen und Banken gezeichnet wurde, stammte aus einer im Vorjahr für Zwecke der Deutschen Rentenbank veranstalteten Umlagezahlung, an der die Gesamtheit der gewerblichen Wirtschaft beteiligt gewesen war. Die Konstruktion der Bank und ihre Aufgaben wurden wesentlich mitbestimmt durch Dr. Wilhelm Bötzkes, den die Reichsregierung in den Vorstand berief. Ihm standen reiche Erfahrungen zur Verfügung durch seine mehrjährige Tätigkeit bei der „Dette Publique Ottomane“. Während der Gültigkeit des Dawes-Planes, also bis zum Jahre 1929, flossen gemäß dem „Aufbringungsgesetz“ 975 Mill. Goldmark, an deren Aufbringung zeitweise mehr als 200 000 Unternehmungen beteiligt waren, an die Bank und durch diese an den Reparationsagenten. Schon nach einem 5-jährigen Bestehen der Bank also konnte festgestellt werden, daß es der Bank, trotz aller Schwierigkeiten, gelungen war, ihren recht wenig erfreulichen Aufgaben gerecht zu werden. Der Schwerpunkt der Tätigkeit der Bank lag nicht auf dem finanziellen Gebiet. Die Bank hatte vielmehr bestimmungsgemäß für die Sicherheit der öffentlichen Last zu sorgen. Man war aber nun soweit, daß die Bank ihre Aufgabe erfüllt hatte.

Der Young-Plan

Er war nach langen schwierigen Verhandlungen der „unabhängigen" Experten in Paris und den nachfolgenden Konferenzen im Haag und Amsterdam als neue Reparationsregelung zustande gekommen und bestimmte, daß die Bank liquidiert werden sollte. Die Liquidierung unterblieb jedoch, weil die Reichsregierung es unterließ, die Aufbringungsumlage aufzuheben.

Zwar hatte die Umlage im Rahmen der neuen Reparationsregelung keinen Sinn mehr, doch sollte sie als steuerähnliche Einrichtung weiterbestehen und zur Verminderung des Defizits im Reichshaushalt herangezogen werden. Dagegen wandte sich der Reichsverband der Deutschen Industrie, weil eine derartige zusätzliche Belastung der deutschen gewerblichen Wirtschaft abgelehnt werden mußte.

Da trat Paul Silverberg auf den Plan und brachte den Vorschlag, die künftig eingehenden Aufbringungsraten zu einem Zweckvermögen der aufbringungspflichtigen Wirtschaft zusammenzufassen und damit einer ganz dringenden Aufgabe zuzuführen, nämlich die Landwirtschaft im Osten von Deutschland zu sanieren. Der Plan von Silverberg war in seinem Entwurf und in seinen Aufgaben ein sehr kühner und neuer Gedanke, ein Zweckvermögen mit der Möglichkeit der revolvierenden Kredithergabe zu schaffen mit dem Ziel, daß ein Teil der deutschen Wirtschaft einem anderen, in Not geratenen helfen sollte. Neu war insbesonders, daß aus einem Institut zur Verwaltung und Leistung von Kriegslasten ein höchst produktives Organ entstehen sollte. So ergab sich dann für die Bank eine neue große Aufgabe. Die Überlegungen von Silverberg wurden verwirklicht durch das *„Industriebelastungsgesetz"* vom 31. März 1931.

Neue Aufgabe: Industriekredite

Das Gesetz bestimmte, daß die Umlage noch bis zum Jahre 1936 erhoben werden und sich bis dahin auf einen Gesamtbetrag von 650 Mill. Reichsmark — später auf 510 Mill. Reichsmark herabgesetzt — belaufen sollte. Die Bank wurde Eigentümerin des sich dergestalt ansammelnden Sondervermögens. Im Prinzip blieb es bei der alten Konstruktion der Gesellschaftsverhältnisse: die Aktien waren treuhänderischer Besitz der deutschen Wirtschaftsunternehmen. Dividenden an die Aktionäre waren unzulässig. Die Hauptaufgabe bestand zunächst in der Gewährung von sogenannten Osthilfedarlehen. Diese

Aufgabe war 1937 im wesentlichen beendet. Bis dahin waren rund 41 000 landwirtschaftliche Entschuldungsdarlehen in Höhe von 560 Mill. Reichsmark bewilligt worden. Nunmehr trat die Gewährung langfristiger Kredite für die gewerbliche Wirtschaft, insbesondere die Industrie, kurz „Industriekredite" genannt, in den Mittelpunkt. Bereits in der Bilanz vom 31. März 1937 standen die gewerblichen langfristigen Darlehen mit über 180 Mill. Reichsmark zu Buche. Dabei ist zu berücksichtigen, daß es damals außerhalb der Deutschen Industriebank eine organisierte langfristige Kreditgewährung an gewerbliche Unternehmen praktisch nicht gab. Von nun an aber sollten die Rückflüsse aus landwirtschaftlichen Entschuldungsdarlehen und der Erlös aus der Begebung von Anleihen dazu dienen, den Umfang der gewerblichen Darlehen erheblich zu vergrößern. Kreditnehmer waren nicht nur Industriefirmen, obwohl diese den größten Anteil hatten, sondern ebenso Handels-, Speditions-, Handwerks-, Fremdenverkehrsbetriebe usw., kurz die gewerbliche Wirtschaft im weitesten Sinne.

Die von der Deutschen Industriebank entwickelten Methoden der langfristigen Gewerbefinanzierung sind zum großen Teil noch heute für diesen Bankgeschäftszweig maßgebend. Das Gewerbekreditengagement überstieg erstmalig im Geschäftsjahr 1940/41 die noch valutierenden landwirtschaftlichen Entschuldungsdarlehen. Im letzten Kriegsjahr betrug die Bilanzsumme 1287 Mill. Reichsmark. Davon waren 384 Mill. Reichsmark langfristige Gewerbekredite im engeren Sinne. Das inzwischen mehrfach erhöhte Aktienkapital betrug 200 Mill. Reichsmark, die Reserven beliefen sich auf 443 Mill. Reichsmark. Nach 1945 mußte die Bank zunächst, wie alle anderen Berliner Kreditinstitute, ihr Geschäft einstellen. Kriegsausgang und Währungsreform erforderten umfangreiche Abwicklungsarbeiten, die mehrere Jahre dauerten. 1953 beteiligte sich die Bank mit einem Teil der ihr verbliebenen Vermögenswerte an der 1949 gegründeten *„Industriekreditbank AG"* in Düsseldorf, die das Geschäft der Deutschen Industriebank im Bundesgebiet fortführte. Später nahm die Deutsche Industriebank selbst die gewerbliche Kreditgewährung wieder auf, beschränkte sich dabei jedoch auf Westberlin. Die Bilanzsumme der Deutschen Industriebank belief sich am 31. März 1965 auf 211 Mill. DM, darunter befanden sich langfristige Ausleihungen mit einer Valuta von 108 Mill. DM.

Erst nach der Währungsreform gelang es, für die langfristigen Kredite an die gewerbliche Wirtschaft, insbesondere die Klein- und mittlere Industrie das unbedingt notwendige neue Institut in Gestalt der *„Industriekreditbank"* in *Düsseldorf* für das Bundesgebiet zu errichten.

Es war eine sehr begrüßenswerte Erscheinung, daß die leitenden Herren und auch ein sehr wichtiger Teil des Personals der „Deutsche Industriebank“ für den Aufbau der neuen „Industriekreditbank“ zur Verfügung standen. Man muß auch heute noch erstaunt sein, daß es eigentlich fast unmittelbar nach der Währungsreform gelungen ist, die ersten 12 Mill. DM für das Kapital der „Industriekreditbank“ bei der deutschen gewerblichen Wirtschaft zusammenzubringen, um ein Institut zu schaffen, das ohne Beteiligung oder Hilfe der öffentlichen Hand als eine neue Selbsthilfeorganisation für die deutsche Wirtschaft wirken sollte.

Am 31. März 1965 verzeichnete die *„Industriekreditbank AG“* in Düsseldorf eine Bilanzsumme von 2297 Mill. DM und einen Bestand an langfristigen Ausleihungen mit einer Valuta von 1895 Mill. DM. Seit ihrer Gründung hat sie mehr als 20 000 Kredite mit einer Darlehenssumme von über 4 Mrd. DM zur Verfügung gestellt.

Aktive Arbeitsmarktpolitik in USA und das Gesetz zur Entwicklung der Arbeitskräfte von 1962

Von Rudolf Sachs

I

Der Arbeitsmarkt in den Vereinigten Staaten ist erst in jüngster Zeit Gegenstand einer aktiven Bundesregierungspolitik geworden, die nicht nur eine vorübergehende Maßnahme, vielmehr ein entscheidender Schritt in Richtung auf eine andauernde Beteiligung zu sein scheint.

Wir denken dabei nicht an finanztechnische, fiskalische oder handelspolitische Maßnahmen, die durch ankurbeln oder dämpfen der Wirtschaft den Arbeitsmarkt beeinflussen, oder an die Gesetzgebung, die in erster Linie der Bekämpfung der Armut[1] und der Herstellung rassischer Gleichberechtigung[2] dient, wenn sie auch eine Reihe von Bestimmungen mit unmittelbarer Rückwirkung auf den Arbeitsmarkt enthält. Wir haben vielmehr das *Gesetz zur Entwicklung der Arbeitskräfte und Berufsausbildung* von 1962, den *Manpower Development and Training Act* (im folgenden M. D. T. A.) im Auge.

Unsere Erörterung wird sich auf dieses Gesetz beschränken, weil es den Arbeitsmarkt als Ganzes betrifft, während die beiden anderen, vorerwähnten Gesetze nur Spezialfälle berücksichtigen. Es soll jedoch nicht verkannt werden, daß gerade das Hervortreten des Armuts- und das des Rassenproblems erheblich zur Schaffung des M. D. T. A. beigetragen haben; dabei ist es unerheblich, daß diese beiden Gesetze erst später verabschiedet werden konnten. Wir wollen versuchen zu zeigen, welche Schwierigkeiten seiner Durchführung entgegenstehen, und wie bedeutsam dieses Gesetz im Rahmen des amerikanischen Arbeitsmarktes werden kann. Es bedeutet eine Abwendung von der Tradition der Nichteinmischung durch die Regierung, einer Tradition, an der bisher Unternehmer wie Gewerkschaften in gleichem Maße festzuhalten versuchten.

II

Das M. D. T. A. hat nach der Beendigung des 2. Weltkrieges, als man das Entstehen von Massenarbeitslosigkeit befürchtete, seinen Vorläufer

[1] Economic Opportunity Act of 1964 (meist Anti-Poverty-Act genannt).
[2] Civil Rights Act of 1964.

im Beschäftigungsgesetz von 1946[3] gehabt. Allein, dieses Gesetz ist zunächst ein unausgefüllter Rahmen geblieben, bis auf die Schaffung des Rates der Wirtschaftssachverständigen (Council of Economic Advisors), sowie des Vereinigten Wirtschaftsausschusses des Kongresses (Joint Economic Committee, Congress of the US) und das Erfordernis eines jährlichen Berichtes des Bundespräsidenten über die Wirtschaft des Landes. Im übrigen begnügte es sich damit, die Verpflichtung der Regierung festzulegen, im Rahmen der freien Wirtschaft (free enterprise) und unter Mitwirkung der Industrie, Landwirtschaft, Arbeiterschaft und Kommunal- und Länderregierungen, Arbeitswilligen Gelegenheit zu nützlicher Arbeit zu geben und möglichst hohe Beschäftigung, Produktion und Kaufkraft zu fördern.

Wenn das Beschäftigungsgesetz von 1946 nur die Festlegung eines Zieles blieb, nämlich einen möglichst hohen Beschäftigungsstand zu erreichen, so ist das damit zu erklären, daß die nach Beendigung des 2. Weltkrieges erwartete Arbeitslosigkeit sich nicht entwickelte, vielmehr ein Wirtschaftsaufschwung von nicht erwartetem Ausmaß einsetzte. Hinzu kamen andere, diesem Lande eigentümliche Umstände, die einem systematischen Eingreifen der Bundesregierung in den Arbeitsmarkt entgegenwirkten: die weitverbreitete Abneigung, insbesondere der Industrie, gegen das Anwachsen der Bundesbürokratie, aus Furcht, daß diese Schritt für Schritt die „freie Wirtschaft“ untergraben könnte. Daher hebt das Gesetz von 1946 ausdrücklich hervor, daß alle Pläne der Regierung darauf gerichtet sein müßten, den freien Unternehmerwettbewerb zu fördern. Ein anderer Umstand gegen eine spezifische Bundesgesetzgebung war der im politischen Leben der Vereinigten Staaten eine so große Rolle spielende Gegensatz zwischen Bundesregierung und der der einzelnen Staaten, die wohl allgemeine Richtlinien anzunehmen geneigt sind, aber konkrete Maßnahmen als einen Eingriff in ihre Rechte ansehen.

Als schließlich Mitte der fünfziger Jahre die Arbeitslosigkeit größeren Umfang annahm, begnügte man sich zunächst in den einzelnen Staaten mit der Verbesserung der Arbeitsämter durch Erweiterung der Berufsberatung, der Berichte über den Arbeitsmarkt, Zusammenarbeit mit Gewerkschaften, Anwendung von Berufseignungstesten, Beratung von Arbeitgebern zur Lösung von Personalproblemen und dergleichen. Man verbesserte damit allerdings die Durchdringung des Arbeitsmarktes durch die staatlichen Arbeitsämter, ist jedoch bisher nicht über einen Anteil von 16 % an allen Stellenbesetzungen hinausgekommen. Dabei

---

[3] Employment Act of 1946. Das amerikanische Beschäftigungsgesetz, Vergangenheit und Zukunft, herausgegeben von Gerhard Colm, Duncker & Humblot, Berlin 1956 (Deutsches Institut für Wirtschaftsforschung, Neue Folge Nr. 37).

spielen folgende Umstände eine Rolle: Arbeitgeber bedienen sich nur mit großer Zurückhaltung der Arbeitsämter, weil sie diese mit den Arbeitslosenämtern identifizieren und der Qualität der dort eingeschriebenen Arbeitsuchenden mißtrauen. Es ist in der Tat zutreffend, daß die Mehrzahl der durch die Ämter Arbeitsuchenden an- und ungelernte Arbeiter sind und Anfragen nach gelernten Kräften von den Ämtern häufig nicht befriedigt werden können.

III

Die Ausfüllung des vom Beschäftigungsgesetz gegebenen Rahmens hat im Jahre 1961 mit der Unterzeichnung des Gesetzes über die Wiederbelebung wirtschaftlich darniederliegender Gebiete (Area Redevelopment Act) durch den Präsidenten Kennedy begonnen. Diesem Gesetz folgte im Jahre 1962 der M. D. T. A., als die öffentliche Meinung bereit war anzuerkennen, daß das gestörte Gleichgewicht auf dem Arbeitsmarkt sich nicht durch das Spiel der freien wirtschaftlichen Kräfte herstellen würde. Denn 1961 konnten auf der einen Seite 6 % der Erwerbspersonen[4] keine Arbeit finden, auf der anderen Seite der Bedarf der Industrie an Facharbeitern und Spezialisten nicht gedeckt werden. Erschwerend fiel dabei ins Gewicht, daß trotz ansteigenden Sozialprodukts die Zahl der Arbeitslosen nicht entsprechend zurückging.

Obwohl wir uns, wie oben erwähnt, in der nachfolgenden Darstellung im wesentlichen auf das M. D. T. A. beschränken wollen, müssen wir hier erwähnen, daß zu gleicher Zeit schon die Schaffung weiterer Gesetze vorgesehen war, die Rückwirkungen auf den Arbeitsmarkt haben sollten. Wir müssen sie schon deshalb erwähnen, um zu sehen, daß die Kompliziertheit des Problems der Arbeitslosigkeit voll erkannt worden war und der Angriff darauf von verschiedenen Seiten ausgeführt werden sollte: durch ein Gesetz über die Beschäftigung Jugendlicher, dessen Funktionen später durch den Ausbau des M. D. T. A. übernommen wurden und durch Bestimmungen in den oben erwähnten Gesetzen zur Bekämpfung der Armut und zur Herstellung rassischer Gleichberechtigung, sowie durch Gesetz zur Verbesserung der Berufsschulung und akademischen Ausbildung[5]. Weiter unten folgende Statistiken werden uns den Zusammenhang zwischen Rasse und Arbeitsmarkt, sowie zwischen Schulung und Arbeitslosigkeit zeigen; der Zusammenhang zwischen Armut und Berufsvorbildung ist offensichtlich.

---

[4] Report on Manpower Requirements etc. March 1965, S. 197.

[5] Vgl. Manpower Report of the President, March 1963, S. XVIII f.

IV

Wenn es auch keiner Erläuterung bedarf, daß die Beweggründe für die zuletzt genannten Gesetze nicht in erster Linie wirtschaftlich waren, darf nicht verkannt werden, daß auch für den M. D. T. A. politische und soziale Vorstellungen maßgebend waren.

Es wäre durchaus denkbar gewesen, daß sich die Vereinigten Staaten damit abgefunden hätten, ein Heer von Arbeitslosen durch Unterstützung auf einem erträglichen Lebensniveau zu unterhalten. Diese Möglichkeit hat Professor Galbraith noch in seinem 1958 erschienenen Buch „Gesellschaft des Überflusses" zur Erwägung gestellt[6], aber zugunsten einer wirkungsvollen Bekämpfung der Arbeitslosigkeit aufgegeben[7]. Das Brachliegen von Millionen von Menschen ist zwar eine unwiederbringliche Verschwendung von Produktionskräften in der Gegenwart und in der Zukunft; denn sie trägt zur Verschlechterung der Arbeitsgewohnheiten und des Könnens bei, erschwert das Finden oder Halten einer neuen Stellung. Was aber noch mehr ins Gewicht fällt, ist die demoralisierende Wirkung auf den Arbeitslosen und seine Familie.

Gerade in einer demokratischen Gesellschaft soll das Wohlbefinden des einzelnen nicht bedingungslos dem Ganzen untergeordnet werden. Es widerspricht den Idealen dieser Gesellschaft, soviele Menschen von dem Volkswohlstand und den damit verbundenen Möglichkeiten, seine Persönlichkeit zu entwickeln, ausgeschlossen zu sehen. Die amerikanische Verfassung garantiert zwar allen Bürgern Freiheit und Gleichberechtigung vor dem Gesetz, jedoch in diesem jungen und, wie es schien, unerschöpflich reichen Lande war es bisher nicht als notwendig angesehen worden, die gleiche Entwicklungsmöglichkeit (equal opportunity) für alle durch das Recht auf Arbeit besonders zu betonen. Das ist erst im Beschäftigungsgesetz geschehen. Arbeit steht im Mittelpunkt unserer Gesellschaftsordnung, und der Arbeitsplatz, den ein jeder einnimmt, bestimmt seinen Status. Die wirtschaftliche Entwicklung des letzten Jahrzehnts in diesem Lande hat die Verwirklichung dieses Rechtes für viele in Frage gestellt, dieses Recht, das seine allgemeine Anerkennung unter den Völkern in Artikel 55 der Satzung der Vereinten Nationen gefunden hat. Dadurch daß das M. D. T. A. durch Arbeitsschulung den vom allgemeinen Aufstieg Ausgeschlossenen die „equality of opportunity" zu schaffen versucht, leistet es einen entscheidenden Beitrag zur Verwirklichung des im Beschäftigungsgesetz zum Ausdruck gebrachten Prinzips.

---

6 J. K. Galbraith, The Affluent Society, Boston 1958, S. 292 ff.

7 Jan. 1965 Economic Report of the President, Hearings before the Joint Economic Committee, Congress of the United States, 89th Congress, First Session, Washington, Part. 2, S. 20.

V

Wir haben oben erwähnt, daß die Notwendigkeit für einen Eingriff der Regierung in den Arbeitsmarkt erkannt wurde, als das gestörte Gleichgewicht zwischen Angebot und Nachfrage nach Arbeitskräften sich trotz wachsender Wirtschaft nicht mehr allein herzustellen schien. Statistiken verdeutlichen den Umstand, daß die Struktur der Wirtschaft sich seit dem Ende des 2. Weltkrieges wesentlich geändert und die Zahl der Erwerbspersonen um fast ein Viertel angewachsen war; außerdem war das Wachstum der Wirtschaft unter dem für wünschenswert gehaltenen Satz von 5½ % pro Jahr zurückgeblieben[8]. Der Senats-Unterausschuß für Arbeit und Arbeitskräfte hat in seinem Bericht „Der Vollbeschäftigung entgegen“ (Toward Full Employment) die Strukturveränderung der Wirtschaft als eine Revolution bezeichnet und die Arbeitslosigkeit als das bedrohlichste Symptom des Versagens der bisherigen Wirtschafts- und Sozialpolitik angesehen[9]. Wenn diese scharfe Charakterisierung auch erst 1964 gegeben wurde, so kommt sie doch schon in der Präambel zum M. D. T. A. zum Ausdruck, die von den Verlagerungen (dislocations) in der Wirtschaft, ihren Strukturänderungen und deren Rückwirkungen auf den Arbeitsmarkt spricht[10].

Die folgenden jährlichen Durchschnittszahlen, die dem Bericht des Bundesarbeitsministeriums vom März 1965[11] entnommen sind, geben eine Vorstellung über die grundlegenden Veränderungen des amerikanischen Arbeitsmarktes seit dem 2. Weltkrieg:

Im Jahre 1947 betrug die Gesamtbeschäftigung fast 58 Millionen, von denen etwa 20 Millionen (34,9 %) „white-collar worker“ (von akademischen Berufen zu Büro- und Ladenangestellten) waren, und 23½ Millionen (40,7 %) „blue-collar worker“ (Arbeiter, einschließlich Handwerkern und Vorarbeitern), von denen etwa 12½ Millionen angelernte und 3½ Millionen ungelernte Arbeiter waren; außerdem gab es etwa 6 Millionen (14 %) auf dem Lande Arbeitende..

Im Jahre 1964 waren die in Arbeit stehenden auf insgesamt über 70 Millionen angewachsen, von denen jetzt 31 Millionen (44,2 %) white-collar worker waren, 25½ Millionen (36,3 %) blue-collar worker, sowie 9 Millionen (13,2 %) in den Wartungsberufen und nur noch 4½ Millionen (6,3 %) auf dem Lande arbeiteten. Die Zahl der gelernten Arbeiter hatte sich um etwa 1,2 Millionen erhöht, die der angelernten und ungelernten, die mit etwa 16½ Millionen 23,6 % sämtlicher Erwerbspersonen darstellten, nur um etwa 750.000 Mann.

---

8 Subcommittee on Employment and Manpower of the Committee on Labor and Public Welfare, United States Senate; Toward Full Employment, 88th Congress, 2d Session, Washington 1964, Report, S. 31.

9 a. a. O., S. V.

10 M. D. T. A. Sec. 101.

11 Report on Manpower Requirements, a. a. O., S. 202—203.

Diese Zahlen lassen ein erhebliches Anwachsen des Bedarfs an Angestellten (white-collar worker) und Arbeitern in Wartungsberufen (service worker) erkennen, wobei letztere keineswegs alle zu den ungelernten Berufen gehören; ebenfalls gewachsen ist der Bedarf an gelernten Arbeitern. Die Beschäftigung von angelernten und ungelernten Arbeitern ist aber nicht nur stehengeblieben, sie hat vielmehr abgenommen, wenn man berücksichtigt, daß in der Landwirtschaft etwa 1 Million ungelernter Arbeiter weniger als früher zu finden sind.

Um das Bild der Veränderungen zu vervollständigen, müssen wir auch berücksichtigen, daß sich die Qualität der Arbeit innerhalb der einzelnen Berufsgruppen gewandelt hat. So verlangen die heute in den Fabriken verwandten Maschinen, die weit komplizierter sind als ihre Vorgänger, weniger Handgeschicklichkeit als Denkfähigkeit; dasselbe trifft auch für die heutigen Produkte zu, wie Automobile und elektrische Haushaltungsgegenstände, die für ihre Instandhaltung und Reparaturen einen viel besser ausgebildeten Arbeiter verlangen. Auf die größeren Spezialisierungsanforderungen an die akademischen und technischen Berufe wollen wir hier nicht eingehen; zwar ist in der Novelle von 1964 zum M. D. T. A. noch einmal betont worden, daß das Gesetz sich auch auf diese Berufsgruppe bezieht, in der Praxis ist davon aber bisher nur geringer Gebrauch gemacht worden.

Schließlich gehört zu den umwälzenden Veränderungen in der amerikanischen Industrie das Schrumpfen und die geographische Verlagerung von ganzen Industriezweigen, wie der Rückgang des Kohlenbergbaus oder die Verlegung der Textilindustrie von New England nach dem Süden, die Auswanderung von Fabriken aus der Stadt New York und die Ausbreitung der Bürobetriebe in dieser Stadt. Nicht zu übergehen ist die geographische Verlegung von Rüstungsaufträgen.

VI

Wenn wir jetzt die Zusammensetzung der Arbeitslosen nach Berufskategorien untersuchen, finden wir, daß 16 % auf Personen entfallen, die noch nie einen Zivilberuf gehabt haben, über 23 % gehören zu den ungelernten Arbeitern und etwas über 10 % sind Büroarbeiter und gelernte Arbeiter[12]; das sind etwa 60 % der Arbeitslosen.

Weitere, wichtige Aufschlüsse gibt die rassische Zusammensetzung der Arbeitslosigkeit: Bei einer Durchschnittsarbeitslosigkeit von 5,2 % im Jahre 1964 war die Arbeitslosigkeit der weißen Bevölkerung 4,6 %, während die der Nicht-Weißen 9,8 % ausmachte; für die jugendlichen Nicht-Weißen (14 bis 19jährige) war der Prozentsatz doppelt so hoch

[12] Report on Manpower Requirements, a. a. O., S. 207, Tabelle A—15.

wie für Erwachsene und doppelt so hoch wie die der entsprechenden Altersklassen der Weißen.

Läßt schon die hohe Beteiligung der ungelernten Arbeiter an der Arbeitslosigkeit einen Zusammenhang zwischen Vorbildung und Arbeitslosigkeit vermuten, so wird diese Vermutung bestärkt durch die Zahlen für die Nicht-Weißen. Es ist eine unbestreitbare Tatsache, daß die von den Negern im Süden des Landes besuchten Schulen und die in den Neger-Ghettos der Großstädte von geringerer Qualität sind als die der Weißen. Auch ist die Dauer ihres durchschnittlichen Schulbesuches, besonders bei denen, die nur die Elementarschule und bis zu 3 Jahren höhere Schule (statt 4 Jahren) besuchen, wesentlich kürzer als bei den Weißen. Wenn auch die Benachteiligung der Neger auf dem Arbeitsmarkt auf rassische Vorurteile zurückzuführen ist, so muß man es auch in hohem Maße ihrer schlechteren Vorbildung zuschreiben.

Die altersmäßige Verteilung der Arbeitslosigkeit stellt sich wie folgt: Über 14 % für die Altersklasse von 14 bis zu 19 Jahren, in der anschließenden Gruppe von 20 zu 24 Jahren über 8 % und fallend mit wachsendem Alter auf etwa über 3 %. In absoluten Zahlen ausgedrückt betrug die Arbeitslosigkeit im Jahre 1964 bei den Jugendlichen über 950.000 und in der anschließenden Gruppe über 650.000[13]. Daß unter diesen die Nichtabsolventen einen hohen Prozentsatz bilden, geht daraus hervor, daß unter den 16 und 17jährigen die Arbeitslosigkeit derjenigen, die zur Zeit der Zählung keine Schule besuchten, etwa doppelt so hoch war wie derjenigen in Schulen[14].

Zusammenfassend müssen wir feststellen, daß die große Schwäche des Arbeitsmarktes darin liegt, daß die Jugendlichen ungenügend absorbiert werden, und unter diesen wiederum die Nicht-Weißen, und daß ungenügende Vorbildung dabei eine erhebliche Rolle zu spielen scheint. Die Dimensionen des Problems werden dadurch klargemacht, daß nahezu 9 Millionen Jungarbeiter von 1961 bis 1964 in das Arbeitsheer eingetreten und weitere 17 Millionen in den nächsten 6 Jahren erwartet werden.

Arbeitslosigkeit ist nicht immer eine augenblickliche Härte für die Jugendlichen, weil die meisten in Familien leben und nicht hungern. Das späte Einmünden in den Arbeitsmarkt stellt aber eine sich später auswirkende, lebenslange Schädigung dar, wenn die Wartezeit nicht mit Schulung und Ausbildung ausgefüllt wird. Das ist aber bisher nicht der Fall gewesen: zwei Drittel aller Jugendlichen kommen auf den Arbeitsmarkt ohne jede formale Erziehung oder Ausbildung über Grund- oder höhere Schule hinaus; mehr als ein Drittel verlassen die höhere Schule vor dem Abschlußexamen. Hält man sich vor Augen,

---

[13] Report on Manpower Requirements, a. a. O., S. 206.

[14] a. a. O., S. 222.

daß Lehrlingsausbildung kaum vorhanden ist, so versteht man die Feststellung des Senats-Unterausschusses im oben bereits erwähnten Bericht, daß die Qualität handwerklicher Berufsausbildung so beunruhigend ist wie ihre zahlenmäßige Schwäche[15]. Damit steht nicht im Widerspruch, daß der Besuch der höheren Schule und des Colleges in den Vereinigten Staaten prozentual ungewöhnlich hoch ist; der Unterricht ist aber wesentlich auf Erziehung zum „Bürger" im politischen Sinne gerichtet, und nicht auf Berufsvorbereitung. Diesen Zustand soll das Berufsschulgesetz von 1963[16] abzuschaffen helfen; seine Auswirkungen können sich aber erst in einigen Jahren bemerkbar machen.

VII

Hier setzt der M. D. T. A. ein, der in seinem II. Abschnitt auf sofortige Abhilfe durch ein vielfältiges berufliches Ausbildungsprogramm hinwirken will. Arbeitslose und Unterbeschäftigte, die keine Ausbildung genossen haben, oder deren Ausbildung nicht mehr benötigt wird, sollen eine Ausbildung erhalten, von der man „vernünftigerweise erwarten kann, daß sie zu einer Anstellung führt"[17]. Unterstützungen an die Teilnehmer von solchen Ausbildungskursen sind vorgesehen.

Vorschläge für Ausbildungsprogramme im Rahmen der von der Bundesregierung gegebenen Richtlinien werden von den Arbeitsbehörden der einzelnen Länder gemacht und in Zusammenarbeit mit den Schulbehörden durchgeführt; auch werden private Wohlfahrtsbehörden, die in den Vereinigten Staaten eine bedeutsame Rolle spielen, hinzugezogen. Es ist ferner die Mitwirkung des Publikums in Form von beratenden Komitees vorgesehen, die sich aus Vertretern der Arbeitgeber und -nehmer, der Landwirtschaft, Erziehung und dem Publikum im allgemeinen zusammensetzt.

Zwei Methoden der Ausbildung sind vorgesehen: Die Ausbildung in einer Schulklasse (institutional training)[18], die in einem besonders erst zu schaffenden Kurs bestehen kann, oder in einem Ausbildungsgang, der bereits an einer öffentlichen oder privaten Schule gegeben wird. Die andere Ausbildungsmethode besteht in der Schulung auf der Arbeiterstelle (on-the-job training[19]), sie kann mit Klassenunterricht verbunden werden. Sie wird gewöhnlich auf Antrag eines Arbeitgebers unternommen, der den oder die Arbeitslosen bei sich anstellt, bezahlt und nach seinen Ideen und Bedürfnissen ausbildet; der Staat zahlt

---

15 Subcommittee on Employment & Manpower, a. a. O., S. 83.
16 Vocational Education Act of 1963.
17 M. D. T. A. Sec. 202 (e).
18 M. D. T. A. Sec. 202.
19 a. a. O., Sec. 204.

in diesem Falle nur die Zeit, die ein gelernter Arbeiter aus dem Betrieb dem Auszubildenden widmen muß und das beim Ausbilden verbrauchte Material. Es wird jedoch angestrebt, keine Staatsfinanzierung zu geben, wenn der Arbeitgeber bisher ohnehin in seinem Betrieb ausgebildet hat, oder wenn bereits Lehrlingsausbildung in dem betreffenden Beruf vor sich geht.

Die Ausbildung in der Schulklasse setzt eine erhebliche Vorarbeit durch die Arbeitsämter voraus, die sich meist über Monate erstreckt. Bevor das Amt einen Vorschlag ausarbeitet, der von der Bundesregierung gebilligt und finanziert werden muß, ist der Bedarf der Industrie für den betreffenden Beruf festzustellen.

Das setzt eine Definition dieses Berufes voraus, der in verschiedenen Betrieben unter gleicher oder ähnlicher Bezeichnung in verschiedenen Abarten benötigt werden mag; es muß also zunächst einmal eine Berufsstudie durchgeführt werden. Danach muß die Erziehungsbehörde einen Ausbildungsplan ausarbeiten, wenn nicht schon ein solcher besteht, Lehrkräfte, Maschinen und Material beschaffen, falls für diesen Beruf noch keine Ausbildungsstätte vorhanden ist.

An die Berufsstudie des Arbeitsamtes schließt sich eine möglichst repräsentative Erhebung in der Industrie an, um den gegenwärtigen und möglichst auch den im Laufe der nächsten 12 Monate zu erwartenden Bedarf in diesem Beruf festzustellen. Natürlich muß auch untersucht werden, ob der Bedarf nicht durch bestehende öffentliche oder private Schulen gedeckt werden kann, oder durch arbeitslose Gewerkschaftsmitglieder oder bei den Ämtern selbst eingetragene Stellungsuchende.

Die Nachteile der Schulklassenausbildung sind offensichtlich. Abgesehen davon, daß eine solche Ausbildungsmethode den lernenden Handarbeiter in eine Umgebung versetzt, die äußerst verschieden von der im Betrieb ist, ist die zwischen der Bedarfsfeststellung und der Beendigung des Ausbildungsganges liegende Zeit häufig so lang, daß die in Aussicht gestellten Arbeitsplätze nicht mehr vorhanden sind. Der Ausgebildete hat also wieder eine mehr oder weniger lange Zeit der Arbeitslosigkeit durchzumachen, kann aber auch gezwungen sein, eine Stelle als ungelernter Arbeiter anzunehmen.

Die Methode der Berufsschulung im Betrieb hat weder den Nachteil der Schwerfälligkeit — wenn es auch nicht ohne das Durchlaufen von einigen Formalitäten abgeht —, noch ist das Risiko der Arbeitslosigkeit so groß wie bei der Schulausbildung, da der Arbeitgeber sein möglichstes tun wird, um den ausgebildeten Arbeiter zu halten. Wenn trotzdem seit August 1962 bis Ende 1964 nur etwas über 35.000 zur Ausbildung auf der Arbeitsstelle gegen fast 285.000 zum Klassenunterricht zugelassen worden sind, so hängt das offensichtlich damit zusammen, daß der Gedanke der Betriebsausbildung sich hier nur allmählich durchsetzt; immerhin sind die Zahlen hierfür von über 7.500 im Jahre 1963 auf 27.600 in 1964 gestiegen[20].

Nachdem der Ausbildungsplan gebilligt und finanziert ist, gehört es zur Aufgabe der Arbeitsämter die Auszubildenden zu rekrutieren. Das geht keineswegs automatisch vor sich, so daß etwa in kürzester Zeit nach der Bekanntgabe eines Kurses alle vorgesehenen Plätze gefüllt sind. Einer Reihe von Berufen gegenüber ist die Einstellung unter der jungen Generation negativ. Entweder sagen ihnen Arbeitszeiten, wie Arbeit über das Wochenende und Überstunden nicht zu, oder sie scheuen die physischen Unannehmlichkeiten der Arbeit auf einer Tankstelle, oder der Beruf wird nicht mehr als zeitgemäß angesehen, selbst wenn er gute wirtschaftliche Aussichten hat, wie etwa das Schneidern. Es bedarf daher einer sorgfältigen Aufklärung und Berufsberatung, eines stärkeren Eindringens in die Probleme des einzelnen, als dies bisher die Regel war.

Viele Arbeitslose stehen aber überhaupt mit den Arbeitsämtern nicht oder nicht mehr in Verbindung. Sie haben die Hoffnung aufgegeben, eine ihnen lohnend erscheinende Arbeit zu finden. Das ist besonders in den sogenannten wirtschaftlichen Notstandsgebieten, in den Armenstadtteilen und in den Neger-Ghettos der Fall. Hier haben die Ämter entweder eigene Zweigstellen aufgeschlagen, oder sie arbeiten zusammen mit kommunalen oder privaten Organisationen, einschließlich Religionsgemeinden, die in diesem Lande die Rolle von gesellschaftlichen Sammelpunkten spielen.

Eine andere Schwierigkeit beim Füllen von Schulklassen bietet der Umstand, daß trotz vorangegangenen Besuchs der Volks- oder höheren Schule der Arbeitslose nicht in der Lage ist, dem Berufsunterricht zu folgen; sie haben trotz längeren Schulbesuchs nur das Niveau etwa des 5. oder 6. Schuljahres erreicht. Dem wird jetzt dadurch abgeholfen, daß der Berufsschulung ein Kurs in Lesen, Schreiben, Rechnen und in allgemeinen Dingen wie Umgang mit anderen, Kleidungs- und Körperpflege und ähnlich Elementarem vorausgeschickt wird. Danach erfolgt erst eine allgemeine Einführung in einen Industrie- oder Handelszweig, wie etwa Holzbearbeitung oder Einzelhandel, und, je nach bewiesener Befähigung wird der Schüler in einen speziellen Kurs übergeleitet. Diese Methode wird schon deshalb mehr und mehr eingeführt, weil in den ersten Jahren des M. D. T. A. die Arbeitsämter die Arbeitslosen mit besserer Schulausbildung bevorzugten, da diese ihnen erfolgreichere Absolvierung versprachen, als etwa Nichtabsolventen. Damit wurden also gerade die nicht zugelassen, die Hilfe am nötigsten hätten.

---

[20] Manpower Research and Training under the M. D. T. A. of 1962. A Report of the Secretary of Labor, March 1965, Washington, Tabelle S. 177.

Daß die unter dem M. D. T. A. durchgeführte Ausbildung, die sich über eine große Vielzahl von Berufen erstreckt, nicht als ein Ersatz für den Ausbau eines umfassenden Berufsschulsystems und Lehrlingswesens angesehen werden kann, vielmehr ein für die Vereinigten Staaten typisches Experiment und „Blitz-Programm“ (crash-program) darstellt, geht schon aus den für 1964 veröffentlichten Zahlen hervor: Im ganzen sind etwa 220.000 Auszubildende zugelassen worden, davon etwas über 170.000 zum Klassenunterricht, etwas über 27.000 zur Ausbildung auf dem Arbeitsplatz und 30.000 in sogenannten experimentellen und Demonstrations-Projekten[21]. Wieviel der durch Klassenausbildung Gegangenen die Kurse bis zum Abschluß durchgemacht und eine Stellung gefunden haben, ist z. Z. noch nicht festzustellen; es dürfte nicht höher als bei 75 % liegen.

VIII

Wir haben im vorangehenden Abschnitt erwähnt, daß für jeden Ausbildungsvorschlag eine besondere Umfrage bei den Arbeitgebern nach dem Bedarf in dem betreffenden Beruf gemacht werden muß. Das bringt uns darauf, daß gerade die Bedarfsfrage in diesem Lande bisher besonders vernachlässigt worden ist. Zwar sind eine ganze Reihe von Einzelstudien über den geschätzten Bedarf — etwa an wissenschaftlichen Arbeitern, deren Hilfsarbeitern (technicians) und Maschinenschlossern und anderen mehr — durchgeführt wurden, aber es fehlt an zuverlässigen Kenntnissen über den gegenwärtigen und kurzfristig zu erwartenden Bedarf einzelner Betriebe.

Abgesehen von der Meldepflicht bei Entlassungen von über 100 Arbeitern und Angestellten, ist kein Betrieb verpflichtet, offene Arbeitsplätze dem Arbeitsamt zu melden. Besonders in den großen Industriezentren wie New York, Philadelphia, Pittsburgh, Chicago, sind die Kontakte mit den verschiedenen Industrien und Berufen sehr oberflächlich, und, wenn diese gewerkschaftlich organisiert sind, so haben die Ämter meist überhaupt keine Einsicht in den jeweiligen Bedarf des Unternehmens.

An die Einführung eines Meldezwangs ist bei dem gegenwärtigen politischen Klima, das traditionsgemäß immer noch gegen Regierungseinmischung eingestellt ist, nicht zu denken. Man hat daher periodische, umfangreiche Stichproben durch Aussendung von Fragebogen an die Arbeitgeber vorgenommen, die insofern nicht unbefriedigend gewesen sind, als etwa dreiviertel der Befragten Auskunft über gegenwärtigen Bedarf an Arbeitskräften gegeben haben. Diese Erhebungen haben aber nur einen beschränkten Wert, und sie sind kostspielig, weil

[21] Report on Manpower Requirements, a. a. O., S. 251.

Antworten in vielen Fällen erst nach telefonischen Erinnerungen gegeben wurden.

Nur etwa 6 % der auf diese Weise den Arbeitsämtern bekanntgegebenen Arbeitsstellen sind von diesen gefüllt worden. Die Fortsetzung dieses Experiments ist z. Z. eingestellt worden. Die Einwände gegen ein solches statistisches Erhebungsprogramm laufen etwa wie folgt: Die Definitionen der einzelnen Berufe sind zu wenig einheitlich um ein klares Bild über die offene Arbeitsstelle zu geben[22]. Da gewöhnlich Eintrittsstellen als offen gemeldet werden, gäbe dieses auch keine richtige Vorstellung darüber, was für Eigenschaften der anzustellende Arbeiter haben müßte, um in dem Betrieb weiter aufzurücken; es fehle damit auch an einem Anhalt dafür, wie ein Ausbildungsplan ausgearbeitet werden müßte. Es bestehen ferner, besonders in Gewerkschaftskreisen, Bedenken, daß solche Erhebungen politisch mißbraucht werden könnten. Es bestehe die Gefahr, daß die Zahl der offenen Stellen überbesetzt werde, um zu demonstrieren, daß die Arbeitslosigkeit gar nicht an einem Mangel an Arbeitsgelegenheiten liegt, einschneidende wirtschaftliche Maßnahmen, wie etwa von der Regierung finanzierte Arbeiten, gar nicht erforderlich sind.

Wir wollen hier nicht auf die Stichhaltigkeit dieser Einwendungen eingehen, sondern nur die Schwierigkeiten andeuten, die der Lösung des Problems, die Bedarfsfrage zu klären, entgegenstehen. Wir können nur soviel sagen, daß diese Feststellungen in einer Wirtschaft, die dauernden technischen Neuerungen und Schwankungen in der Nachfrage nach Produkten ausgesetzt ist, nur durch eine Unzahl von einzelnen Untersuchungen und über eine erhebliche Zeitspanne getroffen werden können, um Voraussagen bezüglich zu erwartender Entwicklungen machen zu können; das ist ein wesentliches Erfordernis für Ausbildungspläne, die auf weite Sicht ausgearbeitet werden sollen.

Selbst wenn die Meldepflicht einmal eingeführt werden sollte, macht sie weitergehende Studien in keiner Weise überflüssig. Die Kenntnis der offenen Arbeitsplätze ist zwar für die Ämter von großer Wichtigkeit für die Unterbringung des Arbeitsuchenden, für die berufsberatende Tätigkeit bedarf es aber genauerer Kenntnis der einzelnen Berufe, wie sie in den Betrieben aussehen, welchen Wandlungen sie durch die Einführung neuer Techniken unterliegen, und wie die Beförderungspraxis in den verschiedenen Betrieben gehandhabt wird, um nur einige der Fragen hier zu erwähnen.

---

[22] Die gegenwärtig in dem von der Bundesregierung herausgegebenen Dictionary of Occupational Titles (D. O. T.) enthaltenen Definitionen sollen in naher Zukunft durch verbesserte Klassifizierungen und Beschreibungen ersetzt werden, aber auch das wird mit der Vielzahl der Abweichungen und Weiterentwicklungen in den Betrieben nicht Schritt halten können.

IX

Was für ein großer Ansporn das M. D. T. A. für die Weiterentwicklung der Arbeitsämter ist, geht auch daraus hervor, daß weitere Schritte, die Jugend in den Arbeitsmarkt zu bringen, gemacht worden sind, und daß in diesem Zusammenhang ein neuer Beruf geschaffen worden ist.

Ist schon seit einigen Jahren eine Ausweitung der Tätigkeit in bezug auf Berufsberatung Jugendlicher, körperlich Behinderter und ehemaliger Kriegsteilnehmer erfolgt, so ist in Verstärkung dieser Tendenz den Arbeitsämtern nunmehr auch die Errichtung neuer Zweigstellen, der Youth Opportunity Centers (Jugend-Arbeitsämter) übertragen worden, in denen jugendliche Arbeitslose, wenn nötig in Zusammenarbeit mit anderen Wohlfahrtsorganisationen, besondere berufliche Unterstützung gewährt wird, die sich auch darauf erstreckt, sie persönlich bei Arbeitgebern einzuführen, oder in Ausbildungskursen unterzubringen.

Die Schwierigkeiten im Kontakt gerade mit den Hilfsbedürftigen, den jugendlichen Negern und anderen Angehörigen der Armen, sie für Arbeit und den Wert einer Ausbildung zu interessieren, liegen häufig in dem Mangel einer Verständigung. Der Arbeitslose und der Beamte des Arbeitsamtes oder der Wohlfahrtsstelle, die eine akademische oder dieser sehr nahe kommende Ausbildung haben, sprechen gegenseitig unverständliche Sprachen, leben in vollkommen verschiedenen Anschauungskreisen. Hier geht man nun daran, eine neue Gruppe von Verbindungsleuten zu schaffen, die aus den Kreisen der Hilfsbedürftigen kommen, und Interesse für soziale Arbeit gezeigt haben; diese werden in Kursen von etwa 2 Monaten, durch Klassenunterricht und praktische Arbeit in einem Wohlfahrts- oder Arbeitsamt, als Hilfsarbeiter für die akademisch vorgebildeten Angestellten ausgebildet. Damit werden nicht nur Arbeitslose zu einer Tätigkeit ausgebildet, die sie über das von ihnen erwartete berufliche Niveau hinausbringen kann, es wird auch gleichzeitig die Qualität der Tätigkeit der Arbeitsämter und Wohlfahrtsstellen verbessert.

X

So wenig behauptet werden kann, daß Berufsausbildung oder Umschulung die Lösung der Arbeitslosenfrage darstellt — obwohl man sich zunächst nur das Ziel gesetzt hat, sie auf 3 % herunterzubringen — so wenig ist das M. D. T. A. auf dieses Feld beschränkt.

Im ersten Abschnitt des Gesetzes ist vorgesehen, daß Forschung über die Probleme des technischen Fortschritts, insbesondere der Automation durchgeführt wird, und über die Strukturwandlungen in der Nachfrage nach Arbeitskräften. Es sollen ferner Methoden zur Voraussage von damit zusammenhängenden Entwicklungen ausgearbeitet und eingehende Studien über berufliche und geographische Beweglichkeit der Arbeiter vorgenommen werden, durch Ermittlungen von Gepflogenheiten in den Beziehungen zwischen Arbeitgebern und Gewerkschaften. Auch soll die Öffentlichkeit auf die Probleme aufmerksam gemacht werden, um seine Mitarbeit an deren Lösung zu gewinnen.

Jährliche Berichte des Bundesarbeitsministeriums geben Auskunft über die Forschungsarbeit, die anderen Behörden, Universitäten und privaten Forschungsinstituten übertragen worden sind[23]; dazu kommen noch ungezählte wissenschaftliche Arbeiten und Veröffentlichungen, die sich unabhängig davon mit den Problemen des Arbeitsmarktes beschäftigen[24].

All diese Arbeiten sind aber von der größten Wichtigkeit, um eine auf weite Sicht gerichtete Arbeitsmarktpolitik auszuarbeiten. Der gegenwärtige Streit der Theorien über die Ursachen der Arbeitslosigkeit ist deshalb von geringer praktischer Bedeutung, weil zuviel Tatsachen und Zusammenhänge noch im dunkelen sind. Einigkeit zwischen den Vertretern der beiden wichtigsten Strömungen herrscht in bezug auf zwei Erfordernisse: die Strukturalisten — die als Hauptursache technische Neuerungen in der Industrie, Wandlungen im Konsumentengeschmack, Verlagerungen von Industrien und Veränderungen in der Zusammensetzung der Arbeitsuchenden ansehen — und die Expansionisten — die als Hauptursache das mangelnde Wachstum der Wirtschaften betrachten — halten erhöhtes Wachstum der Wirtschaft und Verbesserung der Berufsausbildung für erforderlich[25]. Da wir im Rahmen dieser Betrachtung nicht auf diese Fragen eingehen können, verweisen wir auf Gunnar Myrdals hervorragende Darstellung in

---

23 Manpower and Automation Research, in Auftrag gegeben von dem Office of Manpower, Automation and Training (O. M. A. T.) U. S. Department of Labor, von Juli 1962 bis Juni 1965.

24 Vor allem: International Labour Office. Unemployment and Structural Change, Studies and Reports, New Series, Nr. 65, Geneva 1962. Noelling, Wilhelm, Jugendarbeitslosigkeit in den USA 1953—64 in: Gewerkschaftliche Monatshefte, 16. Jg., No. 4 April 1965, S. 205 ff. Organisation for Economic Co-operation and Development Manpower Policy and Programs in the United States O. E. C. D. Publications, Paris 1964. Select Subcommittee on Labor of the Committee on Education and Labor of the House of Representatives. The Role and Mission of the Federal — State Employment Service in the American Economy 88th Congress, 2d Session Decbr. 1964. Dieser Bericht hat einen Anhang mit der Wiedergabe der wichtigsten Gesetzgebung auf diesem Gebiet von 1933 bis 1964.

25 Siehe auch Subcommittee on Employment and Manpower Report S. 27 ff.

seinem Buch „Challenge to Affluence“ 1962, das auch die damit zusammenhängenden internationalen Probleme erörtert.

XI

Die umwälzende Bedeutung des M. D. T. A. darf trotz des zahlenmäßig geringen Einbruchs in die Arbeitslosigkeit nicht verkannt werden. Es ist der erste Schritt zu einer bundesweiten aktiven Arbeitsmarktpolitik und hat die darin führende Rolle dem Arbeitsministerium übertragen[26], wenn auch dem Ministerium für Gesundheit, Erziehung und Wohlfahrt eine wichtige Rolle für die technische Durchführung der Ausbildung zugeteilt worden ist. Während der Council of Economic Advisors dazu bestimmt war, die erforderlichen Anregungen zur Belebung der Wirtschaft zu geben, also für Produktion und damit für Beschäftigungsmöglichkeiten zu sorgen, ist durch das M. D. T. A. in die Wege geleitet worden, die dafür geeigneten Arbeiter zu stellen. Der oben erwähnte Senatsbericht „Toward Full Employment“[27] verkennt in keiner Weise die schwierige Aufgabe, die dem Arbeitsministerium damit gestellt worden ist, Ordnung und Einheitlichkeit in einem Feld herzustellen, in dem früher jede Behörde nur für ihre eigenen Bedürfnisse arbeitete, das Landwirtschaftsministerium für Landarbeiter, das Wehrmachtsministerium für die große Zahl der von dort benötigten Kräfte, vom ungelernten Arbeiter bis zu Wissenschaftlern usw.

Als das Gesetz im Jahre 1962 in Kraft trat, war sein Ablauf zunächst für den 30. Juni 1966 vorgesehen. Wie zu erwarten, wurde es jedoch um weitere drei Jahre verlängert und eine Reihe wichtiger Bestimmungen hinzugefügt: die maximale Zeitspanne für Ausbildungsunterstützung wurde von 52 auf 104 Wochen ausgedehnt, ein Betrag für Experimente in Arbeitsumsiedlung ausgesetzt, und, was für die neue Einstellung vielleicht am bezeichnendsten ist, die Ausbildungsbefugnisse wurden ausdrücklich auch für akademische Berufe bestätigt. Es besteht daher wohl eine begründete Aussicht, daß die im M. D. T. A. zum Ausdruck gebrachte Politik fortgeführt wird, selbst wenn das Gesetz in der vorliegenden Form nicht nochmals verlängert wird.

Die in dem Senatsbericht gemachten Vorschläge gehen in diese Richtung, stellen sogar das Planen von Beschäftigungszielen und Preisstabilität[28], ohne daß die Regierung in den freien Marktprozeß eingreifen soll, als erstrebenswert hin. Selbst diejenigen Senatoren, die

---

[26] Vgl. Subcommittee on Employment and Manpower, a. a. O., S. 42.
[27] Vgl. Subcommittee on Employment and Manpower, S. 42.
[28] Subcommittee on Employment and Manpower, S. 39.

sonst mit dem Bericht nicht im Einklang waren, haben zum Ausdruck gebracht, daß M. D. T. A. eine bedeutende Rolle bei der Anpassung der Arbeitskräfte an die Revolution der Technik spielen kann[29].

Inzwischen wird aber auch außerhalb der Regierungsorgane das Eingreifen unter M. D. T. A. wachsend als selbstverständlich angesehen. Dazu tragen in den Gemeinden und Staaten die auf Grund dieses Gesetzes (Sec. 205 (b)) eingerichteten beratenden Komitees bei, in denen Arbeitgeber, Gewerkschaften und andere Publikumsvertreter sitzen; diese Komitees treten regelmäßig zusammen, geben daher dem Publikum Gelegenheit, Einblick in die Arbeitsmarktprobleme zu bekommen, die über den Rahmen eines einzelnen Betriebes hinausgehen und für die Wirtschaft einer ganzen Stadt bedeutsam sein können.

Es ist nicht zu verkennen, daß auch Widerstände gegen eine erweiterte Tätigkeit der Bundesregierung auf dem Arbeitsmarkt vorhanden sind. Zu den Gegnern einer solchen Tätigkeit gehört die Nationale Vereinigung der Fabrikanten (National Manufacturers Association), die jedoch trotzdem für die Beibehaltung von Ausbildungsprogrammen eintritt; diese sollen jedoch nur von den Staaten und örtlichen Organisationen bestimmt werden. Auch manche lokale Gewerkschaften stehen einer Ausbildung unter dem M. D. T. A. kühl gegenüber, da sie ihr Augenmerk nur auf den ihrer Zuständigkeit unterliegenden Bezirk richten und eine Gefährdung für die Arbeitsmöglichkeiten ihrer Mitglieder fürchten. Die grundsätzliche Einstellung der gewerkschaftlichen Dach-Organisationen AFL-CIO[30] geht dahin, daß mehr und bessere Ausbildungsprogramme durchgeführt, die Tätigkeit der Arbeitsämter erweitert, und sogar eine Stellenmeldepflicht der Arbeitgeber eingeführt werden müßte[31].

Man kann damit rechnen, daß die in der Entwicklung begriffene aktive Arbeitsmarktpolitik in den Vereinigten Staaten erheblich dazu beitragen wird, das Publikum davon zu überzeugen, daß wirtschaftliches Planen in einer Demokratie zu größerer Freiheit für den einzelnen führen kann.

---

29 a. a. O., S. 106.

30 American Federation of Labor-Congress of Industrial Organizations.

31 Walter S. Reuther, Vize-Präsident der AFL-CIO in seiner Darlegung vor dem Joint Economic Committee, 89th Congress, First Session, Teil 4, S. 24.

Erfahrungen aus der Praxis der Immobiliarfinanzierung

Von Kurt Tornier

Bei meinem Ausscheiden aus dem Reichswirtschaftsministerium vor gut 40 Jahren sagte mir der Jubilar, daß es nach seiner Beobachtung zwei Entwicklungsmöglichkeiten im Berufsleben eines Mannes gibt. Die eine Gruppe ist stetig und verbleibt am Ort, um ihre sichere Laufbahn zu absolvieren, die andere setzt gleich Springern hier und dort an und gewinnt dadurch mancherlei Bereicherung zur erfolgreichen Gestaltung des weiteren Lebensweges. Bei gezielter Rückschau will mir scheinen, daß ich nur in der kurzen Spanne Zeit als Vorzimmermann bei dem damaligen Ministerialdirektor Dr. Schäffer richtig im Bereich der „Springer" mich befunden habe — im damaligen deutschen Reichswirtschaftsministerium. Die große Spanne Zeit, die mir für mein weiteres Tun nachher das Geschick zuwies, war irgendwie mit dem Finanzieren, Verwalten und Verwerten von Grund und Boden in Zusammenhang. Daher soll der Bericht Kunde geben von den Entwicklungsformen, der Gestaltung und Nutzung unseres Grund- und Bodensystems und der zu seiner Finanzierung nötigen Kreditapparatur. Ob die Materie vom Standpunkt der Verwaltung oder Gestaltung aus angegangen wird, bleibt bei der Betrachtungsform nachrangig. Das gilt naturgemäß nicht ganz so für die Einstellung beim Handeln.

Schon die Versicherungswirtschaft leistet wesentliche Beiträge zum Hypothekar- und Kommunalkredit. Grundsätzlich unterscheidet sich das Geschehen bei den Kredithergaben durch eine Versicherungsgesellschaft von dem von einer Bank gegebenen. Denn die Versicherungsgesellschaft sammelt im Ausgangspunkt Prämien an, um die Lebensversicherung auszahlen zu können. Die langfristige Anlage des so angesammelten Vermögens ist eine notwendige und guten Gewinn bringende Zwischenstufe, während bei der Bank die Kredithergabe Endstation in der Verwendung beschaffter Geldmittel ist.

Bankmäßiger Realkredit

Innerhalb des deutschen organisierten Immobiliarkredits, der u. a. die bereits erwähnten Versicherungen privater und öffentlicher Art umfaßt, setzt sich im Begrifflichen und Dogmatischen der bankmäßige

Realkredit scharf ab. Hierunter ist in erster Linie der auf dem Pfandbrief aufgebaute Realkredit zu verstehen. Um mit seinen Gegebenheiten vertraut zu werden, war meine Berufung in den Zentralverband des deutschen Bank- und Bankiergewerbes zur Geschäftsführung seines Sonderausschusses für das Hypothekenbankwesen, der Erschließungspunkt. Die erwähnten Unterschiedlichkeiten zu dem Hypothekarkredit der Versicherungsgesellschaften, wie auch z. B. der Sparkassen, zeigen sich am schärfsten bei der Entwicklung des Tilgungshypothekensystems im bankmäßigen Realkredit, soweit er durch die Boden- und Kommunalkreditinstitute getragen ist. Diese Form der Hypothek ist hier von Natur gegeben, da die Pfandbriefgelder durch langfristige Emissionen von 30—50 Jahren Laufzeit und darüber angesammelt werden. Vom Standpunkt der landwirtschaftlichen und hauswirtschaftlichen Ökonomie aus gesehen, ist die Amortisationshypothek die Idealform für den Schuldner. Denn sie gewährleistet die ungestörte langfristige Abtragung des aufgenommenen Investitionskapitals durch die vertraglich zugesicherte Tilgung. Sie bewahrt den Kreditnehmer vor jeder unvermuteten Rückzahlungs- oder Umschuldungskrise, die sich in sonstigen Fällen — weder durch Mieten noch durch sonstige Einnahmen — einkalkulieren läßt. Dem Schuldner bleibt aber nach 5—10jähriger Sperrfrist jederzeit die Rückzahlungsmöglichkeit.

Der bankmäßig organisierte Realkredit zerfiel und zerfällt auch heute noch in eine Reihe von Untergruppen. Zunächst ist zu unterscheiden zwischen Instituten des öffentlichen Rechts und privaten Hypothekenbanken. Die öffentlich-rechtlichen Realkreditinstitute gehen auf die historische erste Schlesische Landschaft zurück mit ihrer alleinigen landwirtschaftlichen Beleihungstätigkeit. Ähnlichen Charakters sind heute nur einige wenige Institute in Niedersachsen und Schleswig-Holstein. Die privaten Hypothekenbanken haben ihre Vorrangstellung in der Finanzierung unserer Großstädte errungen, ohne indes sonstige Realkreditaufgaben zu vernachlässigen. Der Schwerpunkt des gesamten bankmäßig organisierten Realkredits ist die Darlehenshergabe. Nur hierfür werden Spargelder gesammelt. Der Pfandbrief, gestückelt nach den Bedürfnissen des Kapitalanlagepublikums in große oder kleine Beträge, ist geeignet, über die gesamte Bankorganisation an den letzten Sparer heranzukommen. Da für die darlehensmäßige Verwendung seiner Verkaufserlöse nach dem Gesetz und den Satzungen erststellige und nur recht begrenzte Beleihungshöhen der Immobilien vorgeschrieben sind, handelt es sich bei den Pfandbriefen um bestgesicherte Werte. Wertpapiereigenschaft und Börsennotierung geben ihrer Marktfähigkeit als Inhaberstücke größtmöglichen Rückhalt. Dazu ergibt sich die Lombardfähigkeit des Pfandbriefs als ein gutes und billiges Geldbeschaffungsmittel. Volkswirtschaftlich wird durch den

Pfandbrief das herangezogene Kapital in seinem gesamten Umfang der Investition nutzbar gemacht. Denn es entfällt jede Abzweigung für die sonst im Kreditverkehr notwendige Liquiditätserhaltung. Die niedrigen laufenden Zinsspannen — in der Regel zwischen $^1/_2$—1 % — zugunsten der Banken aus den Hypotheken ergänzen dieses günstige Bild. Die weitgehende Verwandtschaft der Arbeit bei den privaten Hypothekenbanken und bei den öffentlich-rechtlichen Realkreditinstituten hatte zu meiner Zeit schon eine enge Zusammenarbeit zwischen den Verbänden mit sich gebracht. In der neueren Zeit ist diese insonderheit durch die Bildung des Gemeinschaftsdienstes der Boden- und Kommunalkreditinstitute weiter ausgebaut worden. Dieser hat sich zur Aufgabe gesetzt, den Pfandbrief der Öffentlichkeit vertrauter zu machen und seine besonderen Belange durch Werbung der breiten Öffentlichkeit nahezubringen.

Während am Beginn der Arbeitsaufnahme von Pfandbriefinstituten als Beleihungsobjekte die Landwirtschaft und der Wohnungsbau entscheidend im Vordergrund standen, hat sich das Bild inzwischen geändert. Die Landwirtschaft ist stärker zurückgetreten. Beim Großteil der Pfandbriefinstitute sind kaum noch landwirtschaftliche Beleihungen nennenswerten Ausmaßes vorhanden. Der Wohnungsbau ist indes durch die Zerstörungen an Wohnraum durch die zwei Weltkriege nach wie vor das Hauptfinanzierungsziel des Bankrealkredits geblieben. Das wird durch die bevorstehende Städtemodernisierung, verbunden mit Altstadtsanierungsprogrammen, auch für die Zukunft so sein, wenngleich die eigentliche Wohnungsbedarfsbefriedigung sowohl anspruchsvoller Gestalt, wie auch diejenige einfacherer Art, heute bis auf Ballungspunkte unseres Lebens schon nahe vor ihrer Sättigung steht. Dagegen hat die Entwicklung unserer Großstädte im Industriezeitalter schlechthin immer mehr dazu geführt, Bürohäuser, gemischt genutzte Häuser, wie auch Fabriken für die Beleihung als geeignet anzuerkennen. Voraussetzung ist bei allen diesen Objekten naturgemäß die Dauerverwendbarkeit und Nutzbarkeit für das Zinserträgnis der vorsichtig bemessenen Beleihung. Die einmal aufgekommene Streitfrage, ob Fabriken beleihungsfähig sind, ist damit im Grund schon ausgeschaltet. Denn ein Kraftwerk wird z. B. einen sicheren langfristigen Beleihungswert ergeben, oder eine Brauerei — und dies nicht nur in Bayern, wo Bier als Grundstoff der menschlichen Nahrung gilt — während bei einer Baustoffpressenfabrik auf dem Lande ohne entscheidende Rückhalte an Abnehmerkreisen oder bei einer Sägemühle diese Voraussetzungen fehlen.

Nach gut 10jähriger Arbeit an der organisatorischen Verbandsstelle erbrachte der Berufswechsel zu einer Bank — es handelte sich dabei um eine sogenannte gemischte Hypothekenbank — erneut die Verknüpfung mit der eingangs erwähnten Blickrichtung. Während die privaten Hypothekenbanken nämlich reine Spezialinstitute für den Realkredit, einschließlich Kommunalkredit sind, wurde einigen früher schon im Realkreditgeschäft und als Depositenbank arbeitenden Instituten das Privileg der Fortführung beider Geschäftsarten belassen. Gegenwärtig existieren nur noch zwei Institute dieser Art in Bayern. Dagegen hat sich diese Bankform in neuerer Zeit bei den öffentlich-rechtlichen Realkreditinstituten weiten Raum verschafft. Die Mehrzahl der Landesbanken oder Girozentralen ist berechtigt worden, neben ihrem kurzfristigen Geschäft auch das langfristige Geschäft, gleich den Hypothekenbanken, zu betreiben. Über den ureigenen Pfandbriefkredit hinaus hat das Hypothekenbankgeschäft von eh und je in dem auf der Basis emittierter Kommunalobligationen refinanzierten langfristigen Kommunalkredit ein weiteres Arbeitsfeld zugewiesen erhalten. Mit dem Wort „Kommune“ hat diese Kreditform allerdings oft keinen buchstäblichen Zusammenhang mehr. So hat allgemein dieser Geschäftszweig im Realkredit — über die Kommunalobligation refinanziert — durch öffentlich-rechtliche Sicherung mehr und mehr Eingang gefunden. Zunächst geschah das durch die nachrangigen Hypothekarkredite im Wohnungsbau mit Bürgschaften der öffentlichen Hand. Den Vorzug, über eine fremde Emission durch die Realkreditbank langfristigen Kredit zu erhalten, veranlaßte ferner nicht emissionsfähige Körperschaften wie Schul- oder Wasserverbände, den Kommunalkredit als bequemes Finanzierungsinstrument zu wählen. Dazu sind im Laufe der Zeit auch die großen Körperschaften bzw. Anstalten wie Post, Bahn oder Kreditanstalt für Wiederaufbau neben die immer stärkere Ausweitung des Kreditgeschäfts auf mittlere und große Kommunen getreten. Es ist schließlich nur eine Entwicklungsfolge, daß inzwischen auch mehr und mehr die Länder im Kreis der Kommunalkreditinteressenten vertreten sind.

Bei den privaten Hypothekenbanken besteht eine gesetzliche Sicherheitseinbettung aus dem für sie bestehenden Spezialgesetz (Hypothekenbankgesetz) mit seiner Tradition von Beginn des Jahrhunderts an. Geringfügige Anpassungen an die Veränderungen der Zeit sind jeweils vorgenommen worden. Die letzte Fassung des Hypothekenbankgesetzes stammt aus dem Jahre 1963. Jedoch hat die immer stärkere Einschaltung öffentlich-rechtlicher Betätigung im politisch-wirtschaftlichen Geschehen es mit sich gebracht, die Anforderungen an langfristige Kreditmöglichkeiten — wie dargetan — auch ohne hypothekarische Sicherheit, aber mit öffentlich-rechtlicher Haftung, zu steigern.

Die Betrachtung eines philosophisch ausgerichteten Bankmannes läßt die Unterschiede der Geschäftsmethode von kurz- und langfristigem Kredit etwas sarkastisch folgendermaßen umschreiben: das kurzfristige Bankgeschäft ist ein Abenteuer, das indes in kürzerer Zeit durch Abwicklung der Geschäfte sich erledigt. Das langfristige Hypothekargeschäft demgegenüber wird feinsäuberlich in Sicherheiten gebettet, kann aber durch die Länge der Laufzeit zu einem Abenteuer werden. Das trifft in erster Linie die Aktivseite, hat aber auch Sinn für die Passivseite mit ihren Anforderungen an Marktpflege. Gerade hier liegt wohl auch die Hauptursache für die Verschiebung von eigenem Emissionskredit öffentlicher Stellen einschließlich der Kommunen und Länder für ihren Kreditbedarf zu den Bankkommunalobligationen.

Nachstelliger Kredit einschließlich Bauspardarlehen

Nach den beiden Weltkriegen mit ihren Kapitalzerstörungen war das Problem der nachstelligen Finanzierung vornehmlich für den Wohnungsbau zu bewältigen. Das Ausmaß der Lücke zwischen I. Hypothek und Beleihungswert ist je nach der Vorschriftengestaltung für die erststellige Beleihung verschieden. Die grundsätzlich hier geltende Linie von 60 % des Beleihungswertes besagt noch nichts Entscheidendes über die entsprechende Quote an den Finanzierungskosten. Denn es haben sich die Sätze infolge der Preisentwicklung für Boden und Nebenkosten einerseits und der langfristigen Veranschlagung der Erträgnisse andererseits arg auseinandergezogen. Bei Außerachtlassung der besonderen Maßnahmen, etwa in Form des Einsatzes öffentlicher Mittel für den sozialen Wohnungsbau, haben sich verschiedene Arten der Hilfestellung entwickelt. An erster Stelle ist ein Bürgschaftssystem durch die öffentliche Hand entwickelt worden, das für den bankmäßig organisierten Realkredit die Möglichkeit erbracht hat, an die Pfandbriefhypothek eine mit Kommunalobligationen refinanzierte II. Hypothek anzuschließen. Als zweite Gruppe gesellten sich in einzelnen Ländern gegründete Realkreditbanken für den zweitstelligen Beleihungsraum dazu, die auch zur Hergabe der eben genannten Bürgschaften eingesetzt werden können. An dritter Stelle — und nach dem zweiten Weltkrieg in sehr stark ausgeprägtem Umfange — sind es die Bausparkassen privater und öffentlicher Art, die den benötigten nachstelligen Kredit für die Wohnungsbaufinanzierung erschließen. In Deutschland wurde der Grund für den Bausparkasseneinsatz durch den Wohnungsmangel nach dem ersten Weltkrieg gelegt. Die allzu große Ausdehnung mit mancherlei Auswüchsen führte zu dem Bauspar-Neuordnungserlaß des Reichswirtschaftsministeriums vom 11. 4. 1938.

Ein Wesenselement des damaligen Eingriffs bestand darin, eine Ordnung zwischen bankmäßig organisiertem Realkredit an erster Stelle und Bausparkassenkredit an zweiter Stelle zu schaffen. Die Mitarbeit in dem Beirat für Bausparkassen erbrachte die Möglichkeit, an der neuen Arbeitsgestaltung der Bausparkassen, in sehr bescheidenem Maße naturgemäß, mitzuwirken. Wesentlicher ist indes als Ertrag zu vermelden, daß sich dadurch eine gewisse Kenntnis des Bausparsystems bilden konnte. Dadurch wurden nach dem Kriege Fühlungnahmen seitens eines großen sozialen Wohnungsbauträgers erleichtert, die zu der wohl erstmaligen Gemeinschaftsgründung einer Bausparkasse (Neue Heimstatt Bauspar Aktiengesellschaft) durch einen Wohnungsbauträger (Gagfah) und eine Hypothekenbank (Bayerische Hypotheken- und Wechsel-Bank) geführt haben. Das Ziel war, eine Zusammenarbeit in den jeweils einschlägigen geschäftlichen Vorgängen zu erreichen. Da es sich um eine gemischte Hypothekenbank handelte, die an diesem Gründungsakt mitwirkte, waren die Erfolgsaussichten für die Refinanzierung über Pfandbriefe für die erste Hypothek von Hause aus positiv anzusetzen. Zugleich waren die Perspektiven für eine geregelte Ersthypothek günstig zu beurteilen. Schließlich und endlich war das weitgespannte Zweigstellennetz der Bank als Träger für die Werbung der Bausparkassen als geeignet zu betrachten. Wie immer in der praktischen Gestaltung liefen diese Zielsetzungen ein wenig kreuz und quer oder auch längere Zeit nebeneinander her. Erst eine längere Anlaufzeit und Gewöhnung an die Nützlichkeit der verschiedenen Systeme haben zu einer befriedigenden Zusammenarbeit geführt. Als ursächlich für das sehr allmähliche Zusammenwachsen solcher verschiedener Wirtschaftskreise mag im einzelnen beispielsweise erwähnt werden, daß Bausparverträge von dem Bewerber für eine I. Hypothek oftmals bereits bei einer anderen Bausparkasse abgeschlossen sind. Umgekehrt kann der einschlägige Bausparer schon eine Absprache oder doch eine Verbindung zu einer anderen Hypothekenbank haben. Kompliziert werden solche Vorgänge durch die Einschaltung einer nachstelligen, öffentlichrechtlichen Sozialhypothek oder auch nur einer verbürgten Hypothek hinsichtlich der Rangordnung. Dazu kommt die übliche Verbundenheit mit mancherlei Vertrautheiten zu den jeweils gewachsenen Organismen. Aus übergeordneter Sicht ergab sich als Wesentliches, daß der Wert der Zusammenarbeit zwischen Banken und Bausparkassen erkannt und verwirklicht wurde. Im Laufe der zwei Jahrzehnte nach dem Wiederaufbau ist deshalb die anfangs recht umstrittene Fragestellung sowohl für den erststelligen Realkredit wie für die Bausparkassen voll und ganz positiv beantwortet. Engere Berührungspunkte im Aufsichtsrat der Neuen Heimstatt Bauspar AG bieten laufend eine besonders gute Plattform, um die beiderseitigen Standpunkte mit dem Einzelproblem zusammenzuschweißen. Für die große, gegenwärtig im Wohnungsbau und seiner Finanzierung gültige Problematik ist die Vorstandsarbeit im Institut für Städtebau, Wohnungswirtschaft und Bausparwesen (Arnold-Knoblauch-Institut) für mich eine vorteilhafte Ergänzung dazu.

Zwischenkredit

Der organisierte Realkredit gibt zum Teil seine Darlehen erst nach Fertigstellung der Baumaßnahmen. Das gilt vor allem für die Versicherungswirtschaft. Indes wird auch bei sonstigen Institutionen, so den Realkreditbanken, vielfach die Auszahlung des Darlehens erst in Aussicht gestellt, wenn die Bauten abgeschlossen sind. Hier hat sich allerdings mehr und mehr die Übung Raum verschafft, nicht zuletzt durch die sehr starken Konkurrenzverhältnisse, daß die langfristige, endgültige Finanzierung in Raten je nach dem Baufortschritt erfolgt. Solch entgegenkommende Haltung hat in der Regel ihre Grenzen darin, daß die erste Rate erst bei Fertigstellung der Kellerdecke zum Fließen kommt. Alle diese Umstände zwingen den Bauherrn dazu, sich bis zum Erhalt der langfristigen Mittel eine Zwischenfinanzierung zu besorgen. Solche Zwischenfinanzierungen werden heute von allen Kreditorganisationen privater und öffentlicher Art, einschließlich den Genossenschaftsbanken, gewährt. Nicht immer ist das so der Brauch gewesen. Aus solcher Gegebenheit haben sich besondere Spezialinstitute für diesen Geschäftszweig entwickelt, sowohl mit zentralem Aufgabenbereich für das ganze Bundesgebiet als auch regional. Zu letzteren gehörten von ihrer Gründung an die Bauvereinsbanken. Heute bestehen nur noch zwei, eine in Norddeutschland, eine in Süddeutschland. Beides sind genossenschaftliche Institute und allein dazu bestimmt, Wohnungsbauzwischenfinanzierungen zu tätigen. Durch ihre genossenschaftliche Verflechtung im Herkommen mit den gemeinnützigen Bauträgern geht ihre Tätigkeit vordringlich dahin, den sozialen Wohnungsbau zu fördern. Im Einzelfall hindert das nicht, auch über diesen begrenzten Bauherrnkreis hinaus zu gehen. Voraussetzung bleibt indes immer, entsprechend unserem Genossenschaftsgesetz, daß der Zwischenkreditnehmer Genosse der Bank ist. Aus der gemeinsamen Zielsetzung bereits ergeben sich hier und da zwischen den privaten Hypothekenbanken und den Zwischenkreditbanken durch Beteiligungen engere Beziehungen. Dies hat seit langem die Möglichkeit erschlossen, durch Arbeit in den Aufsichtsratsgremien der Bauvereinsbanken das Geschehen im generellen wie die Arbeitsweise im einzelnen kennenzulernen. Dazu kommt die Arbeit der eigenen Bank im Zwischenkreditgeschäft, um sie in harmonischer Weise mit den Bedürfnissen des endgültigen langfristigen Kredites abzustimmen und umgekehrt. Es ist klar, daß eine Zwischenfinanzierung, bevor die endgültigen Kosten und ihre Aufbringung offenliegen und insbesondere bevor ein Erträgnis aus dem Bauvorhaben gegeben ist, mit weitaus mehr Risiken behaftet ist, als die Finanzierung eines fertigen Objekts. Deshalb ist auch die Tätigkeit der Bauvereinsbanken nach ihren Satzungen jeweils auf ein begrenztes, gut überschaubares Gebiet beschränkt, damit sie dem Zwischenkredit möglichst nahe sind, um ihn unter Kontrolle zu halten. Das gleiche gilt für die Zwischenfinanzierung durch den normalen Bankapparat. Bei zentralen Zwischenkreditinstituten ist in Anlehnung hieran zum Mittel der Filialgründung gegriffen worden. Bei der Wägung des Risikos kommt belastend hinzu, daß der Zwischenkredit nicht selten über den langfristigen Kredit hinausgeht, einschließlich des ergänzenden Bausparkassenkredits. Denn die Eigenkapitaldecke ist vielfach klein. Für die Zwischenfinanzierung gewerblicher Bauten ist das Bankennetz die anzusprechende Adresse. Hier gerade bietet die gemischte Konstruktion der eigenen Bank ein besonders reiches Feld für die Betätigung. Nachdem die langfristige I. Hypothek von der Hypothekenabteilung zugesagt ist, wird auf Grund dieser Zusage von der Bankabteilung desselben Instituts die Zwischenkreditierung durchgeführt.

Die außerordentliche Ausdehnung des Wohnungsbaues in der Zeitperiode von etwa 1950 bis heute hat das Grund- und Bodenproblem zu einem der vielen wichtigen Punkte des Bauens, insbesondere in den großen Städten und Großsiedlungen gemacht. Die von Monat zu Monat zu beobachtende Preissteigerung führte verständlicherweise dazu, die Interessenten zu einem möglichst frühzeitigen und weitgehenden Erwerb eines später von ihnen als Bauland erwarteten Areals anzutreiben. Die zwangsläufige Folge ist das Verlangen an den normalen Zwischenkredit, vor eine schon abgesicherte, endgültige Finanzierung des Gesamtprojektes eine Vorfinanzierung des Baulanderwerbes zu schalten. Wie die sonstigen Zwischenkreditgeber haben erst recht die Zwischenfinanzierungsbanken solchem Verlangen sich nicht versagen können. Es ist nicht zu leugnen, daß mit zunehmender Sättigung der Wohnungsnachfrage die Risikobelastung bei der Vorfinanzierung um ein gutes Maß höher ist, als üblich. Es werden deshalb einige sichernde Voraussetzungen einzuhalten sein, wie z. B., daß die Vorfinanzierung nur für schon erschlossenes Bauland erfolgt. Ebenso sollte eine Genehmigung von Bauten schon vorliegen und die Belastung durch Anliegerkosten, d. h. durch Straßenbau, Rohrlegungen für Wasser, Elektrizität usw. klarliegen. Inwieweit auch nach Beachtung dieser grundsätzlichsten Vorsichtsmaßnahmen das Preismaß von entscheidender Bedeutung bleibt, gehört nun einmal zu den Risiken jeder Banktätigkeit.

Immobilienzertifikate

Unsere Thematik hat bisher die Kreditierung für den Boden und das Gebäude behandelt. Daneben stand die Ansammlung der erforderlichen Sparmittel über Pfandbriefe und Kommunalobligationen sowie über den Abschluß von Bauspar- und Versicherungsverträgen. Der guten Ordnung halber dürfen indes andere einschlägige Kapitalbildungsformen, wie die Geldansammlung über Sparkonten, nicht unerwähnt bleiben.

Vom Sparer aus gesehen hat in Westdeutschland das Investmentsparen wegen seiner absichernden risikostreuenden Vielgestaltigkeit der den Fonds zugrunde liegenden Beteiligungspapiere in den 50er Jahren stark an Anziehungskraft gewonnen. Gerade aber die dazu gewählte gesetzliche Konstruktion mit dem Aufteilungszwang des Fonds auf verschiedene Arten und die gleichzeitige Begrenzung in der Höhe der jeweiligen Aktiven hat die Entwicklung des verwandten Immobilien-Investment-Fonds behindert. Es ist erstmals außerhalb des Kapitalanlagegesetzes vor einer Reihe von Jahren von den beiden bayerischen gemischten Hypothekenbanken ein Immobilienzertifikat geschaffen worden. Mit Hilfe der hier angesammelten Gelder werden Grundstücke und Gebäude nach näherer Satzungsbestimmung als Anlagewerte erworben. Damit ist der Sparer, dem die Mittel fehlen, allein Grundeigentümer zu werden, in der Lage, sich an Haus- und Grundbesitz zu beteiligen. Eine echte Pioniertat ist dieser Vorgang nicht; Grunderfahrungen lagen dazu aus der Schweiz und auch aus anderen europäischen und nordamerikanischen Ländern vor. Die Einstellung der deutschen Behörden war von Beginn an sehr verständnisvoll — nur durfte das Papier nicht Investmentzertifikat heißen. Es nennt sich schlicht „Immobilienzertifikat". Als verwaltende Stelle des ersten Fonds, der vor sieben Jahren das Licht der Welt erblickte, wie eines inzwischen neugeschaffenen zweiten Fonds tritt eine Führungsgesellschaft auf, das Internationale Immobilien-Institut. Das Institut unterliegt den Bestimmungen des Kreditwesengesetzes. Dem Ausdehnungsvermögen eines Immobilienfonds sind wegen der Unvermehrbarkeit von Grund und Boden Grenzen gesetzt. Deshalb wird von Hause aus eine sehr vorsichtige Ausdehnungspolitik betrieben. Dem hat das bisherige Vorgehen der Gesellschaft Rechnung getragen. Ungeachtet dessen ist der Fonds in den sieben Jahren des Bestehens auf 200 Mio. angewachsen.

Die Hauptmerkmale der Arbeitsordnung bestehen darin, daß dem Erwerb von Grundstücken und Gebäuden die Expertise eines unabhängigen Experten-Komitees vorangeht. Von seinen Mitgliedern wird eine Besichtigung und Prüfung vorgenommen und eine eingehende Bewertung abgegeben. Darüber hinaus obliegt es den Experten, den Fonds mindestens einmal im Jahr zu bewerten. Wegen der Rechtsverhältnisse hat eine Unterteilung zwischen den die Grundstücke besitzenden Fondsgesellschaften und der Führungsgesellschaft in der Konstruktion stattgefunden. Zur Abwendung von überhöhten Steuerbelastungen der Erträgnisse werden die mit Fondsanteilen gespeisten Fondsgesellschaften in zweifacher Form bedient. Zunächst wird das gesamte Aktienkapital der Fondsgesellschaft in den Fonds eingelegt. Umgekehrt werden daneben vom Fonds Darlehen an die Fondsgesellschaft gegeben. Darlehen und Eigenkapital der Fondsgesellschaft stellen das Vermögen des Fonds dar und balancieren den Kapitalaufwand der einzelnen Grundstücke bei der Fondsgesellschaft aus. Es ist nach der Satzung vorgesehen, daß auch eine Fremdfinanzierung stattfinden kann, indes nur in recht begrenztem Umfang. Aus materiellen Gesichtspunkten verbietet sich bei der derzeitigen Kapitalmarktverzinsung eine Fremdfinanzierung in der Regel schon dadurch, daß das Erträgnis für die Zertifikatsbesitzer zu stark geschmälert werden würde. Das Zertifikat bescheinigt den Erwerbern anteilsmäßige Rechte an Immobilienwerten (Beteiligung an Immobiliengesellschaften und sonstigen, zur vorübergehenden Anlage gekommenen Werten wie Pfandbriefe usw.). Die gesamte Fondsverwaltung wird von einer Treuhänderbank (das sind die beiden Partnerbanken an der JJJ - AG) überwacht. Bisher handelt es sich dabei um den einmaligen Vorgang in Westdeutschland, daß ein marktfähiges Immobilienzertifikat angeboten wird. Gerade diese Liquidität des Zertifikats wird in rechter Weise unterstützt durch eine möglichst weitgehende Streuung des Fondsvermögens in örtlicher Hinsicht wie in der Wesensart der Grundstücke. Die letztere Aussage bezieht sich vornehmlich auf ein gutes Gemisch zwischen Wohngrundstücken, gemischt genutzten und gewerblichen Grundstücken. Dabei sind nach der von dem Bundesaufsichtsamt genehmigten Satzung Hotels in Kurorten und Fabriken wegen ihres überhöhten Risikos von vorneherein zur Anlage von Fondsvermögen ausgeschlossen. Nicht zu verwechseln mit dieser Konstruktion sind andere Formen für Immobilienfonds, wie sie inzwischen mehrfach bei uns gegründet worden sind. Sie sind auf bestimmte Objekte begrenzt und ihre Anteile entbehren der breiten Marktgängigkeit. Sie haben dafür ihre Zielrichtung mehr auf Steuervergünstigungen abgestellt. In der Mitarbeit bei dem fungiblen Immobilienzertifikat konnten die bankmäßigen Erfahrungen aus dem Wohnungs- und Gebäudemarkt nur dazu führen, vor übertriebenen Auswertungen sich zurückzuhalten. Nachdem der I. Fonds entsprechend dem Namen des Führungsinstituts auch Grundstücke im Ausland — wenn auch nur in sehr beschränkter Zahl — beinhaltet, ist der II. Fonds allein auf deutsche Liegenschaften beschränkt worden. Der Grund für solche Einschränkungen liegt darin, vornehmlich den Versicherungsgesellschaften — insbesondere mit kleineren Bilanzeinheiten — die Möglichkeit zu verschaffen, mit Genehmigung des Versicherungsaufsichtsamtes Zertifikate in ihren Deckungsstock zu nehmen. Daneben gehen Überlegungen dahin, einen außerdeutschen, internationalen Fonds zu gegebener Zeit vom JJJ aufzubauen.

Eine andere Färbung dieser Arbeitsweise hat eine mit Beteiligung der Bank entwickelte Tätigkeit einer schweizerischen Gesellschaft, der

Intershop Holding AG. Das Ziel ist auch hier auf die Schaffung eines internationalen Immobilienfonds gerichtet. Nach längeren Vorbereitungen steht seine Verwirklichung in Kürze bevor. Dabei handelt es sich um einen reinen Spezialfonds für Verteilungsläden, entsprechend dem Namen der Firma. Es stehen bisher aus den verschiedensten europäischen Ländern, so auch aus Deutschland, Objekte zur Verfügung, die der Intershop in der Regel über Beteiligungsgesellschaften gehören. Das größte Vorhaben ist ein Shopping-Center zwischen Frankfurt/Wiesbaden/Mainz/Taunus-Hoechst, etwa 80 Einzelhandelsgeschäften an einer führenden großen Ladenstraße. Im skandinavischen Raum, in Schweden und dort als Spitzenleistung in Jönköping, dem Wohnort des Jubilars, von der Intershop oder dem JJJ ein Einkaufszentrum oder ein „gemischtes Haus" zu haben, wäre die Krönung dieses Berufsabschnitts. Schließlich geht es auch mit einem Bürohaus, für dessen Erstellung eine Tochter der Intershop, nämlich die Interproperty Holding AG bereitsteht.

Bauträger-Leasing-System

Nach der nicht seltenen Methode, das Aufzäumen und Schirren eines Pferdes vom Schwanz anzufangen, habe ich mit der Endfinanzierung im langfristigen Kreditraum begonnen, um über die vorgeschaltete Zwischenfinanzierung zu dem Kreis der Bebauer oder Besitzer von Grundstücken zu kommen. Für sie wurde ja schließlich das gesamte Finanzierungssystem mit seinen verschiedenartigen Formen aufgebaut. Neben der Vielzahl der individuellen Bauherren, ob nun für ihre Person, ihre Familiengemeinschaft oder für ihre Gesellschaften, hat sich schon seit längerem das Gewerbe der Baubetreuungsfirmen gebildet. Immer vernehmlicher ist es in der Neuzeit in den Vordergrund getreten. Mag sein, daß hier und dort das spöttische Wort des „Baulöwen", der seine Beute reißerisch an sich zieht, im herabsetzenden Sinn für diesen Stand zutrifft. Im Grunde indes ist dieser Gewerbezweig eine vollberechtigte Erscheinungsform unserer heterogenen Gesellschaftsordnung und ihrer Funktionen. Er hatte sich zunächst in dem sozialen Wohnungbau breiteren Raum erkämpft. Anschließend griff er auf die freie Wohnungswirtschaft über. Als Objekte ergaben sich jeweils Betreuungsbauten für andere oder auch solche für den Eigenbesitz. Bei den gemeinnützigen Wohnungsbauträgern ist vorrangig die eigene Rechnung. Hierzu dienen ihnen sehr wesentlich Steuervorteile mit Befreiung von der Einkommen- und Vermögensteuer. Sie haben dafür die Verpflichtung, bestimmten Personenkreisen mit Limit bei der Mietbemessung die errichteten Wohnungen zur Verfügung zu halten. Bei den freien Wohnungsbauträgern herrscht heute mehr und mehr der Betreuungsbau für Rechnung anderer oder für den späteren Verkauf an Dritte (sogenannter Vorratsbau) vor. Denn hier sind sehr erhebliche Steuerbevorteilungen für eigene Rechnung über großzügige Abschreibungen langsam zu Ende gegangen.

Neben dem Einfamilienhaus ist es in zunehmendem Maße die Eigentumswohnung, für die versucht wird, den Markt zu erschließen. Gerade auf diesem Gebiet ist einer der großen sozialen Wohnungsbauträger, nämlich die Gagfah, bahnbrechend gewesen. Im freien Betreuungsbau sind ihr andere gefolgt und ein verhältnismäßig junges, zu unserer Bausparkasse gehörendes Unternehmen, die Heimstatt Wohnbau, widmet sich zur Gänze solchen Aufgaben. Naturgemäß steht der Zwang dabei Pate, aus dem heraus das Wohnungseigentumsgesetz geschaffen ist: Das haushälterische Umgehen mit der Mangelware Grund und Boden. Die Bewirtschaftung einer Eigentumswohnung ist sehr viel leichter und läßt den Besitzer unabhängiger in seiner Lebensform sein, als beim Einfamilienhause. Ob allerdings letztlich die Marktfähigkeit der Eigentumswohnung schon gesichert ist, muß die Zukunft zeigen. Mit der schon an anderer Stelle erwähnten allmählichen Schließung des Wohnungsbedarfs werden die Aufgaben der Baubetreuungsgesellschaften schwieriger. Das Maß der Verantwortung der Organe wächst. Die Notwendigkeit, an den Käuferkreis heranzugehen, statt in königlicher Ruhe abwartend auf dem Thron zu sitzen und Bittsteller zu erwarten, nimmt zu. An dieser Stelle mag ein Wort der Anerkennung für die Arbeit der Makler und Maklergesellschaften im Immobilienwesen gesagt werden. Die laufende Kleinarbeit und die gerade auch hier erforderliche Aufspür- und Anpassungserarbeitung kann von durchaus schöpferischem Wert sein. Für eine hauptberufliche Tätigkeit im bankmäßigen Realkredit ist der Einblick in den Aufbau und die Organisation und die wesentlichen Tätigkeiten aller derartigen Institutionen durch Mitarbeit in einschlägigen Gremien von erheblicher Nützlichkeit. Zwar verteuert jede Einschaltung eines Zwischengliedes, also auch eines Baubetreuungsinstituts, für Dritte den Preis. Die Realität zwingt jedoch zu einer nüchternen anderen Abwägung: Der einzelne Bauherr ist gegenüber dem routinierten Baubetreuer in vielerlei Hinsicht benachteiligt. Zunächst steht er ratlos dem Bürokratismus in den Planungsbehörden, Steuerämtern usw. gegenüber. Wesentlicher ist noch seine Fremdheit im Kreis der Baufirmen und nicht zuletzt auch in den Finanzierungsformen und in der Auswahl der nützlichsten Finanzierungsträger. Dabei ist vor der Rechnung bewußt die Frage des Erwerbs von Grund und Boden offen gelassen. Im Einzelfall, insonderheit außerhalb der Siedlungsballungen, wird sich dieses Problem verhältnismäßig leicht lösen lassen. In anderen Fällen wird es zur schwierigsten Aufgabe. Nicht umsonst hat sich eine Reihe von Bausparkassen dazu entschlossen, eigene Bauträger zu gründen, um mit ihrer Hilfe den Bausparern geeigneten Grund und Boden zuzuführen. Die Alternative, schlüsselfertiger Preis durch Einschaltung eines versierten Bauträgers oder der Alleingang in der Bauverwaltung und erst recht in der Baudurchführung mit einer Fülle von ungewohnten Einzelproblemen, geht wahrscheinlich zugunsten der erstgenannten Lösung aus. Natürlich muß es sich um einen loyalen und richtig gelenkten Bauträger handeln. In der rein gewerblichen Wirtschaft kommen andere Erwägungen zu gleichen Lösungen im leasing-System. Es geht hier die Gedankenführung allerdings vornehmlich aus von steuerlichen und verwaltungsmäßigen Überlegungen. In der Kommunalsphäre, in der gleiches durchdacht und erprobt werden soll, ist mehr der personelle Aspekt ausschlaggebend. Eine Konzentration will nicht nur im rein verwaltungsmäßigen, sondern auch im technischen Vorhaben eingeschaltet werden, um beste praktische Resultate zu erreichen. Dazu kommen neue Baumethoden und Bauverwendungsarten. Allein mehrere Neugründungen bzw. Umformungen im engeren eigenen Arbeitsbereich haben reiche Nahrung für solche Erkenntnisse gegeben. Das Ziel bleibt auch hier auf langräumige gedeihliche Entwicklungen — nicht auf vorübergehende Provisionsgewinne — gerichtet.

Europa

Die in unserer Wirtschaftssphäre übliche Immobiliarfinanzierung ist angesichts ihrer Langfristigkeit und ihrer ausgesprochenen Gebundenheit an die inländischen Grundbuchverhältnisse, an steuerliche Voraussetzungen und gesetzliche Regelungen wie z. B. die Vorschriften beim bankmäßigen Realkredit, auf das Inland beschränkt. Zeitlich länger zurückliegende Versuche einer Kooperation im grenzüberschreitenden Immobiliarfinanzierungsgeschäft mit Schweizer-Finanzkreisen endeten zuerst einmal mit Fehlschlägen. Es spielte hier hinein die Schweizer-Goldfranken-Hypothek in Deutschland aus der Zeit vor dem ersten Weltkrieg und die Gründung der Internationalen Bodenkreditbank Basel in der Zeit danach. In gewissem Ausmaß hat sich die hieraus resultierende und heute noch bestehende Zurückhaltung auch aus einschlägigen eigenen Beobachtungen bestätigt. Gegenüber allen sonstigen, nach gleicher Elle gemessenen Rentenpapieren ist bei dem in Deutschland im grundsätzlichen wie realen hochgeschätzten Pfandbrief die Inlandsbegrenzung bei der Auswirkung der sogenannten Kuponsteuer auf festverzinsliche Wertpapiere im Auslandsbesitz recht klar ins Blickfeld getreten. Die Rückflüsse an Pfandbriefen aus dem Ausland auf Grund der Steuer sind minimal geblieben, weil eben kaum Pfandbriefe ins Ausland verkauft worden sind. Bei der Versicherungswirtschaft richtet sich die Vermögensanlage nach den jeweiligen behördlichen Vorschriften und steht so auch — wie dargetan — unter der Inlandsbezogenheit. Wieweit bei den Immobilienzertifikaten eine abweichende Tendenz herrscht, scheint in der Gegenwart noch etwas schwierig zu beurteilen. Denn die bisherigen grenzüberschreitenden Geschäftsvorfälle konzentrierten sich vorwiegend auf den Vertrieb von Schweizer Immobilienzertifikaten im Ausland. Sie hatten indes aus der Neutralität des Landes schon eine Sonderstellung. Allgemein darf davon wohl ausgegangen werden, daß ein Immobilienfonds viel eher einen internationalen Markt finden wird, wenn seine Immobilienanlagen international gestreut sind. Als förderlich für solche Tendenzen wird schließlich die Herkunft der jeweiligen Finanzierungsinstrumente anzusprechen sein. Das Immobilien-Zertifikat ist gleich dem Investmentzertifikat auf außerdeutschem Boden gewachsen und kultiviert worden. Infolgedessen sollte wohl auch ein deutsches Immobilienzertifikat schon aus diesem Grunde verhältnismäßig leichter einen Abnehmerkreis im Ausland finden. Der Pfandbrief ist in seinem Ausgangspunkt, in seiner Ausbreitung und in seiner vielfachen Verwendung für die Grundstückswirtschaft ein typisch deutsches Erzeugnis. Mit einer nicht ganz unberechtigten Anmaßung wird indes sein Nutzen für die bisherige Förderung der deutschen Grundstückswirtschaft groß zu schreiben sein. Innerhalb eines weiteren Zusammenwachsens der verschiedenen Teile Europas zu einer einheitlichen Wirtschaftsgemeinschaft sollte deshalb wohl seine Nutzwirkung auch außerhalb Deutschlands zur Prüfung anstehen. Dabei sollen an dieser Stelle zwischen EWG und EFTA im Blick auf die weitere Zukunft letztlich keine Unterschiede gemacht werden. Im übrigen sind von einem EWG-Land aus gesehen die bisherigen Hürden für eine Verflechtung der hier in Erörterung stehenden Kapitalmärkte noch keineswegs zum Wanken gebracht. Dagegen ist bereits das Übergreifen in den europäischen Wirtschaftsraum durch eine Neufassungsbestimmung des Hypothekenbankgesetzes angebahnt. Lediglich von einer Regierungsverordnung ist es nämlich abhängig gemacht, die Bürgschaft einer der europäischen Gemeinschaften zur Ausgabemöglichkeit von Kommunalobligationen deutscher Realkreditinstitute zu benutzen. So wird mit der Zeit das Zusammenleben in Europa mehr und mehr das in den jeweiligen Ländern Vorhandene mit dem jeweils am besten Verwendbaren der nachbarlichen Systeme vergleichen lassen. In der Folge wird auch der langfristige Realkredit und seine Umwelt angesichts der fortschreitenden Integrationsbestrebungen mit gewissen Neuorientierungen zu rechnen haben. Mit Recht beschäftigen sich deshalb schon verschiedene Fachgremien in den jeweiligen Realkreditberufsgruppen mit der Erarbeitung notwendiger Voraussetzungen und folgerichtiger Richtlinien im Inland und in der Gemeinschaft mit solchen Problemen und werden damit zum Gesamterfolg beitragen können.

Aktienbewertung und Anlagepolitik im Wandel der Jahre

Von Eric M. Warburg

Es liegt in der Natur der Sache, daß neue Ideen und neue Wege zunächst einmal mit einigem Mißtrauen zur Kenntnis genommen werden. Dies gilt insbesondere dann, wenn sie wegen gewisser unvermeidbar noch verbleibender Unwägbarkeiten keinen absoluten Erfolg anstreben können und wollen, sondern nur das relativ Beste zu erreichen versuchen. Kritische Stimmen neigen dazu, etwaige bei der Anwendung neuer Methoden eintretende Mißerfolge übereilt dem neuen System anzulasten. Sie unterschätzen — oder übersehen — allzu leicht das Gewicht der Imponderabilien, die zum Teil in nur geringem Maße, zum Teil aber auch sehr erheblich, die besten Bemühungen stören können.

In eben dieser Situation befindet sich die Anlagepolitik im Rahmen der Vermögensberatung. Eine Vielzahl von Faktoren muß berücksichtigt werden, teils meßbar, teils nur abwägbar, teils noch nicht einmal dies. Bei allen Anstrengungen, den Umfang des Unwägbaren auf ein Minimum zu reduzieren, ist ein Rest für Unvorhergesehenes unvermeidbar, der das Ergebnis der Anlageberatung negativ beeinflussen kann.

Wenn seit einigen Jahren neue Wege für die Anlageberatung — und zwar insbesondere für Anlagen in Aktien — im Gespräch sind, so ist dies auf eine Reihe von Gründen zurückzuführen, die sich zu einem Teil aus intern-deutschen Verhältnissen und zum anderen Teil aus einem starken Interesse ausländischer Anleger für deutsche Aktien, das vor einigen Jahren an der deutschen Börse mit kursbestimmend war, erklären. Beides zusammen genommen ergibt, wenn man es so nennen darf, eine gegenüber früher nicht unwesentlich veränderte „Anlageumwelt", der eine verantwortungsbewußte Anlageberatung Rechnung tragen muß. Das Bemühen um neue Wege bedeutet dabei nicht, daß diese das Bisherige ersetzen sollen. Vielmehr handelt es sich um das Bestreben, eine sinnvolle, d. h. den modernen Gegebenheiten angemessene Ergänzung zu finden.

Wie bei allen Vorgängen mit ökonomischem Hintergrund ist auch in der Anlageberatung — und vornehmlich bei Aktien — die Frage der richtigen Bewertung das Zentralproblem aller Überlegungen. Gesucht wird das zuverlässigste Kriterium oder die zuverlässigste Kombination von Kriterien für die Aktienbewertung. Seit jeher bietet sich in diesem Zusammenhang die Rendite als Bewertungsmaßstab an, denn die Rendite des eingesetzten Kapitals dient jeder Unternehmensleitung als Richtpunkt für die einzuschlagende Unternehmenspolitik, die nichts anderes ist als Entscheidungen über eine bestmögliche Verwendung des bereits zur Verfügung stehenden oder des noch aufzunehmenden Kapitals. Warum sollte ein Aktionär, der entsprechend seinem Aktienbesitz in mehr oder weniger großem Umfang am Eigenkapital einer Aktiengesellschaft beteiligt ist, anders verfahren?

Tatsächlich sind in der Vergangenheit Aktienanlagen fast ausschließlich nach Renditegesichtspunkten vorgenommen worden. Dabei richtet sich die Renditenberechnung an der Dividendenzahlung aus. Der von einer Gesellschaft einbehaltene Gewinn blieb also unberücksichtigt. Dieses Verfahren war zumindest bis zum ersten Weltkrieg durchaus folgerichtig, denn die von den Aktiengesellschaften gezahlten Dividenden stimmten üblicherweise mit den im Geschäftsjahr erwirtschafteten Gewinnen im wesentlichen überein, die Selbstfinanzierung durch einbehaltene Gewinne wurde also verhältnismäßig wenig angewandt.

Nach dem ersten Weltkrieg begannen sich die Verhältnisse jedoch zu ändern. In zunehmendem Umfang gingen die Gesellschaften aus vielerlei Gründen dazu über, nur einen Teil der Gewinne auszuschütten und den Rest zur Selbstfinanzierung einzubehalten. Diese Verfahrensweise unterlag zwar in der Öffentlichkeit einiger Kritik, setzte sich aber allmählich doch durch, weil man die Notwendigkeit einer solchen Selbstfinanzierung einsah, wenn sie sich in vertretbaren Grenzen hielt.

Bei der Aktienbewertung im Rahmen der Anlageberatung wurde der im Unternehmen einbehaltene Gewinnteil jedoch zunächst gar nicht oder doch nur ganz am Rande berücksichtigt. Man sah nach wie vor in der Dividendenrendite einen ausreichenden Bewertungsmaßstab, obwohl nun nicht mehr von einer Gesamtrendite auf das eingesetzte Kapital gesprochen werden konnte und man sich damit von der Bewertungsmethode des nach der Gesamtrendite rechnenden Unternehmers entfernt hatte. Es ist zwar zuzugeben, daß es mangels ausreichenden Zahlenmaterials für den Aktionär gar nicht möglich war, eine Gesamtrentabilitätsrechnung aufzumachen, aber diese Tatsache allein erklärte noch nicht das Verbleiben ausschließlich bei der Bewertungsmethode nach der Dividendenrendite. Vielmehr hielt sich nach wie vor die Meinung, es käme ausschließlich auf die Dividende an.

Erst als nach dem zweiten Weltkrieg Ende der 50er Jahre die ausländischen und insbesondere die amerikanischen Anleger anfingen, sich in immer größerem Umfang für deutsche Aktien zu interessieren, änderte sich das Bild. Die schnelle Aufwärtsentwicklung der deutschen Wirtschaft wurde im Ausland stark beachtet, und Anlage in deutschen Aktien erschienen wegen des zu erwartenden weiteren Wachstums eine erfolgversprechende Investition.

Damals wurde die deutsche Anlageberatung erstmals direkt mit Bewertungsmaßstäben konfrontiert, die im englisch-sprechenden Ausland längst an der Tagesordnung waren. In Deutschland wußte man zwar, worum es sich bei diesen Verfahren handelte, und man gebrauchte sie selbst, wenn man englische oder amerikanische Aktien kritisch betrachtete. Eine Anwendung auf deutsche Verhältnisse aber war etwas völlig Neues.

Tatsächlich erwiesen sich die ersten Bemühungen, deutsche Aktien nach anglo-amerikanischen Methoden zu bewerten, als Versuche am untauglichen Objekt, denn es fehlten ganz einfach von der Publizität her die Voraussetzungen, auf denen sich diese Bewertungsmethoden aufbauen. Während die Bilanzen sowie insbesondere die Gewinn- und Verlustrechnungen anglo-amerikanischer Gesellschaften einen genügend klaren Gewinnausweis vermitteln, um daraus entnehmen zu können, wie hoch der tatsächliche Jahresgewinn war, stellte die Rechnungslegung der deutschen Aktiengesellschaften in erster Linie auf die auszuschüttende Dividende ab.

In dem verständlichen Bemühen, ihrer Anlageberatung suchenden Kundschaft etwas zu liefern, das dem gewohnten Standard entsprach, versuchten sich zunächst amerikanische Brokerfirmen in der Ertragsanalyse der Rechnungslegung deutscher Gesellschaften. Sie übernahmen die Zahlen aus den Geschäftsberichten, denn sie glaubten, davon ausgehen zu können, daß sie sich auf die Publizität verlassen konnten. Über die nach deutschem Aktienrecht großzügig gewährte Möglichkeit, Gewinnteile durch Legung stiller Reserven einzubehalten, ohne daß dies auf den ersten Blick erkennbar war, wußte man in den USA zunächst wenig oder nichts. So konnte es nicht ausbleiben, daß sich sehr schnell größte Schwierigkeiten herausstellten und man Zuflucht zu Schätzungen mit gegriffenen Zahlen nehmen mußte. Leider war nicht nur das Ergebnis in den meisten Fällen außerordentlich unbefriedigend. Viel schlimmer war, daß ausländische Anleger ihre Anlageentscheidungen von solchen Analysen ableiteten mit entsprechend ärgerlichen Folgen.

Deutscherseits zeigte man sich einer solchen Verfahrensweise gegenüber zwar von Anfang an skeptisch, aber man war zunächst nicht in der Lage, etwas Besseres anzubieten, bedeuteten doch alle diese Überlegungen absolutes Neuland. Man mußte daher ganz von vorn anfangen, um allmählich zum Kern des Problems vorzustoßen. Davon ganz abgesehen war allerdings auch nicht allzuviel Neigung vorhanden, vom Altvertrauten abzugehen. Die amerikanischen Methoden wurden belächelt und als in Deutschland nicht praktikabel bezeichnet.

Erst allmählich zeichneten sich bei den Bemühungen einiger weniger die Ansätze ab, auf denen die weitere Entwicklung aufbaute. Die in der Gewinn- und Verlustrechnung deutscher Gesellschaften ausgewiesene Summe für die im Berichtsraum entrichteten Steuern wurde zum Ausgangspunkt verschiedener Verfahrensweisen. Anhand komplizierter Berechnungen versuchte man, von Steuerposten her zum tatsächlichen Gewinn einer Gesellschaft vorzudringen.

Seither ist darüber ein umfangreiches Schrifttum entstanden. Eine gute Literaturübersicht findet sich in dem 1962 erschienenen Buch von Hans E. Büschgen[1]. In der Zeitschrift „das Wertpapier“[2] sind nach 1962 ebenfalls zahlreiche Beiträge zu diesem Thema ebenso erschienen wie auch anderswo in der einschlägigen deutschen Wirtschaftspresse. Insbesondere haben sich einige wenige deutsche Privatbanken bei der Ausarbeitung und Vervollkommnung der anzuwendenden Verfahren verdient gemacht.

Alle Bemühungen waren darauf gerichtet, einen möglichst genauen Begriff von der Größenordnung des tatsächlichen Gewinns einer Gesellschaft zu erhalten. Die von amerikanischer Seite zu Anfang vorgelegten Ausarbeitungen mußten mangels ausreichenden Zahlenmaterials und mangels einer genügenden Kenntnis der äußerst komplizierten Zusammenhänge des deutschen Steuersystems grobe Schätzungen bleiben und waren oft sogar nur gegriffene Zahlen. Die im Laufe der Jahre von deutschen Banken entwickelten Methoden versuchten, aus den gegebenen Steuerzahlen und aus dem exakten Wissen über Art und Größenordnung der Besteuerung zu einigermaßen verläßlichen Gewinnzahlen zu kommen. Aus einer Reihe von Gründen konnten aber auch diese Zahlen nicht den Anspruch erheben, absolut richtig zu sein. Es handelte sich hier also ebenfalls um Schätzungen, allerdings um Schätzungen, denen wegen der genauen Kenntnis der Zusammenhänge ein sehr viel größerer Genauigkeitsgrad beizumessen war als den amerikanischen Ergebnissen des ersten Beginns.

Daß keine vollkommen „richtigen“ Gewinnzahlen zu errechnen sind, ist im wesentlichen auf folgende Gründe zurückzuführen. Der größte Ungenauigkeitsfaktor liegt darin, daß die ausgewiesenen Steuern nicht immer periodenecht sind. Fehlt ein entsprechender Hinweis der Verwaltung, so können periodenfremde Steuerausgaben zu mehr oder weniger großen Fehlschätzungen führen. Ebenfalls von analytischen Formeln nicht erfaßbar sind steuerliche Manipulationen innerhalb

[1] Dr. Hans E. Büschgen: Aktienanalyse und Aktienbewertung nach der Ertragskraft, Wiesbaden 1962.

[2] das Wertpapier, Zeitschrift für Kapitalanlage, Düsseldorf.

eines größeren Konzerns, durch die das Gewicht der Ertragskraft von der Muttergesellschaft auf die Tochtergesellschaften verlagert wird oder umgekehrt. Erschwerend für Ertragsberechnungen ist auch der gemeinsame Steuerausweis von ertragsabhängigen und von vermögensabhängigen Steuern.

Die in Deutschland seit einiger Zeit von Banken und Presse in immer größerem Umfang vorgenommenen Gewinnschätzungen erheben daher keinen Anspruch auf Vollkommenheit, und noch niemals war man so vermessen, dies ernstlich zu behaupten. Dennoch sind sie geeignet, das Instrumentarium der Anlageberatung zu erweitern und zu verbessern. Eine noch bessere Annäherung an die tatsächlichen Verhältnisse wird in letzter Zeit dadurch erreicht, daß die Verwaltungen der Gesellschaften bei sich bietender Gelegenheit öffentlich — etwa in Hauptversammlungen und Pressekonferenzen — gefragt werden, ob die von der Ertragsanalyse erzielten Schätzungen einigermaßen realistisch sind. Oft gehen dann die Verwaltungen in mündlichen Angaben erheblich über die im Geschäftsbericht gedruckten Informationen hinaus. Diese Zusammenarbeit trägt gute Ansatzpunkte für einen weiteren Ausbau in sich.

Daß dadurch alle anstehenden Probleme gelöst werden, kann niemand erwarten. Aber man darf für die Zukunft doch hoffnungsvoller sein als noch vor wenigen Jahren. Vor allem die Verwaltungen der großen deutschen Aktiengesellschaften haben erkannt, daß es in ihrem eigenen Interesse ist, so publikationsfreudig wie möglich zu sein. Im Zeitalter der zunehmenden Technisierung und Automatisierung, des schnellen technischen Fortschritts und der Kapazitätsausdehnung wird neues Kapital in Größenordnungen benötigt, die sich noch vor einigen Jahren der Vorstellungskraft entzogen haben. Kapital ist aber nur dann zu erhalten, wenn sich die Kapitalgeber weitmöglichst ausrechnen können, welcher Nutzen sich aus dem Kapitaleinsatz erzielen läßt. Die Banken als Berater der anlagewilligen Kundschaft und die Industrie wegen ihrer Investitionsprojekte, beide haben also das größte Interesse an einer bestmöglichen Publizität.

In diesem Zusammenhang sind auch die Bemühungen zu sehen, von der Gesetzgebung her eine verbesserte, also aussagefähigere Publizität zu erzwingen. Die „kleine Aktienrechtsreform" vom Dezember 1959, die sich mit der Gewinn- und Verlustrechnung befaßte, sowie die „große Aktienrechtsreform", die am 1. Januar 1966 in Kraft trat und einige grundlegende Neuregelungen enthält, sind bisher das Ergebnis dieser Bemühungen. Dadurch ist ohne Zweifel gegenüber dem bisherigen Aktiengesetz von 1937 eine Verbesserung der Publizitätsvorschriften erreicht worden, wenn auch im Hinblick auf die von verschiedener Seite geforderte Offenlegung der Gewinne noch nicht alle Wünsche erfüllt wurden. Immerhin wird in Zukunft die Rechnungslegung nicht wie bisher in allererster Linie auf den Schutz des Gläubigers abgestellt sein, sondern auch in begrüßenswerter Weise dem Verlangen nach einer besseren Unterrichtung der Öffentlichkeit, nämlich sowohl der vorhandenen als auch etwaiger künftiger Aktionäre, entgegenkommen. Daß darüber hinaus die Aktienrechtsreform noch eine Reihe weiterer Neuerungen bringt, die in erster Linie als Schutz für Minderheits- und Kleinaktionäre gedacht sind, sei in diesem Zusammenhang nur am Rande erwähnt.

Die vom Gesetz erzwungene Publizitätsverbesserung rennt allerdings bei einer Reihe von großen Aktiengesellschaften offene Türen ein. Von Jahr zu Jahr sind die in den Geschäftsberichten gedruckten und die mündlich verlauteten Angaben umfangreicher geworden. Einige Gesellschaften sind zu Halb- und sogar zu Vierteljahresberichten übergegangen. Heute bietet die Publizität führender Gesellschaften bereits erheblich mehr als das neue Gesetz verlangt, und auch mehr, als in vielen anderen Ländern gefordert wird; in mancher Hinsicht — mit Ausnahme des Gewinnausweises — geht die Publizität sogar darüber hinaus, was im anglo-amerikanischen Gebiet gemeinhin üblich ist. Es ist zu hoffen, daß diese lobenswerten Publizitätsbemühungen fortgesetzt werden und man einzelne bei einigen Gesellschaften inzwischen erreichte Publizitätsformen, die über die neuen gesetzlichen Vorschriften hinausgehen, nicht wieder fallen läßt, sondern sie vielmehr weiterentwickelt. Die betreffenden Gesellschaften würden damit der Anlageberatung — und damit langfristig auch sich selbst — einen wertvollen Dienst erweisen, denn bei weitem nicht alle von der Anlageberatung an die Gesetzgebung gestellten Wünsche sind berücksichtigt worden. Nicht zu leugnen ist allerdings die Rückständigkeit zahlreicher anderer deutscher Aktiengesellschaften, die nun durch die Aktienrechtsreform veranlaßt werden, mehr zu zeigen.

Die Ausführungen zu diesem Punkt blieben unvollkommen ohne Erwähnung der Arbeit einiger Institutionen, die sich seit Jahren damit beschäftigen, wie eine Verbesserung der Anlageberatung herbeigeführt werden kann. Es sei an dieser Stelle nur auf die Deutsche Schutzvereinigung für Wertpapierbesitz und auf die Deutsche Vereinigung für Finanzanalyse und Anlageberatung hingewiesen.

Die Deutsche Schutzvereinigung setzt sich seit ihrer Gründung in erster Linie für eine Popularisierung des Wertpapiersparens und damit verbunden für einen Schutz der Minderheitsaktionäre ein. Ihre Zeitschrift „das Wertpapier" hat sich ebenso zum Forum für die Diskussion über die einschlägigen Fragen entwickelt wie die von Zeit zu Zeit abgehaltenen Veranstaltungen. Größte Bedeutung ist auch dem Auftreten von Repräsentanten der Schutzvereinigung bei Hauptversammlungen solcher Unternehmen beizumessen, die entweder wegen ihrer Größenordnung für die Allgemeinheit von Interesse sind oder bei denen es gilt, Aktionärsinteressen besonderer Art wahrzunehmen.

Bei der Deutschen Vereinigung für Finanzanalyse und Anlageberatung handelt es sich um den Zusammenschluß interessierter Bankfachleute. Die Vereinigung wurde 1960 unter maßgeblicher Mitwirkung von Privatbanken gegründet. Sie bemüht sich ausschließlich um Fragen der Anlageberatung und hat sich laut Satzung zur Aufgabe gestellt: „1. die Technik der Finanz- und Effektenanalyse zu verbessern und Einrichtungen anzuregen und zu unterstützen, die diesen Zwecken dienen; 2. das Verständnis der Öffentlichkeit für die Bedeutung und Funktion der Finanz- oder Effektenanalyse, der Anlageberatung und für die Technik der Effektenbörsen zu fördern; 3. die Zusammenarbeit mit ausländischen Vereinigungen gleicher Zielsetzung zu pflegen."

Zu einem verhältnismäßig frühen Zeitpunkt ist von den Gründern der Vereinigung also erkannt worden, daß die Zeitumstände in der Anlageberatung ein Umdenken und eine Ergänzung der Beratungsmethoden erforderten. Man wußte zwar noch nicht genau, welche neuen Wege beschritten werden müßten, aber man war sich darüber im klaren, daß es neuer Wege bedurfte.

In den folgenden Jahren gelang es der Vereinigung, leitende Herren einer Reihe von führenden Aktiengesellschaften davon zu überzeugen, daß es nützlich sei, die Bestrebungen der Vereinigung zu fördern. Über 20 Gesellschaften wurden von den Mitgliedern der Vereinigung besucht, davon einige mehrere Male. In diesen Veranstaltungen konnten in sehr eingehenden Diskussionen die Kenntnisse der Bankenvertreter über die verschiedenen Wirtschaftszweige im allgemeinen und über die einzelnen Gesellschaften im besonderen vertieft werden. Außerdem waren die Verwaltungsorgane in der Lage, sich ihrerseits darüber zu orientieren, worauf es aus der Sicht der modernen Anlageberatung ankommt. Darüber hinaus trugen diese sowie weitere Vortrags- und Diskussionsveranstaltungen für alle Beteiligten dazu bei, sich in die neuen Wege der Anlageberatung einzuarbeiten und die Methoden weiter zu entwickeln.

Auch die von der Vereinigung in den letzten Jahren geleistete internationale Arbeit gehört in diesen Zusammenhang. In anderen europäischen Ländern hatte sich das Problem der neuen Wege ebenso gestellt wie in Deutschland. Nationale Vereinigungen waren in Frankreich, England, Holland, Belgien und der Schweiz entstanden. 1962 schlossen sich die Ländervereinigungen in einer europäischen Dachorganisation zusammen. Gemeinsame Kongresse und ständige Arbeitskommissionen dienen dem Erfahrungsaustausch und der Entwicklung gemeinsamer Bewertungsmaßstäbe. Insbesondere in der Terminologie ist man nach langen und aufgrund der verschiedenartigen Gesetzgebungen und Besteuerungsvorschriften außerordentlich mühsamen Beratungen zu bemerkenswerten Ergebnissen gekommen.

An Aktivität, die Anlageberatung zu modernisieren, hat es also in den letzten Jahren nicht gefehlt. Allerdings haben sich diese Bemühungen in der ersten Zeit auf einen verhältnismäßig kleinen Kreis beschränkt. Nur allmählich begann sich die Erkenntnis durchzusetzen, daß die altüberkommenen Methoden reform- oder doch zumindest ergänzungsbedürftig waren. Diese Erkenntnis allein genügte jedoch nicht; erst mußte einmal eine genügend befriedigende Methode für die Gewinnschätzung erarbeitet werden, denn die Bezugnahme auf den tatsächlichen Gewinn einer Gesellschaft war der Kernpunkt der Reformüberlegungen.

Daher dauerte es mehrere Jahre, bis eine zunehmende Anzahl von Banken dazu überging, die neue Terminologie vorsichtig in ihrer Anlageberatung zu verwenden. Ein schnelleres Vorgehen war auch deshalb nicht möglich, weil nicht nur der in der Anlageberatung aktive Teil — die Banken — sondern auch der die Anlageberatung empfangende Teil — die Wertpapierkundschaft — sich erst einmal mit der Materie vertraut machen mußte. Dies war deshalb um so schwieriger, weil ganz allgemein der deutsche Sparer mit der Form des Sparens in Aktien nur wenig vertraut ist. Hinzu kam, daß in der Hausse der Jahre 1959/60 falsche Vorstellungen und Erwartungen geweckt worden waren, die dann wegen des ausbleibenden Erfolgs und der weichenden Kurse in den darauf folgenden börsenschwachen Jahren von einer negativen Einstellung abgelöst wurden, die von der Enttäuschung über das Mißtrauen bis zur Ablehnung reichte. In einer solchen Atmosphäre ist Anlageberatung — zumal mit neuen Methoden — jedoch besonders schwierig.

Besondere Erwähnung verdient in diesem Zusammenhang die deutsche Presse. Auch hier bedurfte es einer längeren Anlaufzeit, bis die neuen Gedanken zunächst Fuß gefaßt hatten und dann auch bis sie in befriedigender Weise angewandt wurden. Inzwischen ist der Gebrauch der einschlägigen neuen Terminologie in der Wirtschaftspresse und in den führenden Tageszeitungen allgemein üblich geworden. Dies hat ganz wesentlich dazu beigetragen, die interessierte Öffentlichkeit an die in der Anlageberatung neuerdings verwandten Methoden zu gewöhnen.

Auch in den neuen Geschäftsberichten der Großkonzerne finden sich in zunehmendem Umfang Terminologien, denen man noch vor wenigen Jahren einigermaßen verständnislos gegenübergestanden hätte. Man bemüht sich immer mehr um eine einheitliche und gemeinsame Sprachregelung, von der Kapitalgeber ebenso wie Kapitalnehmer — und nicht zuletzt auch die zwischen beiden stehenden und in der Anlageberatung tätigen Banken — profitieren.

Die neuen Ideen, durch die seit einigen Jahren in Deutschland die Anlageberatung allmählich auf eine breitere Basis gestellt wird, beschränken sich jedoch keineswegs nur auf die Verwendung eines neuen Gewinnbegriffs. Es war nur der Ausgangspunkt, der, um einigermaßen brauchbar zu sein und um dann als Angelpunkt der Aktienbewertung dienen zu können, mühevoll erarbeitet werden mußte. In sinnvoller Ergänzung solcher Überlegungen, die durch die Praxis der anglo-amerikanischen Anlageberatung angeregt worden war, erweiterte die deutsche Anlageberatung aber auch noch in anderer Hinsicht ihr Instrumentarium. Insbesondere ist die Verwendung einer Reihe von Relationen zu nennen, aus denen sich für die Aktienbewertung wertvolle Erkenntnisse ablesen lassen. Die wichtigsten Verhältniszahlen sind — mit allen Vorbehalten, die sich aus einer Gewinnschätzung ergeben müssen — die Relation Kurs/Gewinn, abgeleitet von Price/Earnings Ratio, und, unter Verwendung der amerikanischen Definition „Cash Flow", die Relation Kurs/Cash Flow. Interessanterweise hat man weder für den deutschen noch für den französischen Sprachgebrauch eine befriedigende Übersetzung von „Cash Flow" gefunden und verwendet bis auf weiteres das englische Wort.

Darüber hinaus kommen in verstärktem Umfang als früher nach amerikanischem Muster auch in der deutschen Aktienbewertung Wachstumsbetrachtungen mit ins Spiel. Umsätze und Gewinne werden hinsichtlich ihres Wachstums untersucht und davon ausgehend Überlegungen über den Einfluß auf das gegenwärtige bzw. zu erwartende Kurs/Gewinn-Verhältnis angestellt. Keineswegs will man damit in der deutschen Anlageberatung amerikanische Verfahren kritiklos kopieren. Beabsichtigt ist lediglich eine Ergänzung der bereits vorhandenen Methoden. Man würde seinen eigenen Bemühungen hindernd im Weg stehen, würde man nicht von ausländischen Erfahrungsgrundsätzen das verwerten, was sich in der Praxis durchaus bewährt hat.

Die neuen Methoden hätten sich in der Anlageberatung allerdings sehr viel schneller durchgesetzt, wenn die Situation an der deutschen Börse in den letzten Jahren nicht durch eine anhaltende Schwäche gekennzeichnet gewesen wäre. Während in Zeiten steigender Aktienkurse und optimistischer Konjunkturerwartungen die Anleger die aus Dividendenzahlungen zu erzielenden Erträge zwar beachten, ihre Anlageüberlegungen aber außerdem auch auf den Gesamtgewinn der Gesellschaften und dessen zu erwartende Verbesserung abstellen, herrscht in unsicheren Börsenzeiten das Renditedenken vor. Die Anleger bewerten ihren Wertpapierbesitz dann in allererster Linie danach, was sie in einem übersehbaren Zeitraum als Ertrag ausgezahlt erhalten. Daher werden dann auch festverzinsliche Wertpapiere, bei denen ausschließlich der Renditegesichtspunkt gilt, in zunehmendem Umfang als Anlageobjekt bevorzugt.

Eben diese Situation herrscht in Deutschland seit einiger Zeit vor. Noch verstärkt wurde dabei das Renditedenken der Anleger durch die steil nach oben gerichtete Zinsentwicklung. Wenn auf dem Rentenmarkt Renditen bis zu 8 % zu erzielen sind, dann fragen Anleger, denen als alternative Anlagemöglichkeit Aktien vorgeschlagen werden, zuerst und meistens auch ausschließlich nach der Dividendenrendite und nicht nach dem Gesamtgewinn der betreffenden Gesellschaft, d. h. nach dem Teil des Gesamtgewinns, der zum Zweck der Selbstfinanzierung im Unternehmen einbehalten worden ist.

Es ist daher verständlich, daß unter den gegenwärtigen Verhältnissen die neuen Wege der Anlageberatung nicht die Rolle spielen können, die ihnen in einer normalen Börsensituation zukommen würden. Dennoch kann eine verantwortungsbewußte Anlageberatung heute nicht mehr darauf verzichten, zumal im Laufe der Zeit Methoden entwickelt worden sind, die unter den gegebenen Voraussetzungen als befriedigend bezeichnet werden können. Es wäre wirklich bedauerlich, wollte man aus der Situation der letzten Monate die Schlußfolgerung ableiten, daß die Entwicklung bewiesen habe, daß die mit so viel Mühe erarbeiteten Methoden überflüssig oder sogar falsch wären. Ein solcher Trugschluß würde einen Rückschritt bedeuten, denn für die künftige Anlageberatung wäre eine wichtige Ausgangsstellung verlorengegangen.

Das „Auf und Ab" an der Börse ist international sprichwörtlich geworden. Hausse-, Baisse- und Stagnationsperioden lösen einander ab; entsprechend unterliegen auch die das Anlagedenken bestimmenden Schwerpunkte einem Wandel. Wachstumsoptimismus verbunden mit Denken in Gesamtgewinnen oder Streben nach möglichst hoher Rendite basierend auf Renditedenken der erwarteten oder sogar errechenbaren Auszahlung und schließlich Attentismus in Verbindung mit hoher Liquiditätsbereitschaft, das sind die besonders ausgeprägten Leitgedanken für die jeweilige Börsensituation.

Das für die Anlageberatung verfügbare Instrumentarium sollte in der Lage sein, alle notwendigen Voraussetzungen zu erfüllen, um die Akzente nach Bedarf entsprechend setzen zu können. Es mag sein, daß in gewissen Zeiträumen die eine oder andere Methode nicht „gefragt" ist und vernachlässigt werden kann. In Vergessenheit geraten darf sie aber nicht, sonst besteht die Gefahr, daß man später, wenn sie wieder gebraucht wird, ungenügend vorbereitet ist. Im übrigen wird man von einer auf die Zukunft gerichteten Anlageberatung erwarten müssen, daß sie rechtzeitig erkennt, wann es richtig ist, den Schwerpunkt der Anlagebeurteilung von dem einen auf das andere Bewertungskriterium zu verlagern.

Eine flexible, sich den Notwendigkeiten der jeweiligen Situation anpassende Anlageberatung ist überall dort in der Welt erforderlich, wo es dem freien Willen überlassen ist, das passende Anlageobjekt zu finden. In Deutschland aber kommt — jedenfalls soweit es sich um Anlage in Aktien handelt — noch etwas ganz Spezifisches hinzu. Die Aktie als Anlageobjekt ist hier bei weitem nicht so populär wie beispielsweise in den anglo-amerikanischen Ländern. Diese Feststellung gilt für den privaten ebenso wie für den institutionellen Anleger. In den letzten Jahren sind viele Versuche unternommen worden, die Idee einer Anlage in Aktien auf eine breitere Basis zu stellen. Einer der ersten Schritte — und wahrscheinlich der bisher beste — war die Gründung von Investmentgesellschaften. Tatsächlich hat sich der Erwerb von Investmentzertifikaten als Sparform weitgehend durchgesetzt, und es verdient Beachtung, daß das Interesse am Kauf von Investmentzertifikaten durch rückläufige Börsen nicht beeinträchtigt worden ist.

Zu den Bemühungen, das Aktiensparen in den Dienst einer Vermögensbildung auf breiter Basis zu stellen, gehört auch die von Regierungsseite unterstützte Institution der „Volksaktie". In drei Fällen, leider jeweils in Wahljahren, ist auf diesem Wege ein Teil der sich im Besitz der Bundesrepublik Deutschland befindlichen Mehrheit am Aktienkapital bedeutender Unternehmen privatisiert und als Aktienbesitz im Publikum breitgestreut placiert worden. Man kann im Zweifel darüber sein, ob es richtig war, neben der „normalen" Aktie eine besondere Art, nämlich die „Volksaktie" zu schaffen, die insbesondere durch gewisse Stimmrechtsbeschränkungen den Kleinaktionär vor einer Majorisierung schützen soll. In der täglichen Börsenpraxis und im Auf und Ab der Kurse erweist sich jedoch Aktie gleich Aktie, und diese dem Fachmann selbstverständliche Entwicklung hat zu Enttäuschungen geführt, die vermeidbar waren.

Ganz allgemein haben sich in den letzten Jahren Aufklärungsaktionen und Informationen von Banken und Presse darum bemüht, die Aktie ihres geheimnisvollen Nimbus als „nur für Kapitalisten geeignet" zu entkleiden. Die Anlageberatung erfüllt in ihrer Alltagsarbeit in diesem Zusammenhang eine wichtige Aufgabe. Das Vertrautmachen einer breiten Öffentlichkeit mit der Aktie als interessantes Anlageobjekt ist jedenfalls ganz bestimmt ein wesentlicher Teil der neuen Wege in der Anlageberatung.

Die Ausführungen über dieses Thema blieben unvollständig, würde man nicht einen letzten Punkt einbeziehen, der zwar nicht als etwas wirklich Neues anzusehen ist, der aber lange Zeit aus guten Gründen unberücksichtigt geblieben ist und nun wieder stärker beachtet werden sollte. Gemeint ist die internationale Risikoverteilung, die bei der Frage, in welcher Weise Vermögensteile zweckmäßigerweise angelegt werden sollen, besondere Beachtung verdient.

Schon in früheren Zeiten ist Geld in ausländischen Wertpapieren angelegt worden, damals vornehmlich in festverzinslichen Werten. Die Währungswirren der zwanziger und dreißiger Jahre und vor allem die Kriegsereignisse mit ihren Folgen haben dazu geführt, daß aus Anlagen in ausländischen Wertpapieren viel Ärger erwachsen und daß dabei eine Menge Geld verloren worden ist. Als nach dem Zweiten Weltkrieg sich die Wirtschafts- und Währungsverhältnisse wieder normalisiert hatten und dann nach einigen Jahren auch die Vermögensanlage bzw. die Anlageberatung wieder von allgemeinem Interesse waren, war der Gedanke einer Anlage in ausländischen Wertpapieren zunächst mit zuviel negativen Erinnerungen belastet, als daß er sich hätte durchsetzen können. Auch schien für diese Art der Vermögensanlage gar keine Notwendigkeit zu bestehen. Deutsche Wertpapiere — zumal die sich in der Hausse befindlichen Aktien — erschienen viel interessanter; auch war man mit ihnen und mit den betreffenden Gesellschaften weitaus vertrauter als mit ausländischen Wertpapieren.

Diese grundsätzliche Einstellung änderte sich nur sehr langsam. Einige große Vermögen machten den Anfang und berücksichtigten auch ausländische Wertpapiere. Aber noch immer ist der Prozentsatz der Anleger, die auch Anlagen in ausländischen Wertpapieren in ihr Portefeuille einbeziehen wollen, verhältnismäßig klein. Das liegt zum Teil an den in der Vergangenheit in Währungs- und Wirtschaftskrisen sowie in Kriegen gemachten schlechten Erfahrungen und zum Teil an mangelnder Kenntnis über sich im Ausland eröffnende Möglichkeiten. Der Wandel, der sich gegenwärtig hier vollzieht, geschieht nur allmählich, aber man muß doch anerkennen, daß das Verständnis für ausländische Wertpapiere ständig zunimmt. Die enttäuschende Entwicklung der deutschen Börsen hat dazu nicht unwesentlich beigetragen. Zugestanden werden muß allerdings auch, daß nicht nur der Börsenverlauf in Deutschland, sondern ebenso auch in England, Frankreich, Italien und Holland den Anlegern keine Freude bereitet hat. Eine Ausnahme bildete lediglich der amerikanische Markt, und wer sich dem Kauf amerikanischer Aktien bisher verschlossen hatte, der mußte erfahren, daß man bei Anlagen in Aktien an dieser größten Börse der Welt nicht vorübergehen darf.

Ebenso wie bei anderen Anlagegesichtspunkten, so besteht auch bei der Berücksichtigung einer internationalen Risikoverteilung die Gefahr, daß vorübergehende Rückschläge die Methode als solche in Mißkredit bringen. Aus verständlichen Gründen sind bei einer nicht befriedigend verlaufenden Anlage in ausländischen Aktien die Kritiker sehr viel schneller mit ihrem negativen Urteil bei der Hand als bei mißlungenen Anlagen in deutschen Aktien. Ein in dieser Weise absolut abgegebenes Votum ist ebenso falsch wie bei der Kritik über andere Gesichtspunkte und Methoden der Anlageberatung. Es handelt sich nämlich nicht um „richtige" oder „falsche" Methoden, sondern darum, zu einem bestimmten für die Anlageberatung gegebenen Zeitpunkt die dafür geeignete Kombination von Kriterien und Bewertungen zusammenzustellen und daraus die Schlußfolgerungen zu ziehen.

Aus den bereits zu Anfang erwähnten Gründen beschäftigen sich diese Ausführungen in erster Linie mit der Anlage in Aktien. Das soll nicht heißen, daß hier einer solchen Ausschließlichkeit in der Anlageberatung das Wort geredet wird. Aber gerade auf diesem Gebiet waren seit langem neue Wege überfällig und sind in den letzten Jahren dann auch tatsächlich erarbeitet worden. Damit ist eine Entwicklung in Gang gekommen, die sich an die internationalen Gepflogenheiten anschließt. Man hat die Aufgabenstellung erkannt und wird in dieser Richtung weitergehen.

Alte wie neue Wege der Anlageberatung können aber nur wenig helfen, wenn der Kapitalmarkt in Unordnung ist und jede Folgerichtigkeit von Anlagegesichtspunkten in Frage stellt. Die ohnehin undankbare Rolle des Anlageberaters wird dann noch schwieriger. Nicht immer ist sich der Beratene dann darüber im klaren, wie wenig absolut und wie sehr nur relativ richtig jede Anlageberatung sein kann. Wahrscheinlich würde es auch wesentlich zur Beruhigung des Meinungsstreits über alte und neue Wege beitragen, wenn man sich dieser Tatsache mehr und öfter bewußt wäre.

Large Organisations - Government or Management?[1]

By Reginald Wilson

I. Introduction

It is my intention to suggest, in this brief paper, that the ultimate control and direction of large organisations must normally be a matter of government — written with a small „g“ — rather than a matter of management.

This implies, of course, a prior proposition to the effect that the concept of government can be validly applied at levels that are lower than Government proper, and there distinguished from the concept of management. This I shall urge (Chapter II). I shall further urge (Chapter III) that in large concerns the muddling of these two functions — government and management — and the ignoring of their differing requirements by way of constitution, attitude of mind and the mechanics of power, may well be one of the prime causes of inefficiency in big undertakings. The trend, I shall add, would seem to be in the wrong direction (Chapter IV) and I shall therefore suggest, finally, that managers must learn to rise or graduate to „governorship“ when a concern becomes really large, and that those who are already governors, or become governors, must learn to avoid being „managements“ in addition.

And vice versa; the famous Managerial Revolution must in this regard be brought under review, and the consequences of certain aspects of it need to be questioned.

II. Definitions and Distinctions

Largeness

But all these words need defining. To begin with, what do I mean by „large“? There are many ways of being „large“, and in any case the notion of largeness must always be comparative.

---

[1] A paper written in celebration of the eightieth birthday of Doktor Hans Schäffer, who long, long ago talked to me about these things.

We might conceivably regard as „large“, potentially, any unit, concern, group, association or society that is made up of more than a score thousand persons. One chooses to measure by numbers of people, if possible, rather than by other criteria; the largest and costliest investment in plant or machinery is chiefly a problem of planning and building, and even the biggest of annual turnovers can be quasi-automatic, like the flow of a river; it is human beings who need the managing and governing, since they are by nature — and for this we may thank Heaven — individual, cussed and often inspired.

The number of 20,000 is arbitrary. If the business of the said unit, concern and so forth, is simple in its nature and relatively standardised or justifiably monolithic in its organisation — a trade union, perhaps, or an old-style army — then largeness in the present sense does not begin until quite a few score thousand people are involved.

Statistics of „largeness“ so defined are hard to come by, however, and in the world of business and industry it is the capital or the annual turnover that is normally used as the criterion.

By these criteria, which for present purposes will serve well enough, it is obvious that normal growth and the pressure of circumstances are producing an industrial entity that is becoming rapidly bigger; and by reason of acquisitions and mergers it is also becoming less numerous; in consequence the „large“ corporations control more and more of the world's business. In the United States, we are told, the 200 largest manufacturing companies have acquired 2,000 other companies through mergers since 1950, and the annual number of mergers is still rising rapidly. In other countries with a high industrial output, such as France, Japan, the United Kingdom and Germany, about 75 % of their business and industry is in the hands of little more than a thousand undertakings in each case[2].

But business and industry are not all. There are the great Municipalities, and other species of Authorities, that are large by any criterion. There are also bodies such as Trade Unions, the big Trade Associations, Co-operatives and other Institutions too diverse to classify. And in addition the great services of State, not to mention the State itself, alas, in some of its aspects.

However uncertain, then, we may be about just where (and why) to draw the line that distinguishes our „large“ organisations from the others, it is almost self-evident that both the entities and the groupings of entities are growing continually bigger. It follows that their problems of government and management are growing accor-

---

[2] See „International Management“ for December 1965.

dingly. In the United Kingdom, at any rate, a substantial part of our present difficulties could conceivably derive from defects in institutional working. „Individuals may form communities“ said Disraeli, „but it is institutions alone that can create a nation“.

The same applies to entities that are lesser than nations, and of far less consequence. But these entities are still very large, and according to the size and importance of an organisation so will be, in all probability, the significance of its institutional functioning and structure. Yet the problems thereof fall on fewer and fewer shoulders. By contrast, more and more people have the suffrage, or are democratically organised in one way or other, and we reach a position where 99.99 % of the voters or organised workers or other rank-and-file have no conception or experience of the stark but basic institutional problems bearing down upon the „bosses“.

These problems are beyond the compass of the computer. Not that any sensible man is against computers in their due place, or against the vast benefits of science and technology in general. But it is a far cry from this, and a nonsense of the first order, to imagine that the increase in our mathematical, inorganic or technical efficiencies will reduce our need for efficiency in imponderable, organic or non-technical matters, where the ancient but elementary problems of constitution and relationship are a prime consideration in all good government and management. In effect, how should human beings be put together, worked together and controlled together, the emphasis in this present paper being on „top-structure“, and on the human interrelationships at that level, on the psychologies, and on the complex moral and financial accountabilities which are necessary, for better or worse, to make the organisation tick?

Efficiency

But can one properly talk about efficiency in a matter like human relationships, or organisation-structure? And, if so, can one safely say that efficiency in such matters is just as important as in technical matters?

If the efficiency of one man is a very complicated and subtle affair, then the efficiency of many men working together, inter-acting upon each other, helping one another and hindering one another, must be still more complicated and subtle. Hardly, indeed, a matter for exact science. But the art of government, and to a large extent the art of management also, is concerned precisely with this aspect of institutional efficiency.

An institution may enjoy all the technical efficiency in the world, but if the people concerned are not so placed and related as to exploit that efficiency properly, or are pre-occupied with civil war and other diversions, the „net total efficiency" of the institution will be low. Conversely, if the people composing an institution are properly placed and properly minded — and personal efficiency is largely an attitude of mind — their institution can be reasonably efficient in net total notwithstanding a relatively poor technical efficiency.

In other words, if one had to choose between efficient instruments with „inefficient people", and inefficient instruments with „efficient people", one would normally choose the latter — especially given the fact that in real life the more efficient people tend, anyway, to succeed in getting themselves the more efficient instruments. And the better the form and shape of an organisation, the more it attracts to the top, and keeps, the better and more efficient people who set the patterns and examples for all the rest.

Questions of constitution and structure are therefore a prime factor, as already asserted above, in the right setting of human relationships; indeed, inefficiency under this head tends to be fatal. If we want to put first things first, in a large organisation we must begin with its „constitutional and structural efficiency" at the top, whether this is management or government.

Management

What do I mean by „management"? The verb „to manage" has many implications. The handling or wielding of tools, the control of animals, the contrivance of ends, the conduct of a household or business — all these are management. In one dictionary, by an unfortunate juxtaposition, there appears in one line the following definitions: „trickery, deceitful contrivance; governing body, board of directors, etc." Speaking for myself, I have always regarded it as a happy accident that the first syllable of the word is „man", since the most difficult part of managing human affairs is the handling of men — including for this purpose, indeed, women.

In truth, however, the root of the word is connected with the Latin for „hand" („manus"). And so we get the idea of something that is near, quick and active; something that does something, if only as agent or instrument. The nearest single equivalent in English today is, perhaps, the word „executive", which implies that the ultimate authority and high policy come from elsewhere.

But although management involves „executing" the policy of others, it also involves domination in its own right, decision, and the power to act. Management entails, and needs, something akin to dictatorship for better and for worse. One hears, I admit, of Management Committees, but to me this seems a contradiction in terms. Briefly, the manager must be the „Boss", and everybody must know it, however democratic or gentlemanly the disguise he assumes for normal purposes.

Like many other words, of course, the word „manager" may be undergoing a gradual debasement. In due course the wash-room attendant will doubtless be known as the wash-room manager. But for the purposes of this paper I am thinking in terms of someone who is in charge of a unit that is more or less autonomous, or capable of being autonomous, since it is equipped with all the various organs necessary to a separate existence, separately manageable.

This brings us back to the question of size. Part of the whole art of organisation is to identify and create units which, while not too large, are still more or less „complete". And it is a good rule to suspect any institution that is very large as being, by definition, virtually unmanageable; no single manager can cover the ground if it is too wide or deep to allow the personal contacts required for managing; even with the aid of the most modern systems of communication. Moreover, every organism holds within itself the seeds of its own decay, and this is especially true of a despotism, or of an organisation so large and so established that it cannot easily be liquidated or allowed to die when it has served its purpose. Old age, in all things human, hardens the arteries, softens the grey matter and undermines the will-power. The units of genuine management must not, therefore, be too large if the manager in charge is to be effectively in control.

And yet, though he is boss over all below him and represents the executive power, he is himself subject to the power of others above him. He is not the fount of authority, he is not the ultimate. He must be accountable, and because he tends to be too near and too involved or dedicated, he badly needs direction on fundamentals from time to time. He is a servant, appointed by selection and dismissed at will. And how important it is, just because the manager must nevertheless be given quasi-dictator powers up to his own level, to ensure that these powers are only on loan, and that upon any serious sign of consistent abuse, and at the first serious onset of the natural ills that dictator-flesh is heir to, these powers can be withdrawn from him. How many constitutional struggles there have been on such matters!

The ultimate authority, then, resides with something called government. By this I mean, not the Government of a Nation, but „government“ in less exalted affairs. This function of government can reside in one person or in more than one person, but cannot itself be executive, since that job is already filled.

Government

The root of the word „government“, from Greek via Latin, means „to steer“. The function of government depends, paradoxically, on giving its power away, though to the right persons and in due form and order, and exacting due accountability, reserving only the freedom and the responsibility to take that power back, for re-conferring elsewhere, in specified circumstances or in case of need. It must know how to deny itself the heady delights of being busily important. It must not covet the functions of the executive. This applies even at quite humble levels — for example, a Board of Governors of a Hospital Group, a Court of Commissioners, a Control Committee, a local Municipal Authority, and other such institutions.

The governments of institutions are not separated from their managements, however, merely by the consideration that they must act as a form of insurance against management's executive power — though they do so act. Nor am I saying that government is a function separated in order to provide a kind of Court of Appeal — though it acts in this way as well. I do not even say that government is kept separate so that several managements, or many managements, can report to one governing body, with the consequent great benefit that the management units can be much smaller. No, government is separated from management by its very nature.

In addition to its basic function of choosing the right management — how else is this to be done? — a governing body has positive functions of its own. The word „to govern“ can also mean „to sway“, „to rule“, „to influence“, „to regulate“, or „to constitute a law, rule, standard or principle“. In other words, government sets the framework and the principles. And in these days, especially where an institution is not a tyranny, its governing body probably has an increasingly important role to play in assisting and protecting both the management and the institution itself in the sphere of public relations and politics (internal and external). But these functions are not continuous, as management must be; nor is a government, unless perhaps a despotism, organised and suited for management — at any rate directly.

Thus, though there are exceptions and overlaps as mentioned below, government and management are different jobs. In these circumstances it is not strange, though it is significant, to find that the qualifications for governorship may often rest more on a good up-bringing, on a capacity for long-range discernment, on a simple integrity, and even on a relative lack of ambition, rather than on superior ability and drive. But age-groups, and relative experience and wisdom, also come into it; and perhaps a further advantage of dividing government from management is that the different elements of a society can be concentrated on what they are most fit for.

However that may be, very able governors may often fail as managers. Still more likely is it, perhaps, that managers of the „go-getting“ if effective kind will often make bad governors. And though an exceedingly able and civilised man of proper age, with great personality and driving force, might well encompass both functions, he can hardly, in a large organisation, encompass both at once; and for the good of his soul and the success of the organisation in the long run he ought not to be allowed to try.

One further point at least must be mentioned. If the distinct nature of government is ascribed in part not only to its restraint but also to its „ultimate-ness“, one may fairly query whether anything can really be „ultimate“. Surely even a Government with a capital „G“ must, in law, receive its powers from somewhere.

The classical answer is that the sovereign authority may derive from Divine Right, or from some sort of Compact with those who are governed. However, the Persian proverb says: „The voice of the people is the voice of God“. Thus the two derivations of power are identified together. Or are they? There is another proverb, I believe, which says „So many men, so many opinions“. For present purposes it does not matter much, perhaps; but whereas I can, without too much difficulty, imagine successful government democratically elected by shareholders, constituents, or other voices, I do not find it easy to think in terms of a successful management controlled by democratic processes — not in the normal case, at any rate.

That is, if we favour a democratic society, then our governments — and especially Governments with a big „G“ — must so far as possible stop short of the managing of undertakings, since if they do not, either the undertakings will become inefficient or the governments must act despotically in this regard — or both. And unless government is separated from management there is no power „in reserve“ which will select the managements, and dispense with a management when it has become old, or corrupted by power, and find its successor. No man, however admirable, not even a Roman Emperor, can be trusted to nominate his successor correctly.

III. Exceptions, Overlaps and Muddles

Exceptions

It may be objected that one is assigning meanings to the words „management" and „government" largely to suit the thesis chosen, and that in actuality the words possess no such distinct definitions from each other. One is merely discussing two different levels, but both of them managerial. To this there is the simple answer that if the two levels are in fact very different, we need different words for them; and that if the words chosen do not sufficiently fit and distinguish the two concepts under discussion, then we must find or invent other words. The concepts themselves, surely, are distinct enough.

But admittedly there are circumstances when the two concepts tend to merge together, at least for a while.

In total war, for example, the government may well have to manage, and in great detail. In other kinds of crisis a Board of Governors, or a chairman of a Board of Directors, may have to intervene and take over, temporarily, the duties of management.

And in quite small enterprises there is a kind of permanent merger. There is never, in fact, a difference. But we are talking about large enterprises. We are also talking about modern times, or we might have to make other exceptions, since to some extent the division between government and management has been made clearer, more necessary, and possible, by the technical, social and structural changes of the industrial and political revolutions of the last few hundred years. Before this, the division (and the need for it) was not so apparent.

But are not „administrators" a real and current exception? Do they govern, or manage? If they do both, is not the attempted distinction somewhat weakened? A top-level administrator in a relatively undeveloped colony, for instance, may do a lot of managing as well as governing. (How far this is due to the undeveloped nature of the territory is an interesting question.) And there are certain other forms of administration that may seem to involve both functions. But in general the idea conveyed by the word „administration", to me at any rate, is neither government nor management. I tend to regard administration as something that is, normally, responsible for the „staff" element involved. Your ordinary administrator is the Secretary, the County Clerk, the Organiser, and other valuable things besides; but not the Manager and not the Ultimate Authority. His normal position comes best to mind, perhaps, when one thinks of what „Admin“ means in military establishments.

Or one can think of Pope's famous couplet:

„For forms of Government let fools contest;
Whate'er is best administered is best:“

An Essay on Man

so long as one remembers, also, that this virtually begs the question; it is the form and shape of a government (or a management) that will largely settle whether its administration can in fact „get on with it“ successfully.

Overlaps

So these exceptions by time and place, or in relatively primitive situations, do little more than prove the rule. Nevertheless there are important and interesting areas of overlap, permanent and legitimate, between the functions of government and management.

A government (big or small „g“) often finds it necessary to „descend“ to a lot of detail, and in effect to dabble in management, but this may well be necessary. As somebody once said: „Policy must be about something“. In other words, one cannot direct policy entirely in the abstract; the policy-maker must know quite a lot about what is going on, and he must understand what procedures and methods are possible at the working levels. Again, he may find it advisable to give „demonstrations“ of management from time to time, as *he* thinks it ought to be carried on, for the benefit of those who are actually responsible.

In reverse, a manager may „rise“ towards government. As his concern gets larger and larger he may cease to regard his assistants and employees as primarily existing to help him with his task, and begin to regard them as free persons whose abilities exist to be mobilised and co-ordinated by him, the manager, for the common purpose in a joint endeavour. In a sense he becomes the leader of a free society. Doubtless the organisation chart still shows the management at the apex, and responsibility appears still to go *down* to all the various parts of the undertaking, but the true meaning of the chart has changed and in effect the flow is *up* from those below towards the managements at the top.

Previously the Manager was giving to the people below him only that authority which they needed to carry out what he wanted them to do for him; whereas he now takes away from those below him only that power which he must have in order to ensure a harmonious and disciplined working in the total interest. If in theory these two approaches might be thought to meet in the middle, as it were, and to amount to much the same thing, in practice they almost certainly produce quite different atmospheres and quite different results.

The second approach, indeed, is nearer government than management — which explains the saying, of which I am rather fond, that the control of a large and complex organisation is more an exercise in government than an exercise in management. Not, I find, that this saying is readily comprehended by the expert and forceful manager who is still on his way up, as it were, from relatively small units to those that are somewhat larger. Later on, when he can be a manager of managers, rather than a manager himself, the saying may no longer seem quite so cryptic to him, since he will probably be engaged, in part, also in governing. And since the „government" is probably best when it is shared, he must learn to work with colleagues (probably part-time) in the shape of a board.

In such ways the processes of government and of management may justifiably intermingle a little, and a physical intermingling occurs, in fact, whenever a Managing Director is given a seat on the Board of his company. Such interminglings, however, are like two elements in a cocktail; they must be deliberate and judicious, for special purposes only; and the two elements must be separately recognisable, and for other purposes separately evaluated and employed.

Muddles

Sensible exceptions and overlaps are one thing, and muddles another. There are different kinds of muddles and they are difficult to classify, but four main types may be listed:

(1) Large organisations with no government.

(2) Large organisations with no management.

(3) Large organisations with two governments and no management.

(4) Large organisations with two managements and no government.

Of these four there are endless degrees and combinations, and the examples quoted below are simply some of those, unexaggerated and uncaricatured, that are part of normal experience.

Type One is exemplified by the so-called working or full-time Board. There are at least three recognisable sub-types: (a) each member of the Board has a particular function or department of his own,

(b) no member will admit to being „functional", or (c) there are „non-functional" members combined with „functional". The last sub-type is the least objectionable. The first sub-type is a menace — talking, as always in this paper, about very large organisations — because of the weaknesses and the „log-rolling" that result, the burdens of co-ordination being left to some unfortunate individual called the Chairman, whether as primus inter pares or as „the Boss". As to the middle sub-type, where none of the members of the Board is functional, one may well ask what on earth they do the live-long day.

Type Two is more prevalent in the field of local authorities, co-operatives, public services and such-like. Observe that all these have a tinge of politics about them, whereas the „government-less" Type One was concerned mainly with the world of private business. Type Two tends, in its workings, to break up into a series of committees, each committee taking one of the departmental officers. In a municipality, for example, the Building Committee may take the City Architect. Unfortunately the activities of the various departmental chiefs are co-ordinated only on a loose and troublesome basis, usually by the Town Clerk, who has no clear authority over them. In other words, there is no general management.

Type Three and Type Four need no examples. Type Four happens when the people who should be „governing" an undertaking tend to interfere so much with the „managing" as virtually to duplicate it. And Type Three, in reverse, may happen when management aspires to the ultimate level, so that the Mayor of the Palace becomes also the King, though in these days the existing king may not actually be got rid of.

As an instance of a combination of unbalance there is the Board which may have a dozen full-time members, functional or non-functional, and only two part-time and non-functional members. Now what contribution are these two outsiders expected to make, even assuming they receive the full agenda, except perhaps the occasional remark about how something looks to an outsider? They cannot really take their equal share of responsibility for the workings and success (or failure) of the organisation, and this frustation may find unexpected and harmful outlets.

Then we have the well-known case where the constitution is one thing, and the actuality is another. Responsibility is not matched with power, and vice versa; the actual position is that there is constant if informal and unacknowledged intervention from elsewhere — conceivably the owner behind the scenes, or other persons or groups in a position to bring pressure to bear. Power without responsibility, the prerogative of the harlot down the ages, as Lord Baldwin remarked.

Or there exists a bad habit of setting up fresh and special machinery to handle particular problems, presumably in the hope of getting a fresh answer, instead of using the existing machinery or, alternatively, getting rid of it. The result is heat rather than light.

All these are merely examples, but the consequences of unclarity and muddle in the design or workings of an institution at top level are not to be under-estimated. As already hinted, indeed, there are many who think that a great part of the difficulties of the United Kingdom at this time may well flow from inefficiency or decay or both, in the structure and workings of its institutions.

IV. Trends in the United Kingdom

I do not intend to suggest that this special problem of toplevel constitution and structure, and indifferent success in dealing with it, is peculiar to the United Kingdom. The difficulties are universal because human beings are much the same the world over. But the way the difficulties manifest themselves will vary a good deal according to the local psychology of the said humans, which itself is influenced by climate and geography and also by the whole background of history, law and custom in a given country, including the particular state of its society at any period of time. It would therefore be illuminating to attempt a comparative analysis of the past and present trends in the constitution and structure of large organisations country by country.

However, any such analysis would be beyond my scope, as well as beyond my competence. Moreover the earlier pages of this paper have been concerned mainly with conditions in the United Kingdom; the lack of rigour and logic that is evident in the picture as described, and in my own approach, is doubtless quite characteristic of the English. I will, then, confine myself to one or two essential remarks about trends in the United Kingdom; the brevity and selectivity of these remarks will not, I hope, make them appear too over-simplified or grotesque.

In the world of commerce and exploration the 1400s to the 1700s saw the rise of the great chartered companies, with their increasing dispersion of ownership, and management as we know it began to be necessary. In their foreign ventures, at any rate, the Governing Boards or Courts of these new companies often found themselves under the disagreeable and dangerous necessity of entrusting the business to local managers, by whatever name, on account of the distance that separated them. Admittedly a constant stream of instruction was apt to pursue the „manager" to his far-away base, frequently in extraordinary detail, but fortunately these instructions often arrived too late and the „manager" had acted in the meantime. Empires were started in the process.

In the 1700s the Joint Stock Companies got really under way. But it was still the view that one could hardly trust an individual as manager of a corporate enterprise unless he was kept under the closest possible surveillance; in effect, therefore, most boards or courts were still active in the sphere of management; where the business became very heavy and complicated the boards would divide up into committees for the supervision of particular aspects of it. Though their Clerks, or Secretaries, sometimes acquired great power, this was de facto rather than de jure, and occurred chiefly when the laziness or indifference of the governing body had resulted in virtual abdication.

The trend in the organisation of large industrial or commercial business during the 1800s is well demonstrated by the history of the Statutory or Public Companies, notably the railway administrations. In the early days the engineer who planned and built the Line might well be the Chairman of the Board, and probably a great dictator as well. There was rarely anybody called the Manager, though there were Superintendents. As time passed the engineers lost their preeminence, and the ultimate control was more effectively with the Board collectively, especially via finance and administration. There was still no general management, however, and the Directors would divide up into committees to deal with the more important of the Chief Officers and their departments. It was only towards the second half of the century, as co-ordination between these part-time working committees became more and more difficult, that the practice developed of having a full-time officer in supreme control over all the departmental officers — i. e. a General Manager — and bitter was some of the struggling and manoeuvring entailed.

Improvement in the mechanics of accountability must have had a big effect on the situation, but many other factors, technical and social, were also at work. By the end of the century most of the larger Statutory or Public Companies, including most of the bigger railways, had a general manager or equivalent, and a very important person he was. The board of directors became more nearly a „government", though in the constitutional battles that happened here and there it was not always the board that triumphed and the general manager who departed.

The great development of the ordinary Limited Company came in the 1900s. Private businesses of all kinds, often a sole ownership rather than a „company“ in the literal meaning of that word, took more and more advantage of the limited liability afforded by such companies. The owners and the managers in these smallish concerns were usually identical; there was no need for „government“ in the sense discussed above. And though in English law a Company Board can regulate its own constitution and structure internally, the need to begin to distinguish formally between Management and its Government, as such companies grew bigger, often went unperceived. It was chiefly when the shareholdings were sold to the public that non-managerial personalities were elected to the Board, part-time, and in such cases their election was often more for reasons of prestige or „regularity“ than to provide an effective government — though this was hardly true, of course, of the really large concerns.

In the inter-war years a new and interesting animal known as the Public Corporation, with a new kind of structure, was evolved. It was intended as a technique for administering public enterprise in community ownership of some kind, and though there were wide differences of opinion as to which „enterprises“ should be made „public“ (e. g. nationalised or the equivalent), the Public Corporation itself was generally welcomed as a largely autonomous institution which would provide an equilibrium between managerial freedom and public accountability. But each major example — the British Broadcasting Corporation, the Central Electricity Board, the Port of London Authority, or the London Passenger Transport Board — had its own type of structure, and whereas considerable ingenuity was shown in keeping Government (with a big „G“) at a distance, the consequent need to put the managements of these Public Corporations under a government of their own (with a small „g“) did not always find a solution. There were boards of governors, or directors, and there were part-time members, but it was possible for the chairman of the board to be the chief executive as well.

Whether these inter-war Public Corporations would have been successful in overcoming their obvious problems — the recruitment of future management (and control thereof), the raising of „outside“ finance, the maintaining of freedom from political pressures — will never be known; the second World War came too soon after, and brought significant changes in its train. Various industries were nationalised, and though the idea of the Public Corporation was again followed, there was usually more power for Government (big „G“) in the constitution and more use of the full-time or „working“ or managerial board.

With one or two notable exceptions this pattern has been repeated, and indeed reinforced during the years that have followed. The major central boards, at any rate, tend to be largely full-time, including the chairman, and the chairman is therefore the chief executive amongst his other executive colleagues, with no internal layer of government above this structure. Capital must be borrowed only from the Treasury. And so on. Just what theory of organisation lies behind this, is not too clear. Perhaps the bodies in question are regarded chiefly as a sort of administrative extension of Government (with a big „G“); or, perhaps, since many of them are monopolies in their own field, their respective businesses are regarded as not calling for the same degree of dispassionate and wide judgment, the same necessity for steering the working management's attitudes and tendencies, and the same supporting functions as I have indicated for government (with a small „g“) in large organisations. It is possible, moreover, that the avoidance of part-time boards above managements is thought to lead to speedier and more direct communication — which I beg leave to doubt, provided that management is left to handle the matters appropriate to its level.

Turning to ordinary industry and trade, the recent trend has also been towards what is known as a „working board“, with no „governing“ board above it, full-time professionals being found in full charge of even the largest organisations. Perhaps the main explanations of this trend are:

(a) the increase in organisation-size has been so rapid that its consequences and its needs have not yet made themselves apparent;

(b) the promotion of the technologist to leadership, though a good thing in many ways, is producing an attitude of mind which does not always appreciate that the „human equation“ dominates, in the ultimate, all else;

(c) likewise, as management becomes more and more a text-book or professional expertise at lower and intermediate levels, where so much training and indoctrination is done, the greater is the failure to realise the significance, particularly at top levels, of the non-technical aspects of management — and, therefore, of the role of an „internal“ government in this connection;

(d) modern methods of communication (e. g. closed-circuit television) and of computer-control are turning the terrifying fantasies of

Chaplin's „Modern Times" into sober realities, and the manager can physically and mentally enlarge his field of detailed control accordingly;

(e) the less far-sighted manager may have a natural bias in favour of dispensing with the attentions of a governing board;

(f) the personality cult and the breathless and exaggerated reporting of matters over the last generation — with Ivar Kreuger an early example — have resulted in the „tycoon", an animal nicely calculated to „épater les bourgeois";

(g) the governing Board, being corporate and part-time, has little glamour and no publicity; and its members, because of the apparent size of their fees in relation to the actual time spent „on the premises", and because of certain abuses more common in the last century than this, can be accused of being mere „guinea-pigs";

(h) organisations with a single person at their head provide an easier „line of communication" between political Government, with its encroaching and centralising pressures, and the industries or institutions it desires to influence; the danger is, therefore, that the Manager/Governor is built up at the expense of the less accessible and less amenable Board;

(i) all these factors are producing a new class, and a mystique, which sees management as the supreme order in society, and the so-called Managerial Revolution as a proper and inevitable development.

It must be added, no doubt, that full-time professionalism is developing in other fields beside management. The part-timer, or so-called amateur, no longer inspires the same respect.

By contrast, in the field of local authorities, hospitals and other such organisations, the old pattern of government direct by the authority itself (or its committees) has persisted, and the lack of a true management has — unnecessarily — also persisted. But the need for it is being more recognised. For example, several cities are contemplating, I believe, the appointment of a single person, entitled the City Manager, to whom all the various officers and other experts will report. Presumably this City Manager will treat the local authority more as though it were a Board of Governors. It remains to be seen whether in such spheres also the manager will in effect oust the government, and become the uncrowned king, or at any rate a feudal lord responsible only to some remote central power. (And when the local lord finds that he has exchanged his local governors, with their irritating but human interventions and quizzing, for a bureaucratic and despotic machine to which he means nothing at all, will he not rue the day?)

Wherever one looks, then, the trend is still towards the managerial society. A country which never for long allowed the fighting man, or even the priest, to take too great a part in the direction of its affairs, seems to be drifting towards a situation in which it will allow the managerial man to do so. To say this is not to be anti-management. Nobody insists more than I do on the importance of the managerial role, its proper freedoms and its full power. But its true position in the total structure is a question requiring constant attention, and though the answers will always be difficult, uncertain and indeed variable according to circumstances, it is my general view at this time — as will be clear from my earlier remarks — that there are trends that need to be examined, at least, and perhaps halted and even reversed in certain respects.

V. Conclusion

To conclude, it will be obvious that most of what is said in the foregoing pages has been said before. Have I not, after all, been talking mainly about a special case of „the separation of powers"?

Perhaps so, but men forget or ignore very easily, when it suits them, and it is worth reminding ourselves from time to time that the proper functioning of our large organisations must depend on two things: (a) our selection of objectives, and (b) the application of power. The word „objectives" needs the widest and subtlest interpretation, no doubt, but „power" is simply power. Without it an organisation, and its various parts, cannot be set in motion. And yet, as Lord Acton said: „All power tends to corrupt, and absolute power corrupts absolutely". What becomes, in such circumstances, of the objectives?

The power must be distributed. How it is to be distributed, vertically and horizontally, is something for eternal discussion and experiment, and for change in line with changes in the human condition. But if we want democratic government, and at the same time energetic, uninhibited and dedicated managements, then the two functions must be separated where possible. In a large organisation it is just this separation which enables management to make itself fully effective — and in these days the need for effective management is greater than ever.

Well, then, what are we going to do if, as I believe, there are now some trends in the wrong direction? Perhaps the old-and-true prescriptions of education and discipline are all that is necessary. Certainly not technical expertise. Mainly common sense, in fact, and a willingness to see that our organisational problems are questions, not of abstract charts or mechanics, but of human dispositions as they really are. Nothing could be simpler, or at the same time, if truth be told, more difficult.

Neue und spezielle Rechtsfragen

Nationale Rechtstraditionen, Weltrecht und Gerechtigkeit

Von Konrad Zweigert

Alles Erkennen kommt aus dem Vergleichen
Novalis

Das Thema dieser Abhandlung, die ich dem hochverehrten Staatssekretär a. D. Dr. Hans Schäffer als einer Persönlichkeit, die für alle internationalen Aspekte von Recht und Wirtschaft stets in besonderem Maße aufgeschlossen war und ist, zu seinem 80. Geburtstag widme, klingt zunächst pompös, ist es aber gar nicht. Wenn ich das, was ich im folgenden zu entfalten versuche, auf vereinfachte Formeln bringen wollte, so wäre dieses zu sagen.

1. Nationale Rechtstraditionen sind heute noch lebendiger, als es der modernen Situation der Welt bekömmlich ist; sie befinden sich aber auf bestimmten Gebieten, in bestimmten Materien in einem Zustande wachsender Durchlüftung.

2. Ein Weltrecht gibt es nicht und wird es auf lange Zeit nicht geben.

3. Was Gerechtigkeit ist, wissen wir nicht.

Diese drei vereinfachten Thesen gilt es in einen inneren Zusammenhang zu bringen. Damit der Blickwinkel, von dem aus ich an diese Fragen herangehe, richtig und vor allem auch mit der richtigen Kritik gesehen werde, darf ich betonen, daß ich mich diesen Fragen nicht als Rechtsphilosoph zuwende, sondern als Rechtsvergleicher. Rechtsvergleicher ist jemand, der es rechtswissenschaftlich fruchtbar findet, die Lösungen zu vergleichen, die in den verschiedenen Rechtsordnungen der Welt bestimmte Probleme des Rechts gefunden haben. Die Rechtsvergleichung ist eine Methode der Rechtswissenschaft, welche die Mythen des nationalen Rechtsstolzes abbaut, indem sie ganz nüchtern untersucht, welche Lösung bestimmter Rechtsprobleme in den verschiedenen Rechtsordnungen der Welt anderen Lösungen überlegen ist oder welche Lösungen einander gleichwertig sind, obwohl sie verschiedene Wege gehen, oder auch welche Anregungen sich aus den verschiedenen nationalen Lösungen gewinnen lassen, um eine neue Lösung des konkreten Problems zu finden, die allen existenten Lösungen überlegen ist.

I

Allem Nachdenken geht ein Sichwundern voraus. Und auch hier, wenn wir über den Zustand des Rechts in der Welt nachdenken wollen, haben wir Anlaß, uns zunächst zu wundern. Man empfindet es nämlich als eine Selbstverständlichkeit, die keiner weiteren Erklärung bedarf, daß auf den Gebieten etwa der Naturwissenschaften oder der Medizin ein internationaler Austausch der Forschungsergebnisse stattfindet, daß in diesen Gebieten über die nationalen Grenzen hinweg diskutiert wird. Eine deutsche Physik, eine belgische Chemie oder eine amerikanische Medizin gibt es nicht. Es gibt diese Wissenschaften nur im weltweiten Raum, und man kann allenfalls konstatieren, daß diese oder jene Nation auf einem dieser Gebiete besonders Hervorragendes, Mittelmäßiges oder besonders wenig leistet.

Anders ist es — oder war es doch zumindest sehr lange — verwunderlicherweise auf dem Gebiete der Rechtswissenschaft. Eine übernationale Einheit des Rechts und der Rechtswissenschaft hat es auf dem europäischen Kontinent so lange gegeben, als das römische Recht als ein „Recht mit Welt" die wesentliche Quelle allen Rechts war. Und dem entsprach im englischsprechenden Raume eine zweite Einheit eigener Art, das Common Law Englands und Nordamerikas, von der europäischen Rechtseinheit deshalb verschieden, weil das englische und das amerikanische Recht vom Einfluß des römischen Rechts in weitem Maße unberührt geblieben sind. Diese Einheit der Rechtswissenschaft in der anglo-amerikanischen Welt ist im wesentlichen bis heute erhalten geblieben. Die Einheit auf dem europäischen Kontinent dagegen zerfiel seit dem 18. Jahrhundert. Sie zerfiel dadurch, daß man begann, das bisher angewandte Recht — es war nicht in Gesetzbüchern verankert, sondern wurde im wesentlichen aus den römischen Quellen geschöpft — zu kodifizieren, d. h. die europäische Rechtseinheit zerfiel mit dem Beginn der großen nationalen Gesetzbücher: Preußisches Allgemeines Landrecht, französischer Code civil, deutsches Bürgerliches Gesetzbuch, die schweizerischen Kodifikationen, der neue italienische Codice civile, das griechische Zivilgesetzbuch, um nur einige besonders hervorragende zu nennen. Die Folge dieser nationalen Gesetzbücher war zunächst diese: die Juristen begnügten sich damit, diese ihre nationalen Rechtsnormen zu interpretieren. Sie hörten auf, über die Grenzen zu sehen. Der Horizont des Rechts verengte sich und verlor Welt. Und aus dieser selbstgenügsamen Pflege des eigenen Rechts erwuchs zugleich mit der Stärkung des Nationalstaats-Gedankens der Stolz auf das eigene Recht. Der Deutsche meinte, nur sein Recht sei der Stein der Weisen, der Franzose glaubte dasselbe von seinem Recht, und so prägte der nationale Rechtsstolz das Denken der

Juristen. Das, was Blaise Pascal einst schrieb, ist leider weithin noch immer richtig. Pascal sagt in seinen „Pensées“:

„Worauf wird der Mensch die Einrichtung der Welt, die er beherrschen will, gründen? Auf die Laune des einzelnen? Was für eine Verwirrung! Auf das Recht? Er kennt es nicht!

Sicherlich. Kennte er es, so würde man niemals diesen Grundsatz aufgestellt haben, der von allen Grundsätzen, die die Menschen kennen, der gewöhnlichste ist: daß jeder den Sitten seines Landes folgen solle; der Glanz der wahren Gerechtigkeit würde alle Völker bezwungen haben, und die Gesetzgeber hätten nicht an Stelle dieses unveränderlichen Rechtes die Hirngespinste und Launen der Perser und Deutschen zum Vorbild gewählt. Man würde das Recht in allen Staaten und zu allen Zeiten gehegt finden, während man so kein Recht und kein Unrecht findet, das nicht mit dem Klima das Wesen ändere. Drei Breitengrade näher zum Pol stellen die ganze Rechtswissenschaft auf den Kopf, ein Längengrad entscheidet über Wahrheit; nach wenigen Jahren der Gültigkeit ändern sich grundlegende Gesetze; das Recht hat seine Epochen, der Eintritt des Saturn in den Löwen kennzeichnet die Entstehung dieses oder jenes Verbrechens. Spaßhafte Gerechtigkeit, die ein Fluß begrenzt! Diesseits der Pyrenäen Wahrheit, jenseits Irrtum.“

Es ist noch immer so, daß eine Fülle nationaler Rechtsordnungen in strenger Isolierung nebeneinander gelten. Und doch hat sich die Welt vielfältig verändert. Sie ist vor allem durch die Technisierung, durch den Weg von der Postkutsche zum Düsenclipper, einfach kleiner geworden. Und wir müssen uns einiges ernsthaft fragen. Etwa: hat es Sinn, daß bei uns ein anderes Verfassungsrecht gilt als in England oder Frankreich, ein anderes Strafrecht, ein anderes Verwaltungsrecht? Die Verschiedenheit auf diesen Rechtsgebieten ist offenbar nicht von vornherein durch die Technisierung der Welt unsinnig geworden. Die Tatsache, daß etwa der französische Geschäftsmann, statt mit seinem amerikanischen Partner langwierig zu korrespondieren, heute ohne Mühe und Zeitverlust in New York persönlich verhandeln, einen Vertrag abschließen und morgen wieder zuhause sein kann, diese Tatsache vermag offenbar nichts oder doch nur wenig daran zu ändern, daß die Vorstellungen einerseits in Paris und andererseits in New York darüber verschieden sind, was die beste Verfassung eines Staates sei, wie Verbrecher angemessen bestraft werden oder wie eine Stadt gut verwaltet wird. Das heißt: auf den Gebieten des Verfassungsrechts, des Verwaltungsrechts, des Strafrechts, mit einem Wort im sogenannten öffentlichen Recht, sind Rechtsverschiedenheiten zwischen den Nationen so lange sinnvoll, als es noch Staaten mit unterschiedlicher Wertung der Kulturgüter gibt. Erst wenn die Erde ein Staat mit einer Regierung werden würde — eine ferne Utopie, über deren Wünschbarkeit man sehr verschiedener Meinung sein kann —, erst dann wäre eine Vereinheitlichung des öffentlichen Rechts, und auch dann nur in begrenztem Umfange, sinnvoll. Sinnlos aber ist es, daß der Pariser Kaufmann in New York, der Amerikaner in Paris, am Ort seiner Verhandlungen ein anderes Kaufrecht vorfindet, ein anderes Vertragsrecht, ein anderes Gesellschaftsrecht, Handelsrecht, Wertpapierrecht, Wettbewerbsrecht, Patentrecht, als bei sich zu Hause. Sinnlos ist es, daß eine Fluggesellschaft anders haftet, wenn ihrer Maschine in der Schweiz, anders wenn ihr wenige Minuten später in Liechtenstein etwas zustößt. Insoweit liegen die Vorteile vereinheitlichten Rechts auf der Hand. Der internationale Handel und Verkehr wird erleichtert, weil er vor Überraschungen geschützt wird, die ihm ein unbekanntes ausländisches Recht bereiten kann; vor allem die im Rechtsverkehr so erwünschte Voraussehbarkeit des Ergebnisses wird gewährleistet. Überdies kann niemand leugnen, daß mit solchen Teilvereinheitlichungen auch politisch bedeutsame Nebeneffekte erreicht werden. Solche „lois uniformes" — Einheitsgesetze — sind ein wirksames Element der Annäherung und des Sichverstehens unter den Nationen. Andererseits ist der Gedanke an universelle Gesetzbücher, die alle Gebiete — und sei es auch nur die des Privat- und Handelsrechts — betreffen, eine Utopie. Man wird schwer voraussagen können, ob Souveränitätsverzichte, die auf der politischen Ebene in der Luft liegen, daran in Zukunft etwas ändern. Die entscheidende Frage ist vielmehr die: ist es eigentlich zu wünschen, das gesamte Recht, und sei es auch nur das gesamte Privat- und Handelsrecht, zu vereinheitlichen und damit eine Rechtsnivellierung herbeizuführen? Haben nicht die nationalen Rechtsordnungen in bestimmten Gebieten, vor allem etwa im Familien- und Erbrecht, eine Eigenfärbung, die zu den Zügen der nationalen Kulturen gehört, die wir ungern missen möchten?

Es ist heute unbestritten, daß man im Zuge der Bemühungen um eine übernationale Rechtsvereinheitlichung bei der Auswahl der Materien eine weise Beschränkung walten lassen muß. Die Idee eines unbegrenzten Weltrechts — noch auf dem ersten Rechtsvergleicherkongreß im Jahre 1900 in Paris verfochten — ist eine Utopie, die um der kulturellen Vielfalt des Menschenbildes willen nicht einmal zu wünschen ist. Man ist sich einig, daß Materien mit vorwiegend heimatlichem Akzent aus der Vereinheitlichungsbemühung auszuscheiden haben. Anders gesagt: Gebiete des Rechts, die ihrem Inhalte nach weltläufig sind, und nur sie eignen sich für eine Rechtsvereinheitlichung, oder — wie einmal formuliert worden ist — für die Vereinheitlichung eignen sich solche Gebiete, bei denen der ökonomische Gehalt den rechtsethischen Gehalt überwiegt.

Hier aber ist eine Vereinheitlichung auch notwendig. Nationales Recht auf der einen Seite, Weltrecht auf der andern Seite sind zwei äußerste Extreme. Zwischen ihnen sind Stufen der Rechtsannäherung denkbar und heute schon wirklich, die weniger utopisch sind als der Gedanke eines Welteinheitsrechts und die doch unserer modernen Lage entschiedener entsprechen als die Muffigkeiten einer totalen nationalen Rechtsabkapselung. Eine solche Zwischenstufe zwischen nationalem Recht und Weltrecht bringen übernationale Zusammenschlüsse auf bestimmten Teilgebieten des Lebens mit sich. Etwa der Europäische Markt, der in der Europäischen Wirtschaftsgemeinschaft entsteht, wird auf die Länge Vereinheitlichungen, Angleichungen, Harmonisierungen des Sozialrechts, des Wettbewerbsrechts, des Steuerrechts und noch anderer Rechtsgebiete verwirklichen müssen, um gleiche Wettbewerbschancen auf dem einheitlichen Markt zu erzielen. Diese Rechtsvereinheitlichungen, die sich aus partiellen übernationalen Zusammenschlüssen ergeben, sind räumlich begrenzt.

Die am weitesten hinausgerückte Stufe vom nationalen Recht zum Weltrecht hin ist die Rechtsvereinheitlichung von Teilmaterien in allen Staaten der Erde. Das heißt: jeder Staat behält zwar seine nationale Rechtsordnung; er willigt aber ein, daß bestimmte Gebiete — vor allem solche des Handels- und Verkehrsrechts — vereinheitlicht werden, um den Wirtschaftsverkehr zwischen den Ländern der Welt nicht durch Ungewißheiten über die Rechtslage zu erschweren. Solche übernationalen Rechtsvereinheitlichungen sind zwar auf gewissen Gebieten gelungen, seit man begonnen hat, zielstrebig darauf hinzuwirken. Aber die Ergebnisse sind bisher nicht überwältigend. Die Gründe dafür liegen — kurz angedeutet — in starken Rudimenten nationalen Rechtsstolzes, in einem Übermaß an unkoordiniertem Eifer und in der bei den meisten Juristen nachdrücklich fehlenden Vorstellung von den mannigfachen Vorteilen, die ein vereinheitlichtes Recht auf vielen Gebieten bringen würde.

II

Das bisherige Ergebnis ist also dieses. Ein Weltrecht ist, jedenfalls derzeit, nicht anzustreben, wohl aber sind anzustreben partielle Rechtsvereinheitlichungen auf den Gebieten, die für den internationalen Handel und Wandel um der klaren Voraussehbarkeit willen einheitlich geordnet sein sollten.

Für solche Unternehmen werden wir Rechtsvergleicher durch eine Beobachtung ermutigt, die, wie mir scheint, von höchstem Interesse ist. Ich meine die Tatsache, daß verschiedene Rechtsordnungen — trotz aller Unterschiede in ihrer historischen Entwicklung, in ihrem systematisch-theoretischen Aufbau und in der Weise ihrer praktischen Anwendung — dennoch in den gleichen Lebensfragen oft bis in Einzelheiten hinein zu gleichen oder doch verblüffend ähnlichen Lösungen gelangen. Zwar sind viele Gebiete des menschlichen Zusammenlebens von besonders starken moralischen und sittlichen Wertungen durchwirkt — von Wertungen, die ihren Ursprung in den jeweiligen Besonderheiten der religiösen Einstellung, der geschichtlichen Tradition, des Klimas, der zivilisatorischen Entwicklung, des Volkscharakters haben. Diese Wertungen können deshalb unter den Völkern in einem solchen Grade differieren, daß man nur in geringem Umfange eine Übereinstimmung der Rechtsnormen wird feststellen können, die diese Lebensgebiete regeln. Soll eine Ehe aufgelöst werden können und, wenn ja, in welchen Situationen? Ist die Legitimation von Ehebruchskindern zuzulassen? Kann ein uneheliches Kind auf Unterhalt klagen, wenn der Erzeuger gültig verheiratet ist? Dies etwa sind Fragen, die in verschiedenen Rechtsordnungen oft sehr verschieden beantwortet werden. Wenn wir aber diese besonders stark mit Wertvorstellungen und Moralgeboten befrachteten — im Privatrecht meist familien- oder erbrechtlichen — Fragen außer acht lassen, quasi die „folkloristischen" Gebiete des Rechts und der Jurisprudenz, und uns dem übrigen, vergleichsweise „unpolitischen" Privatrecht zuwenden, so stellt man immer wieder fest, daß gleiche Bedürfnisse des Rechtsverkehrs im Ergebnis in allen entwickelten Rechtsordnungen der Welt auf gleiche oder sehr ähnliche Weise gelöst werden. An anderer Stelle habe ich deshalb schon einmal von einer „praesumtio similitudinis" gesprochen, einer Vermutung für die Ähnlichkeit der Lösungen, die dem Rechtsvergleicher bei seiner Arbeit in der Tat als heuristisches Prinzip dienen kann. Man könnte aus den Gebieten des Privat-, Handels- und Wirtschaftsrechts eine Fülle von Beispielen geben dafür, wie Rechtsordnungen, die ihrer geschichtlichen Herkunft nach, nach der Art ihrer Denkmethoden und ihres „approach" äußerst verschiedene Ausgangspunkte haben, doch zu identischen Lösungen gelangen auf Denkwegen, die sich wiederum sehr voneinander unterscheiden. Statt vieler nur ein Beispiel aus dem Gebiet der Haftung für Vertragsverletzungen. Das deutsche Recht hat den Grundsatz, daß im Rahmen eines Vertragsverhältnisses die Partner einander nur bei *schuldhafter* Nichtbeachtung vertraglicher Verpflichtungen auf Schadensersatz haften. Diametral entgegengesetzt ist der Ausgangspunkt des anglo-amerikanischen Rechts, wonach die *objektive* Nichterfüllung einer Vertragspflicht einen „breach of contract" darstellt und daher ohne Rücksicht auf Verschulden schadensersatzpflichtig macht.

Was das deutsche Recht anlangt, so gilt praktisch das Prinzip der Verschuldenshaftung doch nur in sehr eingeschränktem Maße. Vor allem gilt es von vornherein nicht für Gattungsschulden, insbesondere also nicht für den Kauf von Gattungssachen. Ferner ist aber nach der Rechtsprechung und der herrschenden Lehre auch derjenige ohne

Rücksicht auf Verschulden schadensersatzpflichtig, der eine Leistung verspricht, die er wegen anfänglichen Unvermögens nicht zu erbringen vermag. Hier sagt man, daß ein Schuldner die eigene Leistungsfähigkeit im Zeitpunkt des Vertragsschlusses garantiere, also auch dann haftbar sei, wenn er bei Vertragsschluß ohne jede Fahrlässigkeit verkannt hat, daß er zur Lieferung der geschuldeten Sache oder zur Erbringung der geschuldeten Leistung nicht imstande sei. Ferner haftet der Verkäufer eines Rechts für dessen Bestand ohne Rücksicht auf Verschulden. Sofern es überhaupt auf Verschulden ankommt, hat schließlich der Schuldner die Beweislast dafür, daß die Vertragsverletzung *nicht* auf seinem Verschulden beruhe, und ein solcher Entlastungsbeweis gelingt in der Praxis sehr selten — nach dem Prinzip „wer die Beweislast hat, verliert".

Umgekehrt hat auch das Common Law seinen Grundsatz von der absoluten Garantiepflicht des Schuldners wesentlich aufgelockert. Ebenso wie das deutsche Recht das *Verschuldensprinzip* für die *Gattungsschuld* fallengelassen hat, hat die englische Rechtsprechung das *Garantieprinzip* für die *Individualschuld* wesentlich eingeschränkt. Soweit es sich um den Spezies*kauf* handelt, ist dies sogar vom englischen Gesetzgeber übernommen worden, der in Section 7 des Sale of Goods Act bestimmt hat:

„Where there is an agreement to sell *specific goods*, and subsequently the goods, *without any fault on the part of the seller or buyer*, perish before the risk passes to the buyer, the agreement is thereby avoided."

Damit gilt praktisch für den Spezieskauf auch im englischen Recht das Verschuldensprinzip. Aber auch bei anderen Vertragstypen hat die Rechtsprechung schon seit langem anerkannt, daß der Schuldner von seiner Verpflichtung frei wird, wenn die Leistung nur bei fortdauernder Existenz einer bestimmten Sache oder Person sinnvoll erbracht werden kann, diese Sache oder Person aber weggefallen ist, ohne daß dem Schuldner ein Vorwurf daraus gemacht werden kann. In der ersten, berühmtgewordenen Entscheidung aus dem Jahre 1863 *Taylor* v. *Caldwell*, die dieses Problem behandelt, hatten die Kläger von den Beklagten einen Konzertsaal gemietet, um dort vier Veranstaltungen durchzuführen. Nachdem der Konzertsaal ohne das Verschulden eines der Beteiligten abgebrannt war, klagten die Kläger auf Ersatz des Schadens, der ihnen infolge des Ausfalls der geplanten Veranstaltungen entstanden war. Das Gericht wies die Klage ab, allerdings nicht mit der Begründung, daß den Vermietern die Erfüllung des Vertrages ohne ihr Verschulden unmöglich geworden sei (— so wäre in Deutschland argumentiert worden —), sondern deshalb, weil der Mietvertrag nach vernünftiger Auslegung eine „implied condition", also eine stillschweigende Abrede enthalte, wonach

„the parties shall be excused in case ... performance becomes impossible from the perishing of the thing *without default of the contractor.*“

Obwohl wir nicht verkennen wollen, daß es im allgemeinen eher die *englische* Rechtsprechung ist, die ihrer Tradition entsprechend den Schuldner strikter als die deutsche Judikatur an seine Vertragsverpflichtungen hält, bleibt doch erstaunlich, in welchem Maße beide Rechtsordnungen sich trotz der verschiedenen Ausgangsdogmen auf eine gemeinsame Mittellinie eingependelt haben.

Man könnte, wie gesagt, diese Erscheinung durch eine Fülle von sinnfälligen Beispielen belegen und damit beweisen, daß es in Materien, die nicht weltanschaulich umwölkt sind, in Ländern auf vergleichbarer Kulturstufe übereinstimmende Lösungen rechtlicher Probleme gibt „auf unterschiedlichen Denkwegen“.

III

Kann man daraus folgern, daß die Gerechtigkeit ein „welteinheitlicher Wert“ ist, der nur als solcher noch nicht erkannt ist? Die Frage läßt sich, wie die meisten tieferen Fragen, weder mit Ja noch mit Nein beantworten. Die rechtsphilosophische Bemühung um das Phänomen der Gerechtigkeit hat viele Klärungen, aber keine restlose Klarheit gebracht. Wertvoll waren die Einsichten in die rechtsbildenden Faktoren, vor allem in die Vorformung des Rechts durch die Realien, die es zu ordnen gilt, und durch die sogenannte „Natur der Sache“. Das heißt: die Fakten, die nach einer rechtlichen Regelung oder Entscheidung verlangen, weisen schon bestimmte Wege und schließen andere aus, lassen aber immer noch mehrere Möglichkeiten. Wertvoll war die Entfaltung der Rechtsidee in Fallgerechtigkeit, Rechtssicherheit und Zweckmäßigkeit durch *Gustav Radbruch,* der durch die Spannungen zwischen diesen Werten zeitweise zu einer Lehre von der Relativität der Gerechtigkeit (je nach Weltbild) gelangt ist. Am fruchtbarsten von den neuesten Bemühungen um die Gerechtigkeit waren wohl die Untersuchungen von *Theodor Viehweg,* um das topische Denken für die Rechtsidee zu beleben. Danach gibt es eine Fülle von „topoi“, von Richtpunkten, die erst in ihrem Zusammenwirken und in ihrer methodischen Handhabung den Kundigen zum „richtigen Recht“ führen: wie etwa die Realien der Gesetzgebung, der Mensch als Person, die Sozialstruktur und die sozialen Werte einer konkreten Gemeinschaft, die Gestaltung der großen Institutionen (Vertrag, Delikt, Eigentum) und dergleichen mehr. Und ich meine, daß gerade die rechtsvergleichende Forschung hier mehr Material bieten kann, als die Rechtsphilosophie bisher zu verwerten bereit oder befähigt war. Gerechtigkeit ist also kein Begriff, nichts Definierbares, sondern eine ständige Bewegung auf etwas hin: ein Haben, als hätte man nicht.

Noch eine letzte Überlegung. Wenn man bei rechtsvergleichenden Untersuchungen die „praesumtio similitudinis", von der die Rede war, so häufig bestätigt findet, so legt dies natürlich die Frage nahe, ob es nicht vielleicht möglich wäre, allmählich ein auf rechtsvergleichender Grundlage erarbeitetes System allgemeiner Rechtsgrundsätze zu entwickeln, die überall auf der Welt auf Anerkennung rechnen dürfen. Dies scheint mir in der Tat die aktuellste und erregendste Frage zu sein, die man sich in der modernen rechtsvergleichenden Forschung stellt. Sie ist nicht gemeint im Sinne einer Suche nach dem „einheitlichen Weltrecht", jener „blauen Blume" romantisierender Rechtsvergleicher der Jahrhundertwende. Sie ist gemeint im Sinne einer beharrlichen Bemühung, das reiche Anschauungsmaterial, das die Rechtsordnungen der Welt uns bieten, daraufhin zu prüfen, ob sich ihm Rechtsgrundsätze abgewinnen lassen, die auch vor einer kritisch-rechtsvergleichenden Wertung als die besten, die überlegensten Lösungen bestehen können. Ich meine in der Tat, daß erst ein richtiges Verständnis der rechtsvergleichenden Methode uns lehren kann, was „allgemeine Rechtsgrundsätze" sind und sein können. Bisher hat man darunter — vor allem im Völkerrecht — überwiegend solche Grundsätze verstanden, die in den großen Systemen der Welt übereinstimmen. Was dabei herauskam, war wenig und vage: nämlich Trivialitäten wie der Satz pacta sunt servanda und die Regel von Treu und Glauben — Sätze also zwar von unbezweifelbarer Richtigkeit; Sätze aber, mit denen allein ein sorgfältiger Richter nicht einigermaßen präzise zu operieren vermag. Wenn es richtig ist — was ich fest meine —, daß es Aufgabe der Rechtsvergleichung ist, den Bestand der Lösungen in der Welt zu sichten und jeweils in kritischer Wertung die überlegenste Lösung zu finden und als solche zu charakterisieren, dann bestehen die allgemeinen Rechtsgrundsätze nicht nur aus dem überall Gemeinsamen, sondern gerade auch, wo Gemeinsames fehlt, aus der jeweils besten Lösung, die in einem Rechtssystem für eine bestimmte soziale Entwicklungsstufe anzutreffen ist, oder sogar, die sich aus einem Vergleich existenter Lösungen erst durch das Nachdenken des Rechtsvergleichers als überzeugend erweist. Diese These ist kühn, aber vernünftig. Sie ergibt, daß fast jede Frage durch allgemeine Rechtsgrundsätze gelöst werden kann, wenn die Rechtsvergleicher nur einmal so weit sind, daß sie das Material genügend aufbereitet haben. Ob und inwieweit diese Bemühungen letztlich zu einem Erfolg führen werden, ist eine noch offene Frage. Aber gerade die Tatsache, daß der Rechtsvergleicher bei seiner Arbeit immer wieder „übereinstimmende Lösungen auf verschiedenen Wegen“ konstatiert, gibt Anlaß zu Hoffnung. Gelingt diese Bemühung, so wäre auch das bestätigt, was den Rechtsvergleicher immer wieder zu einem freudigen „Sichwundern“ bringt: nämlich daß die „Gerechtigkeit“ als Ganzes vielleicht einer zeitlichen Relativität unterliegt, im Raume dieser Erde aber im Grunde unteilbar ist.

Aus der Entstehungsgeschichte des Grundgesetzes

Von Walter Strauß

I. Die Behandlung der Frage des gesamtdeutschen Staates bis zur Londoner Konferenz von 1948

Im Potsdamer Abkommen hatten die an ihm beteiligten Besatzungsmächte (USA, England und Sowjetunion) vereinbart, daß „bis auf weiteres keine zentrale deutsche Regierung errichtet werden" solle. Gleichzeitig hatte aber das Potsdamer Abkommen als eines der politischen Ziele der Besetzung Deutschlands die endgültige Umgestaltung des deutschen politischen Lebens auf demokratischer Grundlage und eine künftige friedliche Mitarbeit Deutschlands am internationalen Leben bezeichnet. Hieraus wie aus der Treuhandnatur des Besetzungsverhältnisses war der Wille und die Pflicht der Besatzungsmächte herzuleiten, sich mit der Frage der Wiedergewährung der gesamtdeutschen politischen Selbstbestimmung und damit auch der Wiedereinräumung der Handlungsfähigkeit des rechtsfähig gebliebenen gesamtdeutschen Staatswesens zu befassen.

Bereits auf der zweiten Pariser Außenministerkonferenz (vom 15. Juni bis Mitte Juli 1946) legten die Vertreter der Vereinigten Staaten von Amerika Pläne über die Bildung einer deutschen Zentralregierung vor. Die Konferenz verlief ergebnislos, weil eine Einigung über den Anspruch der Sowjetunion auf Reparationen nicht möglich war. Das Scheitern einer Verständigung auf dieser Konferenz führte dann zum wirtschaftlichen Zusammenschluß wenigstens des amerikanischen und britischen Besatzungsgebiets und zur Bildung des Vereinigten Wirtschaftsgebiets, der sogenannten Bizone.

Für das beschleunigte Wiederherstellen einer gesamtdeutschen Staatsorganisation trat kurz danach vor aller Weltöffentlichkeit der damalige amerikanische Außenminister Byrnes in seiner Stuttgarter Rede vom 6. September 1946 ein. Im Anschluß an diese Rede unterbreiteten die deutschen Ministerpräsidenten auf ihrer Konferenz in Bremen am 5./6. Oktober 1946 entsprechende deutsche Vorschläge.

Nach vorbereitenden Besprechungen der stellvertretenden Außenminister in London im Januar 1947 wurde die deutsche Frage erneut auf der Moskauer Außenministerkonferenz (10. März bis 24. April

1947) erörtert. Ein dieser Konferenz von dem britischen Außenminister Bevin vorgelegter Entwurf sah verfassungsmäßige Einrichtungen für ganz Deutschland, insbesondere die Bildung einer Zentralregierung, vor. Auch diese Konferenz vermochte eine Einigung der Besatzungsmächte nicht herbeizuführen.

Die nächste Konferenz der stellvertretenden Außenminister der vier Besatzungsmächte in London vom 25. November bis 15. Dezember 1947, die gleichzeitig mit Verhandlungen der Westmächte über den Marshallplan stattfand, hatte in ihre Tagesordnung gleichfalls eine Beratung über den Aufbau und den Aufgabenbereich einer provisorischen deutschen Regierung aufgenommen. Sie wurde ergebnislos und ohne Anberaumung eines neuen Zusammentreffens der Außenminister abgebrochen.

Von diesem Zeitpunkt an gelangten die Regierungen der drei westlichen Besatzungsmächte zu der Überzeugung, daß die Bildung einer Zentralregierung für ganz Deutschland zunächst nicht möglich sei. Im Zusammenhang mit der inzwischen getroffenen Entscheidung über die Einbeziehung des von den Westmächten besetzten deutschen Gebietes in das Europäische Hilfsprogramm nach dem Marshallplan schien es den westlichen Besatzungsmächten aber nunmehr geboten, für dieses Gebiet eine gesamtstaatliche Organisation baldmöglichst wieder aufzurichten.

Am 23. Februar 1948 traten daher in London Vertreter der drei Westmächte mit Vertretern Belgiens, Luxemburgs und der Niederlande zusammen und veröffentlichten am 6. März 1948, dem Schlußtage der Konferenz, ein gemeinsames Kommuniqué, das u. a. folgendes feststellte:

> „Eine erfolgreiche Aussprache fand unter allen Delegationen über die gegenwärtige Lage und die mögliche Entwicklung des politischen und wirtschaftlichen Aufbaus Deutschlands in der vereinigten britischen und amerikanischen und in der französischen Zone statt. Insbesondere kam man überein, daß eine föderative Regierungsform, die die Rechte der betreffenden Staaten ausreichend schützt, aber zugleich für eine zentrale Autorität sorgt, am besten für die schließliche Wiederherstellung der gegenwärtig fehlenden Einheit Deutschlands geeignet ist."

Nachdem inzwischen Beratungen unter den Regierungen stattgefunden hatten, wurden die Besprechungen auf einer neuen Londoner Konferenz vom 20. April bis 2. Juni 1948 fortgesetzt und führten zu einer Verständigung der beteiligten Staaten über die Entwicklung der politischen und wirtschaftlichen Organisation Deutschlands, über einige vorläufige Grenzvereinbarungen, über die Fragen der Sicherheit und über eine internationale Kontrolle der Ruhr. Die Ergebnisse der Konferenz wurden in dem sogenannten Londoner Deutschland-

Kommuniqué vom 7. Juni 1948 verkündet. Zur Frage der politischen Organisation Deutschlands stellte das Kommuniqué als Ergebnis der Beratungen folgendes fest:

„Die Delegierten erkennen an, daß es bei Berücksichtigung der augenblicklichen Lage notwendig ist, dem deutschen Volk Gelegenheit zu geben, die gemeinsame Grundlage für eine freie und demokratische Regierungsform zu schaffen, um dadurch die Wiedererrichtung der deutschen Einheit zu ermöglichen, die zum gegenwärtigen Zeitpunkt zerrissen ist.

Auf Grund dieser Sachlage sind die Delegationen zu dem Schluß gekommen, daß das deutsche Volk jetzt in den verschiedenen Ländern die Freiheit erhalten soll, für sich die politischen Organisationen und Institutionen zu errichten, die es ihm ermöglichen werden, eine regierungsmäßige Verantwortung so weit zu übernehmen, wie es mit den Mindesterfordernissen der Besetzung und der Kontrolle vereinbar ist, und die es ihm schließlich auch ermöglichen werden, die volle Verantwortung zu übernehmen. Die Delegationen sind der Ansicht, daß die Bevölkerung in den Ländern die Ausarbeitung einer Verfassung wünscht, die Bestimmungen enthält, die von allen deutschen Ländern angenommen werden können, sobald die Umstände es zulassen.

Die Delegationen sind daher übereingekommen, ihren Regierungen zu empfehlen, daß die Militärgouverneure eine gemeinsame Sitzung mit den Ministerpräsidenten der Westzonen Deutschlands abhalten sollen. Auf dieser Sitzung werden die Ministerpräsidenten Vollmacht erhalten, eine verfassunggebenden Versammlung zur Ausarbeitung einer Verfassung einzuberufen, die von den Ländern zu genehmigen sein wird.

Die Abgeordneten dieser verfassunggebenden Versammlung werden von den einzelnen Ländern nach Bestimmungen ernannt werden, die von den einzelnen Länderparlamenten selbst festgelegt werden.

Diese Verfassung soll so beschaffen sein, daß sie es den Deutschen ermöglicht, ihren Teil dazu beizutragen, die augenblickliche Teilung Deutschlands wieder aufzuheben, allerdings nicht durch die Wiedererrichtung eines zentralistischen Reiches, sondern mittels einer föderativen Regierungsform, die die Rechte der einzelnen Staaten angemessen schützt und gleichzeitig eine angemessene Zentralgewalt vorsieht und die die Rechte und Freiheiten des Individuums garantiert.

Wenn die Verfassung, die von der verfassunggebenden Versammlung vorbereitet wird, nicht gegen diese allgemeinen Grundsätze verstößt, werden die Militärgouverneure die Bevölkerung in den betreffenden Staaten zur Ratifizierung ermächtigen."

Die von den Regierungen der beteiligten Staaten genehmigten Beschlüsse dieser Londoner Konferenz bildeten die Grundlagen für die Ermächtigung zur Ausarbeitung des Grundgesetzes, aber auch für das Besatzungsstatut, das Ruhrstatut und das militärische Sicherheitsamt der Alliierten.

II. Die Vorbereitung des Parlamentarischen Rates von Juni bis August 1948

1. Die Verhandlungen mit den Militärgouverneuren im Juni 1948

Die im Londoner Kommuniqué vom 7. Juni 1948 in Aussicht genommene gemeinsame Sitzung der Militärgouverneure mit den Ministerpräsidenten der elf Länder der Westzonen fand am 1. Juli 1948 in Frankfurt statt. Hierbei wurde der Inhalt der Vereinbarungen der Westmächte von den Militärgouverneuren den Ministerpräsidenten in drei Dokumenten übergeben, von denen das Dokument Nr. I die Verfassungsfragen behandelte. Das Dokument Nr. II betraf eine Ermächtigung an die Ministerpräsidenten, Vorschläge über Änderungen der Grenzen der einzelnen Länder zu machen, und hatte keine praktischen Folgen, Dokument Nr. III enthielt Grundsätze über die Regelung der Beziehungen zwischen einer verfassungsmäßigen deutschen Regierung und den Besatzungsbehörden. Es ist im Zusammenhang mit dem Besatzungsstatut zu behandeln. Das Dokument Nr. I hatte folgenden Wortlaut:

„In Übereinstimmung mit den Beschlüssen ihrer Regierungen autorisieren die Militärgouverneure der Amerikanischen, Britischen und Französischen Besatzungszone in Deutschland die Ministerpräsidenten der Länder ihrer Zonen, eine Verfassunggebende Versammlung einzuberufen, die spätestens am 1. September 1948 zusammentreten sollte. Die Abgeordneten zu dieser Versammlung werden in jedem der bestehenden Länder nach den Verfahren und Richtlinien ausgewählt, die durch die gesetzgebende Körperschaft in jedem dieser Länder angenommen werden. Die Gesamtzahl der Abgeordneten zur Verfassunggebenden Versammlung wird bestimmt, indem die Gesamtzahl der Bevölkerung nach der letzten Volkszählung durch 750 000 oder eine ähnliche von den Ministerpräsidenten vorgeschlagene und von den Militärgouverneuren gebilligte Zahl geteilt wird. Die Anzahl der Abgeordneten von jedem Land wird im selben Verhältnis zur Gesamtzahl der Mitglieder der Verfassunggebenden Versammlung stehen, wie seine Bevölkerung zur Gesamtbevölkerung der beteiligten Länder.

Die Verfassunggebende Versammlung wird eine demokratische Verfassung ausarbeiten, die für die beteiligten Länder eine Regierungsform des föderalistischen Typs schafft, die am besten geeignet ist, die gegenwärtig zerrissene Einheit schließlich wieder herzustellen, und die Rechte der beteiligten Länder schützt, eine angemessene Zentral-Instanz schafft und die Garantien der individuellen Rechte und Freiheiten enthält.

Wenn die Verfassung in der von der Verfassunggebenden Versammlung ausgearbeiteten Form mit diesen allgemeinen Grundsätzen nicht in Widerspruch steht, werden die Militärgouverneure ihre Vorlage zur Ratifizierung genehmigen. Die Verfassunggebende Versammlung wird daraufhin aufgelöst. Die Ratifizierung in jedem beteiligten Land erfolgt durch ein Referendum, das eine einfache Mehrheit der Abstimmenden in jedem Land erfordert, nach von jedem Land jeweils anzunehmenden Regeln und

Verfahren. Sobald die Verfassung von zwei Dritteln der Länder ratifiziert ist, tritt sie in Kraft und ist für alle Länder bindend. Jede Abänderung der Verfassung muß künftig von einer gleichen Mehrheit der Länder ratifiziert werden. Innerhalb von 30 Tagen nach dem Inkrafttreten der Verfassung sollen die darin vorgesehenen Einrichtungen geschaffen sein."

Die Ministerpräsidenten berieten über die Erklärungen der Militärgouverneure vom 1. Juli 1948 unter Hinzuziehung des Oberbürgermeisters von Berlin auf einer vom 8. bis 10. Juli in Koblenz abgehaltenen Konferenz. Die deutsche Kritik bezog sich namentlich darauf, daß eine endgültige Natur der künftigen Verfassung die Teilung Deutschlands bestätigen würde. Daher könnten nur vorläufige organisatorischen Maßnahmen getroffen werden. Die vorläufige Natur einer Regelung lasse eine Ratifizierung der Verfassung durch Volksabstimmung nicht empfehlenswert erscheinen.

Im übrigen erklärten die Ministerpräsidenten sich bereit, die ihnen am 1. Juli 1948 durch die Militärgouverneure übertragenen Vollmachten auszuüben und den Landtagen der drei Zonen zu empfehlen, einen Parlamentarischen Rat mit der Aufgabe zu wählen, ein „Grundgesetz" für die einheitliche Verwaltung des Besatzungsgebiets der Westmächte auszuarbeiten und ein Wahlgesetz für eine Volksvertretung zu erlassen.

Die Ergebnisse der Besprechungen wurden den Miltärgouverneuren in einer Mantelnote und drei einzelnen Stellungnahmen zu den Dokumenten Nr. I bis III überreicht.

Die Militärgouverneure nahmen zu den Koblenzer Beschlüssen auf einer Konferenz in Berlin am 19. Juli Stellung. Ihre Stellungnahme war davon bedingt, daß sie von ihren Heimatregierungen nur eine an deren Weisungen gebundene Handlungsvollmacht erhalten hatten und daher bei Abweichungen deutscher Vorschläge von den alliierten Richtlinien jeweils an ihre Regierungen berichten mußten. Diese Umstände waren damals den deutschen Ministerpräsidenten nicht bekannt.

Die Militärgouverneure erwiderten daher auf einer weiteren Besprechung am 20. Juli in Frankfurt den Ministerpräsidenten, daß die Ausarbeitung eines Grundgesetzes anstelle einer Verfassung von dem Inhalt des Dokuments Nr. I derart abweiche, daß dadurch die Fortsetzung der Verhandlungen gefährdet werde. Das gleiche gelte für die Ablehnung der Ratifizierung der Verfassung durch Volksabstimmung.

Über die Erklärungen der Militärgouverneure berieten die Ministerpräsidenten am 22. Juli in Rüdesheim und besprachen das Ergebnis ihrer Überlegungen sodann auf einer Schlußkonferenz am 26. Juli in Frankfurt mit den Militärgouverneuren. Die auf dieser Konferenz erzielte Einigung bestand darin, daß ein Parlamentarischer Rat am

1. September 1948 zusammentreten und über die vorläufige Verfassung der Vereinigten Westzonen beraten solle, daß das Ergebnis seiner Beratungen den Namen „Grundgesetz“ tragen solle, und daß die Ministerpräsidenten die Ratifizierung dieses Grundgesetzes durch die Landtage empfehlen, aber bei Beharren der alliierten Regierungen auf einer Ratifizierung durch Volksabstimmungen auch hiermit einverstanden sein würden.

Am gleichen Tage vereinbarten die Ministerpräsidenten, zum 1. September 1948 einen Parlamentarischen Rat mit der ausschließlichen Aufgabe einzuberufen, ein Grundgesetz für das Gebiet der drei Westzonen zu schaffen. Das Grundgesetz solle von den Ministerpräsidenten, nachdem es vom Parlamentarischen Rat verabschiedet sei, den Militärgouverneuren vorgelegt werden, um die Ermächtigung zur Ratifizierung in jedem einzelnen Land zu erwirken. Weiter wurde vereinbart, daß jeder Ministerpräsident dem Landtag seines Landes den Modellentwurf eines Gesetzes für die Wahl von Abgeordneten durch den Landtag zum Parlamentarischen Rat vorlegen werde. Jedes Land solle mindestens einen Abgeordneten entsenden, im übrigen für je 750 000 Einwohner ein Abgeordneter gewählt werden, wobei auf überschießende mindestens 200 000 Einwohner ein weiterer Abgeordneter bestellt werden sollte.

2. Der Verfassungskonvent auf Herrenchiemsee

Auf ihrer letzten Frankfurter Konferenz hatten die Ministerpräsidenten auf Vorschlag des bayerischen Staatsministers Dr. Anton Pfeiffer einen Ausschuß von Sachverständigen für Verfassungsfragen berufen, der vom 10. bis 23. August 1948 auf Herrenchiemsee tagte. Die elf Länder der Westzonen waren durch je zwei, die Stadt Berlin durch einen Sachverständigen vertreten. In der kurzen Zeit von zwei Wochen führte der Ausschuß mit drei Unterausschüssen für Grundsatzfragen, für Zuständigkeitsfragen und für Organisationsfragen in 46 Sitzungen seine Aufgabe durch, Richtlinien für ein Grundgesetz auszuarbeiten. Er legte seine Ergebnisse in einem darstellenden Teil, einem Entwurf eines Grundgesetzes und einer Begründung zu diesem Gesetz vor. Soweit die Sachverständigen in einzelnen Fragen abweichende Meinungen vertraten, wurden Eventualvorschläge mit vorgelegt.

Der Bericht des Herrenchiemseer Verfassungskonvents wurde für die Arbeiten des Parlamentarischen Rats von besonderer Bedeutung, da er — obwohl dies den ursprünglichen Wünschen mancher Abgeordneter des Parlamentarischen Rats nicht entsprach — praktisch zur

Hauptgrundlage wurde, von der die Arbeiten in den einzelnen Ausschüssen des Parlamentarischen Rats ausgingen.

3. *Die Bildung des Parlamentarischen Rats*

Im Laufe des August 1948 nahmen sämtliche Landtage die auf Grund des Modellentwurfs der Ministerpräsidentenkonferenz eingebrachten Entwürfe von Gesetzen über die Errichtung eines Parlamentarischen Rats an und wählten die Abgeordneten. Entsprechend der Bevölkerungszahl wurden gewählt in Bayern 13, Bremen 1, Hamburg 2, Hessen 6, Niedersachsen 9, Nordrhein-Westfalen 17, Rheinland-Pfalz 4, Schleswig-Holstein 4, Baden 2, Württemberg-Baden 5 und Württemberg-Hohenzollern 2, insgesamt also 65 Abgeordnete.

III. Die Arbeit des Parlamentarischen Rats

1. *Konstituierung, Zusammensetzung und Arbeitsweise*

Die Ministerpräsidenten beriefen den Parlamentarischen Rat zum 1. September 1948 nach Bonn ein. Er wurde durch den Vorsitzenden der Ministerpräsidenten-Konferenz, Ministerpräsident Stock, Hessen, eröffnet, der ihm auch namens der Ministerpräsidentenkonferenz den Bericht des Herrenchiemseer Verfassungkonvents übergab.

Der Parlamentarische Rat konstituierte sich am gleichen Tage und wählte zu seinem Präsidenten den Abgeordneten Dr. Adenauer (CDU), zum Stellvertretenden Präsidenten den Abgeordneten Schönfelder (SPD), zum Zweiten Stellvertretenden Präsidenten den Abgeordneten Dr. Schäfer (FDP).

In der konstituierenden Sitzung wurde ferner mit allen gegen die beiden kommunistischen Stimmen beschlossen, fünf Abgeordnete Berlins einzuladen, an den Arbeiten des Parlamentarischen Rats mit beratender Stimme teilzunehmen. Die Abgeordneten Berlins nahmen ihre Plätze sofort in dieser Sitzung ein.

Der Parlamentarische Rat setzte sich aus 27 Abgeordneten der Christlich-Demokratischen / Christlich-Sozialen Union, 27 der Sozialdemokratischen Partei, 5 der Freien Demokratischen Partei, 2 der Deutschen Partei, 2 des Zentrums und 2 der Kommunistischen Partei zusammen. Dazu traten für Berlin 3 Abgeordnete der SPD, 1 der CDU und 1 der FDP. Fraktionsvorsitzende waren für die CDU/CSU Dr. Anton Pfeiffer, für die SPD Professor Dr. Carlo Schmid, für die FDP Professor Dr. Theodor Heuss.

Eine vom Geschäftsordnungsausschuß vorbereitete Geschäftsordnung des Parlamentarischen Rats wurde in einer späteren Vollversammlung vom 22. September 1948 angenommen.

In den beiden nächsten auf die konstituierende Sitzung folgenden Vollversammlungen vom 8. und 9. September 1948 fand eine allgemeine Aussprache über die Problematik der dem Parlamentarischen Rat gestellten Aufgaben an Hand des vorliegenden Verfassungsmaterials statt. An Unterlagen standen dem Parlamentarischen Rat der Entwurf von Herrenchiemsee, ein sogenannter Ellwanger Entwurf der CDU/CSU, ein Entwurf des Abgeordneten Dr. Walter Menzel (SPD) sowie ein Entwurf der Deutschen Partei zur Verfügung, außerdem eine Denkschrift des Zonenbeirats der britischen Zone zur Verfassungspolitik.

Da der Parlamentarische Rat anders als bei den Verfassungsgebungen von 1867, 1870/1 und 1919 sich nicht einer Regierung gegenübersah, die einen Entwurf zum Grundgesetz vorlegen und vertreten konnte, war er auf eigene schöpferische Tätigkeit angewiesen. Von vornherein stand fest, daß die Arbeit methodisch verteilt zunächst in Ausschußberatungen geleistet werden müsse. Nach Beratungen im Ältesten-Rat wurde daher der Vollversammlung vom 9. September eine Liste der vorgeschlagenen Ausschüsse unterbreitet und von ihr angenommen. Neben einem Ältestenrat und einem Geschäftsordnungsausschuß, beide aus je 10 Mitgliedern bestehend, wurde ein *Hauptausschuß* aus 21 Mitgliedern gebildet (8 CDU, 8 SPD, 2 FDP, 1 DP, 1 Z, 1 KPD). Seine Aufgabe bestand darin, den Entwurf zum Grundgesetz in öffentlichen Sitzungen zu beraten, bevor er der Vollversammlung zugeleitet wurde. Er tagte unter dem Vorsitz des Abgeordneten Dr. Schmid (SPD) und dem stellvertretenden Vorsitz des Abgeordneten Dr. von Brentano (CDU) in 59 Sitzungen. Für die Ausarbeitung der einzelnen Teile des Grundgesetzes wurden folgende Fachausschüsse gebildet:

a) *Ausschuß für Grundsatzfragen und Grundrechte,* bestehend aus 12 stimmberechtigten Mitgliedern (5 CDU, 5 SPD, 1 FDP, 1 Vertreter der drei kleinen Parteien). Unter dem Vorsitz des Abgeordneten Dr. von Mangoldt (CDU) und dem stellvertretenden Vorsitz des Abgeordneten Zinn (SPD) behandelte er in 36 Sitzungen die Präambel, den Abschnitt über die Grundrechte und die nachmaligen Artikel 20 bis 32 des Abschnitts „Bund und Länder".

b) *Ausschuß für Zuständigkeitsabgrenzung,* bestehend aus 10 stimmberechtigten Mitgliedern (4 CDU, 4 SPD, 1 FDP, 1 Vertreter der drei kleinen Parteien; die gleiche Zusammensetzung wiesen die nachfolgend genannten Ausschüsse auf). Unter dem Vorsitz des Abgeordneten Wagner (SPD) und dem stellvertretenden Vorsitz des Abgeordneten Dr. Strauß (CDU) behandelte er in 21 Sitzungen vom nachmaligen Abschnitt des Grundgesetzes über die Gesetzgebung des Bundes die späteren Artikel 70 bis 75, den gesamten späteren Abschnitt über die Ausführung der Bundesgesetze und die Bundesverwaltung (Artikel 83 bis 91) sowie die späteren Artikel 33 bis 37.

c) *Ausschuß für Finanzfragen.* Dieser Ausschuß, der abweichend von anderen Ausschüssen in größerem Umfang auch Sachverständige anhörte, behandelte unter dem Vorsitz des Abgeordneten Dr. Binder (CDU) und dem stellvertretenden Vorsitz des Abgeordneten Stock (SPD) in 20 Sitzungen den nachmaligen Abschnitt des Grundgesetzes über das Finanzwesen (Artikel 105 bis 115) und den späteren Artikel 134 der Überleitungsbestimmungen.

d) *Ausschuß für die Organisation des Bundes.* Unter dem Vorsitz des Abgeordneten Dr. Lehr (CDU) und dem stellvertretenden Vorsitz des Abgeordneten Dr. Katz (SPD) befaßte sich dieser Ausschuß in 32 Sitzungen mit den späteren Abschnitten des Grundgesetzes über den Bundestag (Artikel 38 bis 49), den Bundesrat (Artikel 50 bis 53), den Bundespräsidenten (Artikel 54 bis 61), die Bundesregierung (Artikel 62 bis 69) und vom Abschnitt über die Gesetzgebung des Bundes mit den späteren Artikeln 76 bis 82, außerdem bearbeitete er den größten Teil der Übergangs- und Schlußbestimmungen.

e) *Ausschuß für Verfassungsgerichtshof und Rechtspflege.* Dieser Ausschuß behandelte in 11 Sitzungen unter dem Vorsitz des Abgeordneten Zinn (SPD) und dem stellvertretenden Vorsitz des Abgeordneten Dr. Strauß (CDU) den späteren Abschnitt des Grundgesetzes über die Rechtsprechung (Artikel 92 bis 104).

f) Ein *Wahlrechtsausschuß* unter dem Vorsitz des Abgeordneten Dr. Becker (FDP) und dem stellvertretenden Vorsitz des Abgeordneten Dr. Diederichs (SPD) bereitete in 25 Sitzungen den Entwurf eines Wahlgesetzes für den ersten Bundestag vor.

Neben diesen Fachausschüssen war ein *Ausschuß für das Besatzungsstatut* aus 12 Mitgliedern (5 CDU, 5 SPD, 1 FDP, 1 Vertreter der kleinen Parteien) unter dem Vorsitz des Abgeordneten Dr. Schmid (SPD) und dem stellvertretenden Vorsitz des Abgeordneten Dr. von Brentano (CDU) gebildet worden, der sich mit den Fragen des Besatzungsstatuts befaßte und in 5 Sitzungen, teilweise gemeinsam mit einem Ausschuß der Ministerpräsidenten, tagte.

Die Beratungen der Fachausschüsse waren nicht öffentlich.

Die Arbeitsweise der Ausschüsse war nicht ganz gleichmäßig, was sowohl mit dem von dem jeweiligen Ausschuß behandelten Arbeitsstoff als auch mit den etwaigen Änderungen zusammenhing, die im Hauptausschuß an den Entwurfsteilen der Fachausschüsse vorgenommen wurden. So konnten der Zuständigkeitsausschuß und der Finanzausschuß ihre Arbeiten im wesentlichen bereits im Dezember 1948 beenden, der Grundsatzausschuß, der Organisationsausschuß und der Ausschuß für Verfassungsgerichtshof und Rechtspflege im Januar 1949, während der Wahlrechtsausschuß bis in den Mai tagte.

Um die Öffentlichkeit zu unterrichten und an den Arbeiten der Ausschüsse teilnehmen zu lassen, wurden die Ergebnisse der Ausschußarbeiten in nahezu täglichen Pressekonferenzen mitgeteilt.

2. Die Entstehung des Entwurfs zum Grundgesetz bis zur Beendigung der dritten Lesung im Hauptausschuß

Auch ohne besondere Verabredung ergab sich in den Arbeiten aller Ausschüsse von Anfang an, daß man der Systematik des Herrenchiemseer Entwurfs folgte und auch seinen Text den Beratungen zugrunde legte, wenngleich die übrigen genannten Vorarbeiten ebenfalls berücksichtigt wurden. Von Mitte September 1948 an widmeten sich die Ausschüsse mit größter Intensität ihren Aufgaben, nachdem sie in einer Vollversammlung vom 15. September 1948 konstituiert worden waren.

Bei Arbeitsbeginn waren die meisten Abgeordneten der Auffassung, daß man bis etwa Weihnachten 1948 wenn nicht einen Abschluß erreichen, so doch ihm nahekommen könnte. Hierin sahen sie sich indessen getäuscht. Ursache war nicht so sehr, wie in der Öffentlichkeit meist angenommen wurde, eine Meinungsverschiedenheit zwischen den beiden großen Fraktionen des Parlamentarischen Rats über das wünschenswerte Tempo der Arbeiten, vielmehr lag der eigentliche Grund in der dem Parlamentarischen Rat gestellten Aufgabe selbst.

Der Parlamentarische Rat bestand, wie selbstverständlich, überwiegend nicht aus Staatsrechtsspezialisten, sondern aus im politischen Leben erfahrenen Frauen und Männern. Die Abgeordneten konnten daher zu einem Urteil über diese oder jene politisch erwünschte Lösung kommen, sahen sich aber sehr bald vor eine Fülle von Rechtsfragen gestellt, die zu entscheiden oder als Folgewirkung dieser oder jener Lösung zu bedenken waren. Gerade insoweit machte sich das Fehlen einer Regierung und von Ministerialbeamten bemerkbar, die den Abgeordneten zu Auskünften über diese Rechtsfragen zur Verfügung gestanden hätten.

In allen Fachausschüssen begann die Arbeit mit allgemeinen Aussprachen, bei denen bereits diese Problematik zu Tage trat. In ihnen wurden aber auch bald die großen Fragen herausgearbeitet, über welche die Meinungen der Fraktionen auseinandergingen und die daher einer Verständigung bedurften.

Einige dieser Fragen wurden infolgedessen in einer Art erster Lesung eines noch nicht vorhandenen Entwurfs zum Grundgesetz am 20. und 21. Oktober 1948 in zwei Vollversammlungen erörtert: am 20. Oktober fand eine Aussprache über die Präambel zum Grundgesetz statt, die sich besonders den Fragen der Rechtskontinuität des deutschen Staates und der rechtlichen Tragweite des Grundgesetzes widmete, am 21. Oktober wurden das Problem der Vertretung der Länder (zweite Kammer), Finanzfragen und solche des Wahlrechts erörtert.

Überblickt man die Gesamtdauer der Arbeiten des Parlamentarischen Rats, so muß anerkannt werden, daß die für die folgende Entwicklung im Parlamentarischen Rat grundlegende Tätigkeit der Fachausschüsse schnell vonstatten ging. Anfang November, also nach 6 Wochen, war die Arbeit der Ausschüsse bereits so weit gediehen, daß eine Zusammenfügung der auf diese Weise gewonnenen Teilabschnitte des Grundgesetzes möglich wurde und gleichzeitig klargestellt war, in welchen Fragen die Auffassungen der beiden großen Fraktionen der CDU/CSU und der SPD noch in Einklang gebracht werden mußten.

Zur Herstellung einer Vorlage für den Hauptausschuß wurde daher ein Redaktionsausschuß aus den Abgeordneten Dr. von Brentano (CDU), Zinn (SPD) und Dr. Dehler (FDP) gebildet. Er erarbeitete als Diskussionsgrundlage für den Hauptausschuß in kurzer Zeit einen Gesamtentwurf. Der Redaktionsausschuß bestand bis zum Schluß der Arbeiten des Parlamentarischen Rats fort und hat sich um die rechtsförmliche Gestaltung des Grundgesetzes wesentliche Verdienste erworben. Darüber hinaus ist er oft anregend und auf eigene Initiative tätig geworden, ein Verfahren, das zwar von manchen Abgeordneten beanstandet wurde, im Ergebnis aber durchaus förderlich war.

Schon während der Arbeiten in den Fachausschüssen und bei Beginn der Beratung im Hauptausschuß war es zu interfraktionellen Besprechungen gekommen, die allerdings in diesem Stadium noch zu keiner Einigung führten.

Am 10. November 1948 begann daher auf Grund der Vorlagen der Ausschüsse und des Diskussionsentwurfs des Redaktionsausschusses die erste Lesung des Entwurfs im Hauptausschuß, die in 23 öffentlichen Sitzungen durchgeführt und am 10. Dezember 1948 beendet wurde. Sie ergab vielfach noch ein uneinheitliches Bild der Auffassungen, so daß häufig Abstimmungen mit wechselnden Mehrheiten auch innerhalb der Fraktionen erfolgten. Zu den umstrittenen Fragen des Finanzwesens wurden am 1. und 2. Dezember 1948 Finanzsachverständige der Länder vom Hauptausschuß angehört.

Die hauptsächlichsten Meinungsverschiedenheiten zwischen den beiden großen Fraktionen wurden in den Beratungen des Hauptausschusses eingehend erörtert. Sie betrafen namentlich die Fragen, ob ein Bundespräsident als Spitze des neuen Staates geschaffen werden und welche Gestalt die zweite Kammer haben sollte.

Um den provisorischen Charakter der neuen Staatsorganisation zu betonen, verhielt sich die SPD der Institution eines Bundespräsidenten gegenüber ablehnend. Die dem entgegenstehende Auffassung der CDU und FDP setzte sich jedoch durch.

Wohl am umstrittensten war die Frage der zweiten Kammer. Nicht nur die SPD befürwortete eine zweite Kammer in Gestalt eines Senats, sondern auch innerhalb der CDU war eine starke Strömung hierfür vorhanden. Nach Verhandlungen, die im November der bayrische Ministerpräsident Dr. Ehard mit dem Abgeordneten Dr. Walter Menzel der SPD hierüber geführt hatte, setzte sich jedoch die Auffassung durch, daß für die zweite Kammer die Form eines Bundesrats vorzuziehen sei.

Auch in den Fragen der Verteilung der Steuern auf Bund und Länder und der Frage, ob für die Verwaltung von Zöllen und Bundessteuern eine Bundesfinanzverwaltung einzurichten oder diese Verwaltung der Landesfinanzverwaltung als Auftragsangelegenheit für den Bund zu übertragen sei, gelang noch keine Einigung.

Besonders scharfe Gegensätze zeigten sich bei der Behandlung des Elternrechts, dessen Verbürgung in der Verfassung von der CDU/CSU, der DP und dem Zentrum gefordert wurde, sowie bei den Problemen des Verhältnisses von Kirche und Staat und des Weitergeltens der Konkordate.

Immerhin konnte die erste Lesung abgeschlossen und auf Grund der in ihr gefaßten Beschlüsse des Hauptausschusses der Text erneut vom Redaktionsausschuß überprüft werden, so daß die erste Sitzung der zweiten Lesung im Hauptausschuß noch vor Weihnachten stattfand.

Am 5. Januar 1949 wurde die zweite Lesung fortgesetzt und in insgesamt 18 Sitzungen bis zum 20. Januar 1949 beendet. Wesentliche Meinungsverschiedenheiten bestanden immer noch bei den Fragen der Gleichberechtigung des Bundesrates mit dem Bundestag, der Zuständigkeiten bei der Finanzverwaltung, des Elternrechts und des Verhältnisses von Kirche und Staat.

Nach der zweiten Lesung wurde es daher notwendig, in endgültigen interfraktionellen Verhandlungen eine Einigung über eine gemeinsame Vorlage herbeizuführen. Die beiden großen Fraktionen der

CDU/CSU und der SPD waren sich von Anbeginn der Tätigkeit des Parlamentarischen Rats an bewußt, daß das Grundgesetz eine solche Gestalt erhalten sollte, daß beide Parteien ihm zustimmen konnten. Worauf es nunmehr ankam, war, eine Lösung zu finden, die einen echten Ausgleich darstellte und von beiden Parteien bejaht werden konnte. Um eine solche gemeinsame Lösung wurde mit allem Ernst gerungen.

Für diese interfraktionellen Verhandlungen wurde Ende Januar ein Fünferausschuß gebildet, der später zu einem Siebenerausschuß erweitert wurde und sein Wirken namentlich auch während der Erörterungen der zweiten Märzhälfte fortsetzte.

Die Verhandlungen, die unter dem Vorsitz des Präsidenten Dr. Adenauer vom 25. Januar bis 3. Februar 1949 stattfanden, führten zu einer Verständigung in den strittigen Fragen, die von den Fraktionen der CDU/CSU, SPD, FDP der dritten Lesung des Entwurfs zugrunde gelegt wurde. Die Verständigung erstreckte sich insbesondere darauf, daß diejenigen Gebiete der Gesetzgebung im einzelnen aufgeführt werden sollten, bei denen Bundesgesetze der ausdrücklichen Zustimmung des Bundesrates bedürfen, daß die Vorschriften der Weimarer Verfassung über das Verhältnis von Kirche und Staat als Bestandteil des Grundgesetzes aufrechterhalten blieben, daß Konkordate, bis neue Vereinbarungen an ihre Stelle treten, nach allgemeinen Rechtsgrundsätzen unter Vorbehalt aller Rechte und Einwendungen der Beteiligten fortgelten, daß Pflege und Erziehung der Kinder als das natürliche Recht der Eltern anerkannt wurden, und daß, einer Forderung der SPD und FDP entsprechend, Zölle und Bundessteuern durch Bundesfinanzbehörden verwaltet werden sollten.

Die dritte Lesung des Entwurfs, der auf Grund der interfraktionellen Verhandlungen wiederum vom Redaktionsausschuß umgeformt worden war, konnte daher beschleunigt in 5 Sitzungen des Hauptausschusses vom 8. bis 10. Februar 1949 durchgeführt werden.

Von Beginn der Arbeiten der Fachausschüsse an bis zum Ende der dritten Lesung waren daher 5 Monate verstrichen, 3 weitere Monate mußten vergehen, ehe auch gegenüber den Besatzungsmächten eine vollständige Einigung erzielt werden konnte.

3. Die Stellungnahme der Besatzungsmächte und die Verhandlungen bis zum 25. April 1949

Die inhaltliche Gestaltung der Arbeit am Grundgesetz war durch die Richtlinien beschränkt, die das am 1. Juli 1948 den Ministerpräsidenten übergebene Dokument Nr. I der Besatzungsmächte enthielt. Nach einer am 18. Dezember 1948 vorangegangenen mündlichen Demarche gegenüber dem Vizepräsidenten Schönfelder des Parlamentarischen Rats, die aber damals den übrigen Abgeordneten nicht bekanntgegeben worden war, wurde dem Parlamentarischen Rat am 22. November 1948 eine Denkschrift der Militärgouverneure zugeleitet, die Hinweise zur Auslegung der im Dokument Nr. I aufgestellten Grundsätze zum Inhalt hatte. Sie wurde in der Sitzung des Hauptausschusses am 25. November 1948 als Erläuterung des Dokuments Nr. I entgegengenommen.

Diese Denkschrift zählt sechs Gesichtspunkte auf, die nach Auffassung der Militärgouverneure vom Grundgesetz berücksichtigt werden sollten.

Erst nach den Beratungen mit den Militärgouverneuren im April 1949 wurde dem Parlamentarischen Rat bekannt, daß der Inhalt dieser Denkschrift die wörtliche Wiedergabe der Abmachungen darstellte, die auf der Londoner Konferenz Anfang Juni 1948 zwischen den Besatzungsmächten geschlossen worden waren. Zur Zeit der Übergabe der Denkschrift war sich der Parlamentarische Rat nicht bewußt, daß sie bindende Richtlinien enthielt. So sehr das die späteren Verhandlungen mit den Militärgouverneuren erschwerte, so war es dennoch vielleicht für die Unbefangenheit der Arbeiten des Parlamentarischen Rats und auch der Verständigungsverhandlungen zwischen den Fraktionen von Nutzen.

Auf einer Besprechung, die eine Delegation des Parlamentarischen Rats mit den Militärgouverneuren am 16. und 17. Dezember 1948 in Frankfurt hatte, wurde auch die Denkschrift vom 22. November 1948 erörtert, ohne daß sich dabei eine wesentliche neue Aufklärung ergab.

Nachdem der Entwurf zum Grundgesetz in dritter Lesung vom Hauptausschuß verabschiedet worden war, wurde er sofort den Militärgouverneuren zugeleitet, die ihn innerhalb von 2 Wochen überprüften und ihre Stellungnahme dem Parlamentarischen Rat am 2. März 1949 in Form einer Denkschrift übergaben.

In dieser Denkschrift wiesen die Militärgouverneure auf insgesamt acht Abweichungen des Entwurfs zum Grundgesetz von den Richtlinien des Dokuments Nr. I in ihrer Auslegung durch die Denkschrift vom 22. November 1948 hin.

Von diesen acht Punkten konnten die folgenden vom Parlamentarischen Rat ohne erhebliche Besorgnis berücksichtigt werden:

1. Die Anforderung einer Polizeihilfe durch ein Land nach Artikel 91 endgültiger Fassung bedürfe einer besonderen Genehmigung durch die Besatzungsbehörden;
2. weitere Sicherung der Unabhängigkeit der Gerichte;

3. die Ermächtigung des Bundes, eigene Verwaltungsbehörden zu errichten (Artikel 87 Abs. 3 endgültiger Fassung), und das Recht der Bundesregierung, Einzelweisungen zu erteilen (Artikel 84 Abs. 5), dürfe nicht eine zu große Zentralisierung von Zuständigkeiten herbeiführen;
4. Verwaltungsangehörige des öffentlichen Dienstes sollten vor Annahme der Wahl zum Bundestag aus dem Dienst scheiden (vgl. den späteren Artikel 137 Abs. 1 des Grundgesetzes);
5. falls eine territoriale Umgliederung der Länder vor der Verabschiedung des Grundgesetzes nicht erfolge, müsse sie bis zum Friedensvertrag zurückgestellt werden, es sei denn, daß die Besatzungsmächte einstimmig in eine Änderung willigten.

In einem 6. Punkt wurde erklärt, daß die Anwendung des Grundgesetzes auf Berlin zunächst suspendiert werden müsse, dagegen sei es zulässig, daß Vertreter Berlins den Sitzungen des Bundestages und des Bundesrates beiwohnten.

Von entscheidender Bedeutung waren dagegen die vier weiteren Beanstandungen der Militärgouverneure:

7. Die Zuständigkeit bei der Vorranggesetzgebung war im Entwurf des Grundgesetzes (Artikel 74 endgültiger Fassung), deutscher Verfassungstradition folgend, derart geregelt worden, daß die Gebiete aufgezählt wurden, auf denen der Bund gegebenenfalls Gesetze erlassen könnte. Demgegenüber verlangten die Militärgouverneure eine Feststellung darüber, daß grundsätzlich die Länder auf diesen Gebieten für die Gesetzgebung zuständig seien. Der Bund solle Gesetze nur bei Vorliegen bestimmter Voraussetzungen erlassen dürfen. Die Militärgouverneure überreichten hierfür einen formulierten Vorschlag.
8. Die vorgesehene Aufteilung der Steuern auf Bund und Länder und die Regelung der Bundesfinanzverwaltung beeinträchtigten nach Auffassung der Militärgouverneure die Finanzhoheit der Länder. An Stelle der im Entwurf enthaltenen Vorschriften des Grundgesetzes übergaben die Militärgouverneure eingehend formulierte Vorschläge, welche die Verwaltung der Steuern überwiegend bei den Landesfinanzbehörden belassen wollten.

Auf Anregung der Militärgouverneure wurde ihre Denkschrift vom 8. bis 10. März 1949 zwischen Vertretern des Parlamentarischen Rats und Sachverständigen der Militärregierung eingehend erörtert. Diese Gespräche führten nur teilweise zu einer Übereinstimmung.

Auf Grund anschließender interfraktioneller Besprechungen, namentlich im Siebenerausschuß, wurden den Verbindungsstäben der Militärgouverneure am 18. März 1949 deutsche Gegenvorschläge zur

Denkschrift vom 2. März 1949 überreicht. Für die Regelung der nunmehr „konkurrierende Gesetzgebung“ genannten Vorranggesetzgebung wurden den deutschen Gepflogenheiten besser entsprechende Formulierungen vorgeschlagen. Bei den Finanzzuständigkeiten wurde im wesentlichen bei den früheren deutschen Vorschlägen beharrt, insbesondere also bei den zwischen den Fraktionen vereinbarten Zuständigkeiten einer Bundesfinanzverwaltung.

Ohne auf Einzelheiten einzugehen, teilten die Verbindungsstäbe der Militärgouverneure am 25. März 1949 dem Siebenerausschuß des Parlamentarischen Rats mit, daß die deutschen Gegenvorschläge den in der alliierten Denkschrift vom 2. März 1949 niedergelegten Grundsätzen nicht entsprächen. Die Gouverneure seien der Meinung, daß es nunmehr die Aufgabe des von der Auffassung der Gouverneure unterrichteten Parlamentarischen Rats sei, das Grundgesetz in eigener Verantwortung zu einem guten Ende zu bringen.

Damit war für den Parlamentarischen Rat eine ernste Lage entstanden, da die Verabschiedung des Grundgesetzes in der dritten Lesung des Hauptausschusses auf einem Kompromiß namentlich der beiden Fraktionen der CDU/CSU und der SPD beruht hatte. An diesen Kompromiß hatten sich auch die deutschen Gegenvorschläge vom 18. März 1949 streng gehalten. Nunmehr handelte es sich darum, eine neue dem Einspruch der Militärgouverneure Rechnung tragende Lösung, insbesondere der Finanzfragen, zu finden, da sonst das ganze Werk zu scheitern drohte.

Hinsichtlich der Abgrenzung der Gesetzgebungszuständigkeit zwischen Bund und Ländern war eine Einigung möglich. Dagegen gelang dies zunächst nicht bei den Finanzfragen. Die CDU/CSU-Fraktion legte am 30. März 1949 neue Vorschläge zum Finanzwesen vor, nach denen die Zölle, Finanzmonopole und Verbrauchssteuern von Bundesfinanzbehörden, die übrigen Steuern dagegen von Landesfinanzbehörden verwaltet werden sollten.

In den interfraktionellen Besprechungen vom 31. März bestand die SPD auf Beibehaltung der bisherigen, auf dem Kompromiß beruhenden deutschen Vorschläge über das Finanzwesen und auf Unnachgiebigkeit gegenüber den Militärgouverneuren.

In dieser gespannten Lage übergaben am 5. April 1949 die Verbindungsstäbe der Militärgouverneure eine vom gleichen Tage datierte persönliche Mitteilung der in Washington zusammengetretenen drei Außenminister der westlichen Besatzungsmächte an den Parlamentarischen Rat, in der die bisherigen Stellungnahmen der Militärgouverneure voll bestätigt und erstmals dem Parlamentarischen Rat zur Kenntnis gebracht wurde, daß die Darlegungen der Militärgouverneure mit den Vereinbarungen des Londoner Abkommens übereinstimmten.

Daraufhin verlangte die SPD die Anberaumung einer Hauptausschußsitzung noch für den gleichen Tag, in der an den bisherigen deutschen Vorschlägen festgehalten werden sollte. Mit Rücksicht auf das drohende Scheitern des ganzen Werkes gelang es, eine Vertagung zu erreichen.

Der Finanzausschuß des Parlamentarischen Rats beriet am 7. April über die Vorschläge der CDU/CSU vom 30. März, ohne daß ein Ergebnis zustande kam.

Die nächsten Tage waren durch die Beratungen über den inzwischen übergebenen Entwurf des Besatzungsstatuts und die darin anschließende Konferenz mit den Militärgouverneuren ausgefüllt.

Die weitere Zuspitzung der Lage, die durch gegenseitige öffentliche Erklärungen der Parteien eintrat, mag hier übergangen werden. Entscheidend war, daß neue interfraktionelle Verhandlungen vom 22. bis 24. April stattfinden konnten. Am Abend des ersten Tages dieser Verhandlungen wurde dem Präsidenten des Parlamentarischen Rats ein bereits vom 7. April datiertes und bis dahin zurückgehaltenes neues Memorandum der Außenminister übergeben. Für die ausschlaggebende Frage der Finanzen wurde in ihm eine Regelung für annehmbar erklärt, die sowohl den Länderregierungen als auch der Bundesregierung finanzielle Unabhängigkeit und angemessene Finanzkraft bei der Ausübung ihrer Befugnisse innerhalb ihrer Zuständigkeiten sicherstelle. Zur Frage des Belastungsausgleichs zwischen finanzstarken und finanzschwachen Ländern, über die auf der deutschen Seite bisher keine Meinungsverschiedenheit gewaltet hatte, regten die Außenminister ein System von Zuschüssen an, die vom Bund an finanzschwache Länder zu geben wären.

Bei Beginn der neuen interfraktionellen Verhandlungen hatte die SPD-Fraktion einen neuen, auf 124 Artikel verkürzten Entwurf des Grundgesetzes ausgearbeitet, der der ursprünglichen Absicht der SPD, den provisorischen Charakter des Grundgesetzes stärker zu betonen, entsprach und der besonders die Grundrechte auf ein Mindestmaß beschränkte.

Die interfraktionellen Verhandlungen vom 22. bis 24. April führten in den wesentlichen Fragen zu einem Ergebnis:

Der Versuch der SPD, einen verkürzten Grundgesetz-Entwurf vorzulegen, wurde von der CDU/CSU uneingeschränkt abgelehnt und von der SPD nicht weiter verfolgt. Die SPD hatte ferner eine wesentliche Minderung der Vollmachten des Bundesrates verlangt. Man einigte sich dahingehend, daß die bisher bei 13 Fragenbereichen vorgesehene gleichberechigte Mitwirkung des Bundesrates mit dem Bundestag auf 6 Bereiche beschränkt wurde. Bei den Finanzfragen räumte die CDU/CSU den Übergang der Umsatzsteuer auf den Bund ein. Die Steuerverwaltung sollte derart erfolgen, daß Bund und Länder grundsätzlich jeweils die Steuern verwalten, deren Erträge ihnen zufließen. Bei der Regelung des Belastungsausgleichs zwischen finanzstarken und finanzschwachen Ländern versuchte man den Hinweisen des am 22. April übergebenen Memorandums der Außenminister vom 7. April 1949 zu folgen.

Als Ergebnis der interfraktionellen Verhandlungen wurden neue Formulierungen ausgearbeitet, die auf einer Konferenz von Vertretern des Parlamentarischen Rats mit den Militärgouverneuren in Frankfurt unter dem Vorsitz von General Clay am 25. April 1949 erörtert wurden.

Auf der Grundlage der neuen deutschen Vorschläge gelang eine Einigung über die zwischen den Militärgouverneuren und dem Parlamentarischen Rat strittigen Fragen der Formulierung der Voraussetzungen der konkurrierenden Gesetzgebung (jetziger Artikel 72 des Grundgesetzes) und über die Finanzfragen (Artikel 105 bis Artikel 108 der endgültigen Fassung), wobei sich das Problem der Zuschüsse an leistungsschwache Länder (Artikel 106 Absatz 4 der endgültigen Fassung) als besonders schwierig erwies.

Während einer Pause der Konferenz wurde zwischen den deutschen Vertretern über die unter ihnen noch offenen Fragen einer strafferen Fassung der Grundrechte, der Nichterwähnung der Berufsschulen im nachmaligen Artikel 7 des Grundgesetzes, der Formulierung der Beamtenrechtsvorschriften im nachmaligen Artikel 33 des Grundgesetzes und über die Konkordatsfrage (jetzt Artikel 123 Abs. 2 des Grundgesetzes) verhandelt und eine Einigung herbeigeführt.

Am 25. April abends war daher die Verabschiedung des Grundgesetzes durch den Parlamentarischen Rat und seine Genehmigung durch die Militärgouverneure sichergestellt.

4. *Die Verabschiedung des Grundgesetzes*

Die Ergebnisse der Einigungsverhandlungen vom 22. bis 24. und 25. April 1949 führten zu einer Neuredaktion der einschlägigen Artikel des Grundgesetzes durch den Redaktionsausschuß, in den zu diesem Zeitpunkt an Stelle des Abgeordneten Dr. von Brentano der Abgeordnete Dr. von Mangoldt (CDU) eingetreten war. Gleichzeitig wurde eine technische Verkürzung des Grundgesetzes unter Ausschluß jeder inhaltlichen Änderung vorgenommen, welche die Fassung des Grundgesetzes straffer gestaltete. Die Neuredaktion lag am 3. Mai vor, so daß der Hauptausschuß am 5. und 6. Mai 1949 den Entwurf in einer vierten Lesung verabschieden konnte. Am 6. Mai 1949 wurde der Entwurf von der Vollversammlung des Parlamentarischen Rats in zweiter Lesung artikelweise beraten. Hierbei stellten die Fraktionen noch verschiedene Anträge zu Artikeln, die außerhalb des Kompromisses der Fraktionen geblieben waren. Der Entwurf wurde in zweiter Lesung mit 47 Ja-Stimmen gegen zwei Nein-Stimmen der KPD und bei 15 Stimmenthaltungen angenommen. Die Stimmenthaltung von Abgeordneten der CSU und der DP beruhte darauf, daß ihnen verschiedene Vorschriften des Grundgesetzes den Erfordernissen eines wirklich föderativen Staatsaufbaues nicht hinreichend zu entsprechen schienen, während die des Zentrums auf der dieser Partei ungenügend erscheinenden Regelung des Elternrechts gründete.

Am 8. Mai 1949, dem 4. Jahrestag der Kapitulation, wurde sodann das Grundgesetz in dritter und letzter Lesung von der Vollversammlung des Parlamentarischen Rats verabschiedet. Erst in dieser Lesung wurde auch die Frage der Bundesflagge entschieden. Das Grundgesetz wurde mit 53 Ja-Stimmen gegen 12 Nein-Stimmen (6 CSU, 2 Zentrum, 2 Deutsche Partei, 2 KPD) und mit der vorbehaltlosen Zustimmung der 5 Abgeordneten der Stadt Berlin angenommen. Die 6 von den 8 Abgeordneten der CSU, die das Grundgesetz wegen seiner nicht genügend föderalistischen Ausgestaltung ablehnten, erklärten sich zugleich mit Nachdruck dem neuen Staat und Gesamtdeutschland aus tiefstem Empfinden verpflichtet. Auch die Deutsche Partei begründete ihre Ablehnung mit dem Überwiegen unitarischer Elemente im Grundgesetz, während das Zentrum seine Zustimmung versagte, weil das Grundgesetz nicht das voll verbürgte Elternrecht enthalte.

Am 12. Mai 1949 abends, am Tage der Aufhebung der Blockade Berlins, fand in Frankfurt eine Schlußsitzung zwischen den Militärgouverneuren, den Ministerpräsidenten der 11 Länder der westlichen Besatzungszonen, dem Oberbürgermeister von Berlin und einer Abordnung des Parlamentarischen Rats statt.

Die Militärgouverneure überreichten die in einem Schreiben an den Präsidenten des Parlamentarischen Rats ausgedrückte Genehmigung des Grundgesetzes in seiner vom Parlamentarischen Rat verabschiedeten Fassung.

In dem Schreiben wurden zugleich gewisse Vorbehalte mitgeteilt, insbesondere ein Hinweis auf den Vorrang der Vorschriften des Besatzungsstatuts; entsprechend den Bestimmungen des Grundgesetzes wurde eine Ratifizierung durch die Landtage zugestanden und erklärt, daß nach dem Zusammentritt der im Grundgesetz vorgesehenen gesetzgebenden Körperschaften und nach erfolgter Wahl des Bundespräsidenten sowie des Bundeskanzlers und der Ernennung der Bundesminister die Regierung der Bundesrepublik Deutschland konstituiert sein und das Besatzungsstatut zu diesem Zeitpunkt in Kraft treten werde.

Die Vorbehalte hinsichtlich der einzelnen Artikel des Grundgesetzes betrafen folgendes:

1. die Polizeibefugnisse nach Artikel 91 Abs. 2 dürften nur mit Billigung der Besatzungsmächte ausgeübt werden;
2. Berlin könne noch nicht dem Bund angehören (Artikel 23), aber die Vertreter Berlins könnten an den Sitzungen der gesetzgebenden Körperschaften des Bundes teilnehmen;
3. abgesehen von Baden, Württemberg und Hohenzollern sei eine Neufestsetzung von Landesgrenzen (Artikel 29 und 118) bis zu einem Friedensschluß nicht zulässig, es sei denn, die Alliierte Hohe Kommission genehmige einstimmig eine Änderung solcher Grenzen;
4. die Ausübung der in Artikel 84 Abs. 5 und Artikel 87 Abs. 3 enthaltenen Ermächtigungen (Einzelweisungen durch die Bundesregierung, Errichtung von Bundesober-, -mittel- und -unterbehörden) werde durch die Hohe Kommission sorgfältig beachtet werden, um sicherzustellen, daß sie nicht zu einer übermäßigen Machtkonzentration führe;
5. entsprechend der auf der Konferenz mit den Militärgouverneuren am 25. April 1949 getroffenen Abrede sei ein Bedürfnis nach bundesgesetzlicher Regelung im Sinne des Artikels 72 Abs. 2 dann zu bejahen, wenn „die Wahrung der Rechts- oder wirtschaftlichen Einheit sie erfordert, um die wirtschaftlichen Interessen des Bundes zu fördern oder eine angemessene Gleichheit wirtschaftlicher Möglichkeiten für alle sicherzustellen".

Während der Landtag des Staates Bayern die Ratifizierung des Grundgesetzes ablehnte, stimmten in der Woche vom 16. bis 22. Mai 1949 die Landtage der übrigen 10 Länder dem Grundgesetz zu.

Am 23. Mai 1949 vollzog der Parlamentarische Rat gemäß Artikel 145 des Grundgesetzes unter Mitwirkung der Abgeordneten Berlins die Feststellung der Annahme des Grundgesetzes, die durch persönliche Unterschrift sämtlicher Abgeordneter (mit Ausnahme derjenigen der KPD, aber einschließlich derjenigen übrigen Abgeordneten, die am 8. Mai 1949 mit Nein gestimmt hatten) beurkundet wurde. In der gleichen Sitzung bezeugten die Ministerpräsidenten und Landtagspräsidenten der 11 Länder sowie der Oberbürgermeister von Berlin mit ihrer Unterschrift die Ratifizierung des Grundgesetzes durch die Landtage.

Der Präsident des Parlamentarischen Rats Dr. Adenauer fertigte sodann das Grundgesetz aus und verkündete es; durch die am 23. Mai

1949 ausgegebene Nummer 1 des Bundesgesetzblattes wurde es veröffentlicht.

IV. Das Besatzungsstatut

Die Militärgouverneure hatten, wie erwähnt, am 1. Juli 1948 den Ministerpräsidenten ein weiteres Dokument Nr. III übergeben, das Richtlinien der Besatzungsmächte für das beabsichtigte Besatzungsstatut enthielt und bereits Einzelheiten über seinen Inhalt aufzeigte.

Die Ministerpräsidenten wurden aufgefordert, sich zu diesen Grundsätzen zu äußern. Die Militärgouverneure sagten im Dokument Nr. III zu, die allgemeinen Grundsätze des Besatzungsstatuts mit von ihnen etwa genehmigten Abänderungen der Verfassunggebenden Versammlung zu übermitteln und die von ihr etwa dazu vorgebrachten Äußerungen entgegenzunehmen. Die endgültige Form des Besatzungsstatuts werde gleichzeitig mit der Genehmigung des Verfassungsentwurfs durch die Militärgouverneure veröffentlicht werden.

In einer Stellungnahme zum Dokument Nr. III auf der Koblenzer Konferenz vom 8. bis 10. Juli 1948 stellten die Ministerpräsidenten ihrerseits Leitsätze für ein Besatzungsstatut auf, die den Militärgouverneuren übergeben wurden. In ihrer Antwort zu diesen Leitsätzen erklärten die Militärgouverneure am 20. Juli 1948, daß sie die Auffassung der Ministerpräsidenten eingehend berücksichtigen würden und auch von der Verfassunggebenden Versammlung deren Bemerkungen zu den Grundsätzen des Besatzungsstatuts vor seiner endgültigen Fassung zu erhalten erwarteten. Die Verfassunggebende Versammlung werde auch während ihrer Arbeiten über das Fortschreiten des Entwurfs des Besatzungsstatuts auf dem laufenden gehalten werden.

Dennoch sind dem Parlamentarischen Rat keine derartigen Mitteilungen zugekommen, so daß er über den weiteren Verlauf der Verhandlungen der Besatzungsmächte über das Besatzungsstatut nicht unterrichtet war. An Material zum Besatzungsstatut lagen dem Parlamentarischen Rat Denkschriften des Deutschen Friedensbüros in Stuttgart und des Rechtsamts der Verwaltung des Vereinigten Wirtschaftsgebietes in Frankfurt vor. Die Fraktionen des Parlamentarischen Rats entschlossen sich daher, von sich aus die Erwartungen auszusprechen, die von deutscher Seite an den Inhalt eines solchen Besatzungsstatuts zu stellen waren. Das geschah dadurch, daß der Hauptausschuß in seiner Sitzung vom 10. Dezember 1948 in Form von 12 Thesen die Grundsätze formulierte, die nach Auffassung des Parlamentarischen Rats ein Besatzungsstatut enthalten sollte, um eine Entwicklung anzubahnen, die im gemeinsamen Interesse Deutschlands und der Besatzungsmächte zu erstreben sei.

Am 10. April 1949 wurde dem Parlamentarischen Rat überraschend der Entwurf zum Besatzungsstatut überreicht, über den sich die Außenminister der drei Westmächte auf ihrer Konferenz Anfang April in Washington geeinigt hatten. In dem Anschreiben, das die Außenminister dem Entwurf beifügten, stellten sie als ein Hauptanliegen ihrer drei Regierungen fest, . . . „die engste Einbeziehung des deutschen Volkes innerhalb eines demokratischen Bundesstaates in den Rahmen einer europäischen Vereinigung auf einer für beide Seiten günstigen Grundlage zu fördern und zu erleichtern". Im Besatzungsstatut selbst, das aus nur 9 Ziffern bestand, wurden dem deutschen Bundesstaat und den deutschen Ländern die volle gesetzgebende, vollziehende und rechtsprechende Gewalt gemäß dem Grundgesetz und den Verfassungen der Länder, lediglich unter den Beschränkungen des Besatzungsstatuts, übertragen. Die im einzelnen gemachten Vorbehalte betrafen eine geringere Anzahl von Fragen als ursprünglich erwartet werden konnte. Auf Grund der Vorbehalte konnten gegen Gesetze des Bundes und der Länder Einsprüche erhoben werden. Änderungen des Grundgesetzes bedurften ausdrücklicher Genehmigung der Besatzungsbehörden. Die bisherige Militärregierungsgesetzgebung sollte mit dem Besatzungsstatut und dem Grundgesetz in Einklang gebracht, d. h. entsprechend aufgehoben oder abgeändert und kodifiziert werden. Nach 12 Monaten sollte das Besatzungsstatut einer Nachprüfung seiner Bestimmungen im Hinblick auf eine Erweiterung der deutschen Zuständigkeit unterzogen werden (Kleine Revision).

Gleichzeitig mit dem Besatzungsstatut einigten sich die Regierungen der drei Besatzungsmächte über die Fusion der drei Westzonen und die Errichtung einer gemeinsamen Drei-Mächte-Überwachungsbehörde. Diese bestand als Alliierte Hohe Kommission aus drei Hohen Kommissaren und stellte die höchste alliierte Kontrollbehörde dar. In jedem Land war die Hohe Kommission durch einen Landeskommissar vertreten, der Angehöriger der alliierten Macht war, in deren Zone das Land lag.

Der Entwurf zum Besatzungsstatut wurde vom Besatzungsstatutausschuß des Parlamentarischen Rats am 11. und 12. April, am 12. April gemeinsam mit dem Besatzungsstatutausschuß der Ministerpräsidenten, beraten. Fragestellungen wurden ausgearbeitet, die auf einer Konferenz mit den Militärgouverneuren in Frankfurt a. M. am 14. April erörtert wurden. Hierbei wurden Zweifelsfragen, die von deutscher Seite vorgebracht wurden, von den Militärgouverneuren geklärt.

Die Lebensdauer des Besatzungsstatuts war kürzer als im Frühjahr 1949 erwartet werden durfte; am 6. März 1951 fand die sogenannte Kleine Revision statt, am 5. Mai 1955, zehn Jahre nach der Kapitulation, wurde es aufgehoben.

Vorbehalten geblieben bis heute sind jedoch auf Grund des Vertrages über die Beziehungen zwischen der Bundesrepublik Deutschland und den Drei Mächten vom 26. Mai 1952 in der Fassung vom 23. Oktober 1954 die bisherigen Rechte und Verantwortlichkeiten der früheren drei Besatzungsmächte in bezug auf Berlin und auf Deutschland als Ganzes einschließlich der Wiedervereinigung und einer friedensvertraglichen Regelung, die Stationierung von Streitkräften in Deutschland und — solange die deutschen Behörden nicht entsprechende Vollmachten durch die deutsche Gesetzgebung erhalten haben (Notstandsgesetzgebung) — den Schutz der Sicherheit dieser Streitkräfte[1].

---

[1] Die Darstellung folgt Aufzeichnungen, die ich im Juni/Juli 1949, also unmittelbar nach dem Ende der Arbeit des Parlamentarischen Rates, niedergelegt habe.

Zur verfassungsrechtlichen Stellung der Bundeswehr

Von Eberhard Barth

I

Als in Verfolg des Korea-Krieges die Bundesrepublik Deutschland schon zwei Jahre nach ihrem Entstehen mit der Frage einer Wiederbewaffnung konfrontiert wurde, bedeutete dies nicht nur für die breiten Massen einen Schock. Auch die Verfassungsjuristen sahen sich einer gewandelten Situation gegenüber. Hatten sie sich doch gerade auf das vom Friedenswillen getragene, mit einer eigenen Wehrhoheit ursprünglich überhaupt nicht rechnende, extrem rechtsstaatliche Grundgesetz als Objekt ihrer Interpretation eingestellt; auch mußten sie die eben noch im Petersberger Abkommen von 1949 unter Ziff. 2 a des Besatzungsstatuts festgelegte langfristige Entmilitarisierung verarbeiten. Es begann eine Auseinandersetzung unter ihnen, die im Licht der jeweiligen Grundanschauung über Wesen und Ziele einer Verfassung danach fragte, welches Gewicht einer bewaffneten Macht im Staat beizumessen sei und ob der universelle, alle gewichtigen Bereiche des öffentlichen Lebens umgreifende Charakter moderner Verfassungen, kraft dessen die Verfassung eine erschöpfende Kodifikation darstelle, nicht zwingend gebiete, den Wehrsektor in sie einzubeziehen, zumal es sich hier um eine verfassungsrechtliche Grundentscheidung handele, oder ob dieser Sektor ausgespart bleiben könne, etwa weil das Recht auf Verteidigung ein natürliches Element des Staates sei und es „ungeschriebene Verfassungszuständigkeiten" gebe[1], oder weil in dem damals gegebenen Sonderfall der Europäischen Verteidigungsgemeinschaft (EVG) die Legitimität auf dem Weg über Art. 24 GG gesichert sei, der die Möglichkeit vorsieht, durch einfaches Gesetz Hoheitsrechte auf zwischenstaatliche Einrichtungen zu übertragen. Der Streit wurde rechtlich nie ausgetragen. Das beim Bundesverfassungsgericht anhängige Verfahren erledigte sich, nachdem einerseits die Bundesregierung durch den Wahlsieg der Koalition vom September 1953 eine verfassungsändernde Mehrheit gewonnen hatte, andererseits die EVG infolge ihrer Ablehnung durch Frankreich scheiterte. Freilich schwelte der Streit weiter: Denn jene qualifizierte

---

[1] So z. B. von Mangoldt in: Kampf um den Wehrbeitrag, München 1953 II. S. 75 im Anschluß an Triepel.

Mehrheit brachte im März 1954 nur eine Teillösung zustande, die in der Verfassungsänderung vom 26. 3. 1954 (BGBl. I 45) ihren Ausdruck fand und sich auf die Einführung der Wehrpflicht in Art. 73 Nr. 1 sowie auf ein intrikate verfassungsgerechte Legitimierung von völkerrechtlichen Verträgen über die Verteidigung in den Art. 79 Abs. 1 und 142 a beschränkte. Bald darauf zerbrach infolge des Ausscheidens der FDP aus der Koalition jene Mehrheit und die gescheiterte EVG-Lösung wurde durch die WEU-Verträge mit der besatzungsrechtlichen Aufhebung des Verbots einer nunmehr nicht mehr supranationalen, sondern beschränkt-autonomen Wiederbewaffnung ersetzt.

Damit stellten sich die verfassungsrechtlichen Grundfragen von neuem. Die Bundesregierung scheute das Risiko, mit einer eigenen Vorlage, die auf die Zustimmung der Opposition angewiesen gewesen wäre, eingestehen zu müssen, daß es unumgänglich sei, die offenen Fragen der Einschränkung von Grundrechten, des Oberbefehls, einer Wehrverwaltung — um die wichtigsten zu nennen — in der Verfassung zu regeln; sie gab zwar zu erkennen, daß solche Fixierungen vielleicht zur Klarstellung erwünscht seien, beharrte aber darauf, daß man auch ohne jene „Verdeutlichungen" auskommen könne[2]. In dieser Lage entschlossen sich die beiden großen Parteien der CDU/CSU und der SPD zu dem Versuch einer gemeinsamen Initiative. Er gelang. Die Regierung und der Bundesrat — letzterer durch einstimmigen Beschluß — gaben ihren Segen dazu, und die eindeutige umfassende Eingliederung der neuen Streitkräfte in das Grundgesetz war vollzogen[3].

So reich an Spannungen und Kontroversen, an Hürden und Umwegen und schließlich an Gelegenheiten, die weltanschaulichen oder politischen Hintergründe beim rechtswissenschaftlichen Schlagabtausch zu beobachten, diese Entstehungsgeschichte ist, so war sie für das Ergebnis denkbar glücklich. Zunächst: anders als 1919 stand nicht das Faktum der Streitkräfte am Beginn, sondern die gedankliche Vorbereitung. Während man damals dazu verleitet wurde, unkritisch das Modell der Monarchie, dem man lediglich die in der Staatspraxis nur beschränkt wirksame ministerielle Gegenzeichnungspflicht aufpfropfte, zu übernehmen und damit in eine weder dem Gleichgewicht der Staatsorgane noch dem neuen Verfassungssystem adäquate Konstruktion hineinglitt, stand diesmal das in sich geschlossene und im ganzen ausgewogene System des Grundgesetzes als aufnahmebereiter

[2] Das galt besonders für die Komplexe des Oberbefehls, der landsmannschaftlichen Gliederung und der Wehrverwaltung, über welche die Koalitionspartner sich bei der ersten Verfassungsänderung von 1954 nicht hatten einigen können. Vgl. hierzu die Regierungserklärung vom 27. 6. 1955, bei Brandstetter, Handbuch des Wehrrechts, Bd. 1 Nr. 101, Ziff. 13 und 15.

[3] Gesetz zur Änderung des Grundgesetzes vom 19. 3. 1956 (BGBl. I 111).

Grundbau vor aller Beteiligten Augen fest. Damit waren auch die Ziele abgesteckt: es mußte erstens das im Grundgesetz verwirklichte Gleichgewicht zwischen den obersten Staatsorganen gewahrt werden, d. h. soweit etwa eines von ihnen, wie vermutlich die Regierung, einen Zuwachs erhielt, für ausgleichende Zuwaage an die anderen Organe und bei Berührung des föderalistischen Prinzips für Wahrung der Länderinteressen gesorgt werden. Es mußten zweitens Durchbrüche durch die Mauern der staatsbürgerlichen Grundrechte zugunsten der Besonderheiten des soldatischen Dienstes eröffnet werden, und zwar in Anerkennung der intensivierten Gehorsamsverhältnisse und der disziplinaren Anforderungen soviel wie nötig, im Wunsch nach Vertiefung des Zugehörigkeitsgefühls der Soldaten zum Rechtsstaat so wenig wie möglich. Und es mußten drittens der Standort der Wehrmacht im Staat und die Verantwortung für ihre Führung festgelegt werden. Man muß es als glückliche Fügung bezeichnen, daß der damals bedrückende zeitliche Aufschub die gründliche geistige Vorbereitung auf diese Ziele bei Publizistik, Parlament und Regierung ermöglichte. Ebenso günstig war der Zwang für die Regierung, ihre Position der Entbehrlichkeit formeller Verfassungsänderungen dadurch zu untermauern, daß sie im einzelnen darlegte, welche Kompetenzen in bezug auf die Streitkräfte den einzelnen Staatsorganen gleichsam automatisch zuwachsen würden. Sie tat dies in der Regierungserklärung vom 27. 6. 1955. Es war ein Aufriß für den systemgerechten Einbau der Bundeswehr in den demokratischen Bundesstaat, der übrigens für die spätere Interpretation ebenso bedeutungsvoll ist wie es Begründungen und Ausschußberichte zu sein pflegen. Auf ihr, vor allem auf dem institutionell-organisatorischen Teil mit seiner den spezifischen Aufgaben von Bundestag, Bundesregierung und der rechtsprechenden Gewalt entsprechenden Verteilung der Kompetenzen an diese konnte der Verfassungsgesetzgeber aufbauen, wobei er die Chance hatte — und tatsächlich wahrgenommen hat —, das Gleichgewicht, das durch die Unterstellung des neuen Machtfaktors[4] unter die Regierung gestört zu werden drohte, dadurch wiederherzustellen, daß er dem Bundestag eine Verstärkung seiner Kontrollrechte in den Artikeln 45, 45 a und 87 a zubilligte, indem er dem Verteidigungsausschuß Permanenzrecht und Untersuchungsausschuß-Befugnisse gewährte und dem Bundestag einen Wehrbeauftragten zur Unterstützung beigab sowie schließlich eine Spezifikation des Bundeswehr-Haushaltsplans vorschrieb. Die Länderinteressen wurden generell in Art. 36 und institutionell bei der Bundeswehrverwaltung in Art. 87 b gestärkt.

[4] „Machtmittel par excellence" nennt ihn Roemer in JZ 1956 S. 195, und der Ausschußbericht (BTDrucksache 2150) spricht davon, daß „die parlamentarische Kontrolle durch die Einführung eines starken Machtfaktors wie der Bundeswehr" erhöhte Bedeutung erhalte.

II

16 Artikel wurden bei der zweiten abschließenden Ergänzung des Grundgesetzes betroffen. Zwei von ihnen sind für die Erkenntnis des Standorts der Bundeswehr, auf dessen Betrachtung dieser Aufsatz sich beschränken soll, besonders erhellend: eine unscheinbare Randänderung in Art. 1 Abs. 3 und die zuvor lebhaft in der Öffentlichkeit diskutierte Grundsatzvorschrift über die Befehls- und Kommandogewalt des Art. 65 a. Sie müssen im Zusammenhang gesehen werden. Bei der ersteren geschah nichts anderes als daß in der Vorschrift über die Bindung von Gesetzgebung, Verwaltung und Rechtsprechung an die Grundrechte das Wort „Verwaltung" durch „vollziehende Gewalt" ersetzt wurde. Sinn dieser Auswechslung war, jeden Zweifel auszuschließen, daß auch die Bundeswehr, deren Zugehörigkeit zur Verwaltung man hätte bestreiten können, die aber mit Sicherheit dem Begriff der vollziehenden Gewalt zuzurechnen ist, die Grundrechte als für ihre Praxis bindend anzuerkennen habe. Das ist der verfassungsrechtliche Niederschlag der These, daß die Bundeswehr Teil der Exekutive ist, einer These, die in der Regierungserklärung vom 27. 6. 1955 nicht weniger als dreimal kategorisch statuiert worden war[5]. Diese so zum Rechtssatz erhobene These ist von Bedeutung für die Entscheidung von Zweifelsfragen, die sich aus Art. 65 a ergeben haben. Er bestimmt, daß „der Bundesminister für Verteidigung die Befehls- und Kommandogewalt über die Streitkräfte hat" (Abs. 1) und daß „mit der Verkündigung des Verteidigungsfalles die Befehls- und Kommandogewalt auf den Bundeskanzler übergeht" (Abs. 2). Schon die voraufgegangene lebhafte Diskussion in Tagespresse und Wissenschaft darüber, wem die oberste Verfügungsgewalt über die Streitkräfte anzuvertrauen sei, läßt erkennen, daß hier der Kern der Entscheidung

[5] Regierungserklärung (siehe Anm. 2) Ziff. 4, 16 Abs. 1 u. Abs. 3. Die Wissenschaft hat dieser Kategorisierung fast einhellig zugestimmt. Vgl. für viele: Dürig in Maunz-Dürig, GG Anm. 11 zu Art. 65a. A. M. Koellreutter, Staatslehre, Göttingen 1955, S. 122, und — abgeschwächt — Lerche, Grundrechte der Soldaten, in: Die Grundrechte, Handbuch Berlin, S. 454 ff. Über die früheren zum Teil abweichenden Ansichten unterrichten Lepper, Die verfassungsrechtliche Stellung der militärischen Streitkräfte im gewaltenteilenden Rechtsstaat, Bielefeld 1962, S. 94 ff., ferner Salzmann, Der Gedanke des Rechtsstaates in der Wehrverfassung der Bundesrepublik, Bonn 1962, S. 70 f., insbesondere S. 74. Salzmann meint S. 53, daß für die Reichswehr sich die Zugehörigkeit zur Exekutive schon daraus ergebe, daß sie im Abschnitt „Die Reichsverwaltung" in Art. 79 der WRV. behandelt wurde; ebenso Frank in DVBl. 1957, S. 150. Das ist formal richtig. Aber es muß gleichzeitig daran erinnert werden, daß die damalige Exekutive in die beiden gleichwertigen Machtträger Reichspräsident und Reichsregierung aufgespalten war, was eine einheitliche Führung um so mehr erschwerte, als auch die gesetzliche Abstufung der Befehlsgewalt im § 8 des Wehrgesetzes von 1921 nicht eindeutig war. Siehe hierzu Jellinek in DÖV 1951, S. 545.

über den Standort der Bundeswehr zu finden ist. Die Erörterungen wurden geführt unter dem Stichwort „Oberbefehl". Gerade dieser Begriff rief alte Besorgnisse und Sehnsüchte wach: wie z. B. davor und danach, daß die neue Wehrmacht neutralisiert, d. h. von Einwirkungen der Parteipolitik verschont werden könnte oder sollte oder daß ihre Eigenart auch im herausgehobenen Standort Ausdruck finden könnte oder sollte und wie die Argumente alle lauteten, deren Verfechter keineswegs mit den Parteien der Reformer oder Traditionalisten zu identifizieren waren. Daß es gelang, in dieser affektbelasteten Streitfrage eine verfassungsändernde Mehrheit auf die schließlich erzielte Lösung zu vereinigen, wurde dadurch ermöglicht, daß man zunächst den Oberbefehl im Rückgriff auf seine geschichtliche Entwicklung kritisch untersuchte, wofür es 1919 an Zeit und Verständnis gefehlt hatte. Dabei ergab sich, daß eine komplexe Allzuständigkeit für den Oberbefehlshaber längst nicht mehr bestand. Jeder Versuch, eine solche zu restaurieren, hätte die grundsätzliche Einheitlichkeit der Staatsführung und der Gewaltenteilung ebenso in den Fundamenten angegriffen wie er an den Realitäten der Abhängigkeit einer modernen Wehrmacht von der Finanzkraft, der Wirtschaft, der Technik und dem Sozialleben um sie herum hätte scheitern müssen. Die so vollzogene „Entmythologisierung"[6] des Oberbefehls aber führte leicht zu der Aufteilung der Zuständigkeiten auf die dafür geeigneten Organe. Für die in der Tagesarbeit besonders wichtige Verfügungsgewalt oder nunmehr als Befehls- und Kommandogewalt deklarierte Befugnis, über die Aufstellung, die Gliederung, die Ausbildung, die Ausrüstung und die Besetzung der Stellen zu entscheiden, ergab sich nun ganz natürlich, daß man sie dem in der Bundesregierung dafür bestellten Ressortminister mitteilte.

III

So selbstverständlich diese Lösung heute erscheint, so hat sie nicht vermocht, Zweifelsfragen fernzuhalten. Obenan steht dabei die theoretische Frage nach dem Wesen der Befehls- und Kommandogewalt. Die Interpretation ist zunächst rein sprachlich nicht einfach. Man hat sie mehrfach als Pleonasmus oder Tautologie[7] bezeichnet. Das wäre richtig, wenn die Identität von „Befehl" und „Kommando" jenseits aller Zweifel wäre. Das ist sie aber gerade nicht, sobald man die Worte

---

[6] Roemer in JZ 1956, S. 195.

[7] So Roemer JZ 1956, S. 195. Ferner Salzmann, a. a. O. (Anm. 5), S. 78, Gross in DVBl. 1956, S. 260 ff.

im Licht der Historie betrachtet[8]. Jahrzehnte hindurch hat man die Kommandogewalt in Preußen und später im Reich als eigene, geradezu vierte Staatsgewalt behandelt, die außerhalb der sonst für die Regierungsakte gegebenen parlamentarischen Verantwortlichkeit bestehen sollte[9]. Es bedurfte erst der peniblen Untersuchung eines jungen Staatsrechtslehrers[10], um die Unmöglichkeit nachzuweisen, einwandfreie Kriterien für die Kommandogewalt zu finden. Gegen ihr erneutes Eigenleben, ihre Ansiedlung in einem extrakonstitutionellen Raum wollte man sich im Jahre 1956 sichern und deshalb wurde diese zwielichtige, aber geschichtsmächtige Befugnis vorsorglich zu der Befehlsgewalt hinzugefügt. Damit ist klargestellt, daß es keinen Bereich in der Bundeswehr außerhalb der Befehlsgewalt des Ministers gibt und keine Kommandogewalt, die ihm entzogen wäre, und schließlich, daß die Befehlshierarchie beim Minister endigt[11].

Wichtig ist nun für die Erkenntnis des Charakters des Art. 65 a, ob er nur einen bereits vorgegebenen Grundsatz deklariert, oder dem Verteidigungsminister originär eine Machtkompetenz zuweist, mit anderen Worten, ob er deklatorischer oder konstitutiver Natur ist. Die Antwort wird nicht zuletzt davon bestimmt werden, welches Gewicht man der Vorgeschichte, insbesondere der Regierungserklärung vom 27. 6. 1955 beimißt. Nimmt man nämlich die Vorfrage zum Ausgangspunkt, wem die Verfügungsgewalt ohne eine expressis verbis erfolgte Verfassungsklausel zugestanden hätte, und beantwortet man sie wegen ihrer Zugehörigkeit zur Exekutive dahin, daß nur die Bundesregierung und in ihr ein wegen des Gewichts des neuen Macht-

---

8 Auch heute noch scheint das Wort Labands (Das Staatsrecht des Deutschen Reichs 5 IV S. 2) zu gelten, daß die Eigentümlichkeiten des deutschen Militärrechts ... auf historischen Ursachen beruhen!

9 Vgl. die Übersicht bei Lepper, a. a. O. (Anm. 5), S. 79 ff., ferner bei Salzmann, a. a. O. (Anm. 5), S. 31 ff., der ebenso wie der Verfasser (ZfPol 1954, S. 159, 164) die Kommandogewalt als Zauberformel bezeichnet, mit der es gelang, die Volksvertretung aus dem eigentlich militärischen Bereich herauszuhalten. Otto Mayer (Deutsches Verwaltungsrecht 3 München—Leipzig 1924 spricht davon, daß das Institut der Kommandogewalt an Rechtsschranken nur notdürftig gebunden sei. Bei ihm ist auch die Theorie von der vierten Gewalt (S. 8 ff.) entwickelt.

10 Frhr. Marschall v. Bieberstein, Verantwortlichkeit und Gegenzeichnung bei Anordnungen des obersten Kriegsherrn, Berlin—Leipzig 1911.

11 Man ist versucht, in etwas blasphemischer Abwandlung zu sagen: nulla salus extra constitutionen. Im Ergebnis ebenso Mercker in: Beilage zum Bundesanzeiger Nr. 107 (6. 6. 1956, S. 7, Roemer, JZ 1956, S. 195, Schäfer in: NJW 1956, S. 532, Martens, Grundgesetz und Wehrverfassung, Hamburg 1961, S. 162, Dürig in Maunz-Dürig, Anm. 15 zu Art. 65a, von Mangoldt-Klein, Anm. III 1b zu Art. 65a, Busch in: Wehrkunde 1962, S. 221 und — aus allgemeinen Erwägungen — Köttgen in: DÖV 1954, S. 5: „Mit dem parlamentarischen System ist jede Art militärischer oder ziviler Nebenregierung begrifflich unvereinbar.“

faktors Bundeswehr zu bestimmender eigener Ressortminister[12] Inhaber der Befehlsgewalt sein könne, dann ergibt sich ihr deklatorischer Charakter[13].

Diese Auffassung hat praktische Folgen. Vor wenigen Jahren wurde streitig, ob der Verteidigungsminister in der Ausübung der Befehls- und Kommandogewalt nur durch den für seine Regierungstätigkeit jeweils durch Kabinettsbeschluß als Vertreter bestellten Minister oder auch durch seinen Staatssekretär vertreten werden könne. Die einschlägige Bestimmung der Geschäftsordnung der Bundesregierung lautet: „Ist ein Bundesminister verhindert, so wird er in der Regierung durch den dazu bestimmten Bundesminister, als Leiter einer obersten Bundesbehörde durch den Staatssekretär vertreten." Hier wird die januskopfartige Doppelstellung des Ministers als Teil des Regierungskollegiums und als Ressortchef eines Geschäftsbereichs deutlich. Der dem Verteidigungsminister geschäftsbereichsmäßig unterstellte Organismus ist die Bundeswehr. Sieht man nun die Befehls- und Kommandogewalt als eine Befugnis sui generis an, die mit der Weisungsbefugnis der übrigen Ressortminister nicht vergleichbar sei und erklärt man dementsprechend ihre Zuweisung an den Minister für konstitutiv, so liegt es nahe, den Minister für alle daraus fließenden Einzelakte

---

12 Daß eine bewaffnete Macht mit 500 000 Soldaten und 100 000 dazugehörigen zivilen Kräften bei Inanspruchnahme von einem Drittel des Bundeshaushalts einen eigenen Ressortminister benötigt, erscheint so selbstverständlich, daß Fragen wie diejenigen, ob bei Fehlen des als Kompetenzzuweisungsnorm angesehenen Art. 65a ein Bundesverteidigungsminister nicht bestellt werden könnte oder ob der Bundeskanzler verfassungswidrig handeln würde, wenn er das Amt unbesetzt lassen würde, ins Reich theoretischer Spekulationen gehören dürfte.

13 Im Ergebnis ebenso Dürig in Maunz-Dürig, Anm. 13 zu Art. 65a, wo Artikel 65a als „deklatorische lex specialis zu Art. 65 Satz 2" bezeichnet wird. Siehe auch Anm. 32 zu Art. 65a, wonach dieser ganze Artikel „in die allgemeine Kompetenzsystematik des GG fugenlos eingefügt und keine machtbeleihende konstituierende Sondernorm ist" sowie FAZ 2. 11. 60 (Nr. 257). Mercker hat als erster schon 1956 etwas zaghaft davon gesprochen, daß sich die Regelung schließlich nach „der Regel des Art. 65 ... vielleicht von selbst verstehen würde" (a. a. O., Anm. 11 S. 7). Nicht klar erkennbar ist die Stellung von Martens (a. a. O., Anm. 11), der S. 165 dem politischen Übergewicht des Verteidigungsministers eine dem Prinzip der juristischen Gleichrangigkeit aller Ministerämter zuwiderlaufende Bedeutung beimißt, wobei diese Vermischung von politischen und juristischen Argumenten zu einer rechtlichen Überbewertung der Stellung des Ministers führt, der aber auf der anderen Seite gerade bei der praktischen Folgerung in der Entscheidung über die Stellvertretung ohne Differenzierung auf den Vergleich mit den übrigen Bundesministern abhebt (S. 166 Anm. 25a) und auch das jeden Ressortminister in Fragen von politischer Bedeutung durch § 14 der GO Bundesregierung einschränkende Kollegialprinzip für den Verteidigungsminister vorbehaltlos gelten läßt (S. 45). A. M. Busch in JZ 61 S. 439: Art. 65a sei „Verankerung des Bundesministers für Verteidigung und Kompetenzzuweisung". Wegen dieser Punkte vgl. Münch, Die Bundesregierung, Frankfurt 1959, S. 198. Ferner Busch in Schleswig-Holsteinischen Anzeigen (Justizmin. Bl. f. Schl.-Holst.) 1961, S. 9.

nur durch einen anderen Minister vertreten zu lassen[14]. Anders wenn man wie hier diese Befugnis als rein deklatorisch ansieht, weil sie das Verfügungsrecht über die Soldaten in gleicher Weise bestimmt wie es als Weisungsrecht jedem Ressortminister gegenüber dem in seinem Fachbereich tätigen Bediensteten zusteht. Gewiß löst die Befehlsgewalt gegenüber Soldaten dank der gesetzlichen Regelung ihres Gehorsamsverhältnisses intensivere Reaktionen aus als die Weisungsbefugnis gegenüber Beamten und Angestellten. Doch handelt es sich hier nur um einen graduellen, nicht prinzipiellen Unterschied. Er hat zur Folge, daß die Befehls- und Kommandogewalt sich nicht auf Beamte, Angestellte und Arbeiter der Bundeswehrverwaltung erstreckt. Diese unterstehen zwar auch dem Bundesminister der Verteidigung, aber nicht kraft ausdrücklicher Bestimmung, sondern nach allgemeinen Rechtsgrundsätzen[15].

Echt konstitutiv wird dagegen die Befehls- und Kommandogewalt bei ihrem Übergang auf den Bundeskanzler im Verteidigungsfall nach Art. 65 a Abs. 2. Dieser Übergang versteht sich nicht von selbst, bedurfte vielmehr ausdrücklicher Normierung[16].

---

[14] von Mangoldt-Klein hat in Vbm. zu Abschn. VI, Anm. VII 3a die Begründung gewählt, daß eine einem bestimmten Bundesminister zugewiesene Zuständigkeit zu den politischen Zuständigkeiten zu rechnen sei. Doch kann man das Vetorecht des Bundesministers der Finanzen nach Art. 112 GG, das er nur gelegentlich und übrigens nur gegenüber anderen Ministern oder Staatsorganen nach außen ausübt und das man durchaus dem Minister selbst vorbehalten mag, nicht mit dem Tag für Tag gehandhabten Befehlsrecht des Verteidigungsministers gegenüber seinem Ressortbereich vergleichen. Bei ihm kommt es allein darauf an, ob der Befehls- und Kommandoakt eine über den Geschäftsbereich hinausgehende Bedeutung hat (so richtig Busch in Schlesw.-Holst. Anzeigen (Anm. 13) S. 11 bei seiner treffenden Kritik der falschen Fragestellung des Regierungssprechers in der Stellvertretungsfrage). Wird z. B. die Außenpolitik oder die Richtlinienkompetenz des Bundeskanzlers durch einen Befehl berührt, so wird er gemäß § 14 GO BuRG zur Regierungsangelegenheit. Die Konsequenz, die Klein bei v. Mangoldt-Klein aus seiner Begründung in Anm. 2d a. a. O. zieht, daß „Vertreter des Bundesverteidigungsministers als Inhaber der Befehlsgewalt stets ein anderer Bundesminister sei", steht übrigens in Widerspruch zu seiner kurz vorher (Anm. III 2a) getroffenen Feststellung, daß diese Gewalt sich in ihrem Charakter „nicht von der Verfügungs- und Befehlsgewalt irgendeines anderen Bundesministers als Ressortchef über seinen Verwaltungsbereich unterscheidet".

[15] Vgl. Dürig in Maunz-Dürig zu Art. 65a Nr. 21b Anm. 2 und indirekt Anm. 13 zu Art. 87b mit der Feststellung, daß die militärischen Dienststellen keine Befehls- und Weisungsrechte gegenüber der Wehrverwaltung haben. Hinsichtlich des nur graduellen Unterschieds daselbst Anm. 12. Im übrigen übereinstimmend Busch in JZ 1961, S. 439 ff. und Martens, a. a. O. (Anm. 11) S. 163 und dort zit. Lit.

[16] Aus diesem Übergang ergeben sich viele Zweifelsfragen. Vgl. die Fragestellungen bei v. Mangoldt-Klein zu Art. 65a Anm. III 3b und zu den einzelnen Antworten Lepper, a. a. O. (Anm. 5) S. 163 ff. Schäfer (NJW 1956, S. 532) sieht die Befehls- und Kommandogewalt des Verteidigungsministers auch nach dem Übergang auf den Bundeskanzler als fortbestehend an, wenn auch nunmehr unterhalb des ihm gegenüber voll weisungsberechtigten

Zusammengefaßt ergibt sich, daß auf Grund des deklatorischen Charakters der Befehls- und Kommandogewalt kein Anlaß besteht, im Fall der Verhinderung des Ministers von der für alle Ressorts geltenden Geschäftsordnung der Bundesregierung abzuweichen. In der Praxis wird der als Vertreter bestellte Minister jeweils dann tätig werden müssen, wenn ein anderes Ressort oder die Richtlinien-Kompetenz des Bundeskanzlers berührt wird[17]. Daß es einer Sonderregelung nicht bedarf, hat auch die Verlautbarung des Bundesministers für Verteidigung vom 5. 11. 1960 in Bulletin Nr. 208 S. 2006 unter X Abs. 1 anerkannt, die im übrigen keine Klärung der Rechtslage erbracht hat, wohl auch nicht erbringen wollte, da sie nach Aufbau und Sprache in erster Linie dazu bestimmt zu sein scheint, dem durch die Presseerörterungen hervorgerufenen Eindruck entgegenzutreten, daß innerhalb des Ministeriums erhebliche Spannungen zwischen Soldaten und Beamten und ein beiderseitiges Ringen um ein Primat beständen oder eine Aushöhlung der Funktionen des Staatssekretärs betrieben werde.

IV

Verfassungsrechtlich ist somit offenbar alles geschehen, um keine extrakonstitutionellen weißen Flecken auf der Landkarte der Verfassung zu belassen, wie es sie noch in der Weimarer Verfassung gab. Für die Frage der zukünftigen Verfassungswirklichkeit ist in Ausführung des Verfassungsrechts insbesondere das Organisationsgesetz von Bedeutung, das man wohl als Durchführungsbestimmung zum Grundgesetz oder als „verfassungsrechtliche Nebenbestimmung“[18] bezeichnen kann. Dieses Gesetz wird im § 66 des Soldatengesetzes vom 19. 3. 1956 angekündigt, wonach „die Organisation der Verteidigung, insbesondere die Spitzengliederung der Bundeswehr und die endgültige Organisation des Bundesministeriums für Verteidigung beson-

---

Bundeskanzlers. Ähnlich Lepper, a. a. O., S. 164 ff., der den Übergang als „Überlagerung“ ausdeutet. Beide Lösungen sind praktisch denkbar erwünscht, um ein zu weitgehendes Auseinanderfallen der Führungsgewalten über Soldaten und Verwaltung im Ernstfall zu vermeiden; sie sind aber mit dem Wortlaut des Grundgesetzes nur schwer vereinbar. Vielleicht könnte man die erwünschte Wirkung dadurch erzielen, daß man dem Bundeskanzler zugesteht, denjenigen Teil seiner Befehls- und Kommandogewalt, der sich auf die nicht mobilen Verbände bezieht, durch den Verteidigungsminister ausüben zu lassen.

[17] Ebenso Dürig in FAZ Nr. 257 vom 2. 11. 1960 und in Maunz-Dürig zu Art. 65a Anm. 33 u. 34. Ferner Eschenburg in „Zeit“ Nr. 45 vom 4. 11. 1960, Busch in JZ 61, S. 441, Martens a. a. O. (Anm. 11) S. 166, Anm. 25a, a. A. Loosch, DÖV 61, S. 206 ff. und Mangoldt-Klein siehe oben in Anm. 14, beide mit der gleichen, oben widerlegten Begründung.

[18] So Lepper (a. a. O., Anm. 5), S. 182, der S. 181 von der „Konkretisierung der aus der Verfassung abzuleitenden Strukturprinzipien“ spricht.

derer gesetzlicher Regelung vorbehalten bleiben". Rechtlich ist das nur ein Programmsatz, denn das Soldatengesetz kann als einfaches Gesetz den Gesetzgeber nicht verpflichten. Den Bundesregierungen können daher auch juristisch keine Vorwürfe gemacht werden, daß sie auf die wiederholt vom Parlament geäußerten Wünsche zwei Gesetzentwürfe jeweils so spät gegen Ende der Legislaturperiode vorlegten, daß mit einer Verabschiedung nicht gerechnet werden konnte. Sachlich erscheint diese Zurückhaltung vollends gerechtfertigt: jede Verfestigung der Organisationsform durch ein Gesetz, das nur umständlich und mit Zeitaufwand abgeändert werden kann, ist gerade im Wehrsektor bedenklich, wo infolge der ungeheuerlichen technischen Fortschritte sich auch die optimalen Organisationsformen laufend wandeln. Mit Recht beschränken sich die beiden vorliegenden Entwürfe[19] daher auf Skizzierung der Umrisse. Überdies kann man wohl fragen, ob hier der Gesetzgeber nicht durch die Vindizierung der Organisationsgewalt, die schon im Hinblick auf die in Art. 1 Abs. 3 und 20 des GG festgelegte Gewaltenteilung nicht ganz zweifelsfrei ist[20], des Guten um deswillen zuviel zu tun sich anschickt, weil ja bereits nach Art. 87 a GG „die Grundzüge der Organisation sich aus dem Haushaltsplan ergeben müssen"[21]. Wie immer das Schicksal des Organisationsgesetzes in Zukunft sein mag, ein Punkt in ihm ist für die Realisierung und Effektivität der verfassungspolitischen Konzeption von 1956 von erheblicher Bedeutung: es ist die Grundentscheidung über die militärische Spitzengliederung. Zwei mögliche Lösungen bieten sich an: entweder werden die militärischen Spitzenstellen, also die früheren Oberbefehlshaber und heutigen Inspekteure der Teilstreitkräfte sowie der ihnen übergeordnete Generalinspekteur Teile des Ministeriums, und zwar einschließlich der Apparaturen an Helfern, die in den Entwürfen die Bezeichnung „Führungsstäbe" haben, tatsächlich aber Ministerialabteilungen sind; oder diese Spitzenstellen werden hinausverlegt als eigene obere Kommandobehörden mitsamt ihren Führungsstäben, wobei sie nun im Rechtssinn Bundesoberbehörden darstellen. Die Vor- und Nachteile jeder dieser Lösungen sind, in Stichworten aufgeführt:

---

[19] Entwurf von 1956 BTDrucksache 2341 II. Wahlperiode und Entwurf von 1965 Bundesrats-Drucksache 242/65.

[20] Vgl. VDStRL Bd. 16 (1958) mit den Referaten von Köttgen (S. 154) und Ermacora (S. 190) und Diskussion. Danach kann als h. M. gelten, daß grundsätzliche Bedenken gegen ein Übergreifen des Gesetzgebers in die Organisationsgewalt der Regierung im Hinblick auf die Staatspraxis zurückgestellt werden können, daß aber der Gesetzgeber schon aus Rücksicht auf die „Elastizitätsbedürfnisse der Verwaltung" (Köttgen) Zurückhaltung üben und sich darauf beschränken sollte, jeweils nur den Rahmen abzustecken.

[21] Hierzu Jess in Bonner Kommentar, Anm. 5, zu Art. 87a, wonach mit den Angaben im Dispositiv des Haushaltsplans zugleich auch indirekt die Organisation festgelegt wird.

bei der Ministeriallösung als Vorteile die tägliche ebenengleiche Zusammenarbeit mit den zivilen Abteilungen und den zivilen Ressorts, auf deren Verständnis und Zuarbeit der Soldat heute mehr denn je angewiesen ist, ferner die erleichterte laufende persönliche Begegnung mit Minister und Staatssekretär, sowie das unmittelbare Erleben des politischen Geschehens mit all seinen Bedingtheiten und Schwierigkeiten für die Befriedigung der militärischen Forderungen; als Nachteile das Zurücktreten, ja Verblassen des Persönlichkeitsbildes der obersten militärischen Führer, deren Befehlsgewalt als eine abgeleitete in der Zeichnung der Befehle „im Auftrag" zum Ausdruck kommt, sowie — dies freilich mehr im Bewußtsein der Soldaten als in der Realität[22] — die zeitraubende Notwendigkeit, jeweils die Zustimmung anderer mitbeteiligter Abteilungen einzuholen. Die Oberkommandolösung verheißt als Vorteile die Möglichkeit, daß die zwar auch hier nicht aus eigenem Recht, aber nach außen nicht als im Auftrag befehlend auftretenden Inspekteure vor der Truppe Profil gewinnen, daß ferner die innere Geschlossenheit der Streitkräfte zugunsten ihrer Schlagkraft im Bewußtsein der Geführten stärker zum Ausdruck kommt; als Nachteile sind hier unvermeidliche Doppelarbeit zwischen dem für den Minister unentbehrlichen Beratungsorgan in Gestalt von militärischen ministeriellen Lenkungsapparaturen sowie den Oberkommandos, ferner Entfremdung von den zivilen Ressorts und Abteilungen und schließlich Distanz vom Inhaber der höchsten Befehls- und Kommandogewalt zu erwarten. Diese Vor- und Nachteile werden die für die Organisation Verantwortlichen gegeneinander abzuwägen haben. Das sind Zweckmäßigkeitsfragen. Unter den uns hier interessierenden verfassungsjuristischen Gesichtspunkten aber gilt im Blick auf den Sinn der Verfassungsänderungen von 1956 folgendes: Die Konzeption von Oberkommandos, d. h. die Herauslösung der obersten militärischen Spitzenstellungen aus dem Ministerium und ihre Verselbständigung als militärische Oberbehörden wird man zwar nicht als direkt verfassungswidrig bezeichnen können, weil und solange die Inspekteure auch hierbei letztlich der Befehls- und Kommandogewalt des Ministers unterstehen und nicht aus eigenem Recht, sondern aus einem von der Befehlsgewalt des Ministers abgeleiteten Recht befehlen[23]. Aber dem Geist und Sinn des Art. 65 a näher, ihm voll ent-

---

[22] Denn auch innerhalb der Oberkommandos würde wegen der wiederum durch die Vielseitigkeit der Technik bedingten innermilitärischen Kompliziertheit das Mitzeichnungswesen kaum geringer sein; jede Arbeits- und Zeitersparnis würde aber aufgezehrt durch den vielfachen Zwang, in wichtigen Entscheidungen die Zustimmung der Führungsabteilungen des Ministeriums, die, wenn auch in gewisser Verkleinerung, dort bestehen bleiben müßten, einzuholen und die daraus resultierende Doppelarbeit.

[23] Denn eine vorbehaltlose Delegation der Befehls- und Kommandogewalt, bei der der Minister etwa darauf verzichten würde, sie jederzeit

sprechend, in systemgemäßer Fortentwicklung richtungsgleich ist die andere bisher verwirklichte und übrigens von beiden Gesetzentwürfen übernommene Lösung des Einbaus der Spitzen in das Ministerium. Denn sie allein gewährleistet das Maximum an Effektivität der Befehls- und Kommandogewalt, weil die Distanz zwischen politischer Oberleitung und oberster militärischer Führung denkbar gering ist. Das Spannungsverhältnis in der Denkweise zwischen Politiker und Soldat kann mit keiner Konstruktion beseitigt, wohl aber kann es gemildert und durch den Zwang zur Zusammenarbeit in der Nähe zu natürlichen Lösungen gebracht werden.

V

So eindeutig und rechtsdogmatisch geschlossen das Verhältnis von politischer Staatsleitung zu den Streitkräften heute geregelt ist, so vermag es letzte Sicherung gegen eine Umkehrung der Über- und Unterordnung für sich allein nicht zu gewähren. Der Verfassungsgesetzgeber kann nur den Kampfplatz bereitstellen und die Spielregeln fixieren, auf dem und nach denen die lebendigen Kräfte, geführt von den jeweils dazu berufenen Personen, die Gewichte unseres Schicksals bewegen. Von zwei zusätzlichen metajuristischen Faktoren hängt es ab, wer schließlich im entscheidenden Zeitraum der Stärkere ist.

Erstens müssen das Verfassungsrecht und seine Forderungen von beiden Partnern nicht nur zur Kenntnis genommen, sondern innerlich akzeptiert werden. Dazu gehört Einsicht und die Überzeugung, daß die Verteilung der Verantwortung zu beider Heil vorgenommen worden ist, auch zum Segen des untergeordneten Soldaten, dem, wenn über seinen fachlichen Rat hinweggegangen wird, damit eine letzte Verantwortung abgenommen wird, die zu tragen er in aller Regel weder durch Ausbildung noch durch engagiertes Erleben des Milieus vorbereitet ist. Solche Befestigung im Bewußtsein ist nichts anderes als Traditionsbildung, und die braucht Zeit.

Das Zweite ist, daß die Politik ihrer Führungsaufgabe genügt. Versagt sie, so bildet sich ein Hohlraum, in den andere, im gegebenen Augenblick stärkere Mächte einströmen. Wir haben dies anschaulich im ersten Weltkrieg erlebt. Gewiß: damals bot auch die Verfassung

---

zurückzunehmen oder durch Eingreifbefehle gegenstandslos zu machen, wäre verfassungswidrig. So ist auch wohl Busch in Wehrkunde 1962, S. 219 ff. zu verstehen, wenn er jede Konstruktion für unzulässig erklärt, bei der einem Oberkommando kraft eigener Kommandogewalt die Führung der Truppen obliegt. So auch Boß, Die Befehls- und Kommandogewalt des GG im Vergleich zum Oberbefehl der Reichsverfassungen von 1871 und 1919, Diss. Köln 1960, S. 17, 22.

mit ihrem antiquierten extrakonstitutionellen Zuschnitt auf die Entscheidungsgewalt des Monarchen eine höchst unvollkommene Bühne für die agierenden Personen[24], und gewiß hatten auch die damaligen militärischen Spitzen eine echte militärische Niederlage zu verantworten (was hinterher unbegreiflicherweise so schnell in Vergessenheit geriet), aber schließlich und endlich waren es doch die Politiker, die in ihrer Schwäche aus der frühzeitig vom damals verantwortlichen obersten militärischen Führer (Falkenhayn) ihnen mitgeteilten Erkenntnis, daß mit einem militärischen Sieg nicht zu rechnen sei, weder innen- noch außenpolitisch die Konsequenzen zu ziehen wagten, die dem Drängen auf den unbeschränkten U-Bootkrieg widerwillig nachgaben und die schließlich, indem sie in fast jeder Rede vor dem Reichstag sich auf die Zustimmung der Obersten Heeresleitung beriefen, um aus deren Popularität Nutzen zu ziehen, den gefährlichen Sog in den politischen Hohlraum noch verstärkten. Mit der jetzigen rechtsdogmatisch einwandfreien Funktionsverteilung hat das Grundgesetz denjenigen, denen es für Frieden und Ernstfall die oberste Verfügungsgewalt anvertraut hat, eine schwere Aufgabe gestellt. Von ihnen erwartet unser Grundgesetz das gleiche, was der Staatsrechtslehrer Richard Thoma vor 30 Jahren als Erwartung der damaligen Verfassung an jede Regierung bezeichnet hat: Plan, Führung, Festigkeit.

---

[24] Glum, Das parlamentarische Regierungssystem in Deutschland, Großbritannien und Frankreich², München—Bln. 1965 berichtet S. 427 Anm. 17, daß der Reichskanzler von Bethmann-Hollweg vor dem Untersuchungsausschuß gesagt habe, einer der wesentlichsten Gründe für den unglücklichen Ausgang des ersten Weltkriegs sei die Unfertigkeit der deutschen Verfassung, mit der wir in den Krieg eingetreten seien.

Jurisdiction

Neue Wege im Amerikanischen Recht

Von Joseph Kaskell

Der Begriff „Jurisdiction“ hat in der amerikanischen Rechtsprache umfassendere Bedeutung, als in der deutschen. Er wird als „die Macht eines Staates, rechtliche Beziehungen mit bindender Wirkung zu gestalten“ definiert[1].

Beale: „Treatise on Conflict of Laws“ (1935) legt den Akzent auf die Anerkennung der Jurisdiction durch andere Staaten. Seine Definition lautet (s. 274):

> „Jurisdiction ist die Macht eines Staates, Rechte zu schaffen, die von anderen Staaten als gültig anerkannt werden.“

Das „Restatement on Conflict of Laws“[2] definiert Jurisdiction in dem Tentative Draft No. 3 (1956) wie folgt:

§ 42 „Ein Staat darf rechtliche Interessen erzeugen oder beeinflussen, wenn immer seine Berührungspunkte mit einer Person, einer Sache oder einem Ereignis hinreichen, um seine Handlung vernunftgemäß erscheinen zu lassen. Die Macht, auf diese Weise rechtliche Interessen zu erzeugen oder zu beeinflussen, ist ‚Jurisdiction‘ “.

§ 43 „Gegenstand der Jurisdiction sind Personen und Sachen.“

Die Grundlagen der Jurisdiction werden in § 10 des „Restatement on Foreign Relations Law“ aufgezählt: Territorium, Nationalität, Schutz gewisser Interessen des Staates und Schutz gewisser universellen Interessen, die allen Staaten gemeinsam sind.

In den Vereinigten Staaten unterscheidet man entsprechend der in der Verfassung vorgesehenen Dreiteilung der Regierungsmacht admi-

---

[1] Weinstein, Korn, Miller: „New York Civil Practice“ (1965); die Verfasser waren maßgebend an dem Entwurf der neuen Zivilprozeß-Ordnung des Staates New York, des „Civil Practice Law & Rules“ (CPLR) beteiligt und haben zu diesem Gesetz einen achtbändigen wissenschaftlichen Kommentar geschrieben.

[2] Als eine Art Ersatz für die Kodifizierung des bestehenden Rechts hat das American Law Institute in jahrzehntelanger Arbeit durch Gruppen von Gelehrten für jedes Spezialgebiet ein „Restatement“ fertigen lassen, das den Stand der behandelten Rechtsgebiete in Form von Rechtssätzen wiedergibt. Die Rechtssätze sind von kurzen Kommentaren begleitet. Der Gegenstand des vorliegenden Aufsatzes wird in dem Restatement on Conflict of Laws behandelt, für das seit 1953 eine neue Fassung in Form von Teilentwürfen veröffentlicht worden ist.

nistrative, legislative und gerichtliche Jurisdiction[3]. Ihnen allen gemeinsam ist, daß sie sich innerhalb der von der Verfassung gezogenen Grenzen halten müssen.

Entscheidungen der staatlichen Organe, die sich im Rahmen der ihnen verfassungsrechtlich überlassenen Jurisdiction halten, müssen in anderen Staaten auf Grund der „Full Faith and Credit" Klausel[4] der Verfassung anerkannt werden.

Die Begrenzung der Jurisdiction des Bundes und der einzelnen Staaten wird durch die „Due Process" Klauseln der Verfassung bewirkt[5].

Die ersten zehn Amendments, die sogenannte „Bill of Rights", wurden wenige Monate nach der Verfassung als Anhang beschlossen. Das XIV. Amendment wurde im Jahre 1866, nach Beendigung des Bürgerkrieges, hinzugefügt. Das V. Amendment bindet die Bundesorgane, das XIV. die Organe der einzelnen Staaten. Die abstrakte Form der Klauseln ist durch umfangreiche Rechtssprechung der Bundesgerichte, denen die verfassungsrechtliche Kontrolle der Bundes- und staatlichen Organe obliegt, ausgefüllt worden und wird fortgesetzt den sich ändernden sozialen und wirtschaftlichen Verhältnissen angepaßt.

Involviert ein Prozeß vor den staatlichen Gerichten eine Frage der Bundesverfassung, so kann gegen die Entscheidung des höchsten Gerichtes des Staates Berufung beim höchsten Bundesgericht eingelegt werden. Die Zulassung der Berufung unterliegt dem freien Ermessen des letzteren. Da es, ebenso wie die höchsten Gerichte der Staaten, nur aus einem Senat besteht, muß es Sparsamkeit walten lassen. Es läßt daher im allgemeinen Berufungen nur zu, wenn dies aus Gründen der Rechtseinheit oder wichtiger Verfassungsfragen geboten erscheint.

Die Verteilung der gesetzgeberischen Jurisdiction zwischen Bund und Staaten ist in der Bundesverfassung geregelt und seit ihrer Verkündung nicht geändert worden. Die Reichweite der Bundesgesetzgebung ist trotzdem ständig gewachsen. Dies geschah im Wege der flexiblen Auslegung ihrer „kurzgefaßten abstrakten Prinzipien, die erst durch die Interpretation der Gerichte wesentlichen Inhalt erhalten"[6].

---

3 Rest. on Conflict, Tent. Dr. 3 (1956) § 43b.

4 Art. IV: „Full Faith and Credit soll in jedem Staate den öffentlichen Urkunden, Registern und gerichtlichen Verfahren eines jeden anderen Staates gegeben werden".

5 V: „Niemand darf seines Lebens, seiner Freiheit oder seines Eigentums ohne Due Process of Law beraubt werden."
XIV: „Kein Staat soll irgend jemanden seines Lebens, seiner Freiheit oder seines Eigentums ohne Due Process of Law berauben; oder irgendeiner Person innerhalb seiner Jurisdiction den gleichen Schutz der Gesetze versagen."

6 Appalachian Coals, Inc. v. United States, 288 U. S. 344 (1933).

Die Bundesverfassung überträgt der Bundesregierung die Sorge für die Außenpolitik und Verteidigung, ferner das Urheberrecht, das Konkursrecht, allgemeine Wohlfahrt und den „Handel zwischen den Staaten und mit fremden Ländern". Besonders diese letzte Klausel hat der Bundesgesetzgebung die Möglichkeit gegeben, das Wirtschaftsleben der Nation einschließlich der sozialen Fürsorge und der gewerkschaftlichen Organisation der Arbeitnehmer weitgehend zu beherrschen.

Für sehr wichtige Gebiete ist die legislative und gerichtliche Jurisdiction der einzelnen Staaten aufrechterhalten worden, unter ihnen alle Materien, die im deutschen Bürgerlichen Gesetzbuch geregelt sind, das allgemeine Strafrecht und das Handelsrecht. Gemeinsam ist diesen Gebieten als Grundlage das aus England importierte Common Law[7], das aber durch die Gerichte der einzelnen Staaten unterschiedlich ausgelegt und entwickelt wird. Daneben ergänzt jeder Staat das Common Law durch die sehr intensive Produktion von Gesetzen (statutory law), mit denen er seine eigene und selbständige Rechtspolitik verfolgt. Um nur einige Beispiele zu erwähnen, welche die Verschiedenheit des Rechts der einzelnen Staaten charakterisieren: In New York ist Ehescheidung nur erreichbar, wenn Ehebruch durch zwei Augenzeugen bewiesen wird; in anderen Staaten genügt Unverträglichkeit als Scheidungsgrund. In New York kann ein Dahrlehen, das einer natürlichen Person unter wucherischen Bedingungen gegeben worden ist, nicht zurückgefordert werden; in anderen Staaten verliert der Gläubiger nur den Anspruch auf die Zinsen, in wieder anderen nur auf die übermäßigen Zinsen. In New York schließt mitwirkendes Verschulden jeden Anspruch auf Schadenersatz wegen Fahrlässigkeit aus; in anderen Staaten wird der Schaden nach Maßgabe des mitwirkenden Verschuldens ebenso wie im deutschen Recht verteilt.

Bestrebungen sind im Gange, größere Übereinstimmung zwischen den staatlichen Gesetzen herbeizuführen. Zu diesem Zweck wurde die „Conference of Commissioners of Uniform State Laws" organisiert. Ihr bedeutendstes Werk, das mit dem American Law Institute gemeinsam geschaffen wurde, ist der Uniform Commercial Code, der, wenn auch mit gewissen Modifikationen, bereits in 25 Staaten adoptiert worden ist, darunter seit 1964 New York.

Dieser Aufsatz befaßt sich mit neuen Entwicklungen auf dem Gebiet der gesetzgeberischen und gerichtlichen Jurisdiction. Er muß sich im wesentlichen auf Bundesrecht und das Recht des Staates New York beschränken.

---

[7] Mit Ausnahme des Staates Louisiana, dessen Recht infolge früheren spanischen und französischen Einflusses im Civil Law wurzelt.

Legislative Jurisdiction

Die staatlichen Gerichte[8] wenden für ihre Entscheidungen das Recht ihres Staates an. Dieses Recht schreibt jedoch zuweilen vor, daß auf einen bestimmten Sachverhalt das Recht eines anderen Staates oder gar ausländisches Recht anzuwenden ist. Während man im frühen 19. Jahrhundert auch in den Vereinigten Staaten glaubte, daß die Frage der Wahl des anzuwendenden Rechts von über-nationalen Normen reguliert wird, ist jetzt herrschende Ansicht, daß es sich auch bei Kollisions-Normen um heimisches Recht handelt. Diese Normen gehören dem „Law of Conflict of Laws" an; es umfaßt Materien, die in Deutschland als Internationales Privatrecht und Internationales Prozeßrecht angesehen werden.

Die einzelnen Staaten werden in der Ausübung ihrer legislativen Jurisdiction, d. h. in der Gestaltung ihres Konfliktsrechtes, nur insofern beschränkt, als die Bundesverfassung ihren legislativen Jurisdictionsansprüchen Grenzen zieht; insoweit ist Konfliktsrecht jurisdictioneller Natur.

Das einschlägige Verfassungsrecht wird mit Hilfe der Interpretation der Bundesgerichte aus wenigen Klauseln der Verfassung hergeleitet: Due Process, Full Faith and Credit und zuweilen das Verbot der Behinderung des internationalen Handels.

Konfliktnormen sind in der Regel nicht im statutorischen Recht zu suchen, sondern werden von der Rechtsprechung entwickelt, die sich zumeist mit Kollisionen zwischen den Rechtssystemen der einzelnen Staaten zu befassen hat[9]. Die hierbei entwickelten Grundsätze finden jedoch auch auf Kollisionen mit ausländischem Recht Anwendung.

Die „Due Process" Klausel schützt auch Ausländer, natürliche sowohl wie juristische Personen[10]; auch ihnen gegenüber muß die Wahl des anzuwendenden Rechtes „fair" sein. Die Full Faith and Credit Klausel wird für Kollisionen mit ausländischem Recht durch das Prinzip der „Comity of Nations" ersetzt; sie „begründet zwar keine Verpflichtung,

---

8 Gerichtliche Entscheidungen werden wie folgt zitiert:
„ — U. S. — ": Supreme Court (höchstes Bundesgericht);
„ — Fed. — ": Court of Appeals (Bundesgerichte zweiter Instanz);
„ — Fed. Supp. — ": District Court (Bundesgerichte erster Instanz);
„ — N. Y. — ": Court of Appeals (höchstes Gericht des Staates New York);
„ — N. Y. S. — ": Gerichte erster und zweiter Instanz.

9 Siehe Rudolf B. Schlesinger: „Die Rolle des Supreme Court im Privat- und Prozeßrecht der Vereinigten Staaten." Schriftenreihe der Jur. Studien-Ges. Karlsruhe, Heft 61, S. 12.

10 Truax v. Raich, 239 U. S. 33 (1915); Galvan v. Press, 347 U. S. 522 (1954) für Personen; Black v. Caldwell, 83 Fed. 885 (1897) für Gesellschaften.

ist aber auch nicht nur ein Ausdruck von Höflichkeit und gutem Willen"[11].

Völlige Unabhängigkeit wird dem Forumstaat mit Bezug auf sein Prozeßrecht eingeräumt, das jedoch den „Due Process" Anforderungen hinsichtlich Benachrichtigung des Beklagten von der Einleitung des Prozesses und seines rechtlichen Gehörs genügen muß[12].

Auch die Bundesgerichte kommen mit Konfliktsfragen in unmittelbare Berührung. Bundesrechtliche Materien, wie Patent- und Urheberrecht bieten hierzu allerdings nur selten Gelegenheit, dagegen führt das Anti-Trustrecht infolge seines Anspruchs auf überterritoriale Geltung häufiger zu Kollisionen mit dem Recht anderer Länder[13]. In Fällen, die wegen „Diversity of Citizenship" von den Bundesgerichten unter staatlichem Recht entschieden werden, wendet das Bundesgericht auch das Kollisionsrecht des jurisdictionell zuständigen Staates an[14].

Gegen Entscheidungen der höchsten staatlichen Gerichte in Konfliktsfragen kann Antrag auf Zulassung der Berufung beim U. S. Supreme Court gestellt werden, vorausgesetzt, daß Verletzung der verfassungsrechtlichen Grundlagen dieses Rechts gerügt wird. Zumeist handelt es sich in solchen Fällen darum, daß das Forum einheimisches Recht angewandt hat, während der Berufungskläger behauptet, daß aus „Due Process" Gründen ein anderes Recht hätte angewandt werden müssen[15].

Der klassische Fall, in dem der U. S. Supreme Court die Anwendung ausländischen Rechtes unter „Due Process" Gesichtspunkten erzwang, ist Home Insurance Co. v. Dick 281 U.S. 397 (193). Ein in Mexico geschlossener Versicherungsvertrag zwischen einer mexikanischen Gesellschaft und einem Bewohner Mexicos sah eine Abkürzung der Ver-

---

11 In Banco Nacional de Cuba v. Sabbatino, 376 U. S. 398 (1964) lehnte der Supreme Court die Auffassung der unteren Gerichte ab, daß Comity nur freundlichen Staaten zu gewähren sei; nur Regierungen, die sich im Kriege mit den Vereinigten Staaten befänden, hätten keinen Anspruch darauf. Die Entscheidung bestätigt auch die „Act of State Doctrine", derzufolge die Gerichte es ablehnen, Handlungen fremder Staaten innerhalb ihres Gebietes ihrem Urteil zu unterwerfen.

12 Wells v. Simonds Abrasive Co., 345 U. S. 514 (1953); Cohen v. Beneficial Ind. Loan Corp., 337 U. S. 541 (1949).

13 Siehe hierzu Timken Roller Bearing Co. v. United States, 341 U. S. 593 (1951); United States v. Aluminum Co. of America, 148 Fed. 2d 416 (2d Cir. 1945); United States v. Imperial Chem. Industries, 100 Fed. Supp. 504 (S. D. N. Y. 1951).

14 Klaxon Co., v. Stentor Manufacturing Co., 313 U. S. 487 (1941).

15 Theoretisch könnte sich bei zwischenstaatlichen Konflikten die Berufung auch auf die Full Faith and Credit Klausel stützen. Der Supreme Court hat diese Klausel jedoch nur selten auf Fragen der legislativen (im Gegensatz zur gerichtlichen) Jurisdiction angewandt. Beispiel: Order of Un. Com. Travellers v. Wolfe, 331 U. S. 586 (1947); selbst diese Entscheidung ist in Clay v. Sun Insurance Office, 377 U. S. 179 (1964) praktisch außer Kraft gesetzt worden.

jährungsfrist auf sechs Monate vor. Dies war nach dem Recht von Mexico zulässig, während in Texas vertragliche Verjährungsfristen mindestens zwei Jahre betragen müssen. Die Gerichte in Texas wandten ihr eigenes Recht mit der Begründung an, daß es sich um eine prozessuale Bestimmung handele. Tatsächlich sind in den Vereinigten Staaten die gesetzlichen Bestimmungen über Verjährung gewöhnlich im Prozeßrecht zu finden. Der Supreme Court entschied jedoch, daß die in Rede stehende Vertragsbestimmung materiellen Charakter habe, da sie Pflichten und Rechte erzeuge; die Außerachtlassung der nach mexikanischem Recht gültigen Vertragsbestimmung stelle daher, da der Vertrag als solcher keinerlei Anknüpfungspunkte in Texas hatte, eine Entziehung von Eigentum unter Verletzung der „Due Process" Klausel des 14. Amendments zur Bundesverfassung dar.

Der Supreme Court billigte dagegen die Außerachtlassung von vertraglichen oder gesetzlich implizierten Vereinbarungen, die mit dem Recht des Forum-Staates in Widerspruch standen, wenn letzterer über hinreichende Anknüpfungspunkte mit dem Rechtsverhältnis verfügte. In Watson v. Employers Liability Ins. Corp., 348 U. S. 66 (1954) lag ein Haftpflichtversicherungsvertrag mit der New Yorker Gesellschaft vor, der die dort zulässige Bestimmung enthielt, daß Klage gegen die Gesellschaft erst nach gerichtlicher Feststellung des Bestehens einer Haftpflicht zulässig ist. Die Gerichte von Louisiana setzten sich über diese Bestimmung hinweg und ließen die Klage im Einklang mit dem Recht des Forums ohne Erfüllung dieser Bedingung zu. Der ausreichende Kontakt wurde im Wohnsitz des Klägers gefunden.

In Carrol v. Lanza, 349 U. S. 408 (1955) gestattete der Supreme Court den Gerichten von Arkansas sogar, sich über eine Bestimmung des Workmen's Compensation Law von Missouri hinwegzusetzen, demzufolge der Angestellte neben seinem Anspruch unter dem vorerwähnten Gesetz nicht auch noch Ansprüche wegen unerlaubter Handlung gegen den Arbeitgeber geltend machen darf. In diesem Falle wurde der Kontakt im locus delicti erblickt.

Auch in Entscheidungen, die nicht den Supreme Court erreichten, zeigte sich die Tendenz der staatlichen Gerichte, dem Recht des Forums den Vorzug zu geben. In Sachen Kilberg v. North-East Airlines, 9 N. Y. S. 2 d 34 (1961) vermied das höchste Gericht des Staates New York die Anwendung des Rechtes von Massachusetts, indem es Bestimmungen, welche die Haftung für fahrlässige Tötung begrenzen, als „prozessual" charakterisierte; als zusätzlichen Grund lehnte es die Anwendung der Massachusetts Bestimmung als mit der „public policy" des Staates New York unvereinbar ab[16]. In Grant v. McAuliffe, 41 Cal. 2 d 859

[16] Aus public policy Gründen kann sich ein Staat der Anwendung des Rechtes eines anderen Staates entziehen. Der Unterschied in der Auffassung

(1953) behandelte das höchste Gericht des Staates California Bestimmungen betreffend das Überleben von Deliktansprüchen gegen einen Verstorbenen als prozeßrechtlich. In Haumschild v. Continental Casuality Co., 7 Wisconsin 2 d 130 (1959) erreichte das Höchste Gericht des Staates Wisconsin das gleiche Ergebnis, indem es die Frage, ob einem Ehegatten Deliktansprüche gegen den anderen zustehen, als familienrechtlich charakterisierte.

In zwei Entscheidungen neueren Datums stützte sich der Supreme Court auf international-rechtliche und politische Erwägungen, die sowohl „Comity of Nations" als „Due Process" Gesichtspunkte enthalten. In Lauritzen v. Larsen, 345 U. S. 571 (1953) verklagte ein dänischer Seemann die dänische Schiffahrtsgesellschaft, in deren Dienst er gestanden hatte, unter dem Jones Act wegen einer körperlichen Verletzung. Der Supreme Court lehnte es ab, die in der Tat sehr weitgefaßte Bestimmung des Jones Act auf einen Unfall anzuwenden, der sich auf einem Schiff unter dänischer Flagge und außerhalb der Vereinigten Staaten ereignet hatte. Man müsse auf internationalem Gebiet das Recht der Flagge respektieren, da man sonst mit der gesamten maritimen Welt in Konflikt geraten würde; auch müsse man mit Vergeltungsmaßnahmen rechnen, wenn die amerikanischen Gerichte in der Anwendung des heimischen Rechtes zu weit gingen. Dem Recht, das die überwiegenden Kontakte mit dem Streitfall habe, müsse der Vorzug gegeben werden.

Das Recht der Flagge fand erneute Anwendung in McCulloch v. Sociedad Nacional des Marineros de Honduras, 372 U. S. 10 (1963). Eine amerikanische Gewerkschaft unternahm es, die Mannschaft eines Schiffes zu organisieren, das einer amerikanischen Gesellschaft gehörte, aber unter der Flagge von Honduras segelte. Es stand also die Frage auf dem Spiel, ob die in weitem Umfange benutzten „Flags of Convenience" in Zukunft einen ihrer wichtigsten Zwecke erfüllen würden, nämlich die hohen Löhne zu vermeiden, die amerikanischen Seeleuten gezahlt werden müssen. Der Supreme Court entschied, daß das Recht der ausländischen Flagge auch respektiert werden müsse, wenn ein amerikanischer Schiffsherr dahinterstehe.

Mit Hilfe des weiten Spielraums, den die Bundesgerichte dem Konfliktsrecht der einzelnen Staaten geben, haben sich neuerdings weitgehende Umwälzungen auf diesem Gebiet vollzogen. Für den Staat New York waren zwei Entscheidungen bahnbrechend, die eine, Auten

muß jedoch von bedeutendem Gewicht sein. Louks v. Standard Oil Co., 224 N. Y. 99 (1918); die Vollstreckung von Urteilen anderer Staaten darf jedoch nicht davon abhängig gemacht werden, ob das Urteil der public policy des Vollstreckungsstaates entspricht. Fauntleroy v. Lum, 210 U. S. 230 (1908). Siehe wegen „ordre public" auch R. B. Schlesinger, Comparative Law, Aufl. 2, S. 465.

v. Auten, 308 N. Y. 155 (1954) auf dem Gebiet des Vertragsrechts, die andere, Babcock v. Jackson, 12 N. Y. 2 d 473 (1963), auf dem Gebiet des Rechts der unerlaubten Handlung. Vordem waren Platz des Abschlusses und Erfüllungsort für das Vertragsrecht maßgebend, für das Recht der unerlaubten Handlung der Ort ihrer Begehung. So wurde das bestehende Recht von dem Restatement on Conflict im Jahre 1933 dargestellt[17].

In Auten v. Auten schloß sich der Court of Appeals der „grouping of contacts" oder „Schwerpunkt"-Theorie an, zu der die Entwicklung drängte. Er räumte ein, daß die alten Regeln mehr Sicherheit und Voraussehbarkeit geboten hatten, gab aber der neuen Regel den Vorzug, weil sie die Kontrolle über die sich aus einem bestimmten Sachverhalt ergebenden Rechtsfragen dorthin legt, wo das größte Interesse an dem Problem besteht und „auf diese Weise dem Forum erlaubt, die Politik derjenigen Jurisdiction zur Geltung zu bringen, die am intimsten an dem Ausgang des betreffenden Prozesses interessiert ist".

In Babcock v. Jackson hatte der Beklagte den Kläger als Gast auf eine Automobilfahrt mitgenommen. Beide Parteien hatten ihren Wohnsitz in New York und von dort ging die Fahrt aus. In Ontario erlitten die Parteien einen Unfall, für den der Kläger den Beklagten vor den New Yorker Gerichten verantwortlich machte. Das Recht des Staates Ontario schließt den Gastpassagier von jedem Schadensersatzanspruch gegen den Gastgeber aus, während das Recht von New York einen solchen Anspruch zuläßt. Das Gericht wandte das Recht von New York mit der Begründung an, daß die überwiegenden Kontakte der Parteien und ihre Beziehungen zueinander in New York ihren Sitz hatten, während die Beziehung zu Ontario von untergeordneter Bedeutung war.

Beide Entscheidungen berufen sich in den von J. Fuld geschriebenen opinions auf Vanston Bondholders Prot. Com. v. Green, 329 U. S. 156 (1946), wo der Supreme Court sich bereits gegen „mechanische Formeln für Conflict of Law" ausgesprochen und ein Abwägen der Interessen der beteiligten Staaten verlangt hatte.

Da auch andere Staaten diese neuen Konflikt-Normen adoptiert haben, haben sie ihren Eingang in den Tentative Draft gefunden. Die Norm von Auten v. Auten wird in §§ 332 ff. des Tent. Dr. No. 6 (1960) wiedergegeben. Die Gültigkeit eines Vertrages wird nunmehr nach dem Gesetz des Staates entschieden, mit dem der Vertrag die wichtigsten Beziehungen hat. Das gleiche gilt von der Natur und Ausdehnung der Rechte und Pflichten, die durch einen Vertrag geschaffen werden (§ 346).

[17] Siehe §§ 332, 358 für Vertrag, §§ 383 bis 385 für unerlaubte Handlung.

Der Tent. Dr. No. 9 (1964) § 379 reflektiert Babcock v. Jackson wie folgt:

1. Das lokale Recht des Staates, der die meisten wichtigen Beziehungen zu dem Ereignis und zu den Parteien hat, entscheidet über ihre Rechte und Verbindlichkeiten auf dem Gebiet der unerlaubten Handlung.
2. Wichtige Kontakte, die das Gericht in Erwägung zieht, wenn es über die Frage der „meisten wichtigen Beziehungen" entscheidet, schließen ein:
   (a) den Platz, wo der Schaden zugefügt worden ist;
   (b) den Platz, wo die Handlung begangen worden ist;
   (c) Wohnsitz, Nationalität, Platz der Gründung einer Corporation und den Geschäftssitz der Parteien;
   (d) den Platz, wo die Beziehung zwischen den Parteien, wenn eine solche besteht, eingegangen worden ist.
3. Bei der Entscheidung über die relative Wichtigkeit der Kontakte wird das Gericht die Streitfragen, den Charakter der unerlaubten Handlung und den Zweck der einschlägigen gesetzlichen Bestimmungen der Interessenstaaten in Erwägung ziehen.

Auf dem Gebiet der legislativen Jurisdiction — im Gegensatz zur gerichtlichen — gibt das amerikanische Recht den Vereinbarungen der Parteien maßgebenden Einfluß. Nur wenn die Vereinbarung mit unfairen Mitteln erreicht worden ist, oder wenn der Vertrag keine wesentliche Beziehung zu dem Staate besitzt, dessen Recht gewählt worden ist, wird die Vereinbarung nicht beachtet. Sie darf auch nicht einer grundlegenden Politik desjenigen Staates zuwiderlaufen, dessen Recht sonst anwendbar wäre[18].

Zu bemerken ist schließlich, daß ausländisches Recht, das mit dem Prozeßrecht des Forums in Widerspruch steht, grundsätzlich nicht beachtet wird[19]. Abweisung der Klage, weil der Kläger den prozessuellen Anforderungen des Gerichts hinsichtlich Vorlegung von Dokumenten nicht entsprochen hat, ist jedoch nur zulässig, wenn der Kläger schuldhaft gehandelt hat. Ist die Vorlegung auf Grund von Gesetzen des Heimatstaates unmöglich, so wäre es eine Verletzung von „due process", den Kläger hierfür verantwortlich zu machen. So hat der Supreme Court in *Societee Internationale v. Rogers*, 357 U. S. 197 (1958) entschieden.

Die Klägerin verlangte die Freigabe von Aktien der General Anilin Corporation, die der U. S. Custodian of Alien Property als Feindvermögen mit der Begründung beschlagnahmt hatte, daß die Klägerin lediglich Treuhänderin für I. G. Farben Industrie sei. Der Supreme Court hob die abweisenden Entscheidungen der unteren Gerichte auf und verwies an die erste Instanz zurück. Der Prozeß, der unter dem Namen Interhandel-Fall bekannt geworden ist, wurde danach verglichen.

---

[18] Rest. on Conflict, Tent. Dr. No. 6 (1960) § 332a.
[19] Fuss v. French Nat. R. R., 231 N. Y. S. 2d 57 (1962).

Gerichtliche Jurisdiction

Gerichtliche Jurisdiction ist mit Gerichtsbarkeit zu übersetzen. Die Abgrenzung der Jurisdiction der staatlichen Gerichte obliegt der Bundesgesetzgebung[20] und den Bundesgerichten; die letzteren stützen sich hierbei auf die „Due Process“ Klausel des 14. Amendment und die „Full Faith and Credit“ Klausel der Verfassung. Während die erstere den Bundesgerichten u. a. die Macht gibt zu entscheiden, unter welchen Umständen und Bedingungen der Staat seinen Gerichten Jurisdiction über Einheimische und Auswärtige verleihen kann, gibt die letztere den solchermaßen erlassenen Urteilen in allen Staaten Verbindlichkeit und — auf vorgeschriebenen prozessualen Wegen — Vollstreckbarkeit.

Rudolf B. Schlesinger würdigt in einem in Karlsruhe im Jahre 1964 gehaltenen Vortrag[21] die Leistung des höchsten Bundesgerichtes wie folgt:

> „Der Supreme Court hat aus einigen wenigen, recht elastisch gefaßten Bestimmungen der Bundesverfassung Grundsätze und Regeln abgeleitet, die an die Stelle absoluter Freiheit (für die Gestaltung des staatlichen Kollisionsrechtes) ein geordnetes System der beschränkten Freiheit setzen.“

Die Definition von „Due Process“ begegnet mindestens den gleichen Schwierigkeiten, wie die Definition von „Treu und Glauben“ im deutschen Recht. Noch weit mehr als „Treu und Glauben“, hat sich die Auslegung von „Due Process“ den Erfordernissen der industriellen Revolution, der immensen Steigerung des Verkehrs und der wachsenden Bedeutung der Unternehmungen von nationalen Dimensionen anpassen müssen. Während die Erfordernisse wechselten, die man aus der Klausel ableitete, blieb die Klausel unverändert die Basis für die Regulierung der Jurisdiction der einzelnen staatlichen Gerichte. Das gilt sowohl für die Beziehungen der einzelnen Staaten untereinander als auch für die Beziehung der Bundes- und staatlichen Gerichte zu denen des Auslandes.

Ursprünglich wurzelte die Jurisdiction der staatlichen Gerichte über Personen in der Anschauung des Common Law, daß ein Gericht nur Personen seinem Urteil unterwerfen könne, über die es physische Gewalt auszuüben in der Lage ist. Die Verhaftung des Beklagten, die in früheren Zeiten erforderlich war, um dem Gericht solche Gewalt zu geben, wurde später symbolisch durch Zustellung der Ladung an die Person des Beklagten innerhalb des Gerichts-Staates ersetzt. Diese

---

[20] Sie bestimmt z. B. daß zivile Streitigkeiten auf Verlangen einer Partei vor das lokal zuständige Bundesgericht zu bringen sind, wenn die Parteien ihren Wohnsitz in verschiedenen Staaten haben.

[21] Schriftenreihe der Juristischen Studiengesellschaft Karlsruhe, Heft 61.

Regel fand ihre Bestätigung in der Entscheidung des Supreme Court in Pennoyer v. Neff 95 U. S. 714 (1877). Damals konnte der Supreme Court noch erklären (S. 730):

„Wo immer der Versuch gemacht worden ist, in einem Staat Urteilen Wirkung zu geben, die in einem anderen Staate gegen Auswärtige erlassen worden waren, ohne Ladung oder auf Grund von Ladung durch Veröffentlichung, ist ausnahmslos entschieden worden, daß solche Urteile ohne jede bindende Wirkung sind."

Auch heute noch kann Jurisdiction in den Vereinigten Staaten durch persönliche Zustellung innerhalb des Gerichts-Staates begründet werden, selbst wenn der Beklagte sich nur kürzeste Zeit dort aufhält[22]. In der Wissenschaft wird dies mit der Begründung bekämpft, daß sich die Regel von Pennoyer v. Neff in ihrer Anwendung auf nur vorübergehend Anwesende (transients) nicht mit moderner Auffassung von Fairness verträgt[23]. Heutzutage ist der Wohnsitz des Beklagten eine ausreichende Basis für Jurisdiction, auch wenn dort persönliche Zustellung aus irgendwelchen Gründen nicht möglich ist[24]. Erweiterungen der Jurisdiction wurden insbesonders hinsichtlich der Kapitalgesellschaften erforderlich. Industrielle und commerzielle Tätigkeit wird in den Vereinigten Staaten fast ausschließlich in Form von Kapitalgesellschaften (corporations) betrieben. Nach älterer Anschauung hat die Corporation jedoch ihre Existenz ausschließlich in dem Staat, unter dessen Recht sie gegründet worden ist. Dies geht darauf zurück, daß in der Frühzeit der Corporation ihre Gründung im Wege spezieller staatlicher Verleihung erfolgte. Als später liberale Gesetze jedermann die Gründung einer Corporation ermöglichten, blieb man bei der Vorstellung, daß es sich um einen staatlichen Schöpfungsakt handele, der nicht über seine Grenzen hinaus wirken könne. Ältere Entscheidungen verneinten daher, daß die Corporation außerhalb des Gründungsstaates existiere, und bestanden darauf, daß sie nur dort ihre Existenz habe[25]. Ohnehin mußte eine Ladung dem Präsidenten der Corporation[26] zugestellt werden, der außerhalb des Gründungsstaates sein Amt verlor. Die Lehre von der Nicht-Anwesenheit der Corporation außerhalb des Staates, unter dessen Recht sie gegründet worden war — ein Staat, mit dem sie oft keinerlei sonstige Beziehungen hat — wurde zunächst dadurch überwunden, daß die Corporation in anderen Staaten eine Lizenz für ihre geschäftliche Tätigkeit braucht, die von der Anerkennung der Jurisdiction des Lizenz-Staates oder der Bestellung eines

---

[22] Restatement on Conflict, tent. draft No. 3 § 78; CPLR 301.

[23] Ehrenzweig, Conflict of Laws, § 1 (1959). Schlesinger, Methods of Process in Conflict, Journ. of Public Law Vol. 9, S. 313 (1960).

[24] Milliken v. Meyer, 311 U. S. 457 (1940).

[25] 73 Harvard Law Review, S. 919 ff.

[26] Dem Vorsitzer des Vorstandes vergleichbar.

Zustellungs-Bevollmächtigten abhängig gemacht werden kann. Entsprach die Corporation nicht den gesetzlichen Bestimmungen, oder war sie von ihnen eximiert, weil sie im interstate commerce tätig war, so wurde ihre stillschweigende Unterwerfung unter die Gerichtsbarkeit der staatlichen Gerichte, zumindestens für Prozesse, die sich aus ihrer Tätigkeit im Staate ergaben, fingiert[27].

Schließlich wurde die Theorie entwickelt, daß eine Corporation in jedem Staate anwesend ist, in dem sie — sei es auch nur durch Vertreter — Geschäfte betreibt[28]. Zweifel bestehen fort, ob eine solche Anwesenheit auch die Grundlage für Prozesse bildet, die mit der Tätigkeit innerhalb des Forum-Staates nichts zu tun haben[29]. Unsicher blieb ferner, welches Ausmaß von geschäftlicher Tätigkeit erforderlich ist, um die Feststellung zu rechtfertigen, daß die Corporation im Forum-Staat geschäftlich tätig sei („doing business"). Hierüber ergehen fortwährend kasuistische Entscheidungen. Bloße Werbung von Kunden wird im allgemeinen unter der „doing business" Theorie nicht als ausreichend angesehen[30]. Die Tätigkeit einer einheimischen Tochtergesellschaft wird der auswärtigen Muttergesellschaft nur zugerechnet, wenn die erstere als Vertreter der letzteren handelt[31].

Jurisdiction wurde auch häufig mit dem Interesse des Forum-Staates an der Ordnung gewisser Gebiete, seiner „Police Power", verknüpft, z. B. mit dem Wertpapierhandel, dem Versicherungs- und Gesundheitswesen[32]. Der wachsende Automobilverkehr, der sich über Staatsgrenzen bewegte, nötigte zur Schaffung von Jurisdiction zum Schutze der Einwohner gegenüber auswärtigen Motoristen. Ein Gesetz dieser Art des Staates Massachusetts wurde vom Supreme Court in Hess v. Pavloski, 274 U. S. 352 (1927) mit der Begründung gebilligt, der Staat habe ein Recht, in gefährliche Tätigkeiten in seinem Gebiet regulierend einzugreifen.

Ursprünglich wurden diese Gesetze auf „stillschweigendes Einverständnis" des Motoristen gestützt, der die Straßen des Forum-Staates benutzt; in Olberding v. Illinois Railroad, 346 U. S. 338 (1953) lehnte J. Frankfurter dieses „fiktive Geschwätz" ab; es sei fair und entspreche dem „Due Process" Erfordernis, dem Staate, dessen Bewohner verletzt worden sind, Jurisdiction über einen auswärtigen Motoristen einzuräumen.

---

[27] N. Y. Business Corporation Law Sec. 1314 (a).

[28] Harvester Co. v. Kentucky 234 U. S. 579 (1914).

[29] S. 398.

[30] International Harvester v. Kentucky, 234 U. S. 579 (1914).

[31] 73 Harvard Law Review 932 (1960).

[32] Travellers Health Association v. Virginia, 339 U. S. 643 (1950); Henry L. Doherty & Co. v. Goodman, 294 U. S. 623 (1935).

Eine weitere generelle Ausdehnung der Jurisdiction der staatlichen Gerichte stützte sich vornehmlich auf drei wegweisende Entscheidungen des U. S. Supreme Court. In International Shoe Co. v. Washington, 326 U. S. 310 (1945) bestätigte der Supreme Court die Entscheidung des höchsten Gerichtes des Staates Washington mit der Begründung, die Inanspruchnahme von Jurisdiction sei mit „Due Process" vereinbar, wenn sie den traditionellen Vorstellungen von fair play und materieller Gerechtigkeit entspreche. Dies sei der Fall, wenn der Beklagte gewisse Mindestkontakte mit dem Forum-Staate gehabt habe. Die Natur dieser Kontakte und ihr Zusammenhang mit dem geltend gemachten Anspruch seien wesentliche Elemente des maßgebenden Gesamtbildes.

In McGee v. International Life Ins. Co., 355 U. S. 220 (1955) nahm Californien für seine Gerichte Jurisdiction über die Beklagte mit der Begründung in Anspruch, daß der Anspruch aus einer von einem Bewohner Californiens erworbenen Versicherungspolice stamme. Der Supreme Court erklärte:

> „Wenn wir auf die lange Geschichte des Prozeßführens zurückblicken, so ist die Tendenz zur Ausdehnung des zulässigen Umfanges der staatlichen Jurisdiction über auswärtige Gesellschaften und Personen klar zu erkennen. Zum Teil ist das auf die fundamentale Umbildung unserer nationalen Wirtschaft im Laufe der Jahre zurückzuführen.
>
> Für die Zwecke von ‚Due Process' genügt es, daß die Klage auf einem Vertrag beruht, der erhebliche Berührungspunkte mit dem Staate hat ... Es kann nicht geleugnet werden, daß Californien ein offenbares Interesse daran hat, wirkungsvolle Mittel der Abhilfe für seine Bewohner zu schaffen, wenn ihre Versicherer sich weigern, deren Ansprüche zu befriedigen."

In Hanson v. Denckla, 357 U. S. 235 (1958) betonte der Supreme Court, daß die Jurisdiction über den Beklagten davon abhängt, ob er sich im Forum-Staate des Privilegs bedient hat, geschäftliche Tätigkeit darin zu entfalten, und auf diese Weise sich dem Schutz seiner Gesetze anvertraut hat. Der Fall unterschied sich von McGee v. International insofern, als der Klageanspruch nicht aus irgendeiner Tätigkeit des Beklagten innerhalb des Forum-Staates erwachsen war. Das Gericht bestätigte daher die Entscheidung der Gerichte von Delaware, die die Anerkennung der Entscheidung der Gerichte von Florida abgelehnt hatten.

Diese Entscheidungen leiteten den Ausbau der „one transaction" Jurisdiction ein. Obwohl der Supreme Court keine präzisen Richtlinien für die Qualität und Quantität solcher Transaktionen gegeben hatte, war die neue Auslegung von „Due Process" klar genug, um eine Welle von Gesetzgebung in den einzelnen Staaten hervorzurufen. Heute haben mindestens 9 Staaten „single transaction" Gesetze. 1956 kam Illinois mit einem solchen Gesetz heraus, das später u. a. für New York's CPLR von 1963 als Vorbild diente. Das letztere bestimmt:

„§ 302: Ein Gericht kann persönliche Jurisdiction über jeden Auswärtigen ... hinsichtlich von Klageansprüchen ausüben, die sich aus irgendeiner der in diesem Paragraphen aufgezählten Handlungen ergeben, in derselben Art und Weise als wenn er ein Bewohner des Staates wäre, wenn er persönlich oder durch einen Vertreter:

(1) irgendwelche Geschäfte innerhalb des Staates ausführt; oder

(2) eine unerlaubte Handlung innerhalb des Staates begeht ... ; oder

(3) irgendwelches Grundeigentum, das innerhalb des Staates gelegen ist, zu Eigentum hat, benutzt oder besitzt.

§ 304: Durch Zustellung der Ladung wird ein Verfahren begonnen und Jurisdiction erworben ... "

In Illinois sowohl wie in New York wird das Gesetz rückwirkend auf Transaktionen angewandt, die sich vor seinem Inkrafttreten abgespielt haben[33]. Auf schwebende Prozesse sind die neuen Bestimmungen soweit tunlich anzuwenden[34].

Einige Fälle unter neuen „one transaction" Gesetzen sind bereits auf Grund von „diversity of citizenship" vor die Bundesgerichte gekommen. In Erlanger Mills v. Cohoes Fiber Mills, 239 Fed. 2 d, 502 (4th Cir. 1956) versuchte die Klägerin, eine Klage wegen Minderwertigkeit von gelieferter Ware in ihrem Heimatstaat, North Carolina, anhängig zu machen. Die Beklagte hatte ihren Sitz in New York; dort war der Vertrag von einem Vertreter der Klägerin geschlossen worden und die Ware war f. o. b. New York zu liefern. Der U. S. Court of Appeals entschied, daß die Anerkennung von Jurisdiction in einem solchen Falle ernstlich die Garantien verletzen würde, welche „Due Process" gewährleisten will.

In Kaye-Martin v. Brooks, 267 Fed. 2 d 394 (7th Cir. 1959) fanden Besprechungen, die später zum Abschluß eines Vertrages in New York führten, in Chicago statt. Dieser Kontakt wurde als unzureichend abgelehnt. Dagegen wurde der Kontakt für ausreichend gehalten in National Gas Appliance Corp. v. AB Elektrolux, 270 Fed. 2 d 472 (7th Cir. 1959), wo die Vertreter der schwedischen Beklagten wiederholt zu Verhandlungen nach Chicago gekommen waren. In beiden Fällen lehnte der U. S. Supreme Court es ab, Erlaubnis zum Einlegen der Berufung zu geben.

Auch die Feststellung, daß die Jurisdiction des Forum-Staates über den Beklagten eine nicht gerechtfertigte Belastung des Handels mit fremden Staaten darstellen würde, kann zur Ablehnung führen, insbesondere wenn die Gesellschaft ein Transportunternehmen ist[35].

---

33 Nelson v. Miller, 11 Ill. (2d) 378 (1957). Simonson v. International Bank, 14 N. Y. (2d) 281 (1964): United States v. First National City Bank, 379 U. S. 378 (1965).

34 CPLR 10003.

35 Overstreet v. Canadian Pac. Airlines, 152 Fed. Supp. 838 (1957).

Andererseits hat die Tatsache, daß das Geschäft einer Corporation vollkommen „interstate“ ist, nicht ohne weiteres zur Folge, daß sie für gewöhnliche Prozesse in den Staaten, in denen sie geschäftstätig ist, immunisiert wird.

In Ceravit Corp. v. Black Diamont Steamship Corp. 260 N. Y. S. (2 d) 848 (1965) verneinte das Berufungsgericht, daß Jurisdiction über die Beklagte eine unvernünftige Belastung von interstate commerce bilden würde. Es komme nicht darauf an, daß die fragliche Sendung nicht im Staate New York transportiert wurde; das Verbot der Verfassung richte sich lediglich gegen Störungen, die sowohl erheblich als auch unvernünftig sind. Die Beklagte übe geschäftliche Tätigkeit im Staate New York unter einem Zertifikat des Sekretärs des Staates aus, sie beschäftigte 75 Angestellte in ihrem Büro und ihre Schiffe benutzten regelmäßig den New Yorker Hafen.

Im New Yorker Bereich rief die neue Zivilprozeßordnung (CPLR) eine Fülle von zum Teil sich widersprechenden Entscheidungen unterer Gerichte hervor. Aufgeworfen wurden unter anderen Fragen nach dem erforderlichen Quantum der Transaktionen; ob der Vertrag, auf den sich die Klage stützte, innerhalb des Staates abgeschlossen sein müsse; andererseits ob Abschluß des Vertrages innerhalb des Staates genüge. Einige dieser Fragen wurden im Juli 1965 durch drei gleichzeitige und in einer „Opinion“ vereinte Entscheidungen des N. Y. Court of Appeals geklärt: Longines Wittnauer Watch Co. v. Barnes & Reinecke, Feathers v. McLucas und Singer v. Walker, 15 N. Y. 2 d 443 (1965).

In Longines-Wittnauer wurde der Vertrag in Chigago, Ill. geschlossen. Vertreter der Beklagten waren vorher zu Verhandlungen nach New York gekommen. Nach seinem Abschluß kamen leitende Vertreter der Beklagten zu Besprechungen über seine Durchführung nach New York. Ingenieure der Beklagten beschäftigten sich monatelang im Betrieb der Klägerin mit der Installierung und Prüfung der gelieferten Maschinen.

Die von J. Fuld für den Court of Appeals geschriebene Opinion ergibt, daß der der Klage zugrunde liegende Vertrag nicht in New York abgeschlossen zu sein braucht. Die Tätigkeit der Beklagten in ihrer Gesamtheit erfüllte das „Due Process“ Erfordernis der „minimal contacts“. Das Gericht lehnte es ab, sich zu der Frage zu äußern, ob einzelne der Tätigkeiten der Beklagten dem Gesetz genügt hätten. Dies entspricht der amerikanischen Übung, nicht mehr zu entscheiden, als der vorliegende Fall verlangt.

In Feathers v. McLucas und Singer v. Walker behandelte der Court of Appeals die Frage, wann unerlaubte Handlungen, die von aus-

---

[36] International Harvester v. Kentucky, 234 U. S. 579 (1914).

wärtigen Personen oder Gesellschaften begangen wurden, unter die Jurisdiction der New Yorker Gerichte fallen. In Feathers v. McLucas hatte der Beklagte an seinem Wohnsitz in Kansas einen Tank hergestellt, den er an einen Fabrikanten von Transportfahrzeugen verkaufte. Der Käufer montierte den Tank auf ein Fahrgestell und verkaufte dasselbe an ein Transportunternehmen. Während der Beförderung von Brennstoff von Pennsylvania nach Vermont explodierte der Tank in New York. Der Kläger suchte den Beklagten für Fehler in der Herstellung des Tanks verantwortlich zu machen. Das Gericht bestätigte die Entscheidung der ersten Instanz, die die Klage wegen mangelnder Jurisdiction des Gerichts abgewiesen hatte. Die Herstellung des Tanks sei in Kansas erfolgt, während CPLR 302 (a) (2) verlange, daß die unerlaubte Handlung innerhalb des Staates New York begangen worden ist.

Mit dieser Entscheidung wich New York von der Auslegung ab, die das höchste Gericht von Illinois[37] der gleichlautenden Bestimmung seiner Zivilprozeßordnung gegeben hatte, indem es auch den Ort, wo sich die unerlaubte Handlung auswirkte, als Ort der Begehung betrachtete. J. Fuld hielt dem entgegen, daß dies eine unzulässige Anwendung von Grundsätzen des materiellen Kollisionsrechtes auf eine Jurisdictionsfrage sei.

Klagen aus unerlaubter Handlung können auch auf CPLR 302 (a) (1) gestützt werden. Es ist in diesem Fall nicht einmal erforderlich, daß die unerlaubte Handlung innerhalb des Staates begangen wurde. Sie muß nur mit der Transaktion des Beklagten zusammenhängen, die die Grundlage für die Jurisdiction bildet. So wurde in Singer v. Walker vom Court of Appeals zwar Jurisdiction auf Grund von 302 (a) (2) verneint, das auf diese Bestimmung gestützte Urteil der unteren Instanzen aber auf Grund von 302 (a) (1) aufrechterhalten. Die Beklagte, eine Herstellerin von geologischen Instrumenten, hatte „unzerbrechliche“ Hämmer in New York in den Handel gebracht. Dort hatte eine Tante des Klägers einen Hammer für ihn erworben. Der Hammer zersplitterte und verletzte den Kläger. Wie im Longines Fall hielt das Gericht es unter CPLR 302 (a) (1) nicht für entscheidend, daß der Verkauf des Hammers in Illinois stattgefunden hatte; auch daß der Schaden in Connecticut eingetreten war, schloß die Verfolgung des Anspruches in New York nicht aus. Entscheidend war, daß der Anspruch sich klar ergab aus der „zweckvollen Tätigkeit der Beklagten in diesem Staate im Zusammenhang mit dem Verkauf ihrer Produkte auf dem New Yorker Markt“. (Siehe Hanson v. Denckla, supra.)

Es ist zu beachten, daß es sich in den drei vorerwähnten Entscheidungen um die prozessuale Frage der Jurisdiction und nicht um die

---

37 Gray v. Am. Radiator & Sanitary Corp., 22 Ill. 432 (1961).

materielle Frage der Haftung handelt. Soweit Jurisdiction verneint wurde, war die Frage der Haftung nicht zu behandeln; zur Begründung der Jurisdiction bedurfte es lediglich einer schlüssigen Darstellung in der Klageschrift, während die Frage der Haftung erst auf Grund der Beweisführung in der Hauptverhandlung entschieden wird. In den Longines- und Walker-Fällen, in denen der Court of Appeals die Jurisdiction der New Yorker Gerichte über den Beklagten bejahte, nehmen die Prozesse ihren Fortgang in der ersten Instanz, es sei denn, daß der U. S. Supreme Court eine Berufung der Beklagten, etwa wegen Verletzung der „Due Process" Klausel, zuläßt. Im Feathers-Fall kam der Prozeß mit der Verneinung der Jurisdiction zu seinem Ende[38].

Das Recht, unter dem schon vor CPLR auswärtige Gesellschaften und Individuen in New York verklagt werden konnten, wurde in CPLR 301 ausdrücklich aufrechterhalten. Gestützt auf diese Bestimmung hat der N. Y. Court of Appeals in Bryant v. Finnish Airline, 15 N. Y. 2 d 426 (1965) die Jurisdiction der New Yorker Gerichte bestätigt. Er stützte sich hierbei auf § 1314 (a) des Business Corporation Law, demzufolge ein Einwohner oder eine in New York gegründete Gesellschaft jede Klage gegen eine auswärtige Gesellschaft vor den New Yorker Gerichten verfolgen dürfen.

Der Wortlaut von § 1314 (a) scheint dem Artikel 14 des Französischen Civil Code zu entsprechen, nur daß, wie auf vielen anderen Gebieten des amerikanischen Rechts, der Wohnsitz an die Stelle der Nationalität tritt. Die Gerichte wenden diese Bestimmung jedoch nicht an, ohne auch eine Grundlage für ihre Jurisdiction über den Beklagten im Prozeßrecht festzustellen.

Im Finnish Airline Fall unterhielt die Beklagte ein Büro mit mehreren Angestellten in New York, das Aufträge warb. In Perkins

---

[38] In den beiden letzteren Fällen handelt es sich um die Haftung des Herstellers für seine Erzeugnisse („product liability"), die in neuerer Zeit erheblich erweitert worden ist. Die Ausdehnung der Jurisdiction der staatlichen Gerichte erleichtert wesentlich die Verfolgung derartiger Ansprüche. In McPherson v. Buick Motor Co., 217 N. Y. 382 (1916) legte J. Cadozo noch Wert darauf, ein Verschulden der Beklagten festzustellen, das er in der unzureichenden Prüfung des Rades erblickte, dessen Zerbrechen den Unfall herbeigeführt hatte. Später entfernten sich die Gerichte mehr und mehr von der Begrenzung der Haftung des Herstellers oder Verkäufers auf eigenes Verschulden und ersetzten es durch die Annahme einer stillschweigenden Garantie des Verkäufers, die sich auf alle Personen erstreckt, die voraussehbarerweise den verkauften Gegenstand benutzen oder verzehren würden. Der Uniform Commercial Code enthält in § 2—318 eine statutorische Regelung dieser Art. Siehe auch Greenberg v. Lorenz, 9 N. Y. 2d 195 (1961) und Restatement on Torts § 395 (1965). Zu beachten ist, daß amerikanische Gerichte die Tendenz haben, die Haftung für Risiken dorthin zu legen, wo die beste Möglichkeit besteht, sich durch Versicherung zu schützen. Griffith v. United Airlines 416 § 1 (1964); siehe auch Cintrone v. Hertz Truck L. & R. Service, 45 N. J. 434 (1965).

v. Benguet Consolidated Mining Co., 342 U. S. 437 (1952) hatte die Beklagte, um dem Krieg auf den Philippinen auszuweichen, ein Büro in Ohio eröffnet, das einen erheblichen Teil ihrer geschäftlichen Angelegenheiten bearbeitete. In Fuss v. French National Railroads, 231 N. Y. S. 2 d 57, aff'd 233 N. Y. S. 2 d 1013 (1962), stützte sich das Gericht auf § 224 Gen. Corp. Law (gleichlautend mit § 1314 (a) Bus. Corp. Law). Das Gericht äußerte, daß es nur eine Ausnahme von dieser Bestimmung gäbe, nämlich Fälle, welche die internen Angelegenheiten einer auswärtigen Corporation beträfen. Es prüfte jedoch nichtsdestoweniger die Basis für Jurisdiction über die Beklagte, die darin gefunden wurde, daß sie ein Büro in New York hatte, von dem der Kläger seine Fahrkarte gekauft hatte. Auch die Armut des Klägers wurde erwähnt, die ihn verhindern würde, in Frankreich zu prozessieren.

Zweifel bleiben bestehen, ob die Gerichte des Staates, in dem der Beklagte das „doing business" Erfordernis erfüllt, Jurisdiction auch über Ansprüche haben, die nicht aus dieser geschäftlichen Tätigkeit erwachsen sind. Perkins v. Benguet Cons. Mining Co. scheint dafür zu sprechen, ist aber wegen der besonderen Umstände des Falles kaum als Autorität anzusehen. Hanson v. Denckla spricht dagegen. Bryant v. Finnish Airline und Fuss v. French Nat. Railroads sind nicht zur Prüfung durch den Supreme Court gelangt.

Auch wenn hinreichende Basis für die Jurisdiction des Forums besteht, bleibt zu prüfen, ob die Ladung des Beklagten und die ihm gegebene Möglichkeit des Gehörs den Anforderungen von "Due Process" entsprechen. Auch in dieser Beziehung ist Pennoyer v. Neff überholt. Gegen den Beklagten, der zwar Wohnsitz innerhalb des Staates hat, aber abwesend ist, ist jede Ersatzzustellung zulässig, die ihm in angemessener Weise von der Einleitung des Prozesses Kenntnis gibt[39]. Gleiches dürfte für die Beklagten gelten, über die das Gericht Jurisdiction gemäß CPLR 301 oder 302 erlangt hat. Das Restatement on Conflict, Tent. Dr. No. 3 (1956) § 74 begnügt sich mit der Feststellung, daß die Methode der Benachrichtigung und die Gewähr von Gehör angemessen („reasonable") sein müssen. Wegweisende Gedanken finden sich in der Opinion von J. Holmes in McDonald v. Mabee, 243 U. S. 90 (1917): „Wenn auf persönliche Zustellung verzichtet werden soll, so ist das wenigste, was verlangt werden muß, ein Ersatz, der die größte Wahrscheinlichkeit bietet, den Beklagten zu erreichen und damit der Gerechtigkeit Genüge zu tun." International Shoe billigt die Benachrichtigung durch eingeschriebenen Brief[40]. Selbst die Zu-

[39] Milliken v. Meyer, 311 U. S. 457 (1940).

[40] Zu gleichem Ergebnis kommt Travellers Health Ass'n v. Virginia, 339 U. S. 643 (1950).

stellung an einen vertraglich bestellten Vertreter, zu dem der Beklagte keinerlei Beziehung hat, ist ausreichend[41]. Zustellungen an beklagte Gesellschaften, die in New York ohne Lizenz geschäftlich tätig sind oder unter CPLR 302 verklagt werden, können laut § 307 des Business Corporation Law an den Secretary of State erfolgen. Das Gesetz ordnet gleichzeitige Benachrichtigung der Beklagten durch eingeschriebenen Brief an. Gemäß CPLR 313 ist außerdem Zustellung an die Person des Beklagten außerhalb des Staates New York nach den Bestimmungen des Staates oder Landes möglich, in dem die Zustellung erfolgt.

Zu beachten ist der Unterschied zwischen „Jurisdiction" und lokaler Zuständigkeit innerhalb der Jurisdiction („Venue"). Widerspruch gegen die lokale Zuständigkeit muß vorab gegenüber dem Prozeßgericht erklärt werden, gewöhnlich in Form eines Verweisungsantrages. Verletzungen der Bestimmungen über lokale Zuständigkeit können nur im Wege der Berufung gerügt werden[42], während ein ohne Jurisdiction erlassenes Urteil nichtig ist[43].

Der Unterschied zwischen Jurisdiction und Venue wird in Paige v. Sinclair, 237 Mass. 482 (1921) wie folgt definiert:

> „Jurisdiction ist ein Begriff von umfassender Bedeutung. Er betrifft und definiert die Macht der Gerichte ... Venue bezieht sich auf und definiert den Bezirk innerhalb des Staates, in dem der Klageanspruch anhängig gemacht und verhandelt werden muß. Sie hat mit geographischen Einteilungen zu tun und bezieht sich auf das Prozessieren; die Parteien können auf ihre Beachtung verzichten; mit Jurisdiction hat sie nichts zu tun."

Während für die Bundesgerichte gemäß 28 U. S. A. § 1404 a (Judiciary Law) die Möglichkeit der Verweisung innerhalb des Bundesgebietes besteht[44], können staatliche Gerichte nur innerhalb des Staates verweisen[45].

„One Transaction" Gesetze und der Europäer

Die hier behandelten Entscheidungen unter CPLR 302 betreffen Fälle, in denen der Beklagte seinen Wohnsitz in einem anderen als dem Forum-Staat hat. Grundsätzlich sind diese Entscheidungen auch auf ausländische Beklagte anwendbar. Theoretisch haben Europäer

---

41 National Equipment Rental v. Szukhent, 375 U. S. 311 (1964).

42 Stepp v. Tyne-Willey, 294 N. Y. S. 199 (App. Div. 1937).

43 McDonald v. Mabee, 243 U. S. 90 (1917).

44 Siehe hierzu Norwood v. Kirkpatrick, 349 U. S. 29 (1955).

45 Albert Ehrenzweig kämpft in seinem Buch „Conflict of Laws", Band I, für die Einführung eines Systems von zwischenstaatlichen Verweisungen. Er knüpft hierbei an die „forum non conveniens" Doctrine an. Siehe hierzu auch R. B. Schlesinger, Journal of Public Law, Vol. 9, § 325.

kaum einen Anlaß, sich hierüber zu beschweren. Jurisdiction auf Grund von § 23 ZPO[46] oder Art. 14 Code Civile ist nicht weniger rigoros. Die „one transaction" Gesetze bringen jedoch für den überseeischen Ausländer Gefahren mit sich, besonders in Verbindung mit der gleichfalls neuen Entwicklung auf dem Gebiet der „product liability", die Beachtung verdienen. Wer z. B. im Zusammenhang mit dem Export irgendwelcher Produkte „minimal contacts" zum Staate New York eingeht, kann leicht in die Maschen von CPLR 302 geraten. Stellt seine Tätigkeit „doing business" dar, so können möglicherweise Ansprüche jeder Art und jeden Ursprungs gegen ihn in New York verfolgt werden[47]. Resultiert eine im Ausland begangene Fahrlässigkeit in einem Schaden, der in einem amerikanischen Staate erlitten wird, so wird Jurisdiction in Illinois unter Gray v. Am. Radiator auch ohne geschäftliche „minimal contacts" angenommen, in New York dagegen unter Singer v. Walker verneint. Bei Anknüpfung von geschäftlichen Beziehungen können Konferenzen in New York genügen, um Jurisdiction zu begründen[48].

Die Nachteile für den Europäer sind ersichtlich: ungewöhnlich hohe Prozeßkosten, die auch im Falle des Obsiegens nicht erstattet werden; Prozessieren in einer fremden Sprache und unter fremden Recht; kostspieliger Transport von Parteivertretern und Zeugen zum Gerichtsort. Der deutsche Geschäftsmann ist gewohnt, diesen Nachteilen durch die Vereinbarung eines ausschließlichen deutschen Gerichtsortes gemäß §§ 38—40 ZPO vorzubeugen. Die Ausschließlichkeitsklausel kann jedoch nicht mit Sicherheit auf Anerkennung durch amerikanische Gerichte rechnen. Die alte Auffassung geht dahin, daß ein Gericht nicht durch private Vereinbarung seiner Jurisdiction beraubt werden kann. In Meacham v. Jamestown F & C RR, 211 N. Y. 346 (1914) hat J. Cardozo es noch für besonders verwerflich gehalten, daß der Vertrag der Parteien den Rechtsstreit nicht einmal an das Gericht eines anderen Staates verwies, sondern an ein privates Schiedsgericht; heute haben alle Staaten Gesetze, die Schiedsgerichtsklauseln ausdrücklich für verbindlich erklären; die Frage, ob die ausschließliche Jurisdiction eines ordentlichen Gerichts verbindlich vereinbart werden kann, ist aber immer noch offen.

In Krenger v. Pennsylvania R. R. Co., 174 Fed. 2 d. 556 (1949) erklärte J. L. Hand, das Tabu gegen die Vereinbarung eines ausschließ-

---

46 Nach amerikanischer Auffassung ist es unfair, daß ein auf § 23 ZPO beruhendes Urteil nicht nur in das belegene Vermögen, sondern unbegrenzt gegen die Person des Beklagten erlassen wird. Siehe Graupner in 12 Int. & Comp. Law Q. 875.

47 S. 398.

48 Longines Watch Co. v. Barnes & Reinecke, 15 N. Y. 2d, 443(1965); Natl. Gas Appliance Corp. v. AB Electrolux, 270 Fed. 2d, 472 (1959).

lichen Gerichtsstandes sei nicht absolut, die Klausel sei nur ungültig, wenn unvernünftig[49]. In Wm. H. Muller & Co. v. Swedish American Line Ltd., 224 Fed. 2 d 806 (1955) lag dem Federal Court of Appeals für den 2 d. Circuit (New York) ein Frachtbrief vor, der die Bestimmung enthielt, daß der Vertrag schwedischem Recht und der Jurisdiction der schwedischen Gerichte unterstellt wird. Das Gericht bestätigte die Entscheidung des District Court, der die Jurisdiction mit der Begründung ablehnte, die jurisdictionelle Abmachung sei nicht unvernünftig; der Vereinbarung der Parteien, die nicht unter Zwang eingegangen worden sei, sollte daher Geltung gegeben werden.

In Monrosa v. Carbon Black, Inc. 359 U. S. 180 (1959) hatte der Supreme Court Gelegenheit, die Frage zu entscheiden, ob die in dem Frachtbrief vorgesehene Klausel, daß für alle Rechtsstreitigkeiten zwischen den Parteien das Gericht in Genua ausschließlich zuständig sei, die Jurisdiction anderer Gerichte ausschließt. Mit einer Mehrheit von 5 zu 4 entzog sich der Supreme Court jedoch dieser Entscheidung, indem er erklärte, es handle sich um ein seerechtliches Verfahren gegen das Schiff, also eine actio in rem, die nicht unter die Klausel falle. Die Minderheit rügte, daß diese Auslegung nicht dem Willen der Parteien entspreche und die Frage der Verbindlichkeit der Klausel hätte entschieden werden sollen; auch sie sagten aber nicht, für welche Entscheidung sie gestimmt hätten. Weinstein-Korn-Miller erklären:

> „Heute ist Schiedsgerichtsbarkeit allgemein und es ist auch nicht länger ganz genau zu sagen, daß die Jurisdiction der Gerichte nicht durch Parteivereinbarung beeinträchtigt werden kann. Kein Grund ist erkennbar, warum ... innerhalb der Grenzen der Vernunft und public policy ein Vertrag, daß Klage in einem bestimmten Gericht geführt werde, nicht respektiert werden soll.“

Das Restatement on Conflict, tent. draft No. 4 (1957) § 117 A faßt die Lage mehr zurückhaltend wie folgt zusammen:

> „Eine Vereinbarung der Parteien bezüglich des Prozeßortes kann einen Staat nicht daran hindern, seine gerichtliche Jurisdiction auszuüben; es ist jedoch ein Faktor, den das Gericht bei Fassung seines Beschlusses, ob es die Jurisdiction annehmen will, in Erwägung ziehen wird.“

Dies führt zu der „forum non conveniens“ Doktrin, derzufolge Gerichte das Recht haben, Jurisdiction über einen Fall abzulehnen, wenn die Verhandlung vor diesem Gericht ungleich schwieriger ist, als vor einem anderen. Im allgemeinen wird jedoch von diesem Ablehnungsrecht nur sehr sparsam Gebrauch gemacht. In New York kommt Ablehnung nur in Frage, wenn weder der Kläger noch der Beklagte in

---

49 Im gleichen Sinne Restatement on Contracts (1933) § 558; siehe auch Wood & Selick Inc. v. Company General Transatlantic, 43 Fed. 2d. 941 (Circ. 2, 1930) und Anmerkungen dazu in Schlesinger, Comparative Law 2. Aufl., S. 88 ff.

New York Wohnsitz haben und auch streitiges Eigentum nicht in New York gelegen ist. Selbst demjenigen, der lediglich auf Grund einer Abtretung, vermutlich zu Inkasso-Zwecken, klagt, billigt Wagner v. Braunsberg, 173 N. Y. S. 2 d. 525 (App. Div. 1958) zu, daß er als Bewohner des Staates ein unentziehbares Recht hat, sich an die Gerichte desselben zu wenden. Angewandt wurde die „forum non conveniens" Doktrin in New York nur, wo der Streit um die Verwaltung und internen Angelegenheiten einer auswärtigen Corporation ging.

Wenn auch die „forum non conveniens" Doktrin oft versagt, so ist der Beklagte doch nicht ganz schutzlos. Man muß bedenken, daß die Verfassungsrechtsätze, auf denen die „one transaction" Gesetze beruhen, sehr elastischer Natur sind und für Billigkeitsargumente erheblichen Spielraum lassen. Hier kann der Beklagte, und besonders der europäische Beklagte, Gedankengänge heranziehen, die in der das Feld beherrschenden International Shoe Entscheidung ausgesprochen sind:

> „Den Anforderungen (von Due Process) kann durch Kontakte der (Kapital)-Gesellschaft mit dem Forum-Staat entsprochen werden, die es im Zusammenhang mit unserem föderalen Regierungssystem vernünftig erscheinen lassen, daß von der Gesellschaft verlangt wird, sich in dem betreffenden Prozeß zu verteidigen. Eine ‚Abwägung der Unbequemlichkeiten', die sich für die Gesellschaft aus einer Verhandlung (trial) außerhalb ihres Gründungsortes oder ihres hauptsächlichen Geschäftssitzes ergeben würde, ist in diesem Zusammenhang relevant."

Diese Erwägungen sind auf eine amerikanische Corporation abgestellt, die ihren Sitz in einem anderen Staat hat; sie haben ungleich größeres Gewicht für eine ausländische Gesellschaft, die mit weit größeren Schwierigkeiten rechnen muß. Von einer „minimalen Bürde der Verteidigung vor einem fremden Tribunal" (Hanson v. Denckla) kann in diesem Falle nicht die Rede sein. Angesichts der von International Shoe für richtig gehaltenen Interessenabwägung erscheint daher die Geltendmachung der besonderen Schwierigkeiten, die ein Prozeß in den Vereinigten Staaten für einen Europäer mit sich bringt, keineswegs aussichtslos. Durch Vereinbarung eines vernünftigen Gerichtsstandes können solche Einwendungen zum mindesten wirksam unterstützt werden.

Nach Studium der zugestellten Klageschrift steht der Beklagte, wenn die Jurisdiction des Prozeßgerichts bestritten werden kann, vor der schwierigen Entscheidung, ob er erscheinen oder ein Versäumnisurteil riskieren will. Wird ein Versäumnisurteil auf Grund der beeidigten Behauptungen des Klägers erlassen, so ist seine Aufhebung nicht so leicht zu erreichen, wie im deutschen Prozeß. Der Beklagte muß unter Eid darlegen, daß seine Säumnis unverschuldet war und daß er über aussichtsreiche Einwendungen gegen den Klageanspruch verfügt. Die

Aufhebung kann auch von Sicherheitsleistung abhängig gemacht werden.

Der Beklagte kann jedoch, wenn er den Mangel der Jurisdiction des Prozeßgerichts dartun kann, die Nichtigkeit des Urteils im Vollstreckungsverfahren geltend machen, wo immer es stattfinden mag. Erscheint der Beklagte und entscheidet das Gericht die Jurisdictionsfrage gegen ihn, so ist die Entscheidung nur im Wege der Berufung anfechtbar. Vollstreckbarkeit in Deutschland bleibt jedoch davon abhängig, ob keine der Bedingungen des § 328 Z.P.O. entgegensteht.

Für den international tätigen Geschäftsmann liegt der sicherste Schutz vor einem kostspieligen Prozeß in den Vereinigten Staaten im Abschluß eines Schiedsvertrages. Versuche der Vereinbarung eines ausschließlichen Gerichtsstandes sollten nicht aufgegeben werden, wo dargelegt werden kann, daß die Vereinbarung nicht unbillig ist, während eine Prozeßführung in den Vereinigten Staaten die deutsche Partei in unbilliger Weise belasten würde.

Schutz vor der „one transaction" Jurisdiction kann auch dadurch angestrebt werden, daß man Vertragsverhandlungen und Abschluß möglichst außerhalb des Staates stattfinden läßt, dessen Jurisdiction man vermeiden will. Diese Vorsichtsmaßnahme versagt aber, wenn die Erfüllung des Vertrages mit ausgedehnter Anwesenheit der Vertreter des Verkäufers innerhalb des Staates verbunden ist. Der Erfüllungsort hat ohnehin weiter erhebliches Gewicht bei der Abwägung der „wesentlichen Kontakte".

Schließlich dürfte das Ausland versuchen, durch seine prozessuale Gesetzgebung dem in Lauritzen v. Larsen ausgesprochenen Gedanken Rechnung zu tragen, daß Fairneß in internationalen Beziehungen wechselseitig bedingt ist.

Die neuen Wege auf dem Gebiete der Jurisdiction bilden nur einen kleinen Teil der Bewegung, in der sich das amerikanische Gesetzeswerk dank der Tätigkeit von Gesetzgebern und Gerichten, auf der Bundes- sowohl wie auf der staatlichen Ebene, ständig befindet. Sie sind ein gutes Beispiel für die evolutionäre Entwicklung von Recht unter dem Common Law System. Die soziologischen Kräfte und Spannungen, die hinter solchen Entwicklungen stehen, fangen auch in Europa an, sich zu regen. Auch dort können sie nicht mehr ohne die gestaltende Mitwirkung des Richters Ausdruck finden. Dr. Fritz Werner, der Präsident des BVG, hat in seinem Essay „Über Tendenzen der Entwicklung von Recht und Gericht in unserer Zeit" ausgesprochen:

„In der Tat übernimmt heute der Richter in nicht seltenen Fällen einen Rechtsfortbildungsauftrag, der nicht mehr mit seinem herkömmlichen Auftrag gleichzusetzen ist, das Gesetz auszulegen und Lücken im Gesetz auszufüllen. Zusätzlich übernimmt er eine Aufgabe, die von Hause aus dem Gesetzgeber zukommt. Neben der — selbstverständlich fortbestehenden — rechtsfortbildenden Funktion des Gesetzgebers steht der Richter in verwandter Funktion."

Beale hat in seinem vormals grundlegenden Werk „On Conflicts of Law" (1935) ausgesprochen (S. 274), daß dieser evolutionäre Prozeß in der gemeinsamen Überzeugung der Common Law Nationen seine Wurzel hat. Heute dürfte der Kern einer solchen „gemeinsamen Überzeugung" nicht nur die common law Länder, sondern alle Rechtssysteme des Westens miteinander verbinden.

Mit Befriedigung ist festzustellen, daß diese Entwicklungen in den Ländern des Westens die Tendenz zum Lernen voneinander und, wenn auch vorläufig in bescheidenem Maße, zur Angleichung zeigen. Als wegweisend dürfte sich hierbei das große, von Cornell Law School unter Führung von Professor Rudolf B. Schlesinger eingeleitete Unternehmen erweisen, das die Feststellung der rechtlichen Grundsätze zum Ziel hat, die allen zivilisierten Völkern gemeinsam sind. Als erstes Ergebnis wird in naher Zukunft „Formation of Contracts — A Study of The Common Core of Legal Systems" veröffentlicht werden.

The Conflict of Interest*

By Lowell Wadmond

Some years ago there was an intense public interest in the United States on the subject of conflict of business interests by reason of an investigation of possible conflicts of interests on the part of executives of one of the country's largest corporations.

Through the centuries, as developed in the English and American system of law, have come the loyalty and fiduciary duties owed by agents, trustees, employees and others, who find themselves in a position which the law chooses to call a fiduciary or quasi-fiduciary relationship.

Whether called a servant or an agent, an employee owes a duty of loyalty to his employer.[1] The duties of an agent have been defined and enforced countless times by our courts. An agent's duty of loyalty includes, among other things, the obligation not to acquire substantial outside interests which are adverse to and in conflict with the interests of the principal.[2]

The rules of law to be applied to the employee have come to us in part from the law of trusts; and, although the corporate director or officer is not technically a trustee, the duty owed by him is basically the same as that of a trustee.[3]

The Supreme Court of the United States as far back as 1846 expressed the rule of undivided loyalty in *Michoud v. Girod*,[4] a case involving the purchase of property by an executor which he was under a duty to sell, in these words:

---

* This paper is respectfully and humbly dedicated to Dr. Hans Schäffer as a small token of our friendship for more than thirty-five years, and the esteem and admiration which I bear toward him.

1 2 C. J. S. Agency § 2 (1936); Restatement (Second), Agency § 429 (1958).

2 Restatement (Second), Agency §§ 387—98 (1958).

3 Guth v. Loft, Inc., 23 Del. Ch. 255, 270, 5 A. 2 d 503, 510 (1939); Bogert, Trusts and Trustees § 543 (2 d ed. 1960); 3 Fletcher, Private Corporations § 847 (perm. ed. rev. repl. 1947); Restatement (Second), Agency § 387 (1958); Restatement (Second)), Trusts § 170 (1959); cf. N. Y. Real Property Law § 127, which prohibits the trustee under a trust mortgage from having any financial interest in property affected by the mortgage.

4 45 U. S. 503 (1846).

"The general rule stands upon our great moral obligation to refrain from placing ourselves in relations which ordinarily excite a conflict between self-interest and integrity. It restrains all agents, public and private. ... In this conflict of interest, the law wisely interposes. It acts not on the possibility, that, in some cases, the sense of that duty may prevail over the motives of self-interest, but it provides against the probability in many cases, and the danger in all cases, that the dictates of self-interest will exercise a predominant influence, and supercede that of duty[5]."

Over the years we have come to think of breaches of this basic duty of loyalty in terms of certain categories. Ordinary conversion, embezzlement, bribe taking, acceptance of kick backs and the like are obviously forbidden. Another category involves the misuse of confidential information. Additionally, there is that category which has given rise to some of the most interesting cases in the whole field of breach of the duty of loyalty — the seizure of a corporate opportunity, about which I will have more to say later.

But first, I wish to address myself to a branch or category which I shall refer to as "conflict of interest". In one sense the whole field of what I have called the employee's duty of loyalty could be thought of as the field of conflict of interest, for anytime an employee pursues self-interest to the point of violating his duty of loyalty, his interests and those of his employer are obviously in conflict. But I intend to use the expression "conflict of interest" in the more limited sense of the employee having an undisclosed adverse outside interest in a competitor, supplier or customer of his employer.

This particular category of the duty of loyalty may be distinguished from the others I mentioned in that it may not necessarily involve affirmative acts, as contrasted to bribery, selling confidential customer lists, seizing corporate opportunities and the like, all of which do involve affirmative wrongdoing. For instance, where a person has an economic interest, but as yet is not employed, the only act which gives rise to the conflict of interest is the acceptance of employment without full disclosure.

A corporation has a right to expect that its employees — whether they be key employees or officers — or, indeed, directors — will make decisions for the corporation free from any undisclosed adverse outside influences. I believe we can define an adverse interest in the words used by the *Restatement of Agency,* which says that it is "such a substantial interest that it reasonably might affect his judgment" with respect to the employer's business transactions.[6]

---

[5] Id. at 555.

[6] Restatement (Second), Agency § 389, comment a. See also 3 Fletcher, op. cit. supra note 9, § 944.

My remarks primarily are limited to conflict of interest on the part of a company's officers and employees, thereby in the main excluding directors. While a director is always said to have a fiduciary or quasi-fiduciary duty toward his company, modern business practice makes it quite normal for a director to sit on the boards of a number of corporations, and frequently some of these corporations may be in a relationship such as supplier and customer. It goes without saying that a director is expected to disclose both actual and potential adverse interests to his fellow board members. But generally speaking, a director as such, unless he is also an officer, or a dominating force in the management of a company, has relatively less opportunity or authority in the making of business decisions at the operating level than is the case with an officer or key employee. For this reason, an economic interest held by a director, either disclosed or undisclosed to his board members, might not fall within the same ban as would the same economic interest held by an officer. For instance, a director who owned a controlling interest in a supplier might not be in the same position as a vice president in charge of purchases with a similar interest.

There are any number of cases and other authorities which have discussed the duties owed by directors, especially as to questions such as voting by interested directors and inter-locking directorates[7].

It is impossible to describe all of the situations which may constitute a conflict of interest on the part of an officer or employee. The possibilities are almost limitless, and each possibility may raise a different factual and practical problem. Take, for example, the question of ownership of stock in a company which supplies goods to the employer. Whether an employee's interest is adverse may depend, for instance, upon the size of his holdings in the supplier company, or the relationship which the value of his holdings bears to his total wealth and to his salary. Does he make policy decisions for the company or may he recommend or influence such decisions? Is he in the Purchasing Department? Do his decisions pertain to the products supplied by the particular company in which he owns stock? What percentage of that supplying company's business is dependent on the employer corporation, or might be made so because of his influence? All of these questions and more are relevant.

---

[7] Numerous cases are collected in 3 Fletcher, op. cit. supra note 9, §§ 913 to 988. See also 1 Hornstein, Corporation Law and Practice. §§ 439—40 (1959) and authorities cited therein; Annot., Validity of contract between corporations as affected by directors or officers in common, 33 A. L. R. 2 d 1060 (1954), 114 A. L. F. 299 (1938).

No clean cut line can or should be drawn between facts which might constitute a conflict of interest on the part of an employee, and those facts which might constitute a breach of the same duty of loyalty which we customarily might put into another category, such as seizure of corporate opportunity. Thinking in terms of separate and distinct categories has led to surprising results in a number of cases, as will be discussed in a moment.

The most direct source of law in this area as applied to the corporate employee are those cases which have defined the duties of the special and general agent, for a higher level employee is really an agent rather than a servant.[8] It is not unusual to find that a special agent has decided to work both sides of the street.

In one such case, *Wendt v. Fischer*[9], a seller of property was later surprised to find that the president of the undisclosed buying corporation was a member of the firm of real estate brokers which he had employed. The purchasing corporation had in turn sold the property for a tidy profit. Judge Cardozo, writing for the Court of Appeals, held the brokers accountable for the commissions paid them by the seller, and impressed a trust for his benefit upon the profits made on the transaction by the buying corporation. He rejected the argument that there should be no liability because the brokers acted in good faith, that the terms procured were the best obtainable and that no damage had been shown. Judge Cardozo said that it did not matter whether the transaction was fair or not, but that it would be set aside because there had been no disclosure of the dual interest of the president of the buying corporation, saying that "only by this uncompromising rigidity has the rule of undivided loyalty been maintained against disintegrating erosion".[10]

Whether there has been a breach of the duty owed by the officer or employee depends in part upon whether specific or implied permission has been granted to him by the employer to do

---

[8] Very few cases have been litigated in the field of what I have called conflict of interest, compared with the number of cases in other areas of breach of employee duty. For instance, the authors of a recent and thorough study of the field of seizure of a corporate opportunity stated that after diligent search, only sixty cases worthy of mention were found upon which the concept of corporate opportunity was developed. Carrington & McElroy, The Doctrine of Corporate Opportunity as Applied to Officers, Directors and Stockholders of Corporations, 14 Bus. Law. 957 (1959). Cases in which the theory of the plaintiff and the holding of the court can be clearly understood to relate to an employee's interest in a supplier, customer or competitor are much less in number.

[9] 243 N. Y. 439, 154 N. E. 303 (1926)).

[10] Id. at 444, 154 N. E. at 304.

acts which would otherwise violate his obligations.[11] An employer may decide to retain an employee who has a substantial interest in, for instance, a company which is a supplier. The decision may be based upon the uniqueness of the particular employee, or upon the fact that sufficient controls are present to assure that purchases are made solely on the basis of competitive bidding, or by reason of a variety of other facts.

It is fairly clear that full and complete knowledge of the officer's potential or actual conflicting interest, and the impact of that interest upon the employer, must be brought home to the condoning party in order for the approval or condonation to be effective.[12] Mere formal votes of ratification, without knowledge of the full implications of the conduct being condoned, will not suffice.[13]

But as to *who* must condone in order to make such approval effective, the law is much less clear.

Where an officer whose interests are in question is not also a board member, approval of a majority of the board of directors with full knowledge is probably sufficient, provided he does not dominate the board.[14] Where the officer is also a board member, still the approval of a disinterested majority with full knowledge is probably enough, provided again, the board is not dominated by the officer in question.[15]

---

[11] Fleishhacker v. Blum, 109 F. 2d 543 (9th Cir.) cert. denied, 311 U. S. 665 (1940); Melgard v. Moscow Idaho Seed Co., 73 Idaho 265, 273, 251 P. 2d 546, 551 (1952); Diedrick v. Helm, 217 Minn. 483, 499, 14 N. W. 2d 913, 922 (1944); Wendt v. Fischer, 243 N. Y. 439, 443, 154 N. E. 303, 304 (1926); Lutherland, Inc. v. Dahlen, 357 Pa. 143, 152, 53 A. 2d 143, 148 (1947); see analogous cases involving board approval of contracts made between corporations having interlocking directorates cited in 3 Fletcher op. cit. supra note 3, §§ 961—66.

[12] See Blum v. Fleishhacker, 21 F. Supp. 527 (N. D. Cal. 1937), modified, 109 F. 2d 543 (9th Cir.), cert. denied, 311 U. S. 665 (1940); Durfee v. Durfee & Canning, Inc., 323 Mass. 187, 80 N. E. 2d 522 (1948). See also Melgard v. Moscow Idaho Seed Co., Wendt v. Fischer, Lutherland, Inc. v. Dahlen, cited note 11 supra.

[13] See Melgard v. Moscow Idaho Seed Co., 73 Idaho 265, 273, 251 P. 2d 546, 551 (1952); Lutherland, Inc. v. Dahlen, 357 Pa. 143, 152, 53 A. 2d 143, 148 (1947).

[14] See 3 Fletcher, op. cit. supra note 3, §§ 917—19 on board approval of transactions by interested officers, §§ 961—66 on board approval of transactions between corporations having interlocking directors or common officers, §§ 931—979 on authorization by the board of dealings with interested officers, and cases cited under these sections. See also Twin-Lich Oil Co. v. Marbury, 91 U. S. 587 (1875); Des Moines Terminal Co. v. Des Moines Union Rep., 52 F. 2d 616, 625, cert. denied, 285 U. S. 537 (1932); Zeckendorf v. Steinfeld, 12 Ariz. 242, 100 Pac. 784 (1909).

[15] Columbus Outdoor Advertising Co. v. Harris, 127 F. 2d 38 (6th Cir. 1942); see Globe Woolen Co. v. Utica Gas & Elec. Co., 224 N. Y. 483, 121 N. E. 378 (1918); compare Cal. Corps. Code § 820, sustaining such trans-

There are cases which indicate that when the officer in question is also a "dominant" director, or a majority shareholder, so that the board may be said to be within his "control", condonation perhaps may nonetheless be effective, provided that the directors act in good faith and that the net result of their approval is a situation which is "fair" for the corporation.[16] If their decision is improperly influenced by his dominant position in the corporation, a wholly separate duty — that of the directors to the corporation — will be violated, but their power to condone may not necessarily be destroyed merely by the dominant managerial position or shareholder interest of the officer whose conduct is in question, provided that the contract is equitably fair to the company.[17] But if the conflict of interest is equitably unfair to the corporation, surely approval by a board dominated by the officer in question will not suffice to make the approval legal; and whether the board is or is not dominated, if the situation is grossly inequitable to the corporation — taking into consideration all relevant factors, such as the uniqueness of the employee — mere approval probably will not suffice to remove the illegality.[18]

For an example of the knowledge which must be possessed by the employer before effective approval can take place, consider the case of *Blum v. Fleishhacker*.[19] There the president of the Anglo-California Bank of San Francisco was approached by a friend, who invited him to join in an enterprise designed to exploit a situation in surplus steel, with the understanding that the president would cause his bank to lend money to the enterprise. A corporation was formed and half of the stock was issued to the president through a dummy. Thereafter, the president caused the bank to lend the corporation $ 250 000. The loan was approved by the finance committee with knowledge that the president was a substantial stockholder in the borrowing corporation.

The venture turned out to be quite profitable, and the loan was repaid, but a stockholders' suit was brought to recover the profits

---

actions if approved by either a disinterested majority of the board or a majority of the shareholders, *or* if the transaction is "just and reasonable". See annotations, Cal. Corps. Code Ann. § 820 (Deering, 1953).

16 Columbus Outdoor Advertising Co. v. Harris, supra note 15; Johnson v. Greene, 35 Del. Ch. 479, 121 A. 2d 919 (1956); see Globe Woolen Co. v. Utica Gas & Elec. Co., supra note 15.

17 See Columbus Outdoor Advertising Co. v. Harris, 127 F. 2d 38 (6th Cir. 1942); Johnson v. Greene, supra note 16; Globe Woolen Co. v. Utica Gas & Elec. Co., 224 N. Y. 483, 121 N. E. 378 (1918).

18 Blum v. Fleishhacker, 21 F. Supp. 527 (N. D. Cal. 1937), modified, 109 F. 2d 543 (9th Cir.), cert. denied, 311 U. S. 665 (1940); Globe Woolen Co. v. Utica Gas & Elec. Co., supra note 17.

19 21 F. Supp. 527 (N. D. Cal. 1937), modified, 109 F. 2d 543 (9th Cir.), cert. denied, 311 U. S. 665 (1940).

made by the president. The District Court found that the president had violated his duty of loyalty to the bank, and held him liable for the profits made. The District Court said: ". . . while the officers of the Anglo knew of the transaction, it was not at that time known to plaintiff stockholders. Besides, the question of secrecy is immaterial . . . . The publicity alone of an illegal and unauthorized act of the directors of a corporation does not make it legal or valid."[20] The Court said that by virtue of his position at the bank, the president was obliged to "'act in matters affecting the corporation and its stockholders solely with an eye to their best interests, unhampered by any pecuniary interest of his own.'"[21]

The District Court's opinion made no mention of the fact that the loan had been approved without knowledge that the stock had been issued to the president without money payment, but only for his undertaking to get a loan from his bank. Instead, the District Court's decision went on the ground that a loan to a company in which the bank president was a substantial stockholder presented a conflict of interest which could not be approved.

The Ninth Circuit chose more limited grounds to affirm, holding that the bank knew that the loan was to be used in a venture in which the president was a partner, but that it did not know that the only consideration the president had furnished for his stock interest was his agreement to use his efforts to have his bank lend money.[22] The Ninth Circuit in effect held that without full knowledge there can be no effective approval.[23]

In *Duane Jones Co.* v. *Burke*,[24] Mr. Jones was the head of an advertising agency which lost many of its major accounts to a group of account executives who, while still employees of Duane Jones, agreed to form a new company and while still on the Duane Jones Company payroll agreed to solicit and did solicit their respective accounts for this new company.

Duane Jones was awarded some $ 300,000 damages against the former employees and their newly-formed corporation, including damages suffered after the termination of their employment and up to the time of trial.[25]

---

[20] Id. at 533.

[21] Id. at 534.

[22] 109 F. 2d at 548—49.

[23] See also Melgard v. Moscow Idaho Seed Co., 73 Idaho 265, 273, 251 P. 2d 546, 551 (1952); Durfee v. Durfee & Canning, Inc., 323 Mass, 187, 80 N. E. 2d 522 (1948); Wendt v. Fischer, 243 N. Y. 439, 443, 154 N. E. 303, 304 (1926); Lutherland, Inc. v. Dahlen, 357 Pa. 143, 152, 53 A. 2d 143, 148 (1947).

[24] 306 N. Y. 172, 117 N. E. 2d 237 (1954).

[25] Judgment against the corporation was reversed because of procedural defects in the complaint. Id. at 193, 117 N. E. 2d at 248.

While this case is generally considered as fair warning of the consequences of soliciting the employer's customers while still on the payroll, perhaps the same result would have been achieved had there been no evidence of solicitation prior to leaving his employ. Creating a competitor and continuing to work for Mr. Jones with the anticipation of approaching his clients after leaving his employ probably would have been sufficient to impose the same liability.

This conclusion on my part is supported by a recent Delaware case, *Craig v. Graphic Arts Studio, Inc.*,[26] where the Court held an employee liable on a conflict of interest theory for merely forming a competing company, without proof of any solicitation of customers or misuse of company information. The president, who also was the general manager, of the company, formed a competing corporation some six weeks prior to this discharge. He owned one-half of the stock of this competing corporation. The Court found that the newly-formed company and one other firm constituted the only competition for the employer. The Court also noted that the nature of the business was such that there was a limited number of customers, and that most of these were known to the other competing company. The Court said:

> "While the matter is not free from doubt, I conclude that plaintiff [the employee] did not solicit business for Reproduction [the newly-formed competitive company] while he was still employed by Graphic. ..."
>
> "I emphasize that the facts in the present case show that plaintiff became an undisclosed 50% owner of a competitive business at a time when he was in effect the manager of Graphic's business. Moreover, it was the type of business which had limited area and customer appeal. The only reasonable inference that can be drawn is that the growth of Reproduction had to be in part at the expense of Graphic's business. It is contrary to human nature to suppose that plaintiff, while continuing to run Graphic's business with knowledge that in time he was leaving and going with 'his' own company, would be diligent in seeking to further the business of Graphic. While he was a small shareholder in Graphic and Graphic Arts it is clear that his real interest was in the future of Reproduction. Thus, there was a real conflict between Graphic's interest and plaintiff's interest up until the date of his discharge."
>
> "I therefore conclude that plaintiff was guilty of a breach of a fiduciary duty owed Graphic. Under the facts Reproduction must be considered equally responsible[27]."

I have been advised that no appeal has been taken.

This Delaware Chancery case, as you obviously see, represents an extension of the *Duane Jones* doctrine. The obvious wrong lies in the conflict of interest, undisclosed to the employer, which arose when the employee decided to set up a competing business, at the same time

---

[26] 166 A. 2d 444 (Del. Ch. 1960).
[27] Id. at 446.

staying on in the employment. Had the employee told his employer immediately when he decided upon his plan, the decision, in my opinion, should have been in favor of the employee.

The cases which I have mentioned are rather pointed examples of an employee having a clearly conflicting interest, and do not help us to define the border between an interest which does conflict and one which does not conflict the duty owed the employer.

We know we are not talking about the de minimus case, such as the employee who owns a few shares in the electric power company that supplies power to his employer.[28]

We also know that the test is one of reasonableness — whether by an objective test the interest might reasonably be expected to affect his judgment, and not whether it did in fact affect it.[29] This may be one of the hardest points to make clear to the lay employee — that regardless of his good faith and regardless of his undivided devotion and the effort which he has expended on behalf of his employer, he may not properly own an undisclosed interest outside of his employment which reasonably might adversely affect his judgment. This is an objective, not a subjective, test and unfortunately the employee is likely to think of his relations with his employer quite subjectively.

There are some cases dealing with a breach of fiduciary duty by an officer or employee in the field of seizure of corporate opportunity which appear also to have included the elements of a conflict of interest, but in which the court did not base its decision upon the conflicts of interest point.[30] Consequently, I think it is desirable to examine for a moment a few of these cases in order to determine whether they have by indirection defined an area of interests of

---

[28] 3 Fletcher, op. cit. supra note 3, § 944 and cases cited thereunder. Note that in none of these cases did the court hold there to be a de minimus interest and therefore no liability. See also cases cited note 29 infra.

[29] Michoud v. Girod, 45 U. S. 503, 555 (1846); Craig v. Graphic Arts Studio, Inc., 166 A. 2d 444 (Del. Ch. 1960); Wendt v. Fischer, 243 N. Y. 439, 443; 154 N. E. 303, 304 (1926); Restatement (Second), Agency § 389, comment a, c.

[30] In one law review note the writer commented on this point, stating: "Accordingly, if the basis of a director's liability is harm to his company, then to show that the director may engage in any particular business, it must be shown that there has been no loss in the past, nor any likelihood of adversity of interest in the future. Thus if no corporate opportunity is found there can be no conflict of interests in the director and therefore consequent harm to the company is eliminated. For the most part, the courts do not talk in terms of competing business once they have determined that no corporate opportunity exists. They probably assume that if the director has a right to buy the land, or lease the building etc., he has a subsequent right to put it to whatever use it is best suited."

Note, Liability of Directors for Taking Corporate Opportunities, Using Corporate Facilities, or Engaging in a Competing Business, 39 Colum. L. Rev. 219, 225 (1939).

employees which will be held not to conflict with the interests of their employers.

Sometimes more difficult burdens of proof have been sustained in order to hold defendants liable for one type of breach of the duty of loyalty, when a more easily proved conflict of interest seems to be present. As an example consider *Guth v. Loft*,[31] which is a leading case in the field of seizure of corporate opportunity. In fact, that case also seems to involve a clear-cut conflict of interest. Guth, a vice president of the Loft Company, purchased a substantial interest in Pepsi-Cola, which the Court found to have been a corporate opportunity of Loft. Pepsi-Cola became a major supplier of syrup to Loft, and *Guth* dominated Pepsi-Cola. Therefore, while recovery was granted to Loft on the theory of seizure of corporate opportunity, it seems that it could have been granted, perhaps more easily, on a theory of conflict of interest, unless there had been condonation.

In another case, *Durfee v. Durfee & Canning, Inc.*,[32] an officer-director-stockholder of a corporation which distributed gasoline became sole owner of another corporation which supplied the distributor with gasoline. The distributor knew that it was purchasing gasoline from a wholesaler owned by one of its employees, but at one time did not know that any mark-up was being charged and at another time was unaware that the mark-up was excessive and exorbitant. The employer corporation sued to recover the profits on the sales made to it by this wholesaler. Several pages of the opinion of the Supreme Judicial Court of Massachusetts are devoted to a discussion of whether the various factors necessary for interference with a corporate opportunity were present under these facts. While the Court speaks in general terms throughout the opinion of fiduciary duties of officers and directors, the effort which it makes to dismiss the various objections to applying the rule pertaining to seizure of corporate opportunities indicates that it felt that the rationale of liability must or should be the seizure of corporate opportunity.

Is it not clear that the *Durfee* case could have been much more easily disposed of had liability been fastened upon the defendant on the grounds that he might not be the sole owner of a corporation which supplied his employer corporation with gasoline unless his relationship was fully known to his employer and accepted by it?

An example of possible overemphasis on one theory of liability may have occurred a few years ago in *Hunter v. Shell Oil Co.*[33]

---

[31] 23 Del. Ch. 255, 5 A. 2d 503 (1939).
[32] 323 Mass. 187, 80 N. E. 2d 522 (1948).
[33] 198 F. 2d 485 (5th Cir. 1952).

There one of Shell Oil Company's senior geologists furnished confidential information to associates who proceeded to buy up royalties and other interests in oil lands on the basis of such information. In return for his information the geologist received a fractional participation in these purchases. No doubt about it, he violated the fiduciary duty owed to his employer not to misuse confidential information. Moreover, it appears that Shell had a specific rule at that time prohibiting employees from acquiring royalty interests. The Court found that this rule applied to Hunter, and that he was aware of it. Shell brought suit to impress a trust upon his interests, and those of his associates who knowingly misused this confidential information. The trial Court found that he had given unauthorized information pertaining to 59 areas, but not as to another 15 areas. The Court specifically stated that Shell was in the business of buying royalties and other interests in oil lands throughout the areas in which the defendant and his associates were active. But no liability was imposed pertaining to his interests in the 15 geographic areas where the Court found there had been no misuse of confidential information.

From the facts recited in this case it would seem clear that the geologist was engaged in direct competition with his employer. Moreover, it would seem that there was a definite conflict of interest between him and his employer with respect to the 15 regions in which he was not held liable, both because he was acting in direct violation of a company rule which impliedly made such action a conflict of interest, and also because his judgment — for instance in deciding whether to advise Shell to drill for oil or to buy oil royalties — would be affected in his own personal favor. Can the failure of the trial Court to impress a trust in favor of Shell Oil Company upon the defendant's interest in these 15 areas be understood as a holding that as to these areas there was no breach of loyalty of any kind? This seems unlikely, especially in view of the fact that Shell had a specific rule forbidding employees from owning any such interests. Indeed, the Court of Appeals said "the fact that (the defendants) were bent upon nefarious practices generally is so clearly established by the evidence, a strong duty is cast upon them to exculpate themselves as to any tracts that may be free from stigma."[34]

The corporate opportunity doctrine is but a narrow part of corporate loyalty. The director, officer, employee or majority stockholder is disabled from seizing for himself an opportunity that rightly should have been offered his corporation. The corporate opportunity doctrine places a disability on an individual to prevent his

---

[34] Id. at 490.

original seizure of the opportunity. By this it is to be distinguished from the problem of conflict of interest; for determination of whether a given seizure creates a conflict depends solely on the results of the seizure, rather than the harm done by initially taking form a corporation an opportunity it needed.

Lincoln Stores v. Grant[35] is an interesting case dealing with both corporate opportunity and conflict of interest, and perhaps best exemplifies the difference in approach to the two problems. As you may remember, Lincoln Stores operated a highly successful department store in Norwich, Connecticut. Reid & Hughes Company operated an "old time" department store down the street from Lincoln Stores but giving it little competition. The defendants, two directors and a buyer for Lincoln Stores, bought from Reid & Hughes Co. the controlling stock of the "old time" department store. The two directors stayed on with Lincoln Stores for some time, during which period they availed themselves of confidential inventory information in Lincoln Stores' files in order to bring the "old" department store into active competition with Lincoln. The Supreme Judicial Court of Massachusetts held that the directors had not wrongfully seized the opportunity to acquire the stock as the opportunity was not valuable to Lincoln Stores, either as a means to cut competition, or, at the time, as a means of expansion. The directors were, however, held liable for all subsequent damage to Lincoln Stores produced by competition from the Reid & Hughes store. This damage was the proximate result of the directors' conflicting interest when, while in the employ of Lincoln Stores, they misused inside information to build another firm into competition.

Though the problems of conflict of interest and corporate opportunity clearly differ, the agency principles applicable in conflict of interest were unfortunately imported by analogy into corporate opportunity, to form a basis and limitation of this doctrine. Thus, corporate opportunities were measured by an agent's duty not to take any property[36] or facility[37] of the principal for his own use, rather than the peculiar needs of corporate existence.

Originally, there was perhaps some justification in testing corporate opportunity by agency standards. The genesis of the doctrine of seizure of opportunity perhaps is found in cases where directors or other fiduciaries are disabled from renewing, in their own interest,

---

[35] 309 Mass. 417, 34 N. E. 2d 704 (1941).

[36] Restatement (Second), Agency §§ 398, 402 (1958).

[37] Id. § 404 (1958).

leases held by their corporations. *Pikes Peak Co. v. Pfunter*[38] is a typical example. The Detroit Amusement Company secured a 10 year lease on property in Detroit and thereon constructed a roller coaster. Pfunter, while a director and officer of Detroit Amusement, and four years before termination of the 10 year lease, obtained the renewal of the lease in his own interest. The court held that as an agent is not permitted to take away a renewal "from a tenant to whom he owes a duty", Pfunter would be deemed constructive trustee of the property for the benefit of the Detroit Amusement Company. In such instances, the renewal of a lease at least to some degree can be considered corporate property. Hence the application of traditional agency restraints against seizure of a principal's property actually does achieve equitable results.

But the scope of the problem of corporate opportunity has expanded far past the simple lease renewal cases. And agency principles which formerly were satisfactory, now give anything but desired results.

While the boundaries of the corporate opportunity doctrine as yet are somewhat vaguely defined, the emergence of the principle of protection of the corporation and the illogical results achieved by a strict adherence of the agency doctrine already have demonstrated the inadequacy of certain past solutions to the seizure problem.

The decision in *Irving Trust Company v. Deutsch*[39] is a prime example of such inadequacy.

Irving Trust Company v. Deutsch was my own first personal encounter with litigation in the field of corporate seizure. The case was tried in the United States District Court for the Southern District of New York, before District Judge John Woolsey, of beloved memory, and decided by him on December 9, 1932, at 2 Fed. Supp. 971.

The decision of Judge Woolsey is some 25 pages long. Briefly stated, Acoustic Products Company, Inc. had been formed under the auspices of Hayden, Stone & Co. to enter the phonograph and electronics field. The corporation proved unprofitable as it did not have access to certain basic DeForest patents. The DeForest Radio Corporation, controller of these patents, at this time had gone into bankruptcy in New Jersey. Reynolds, a financial promoter, arranged a reorganization of DeForest by agreeing to purchase under certain restrictive conditions 600,000 shares of DeForest stock for $ 300,000.

[38] 158 Mich. 412, 123 N. W. 19 (1909); See also Fayes, Inc. v. Kline, 136 F. Supp. 871 (S. D. N. Y. 1955) (Director appropriated renewal of a lease); and, News-Journal Corp. v. Gore, 147 Fla. 217, 2 So. 2d 741 (1941) (Director purchased a tract of land on which a building occupied by the corporation was situated and immediately increased the rent which the vendor had charged the corporation).

[39] 73 F. 2d 121 (2d Cir. 1934), cert. denied, 294 U. S. 708 (1935).

The Acoustic officers endeavored to make an arrangement with Reynolds, whereby Acoustic could obtain from DeForest a license to manufacture under the DeForest patents. Reynolds refused to allow the reorganized DeForest Company to grant such a license to Acoustic. But Reynolds agreed to give and did give an option for the purchase of 200,000 shares for the sum of $ 100,000, the option providing that if it were exercised, Acoustic Products in effect would have access to the DeForest patents. The option was addressed to J. Anthony Drexel Biddle, Jr., a defendant in the case, who with Harris Hammond, another defendant, were minority directors of Acoustic. Hayden, Stone & Co. controlled Acoustic, both by way of majority stock control and majority control of the Board of Directors. The minority directors, Biddle and Hammond, in a series of well documented directors meetings brought the option to Acoustic, with the earnest plea that Acoustic exercise the option. But Hayden, Stone & Co. and the majority directors, disgusted with past failures, refused to make further funds available to Acoustic, or to aid Acoustic in finding further funds by way of loan. Indeed, Mr. Hayden, on behalf of the controlling group, stated the "he did not give a damn what happened" to Acoustic, and that "he did not intend to put up another cent for these companies." [40] In desperation, Biddle and Hammond and one or two others put up their own money, on the distinct understanding that the money was not to be a loan to Acoustic, and with full disclosure to the controlling directors of Acoustic and with their approval. Outside general counsel for Acoustic and Hayden, Stone was present at the directors' meeting and was asked at the meeting whether or not it would be legally permissible for the minority directors to buy the stock personally in order to get the patents for the company, and he advised that such procedure would be entirely legal. They then bought the stock and obtained the patents privileges for Acoustic. However, in due course, Acoustic went into bankruptcy, and the trustee brought the action against the minority directors, who, in the meantime, had sold the 200,000 shares of DeForest stock at a profit of about two million dollars.

Judge Woolsey found that the majority directors were well justified in their view that the purchase of this stock by Acoustic itself, even if it had the money, would subject them to criticism by their stockholders, a fortiori, because they would only secure a minority interest in DeForest, which had had a very unstable history. Moreover, Judge Woolsey found it was thoroughly understood at the directors' meeting that if Biddle and Hammond bought the stock, they would not be buying it in derogation of the company's right in a

[40] 2 Fed. Supp. at 984.

field which it had explored, but that Biddle and Hammond, "if they bought the stock, would be spending their own money in order to secure for Acoustic what was regarded by all as an advantageous, if not a necessary, objective, which Acoustic itself was not financially in a position to achieve."[41] Judge Woolsey went on to say that "the financial inability of Acoustic to perform any contract which it may have had with Reynolds is as clear as a fire on a hill at night, and constitutes an insurmountable obstacle which lies athwart the plaintiff's attempt to make out a cause of action here, because the financial inability to perform was an inherent infirmity of Acoustic which precluded it from claiming an equity which it might otherwise have had in its DeForest objective."[42] Judge Woolsey, having been a distinguished admiralty lawyer before becoming a Federal judge, concluded that "if there was a conspiracy here, it was a conspiracy of salvors, not a conspiracy of pirates."[43]

But, in the midst of the depression of the 1930s, when the case got to the United States Court of Appeals for the Second Circuit, Judge Woolsey was reversed by a court consisting of Senior Judge Manton, with Judges Swan and Chase, who held Biddle and Hammond accountable for the profits realized in the sale of the stock. The Second Circuit reached this amazing and, in my opinion, grossly inequitable result, by consideration of what would be the equities for an agent or trustee who takes over the purchase contract of a principal or beneficiary. But agency and trust concepts were developed to protect the principal and beneficiary; and the court here neglected to recognize that they have their sole validity to the extent they achieve this result. Where the company is unable to accept the opportunity itself, both because of financial inability and because of possible criticism by stockholders for investing in a speculative venture, even if financial ability had been present, and where minority directors in fact take the opportunity in order to gain the advantage for the corporation which it sorely needs, there is no breach oft the fiduciary obligation of agent or trustee and indeed there is no interest of the corporation to be protected, and there ist no reason to prevent the directors from taking the opportunity. The inequitable and extreme lengths to which seizure cases go on the agency theory is exemplified by the language of the Second Circuit in *Irving Trust Co. v. Deutsch,* where, after specifically stating that the court did not feel justified in reversing Judge Woolsey's finding that Acoustic lacked funds or credit necessary to buy the DeForest stock,

---

[41] Id. at 989—90.
[42] Id. at 990.
[43] Id. at 990.

the court went on to say "Nevertheless, they tend to show the wisdom of a rigid rule for bidding directors of a solvent corporation to take over for their own profit a corporate contract on the plea of the corporation's financial inhability to perform. If the directors are uncertain whether the corporation can make the necessary outlays, they need not embark it upon the venture; . . . "[44] In the light of the facts as outlined above, it is obvious that the rigidity of the agency rule in *Irving Trust Co. v. Deutsch* amounted to the grossest of inequity.

The agency approach to corporate opportunity seems now to have been quite universally rejected.[45]

More modern decisions, in repudiating the notion of property, look to equities, determining the wrongfulness of a seizure by "the unfairness on the particular facts of a fiduciary taking advantage of an opportunity when the interests of the corporation justly call for protection."[46] The equities of the situation are then to be judged not by strict agency and trust tests, nor by a purported codification of rules, but rather by what is right in the particular situation for the protection of the corporation.

The rule of law as to conflict of interests is clear in its general definition, but extraordinarily vague in its application to the borderline case. It may be said to be a question of what interest may sway a reasonable man in the position occupied by the individual in question.

The case law is scant and of not too much help, because of the lack of judicial authority defining what interest, apparently adverse, may be held without causing a violation of the duty. Since liability in this area is so completely dependent upon the particular facts involved, it may be difficult to decide which, if any, judicial authority is near enough in point to be determinative in any situation with which you may be confronted in the future.

---

[44] 73 F. 2d at 124.

[45] Seal-O-Matic Mfg. Co v. C. & M. Eng. & Mfg. Inc., 21 N. J. Super 311, 91 A. 2d. 173 (Ch. 1952); See also Urban J. Alexander Co. v. Trinkle, 311 Ky. 635, 224 S. W. 2d 923 (1949). (Manager of an investment company allowed to take an investment opportunity for himself as the corporation's legal debt limit prevented it from taking the opportunity); and Washer v. Seager, 272 App. Div. 297, 71 N. Y. S. 2d 46 (1st Dept. 1947) (Fifty per cent stockholder sold out to other stockholder, taking with him the corporation's only supplier, and held no wrongful seizure of corporate opportunity as the supplier refused to do business with the remaining stockholder).

[46] Durfee v. Durfee & Canning, Inc., 323 Mass. 187, 199, 80 N. E. 2d 522, 529 (1948); Rosenblum v. Judson Engineering Corp., 99 N. H. 267, 272, 109 A. 2d 558, 562 (1954); Ballantine, Corporations, § 79 at p. 205; and see General Automotive Manufacturing Co. v. Singer, 19 Wisc. 2d 528, 120 N. W. 2d 659 (1963).

On the other hand, at least it is a field of law without hidden traps for the individual who conscientiously attempts to avoid acquiring conflicting interests, or to divest himself of those he may have. Once it is fully comprehended that the test is objective, and not subjective, it can only be suggested that what seem to be borderline cases be resolved in favor of divestment. As in so many fields of law, the absence of a clearly defined border is intended to and does serve the function to discourage straying into no-man's land.

The wise employee will inform his employer of an outside interest which he believes to be a borderline or nonconflicting case, and he may thus ask the employer to voice any objections which he may have. This puts the problem squarely in the employer's lap, for the employee will cease to be liable once the employer has approved or condoned his interests. This assumes, naturally, full knowledge to the employer of all the relevant circumstances and also that the employee does not dominate or is not in league with those who gave the approval.

The Corporate Lawyer in the United States

By Orison S. Marden

Ten years ago, a distinguished professor of law, Dr. Adolph A. Berle, Jr., addressed members of The Association of the Bar of the City of New York on the subject of "The Changing Role of the Corporation and Its Counsel."[1]

Professor Berle found an analogy between the corporate lawyer and the priest or clerk who was part of the business complex in medieval days. This priest or clerk, Dr. Berle said,

> "was there primarily because he alone could read and write — and this is probably why they had him. But he also represented an outside point of view — that of the church. His advice and views therefore commanded respect as record keeper and custodian of the written word. He could ascertain the facts as representative of the detached viewpoint of the medieval church and his philosophical, ethical and even legal views were at least listened to if not actually sought. Somewhat the same thing is true today as corporate organizations grow to power. The house counsel is still, usually, the only man in the lot who can read or write — as any lawyer who has had to go over corporate records kept without benefit of counsel knows to his dismay and sometimes to his sorrow."

Writing some 40 years earlier, in 1915, Dean Harlan F. Stone of the School of Law at Columbia University, spoke of some "business lawyers" as "the mere hired man of corporations."[2] That this was the prevalent view of many people in those days was confirmed by Professor Berle in his 1955 talk. He said:

> "The house counsel a generation or more ago was regarded almost with contempt — he was the 'tame' lawyer whose standing was lower than the supposedly free, independent practitioner."[3]

Today, however, the "corporate lawyer" — as the "house counsel" is now generally known — has come into his own. The profession recognizes that he is no less a lawyer because he serves one client.

---

[1] Berle, The Changing Role of the Corporation and Its Counsel, Record of N. Y. C. B. A. 266 (1955).

[2] Stone, Law and Its Administration (1915).

[3] Berle, supra note 1 at 267.

And the old charge that he is less independent than outside counsel has been found to be baseless in most cases.

Indeed, as I read through some of the American literature in the preparation of this paper, I was astounded and dismayed by the qualifications which are apparently required today of one who seeks to become a corporate attorney in the United States.

The title of "corporate attorney" or "corporate counsel" has replaced that "humbling" but "honorable title" of "house counsel".[4] According to authorities highly qualified to judge, the corporate attorney must "have a passion for the law"[5] as well as "legal ability, intelligence, courage, imagination, character, personality."[6] He should be "alive to the social, economic and political implications of the time" and "will shun the kind of advice that is motivated by a desire to preserve the rubrics of a vanished era."[7]

In addition to legal competence of a high order, the corporate lawyer "should be public relations conscious."[8] He must have "a thorough understanding of the business problems of the Company"[9] and should read "The New York Times, the Wall Street Journal and the Journal of Commerce."[10]

The role of the corporate lawyer is that of "mentor, guide and philosopher."[11] Another highly respected authority summed it all up by saying that the corporate counsel must be "a paragon among lawyers."[12]

But this is not all. Our paragon is also the "custodian of corporate freedom"[13] and "keeper of the corporate conscience."[14]

The corporate lawyer should have clairvoyant qualities of a high order. "His business is not only to know the law, but to be aware of the forces which make law a few years hence."[15] John S. Tennant,

---

[4] Hickman, The Emerging Role of Corporate Counsel, 12 Bus. Law, 216 (1957).

[5] Lowe, Proceedings of Fordham Law School Institute on Corporate Counsel 31 (1959).

[6] Ibid.

[7] Gossett, The Role of Corporation Counsel, 13 Wash. & Lee L. Rev. 129, 144 (1956).

[8] Lowe, op. cit. supra note 5 at 21.

[9] Diethelm, Proceedings of Fordham Law School Institute on Corporate Counsel 46 (1959).

[10] Id at 48.

[11] Robinson, Proceedings of Fordham Law School Institute on Corporate Counsel 9 (1959).

[12] Lowe, op. cit. supra note 5 at 31.

[13] Gossett supra note 7 at 194.

[14] Tennant, Proceedings of Fordham Law School Institute on Corporate Counsel 16 (1959).

[15] Berle, supra note at 278.

General Counsel of United States Steel Corporation, points out that the corporate attorney

> "must in all of his thinking and all of his counseling take account of trends in the law and how such trends may be exaggerated, changed or influenced by the behavior of corporations generally and the one he represents in particular. He must be familiar with trends in public thinking, in government policy, both administrative and legislative, in judicial philosophy, for all of these are indicators of possible eventual changes in the law."[16]

In a commendable understatement, Mr. Tennant concludes that "This today is not an easy task"!

But the statement that really frightened me was made by William E. Robinson, Chairman of the Board of the Coca-Cola Company. He had this to say about corporate counsel:

> "In a way, you might liken the general counsel to the doctor in China who is paid just so long as the patient remains well."[17]!

It is a great tribute, I think, to the quality of the American bar that so many have been found to possess these qualifications. But how fortunate for these Americans that they did not have to equal the even more extraordinary qualifications of the paragon of paragons — Dr. Hans Schaeffer, the former General Counsel of the Swedish Match Company.

In the Lawyers' Statistical Report for 1964, published by the American Bar Foundation, it is said that the lawyers employed by private concerns, primarily private industry, have increased 127.1 % since 1951 and 17 % since 1960.

During the same period, despite the rise in the Federal payroll, lawyers in government service have increased only 39 % and those in private practice by only 13.3 %.

The reasons for the astounding growth of corporate legal departments are fairly obvious. Legal questions are rampant today in almost every business transaction and large business particularly needs to have well informed counsel close at hand, available on a moment's notice. As John Tennant puts it:

> "The two principal advantages [of corporate counsel] are availability and specialized knowledge of the facts. The desire or need for a lawyer available at all times is probably the pervading reason for the establishment of corporate law departments in the first instance and for their continued growth."[18]

---

[16] Tennant, op. cit. supra note 14 at 17.
[17] Robinson, op. cit. supra note 11 at 7.
[18] Tennant, op. cit. supra note 14 at 12.

I rather like the three points at which Leon Hickman, former General Counsel of the Aluminum Company of America, feels that the corporate counsel is in a position to be uniquely effective:

> "He may practice preventive law; he can be certain of his facts; and he can schedule his work on an acceptable timetable."[19]

The corporate counsel as I said earlier, has now come into his own. Nevertheless, there still remains some cleavage between the independent practitioner and the corporate lawyer. The general practitioner in the United States is sometimes apt to look at the corporate lawyer with mixed emotions:

1. He is envious of the financial security and the easy life — as he mistakenly believes — of the corporate lawyer; the regular hours and the certainty of that pay check at the end of the month.

2. He thinks that in some undefined way the corporate lawyer may be taking business away from the bar generally.

3. He hopes that some day the corporate lawyer will send him some business.

4. He fears that his bright young man will be lured away to a corporate legal department.

5. Lastly, and this is a point I particularly wish to emphasize — a substantial number of American lawyers feel that the corporate lawyer is not shouldering his share of the burdens of his profession.

It is a fact, I am sorry to say, that a substantial number of corporate lawyers in the United States are inclined to forget that they are lawyers first and corporate counsel second.[20] Yet the lawyer who has one client is no less a lawyer than those who have many. He has the same responsibilities, the same obligations and the same rights as the general practitioner.

I suppose that there are roughly 30,000 or more lawyers in the United States who are employed full-time by business and industry. Yet only a fraction of them participate actively in the professional activities of the organized bar — a large percentage do not hold even token membership in local, state and national bar associations.

I submit that it is highly important that all lawyers — and particularly corporate lawyers — participate in the professional activities of their calling. As Nobles Lowe, General Counsel of West Virginia Pulp and Paper Company, has pointed out:

---

[19] Hickman, op. cit. supra note 4.

[20] A charge which could never have been leveled at our Corporate Lawyer Extraordinaire — Dr. Hans Schaeffer!

"Every corporate law department lawyer owes an obligation to his profession and to his sole client to participate as actively as possible in bar association activities. It will help him maintain a professional viewpoint."[21]

The corporate lawyer, no less than the general practitioner, must see that the legal profession is keeping its house in order. Our house is not in order so long as unqualified or dishonest or unethical persons are admitted to the bar or permitted to continue their practice after admission.

Or as long as legal advice and representation — of which we hold a monopoly — is not made available to all who need the services of a lawyer.

These and other professional problems are just as much the responsibility of the corporate lawyer as they are of the general practitioner. "Neither does duty to client require, nor does it justify, the withdrawal of a lawyer from his other obligations as a member of the profession when his service is limited to a single client."[22] A profession worthy of the name must inculcate in its members a strong sense of the special obligations that attach to their calling. We must never forget that the mission of our profession is to serve the public — it is not to gain money or power, although the conscientious practitioner should be entitled to earn a decent living.

I am firmly convinced that if the corporate lawyer will mix freely with lawyers in general practice — work with them, dine with them, and drink with them — unfortunate differences which may arise from time to time will disappear. The corporate attorney will protect his own status by doing these things and at the same time he will become a more complete lawyer. In short, if the corporate lawyer wishes to be accepted as a colleague by the profession generally, he will be well advised to participate actively in bar activities and to shoulder his share — preferably more than his share — of the responsibilities of his profession.

The growth in prestige of the corporate lawyer in recent years has been due very largely to the fact that he *has* become increasingly active in the work of the organized bar. The private practitioner is learning to accept the corporate attorney as his colleague and old antagonisms are gradually disappearing. Moreover, the professional activities of the corporate attorney have increased the respect in which he is held by his client-employer.

---

[21] Lowe, supra note 5 at 33.

[22] Limbaugh, The Public Duty of the American Lawyer, 20 Mo. L. Rev. 223, 237 (1955).

It is my fervent hope that this activity will increase with each passing year, that the day will soon come when all lawyers in general practice will look on the corporate lawyer as a full partner in sharing the joys and the burdens of our common profession, and that the corporate lawyer will accept that partnership in both letter and spirit.

Much satisfaction and happiness may be found along the road I have so inadequately described — as many corporate lawyers can testify. Some years ago Mr. Justice Holmes had something to say about happiness. His figures may be out-of-date but his point is as valid today as when he made it:

> "Happiness, I am sure from having known many successful men, cannot be won simply by being counsel for great corporations and having an income of $ 50 000. An intellect great enough to win the prize needs other food besides success."

Those who "dine" with their professional colleagues in all branches of the profession, as did our forefathers in the Inns of Court and The Law Society, will find the "food" of which that wise man spoke. The esteem in which Dr. Hans Schaeffer is held by those who have been associated with him over the years gives eloquent testimony of the benefits and pleasures that come from lawyers meeting together as friends and colleagues to discuss and resolve professional problems.

Deutsche und schwedische Rechtsprechung
Ein Vergleich

Von Wilhelm Michaeli

I. Ausgangspunkt

Der Richter, der einen Streitfall zweier Parteien zu entscheiden hat, geht nicht davon aus, was das richtige Recht im Sinne von Rudolf Stammler gutheißt, er urteilt vielmehr entsprechend dem im konkreten Fall anzuwendenden gesetzten Recht; für ihn ist nicht seine eigene subjektive Auffassung, sondern das ausschlaggebend, was das Gesetz jeweils vorschreibt. Sofern und soweit er keine bindende Regelung im Gesetz festgelegt sieht, wie beispielsweise in § 313 BGB, der die Innehaltung einer besonderen Form als rechtserzeugende Verpflichtung zur Übertragung eines Grundstückes stipuliert und damit eine klare Rechtsgrundlage schafft, steht neben dem gesetzten Recht das Gewohnheitsrecht, also Regeln, die gewohnheitsmäßig angewandt werden, weil sie vernünftigem Zusammenleben in der menschlichen Gemeinschaft entsprechen. Hier wirkt sich die subjektive Wertung des Rechts aus, die schon mit der Auslegung des Gesetzes beginnt, also der Erforschung der Reichweite des Gesetzes. Jeder Auslegung haftet naturgemäß ein starker subjektiver Charakter an, der an sich auch bei Anwendung gesetzten Rechts in gewissem Umfang in Erscheinung tritt, aber sich noch stärker auswirkt, wenn man zunächst einmal feststellen muß, was Inhalt des Gewohnheitsrechts ist, bevor man zu dessen Auslegung übergeht, wobei Analogie und Anlehnung an Präjudikate eine wichtige Rolle spielen. Findet der Richter keine ihn leitende Norm, ist er schließlich auf freie Rechtsfindung angewiesen, die er aus dem Geist der Rechtsordnung zu gewinnen sucht, und die gegebenenfalls nur für den in Rede stehenden Fall gelten kann. In der Natur der zuletzt erwähnten Art der Rechtsfindung liegt es, daß hierbei der subjektive Charakter in jedem einzelnen Fall sich besonders stark ausprägt.

Wenn ich von vorstehendem Gesichtspunkt, der die prinzipielle Frage nur kurz umreißt, die Systematik der Rechtsprechung in beiden Ländern, Deutschland und Schweden, vergleichsweise betrachte, will ich an ein bekanntes Wort von Ernst Rabel erinnern: „Rechtsvergleicher sind gewohnt, in fremde Dickichte einzudringen und darauf gefaßt, daß unter jedem Busch ein Eingeborener mit Pfeilen lauert." Ich bin also auf alle möglichen Einwendungen von beiden Seiten gefaßt. Weiter kann ich nicht umhin zu erwähnen, daß die Frage der Rechtsprechung in beiden Ländern mich nahezu seit dem ersten Tage meiner Wohnsitzverlegung nach Schweden aus einem Anlaß beschäftigt, der in gewisser Weise mit der Person von *Hans Schäffer* zusammenhängt. Als ich damals Hans Schäffer in dem schönen Bürohaus der Svenska Tändsticks Aktiebolaget (The Swedish Match Company) in Stockholm aufsuchte, um mit ihm die Frage meiner zukünftigen Tätigkeit in Schweden zu diskutieren, äußerte er, er erachte es für interessant, sich mit der neuen Formulierung des Aktienrechts in Schweden zu befassen, dessen grundsätzliche Neugestaltung — auch wohl eine Folge des damals noch nicht verklungenen Kreugerkraches — geplant sei. Ich sagte damals zu Schäffer, daß die Beschäftigung mit der Frage nicht nur interessant sei, sondern mich angesichts meiner Neigung zum Theoretisieren direkt reizen könnte, aber, abgesehen von vorläufig noch bestehenden Sprachschwierigkeiten, eine mehr praktische Tätigkeit erstrebt werden müsse, um mir erst einmal eine neue ökonomische Grundlage zu beschaffen. Aber der Hinweis von Hans Schäffer war insofern nicht nutzlos, als er mich zum Lesen, um nicht zu sagen Studium schwedischer höchstrichterlicher Entscheidungen, veröffentlicht im „NJA" = Nytt Juridiskt Arkiv, veranlaßte, um meine schwedischen Sprachkenntnisse hierdurch vielleicht besser zu fördern, als dies durch die sonst empfohlene Lektüre von mehr oder weniger interessanten schwedischen Romanen hätte geschehen können.

Dabei fiel mir vom ersten Tage an die völlig verschiedenartige Abfassung der schwedischen Urteile im Vergleich zu den deutschen höchstrichterlichen Entscheidungen auf. Ich war gewohnt, nach der Darstellung des Sachverhalts, dessen verschiedenartige Auffassung im Spiegel der Parteien zu erfahren, dazu das Ergebnis einer etwaigen Beweisaufnahme und die Würdigung der Gründe für die eine oder andere Auffassung, um dann die das Gericht bestimmenden Rechtsgründe zu lesen, wobei bis ins einzelne alle Einwendungen beider Parteien berücksichtigt und deren Richtigkeit oder Unrichtigkeit genau erörtert wurden. Das Für und Wider beider Auffassungen in tatsächlicher und rechtlicher Hinsicht wurde eingehend dargestellt, so daß man sich als Außenstehender eine klare Auffassung über die Einstellung des Gerichts machen konnte, die vielleicht nicht immer überzeugend war, aber über den Sachverhalt und die das Gericht leitenden Rechtsgründe klar unterrichtete.

II. Die schwedische Rechtsprechung

Die schwedischen Urteile enthalten eine kurze Darstellung des Sachverhaltes, pflegen sich aber in der Regel auf die Einzelheiten der

Beweiserhebung und -würdigung nicht einzulassen, vor allem keineswegs in eine Deduktion der juristischen Motivierung. Im Gegenteil vermeidet man geflissentlich jede juristische Begründung. Man gewinnt den Eindruck, daß man von Präjudikaten tunlichst absehen will.

Nehmen wir einen einfachen Rechtsfall an, wie er in „NJA“ Nytt Juridiskt Arkiv (Neuem Juristischem Archiv), der officiösen Sammlung aller wichtigen und deshalb zur Veröffentlichung bestimmten Entscheidungen des „HD“ Högsta Domstolen (Höchsten Gerichtshof), publiziert ist[1]. Die Zitierung erfolgt in den wesentlichen Teilen wörtlich: Ein preußischer Notar hatte für einen Schweden, wohnhaft in Göteborg, in Berlin eine Urkunde errichtet und dafür in Übereinstimmung mit den geltenden deutschen Bestimmungen eine Rechnung über 1715 RM dem Schweden übersandt, der die Zahlungspflicht an sich nicht bestritt, aber 250 RM als ausreichend ansah und bezahlte. Das Kammergericht hatte durch rechtskräftige Entscheidung die Zahlungspflicht des Schweden festgestellt, woraufhin der Notar den Schweden beim Rathausgericht auf Zahlung der restierenden 1465 RM verklagte. Der Beklagte wandte ein, das angegangene schwedische Gericht sei nicht zuständig, eine Klage, insoweit sich diese auf das in Deutschland geltende Recht stütze, zu behandeln. Der von ihm bezahlte Betrag von 250 RM sei angemessen, auch sei der Klageanspruch, wenn sich das Gericht doch für zuständig erachte, unrichtig berechnet. Zur Begründung der Unzuständigkeitseinrede wies der Beklagte darauf hin, daß der Notar Beamter des Preußischen Staates sei, weswegen der geforderte Betrag zur Entschädigung des Beamten diene. Demgegenüber berief sich der Notar auf die Korrektheit seiner Liquidation in Gemäßheit mit dem Preußischen Gerichtskostengesetz. Bei Aufenthalt und Inanspruchnahme von fremder Hilfe im Ausland gelte ausländisches, also für den Schweden deutsches Recht. Das Rathausgericht stellte den Sachtverhalt gemäß obiger Darstellung fest, insbesondere, daß das Kammergericht die Zahlungspflicht auch wegen der Höhe der Klageforderung festgestellt habe. Somit sei deutsches Recht anzuwenden. Was der Beklagte gegen die Übereinstimmung der Entscheidung des Kammergerichts mit deutschem Recht einwende, sei nicht dergestalt, daß es Gehör finden könne, ebensowenig was der Kläger sonst einwende. Demgemäß bestehe der Klageanspruch zu Recht und der Klage sei einschließlich der Zinsenforderung stattzugeben. Auf die hiergegen eingelegte Berufung, in der die Parteien offenbar ihre früheren Anführungen im wesentlichen wiederholten, wies „Hovrätten“ (das Hofgericht) die Klage mit der kurzen Begründung ab, der Klageanspruch sei nicht dergestalt, daß er vom Rathausgericht hätte geprüft werden sollen. Von den fünf entscheidenden Richtern absentierte sich einer und gab seiner Ansicht dahin Aus-

[1] NJA 1933, S. 486.

druck, daß Hindernisse gegen die Prüfung nicht gegeben seien. Auf die daraufhin eingelegte Revision äußerte sich die „Nedre revision" = niedere Revisionsinstanz, die, wie wir späterhin näher sehen werden, die Revision vorbereitet und sich gutachtlich äußert, dahin: Das Rathausgericht habe das schwedische Gericht mit Recht als zuständig angesehen und deshalb sei das Berufungsurteil aufzuheben und die Sache zu weiterer Behandlung an das Hofgericht zurückzuverweisen. Dies wurde dem — damals aus sieben Mitgliedern bestehenden — Revisionsgericht vorgetragen, das das Gutachten der vorbereitenden „Nedre Revision" billigte.

Nichts wird also hier über die Rechtsgründe des HD gesagt. Man kann davon überzeugt sein, daß insbesondere die dem schwedischen Gericht an sich nicht bekannte Rechtsstellung des „preußischen Notars" eingehend untersucht worden war, und demgemäß konnte das Urteil nicht anders lauten, als daß das Berufungsurteil aufzuheben war. Aber über die internen Beweggründe wird nichts gesagt. Unklar ist für mich nur die Beantwortung der Frage, weshalb der HD nicht selbst in der Sache entschieden hat, da, soweit ersichtlich, der Sachverhalt völlig klar war. Jedenfalls ergibt das Urteil, wie schwierig es ist, eine derartige Entscheidung zu interpretieren, auch wenn man ihr im Ergebnis beitritt.

Der schwedische Prozeß beruht auf den Grundsätzen der Mündlichkeit, Konzentration und Unmittelbarkeit sowie der Öffentlichkeit, des rechtlichen Gehörs und der freien Beweiswürdigung[2]. Auf das Verfahren vor dem jetzt geltenden „rättegangsbalken" (Prozeßverfahrensgesetz) vom 18. 7. 1942 soll nicht näher eingegangen werden. Nach Kap. 17 § 7 dieser schwedischen Verfahrensordnung soll das Urteil, abgesehen von gewissen hier nicht interessierenden Formalitäten, enthalten: Die Anträge der Parteien und die Einwendungen sowie die Umstände, worauf sich diese stützen, des weiteren die Urteilsgründe unter Angabe, was im Verfahren bewiesen ist, schließlich die Urteilsformel. Schon unter der alten Prozeßordnung erachtete der HD in Fällen von prinzipieller Bedeutung bisweilen für recht, auch eine eingehende Darstellung der Rechtsgründe zu geben. So sei hier auf die eingehenden Rechtsgrundsätze zur sogen. Jointresolution[3] hingewiesen, die die Golddollaranleihe des schwedischen Staates vom Jahre 1924 behandelt, und die am gleichen Tage ergangene Entscheidung betreffend die Goldanleihe der AG Kreuger & Toll vom Jahre 1929[4]. Diese Entscheidungen sind auch in formeller Hinsicht bedeutsam, weil sie

---

2 S. Fischler, Schwedisches Handels- und Verfahrensrecht, 1965, Heidelberg, S. 133 ff.

3 NJA 1937, S. 1 ff.

4 NJA 1937, S. 17 ff.

zeigen, daß vom Urteil der Majorität abweichende Gründe nicht nur dann publiziert werden, wenn sie im Ergebnis zu einer anderen Beurteilung führen, sondern auch dann, wenn man im Ergebnis übereinstimmt, aber ein Dissens in der Begründung zwischen den urteilenden Richtern vorliegt.

In diesem Zusammenhang muß darauf hingewiesen werden, daß die Vorbereitung eines jeden Rechtsstreites durch die Prozeßvertreter in tatsächlicher und rechtlicher Hinsicht mit denkbar größter Sorgfalt zu erfolgen pflegt, und daß auch das Gericht die Klarstellung jedes einzelnen Falles mit besonderer Sorgfalt vornimmt. In der Revision, in der der „Höchste Gerichtshof" entscheidet, wird der Fall, wie bereits erwähnt, von einer besonderen Instanz „Nedre Justizrevision" (Niedere Justizrevision) durch besonders qualifizierte Richter, die nicht dem HD angehören, oftmals dies aber später gerade wegen ihrer in der Nedre Justizrevision ausgeübten Tätigkeit werden, vorbereitet und dem Kollegium vorgetragen, das in der Zusammensetzung von jetzt fünf Mitgliedern, abgesehen von Plenarentscheidungen, urteilt. Sofern keine Einigkeit sämtlicher fünf Richter in der Entscheidung selbst oder, wie oben erwähnt, auch nur in der Begründung erzielbar ist, bringt der in der Miniorität befindliche Richter seine dissentierende Sach- oder Rechtsauffassung zum Ausdruck.

Über die Einstellung der schwedischen Literatur unterrichtet Hassler[5], der sagt: Die Darlegung dessen, was im Prozeß bewiesen ist, hat vor allem Bedeutung als Kontrolle der Beweiswürdigung. Diese soll sich auf objektive Gründe stützen. Im allgemeinen ist es nicht nötig, nähere Erklärungen zu geben, weshalb das Gericht ein gewisses Faktum als bewiesen ansieht und weshalb nicht... Wenngleich das Gesetz nichts darüber sagt, sollen die Gründe des Urteils erforderlichenfalls die rechtlichen Gesichtspunkte erwähnen, die für die Entscheidung von Bedeutung sind... Dabei ist es zweckmäßig, Präjudikate anzuführen, auf die sich das Gericht stützt. Es wird dann leichter sein festzustellen, wie das Gericht zu seiner Auffassung kommt, auch erhöht sich dadurch der Wert eines Urteils bei Beurteilung anderer gleichartiger Fälle...

Klarer erscheinen in dieser Hinsicht die Anführungen von Hjerner, der den Unterschied in der schwedischen und deutschen Rechtspraktik herausschält, wenn er sagt[6]: Eine Interpretation, die starkes Gewicht auf die Urteilsgründe legt, erscheint natürlicher in der deutschen und der schweizerischen Rechtsprechung, da dort der Richter das Urteil ganz ausführlich abfaßt, nicht selten verbunden mit einer relativ eingehenden Diskussion über Doktrin und frühere Rechtspraxis. Es ist auch leichter, aus solchen Urteilsgründen eine bestimmte Rechtsauf-

[5] Hassler, Civilprozessrätt, Band 1, Stockholm, S. 253.
[6] Hjerner, Om rättsfallstolkning (Interpretation von Rechtsfällen), S. 78.

fassung herauszulesen als aus den Rechtsgründen eines schwedischen Urteils. Die letzteren begnügen sich oft mit einer Zusammenfassung der tatsächlichen Verhältnisse, die man für das Ergebnis als entscheidend angesehen hat. Wird das Urteil abgefaßt, kommt es statt dessen auf den Interpreten an, um mit Hilfe der angeführten Umstände die Rechtsauffassung zu entwickeln, deren die Entscheidung Ausdruck geben will.

Selbstredend wird auch der schwedische Richter von der Grundauffassung geleitet, eine gerechte Entscheidung zwischen den streitenden Parteien zu fällen. Dies Gerechtigkeitsbestreben glaubt man dadurch am ehesten erfüllen zu können, daß man jeden Rechtsstreit individuell betrachtet und auf diese Weise sich von den beengenden Schranken vorhergegangener Präjudikate möglichst befreit. Wenn man auf diese Weise „alle Umstände des konkreten Falles" in Rechnung zieht, und sich dabei gleichzeitig vom Sinn und Zweck des in Rede stehenden Gesetzes oder der einzelnen Gesetzesbestimmung in der Urteilsfindung leiten läßt, glaubt man, dem Gerechtigkeitsbestreben zu dienen.

Gewiß ist solche Verfahrensart mit einem Unsicherheitsfaktor behaftet, worüber Franz Marcus[7] für das ähnlich liegende dänische Recht berichtet, aber je mehr und gründlicher man in die schwedische Rechtsprechung eindringt, desto mehr kommt man zu der Auffassung, daß darin das Bestreben kulminiert, unter Zugrundelegung des gesamten tatsächlichen und rechtlichen Streitstandes eine der Rechtslage und der faktischen Lage entsprechende gerechte Entscheidung zu fällen.

III. Die deutsche Rechtsprechung

Wie stellt sich demgegenüber die deutsche Rechtsprechung ein? Daß ein Gegensatz zwischen deutscher (auch schweizerischer) Auffassung und schwedischer (skandinavischer) Auffassung besteht, ergibt sich bereits aus den oben angegebenen Anführungen von Hjerner. Auch für die deutsche Rechtsprechung kann man selbstredend in Anspruch nehmen, daß der Richter der Gerechtigkeit zum Siege verhelfen will — hier wie dort wird das Ziel der Rechtsprechung von gleichem Geist getragen. Auch rein formell erscheinen die Voraussetzungen in beiden Ländern gleichgeartet. Mit ähnlichen Worten wie im 17. Kapitel § 7 des schwedischen „rättegangsbalk" fordert das deutsche Recht in § 313 ZPO die Darstellung des Tatbestandes, die Entscheidungsgründe und die Urteilsformel im Urteil. Liest man ein deutsches Urteil, so erfüllt es auch durchaus diese Voraussetzungen. Was den Tatbestand anbelangt,

---

7 Rabels Zeitschrift 1956, S. 243 ff.

so mag hier der Unterschied gegenüber dem schwedischen Recht nicht von weittragender Bedeutung sein. In den Urteilsgründen pflegt jedoch das deutsche Gericht eine in alle Einzelheiten gehende Darlegung und Abwägung der tatsächlichen und rechtlichen Gründe zu geben. Man erfährt, weswegen man im einzelnen diesem oder jenem Beweismittel den Vorzug gegeben hat. Darüber hinaus gibt das deutsche Urteil eine klare Darlegung der Rechtslage. Man erläutert die gesetzlichen Bestimmungen mit derartiger Genauigkeit, daß jede in Frage kommende Gesetzesbestimmung diskutiert und ihre Anwendung oder Ablehnung motiviert wird. Sind abweichende Rechtsauffassungen geltend gemacht, so wird angegeben, weshalb das Gericht sich zu seiner Auffassung bekennt. Man gewinnt daraus die Überzeugung, daß theoretisch und praktisch die deutsche Auffassung untadelhaft sei.

Rosenberg[8] sagt schlicht: „Die Entscheidungsgründe sollen in klarer und allgemeinverständlicher und gemessener Sprache gehalten sein, sie sind kein Gutachten, keine wissenschaftliche Auseinandersetzung mit anderen Meinungen, sondern sollen eine selbständige, würdige Begründung eines Staatsaktes darstellen." Wie steht's nun in der Praxis?

Liest man deutsche höchstrichterliche Entscheidungen, so muß man leider oftmals konstatieren, daß diese ein Konglomerat von wissenschaftlichen Auseinandersetzungen mit Begründung für und wider, bisweilen in kaum durchdringbarer Sprache, enthalten, sich also von der ebenso schlichten wie korrekten Auffassung von Rosenberg stark entfernen. Man kommt bei objektiver Prüfung zu dem Ergebnis, daß die prozessuale Entwicklung in gewissem Umfang in sich selbst steckengeblieben ist. Die nur unwesentlich geänderte ZPO stammt aus dem Jahre 1877, einer Zeit, in der das Wort Demokratie verpönt war. Das Verfahrensrecht, das rein technisch meisterhaft in der ZPO Ausdruck fand, wurde von den Juristen seiner Zeit in der dieser entsprechenden konservativen Form gehandhabt. Dies starre Festhalten an dem damaligen Geist haben die Richter trotz ihrer hochwertigen Ausbildung und ihres an sich hochstehenden Intellektualismus nicht überwunden. Es handelt sich also nicht um nationalsozialistische Gesinnung, sondern um konservativen Geist, der dem Richterstand zu erheblichem Teil inne war und ist. Ich will in diesem Zusammenhang an das Zeugnis zweier untadelhafter Männer der Weimarer Republik, Reichspräsident Ebert und den ehemaligen Reichskanzler Marx, erinnern, von denen der Erstgenannte geradezu ein Opfer der damaligen Justiz wurde, während Marx in unzweideutigen Worten seinem mangelhaften Glauben an die Objektivität der Justiz Ausdruck gab. Von den Jahren des Hitlerismus will ich nicht sprechen, wenngleich mir noch heute ein Rätsel ist, daß ein so hervorragender Jurist wie Staatssekretär Schlegelberger vor

---

[8] Rosenberg, Lehrbuch des deutschen Zivilprozeßrechts, 5. Aufl., 1951, S. 237.

seinem Gewissen einfach kapitulierte. Kann man sich über manches Urteil — auch in Zivilsachen — wundern, wenn man an Schlegelberger denkt?

Wie hat sich nun die Rechtsprechung seit 1945 entwickelt? Ich will bei Beantwortung dieser sehr bedeutsamen Frage für mich nicht in Anspruch nehmen, daß ich die neudeutsche Rechtsprechung im allgemeinen bis ins letzte kenne. Ich weiß soviel, daß sie — ganz allgemein gesprochen — unverändert sich in recht komplizierten Formen ergeht. Die Sprache ist wie früher schwerfällig und bewegt sich auf einem wissenschaftlichen Niveau, das Rosenberg ausgeschaltet wissen wollte. Man betrachtet die der Beurteilung unterliegenden Fälle von einem der Vergangenheit entnommenen Gesichtspunkt, d. h. man sucht aus dem Wortlaut, aus dem gesamten Zusammenhang, aus der Satzstellung usw. den Willen des Gesetzgebers zu erforschen, bedient sich hierbei auch anderer Erkenntnisquellen, geht in wissenschaftlicher Beziehung auf einschlägige Literatur und Judikatur ein. Der unbefangene Dritte hat oftmals den Eindruck, daß die Streitfragen deshalb nicht aus dem Willen des Gesetzgebers zu erforschen sind, weil es sich um Tatbestände handelt, an die der Gesetzgeber ganz einfach nicht gedacht hat, bei der Vielgestaltigkeit des Lebens auch kaum denken konnte. Hingegen fehlt oftmals das Zurückgehen auf Sinn und Zweck des in Rede stehenden Gesetzes sowie auf die grundlegenden Gesichtspunkte, die entgegen aller Wortklauberei und sonstiger mit den Haaren herbeigezogenen, mehr oder weniger künstlichen Elemente Sinn und Zweck des Gesetzes gebietet. Ich gehe bei Betrachtung von Gesetzgebung und Rechtsprechung von dem weiten Gebiet der Wiedergutmachung aus, vor allem dem der Entschädigung, deshalb, weil ich hier allerdings Literatur und Rechtsprechung eingehend zu kennen glaube.

Am 27. 9. 1951 und am 4. 3. 1953 hat der Bundeskanzler Dr. Adenauer folgende von gütiger Weisheit, aber gleichzeitig auch von unbestreitbarer Klarheit getragenen Erklärungen abgegeben: Am 27. 9. 1951 hat er gesagt, daß die im Namen des deutschen Volkes begangenen unsagbaren Verbrechen zur moralischen und materiellen Wiedergutmachung verpflichten, und daß es die vornehmste Pflicht des deutschen Volkes sei, dem Geist wahrer Menschlichkeit wieder mit aller Kraft zu dienen. Die Erklärung vom 4. 3. 1953 besagt: „Soweit überhaupt durch unsere Kraft etwas für die Beseitigung der Folgen der unter dem Mißbrauch des Namens des deutschen Volkes begangenen Untaten geschehen könne, hat das deutsche Volk die ernste und heilige Pflicht zu helfen, auch wenn dabei von uns, die wir uns persönlich nicht schuldig fühlen, Opfer, sogar schwere Opfer verlangt werden; die Bundesregierung hat diese Pflicht seit ihrem Bestehen immer anerkannt."

Die deutsche Bundesgesetzgebung hat nur in den seltensten Fällen für angezeigt angesehen, dem Gesetz eine richtunggebende Präambel vorauszustellen, richtunggebend, um damit kund zu tun, welche Auslegung der Gesetzgeber der praktischen Handhabung zu Grunde gelegt wissen wolle. Wir finden solche Präambel beispielsweise im Lastenausgleichsgesetz, vor allem aber bereits im ersten Bundesentschädigungsgesetz von 1953 und dann noch klarer in dem zweiten Bundesgesetz zur Entschädigung für Opfer der nationalsozialistischen Verfolgung (Bundesentschädigungsgesetz = BEG), wo es wörtlich heißt:

„In Anerkennung der Tatsache,

daß Personen, die aus Gründen politischer Gegnerschaft gegen den Nationalsozialismus oder aus Gründen der Rasse, des Glaubens oder der Weltanschauung unter der nationalsozialistischen Gewaltherrschaft verfolgt worden sind, Unrecht geschehen ist,

daß der aus Überzeugung oder um des Glaubens willen gegen die nationalsozialistische Gewaltherrschaft geleistete Widerstand ein Verdienst um das Wohl des Deutschen Volkes war und

daß auch demokratische, religiöse und wirtschaftliche Organisationen durch die nationalsozialistische Gewaltherrschaft rechtswidrig geschädigt worden sind,

hat der Bundestag mit Zustimmung des Bundesrates das nachstehende Gesetz beschlossen: ...“

Den gleichen Ton gab schon vorher unter der Geltung des Bundesergänzungsgesetzes von 1953 die Entscheidung des BHG vom 22. 11. 1954 wieder, wo es heißt: „Eine Auslegung, die sich davon leiten läßt, daß durch das Gesetz das vom Nationalsozialismus verursachte Unrecht so bald wie möglich und soweit wie irgendmöglich wiedergutgemacht werden soll, verdient daher stets den Vorzug gegenüber jeder anderen, allenfalls auch noch möglichen Auslegung, welche die Wiedergutmachung etwa erschweren oder gar vereiteln würde[9].“

Diese wahrhaft hehren Worte des BHG sind ein Lippenbekenntnis gegenüber der Praxis des gleichen Gerichts geblieben und dementsprechend gegenüber den unteren Gerichten, wenngleich die Tendenz durch die vorgenannte Entscheidung, die oben wiedergegebene Präambel des Gesetzes und Adenauers Worte klar vorgezeichnet war. Demgegenüber hat man in einseitiger juristischer Weise einen Gesetzeskomplex zuungunsten der Opfer des Nationalsozialismus betrachtet, obwohl nach dem Willen des Gesetzgebers die sozialpolitische Komponente wegweisend hätte gewesen sein müssen — oftmals unter kraftvoller Assistenz der Ärzte, die ebenfalls zu erheblichem Teil den hier in Erscheinung tretenden Problemen verständnislos gegenübertraten. Gewiß gibt es

---

9 NJW 1955, Heft 2, Rechtsprechung zur Wiedergutmachung, 1955, S. 55.

auch hier rühmliche Ausnahmen. Ich erinnere mich eines Falles, in dem das in Frage kommende Oberlandesgericht (Düsseldorf) sich nicht davon überzeugen lassen wollte, daß ein schlecht oder kaum deutsch sprechender ehemaliger Rumäne nicht nach Deutschland zwecks Untersuchung kommen wollte und vor allem gemäß ärztlichem Zeugnis nur unter Gesundheitsgefährdung reisefähig war. Als schließlich drei prominente Ärzte — ein Professor für Psychiatrie und zwei hervorragende Chefärzte zweier bekannter Stockholmer Krankenhäuser in unzweideutigen Worten auf die mit einer Gesundheitsgefährdung verbundene Reiseunmöglichkeit hinwiesen, erklärte der Senat, daß der inzwischen zum Sachverständigen ausersehene Hamburger Arzt sein Gutachten abgeben möge, ob Reiseunfähigkeit bestehe, damit sich dann das Gericht darüber schlüssig mache, ob es in der Weigerung des Verfolgten einen ausreichenden Grund sehe, gemäß der 2. Durchführungsverordnung (§ 7) zum BEG den Anspruch auf Entschädigung abzulehnen. Der Hamburger Professor bejahte die Gefahr einer Gesundheitsschädigung, erklärte sich aber bereit, auf Grund der vorhandenen Unterlagen sein Gutachten zu erstatten. Vom Senat damit beauftragt, schloß sich der Hamburger Professor den Stockholmer Ärzten an, unterschied sich lediglich in geringem Maße in der Beurteilung des Entschädigungsgrades, gleichzeitig die Stellungnahme der Ärzte der Entschädigungsbehörde geradezu geißelnd, vor allem auch des Vertrauensarztes und des erstinstanzlichen Gerichtes. Die Entschädigungsbehörde war nunmehr so vernünftig, die Hand zu einem Vergleich auf der Grundlage des Gutachtens des Hamburger Professors zu geben.

Ich habe dieses eine Beispiel herausgegriffen, um zu zeigen, wie wenig verständnisvoll die Stellungnahme der deutschen Behörden, Gerichte und Ärzte mitunter ist.

Oftmals habe ich mir den Kopf darüber zerbrochen, warum man deutscherseits es so schwer hat, sich dem deklarierten Willen des Gesetzgebers zu beugen, zumal die maßgebenden Regierungskreise von der Pflicht zur Entschädigung durchdrungen sind. Es ist rein menschlich nicht unverständlich, daß der Wille zur Entschädigung gerade bei denen fehlt, an denen nicht der Makel der Beteiligung an den Untaten der zwölf dunkelsten Jahre der deutschen Geschichte klebt. Sie reagieren nicht bewußt, aber unbewußt, indem sie sich sagen: Weshalb soll die junge, an dem begangenen Staatsunrecht nicht beteiligte Generation, die vielleicht auch unter dem Kriege gelitten hat, der leidende Teil sein? Der urteilende Richter — und dies ist für die deutsche Rechtsprechung besonders wesentlich — glaubt im übrigen, ein derartiges Gesetz wie das BEG lediglich unter juristischem Aspekt beurteilen zu sollen. Daß solch Gesetz gleichzeitig eine starke soziale Komponente besitzt, ist dem nach Rechtsgrundsätzen gehenden Richter unfaßbar.

Hierauf weist der Bericht des Bundestages IV Nr. 3423 sanft, aber klar hin, indem er auf S. 2 wörtlich sagt: „Darüber hinaus ermöglicht die Umwandlung der zivilrechtlichen Schadensersatzansprüche in öffentlich rechtliche Ansprüche auch die Berücksichtigung sozialpolitischer Momente in dem deutschen Entschädigungsrecht, die neben dem Schadensersatzprinzip das Bundesentschädigungsgesetz beherrschen und seitens der Entschädigungsbehörden und Gerichte noch mehr, als ohnehin schon geschehen, berücksichtigt werden sollten." Ganz unzweideutig äußert sich der gleiche Bericht Nr. 3423 auf Seite 15, wobei er sich über die jetzt nach 10 Jahren vom BHG eingeschlagene Rechtsprechung zu § 160 BEG mißbilligend ausspricht. Die weitere Mahnung, die der Bundestagsausschuß auf Seite 3 des Berichts über den weiteren Entwurf eines Gesetzes zur Regelung der Wiedergutmachung nationalsozialistischen Unrechts für Angehörige des öffentlichen Dienstes (Drucksache IV/3592) ausspricht, ruft zur Beachtung des Geistes der oben zitierten Entscheidung des BHG vom 22. 11. 1954 a. a. O. auf.

Bezeichnend für den BHG ist die bekannte Einstellung zum Begriff „Auswanderer", die steif die Verfolgung aller derer verneinte — entgegen der ursprünglichen Auslegung der Entschädigungsbehörden —, welche — aus Verfolgungsgründen im übrigen — in das Land zogen, dessen Staatsangehörigkeit sie besaßen. Hier hat man die Klinke des Gesetzes in die Hand nehmen müssen, um den BHG eines besseren zu belehren. Wie grotesk sich solcher Standpunkt auswirken kann, ist aus folgendem Beispiel ersichtlich: Eine Frau (Witwe) schickte 1939 im Zuge einer schwedischen Kinderaktion ihre drei unmündigen Kinder von Deutschland nach Schweden. Um selbst nachfolgen zu können, schloß sie 1940 in Deutschland eine Scheinehe mit einem schwedischen Staatsangehörigen ab, wodurch sie nach dem schwedischen Staatsangehörigkeitsgesetz, das damals galt, sofort schwedische Staatsangehörige wurde und nunmehr auf Grund schwedischen Passes nach Schweden einreisen konnte. Als diese Frau Entschädigungsansprüche stellte, wurde sie mit der Begründung abgewiesen, sie sei nicht gemäß § 4, Abs. 1 Ziffer 1 c BEG nach Schweden „ausgewandert". Wenn diese gleiche Frau die Möglichkeit gehabt hätte, die Scheinehe in Schweden einzugehen, dann wäre sie als deutsche Staatsangehörige ausgewandert, und man hätte ihr die Ansprüche nach dem BEG zusprechen müssen und zugesprochen. Ich bin mir vollkommen darüber im klaren, wie ein schwedisches Gericht in einem derartigen Fall ohne große Auseinandersetzungen geurteilt hätte. Man hätte gesagt: Da die Klägerin nach dem, was die Parteien vorgebracht haben, einer Ausländerin gleichzustellen ist, ergeben sich folgende Ansprüche für sie... Dieses Beispiel ist wohl am ehesten klärend, worin der Unterschied zwischen logisch-grammatikalischer und sinngemäßer, sozialer Auslegung besteht. Wenn die Rechtsprechung bei der Auslegung des § 160 BEG bleibt, die anscheinend entgegen der Auffassung des Bundestagsberichts 3423 einige Gerichte im Sinne haben, wird letzten Endes dem Gesetzgeber nichts anderes übrig bleiben, als das Gesetz zu ändern.

Keinesfalls will ich die rühmenswerten Fälle unerwähnt lassen, die ein gutes Verständnis und damit auch die Berücksichtigung der sozialen Komponente erkennen lassen. Aber auf diese kommt es nicht an, sondern den gesamten Ton, auf den die Rechtsprechung abgestimmt ist. Hierbei soll ausdrücklich wiederholt werden, daß keinesfalls eine bewußte Verletzung des Gesetzes vorliegt. Man hat sicherlich das Bewußtsein, daß es zahlreiche echte Opfer der dunklen zwölf Hitlerjahre gibt, die ihre Schäden übertreiben. Aber das gibt dem Richter nicht die Befugnis, alle über einen Kamm zu scheren und nun umgekehrt in jedem Gesuchsteller einen vermeintlichen Betrüger zu sehen. Es fehlt deutscherseits das Fingerspitzengefühl, zwischen Spreu und Hafer zu scheiden. Und sollte man nicht noch einen Schritt weitergehen und sich sagen: Die seinerzeit kunstvoll zurechtgezimmerte ZPO müßte in allem sich auch dem beugen, daß in den 90 Jahren ihres Bestehens sich in Sitte und Gewohnheit, im staatlichen und sozialen Aufbau manches geändert und die Rechtsprechung solcher Änderung sich geschmeidig anzupassen hat. Vieles, was Äußerlichkeit mehr oder weniger ist, sollte unterbleiben. Auch die Gerichte sollten einen anderen Ton anschlagen. Zu sagen: Dem Kläger wird binnen einer Ausschlußfrist von einem Monat aufgegeben ... oder: Der Sachverständige hat den Kläger zu untersuchen ... paßt nicht mehr in unsere demokratische Zeit. Der Richter ist Mensch, und ihm gleichgeordnet sind die Parteien. Die Rechtsprechung sollte nicht als Geheimwissenschaft betrachtet werden, sondern sie geschieht von Menschen für Menschen. Der obrigkeitliche Sinn paßt auch rein äußerlich nicht mehr in unsere demokratische Zeit. Das Gericht sollte sich also nach Form und Inhalt dessen bewußt sein, daß es sich selbst aus Menschen zusammensetzt, die den Zwist von Menschen notfalls durch einen gerechten Richterspruch beilegen sollen. Auf diese Weise schafft man das in jedem sozialen Staat erforderliche Vertrauen nicht nur zu Staat und Gerechtigkeit, sondern wird den Interessen und dem Ansehen seines eigenen Landes am ehesten gerecht.

Daß der BHG in ebenso klarer wie überzeugender Weise eine weitgehende Entscheidung motivieren kann, ergibt der Beschluß des Großen Senates vom 14. 6. 1965[10]. Hier handelt es sich um die bedeutsame Frage, ob in Rechtsstreitigkeiten über vermögensrechtliche Ansprüche die Berufung und Revision auch darauf gestützt werden können, daß das Gericht mit Unrecht seine internationale Zuständigkeit angenom-

---

[10] In NJW 1965, S. 1665.

men habe. Der Beschluß des Großen Senates war erforderlich, weil diese Frage bis dahin vom BHG im Anschluß an die Rechtsprechung des früheren Reichsgerichts verneint war, der VIII. Zivilsenat von dieser Rechtssprechung jedoch Abstand nehmen wollte. Der letztgenannten Ansicht schloß sich der Große Senat mit einer, wie oben bereits gesagt, klaren und klugen Begründung an, indem hier zunächst eine allgemeine Darstellung des Unterschiedes zwischen örtlicher und internationaler Zuständigkeit gegeben wird, um dann die ausschlaggebenden Gesichtspunkte dahin zusammenzufassen: „Es handelt sich darum, wieweit die deutschen Gerichte in Rechtssachen mit Auslandsbeziehungen eine Entscheidung über die Grenzen der deutschen Gerichtsbarkeit im engeren Sinne, also etwa in den Fällen der Immunität verneinen... Da mithin bei einem Streit über die internationale Zuständigkeit — anders als bei einem Streit über die örtliche Zuständigkeit — sowohl die Interessen der beteiligten einzelnen als auch die Belange der staatlichen Rechtspflege in hohem Maße betroffen werden, kann nicht angenommen werden, das Gesetz, das nur Streitpunkte minderer Bedeutung von den höheren Instanzen ausschließen wollte, meine hier auch die internationale Zuständigkeit, wo es nur von der örtlichen Zuständigkeit spricht... Die Frage des innerdeutschen Gerichtsweges ist in allen Instanzen sogar von Amt wegen nachzuprüfen[11]."

Es scheint mir, daß die einfache, klare Art der Begründung im Sinne von *Rosenberg* ist, der eine einfache und klare Darstellung der Sach- und vor allem der Rechtslage für richtig hält.

In diesem Zusammenhang will ich auch auf eine inzwischen wohl veröffentlichte Entscheidung des schweizerischen Bundesgerichts vom 30. 3. 1965 hinweisen, die mir vor kurzem auf ca. 25 Schreibmaschinenseiten bekannt wurde. An sich neigt die schweizerische Rechtsprechung ebenso wie die deutsche dazu, in breitester Form die Sach- und Rechtslage in den Urteilen zu explizieren. Es handelt sich um die Entscheidung Zeiss (westdeutsche Firma) gegen Zeiss (ostdeutsche Firma) in einem von der deutschen Firma in der Schweiz angestrengten Rechtsstreit wegen unlauteren Wettbewerbes. Es geht über den Rahmen dieser Arbeit hinaus, auf die Gründe im einzelnen einzugehen. Ich glaube, soviel sagen zu dürfen, daß man über die Gründe im einzelnen vielleicht verschiedener Ansicht sein könnte. Was mir imponierte, war der Umstand, daß in einem ausgeprochen antikommunistischen Staate der

---

[11] Die Frage der Grenzen der inländischen Jurisdiktion hat in Schweden in dem Buche von S. Dennemark zu einer eingehenden Erörterung des gesamten Fragenkomplex geführt. Siehe S. Dennemark: „Om svensk domstols behörighet i internationellt förmögenhetsrättsliga mål" (über die Zuständigkeit der schwedischen Gerichte in internationalen Rechtsstreitigkeiten), S. 9 ff. Auch das ausländische Recht wird eingehend behandelt.

höchste Gerichtshof sich keineswegs im Unterbewußtsein von antikommunistischen Tendenzen irgendwie beeinflussen ließ, sich vielmehr klar entsprechend der objektiven Rechtslage, wie sie das Gericht auffaßte, entschied und sich dem ostdeutschen Standpunkt anschloß.

IV. Facit

Ziehe ich das Facit aus Vorstehendem und komme damit auf die Frage des Vergleichs deutscher und schwedischer Rechtsprechung zurück, so glaube ich, folgendes sagen zu müssen: Im schwedischen Recht wird die höchstrichterliche Entscheidung auf das sorgfältigste bearbeitet. Eine besondere Institution (nedre justizrevision, bestehend aus besonders qualifizierten Richtern, die nicht dem HD angehören) bereitet den Fall vor und äußert sich gutachtlich. Der Fall wird dann von dem Berichterstatter, einem der fünf Richter, der Mitglied des HD ist, nochmals bearbeitet, aber sämtliche der übrigen vier Richter nehmen aktiv an der Entscheidung teil und äußern sich gutachtlich, wenn und soweit sie in der Sache, d. h. entweder im Ergebnis oder auch nur in der Begründung von dem Gutachten des Berichterstatters abweichen. Diese Abweichungen werden unter Namensnennung im Urteil publiziert. Das Urteil selbst enthält eine auch die vorhergehenden Instanzenurteile umfassende Darstellung des Tatbestandes, aber nur eine allgemeine Begründung, vor allem hinsichtlich der maßgebenden Rechtslage. Mit Recht sagt Hjerner in seinem oben zitierten Buch „om rättsfalltolkning“: Die schwedischen Richter fassen sich ja recht kurz in ihren Urteilsgründen und in Fragen, die die Interpretation der Rechtsfälle gelten. Sicherlich gibt es Ausnahmen, z. B. die oben zitierten Entscheidungen über die „Jointresolution“, andererseits verkennt auch Hjerner nicht, daß der Zug der Zeit zu einer stärkeren Präjudikatgebundenheit durch stärkere Nuancierung der Rechtsprechung führt. Wenn die schwedische Rechtsprechung auf diesem Wege sich weiter entwickeln wollte, so wäre dies im Interesse der allgemeinen Rechtssicherheit besonders zu begrüßen. Wegen der bewußten Kürze der Urteilsgründe, ist es jetzt für Dritte, insbesondere die Parteien, oftmals nicht oder kaum möglich, die Begründung als solche zu kontrollieren. Wenngleich die Ansicht feststehend ist, daß jede höchstrichterliche Entscheidung wohlabgewogen ist, so würde eine rein formell stärker ausgeprägte Begründung der sachlichen und rechtlichen Motive, die das Gericht zu der von ihm ausgesprochenen Urteilsformel führen, das Gefühl der Rechtssicherheit erhöhen, unbeschadet des Umstandes, daß auf diesem Wege naturgemäß stärkere Präjudikatgebundenheit entsteht. Es scheint mir, daß dennoch die schwedische Rechtsprechung ihren gesunden Charakter, jeden Fall individuell zu betrachten, und Sinn und Wesen jeder Entscheidung unter dem Gesichtswinkel des vernunftgebundenen Zweckes jeder Gesetzesvorschrift zu beurteilen, beibehalten kann und soll. Stärkere formelle Begründung würde im Interesse stärkerer Klarheit und allgemeiner Rechtssicherheit zu begrüßen sein.

Demgegenüber kann man der deutschen Urteilsbegründung nachrühmen, daß sie ein klares und umfassendes Bild der Sach- und Rechtslage in der Urteilsbegründung zu geben pflegt. Hingegen gegen die materielle Begründung richten sich meine Einwendungen: Man klammert sich allzu sehr an die Begriffsjuristerei, aus Worten, Wortbildungen, Wortstellungen, Satz sowie Satzstellung und dergleichen bildet man sich seine Auffassung, die sich in Begriffe verliert und oftmals unbewußt der gerechten Beurteilung des Gesetzes entgegen dessen ausgesprochenem Sinn und Zweck nicht entspricht. Ein stärkeres Einfühlen in das letzterwähnte — Sinn und Zweck des Gesetzes — seitens des Gerichts würde dem wahren demokratischen Geist des Landes mehr und besser dienen als aus formellen Gründen festzuhalten an antiquierten subjektiven Auffassungen.

Der Unterschied zwischen den Verfahrensarten in Schweden und Deutschland führt mich zu dem Ergebnis, daß eine Synthese zwischen beiden zu einem gesünderen Resultat für beide führen würde. Ich darf an das Goethe-Wort erinnern: *Was ist der Freiesten Freiheit? — Recht zu tun!*

Politische und andere Essays

Deutschland als Nation — Ein Selbstgespräch

Von Klaus Curtius

Wir leben in einer Welt der Nationen. Ob wir es wahrhaben wollen oder nicht, es ist so. Nationen bestimmen das eigentliche Geschehen. Die Nation ist noch immer die operative Einheit der Geschichte.

Im Zuge des technischen und wirtschaftlichen Fortschritts, vor allem aber nach dem erschreckenden Geschichtsunterricht der letzten fünfzig Jahre, stellt sich die Frage, ob eine Läuterung und Fortentwicklung des Gedankens der Nation nötig und möglich ist. Wird das bisherige „design for living" dem Andrang der Ideen, der Brandung des Geschehens standhalten? Wird es sich ändern, wird es sich anpassen können? Oder wird die alte, gängige Form völlig eingeschmolzen werden, unkenntlich in dem, was neu entstehen wird? Stehen wir, steht die Welt vor der Aufgabe, die Nation zu überwinden? Und wo wird dann Deutschland sein?

Der Begriff der Nation ist vielfach erarbeitet worden. John Stewart Mill, der hier statt anderer sprechen mag, sieht die Nation wie folgt: Man kann sagen, daß ein Teil der Menschheit eine Nation ausmacht (nationality: eigentlich „Nationalität", hier als „Nation" gemeint), wenn sie untereinander durch gemeinsame Neigungen geeint sind, wie sie zwischen ihnen und irgendwelchen Dritten nicht bestehen, so daß sie lieber miteinander zu tun haben als mit anderen Völkern; daß sie unter ein und derselben Regierung leben wollen, und das Verlangen haben, daß diese Regierung ausschließlich von ihnen selbst oder einem Teil von ihnen gestellt wird[1].

Entscheidend ist, daß der Begriff der Nation ganz auf die Menschen abstellt: „ein Teil der Menschheit". Das eigentliche Geheimnis liegt in der Sonderung dieses Teiles. Die objektiven Merkmale für seine Abgrenzung sind nicht endgültig zu bestimmen — Sprache, ethnische Zugehörigkeit o. ä. Wesentlich sind die subjektiven Merkmale — der „subjektive Tatbestand".

---

[1] John Stewart Mill, „Representative Government", Kap. 16, S. 380, Oxford University Press „World Classics", Neudruck 1946: „A portion of mankind may be said to constitute a nationality, if they are united by common sympathies which do not exist between them and any others, which make them cooperate more willingly than with other peoples, to be under the same government, and desire that it should be government by themselves, or a portion of themselves, exclusively."

Für den Menschen ist in der Gestaltung seines Lebens der Wille das primum movens: so auch für die Nation. Die Nation ist die Willensheimat ihrer Kinder, eine Willensgemeinschaft. Dieser Wille lebt im Einzelnen, erfaßt ihn selbst, richtet sich auf alle Mitglieder der Gruppe und schließt die Gesamtheit als Summe aller Einzelnen zur Nation zusammen. Der Wille zur Nation ist in bestimmten Einzelpersonen — der Führungsgruppe — bewußt und ausgesprochen vorhanden; unbewußt vorhanden ist er in allen Teilen der Masse, die ihn kaum artikulieren könnte und die diesen Willen doch in vollem Maße reaktionsfähig besitzt. Der bewußte Wille schöpft immer wieder Kraft aus dem Unbewußten-Unterbewußten der Masse, wie diese die Impulse des bewußten Willens in sich aufspeichert. Bewußter und unbewußter Wille stehen in der Nation im Einklang und ergänzen einander. Während die Nation nicht ohne die Menschen leben kann, ist begrifflich nicht notwendig, daß ihr auch ein einmalig bestimmter Teil dieser Erde für immer unverändert zugehört. Gebietsfragen treten damit zurück — eine Befreiung für den, der über den Begriff der Nation und seine praktische Verwendbarkeit in Gegenwart und Zukunft nachdenkt.

Die Nation findet in einem einheitlichen Staat als der aus ihr geborenen Rechts- und Machtschöpfung ihren notwendigen und unerläßlichen Ausdruck, zugleich Erfüllung und Begrenzung. Selbstbestimmung und Souveränität sind in dem von Mill formulierten Begriff enthalten; Demokratie ebenfalls, soweit sie sich aus dem Begriff der Selbstbestimmung ergibt. Tiefgreifend ist die Wechselwirkung zwischen Staat und Nation — ein weites Feld. Die Nation als solche ist kein Rechtsbegriff: sie ist Trägerin des geschichtlichen Schicksals, damit sowohl weniger wie mehr als der Staat.

Im Gegensatz zum Staat als einer zwar zeitbedingten, aber an sich zeitlosen Rechtsform spielt für die Nation die Dimension „Zeit" eine wesentliche Rolle. Die Nation lebt im Gedenken der Vergangenheit, aus dem fortwährenden Erlebnis der Lebenden, in der Gegenwart des Handelns, in der Zukunft des Planens und Hoffens. Sie will sich selbst auf Dauer.

„Nation" ist ein unaufhörlicher Lebensprozeß. Sie ist tägliche Wiedergeburt. Sie lebt von der Liebe ihrer Kinder, einer Liebe, die nicht des Hasses als Gegengewichts bedarf, weder aktiv noch passiv. In dieser Liebe bringt sie aus sich selbst Energie für sich selbst hervor.

Wie immer die Vergleiche für die Nation lauten mögen, — sie werden unerschöpflich sein wie das Leben selbst. Sie ist das geschichtlich vorgezeichnete Optimum dessen, was der betreffende Teil der Menschheit als schöpferische Gemeinschaft im Kreise der übrigen Menschheit bzw. Menschheitsgruppen an Lebensform erreichen kann. Sie ist

Persönlichkeit, Einmaligkeit, — die Einheit, zu der die Vielen streben, in der jeder als Einzelpersönlichkeit erhalten bleibt und sich selbst wiederfindet: überpersönlich-persönliche Identität, eine ständige Trans-Personation, Hingabe der eigenen Persönlichkeit ohne deren Verlust, — im Gegenteil: ihre Bestätigung und Festigung.

Nach den im Namen der Nation begangenen Mißbräuchen und den Verkehrungen des Begriffs darf der Gedanke der Nation nicht beurteilt werden: gerade heute nicht, in einer Zeit der Ernüchterung und Klärung. Das Streben nach Nation ist wahrhaftig keine Schande und das Leben in und mit der vollendeten, d. h. sich täglich neuvollendenden Nation ist hohes, ja höchstes Glück. —

An den beiden Enden der Welt stehen heute zwei Großnationen: Die Vereinigten Staaten von Amerika und Sowjet-Rußland.

Daß die Vereinigten Staaten Nation sind und sich als solche auffassen, bedarf keiner näheren Darlegung. Für den Gast, der in den USA weilt, ist dieser Sachverhalt vielleicht noch handgreiflicher als für den Staatsbürger selbst, zu dessen selbstverständlichem Überzeugungsgut „this nation, under God ...“ gehört. Die Unabhängigkeitserklärung von 1776 ist schließlich eines der Geburtsdokumente des Gedankens der Nation und Lincolns „Gettysburg Adress“ ein Glaubensbekenntnis zur Nation, mitten aus dem Bruderkrieg um ihre Einheit.

Wäre es zuviel, Sowjet-Rußland den Ehrentitel einer Nation zuzuerkennen? Atmet nicht auch die Sowjetunion — erst recht seit dem „Großen Vaterländischen Krieg“ von 1941—1945 — den Geist der Nation, wie er sich im Napoleonischen Krieg, im Abwehrkampf gegen den ersten übermütigen Eroberer bildete? Lebt das mütterliche Rußland nicht fort? Ist der Bolschewismus nicht russisch? Ist der Marxismus-Leninismus nicht eine russische politische Ideologie? Erfand Stalin nicht, lange bevor er den „Großen Vaterländischen Krieg“ führte, die Idee des „Sozialismus in einem Land“, die Beschränkung der kommunistischen Praxis auf das Gebiet Sowjetunion — bei allem Expansionsdrang, wie er immer zu Rußland gehört hat, bei aller weltrevolutionären Verpflichtung, allen diesbezüglichen Bekenntnissen? Der Schwerpunkt lag bei der Entwicklung im Inneren. War das von Chruschtschow nach Stalins Tod angeblich aus dem Lenin'schen Gedankengut hervorgeholte Schlagwort von der „friedlichen Koexistenz“ — neben aller Bedeutung als Tarnmaßnahme für die Erhaltung des der Sowjetunion günstigen status quo in Europa, neben der Verschleierung des Kalten Krieges und neben dem Fortgang des machtpolitischen Mühlespiels (letzter Stein: Kuba) — nicht doch auch ein Aufruf zu der dringend notwendigen Besinnung Rußlands auf sich selbst? Lag vielleicht einer der Gründe für seine plötzliche Abberufung darin, daß er den Grundsatz der „friedlichen Koexistenz" — der nationalen Selbstbeschränkung — nicht ernst genug genommen und sich auf Abenteuer, d. h. expansionistische Unternehmungen, die fehlschlugen, eingelassen hatte? Kossygin und Breschnjew erscheinen durchaus russisch, viel russischer als der Ukrainer Chruschtschow. Laut der eingangs wiedergegebenen Begriffsbestimmung der Nation ist entscheidend, ob der Teil der Menschheit, der in der Sowjetunion zusammengeschlossen ist, sich als eine Einheit empfindet und den Staat, der den Lebensrahmen darstellt (den Staatsumfang, die Zusammenfassung der Gruppe, die auch aus Einzelgruppen bestehen kann; nicht notwendig in allen Einzelheiten auch die Staatsform), als den ihm gemäßen eigenen Staat, d. h. die Verwirklichung des Gemeinschaftswillens, ansieht. Vieles spricht dafür, daß die Sowjetunion dieser Definition gerecht wird!

In der Nation-Werdung ist China begriffen, nicht minder Indien. Weitere Staaten in den verschiedenen Erdteilen oder Teil-Erdteilen wollen Nationen werden. Alte Nationen, hauptsächlich im westlichen, freien Europa, halten unter Monarchen oder Präsidenten auf ihrem Posten Wache, während im östlichen Teil Europas, in den bisherigen Überschwemmungsgebieten des russischen Kommunismus, die nationalen Konturen bei zurücktretender Flut wieder stärker und stärker sichtbar werden. Polen erlebt dort neu die zurückerstrittene-zurückerlittene Nation. Andere Staaten dieses Kreises hoffen auf ein Wiedererstarken als Nationen.

Westeuropa, die Wiege des Gedankens der Nation, hat, wie Europa insgesamt, die schlimmsten Verheerungen unter dem Motto „nationaler Interessen" über sich ergehen lassen müssen. Dort sind als Antwort auf die vielfältige Verkleinerung des Raumes, die eine dauernde Befriedung unabdingbar macht, Bestrebungen wirksam geworden, unter dem Leitgedanken der europäischen Integration über die Nationen hinweg zu einer Groß-Einheit vorzustoßen. Die Europäische Wirtschaftsgemeinschaft (EWG) mit Montanunion und Euratom ist der führende Zusammenschluß, dem die Europäische Freihandelszone (European Free Trade Area = EFTA) gegenübersteht. Die Bundesrepublik Deutschland ist der einzige, national unbefriedete Partner der EWG-Gruppe; sie ist gleichzeitig eine der treibenden Kräfte zu einem integrierten Europa, in dem die Nationen enger aneinander geschlossen sein sollen. Hohe Gedanken, hohe Ziele: wird die Geschichte als unbestechliche Richterin sie gutheißen?

Wo stehen wir Deutsche?

War Deutschland jemals eine Nation?

Die spontane Antwort „Ja!" ist richtig. Zwar gab es nie einen Staat unter der Bezeichnung „Deutschland". Aber der Gedanke der Nation war lange im Werden, vorgedacht von vielen, mit Wurzeln tief in der deutschen Geschichte. Das Bismarck-Reich von 1871, aus dem deutschen Dualismus unter Abweisung Deutsch-Österreichs entstanden und im vergänglichen Sieg über Napoleon III. aus der Taufe gehoben, hat mit allen seinen Makeln und Fehlern doch das Volk als Nation auf sich vereinigt. Es war stark genug, die Zerreißprobe der vier Jahre des I. Weltkriegs zu bestehen und wurde in der Niederlage nur noch einheitlicher. Den Beweis für die Lebenskraft der Nation erbrachte damals das Volk selbst, das durch die neue, aus ihm hervorgegangene Regierung und durch die eigene unentwegte Haltung die nationale Einheit sogar in den schlimmsten Stürmen der ersten Nachkriegsjahre wahrte. Die deutsche industrielle Revolution und der Gedanke der Nation waren eine Verbindung eingegangen, die sich in der Stunde der Not erst richtig offenbarte und bewährte. Die knapp 50 Jahre der Bismarckschöpfung hatten, durch die vorangegangene Entwicklung vorbereitet, im Zeitalter rascher industrieller Durchdringung und ständig zunehmender Verkehrs- und Nachrichtenverbindungen eine weit über die eigentliche Zeitspanne hinausgehende Prägewirkung ausgeübt. Von den gruppenfremden Einschlüssen des Bismarckreichs im Westen, Osten und Norden zwangsweise befreit, konnte das Deutsche Reich der Weimarer Zeit sich weitgehend als staatliche Erfüllung der deutschen Gemeinschaft ansehen, ungeachtet allen Unbehagens über den mangelnden Gebietszusammenhang im Osten. Es bedurfte eines Hitlers, um den Gedanken der Nation durch den Aberwitz einer „Herrenrasse“ zu verdrängen und die Zerschlagung Deutschlands heraufzubeschwören.

Ohne die Untaten verschweigen oder entschuldigen zu wollen, die von Deutschen im Namen Deutschlands begangen wurden, wirken die 12 Jahre des „Dritten Reiches“ doch fast wie der Ablauf eines Massenwahns, vergleichbar mit ähnlichen Erscheinungen des Mittelalters, — vertausendfachtes Spiegelbild der verbrecherischen Psychopathie ihres Urhebers. Auch in jenen düsteren Jahren hat aber das Bild des wahren Deutschland, einer ehrenhaften deutschen Nation, in festen Herzen weitergeleuchtet. Die Nation kann in wenigen Samenkörnern überdauern; es waren ihrer gar nicht so wenige.

Ist Deutschland heute eine Nation?

Deutschland ist eine heimliche Nation, es lebt gegenwärtig nur in der Wirklichkeit des Willens. Nach außen bietet sich das Bild trostloser Aufspaltung der Einheit. Völkerrechtliche Fragen der fortdauernden Einheit Deutschlands sollen hierbei unberührt bleiben.

In der Gründungs-Charta der Bundesrepublik Deutschland wurde festgelegt, daß sie als freier Teil Deutschlands Sprecher für alle Deutschen ist. Sie hat damit zugleich die Aufgabe, die Wiedervereinigung der getrennten Teile herbeizuführen. Die Bundesrepublik Deutschland hat den Auftrag zur Nation (sie ist insoweit unvollkommene „Nation kraft Auftrags"). Ohne Bejahung der Nation als der Einheit der Deutschen, die heute in der Bundesrepublik Deutschland und in der sowjetischen Besatzungszone (SBZ) leben, ist weder der Gedanke der Wiedervereinigung denkbar, noch die tatsächliche Wiedervereinigung erreichbar. Gebietliche Fragen als solche sind demgegenüber ein Sonderkapitel. Wenn die Bundesrepublik Deutschland je *für sich selbst* Vollnation werden wollte, so würde das gerade den Verzicht auf Wiedervereinigung bedeuten — im Widerspruch zum Grundgesetz und zum Willen des Volkes. Der *Wille* der Staatsbürger in der Bundesrepublik Deutschland geht über das vorläufige und unvollkommene Gebilde hinaus, die eigentliche Willensheimat ist Deutschland als *ganze* Nation. Der Willensauftrag ist unentrinnbare Bürde, er ist zugleich Stolz und Rückgrat; er ist kein Ausdruck ewiger deutscher Unzufriedenheit, sondern bejahtes Schicksal.

Die sowjetische Besatzungszone kann sich selbst nicht ernstlich als Nation ansehen, ebensowenig wie sie ein Staat ist. Es fehlt nicht nur an der „Zustimmung" der Regierten, es fehlt überhaupt am Willen zu solchem Staat, trotz aller angeblichen Abstimmungsergebnisse. Die Zonenmachthaber gehen selbst davon aus, daß die Nation alle Deutschen umfaßt, nicht nur die Deutschen in der SBZ. Das Regime schlägt nationale Töne an, sei es im sogenannten „Nationalen Dokument" oder durch Bezugnahme auf Bismarck und auf „nationale Wiedervereinigung" (Ulbricht auf der 800-Jahr-Feier in Leipzig). Ja, die Zone möchte sich als Hüterin der „wahren" deutschen Tradition und deshalb als Alleinvertreterin für alle Deutschen wenigstens von seiten der Sowjetunion — der eigentlichen Landesherrin — anerkannt sehen; bis jetzt ohne Erfolg. — Daß die Menschen in der Zone unbeschadet sozialistischer Idiologien weiter den *Willen* zur deutschen Nation in einem gesamtdeutschen Staat haben, darf man nach allen Anzeichen annehmen.

Gegenüber dem *Willen* auf beiden Seiten steht die tatsächliche Spaltung, die unselige, —von den Siegern des II. Weltkrieges mit weit mehr als Eventualdolus herbeigeführt: *Selbstbestimmung* für alle übrigen, für die Deutschen *Selbstverleugnung;* Verweigerung der Vereinigungsfreiheit, die nicht nur ein Grundrecht des einzelnen, sondern in noch stärkerem Maß Grundrecht der Völker und Staaten sein muß. Ob die Verantwortlichen je an Talleyrand gedacht haben? — „c'est plus qu'un crime, c'est une faute".

Die latente Nation bleibt bestehen, solange innerhalb der beiden Gruppen der auf die einheitliche Nation gerichtete Wille weiterlebt. Wirtschaftliche Konsolidierung, wie sie auch die SBZ verzeichnen kann, ist kein Ersatz für nationale Erfüllung, genausowenig wie etwa im Westen das „Wirtschaftswunder“; und was die Zone an „Eigenstaatlichkeit“ bieten möchte, ist es erst recht nicht. Die gegenseitige Ablehnung im staatspolitischen Bereich seitens der Bundesrepublik und der SBZ hat für das untergründige Überdauern der Nation keine kritische Bedeutung.

Wird Deutschland wieder eine Nation sein?

Gibt es auf die Länge der Zeit ein Nebeneinander von Bundesrepublik Deutschland und SBZ? Kann ein Teil ohne den anderen — in unerfülltem *Vaterlandsverlangen* — selbständig überdauern, die Spannung aushalten? Müssen nicht die Teile, wenn die Vereinigung nicht alsbald möglich ist, jeder für sich nach dritter Seite hin Anschluß suchen, um das Drängen zur Nation durch Selbstaufgabe, d. h. durch eine endgültige verneinende Gegenaktion hinfällig zu machen? Diese Frage stellt sich mit aller Schärfe, zumal angesichts der Tatsache, daß beide Teile mit sachgegebener Zwangsläufigkeit schon weitgehend Bestandteil entgegengesetzter Weltgruppierungen geworden sind — der westliche Teil zwar durchaus nicht unter der Faust der Sieger, aber aus der Gesamtlage heraus nicht weniger zwangsläufig, der östliche unter dem Druck des kommunistischen Systems, der eigenen Ohnmacht und der Gegenwart sowjetischer Divisionen sehr viel zwangsmäßiger. Für die Bundesrepublik Deutschland als Gliedstaat Westeuropas und Mitglied der EWG ergibt sich vordringlich die Integrationsfrage, d. h. die Frage des Übergangs in eine westeuropäisch-supranationale Einheit, mit allen dadurch bedingten nationalen Folgen.

Bundeskanzler Erhard hat in der Regierungserklärung seiner zweiten Kanzlerschaft die Wiedervereinigung als außenpolitisches Hauptziel der Bundesrepublik erneut herausgestellt, dabei zugleich die Notwendigkeit der Neuordnung Europas jenseits der überlieferten nationalstaatlichen Ordnung mit beredten Worten betont, und einer Politik der europäischen Solidarität bewußt den Vorzug gegenüber einer Politik des „nationalen Egoismus“ gegeben.

Soviel wird man sagen können: Wenn in der Welt selbst und insbesondere in Europa die Nationen als tragende Elemente erhalten bleiben; wenn das Selbstbestimmungsrecht den geringsten Respekt behalten und weiter gelten soll; wenn Deutschland in seinen beiden Teilen, im Westen einerseits, im Osten andererseits, weiter an zwei Staaten grenzt, die sich mit Recht als Nationen verstehen und entsprechend auftreten — Frankreich unter de Gaulle, und eines Tages über ihn hinaus; Polen, trotz kommunistischer Vorzeichen: so wird Deutschland auch wieder Nation unter Nationen werden. Man denkt unwillkürlich an naturgesetzliche Reaktionen, nicht weniger als an psychologisch-politische Zwangsentwicklungen. Es kann dann keine Ungewißheit geben: „Sollen wir wollen?" Der staatsschöpferische Genius der Mitte wird wieder zu voller Lebenskraft erwachen. Wieviele Millionen Deutsche wird es zu diesem Zeitpunkt in Ost und West geben? Heute sind es 70, bis dahin 80 oder 90 Millionen. Es wäre widersinnig, wenn geschichtliches Walten nicht die beiden Gruppen erfaßte und die rechnerische Summe zur faktischen Einheit zusammenführte. Nicht allein die Anziehungskraft der beiderseitigen Massen muß sich auswirken: Unter den Millionen werden sich Männer und Frauen finden, die zum ausführenden Werkzeug erkoren sind, — mögen sie mit den Kennzeichen des Staatsmannes ausgestattet sein: „Leidenschaft, Verantwortungsbewußtsein, Augenmaß"; mögen die Begleiter des Dichters sie führen: „Verstand, Offenbarung, Eingebung." Über Mithilfe oder Widerstand der Mächte soll die Zukunft entscheiden.

Es könnte aber auch eine Wiedervereinigung auf mittelbarem Weg geben, — jedoch nicht nur unverbindlich-spirituell zu einer nebelhaften „Kulturnation". Nation ist mehr, Wiedervereinigung ist mehr: sie kann immer nur in staatlichem Rahmen vor sich gehen. Dieser Rahmen kann seinerseits Teil eines größeren Gefüges bilden.

Durchaus denkbar ist, daß nach dem Willen der Europäer ein Groß-Europa entsteht, in dem die Bedeutung der Einzelnationen verändert sein wird. In Westeuropa mögen sich die Staaten — die in der EWG zusammengeschlossenen voran, unter wesentlicher Mitwirkung der Bundesrepublik Deutschland, in all ihrer Unvollkommenheit — zu einem gemeinsamen Ordnungswesen integrieren. Nationen werden deshalb doch in irgendeiner Form bestehen bleiben, auch die Bundesrepublik Deutschland als Ansatz zu einer Nation — als ein Gedanke, der auf das *Zu-Ende-Denken* wartet. Daß das westliche Deutschland sich dabei ganz in das neue Europa verströmen sollte, um seinem Deutschtum zu entfliehen, ist wohl doch nicht zu befürchten. Im östlichen Europa mag eine ähnliche Integration eintreten. Auch dort wird ein nationaler deutscher Bereich bleiben. Beide Lager, Ost und West, werden schließlich zusammenfinden: sie sind heute schon weniger voneinander entfernt, als sie glauben. Dann werden die beiden von Deutschen bewohnten Teile Mitteleuropas eins werden und wieder eine deutsche Nation bilden, so wie dieser Begriff zu verstehen sein wird. Bei der Vereinigung der beiden großen „Lager", und schon zur Vorbereitung dieses Schrittes, würden die beiden deutschen Teile, später als Einheit, eine Mittlerrolle übernehmen. Das Schicksal hätte sie Deutschland damit noch einmal, und nunmehr zu dauerhafter geschichtlicher Bewährung zuerkannt. Was jetzt wie eine Flucht in die Integration aussehen könnte, ein Wegstreben von dem nationalen Auftrag, würde letzten Endes in einer verwandelten Welt zu einem geläuterten Ziel führen: zur deutschen Wiedervereinigung.

Zwanzig Jahre sind seit der Teilung vergangen: eine junge Generation wächst im getrennten Deutschland heran. Sie lebt mit der Teilung. Ein einiges Deutschland gehört nicht zu den selbstverständlichen Grundlagen ihres täglichen Lebens. Sie ist ohne Schuld an dem Geschehen vor ihrer Zeit. Von der Schuld der Väter will sie nichts wissen. Aber diese Jugend zu beiden Seiten der Demarkationslinie wird im Laufe der Jahre von sich aus erkennen, daß die Teilung Deutschlands nur Dritten „nützt", — zu falsch verstandenem Nutzen; daß sie für die Deutschen selbst Unnatur ist; daß geschichtliche deutsche Schuld Teil der gemeinsamen Vergangenheit und damit auch „Deutschland" ist; daß nur ein einiges Deutschland die Schuld tilgen und seinen Namen reinigen kann; daß die Kraft zum Guten im Ganzen liegt. Aus diesen Erkenntnissen formt sich der Wille zu einem einigen Ziel: Deutschland als Nation.

Gedanken über den Verlust einer prodemokratischen Mehrheit unter einer demokratischen Staatsverfassung*

Von Arnold Brecht

Die deutsche Geschichte vom Beginn des ersten Weltkrieges bis zum Ende der Weimarer Republik umfaßt eine eigentümlich in sich geschlossene politische Zeitspanne, deren genaues Studium in viele große Probleme der politischen Wissenschaft und der Geschichtsschreibung hineinführt. Sie wird aus diesem Grunde immer wieder die Aufmerksamkeit an sich ziehen. Obwohl es einige hochqualifizierte Arbeiten gibt, herrscht in der öffentlichen Meinung des In- und Auslandes von dieser Periode immer noch ein falsches, höchst oberflächliches Bild. Mehrere Faktoren sind daran mitschuldig. Diejenigen deutschen Kreise, die der magnetischen Anziehung nationalsozialistischer Macht- und Prachtentfaltung erlegen sind, haben noch heute zur Erhaltung ihrer Selbstachtung ein vitales Interesse daran, die Weimarer Republik und ihre Regierungen möglichst verächtlich zu machen. Darin treffen sie sich sonderbarerweise mit Kreisen, mit denen sie sonst in ständigem Kampf liegen, nämlich denen der deutschen Emigranten und der radikalen deutschen Demokraten, die sich auch ihrerseits nicht genug daran tun können, die Unfähigkeit der Weimarer Regierungen anzuprangern. Obwohl die Angriffe dieser beiden Fronten auf diametral entgegengesetzten Vorwürfen beruhen — die eine Gruppe klagt die Weimarer Regierungen und Parteien an, weil sie zu „links", die andere, weil sie zu „rechts" gewesen seien —, nimmt die breite Öffentlichkeit nur die allgemeine Übereinstimmung zur Kenntnis, daß die Weimarer Demokratie an der Unfähigkeit ihrer Regierungen zugrunde gegangen sei.

Von beiden Seiten wird meist verkannt oder verschwiegen, daß es seit den Reichstagswahlen vom Juni 1920 keine Volksmehrheit mehr im Reiche für die demokratische Republik gab; es gab sie zwar noch in einigen Teilen Deutschlands, besonders im Westen und in den Großstädten, aber nicht im Reiche als Ganzem. Wer das erwähnt, tut es gewöhnlich in spöttischer Form. Es wird fast immer versäumt, näher

* Wiedergabe des 30. Kapitels der unter dem Titel „Aus nächster Nähe — Lebenserinnerungen eines beteiligten Beobachters" bei der Deutschen Verlags-Anstalt in Stuttgart erscheinenden Memoiren des Verfassers. Mit Erlaubnis des Verlages.

darauf einzugehen, welche Folgen der Mangel demokratisch-republikanischer Mehrheiten unter einer demokratischen Staatsverfassung hat. Darüber möchte ich im folgenden einige Gedanken niederlegen, die ich bisher nur teilweise und nicht im Zusammenhang veröffentlicht habe[1].

In den Wahlen vom 6. Juni 1920 verloren die drei Parteien der sogenannten Weimarer Koalition (Sozialdemokraten, Deutsche Demokraten und Zentrum) nicht nur die mehr als Zweidrittelmehrheit, die sie nach den Wahlen vom Januar 1919 in der Nationalversammlung besessen hatten, sondern, wie gesagt, sogar die einfache Mehrheit. Die Mandate der Sozialdemokraten gingen von 163 auf 113, die der Demokraten von 74 auf 45, die des Zentrums infolge der Absplitterung der Bayerischen Volkspartei von 89 auf 69 Sitze zurück. Das waren zusammen nur noch 227 von 466 Sitzen, also eine Minderheit. Statt dessen wuchsen die Unabhängigen von 22 auf 81, die Deutsche Volkspartei von 22 auf 62 und die Deutschnationalen von 42 auf 66 Sitze.

Die deutsche Demokratie hatte ihre tödliche Wunde erhalten, eine Wunde, die für absolute Monarchien, für Diktaturen oder Aristokratien nicht tödlich zu sein braucht, aber eine Demokratie in ihrem Wesenskern bedroht: Verlust der Mehrheit für ihre Anhänger.

Daß eine autokratische Regierungsform nicht schon deshalb in ihrer Fortexistenz bedroht zu sein braucht, weil sie nicht von einer Mehrheit, sondern nur von einer Minderheit des Volkes gebilligt wird, ist logisch und historisch gleicherweise unbestreitbar. Es gehört begrifflich gerade zum Wesen autokratischer Verfassungen, daß die Regierung nicht auf die Billigung ihrer Maßnahmen durch Mehrheiten der Bevölkerung angewiesen ist. Absolute Monarchien, konstitutionelle Monarchien, Aristokratien und andere Spielarten oligarchischer Regierungsweise haben sich denn auch, historisch betrachtet, oft im Widerspruch mit den Wünschen der breiten Massen lange aufrechterhalten können. Das geschah nicht in allen Fällen zum Nachteil des Volkes. Es hat nicht nur schlechte, sondern gelegentlich auch gute autokratische Herrscher gegeben, die ihre Völker im Gegensatz zu den augenblicklichen Wünschen der Massen, ja auch im Gegensatz zu den Wünschen ihrer Ratgeber regiert und mit Erfolg durch Krisen hindurchgeführt haben. Die Gestalten dieser heroischen Autokraten bildeten das Lieblingsthema unserer Schullehrer und den Gegenstand unserer kindlichen, romantischen Heldenverehrung. Die Sehnsucht nach solchen Führern ist im deutschen Volke länger und tiefer verwurzelt gewesen,

---

[1] Zum Beispiel in den Aufsätzen „Democracy, Challenge to Theory", Social Research, New York, Band 13 (1946) S. 195—224; und „Die Auflösung der Weimarer Republik und die Politische Wissenschaft", Zeitschrift für Politik, Band 2 (1955) S. 291—308; und dem Buche „Prelude to Silence", New York 1944, deutsche Ausgabe Wien 1948.

und das Risiko weniger gefürchtet worden, als in anderen Völkern des Westens, hauptsächlich dank der Erfolge des Großen Kurfürsten, Friedrichs des Großen und Bismarcks. Um so wichtiger ist es, sich ganz nüchtern darüber klar zu sein, daß unter einer demokratischen Verfassung diese Sehnsucht nach starker Führung auch gegen Mehrheiten entweder überhaupt nicht oder doch nur ganz kurzfristig — zwischen zwei Wahlen — legitim befriedigt werden kann. Eine demokratische Regierung bedarf der Billigung durch das Volk in guten und bösen Tagen. Sie soll gewisse Grundrechte ihrer Bürger weder in guten noch in bösen Tagen verletzen, selbst dann nicht, wenn eine Mehrheit das billigen würde.

Um sinngemäß funktionieren zu können, setzt eine Demokratie voraus, daß die große Mehrheit des Volkes die demokratischen Spielregeln tatsächlich wünscht und schätzt, sei es aus romantischer Begeisterung für den Volkswillen, sei es aus der Überzeugung von der Weisheit des common man, des einfachen Mannes, in letzten Lebensfragen[2], sei es aus Furcht vor dem Mißbrauch unkontrollierter autokratischer Gewalt. Diese immanente Voraussetzung einer funktionsfähigen Demokratie kann aber mit der Wirklichkeit in krassem Widerspruch stehen. Die Dinge können so liegen, daß die Mehrheit eines unter einer demokratischen Verfassung lebenden Volkes eine autokratische Regierungsweise vorziehen würde, entweder aus romantischem Bedürfnis nach Heldenverehrung und Unterordnung oder in der ganz unromantischen, egoistisch-realistischen Hoffnung, daß die Inhaber der autokratischen Gewalt gerade das tun werden, was die betreffende Gruppe sich wünscht. Wenn die Mehrheit eines Volkes so denkt, so hat dieses Volk, auch wenn es unter einer demokratischen Verfassung lebt, tatsächlich eine undemokratische, antidemokratische Mehrheit.

Man wird vielleicht einwenden, daß es undemokratische Mehrheiten begriffslogisch überhaupt nicht geben könne. Denn Demokratie heiße Regierung durch die Mehrheit oder nach ihrem Willen, und wenn die Mehrheit eine autokratische Regierungsgewalt (Königstum, Diktatur oder dergleichen) haben wolle, so sei die Einführung einer solchen Regierungsform die Verwirklichung wahrer Demokratie und bleibe es so lange, wie das dem Mehrheitswillen entspricht. So betrachtet waren die Regierungen des römischen Kaisers Augustus, der englischen Königin Elisabeth I., oder preußischer Könige wie Friedrichs des Großen und Wilhelms I. auf der Höhe ihrer Erfolge eine wahre Demokratie, ebenso dann aber auch die Regierung Ludwigs XIV., Napoleons I. und vielleicht auch Hitlers in den Jahren ihrer größten

---

[2] Siehe das schöne Buch von Carl J. Friedrich, The New Belief in the Common Man, Boston 1941.

Popularität. Auch die kommunistische Herrschaft wäre dann dort, wo sie von der Volksmehrheit gebilligt wird, eine wahre Demokratie.

Es gibt keinen zwingenden wissenschaftlichen Grund, warum jemand das Wort „Demokratie“ nicht in diesem Sinne sollte verwenden dürfen, außer dem, daß ein solcher Sinn dem Sprachgebrauche der westlichen Länder bis in das zwanzigste Jahrhundert hinein widerspricht und daß „Demokratie“ dann keine besondere Staatsform bezeichnet, sondern nur die Billigung irgendeiner Staatsform durch das Volk. Ich verwende hier „Demokratie“ im modernen westlichen Sinne, also so, daß es eine Staatsform bezeichnet, und zwar diejenige Staatsform, unter der Gesetzgebung und Verwaltung der Kontrolle durch die Mehrheit unterliegen und außerdem gewisse Grundrechte und die richterliche Unabhängigkeit respektiert werden. Von diesem Sprachgebrauch aus betrachtet ist eine Mehrheit, die sich gegen jene drei Grundsätze oder auch nur gegen einen von ihnen wendet, eine „undemokratische“ oder „antidemokratische“ Mehrheit.

Es mag sein, daß eine solche undemokratische Mehrheit auf lange Zeit nicht in der Lage ist, die nun einmal bestehende demokratische Verfassung umzustürzen, weil sie zu einer formellen Verfassungsänderung größerer Mehrheiten bedürfte, als ihr zur Verfügung stehen, oder weil sie in sich uneinig über die Art der gewünschten Änderung ist. Es mag dann äußerlich so scheinen, als ob sich Demokratien ebenso wie Autokratien lange Zeit ohne Mehrheitsunterstützung aufrechterhalten können. Es mag sich sogar ergeben, daß trotz antidemokratischer Volksmehrheiten ehrlich demokratisch gesonnene Männer allein oder in gemischten Kabinetten im Amt bleiben können, weil sich die antidemokratischen Volksteile nicht über eine rein antidemokratische Besetzung der Ämter einigen können. Alles dies war in Deutschland von 1920 bis 1932 der Fall. Aber selbst dann hat mit dem Verlust einer prodemokratischen Mehrheit im Volke oder im Parlament die Todesstunde der lebendigen Demokratie geschlagen. Sie führt nur noch ein Scheinleben, weil ihre Regierungen, auch wenn sie aus guten Demokraten bestehen, weder in der Gesetzgebung noch in der Verwaltung — zum Beispiel in der Auswahl von Offizieren und Beamten — eine konsequente demokratische Politik treiben können, wenn die Parlamentsmehrheit antidemokratisch gesonnen ist. Denn sie hängen von der Billigung ihrer Maßnahmen durch die Parlamentsmehrheit ab.

Diese Problematik demokratischer Führung angesichts antidemokratischer Mehrheiten verschärft sich, wenn die Volksmeinung nicht nur über die Zweckmäßigkeit der demokratischen Staatsform, sondern auch über die ihrer republikanischen Grundlage gespalten ist. Denn dann gibt es vier mögliche Kombinationen politischer Gesinnungen, die alle vier in Deutschland damals erhebliche Anhängerzahlen aufwiesen, nämlich: 1. eine zugleich prodemokratische und prorepublikanische Gesinnung, wie sie damals allgemein von Sozialdemokraten und Demokraten gehegt wurde und seit der Neuordnung von 1919 auch im Zentrum vorherrschte; 2. eine zugleich antidemokratische und antirepublikanische Gesinnung, wie sie damals am ausgesprochensten von den Deutschnationalen gepflegt wurde, aber auch von einem nicht unbeträchtlichen Teil der Deutschen Volkspartei; 3. eine zwar prodemokratische, aber antirepublikanische Gesinnung, die einen anderen Teil der Deutschen Volkspartei und der Bayerischen Volkspartei leitete, nämlich alle diejenigen, die zwar mit einer parlamentarischen Demokratie einverstanden waren, aber eine monarchische Spitze wünschten; diese Gesinnung fand sich „subkutan" vielfach auch im Zentrum vor; und 4. eine zwar prorepublikanische, aber antidemokratische Gesinnung, wie sie grundsätzlich bei den Kommunisten und den Nationalsozialisten vorhanden war.

Diese vierfache Gliederung erschwerte prodemokratische Mehrheitsbildungen. Vielleicht waren auch noch nach 1920 gelegentlich prodemokratische Mehrheiten im Parlament latent vorhanden. Sie traten aber nicht als Mehrheiten in Erscheinung, weil ein Teil derjenigen, die eine demokratische Regierungsmethode im Prinzip billigten, antirepublikanische Tendenzen verfolgte. Eine Mehrheit, die sowohl die Demokratie als auch die Republik bejahte, gab es seit 1920 nicht. Daher konnte es zwar noch „arbeitsfähige" Regierungen unter der Weimarer Verfassung geben, aber keine, die eine folgerichtige demokratisch-republikanische Regierungspolitik schwungvoll betreiben konnte, und keinen eigentlich demokratisch-republikanischen Regierungsstil.

Das eigentlich Erstaunliche ist nicht, daß dreizehn Jahre später die demokratische Verfassung in Deutschland zusammenbrach, sondern daß das nicht schon viel eher geschah. Denn die drei Weimarer Koalitionsparteien konnten, um das hier gleich vorwegzunehmen, die verlorene Mehrheit im Reichstag bis zum Ende der Republik niemals wiedergewinnen. Nur einmal kamen sie nahe an die Mehrheit heran, in den Wahlen von 1928, wo ihnen nur sieben Sitze an der Mehrheit fehlten; aber selbst dann hatten sie keine Mehrheit. Das war der tödliche Wurm, die Krankheit, die zum Tode führte.

Der Hauptgrund dafür, daß trotzdem die formale Demokratie noch so lange am Leben blieb, war, daß die undemokratische Mehrheit in mindestens zwei, manchmal mehr Teile gespalten war, von denen keiner allein die absolute Mehrheit aufwies. Nach der Niederlage der Weimarer Koalitionsparteien im Juni 1920 — und ebenso nach allen späteren Wahlen, in denen sie stets hinter der Mehrheit zurückblieben — wäre es nach parlamentarischen Grundsätzen das Natürliche gewesen, wenn nunmehr die rechtsstehenden Parteien, also besonders die Deutsche Volkspartei und die Deutschnationale Volkspartei, die Regierung übernommen hätten. Aber die Rechtsparteien, einschließlich ihrer eventuellen Mitläufer, hatten auch ihrerseits keine Mehrheit; sie hatten sie weder damals, noch erhielten sie die Mehrheit jemals später vor den terroristischen Märzwahlen 1933 unter Hitler. Der Grund war einfach der, daß die antidemokratische äußerste Linke (zunächst die Unabhängigen, dann, nach der Wiedervereinigung eines Teiles der Unabhängigen mit den Mehrheitssozialdemokraten, die Kommunisten) stets mehr Sitze einnahm als der Weimarer Koalition oder der Rechten an der Mehrheit fehlten[3]. Eine Koalition mit den Kommunisten war aber nicht nur für die Rechte, sondern auch für die Parteien der Weimarer Koalition ausgeschlossen. Selbst wenn die Sozialdemokraten dazu bereit gewesen wären, wie es in der Tat ein Teil von ihnen aus prinzipiellen sozialistischen Erwägungen war, so waren es doch die Demokraten und das Zentrum nicht, und Sozialdemokraten und Kommunisten allein hatten auch beide zusammen niemals eine Mehrheit im Reichstag.

So blieben denn nur zwei Möglichkeiten unter dem demokratischen parlamentarischen Verfassungssystem für die prodemokratischen Parteien offen: sie mußten entweder eine Minderheitsregierung bilden, die jeden Tag gestürzt werden konnte, oder eine Koalition mit antidemokratischen oder antirepublikanischen Parteien schließen, die zwar zahlenmäßig eine Mehrheitsregierung ergab, aber innerlich an der Schwäche litt, daß diese Regierung keine eindeutig prodemokratische, prorepublikanische, antiautoritäre, antimonarchistische Politik führen konnte. Beide Auswege wurden abwechselnd beschritten. Minderheitskabinette hat es in den zwölf Jahren von 1920 bis 1932 für die Dauer von insgesamt acht Jahren gegeben, also in zweidrittel der Zeit; es waren ihrer elf an der Zahl. Sie waren meist auch innerlich in ihrer Homogenität geschwächt durch den Eintritt der Deutschen Volkspartei, die zwar in Stresemann einen der Demokratie und Republik immer näher kommenden Staatsmann ersten Ranges in die Kabinette entsandte, aber in ihrer Mehrheit auch weiter zur Rechtsopposition gegen die republikanische Demokratie gehörte, so daß die Homogenität der Regierung indirekt in Frage gestellt blieb. Nur während eines Drittels der Gesamtzeit, für vierundeinhalb Jahre, kam es zur Verwirklichung der anderen Alternative, daß also eine sogenannte „große" Koalition, welche die Trennungslinie zwischen pro- und antidemokratischen Parteien überschnitt, Mehrheitskabinette bildete. Zu

[3] Eine ganz kurzfristige Ausnahme hiervon gab es nach dem Wiedereintritt eines Teiles der Unabhängigen in die SPD.

diesem Zweck mußte entweder die Deutsche Volkspartei zu den drei Weimarer Koalitionsparteien hinzutreten, so daß sich die Partei des antirepublikanischen kapitalistischen Unternehmertums mit der prorepublikanischen Arbeiterpartei des antikapitalistischen Sozialismus in einem Kabinett vereinigte, oder das prodemokratische Zentrum mußte sich unter Auslassung der Sozialdemokraten nicht nur mit der Volkspartei sondern auch mit den Deutschnationalen zusammentun, die radikal promonarchisch und antidemokratisch waren und außerdem, wie auch die Volkspartei, antikatholisch in allgemeiner Einstellung. Beide Behelfsmittel zur Bildung von Mehrheitskabinetten wurden je zweimal versucht. Unternehmertum und sozialistische Arbeiterschaft vereinigten sich in den Kabinetten von Stresemann (August bis November 1923) und von Hermann Müller (Juni 1928 bis März 1930). Demokratische Katholiken und deutschnationale Protestanten waren zusammen in den Kabinetten von Luther (Januar bis Dezember 1925) und von Marx (Januar 1927 bis Juni 1928). Trotz ihrer großen Mehrheiten waren diese vier Kabinette wegen der fundamentalen Meinungsverschiedenheiten der in ihnen vertretenen Parteien von Natur schwach.

Die Weimarer Demokratie ist oft wegen der Schwäche ihrer Staatsmänner kritisiert, ja lächerlich gemacht worden. Man hat sich nur selten klargemacht, daß jeder, der willens war, die Spielregeln der Demokratie zu befolgen, infolge der fehlenden demokratischen Mehrheit im deutschen Volke und im Reichstag schlechthin im voraus dazu verurteilt war, politisch „schwach" zu sein, wie groß auch seine Führerbegabung war und wie stark er auch unter anderen Umständen hätte wirken können. Stresemann ist ein gutes Beispiel dafür. Er wuchs zu einer „starken", zur Führung fähigen Persönlichkeit heran, so stark, wie nur irgendein Parteiführer in einem demokratischen Lande sein konnte. Aber wie sollte er, selbst in Zeiten, wo er in Mehrheitskabinetten saß, diese Kraft ausnutzen, wenn die Mehrheit so prekär war, so wenig homogen, daß er buchstäblich den größten Teil seiner Kraft im Kampf mit seiner eigenen Partei und mit seinen Koalitionspartnern verzehrte, nur um die Mehrheit zusammenzuhalten? Wenn ein „starker" Mann nicht entschlossen war, die Verfassung zu brechen — was Stresemann, und andere starke Männer, darunter Ebert, Noske und potentielle Kanzlerkandidaten wie Otto Braun und Konrad Adenauer, ja, während seiner ersten Amtsperiode (1925—1932) auch Hindenburg nicht bereit waren, zu tun — oder der parlamentarischen Kontrolle durch Ausnutzung der Verfassungslücken im Widerspruch mit demokratischen Prinzipien zu entschlüpfen — wie es später Papen, Schleicher und Hitler taten — so konnte der starke Mann unter den demokratischen Spielregeln bei der damaligen politischen Vielteilung des deutschen Volkes gar nicht anders als politisch „schwach" sein. Kein Theodor oder Franklin Roosevelt, kein Churchill, kein Lloyd George, kein Poincaré oder Clemenceau hätten eine solche Demokratie kraftvoll führen können, außer wenn sie sich entschlossen hätten, die von der Verfassung ihnen gesetzten Grenzen zu überschreiten. Aber das zu tun, erschien gerade vom demokratischen Standpunkt aus selbsmörderisch zu einer Zeit, wo man den ernsten Versuch machte, das Volk zur Loyalität zum Grundgesetz zu erziehen.

Daraus ergibt sich auch die Antwort auf die häufig erhobenen Vorwürfe, daß die demokratischen Regierungen die Zeit, als sie an der Macht waren, nicht dazu ausgenützt hätten, monarchisch gesinnte alte Beamte und Generäle durch überzeugte Anhänger der Republik und Demokratie zu ersetzen und in der allgemeinen Politik, der Jugenderziehung und der Staatspropaganda eine sieghafte, mitreißende Führung auf demokratischen Wegen des Denkens und Handelns zu unternehmen. Ich will hier die beiden peinlichen Fragen außer Betracht lassen, ob es denn genügend viele gesinnungsmäßig und fachlich qualifizierte Offiziere und Beamte gab und ob es verfassungsrechtlich zulässig war, die vorhandenen Beamten durch andere zu ersetzen. Ich will nur den Blick für den entscheidenden Umstand schärfen, daß nach dem Verschwinden einer prodemokratischen Mehrheit in Volk und Reichstag weder Minderheitskabinette, selbst wenn sie nur aus prodemokratischen Parteien bestanden, noch Mehrheitskabinette („Große Koalitionen") eine solche entschlossene prodemokratische Politik und Propaganda unternehmen konnten. Hätten sie es versucht, so würde das unweigerlich zu ihrem Sturz geführt haben, oder zum inneren Zusammenbruch der großen Koalition. Es zeigt deshalb einen beklagenswerten Tiefstand in der Klarheit historischen und politischen Denkens — und insbesondere ein klägliches Versagen von Adepten der politischen Wissenschaft —, wenn solche Vorwürfe erhoben werden, ohne diese Schwierigkeit auch nur zu erwähnen oder zu sagen, wie sie hätte behoben werden können.

Der Vorwurf, daß die demokratischen Parteien es versäumt hätten, eine wahre Demokratie zu errichten, solange sie noch in der Macht waren, ist besonders unsachlich dann, wenn er gegen die Sozialdemokraten erhoben wird, da diese in den dreizehn Jahren vom Frühling 1920 bis zum Frühling 1933 nur etwas über drei Jahre lang in unzusammenhängenden Perioden an der Reichsregierung teilhatten (Mai 1921 bis November 1922, drei Monate im Jahre 1923 und dann erst wieder von 1928 bis 1930), und zwar meistens in Koalitionen mit antirepublikanischen Parteien, während die in ihrer Mehrheit antirepublikanische Deutsche Volkspartei von 1922 an ununterbrochen bis zum Ende in der Reichsregierung vertreten war, und sogar die

Deutschnationalen dreieinhalb Jahre lang (Januar 1925 bis Januar 1926, Januar 1927 bis Juni 1928 und dann wieder vom Mai 1932 an). Vorwürfe gegen die Sozialdemokraten, daß sie die „Regierungsmacht" nicht gehörig zur Demokratisierung benutzt hätten, müssen sich im Reich auf die Zeit von der Revolution bis zu den Wahlen im Juni 1920 beschränken; über diese Zeit habe ich in einem früheren Kapitel die bei dem geschichtlichen Urteil zu berücksichtigenden Punkte und mein eigenes Urteil ausführlich dargelegt. In Preußen lag die Machtposition für die Sozialdemokraten günstiger. Es ist auch im allgemeinen der hier erörterte Vorwurf auf die Braun-Regierung in Preußen nicht ausgedehnt worden. Aber auch in Preußen waren ja die Sozialdemokraten nicht allein in der Regierung; sie konnten nie weiter gehen als ihre Koalitionspartner, Zentrum und Demokraten, mitzugehen bereit waren.

Wenn man einmal diese Situation richtig verstanden hat, ist es grundsätzlich fast widersinnig, nach einzelnen Ereignissen und Personen zu suchen, die nach 1920 am Scheitern der Demokratie schuld waren. Es wäre logischer, danach zu suchen, welche Ereignisse und Personen dazu beigetragen haben, daß die demokratische Republik trotz des Widerspruchs zwischen den Spielregeln und den tatsächlichen Mehrheitsverhältnissen so lange funktionieren konnte. Das würde dann plötzlich wieder Männer wie Ebert, Stresemann, Hermann Müller, Marx, Brüning, Groener, Löbe, Braun, Severing, Adenauer, Höpker-Aschoff, Becker, Schiffer, Sollmann, Radbruch, Brauns und viele andere, einschließlich Hindenburg in seiner ersten Amtsperiode, ins rechte Licht setzen. Geschichte würde wieder Geschichte werden, statt in eine wilde Jagd nach Sündenböcken zu degenerieren. Nicht die Tatsache, daß die Demokratie zugunsten einer mehr autoritären Regierungsform zusammenbrach, würde dann das Rätsel sein, das einer Erklärung bedarf, sondern die, daß von allen in Frage kommenden Lösungen die allerschlimmste, Hitlers totale Machtergreifung, Wirklichkeit wurde. Die Frage nach der Verantwortung hierfür bleibt um so berechtigter.

In der hier allein ins Auge gefaßten Frage, was hätte geschehen sollen und können, um Deutschland zu einer echten Demokratie zu machen, sollte sich daher die historische und politisch-wissenschaftliche Forschung auf zwei Fragen konzentrieren. Die erste ist: Was hätte man tun können, und wer hätte es tun können, um aus der demokratisch-republikanischen Minderheit eine Mehrheit zu machen. Das darf man sich aus den genannten Gründen aber nicht dadurch zu leicht machen, daß man „großzügige", das Volk „mitreißende" Regierungsmaßnahmen auf demokratischer Grundlage aufzählt, die vielleicht geholfen hätten, die aber bereits prodemokratische Mehrheiten vorausgesetzt hätten, um beschlossen und durchgeführt zu werden. Man kann auch nicht, wie das vielfach, besonders im demokratischen Ausland üblich gewesen ist, der prodemokratischen Minderheit Vorwürfe machen, daß sie keine Mehrheit war, ohne zu sagen, wie sie eine hätte werden können, und den Monarchisten, daß sie Monarchisten waren, wie man das auch von seiten deutscher Demokraten gerne tat. Solche Vorwürfe sind keine Beiträge zur Beantwortung unserer Frage. Es ist keine „Schuld“, wenn nach jahrhundertlanger monarchistischer Tradition ein Volk noch eine Weile lang etwa zur Hälfte aus Menschen besteht, die an der Monarchie festhalten, wie das nicht nur in England, den Niederlanden, Belgien, Dänemark, Schweden, Norwegen die großen Volksmassen bis zum heutigen Tage tun, sondern wie es auch in Frankreich noch nach dem Sturz des zweiten Kaiserreichs bis 1876 und länger der Fall war. Ein politischer Forscher, der sich darüber beklagt, daß es nach einer Revolution noch Anhänger der Monarchie gibt, sollte lieber den Beruf wechseln. Viel hätte das Ausland tun können, wenn es den demokratischen Führern nicht Ohrfeige auf Ohrfeige gegeben, sondern sie geehrt und ihnen Erfolge gegönnt hätte. Vielleicht hätte eine große, zündende Persönlichkeit der republikanischen Mitte oder gemäßigten Linken mit verständnisvoller geistiger Hilfe des Auslandes einen genügenden Stimmenzuwachs der prodemokratischen Parteien herbeiführen können; aber bei der Zusammensetzung des deutschen Volkes und der wachsenden Empörung über die ausländischen Demütigungen, genährt anfangs durch die Schrecken der Inflation und seit 1929 durch die der Arbeitslosigkeit, war die Aufgabe eines wahrhaft demokratischen Führers, der, ohne Unterstützung seitens der Regierung und des Auslandes, die Demokratie gegen ihre Gegner von rechts und links stärken wollte, außerordentlich schwer.

Die zweite Frage für die politische Forschung ist: Was kann und soll eine demokratisch-republikanische Minderheit unter einer demokratischen Verfassung tun, wenn sie die Mehrheit nicht gewinnen kann? Soll sie am Mehrheitsprinzip auch dann noch festhalten, wenn die Mehrheit undemokratisch ist? Soll sie antidemokratischen Mehrheiten keine Gewalt entgegensetzen, nur weil es Mehrheiten sind? Oder soll sie, da nun einmal keine prodemokratische Mehrheit vorhanden und daher keine wahre Demokratie möglich ist, rechtzeitig selber ohne Scheu vor formalen Verfassungsverletzungen die Initiative ergreifen, um das nächstbeste Regierungssystem einzuführen, ehe die Gegner die Möglichkeit haben, das vom demokratischen Standpunkt aus schlechteste an die Stelle zu setzen?

Im Bonner Grundgesetz von 1949 hat man das klassische Prinzip, daß Demokratie Regierung „durch das Volk“ oder doch nach dem

Willen der „Volksmehrheit" sei, weise modifiziert. Man hat Sicherungen eingebaut, um zu erreichen, daß die *Parlaments*mehrheit auch dann noch prodemokratisch bleibt, wenn eine *Volks*mehrheit wieder einmal undemokratischen Gesinnungen huldigen sollte. Zu diesem Zweck hat man gewisse antidemokratische Zielsetzungen im Parteienkampf verboten und entgegenhandelnde Parteien der Auflösung unterworfen; man hat auch die Grundrechte vermehrt und vertieft und einige von ihnen jeder Änderung, auch einer solchen durch Verfassungsänderung, entzogen. Aber wie hätte man solche weisen Modifikationen der Demokratie zwischen 1920 und 1933 einführen können, wo es doch schon an einfachen Mehrheiten zugunsten der Demokratie und um so mehr an den zur Verfassungsänderung erforderlichen zwei Dritteln fehlte?

Was sonst hätte man tun können? In der Beantwortung auch dieser Frage ist die inländische und ausländische politische Wissenschaft noch arg im Rückstande. Weder im Inlande noch vom Auslande her hat man den Führern der deutschen Demokratie damals sachverständigen Rat gegeben, als er dringend gebraucht wurde.

Alle die vorstehenden Gedankengänge werden im Rückblick angeregt, wenn man den Verlust der demokratischen Mehrheit in den Wahlen vom Juni 1920 betrachtet. Aber sie sind angestellt in der Kenntnis, daß auch alle die vielen nachfolgenden Wahlen in der Weimarer Republik keine prodemokratischen Mehrheiten ergeben haben. Das konnte man damals noch nicht wissen. Zunächst war es eine einzelne Wahl, die unter besonderen Umständen — Kapp-Putsch und die erste Reaktion auf die Annahme des Versailler Diktates — zu einer „Schlappe" der Demokratie geführt hatte. Man mußte also dafür kämpfen, daß sich die Wahlergebnisse künftig verbesserten.

Die Weltkriege und ihr Jahrhundert in anderer Sicht

Von Toni Stolper

I

Trotz den Millionen Worten, die in den Jahrzehnten seit 1914 darüber veröffentlicht wurden, liegen die Ursachen des ersten Weltkriegs immer noch im Dunkel. Dieses Urteil drängte sich wieder auf, als im Sommer 1964 die Gedenktage eine große Zahl von Historikern, Journalisten, Politikern von Rang zu Aussagen aufriefen, in welchen reifliche Überlegung und eine Fülle von neuerdings zugänglichen historischen Materialien geprüft und zusammengefaßt wurden[1]. Da unter den Verfassern dieser Artikel und Bücher die meisten europäischen Nationen vertreten sind, kommen sehr verschiedene Gesichtspunkte, Traditionen, Detailkenntnisse und Urteile zum Ausdruck. Hier wird das Wagnis unternommen anzudeuten, daß ein wesentlicher Gesichtspunkt — in meiner Sicht der wesentlichste — immer noch vernachlässigt wird, und warum. Diesen Anspruch zu rechtfertigen, reicht dieser Essay in keiner Weise aus, das würde mindestens einen starken Band umsichtiger Darstellung erfordern. Sein Zweck ist nur, einiges Überdenken und im besten Fall entsprechende Forschungen anzuregen.

Was haben diese bunten, oft divergierenden Untersuchungen miteinander gemein? Sie gehen von der Gestalt dieses Weltkriegs aus, die im Westen und Süden und Osten „die Alliierten" und in der Mitte als gemeinsamen Feind fast nur Deutschland präsentierte. Dieser Tat-

[1] Hier wird nicht der Anspruch gründlicher Kenntnisse dieser zum Teil fachlich bedeutsamen Literatur erhoben. Ich weise jedoch hin auf: „How The War Started", eine Serie von fünf Artikeln im Londoner *Listener* von Erich Eyck, G. F. Kennan, A. J. P. Taylor, Pierre Renouvin und Christopher Sykes, 2.—30. Juli 1964. — Herbert Lüthy: Schicksalstragödie, Der Monat, August 1964. (Derselbe Artikel in englischer Sprache unter dem Titel: The Folly and the Crime, Encounter, März 1965). In derselben Nummer des Monat auch Artikel von Waldemar Besson und Golo Mann. — Gerhard Ritter: Der unheilvolle Juli vor fünfzig Jahren. Frankfurter Allgemeine Zeitung, 8. Juli 1964. — Leonhard von Muralt: Die Vorgeschichte des ersten Weltkriegs, Neue Zürcher Zeitung, 25. Juli 1964. — Siehe auch die hervorragende Sondernummer der NZZ vom 2. August 1964 mit einem einleitenden Artikel von Hajo Holborn. — Von der Buchliteratur der letzten Jahre über die österreichisch-ungarische Monarchie seien nur erwähnt: Edward Crankshaw: The Fall of the House of Habsburg, London 1963. — Z. A. B. Zeman: The Break-Up of the Habsburg Empire, London 1961. — A. J. P. Taylor: The Habsburg Monarchy, London 1947.

bestand begann am 1. August mit den deutschen Kriegserklärungen. Ich möchte aber hier, dem Zweck des Aufsatzes entsprechend, das volle Augenmerk auf ein anderes Datum, einen anderen Tatbestand, eine andere Gestalt dieses Krieges lenken: auf den 28. Juli 1914, die Kriegserklärung Österreich-Ungarns an Serbien, oder noch besser den 23. Juli 1914 mit dem österreichisch-ungarischen Ultimatum an Serbien. Zugespitzt lautet nämlich meine Behauptung, daß der „Wilhelminische Krieg", der all diese Jahrzehnte im Vordergrund der Aufmerksamkeit steht, vielleicht *hätte* ausbrechen können — ernste Zweifel an dieser hypothetischen Annahme könnten begründet werden — aber daß er nicht ausgebrochen *ist*. Dagegen ist der österreichisch-ungarisch-serbische Krieg, der Krieg der Habsburger Monarchie um die ungeformten Grenzen in ihrem Norden, Osten und Südosten wirklich ausgebrochen, und dieser Krieg ist weder in seinen Ursachen noch in seinen Folgen bisher ausreichend erforscht und dargestellt.

Der erste Weltkrieg ist in Österreich-Ungarn ausgebrochen, nicht in Deutschland — das ist gewiß keine Entdeckung. Die Tatsachen der Ermordung des Thronfolgers im bosnischen Sarajevo, des Ultimatums an Serbien nach rätselhafter wochenlanger Verzögerung, der vom Zaun gebrochenen Kriegserklärung an Serbien, der russischen Mobilisierung — die der deutschen voranging, was von vielen westlichen Beobachtern übersehen oder übergangen wird — und dann der deutschen Kriegserklärungen ab 1. August, sind kaum umstritten. Jedoch entbehrt diese habsburgische Problematik in der Vorgeschichtsforschung des Kriegs, und bemerkenswerter Weise ganz besonders in der deutschen Forschung, der Tiefe und Lebendigkeit. Das Koordinatensystem für die Eintragung der Fakten war vom 1. August 1918 an schief geplant und ist bis heute nicht zurechtgerückt. Die Erforschung und Deutung des „Wilhelminischen Kriegs" mit Deutschland und Westeuropa als Blickpunkt hat in eine Sackgasse geführt, aus der auch die besten Historiker nicht herausgefunden haben. Dafür nur zwei Hinweise: „Die Frage, was denn eigentlich den Krieg ‚verursacht' habe ... kann wohl niemand beantworten", sagt Golo Mann[2]; und „Warum hat Europa Selbstmord begangen oder wenigstens zu begehen versucht? Niemand wird je diese Frage beantworten ..." sagt Christopher Sykes in einer Zusammenfassung der erwähnten Artikelserie[3], die sich auf hoher fachmännischer Ebene bewegt.

In der Tat wird man den ersten Weltkrieg nicht begreifen, außer man sieht seine Hintergründe und seine Folgen als ein wahres Völkerepos unserer Zeit. Es gibt keine sachlichen Gründe dafür, daß die Menschen von gestern und morgen seinen heißen Atem nicht spüren, aber es

[2] Neue Zürcher Zeitung, 4. April 1956.
[3] Listener, 30. Juli 1964.

gibt psychologische Gründe. Der erste Weltkrieg ist ein Drama, ja eine Tragödie des Nationalismus, des „Selbstbestimmungsrechts der Völker", nach des großmütigen Amerikaners Woodrow Wilson tönendem Wort.

Die ersten Akte des Dramas der ungeformten Nationen hoben an im 19. Jahrhundert und seinem von der französischen Revolution ererbten Geiste, in den sinnlos gewordenen Imperien der Türkei und der Habsburger Monarchie; sie werden heute im Geist des 20. Jahrhunderts im Maßstab von Kontinenten in Afrika, Asien, Ozeanien weitergespielt, weiter gelitten. In diesem Koordinatensystem erhalten die Vorgänge vom 18. Jahrhundert bis in das bevorstehende letzte Drittel unseres Jahrhunderts ihren großen Zug. Ihre Deutung erhält einen Sinngehalt, der die lange Lebensspanne dieser Beobachterin und ihrer Zeitgenossen beleuchten und noch in die Zukunft klärend und wegweisend wirken könnte.

Bevor dieser Gedankengang an der Geschichte der österreichisch-ungarischen Monarchie in unserem Jahrhundert belegt wird, ist eine Erörterung der Gründe für das hier behauptete Mißverstehen der Kriegsursachen nötig. Die westeuropäische Einstellung zur Erscheinung des Nationalismus im 20. Jahrhundert ist dadurch bestimmt, daß die Nationen sich in diesem Bereich im Laufe des vorangegangenen Jahrhunderts geformt und bis auf wenige schmerzhafte Bruchstellen (Elsaß-Lothringen, Triest und Trient, Deutsch-Österreich) sinnvoll abgerundet hatten. „Nationalismus" erschien deshalb im Grunde überlebt, vor allem in der Sicht der Jungen, Vorwärtsstrebenden. Dieses Mißverständnis bringt ein jüngerer deutscher Historiker in den folgenden Sätzen zum Ausdruck:

> „Das es auch im Fortschreiten des 19. Jahrhunderts immer wieder gelang, die Sache der Nationen mit den Bedürfnissen des europäischen Staatensystems zu verbinden und auszusöhnen, wie Bismarcks Reichsgründung es demonstrierte, ließ am Ende des Jahrhunderts mindestens den einen Strom der Revolution, den Nationalismus, als gebändigt erscheinen. Und vor allem war Österreich-Ungarn erhalten geblieben, nicht zuletzt dank Bismarcks Einsicht (sic!), *daß das Vorbild Westeuropas für den Osten nicht gelte*. Was er 1866 praktizierte, hat er 1874 einmal in scharfer Sentenz zugespitzt: ‚Die Errichtung von kleinen Nationalstaaten im Osten Europas ist unmöglich, es sind bloß historische Staaten möglich'...[4]."

In ähnlicher Sicht schreibt ein anderer begabter deutscher Publizist die Dinge, mit welchen ich mich beschäftigen zu müssen glaube, als wesenlos ab:

> „....das gesamtdeutsche Vorhaben... kann keine Wirklichkeit aus vorgestrigen Konflikten gewinnen. Die europäische Nationalitätenkarte ist schrecklich vereinfacht worden, aber es gibt keinen Grund, sie erneut zu komplizieren...[5]"

---

[4] Waldemar Besson, Krieg und Revolution, Der Monat, August 1964. Hervorhebung von der Verfasserin.

[5] Harry Pross, Dialektik der Restauration, Walter Verlag, 1965.

Nach solcher, gewiß heute in Deutschland nicht untypischen Auffassung ist Nationalismus nichts als eine „nationalistische" Sünde, von der sich die Wohlgesinnten in den „historischen" Nationen endlich lossagen. Wie aber, wenn sich die nicht-„historischen" Nationen nirgends an den obigen Machtspruch Bismarcks halten und gar nicht halten können? Durfte der Nationalismus im Westen den „guten Europäern" seit 1870 als überlebt gelten, so war er es in weltweiter Sicht eben durchaus nicht. Denn der „Geist von 1789" fand nirgends Grenzen, und dieser Geist forderte demokratische Selbstbestimmung auf der Grundlage der nationalen Zusammengehörigkeit. Einen solchen Truismus im Zeitalter der hundert und mehr Nationalflaggen vor dem Palast der „Vereinten Nationen" in New York auszusprechen, muß man sich fast scheuen.

War man also im Westen Europas um die Jahrhundertwende gegen den Nationalismus der anderen blind geworden, so stand damals eine zweite anklagende Legende im Vordergrund der politischen Kritik: die vom westlichen Imperialismus, nach dem 1. August 1914 zugespitzt auf den deutschen Imperialismus. Diese während des Kriegs von der französischen, englischen und kommunistischen Propaganda nicht gemeinsam, aber einvernehmlich formulierte Anklage blendet noch heute viele Geister und lenkt sie von wesentlicheren historischen Triebkräften ab. Gewiß gab es in jenen Jahrzehnten den westlichen Imperialismus in mancherlei Gestalt, etwa in der Theodore Roosevelts von USA, Joseph Chamberlains von England, Leopolds von Belgien, Wilhelm II. und Tirpitz von Preußen-Deutschland. Aber, was ich auf den Nationalismus angewendet abstreiten muß, behaupte ich vom westlichen Imperialismus und Kolonialismus[6]. Als geschichtsbildende Kräfte waren sie um die Jahrhundertwende auf dem Höhepunkt und seither überall im Abklingen. Gewiß, man hörte in den ersten vierzehn Jahren des Jahrhunderts reichlich viel von imperialistischen Antagonismen. Deshalb spricht Christopher Sykes noch 1964 als Kriegsursache von 1914 von einer „allgemeinen Kampflüsternheit" (a general disposition to pugnacity) in Europa.

Aber bei näherem Zusehen erweist es sich immer mehr als falsch, daß unter den Großmächten Europas damals aus irgendwelchen inneren Gründen ein allgemeiner Zustand der Kriegslust herrschte. Im Gegenteil hatte man sichtlich begonnen, sich darauf einzustellen, daß Deutschland nunmehr als Nachzügler samt seinen späten Kolonien und seiner späten Flotte in das europäische Gleichgewichtssystem eingeordnet werden müsse und könne. Zwischen Berlin und Paris waren nach 1912

[6] Von den Wellenschlägen nach dem Osten, die z. B. Rußland durch Sibirien und die Türken-Länder so tief in die asiatischen Verwicklungen trugen, muß diese Skizze absehen.

die Beziehungen gar nicht schlecht. Mit London war kürzlich ein Arrangement über die Orientbahnfragen zustandegekommen. In Deutschland litt die Außenpolitik unter den Nachwehen der verderblichen Ära Bülow, die es verschuldet hatte, daß Deutschland mit dem einen, innerlich tief zerfallenen, und dem anderen, offenkundig ungetreuen Bundesgenossen isoliert dastand. Aber weder Bethmann Hollweg noch Wilhelm II. gehörten — wohlgemerkt *vor* Kriegsausbruch — zur Clique des Militarismus. Alles in allem hat die heutige Forschung keinesfalls zu einem klaren Schuldurteil gegen Deutschland oder Westeuropa führen können. Alles, das sie zuwege bringt, sobald sie sich von der Propagandalegende der Kriegszeit löst, ist jenes resignierte „Ignorabimus", das die obigen Zitate belegten.

II

Fern von jenen westlichen Ideologien über Nationalismus und Internationalismus und Imperialismus gab es eine bunte Wirklichkeit, die sich eigenwillig und viel zu wenig beachtet abwickelte. In der österreichisch-ungarischen Monarchie und an ihren weitgespannten Grenzen wimmelt es in dieser kritischen Zeit vor dem Kriegsausbruch von virulenten Spannungen. Die Krise um die Annexion von Bosnien-Herzegowina im Jahre 1908, die Balkankriege von 1912 und 1913 hätten diese wirren Vorgänge ins grelle Licht der allgemeinen Aufmerksamkeit rücken müssen. Aber wie unter einem hypnotischen Bann sah man krampfhaft von den leidigen Balkanwirren weg, sobald das „Konzert der Mächte" die Dinge wieder äußerlich ins Gleichgewicht gebracht hatte. Wer wollte daran denken, daß im Verlauf dieser Aktionen die österreichisch-ungarische Armee zweimal mobilisiert worden war, in der selben drohenden Haltung, die 1914 in die Katastrophe münden sollte; wer spürte, wie diese Mobilisationen die Gemüter gegen gewagte Abenteuer abhärteten und zu weiteren ermutigen mochten? Denn die Balkankriege hatten keine Probleme gelöst. Im Gegenteil war Serbien durch das von der Monarchie erfundene albanische Zwischenspiel tief verärgert und Rußland durch manche Züge und Gegenzüge enger als je in diese Antagonismen verwickelt.

So sah es außenpolitisch um die Monarchie in ihrem Osten und Südosten aus. Wer diese Dinge nach ihrem vollen Gewicht studieren wollte, würde über eine hervorragende historische Quelle verfügen, die bisher von der Geschichtsschreibung übersehen wurde. Dieses Material ist enthalten in den Jahrgängen der Wiener Wochenschrift „Der österreichische Volkswirt", in welchen der junge Gustav Stolper allwöchentlich in luzider Form seine Sachberichte und seine kritische Stellungnahme als volkswirtschaftlicher Fachmann und politisch-philosophisch begabter Publizist darlegte. Hier treten wir in den Jahren 1911 bis 1914 unmittelbar an die Zusammenhänge heran, die den Ausbruch des Weltkriegs um vieles verständlicher machen, wenn auch keineswegs entschuldbarer.

III

Dieselbe Quelle hilft, die innere Lage der österreichisch-ungarischen Monarchie zu klären, der wir uns jetzt zuwenden.

Österreich-Ungarn war im Frühsommer 1914 zum Zerreißen mit Spannungen geladen hinter einer Fassade scheinbar dauerhafter Architektur. Innenpolitisch schien der Apparat einer Großmacht aufrecht zu stehen auf den Säulen der Krone, des Hofes, der Armee, der Bürokratie und der Kirche. Der Augenschein und vielfache Teilrealitäten machten dies nicht nur der Außenwelt, sondern auch der Bevölkerung von Wien, Budapest, der Industriegebiete und des Bauerntums glaubhaft. Wirtschaftspolitisch ging im weiten Bereich eine Integration vor sich im Zeichen eines sich steigernden Tempos der Industrialisierung.

Aber wie sah es hinter der Fassade aus? In diesen Jahrzehnten um die Jahrhundertwende, besonders seit dieser Wende selbst, wuchsen überall im dutzendfach national aufgespaltenen Fünfzig-Millionen-Reich die jungen Menschen auf, die in ihrer Manneskraft in den Weltkrieg ausziehen würden. In welchem Geist, mit welchen Aussichten? Nicht alle unter den österreichisch-ungarischen „Nationalitäten" fühlten sich in dieser Zeit bewußt als individualisierte, differenzierte Nationalkörper mit eigener Geschichte und eigenwilliger Zukunft, doch die meisten von ihnen, und gerade die im westlichen Sinn fortgeschrittensten. Edward Crankshaw nennt diese Nationalitäten „Strandgut" (flotsam and jetsam) der Weltgeschichte. Das mögen sie für den stolzen Briten, den national geeinten Deutschen gewesen sein, wert, irgendwie wieder weggespült zu werden. Aber es ist gerade ein Hauptpunkt unserer Auffassung, daß sie sich in ihren eigenen Sprach- und Bildungsgemeinschaften genau so fühlten und nach jenen Dingen strebten, wie wir Westler in der Vorhut es getan hatten.

Waren diese aufwachsenden Generationen in der Monarchie zuhause? Konnten sie es in ihrer Lebzeit werden? In diesem alten Staatskörper des Kaisers Franz Joseph gab es für die Jugend der ungeformten Nationalitäten wenig weitherziges Verständnis, im besten Fall nachlässiges Gewährenlassen und das Geben und Nehmen der Politiker; im schlechteren Fall herrisches Gehaben der „Staatsnationen". Kaum verband eine Eisenbahn den Agramer, den dalmatinischen Studenten und seine bunte, dramatische Lebenserwartung mit den fernen Metropolen; und fand er den Weg an die Universität Wien, so erlebte er neben der eindrucksvollen Wissens- und Kulturkraft rasch und in verwirrender Dynamik die Spannungen unter den Formationen der (allzuoft nicht nur im bildlichen Sinn) „schlagenden“ Studentengruppen.

Nur eine einzige dieser österreichischen Nationalitäten lebte als ganze innerhalb der österreichischen Reichshälfte, die Tschechen. Sie hatten von Hus, Comenius, dem dreißigjährigen Krieg her eine Geschichte, die sie vielfach den Deutschen entgegensetzte. In dieser modernen Zeit lebten sie in Böhmen, Mähren und Schlesien in unliebsamer Gemengelage mit den Deutschen, die ihre Sprache nicht lernten, die nicht mit ihnen als Gleichen und Nächsten zu reden wünschten, die sie nicht unterdrückten, aber auch nicht achteten. Der Aufstieg aus sozialer Niederung würde sie nur zur, mindestens äußerlichen, Assimilation in die Reihen der Deutschen führen; die Leute des kleinen Mittelstandes blieben, die Schuster und Schneider und Tapezierer, gleichsam Heloten. Dorthin hatte die Entwicklung vor 1914 die Tschechen in ihrer österreichischen Entwicklung geführt, und die Prager Studenten auf die eine Seite des Bürgersteigs am Prager Wenzelsplatz gegenüber den Deutschen auf der andern Seite. Vielleicht waren die rabiaten Nationalisten unter den Tschechen eine Minderheit, aber gewiß eine höchst aktive. Und Ende 1913 hatten sie es zuwege gebracht, daß der böhmische Landtag im Tumult auseinanderstob, daß er unter Bruch der Verfassung aufgelöst wurde und niemand weiter wußte. „Der Nerv der Verfassung war getroffen“, stellte Gustav Stolper im „Österreichischen Volkswirt“ fest. Dennoch war der tschechische Fall verhältnismäßig der einfachste.

Schon die Slowakei, die sich kirchlich und sprachlich von den Tschechen abhob, war zwischen den beiden antagonistischen Staatensystemen der westlichen Reichshälfte und Ungarns aufgeteilt, die ihre Bruchstücke verschieden behandelten.

Welches Übermaß der Verwirrungen unter den Südslawen! Die hatten außerhalb der Monarchie zwei unabhängige Königreiche, Serbien und Montenegro. Aber im Innern der Monarchie lebten sie in Splittern oder Ballungen verteilt auf die österreichischen Kronländer Kärnten, Krain, Istrien, Dalmatien; sie lebten unter weit härterem Zwang in dem ungarischen Herrschaftsbereich, in Kroatien und Slawonien; sie lebten politisch entmannt in dem erst militärisch okkupierten, seit 1908 durch einseitige Willenshandlung auf dem fernen Wiener Ballhausplatz annektierten Bosnien und Herzegowina. So viele Namen, so viele abenteuerliche Erlebnisse und Spannungen, denn quer durch die politischen Komplikationen lief eine harte Religionsgrenze, eine welthistorische Kulturgrenze zwischen Rom und Byzanz. Und doch waren sie alle Menschen unserer eigenen Zeit und Denkungsart. Wer wußte in Mitteleuropa etwas von diesen treibenden Kräften, wer wollte etwas wissen?

Die Polen waren immer noch auf drei „Staatsnationen“ verteilt, keine davon ihre eigene. Im Vergleich mochte den Polen wohl Österreich-Ungarn, wo ihre führenden Schichten an der Herrschaft teilhatten, besser zusagen als Preußen und Rußland. An Komplikationen und Pressionen, an welchen „Wien“ stets zu kauen hatte, mangelte es auch in diesem Verhältnis nicht. Dazu kommt, daß unter der Oberschicht die national zweitrangigen Ruthenen sich regten, die, von den Polen bedrückt, zur verwandtschaftlichen russischen Ukraine hinüberblickten.

IV

Im nationalen Gewirr der Monarchie gelangen wir zu einem zentralen Problem, dem in der Verursachung des ersten Weltkriegs keine Nebenrolle zufällt: dem Verhältnis der beiden Reichshälften. Die inneren Spannungen zwischen dem Kaiser von Österreich und dem König von Ungarn in dieser gekünstelten „Personalunion“ haben fast den Charakter einer außenpolitischen Gegnerschaft, so fest verankert im Sinnen der magyarischen Staatsnation war der Anspruch auf staatspolitische Unabhängigkeit. In ihrem eigenen Bereich fühlten sich die Magyaren als Herren im Hause, als Despoten über ihre nationalen „Minderheiten“, die insgesamt eine Mehrheit ausmachten. Zwischen der westlichen und der magyarischen Reichshälfte gab es den „Ausgleich“ des Jahres 1867, den die Magyaren dem bei Königsgrätz geschlagenen und gedemütigten Monarchen abgerungen hatten. Aber dieser Ausgleich hatte von Anfang an keinen gesicherten Inhalt; wesentliche Teile des staatsrechtlichen Verhältnisses mußten von zehn zu zehn Jahren neu ausgehandelt werden in den zu diesem Zweck jeweils zusammengesetzten parlamentarischen Delegationen der beiden Reichshälften. Die Jahre 1877, 1887, 1897, 1907 sind ebensoviele mühselige Stationen auf dem Weg, auf dem die Ungarn Schritt für Schritt zu ihrem Ideal der vollen Unabhängigkeit vorprellten und die Monarchie in ihrer Wiener Burg Schritt um Schritt zurückweichen mußte. So war 1907 die gesonderte ungarische Armee weitgehend, aber noch nicht ganz, durchgesetzt worden; doch nun rüstete man sich für 1917!

Als eine moderne Staatlichkeit, die sich weiter ins 20. Jahrhundert hätte entwickeln wollen, hätte die Monarchie eine gemeinsame Handelspolitik, eine gemeinsame Finanzpolitik nicht entbehren können. Aber die kamen 1867 nicht in Frage, und sie nachträglich den Ungarn abzugewinnen, gab es keinerlei Aussicht. Inzwischen durchkreuzte die magyarische Südslawen- und Balkanpolitik die Versuche der westlichen Reichshälfte und der Krone, mit den Südslawen der Monarchie in ein zukunftsfrohes Verhältnis zu kommen. Um das sinngemäß zu verfolgen, müßte man die Phasen der beiden Balkankriege von 1912 und 1913 rekapitulieren; ebenso die Problematik der handelspolitischen Beziehungen der Monarchie zum Südosten, die durch die gegensätzlichen Interessen der ungarischen (viel weniger der österreichischen) Agrarier und der balkanischen Produzenten hoffnungslos gestaltet wurden.

V

Damit ist unsere Skizze zu dem Element des Kräfte-Wirrwarrs in der Monarchie vorgedrungen, das wir als den eigentlichen Mittel- und Schwerpunkt in unserem Gedankengang ansehen: zum Schicksal der Deutschen in Österreich. Der Kaiser, Franz Joseph von Habsburg-Lothringen, war deutsch, die Hauptstadt war deutsch[7], die alten Kronländer um sie herum, die Geschichte, die Tradition, die soziologischen Bedingnisse und Funktionen, das Ansehen nach außen, das Staatsbewußtsein im Innern waren deutsch. Aber das war nicht die ganze Realität an dieser Jahrhundertwende und nicht ihr Kern. Das preußisch-deutsche Reich hatte sich vor einer Generation, im Nachhinken hinter West-Europa, geeinigt — aber ohne die Deutschen der Ostmark. Nun war Wien, früher ein Zentrum des großen deutschen Kaiserreichs, waren die deutschen Kronländer versprengte Grenzsplitter des Deutschtums, und in Bedrängnis. Von den Nationsgenossen im Reich floß ihnen keine Kraft mehr zu, die Wolke des Unverständnisses und der Interesselosigkeit lag dazwischen. Im Gegenteil zog es zahlreiche junge Begabungen aus Österreich hinaus ins Reich, wo sie aufblühten, während sie sich zuhause an tausend Hemmnissen aufrieben.

Dem aktiven Element unter diesen Grenzdeutschen blieb nur ein großer, alter, nationaler Anspruch, ein schmerzhafter Krampf gegen die Realität des Schwächegefühls. Innerhalb der Monarchie und rings um ihre Grenzen besannen sich die Nicht-Deutschen auf ihre nationalen Individualitäten und schöpften Unzufriedenheit, aber auch Kraft daraus. Um so bedrückender, entwürdigender, vergiftender wurde das deutsche Element in die Defensive gedrängt. Dieses Mißbehagen, das die Deutschen der Sudetenländer, der Alpenländer — am wenigsten die Deutschen Wiens in ihrer läßlichen Urbanität — aus ihrer objektiven Lage schöpften, müßte studiert werden, und zwar aus einem überaus wesentlichen Grund: diese Deutschen sind es — die Schönerer und Wolf, die rassenabergläubischen Wotananbeter und die „Heim-ins-Reich"-Jünglinge — die den Nationalsozialismus dem Namen und der Sache nach

[7] Das war im Berlin um 1930 nicht allgemein bekannt. Als diese aus Wien nach Berlin-Dahlem zugezogene Mutter ihr sechsjähriges Söhnchen in der Dahlemer Volksschule anmeldete, stellte der Schulleiter an sie die verblüffende Frage: „Spricht der Junge auch unsere deutsche Muttersprache?"

erfunden haben. Sie sind es, die zuerst das Hakenkreuz als Höhenfeuer auf den Bergen und als Kampfzeichen an den Mauerwänden drohen ließen. Sie sind es, die Hitler hervorgebracht, gestempelt und für sein schwarzes Geschäft erzogen haben.

Ob diese Grenzdeutschen Österreichs den ersten Weltkrieg wollten oder nicht, sei dahingestellt. Gewiß waren sie viel zu schwach, im Herzen und im Kopf und in ihrer nationalen Preisgegebenheit, um die Probleme ihres Nationalitätenstaates schöpferisch anzugehen. Und sie, die Conrad von Hötzendorf, die Berchtold zusammen mit ihrem müden Kaiser, haben im Juli 1914 den Krieg erklärt, in dumpfer Verzweiflung vor einer Zukunft, die nicht ihre Zukunft sein würde. Nicht das geeinte nationale Deutschtum im Reich in einer Offensive ist tatsächlich und unmittelbar in die Urheberschaft des ersten Weltkriegs verwickelt, sondern das monarchistische, nationalistische Deutschtum Österreichs in einer kraftlosen Defensive. Vor dem 1. August 1914 waren im geschäftigen Deutschen Reich weder Führer noch Volk unter weltgeschichtlichen Impulsen auf Angriff und Eroberung eingestellt. Erst nach dem Ausbruch des unverstandenen Krieges sah es anders aus, aber das ist ein späteres Kapitel.

VI

Versuchen wir, zur Erläuterung unserer Auffassung, Österreich-Ungarn sei einem größeren Verhängnis als zufälligen Schüssen eines jugendlichen Irrgängers zum Opfer gefallen, ein Gedankenspiel: Was wäre geschehen, wenn am 28. Juni 1914 die jungen Leute in Sarajevo nicht geschossen oder nicht getroffen hätten?

Aller Wahrscheinlichkeit nach wäre Franz Joseph doch am 21. November 1916 gestorben. Der von ihm ungeliebte Thronfolger, den er von allen Regierungsgeschäften, ja von allen Informationen ferngehalten hatte, wäre Kaiser geworden, seine „morganatische" Frau nicht Kaiserin, seine Kinder nicht Prinzen. Sogleich wären die nationalen Konflikte verschärft auf der Tagesordnung gestanden, denn: wie hätten die Ungarn einen Kaiser ertragen, der sich dem herrischen Nationalismus der Magyaren offen entgegenzustellen versprach? Franz Ferdinand hätte in Böhmen, Mähren und Schlesien die Tschechen gestützt, in Südslawien den Kampf gegen die ungarische Oberherrschaft geschürt. Folgen wir Edward Crankshaws Charakteristik, so hat Franz Ferdinand außer Ungarn auch England gehaßt, Frankreich für ein Nest von Freimaurern gehalten, Italien verachtet, von den Polen war er irritiert, Rußland glaubte er, in kompliziertem Gegenspiel gegen Deutschland, an die Interessen der Monarchie ketten zu können. Wie hätte da die angebliche Festigkeit der Krone, das schon so gefährdete Gleichgewicht in der Monarchie ausgesehen? Im Jahr 1917 wären wieder einmal die Ausgleichsverhandlungen mit Ungarn fällig gewesen. Wäre zwischen dem kraftvoll verschlagenen Stephan Tisza und dem neuen Kaiser ein noch gefährlicherer Kampf entbrannt als mit dem alten in dessen ausrechenbar letztem Jahrzehnt?

Und in Jugoslawien, im tschechischen Gebiet: wären im Untergrund der aufgewühlten jungen Generation die vielfachen Verschwörungen, Infiltrationen und Affekthandlungen weitergegangen? Darüber finden wir aufregendes neues Material in dem erwähnten Buch von Z. A. B. Zeman, der unsere Kenntnis durch seine Beherrschung der slawischen Sprachen in so dankenswerter Fülle erweitert — jedoch charakteristischer Weise wieder von den deutschen Dingen in so großer Unkenntnis ist, daß Friedrich Naumann bei ihm Victor Neumann heißt, und das wenige, was er dazu im Nebenher zu sagen weiß, schief oder einfach falsch ist.

Unsere hypothetischen Fragen an die Zukunft der Monarchie ohne Weltkrieg richten sich zum Schluß auf ihren Parlamentarismus und ihre Demokratie. Das Parlament wäre wohl 1914 zusammengerufen worden — das konnte nur wegen des Kriegsausbruchs drei Jahre lang unterbleiben und passierte dann 1917, mit welch katastrophalen Folgen! Wie erwähnt, war der Parlamentarismus in Böhmen, Mähren und Schlesien bereits 1913 zusammengebrochen. Wäre der österreichische Reichsrat diesem Schicksal schon 1914 erlegen oder erst nach des alten Kaisers Tod? Was dann? Der Versuch eines absolutistischen, militaristischen Regimes konnte nicht in Friedenszeit gemacht werden; nur im Krieg war es möglich, ihn durch vier Jahre hinzuschleppen, bis zum vollen Zusammenbruch.

Wie es in diesen vier Kriegsjahren um die Monarchie und ihre so tapfer, so sinnlos kämpfenden Heere aussah? Masaryk, hochverräterisch und staatenbildend in Amerika, tschechische Kriegsgefangene und Deserteure in Rußland als nationale Armee im Krieg gegen die Monarchie und die deutsch-österreichischen Gefangenen, der junge Kaiser insgeheim mit seinem französischen Schwager auf der Suche nach einem Sonderfrieden, die Deutsch-Österreicher entmachtet, viele von ihnen — Hitler! — im Aufbruch nach Deutschland und mit Deutschland zusammen von der Welt geächtet und verachtet... Aber immer noch heißt es in ernsthaften Geschichtsdarstellungen, Österreich-Ungarn sei bei Kriegsausbruch recht fest dagestanden und erst in der Niederlage durch die Intrigen von irgendwem fahrlässig aufgeteilt worden[8]!

---

[8] Darüber sagt noch heute ein ausgezeichneter Schweizer Autor, Herbert Lüthy (Der Monat, August 1964): „So verfahren diese Lage auch war, so wenig war sie katastrophal oder hoffnungslos." Und einiges Erstaunen erregt dieser Leserin das oben zitierte Buch von Edward Crankshaw, der mit großem Wissen und blendender Darstellungsgabe an zahlreiche Fassetten

VII

Hat aber die hier vertretene Auffassung, daß der Aufbruch der österreichisch-ungarischen und angrenzenden Nationalitäten das europäische System umgestoßen habe, nach genauer Erforschung einige Logik und Realität für sich, dann läßt sich in dem Gedankengang etwa wie folgt fortfahren.

In Deutschland— ich sagte es schon — wußte man kaum ernsthaft etwas über all die Dinge, von welchen hier gesprochen wird, weder von dem, was innerhalb der Monarchie unter der Oberfläche gespielt wurde, noch was die „Nationalitäten" von der Ostsee bis zum östlichen Mittelmeer bewegte. Die psychologische Erklärung für dieses mangelnde Interesse der Menschen in Deutschland, von den leitenden Politikern bis zum breiten Volk, würde hier zu weit führen. Tatsache ist, daß in England, Frankreich, sogar Amerika, mehr fachliche Publizistik sich diesen Problemen zuwandte als in Deutschland. Freilich gab es einen Mann, dessen weite Menschlichkeit und dessen Künstlerblick in der politischen Begabung solche Blindheit ausschloß: Friedrich Naumann. Er sah sich persönlich im Südosten der Monarchie um, schickte Kundschafter aus, machte sich fruchtbare Gedanken. Aber dieses Lernen kam zu spät, unversehens war der Krieg ausgebrochen, und bevor seine Lehren der Nachkriegswelt angepaßt und weitergesponnen werden konnten, hatten die physischen Entbehrungen der Katastrophe den großen Mann gefällt. Damals, vor 1914, lauschte kaum jemand auf das, was die allzu seltenen tiefer blickenden Journalisten zu melden hatten. Wesentlich für unser Argument bleibt dies: das deutsche Volk wußte von diesen Dingen schlichtweg nichts!

Dieses ahnungslose Deutschland bei Kriegsausbruch ist eine der wesentlichen Voraussetzungen für die Entwicklung der folgenden Jahrzehnte. Leiden, die man nicht rational zu deuten weiß, vergiften die Seele. Die erste instinktive Reaktion war: Deutschland, eingekreist, ist von neidischen Feinden überfallen worden. Man lese Richard Dehmels Gedichte der ersten Augusttage nach oder Hermann Hesses Worte fassungsloser Überraschung. Auf dieses Urerlebnis schuldlosen Kriegsleides antwortete das Volk von rechts bis weit links mit der nationalen Sammlung, dem Burgfrieden, der parlamentarischen Votierung der Kriegskredite, der reibungslosen Mobilisierung — all das wurde in

des Epos vom Untergang der Habsburger Monarchie heranführt, nur um in einem eingestreuten, journalistisch brillanten Kapitel „Germans, Slavs and Magyars" den eigenen Feststellungen glatt zu widersprechen und am Ende zu philosophieren: „Es gab nichts im Wesen Unstabiles im Habsburgerreich" und ebenso vage: „Europa krankte an einem tiefen moralischen Siechtum ... Österreich hatte teil an dieser Krankheit, aber sie war ihm nicht eigentümlich ..." Über diese Nicht-Eigentümlichkeit schreibt Professor Crankshaw immerhin ein faszinierendes Buch!

hemmungslose Kriegsbegeisterung umgedeutet, die ohne Zweifel manche empfanden, die Mehrheit oben und unten gewiß nicht. Natürlich reagierten die Militärs und die in jedem Volk vertretenen radikalen Nationalisten — sie tragen auch angelsächsische Namen: Jingos, Diehards — sofort mit Aggression, die bekanntlich die beste Verteidigung ist, und mit den grandiosen Kriegszielen, die neuerdings Fritz Fischer dokumentarisch erforscht — nur verkennt er die Ausgangslage *vor* dem 1. August 1914, und daß die Eroberungspläne erst nach diesem Tag historische Realität erlangten.

Diese Ausgangslage ist besser als durch post factum Kriegsziele charakterisiert durch das verzweifelte Dilemma, in das sich die deutsche Außenpolitik fahrlässig und unwissend begeben hatte, und das in der Umgebung von Reichskanzler Bethmann Hollweg in den kritischen Tagen so formuliert wurde: Reden wir den Österreichern zu einer Aktion zu, so sagen sie, wir hätten sie hineingestoßen; reden wir ab, so sagen sie, wir hätten sie im Stich gelassen. Und: Österreich ist immer schwächer und unbeweglicher, die Entwicklung im Norden und Südosten ist sehr weit fortgeschritten. Und: Wenn Österreich zerfällt... ist nichts vorbereitet. Und: Die Österreicher hochmütig, starrsinnig und beschränkt, wie von Gott geschlagen... der ganze Jammer der Politik, die von den ererbten Allüren der Weltmacht nicht lassen, aber doch nichts tun, ja nicht einmal sich resigniert behaupten kann...

Ob eine weisere deutsche Staatskunst sich nicht noch damals gegen die Drohungen, zu denen man sich in Wien verstiegen hatte, widerstandsfähiger hätte verhalten können? Nicht in dem seit Jahr und Tag herrschenden Zustand der Unwissenheit über die gesamte zur Entscheidung drängende Problematik.

So ging das deutsche Volk im Glauben, überfallen worden zu sein, unwissend in einen großen Krieg, um nach den ersten bis zu den letzten Kämpfen aus dem Lager der westlichen Gegner über die Schützengräben hinweg eine unerhört geschickte und skrupellos konzipierte und formulierte Gegen-Legende der Anklage und des Hasses zu vernehmen — heute ist der Name des englischen Presse-Lord Northcliffe kaum mehr ein Begriff, aber wie groß war seine Rolle! Denn nun wurde, wie Deutschland ein Opfer des Militärs, der Westen ein Opfer des Hasses. Nun wurde gekämpft, geblutet, beiderseits der westlichen Schützengräben umsonst, um nichts. Es gab ja auf dieser Seite gar keinen echten Gegensatz. Der bestand freilich im Osten, und der ging ganz Europa an. Denn dort drängte Rußland an das Mittelmeer, über das Baltikum, über den Balkan hinaus, und dazwischen manövrierten die ungeformten Nationen auf eigene Rechnung.

Aber diese Dinge sind hier nicht weiter zu erörtern, und auch nicht, ob von West-Europa aus gesehen die deutschen parlamentarischen

Friedensresolutionen von 1916 und 1917 überhört werden *mußten*. Denn nun überspringen wir die Kriegsjahre bis zum Zusammenbruch von 1918, um die deutsche Seelenlage wie bei Kriegsausbruch auch bei Kriegsende ins Auge zu fassen.

Wieder finden wir wie 1914 ein verheerendes und vergiftendes Unverständnis, wenn auch neuer Art. Überall standen nach furchtbaren Mühen die deutschen Heere tief in Feindesland, und die Heimat war unzerstört. Gewiß war das Hinterland von Hunger gequält und zerschlissen, und die Fronten litten unter Material- und Menschenknappheit. Dennoch, so schien es unter dem Schleier der Zensur, „im Felde unbesiegt"! Und nun auf einmal die völlige Niederlage! Wer hatte dem großen deutschen Heer das angetan? Wer schickte die Soldaten wie geschlagene Hunde in ungeordneten Scharen nach Hause? Es war Revolution!

Hatte die Revolution, die der Niederlage folgte, die Niederlage verursacht? So falsch die Dolchstoß-Legende war, so verführerisch war sie für die Unwissenden, die Geschlagenen, in ihrer Preisgegebenheit in einer entstellten Welt. Sie war eben so plausibel für die einen wie es für die andern die Parole des internationalen Klassenkampfes war, die ihre Welt neuordnen würde. Nun hielt die Hungerblockade an, nun tönte frei von drüben der Haß der Sieger, nun kamen die Waffenstillstands- und „Friedens"-Bedingungen, über die der Besonnenste nur weinen konnte. Was passierte nun alles mit dem deutschen Volk und seinen Vertretern? Wie würde man sich zurechtfinden? Man fand sich mit Aufruhr, Putschen, Strafbesetzungen durch fremdes Militär, Räterepubliken und dann dem Höllenzauber der Inflation noch fünf ganze Jahre nicht zurecht.

Aber dann, war es nun überstanden? Ging es dem Frieden, der Ordnung entgegen? Ja, vier bis fünf Jahre lang, von 1924 bis 1929. War das genug zum Überstehen der neuen großen Not, die bereits anstürmte? Vielleicht. Doch da lauerten auf dem Wege von „Weimar" zwei Gegenkräfte von außen: Stalins „Weltrevolution" und der Österreicher Hitler mit seiner großdeutschen, größtdeutschen Revolution. Weimar fiel unter den Dolchstößen aus Moskau und Braunau am Inn! So zugespitzt tönt auch dies hier wie eine plumpe Legende, aber ich möchte sie noch ein wenig rechtfertigen.

Hitler ist nur als Österreicher, als österreichischer Deutscher zu verstehen — darauf zielte diese skizzenhafte Darstellung hin. Er kam von der Grenzstadt Braunau, ganz nahe dem großen, ruhmvollen deutschen Reich, aber ausgeschlossen von ihm. Zum Reich blickten damals viele junge Deutschösterreicher sehnsuchtsvoll — nachzulesen etwa in einem damaligen Bestseller „Die Zwölf aus der Steiermark" von Rudolf Hans Bartsch. Von Braunau kam der junge Hitler in das ruhm- und glanzlose oberösterreichische Linz, wo ihn sein deutschnationaler Volksschullehrer mit jenem vergiftenden Schwächegefühl und Machthunger des zurückweichenden österreichischen Deutschtums seiner Generation indoktrinierte. Von hier ging es, bereits präformiert, nach Wien, in das Wien Dr. Karl Luegers, wo es für den lesewütigen und scheel beobachtenden Hungerleider wichtige Dinge zu lernen gab: den Haß des widerwilligen Kleinbürgers gegen die „Masse", der Hitler nie verlassen sollte; die unseres Wissens sonst nirgends in Deutschland beheimatete politisch-demagogische Technik des Volkstribunen Lueger, die angab, wie aus einer „Masse" eine „Gefolgschaft" zu bilden sei.

Und hier lernte Hitler auch seinen Antisemitismus, in jedem Grundzug ein österreichischer, nicht ein reichsdeutscher Antisemitismus. Gewiß gab es auch den, aber wie läßt sich das seit Jahrhunderten ansässige deutsche Judentum und die Gefühle, die es erregte, mit den fremden Zuzüglern aus dem Osten vergleichen, die Hitler in „Mein Kampf" beschreibt und deren Probleme unsere Generation in Wien miterlebte? Die Soziologie des deutschen Antisemitismus, die Hannah Ahrendt untersucht und mit den Nazis in unlösbaren Zusammenhang bringen möchte, hat mit der Soziologie von Hitlers Teufelswahn sehr wenig zu tun. Dieser hochdifferenzierte, psychopathologische Typus des „Führers" und Verführers konnte nur aus dem Gift, der Galle, der Hilflosigkeit und Größensehnsucht dieses unverteidigten deutschen Volkssplitters zwischen dem integrierten Reich und den anstürmenden neuen Nationen erwachsen, im Angesicht der historischen Westwanderung der Ostjuden jener Generation durch die weiten Tore Wiens. Österreichisch, so meinen wir, war auch jene wendige und robuste Technik der Menschenbehandlung, die es nach der Niederlage Hitler gestatten würde, von München aus die bunt zersplitterten Gruppen, Grüppchen und Einzelgänger unter den Enttäuschten und Verzweifelten zu einer gemeinsamen „Bewegung" zusammenzufassen. Österreichisch selbst der „Heil"-Gruß, der sich der alliterierenden Beschwörerformel „Heil Hitler" lieh.

Diese vorgeprägte Geistesart wurde nun nach Deutschland eingeführt und bewegte sich in einer unwissenden, verwirrten, psychologisch gedrückten, würdehungrigen, doch an Würde verarmten deutschen Volksschicht. Unter Hitlers Anhang befanden sich auffallend viele andere Grenz- und Auslandsdeutsche, untypische Figuren. Dieser Anhang konnte niemals eine Mehrheit des deutschen Volkes werden, was die Statistik belegt, und es konnte kein zuverlässiger Anhang werden, wie es die „guten" Weimarer Jahre beweisen und zuletzt noch die Wahlen vom November 1932 mit den Millionenverlusten der Partei. Wie dann das große Unglück sich erfüllte, braucht hier nicht rekapituliert zu werden, wiewohl auch hier in unserer Sicht manche beleuchtenden Facetten zu zeigen wären.

Hat es einen heutigen Zweck, diese Zusammenhänge wieder und wieder zu überprüfen? Daß so viele Wissenschafter und Publizisten noch nach fünf Jahrzehnten damit beschäftigt sind, beweist, daß nicht nur in Deutschland, auch in England, Frankreich, dem „Westen" die Vergangenheit noch nicht bewältigt ist, und daß somit die Gegenwart und Zukunft der Bewältigung harren. Solange die Vergangenheit keinen Sinn ergibt, ist auch die Gegenwart vom Irrtum und vom Zynismus bedroht.

VIII

Die Lage der Deutschen ist nach dem zweiten Weltkrieg viel, viel schlimmer als nach dem ersten, aber man hat auch viel gelernt. Österreich-Ungarn gibt es lange nicht mehr, und mit ihm ist auch seine Funktion dahin, Rußland von Mitteleuropa fernzuhalten. Westdeutschland, Berlin, sind nun die Ostmark, und die Verteidigungsgrenze geht mitten durch deutsches Land. Aber immer noch, wie damals, als sie dem Blick der Nachbarn im Westen innerhalb Österreich-Ungarns verborgen waren, gibt es die „Nationalitäten". Sie sind vom östlichen Absolutismus verschluckt — und die einfallsreiche Weltgeschichte bediente sich gar eines Österreichers, die Russen bis nach Berlin und Weimar hereinzulassen. Aber die Nationalitäten rumoren noch wie Jonas im Magen des Wals. Will Deutschland in seiner Zweidrittelgestalt auch in der neuen Phase so blind, so uninteressiert, so dogmatisch verständnislos sein wie vor 1914?

Westdeutschland, Westeuropa, den Westen belebt jetzt eine Hoffnung übernationaler Integration, und das ist die würdige, realistische Haltung innerlich integrierter Nationen. Aber die heutige Wirklichkeit erfordert auch das einfühlende Verständnis für die Probleme, die Not der noch nicht freien und integrierten Nationen — zu denen jetzt Deutschland in dieser späten Phase seiner wirren Geschichte auch gehört. Et tua res agitur! Denn dort, wo heute zwischen Moskau und Warschau und Prag, Budapest, Sofia, Bukarest, Belgrad noch nichts entschieden ist — dort liegt auch Walter Ulbrichts Herrschersitz Pankow! Diese immer noch von Ideologen,Polizisten und Zensoren bedrängten Nationen erwarten vom Westen, dem zu mißtrauen man sie lehrt, aber mit dem zu verkehren die mißhandelte Natur sie drängt, mehr als das alte gleichgültige Mißverstehen. Westdeutschland ist heute — fast scheint es, mit Behagen — in allen Dingen, die auf dem Vorgelände zwischen West- und Osteuropa vorgehen, auf Selbstverzicht eingestellt: Laßt die Sieger von 1945 die Probleme lösen! Nur der Ruf nach dem „Recht auf Heimat" ertönt bei Gelegenheit; aber mit dem läßt sich in der Zeit von Algier und Cuba, in einer Zeit, in der rund um den Erdball

Millionen in Bewegung gerieten wie nie seit der Völkerwanderung vor einigen tausend Jahren, wenig vom deutschen Schicksal und vom Schicksal der bedrückten Nachbarn schöpferisch gestalten. Dagegen wäre das Recht auf Freiheit und demokratische Selbstbestimmung immer noch ein zeitgemäßer Gesprächsstoff zwischen freundnachbarlichen Menschen und Völkern. Manches regt sich zwanzig Jahre nach dem Ende des europäischen Krieges. Muß es dabei bleiben, daß ein scharfsichtiger westlicher Beobachter nach einer Herbstreise 1965 bedrückt formulieren kann: „Es war und bleibt für die Tschechen schwer, eine westliche Demokratie zu sein, wenn sie wissen, daß es den Westen nicht interessiert ...[9]?" Begnügt man sich im Westen, in Deutschland weiter mit der verhängnisvollen Haltung vor fünfzig Jahren und wieder vor fünfundzwanzig Jahren, als einer der repräsentativen Staatsmänner, Neville Chamberlain, 1938 von dem Land um die Prager Zitadelle als von dem „kleinen, fernen Land, von dem wir sehr wenig wissen" sprechen konnte? So spannend, interessant und lebenswichtig die unbekannten Dinge vor 1914 waren, so sind sie es noch heute, heute wieder. Nur mit philosophischem Verständnis für andere Völkerindividuen und ihr Zusammenleben „in Frieden und Freiheit" könnte Westdeutschland hoffen, in dem verstörten Europa etwas für die Zukunft, auch die eigene Zukunft, auszurichten.

---

[9] François Bondy, Bericht aus Prag und Preßburg, Der Monat, Oktober 1965.

Papen und das außenpolitische Erbe Brünings
Die Lausanner Konferenz 1932

Von Thilo Vogelsang

Am 23. Dezember 1931 veröffentlichte der Sonderausschuß der BIZ (Bank für Internationalen Zahlungsausgleich in Basel) als Ergebnis seiner zweiwöchigen Tagung den sogenannten Beneduce-Bericht. Gegenstand der Beratungen war hauptsächlich die finanzielle und wirtschaftliche Notlage des Deutschen Reiches gewesen. Der Bericht glaubte zwar eine schnelle Gesundung der deutschen Wirtschaft nach Beendigung der Krisenzeit voraussagen zu können, deutete aber unverkennbar an, daß ein Festhalten am praktisch „überholten" Young-Plan Deutschland in eine kaum mehr übersehbare Verschuldung treiben würde; es sei schon jetzt vorauszusehen, daß das Reich nach Ablauf des Hoover-Feierjahres nicht in der Lage sein werde, den aufschiebbaren Teil der Reparations-Jahresraten zu transferieren. Notwendig sei weiter die Anpassung aller zwischenstaatlichen Schulden (Reparationen und interalliierte Kriegsschulden) an die gegenwärtig zerrüttete Situation in der Welt.

Allgemein galt die Basler Tagung als Auftakt einer großen Reparationskonferenz, zu der, um keine Zeit mehr zu verlieren, noch vor Jahresende die britische Regierung die Unterzeichnerstaaten des Young-Planes nach Lausanne einlud: als Zeitpunkt wurde der 18. Januar 1932 genannt. Seinem wichtigsten außenpolitischen Ziele sich nahe wähnend, nutzte Brüning die Gunst der Stunde und erklärte Anfang Januar den Botschaftern Frankreichs und Englands, „Deutschland müsse in Lausanne auf völlige Streichung der Reparationen drängen. Sei ein solcher Beschluß nicht zu erzielen, werde er keinem Kompromiß zustimmen, sondern für eine Vertagung um fünf bis sechs Monate eintreten; so lange, aber auch nicht länger, hoffe er, die Lage in Deutschland ohne eine Dauerlösung noch halten zu können[1]." Außerdem ließ er am 10. Januar eine Erklärung durch das Wolffsche Telegraphen-Büro verbreiten: es liege klar zutage, daß Deutschlands Lage ihm die Fortsetzung politischer Zahlungen unmöglich mache.

---

[1] Zitiert nach W. J. Helbich, Die Reparationen in der Ära Brüning, Zur Bedeutung des Young-Plans für die deutsche Politik 1930—1932, Berlin 1962, S. 89. Vgl. dazu auch H. Pünder, Politik in der Reichskanzlei, Aufzeichnungen aus den Jahren 1929—1932, hrsg. von Th. Vogelsang, Stuttgart 1961, S. 111 (Eintragung zum 7. Januar 1932).

Brünings schneller Schritt vor die Öffentlichkeit fand zwar Zustimmung im Lande, stand aber — und das war weniger bekannt — vorerst etwas isoliert da, denn die eigentlichen Überlegungen, die der Kanzler und seine Mitarbeiter nun hinsichtlich des einzuschlagenden Weges und der anzuwendenden Mittel zu treffen hatten, standen erst noch bevor. Indessen war man sich in Berlin ziemlich früh darüber im klaren, daß eine für Deutschland annehmbare Lösung im Januar 1932 noch nicht erreicht werden könne, vertrat aber die Auffassung, daß diese Lösung dann im Sommer — zum Ende des Hoover-Jahres — herbeigeführt werden müsse. Diese Überlegung wurde durch den Ablauf der Ereignisse bestätigt, denn die Lausanner Konferenz mußte wegen der bei den Vorgesprächen der Mächte zutage tretenden Divergenzen am 12. Februar tatsächlich auf den Juni verschoben werden. Die britische Regierung, von Brüning als stiller Bundesgenosse angesehen, war mit ihren Verfahrensvorschlägen nicht durchgedrungen. Die Franzosen wollten allenfalls „ein Moratorium nach dem anderen" (François-Poncet) konzedieren, und namentlich Ministerpräsident Tardieu machte geltend, daß sein Land nicht von der Rechtsgrundlage des Young-Planes, den gerade er seinerzeit mit „durchgezogen" habe, abgehen könne.

Auf der deutschen Seite spielte bei der Erörterung der Termine die Hoffnung eine Rolle, daß nach der neuen akzeptierten „Durchhaltezeit" von sechs Monaten die „Weltkrise" noch nicht überwunden sein würde. Diese Erwartung schien nicht nur für die Modalitäten des Reparationsendes, sondern auch für den Fall wichtig zu sein, daß „Kompensationen" gegeben werden müßten. An sie zu denken gewöhnte man sich innerhalb der maßgeblichen Reichsressorts vorsorglich ebenso rasch wie Brüning selbst an die Möglichkeit einer nicht zu umgehenden Abschlußzahlung von etwa zwischen 5 Milliarden RM oder darunter, denkbar in der Form einer einmaligen Anleihe. Ab März 1932 wurde ein zusätzliches, wenngleich unterschiedlich beurteiltes deutsches Interesse für den Donauraum erkennbar, wo Frankreich (Tardieu) eine wirtschaftliche Verständigung der beteiligten Staaten unter sich und die Gewährung von Präferenzen seitens der „natürlichen" Abnehmerländer, also auch Deutschlands, zu inaugurieren gedachte. Hier bot sich die Gelegenheit für die Reichsregierung, den französischen Weg wenigstens ein Stück mitzugehen, Bereitschaft zu zeigen und Bereitschaft — zu erwarten.

Schien eine derartige Koppelung zweier „weltwirtschaftlicher" Fragen (Reparationen und Lage im Donauraum) ohne weiteres verständlich zu sein, so galt solches nicht unbedingt für den „Zwang", ein drittes Problem aus Gründen zunächst der zeitlichen Koinzidenz den beiden anderen zuzugesellen. Es war die alte Forderung nach der militärischen „Gleichberechtigung" des Reiches, ein bevorzugtes Anliegen der Reichswehrführung unter Groener und Schleicher, das der Kanzler seit 1930 in Ansehung der zunehmenden innenpolitischen Schwierigkeiten und des Anwachsens der „nationalen Welle" ebenfalls zu dem seinen gemacht hatte. Auf der Genfer Abrüstungskonferenz — sie begann am 2. Februar — sollte, so hofften er und Staatssekretär von Bülow, auch diese Frage einer Lösung nähergebracht werden. Sicher hatte man grundsätzlich nicht an eine volle taktische Verquickung dieser beiden so verschiedenartigen Sachgebiete gedacht, doch galt es seit Beginn des Jahres 1932 für die Reichsregierung, sich ständig mit der Thematik zweier Konferenzen, mochten sie schon tagen oder nicht, auseinanderzusetzen, und es wuchs die Geneigtheit, sowohl das französische Donauprojekt als auch das Abrüstungsproblem dergestalt zu „benutzen", daß man dadurch auch in der Reparationsfrage weiterkommen würde[2].

Nachdem feststand, daß die Lausanner Konferenz im Juni zusammentreten würde, erhielt dieser Zeitpunkt in den Augen Brünings zusätzlich den Charakter einer Zäsur für innenpolitische Entscheidungen[3]. So sehr jedoch der Kanzler seine Hoffnungen auf „Lausanne" fixierte, so wenig optimistisch wurden freilich auch in Berlin die deutschen Aussichten beurteilt. Man fürchtete, die durch die bevorstehenden Präsidentschaftswahlkämpfe bedingte Unentschiedenheit der USA würde auf die Kompromiß- und Entschlußfreudigkeit der westeuropäischen Mächte — Kriegsschuldner Amerikas — lähmend wirken. Diese skeptische Haltung dauerte bis in den April und Mai hinein an. Dennoch hatte Brüning die großen Zusammenhänge und wirtschaftlichen Hintergründe der internationalen Situation genau vor Augen, und gemessen an dem, was zum künftigen Wohle aller beteiligten Staaten und zur Verbesserung der zwischenstaatlichen Beziehungen in Lausanne bzw. Genf unmittelbar zur Entscheidung bevorstand, war er durchaus berechtigt, im April und Mai von dem bereits sichtbar gewordenen „Ziel" zu sprechen, zu dem man nur noch hundert Meter oder fünf Minuten benötige[4]. Solche Worte waren daher nicht als bindende Versprechungen an das deutsche Volk zu verstehen, sondern als ein Werben um das weitere Vertrauen der Öffentlichkeit, damit „durch gemeinsame Opfer aller die Grundlage" geschaffen werde, „um zu *dem* Ziel in der Reparations- und Abrüstungsfrage zu gelan-

---

[2] Zur ersten Phase der Genfer Abrüstungskonferenz vgl. Th. Vogelsang, Reichswehr, Staat und NSDAP, Beiträge zur deutschen Geschichte 1930—1932, Stuttgart 1962, S. 180 ff.

[3] Th. Vogelsang, a. a. O. (vgl. Anm. 2), S. 460.

[4] So in einer Wahlkundgebung (für Hindenburg) in der Stuttgarter Stadthalle am 5. April 1932 und in seiner bekannten Reichstagsrede vom 11. Mai 1932.

gen, das wir alle als elementares Recht des deutschen Volkes beanspruchen. Die eingeleiteten Auseinandersetzungen in der Außenpolitik haben nur dann Erfolg, wenn die Politik der vergangenen zwei Jahre unter allen Umständen schärfstens durchgehalten wird[5]". Im April waren es „drei bis vier Monate", die Brüning zur Bestätigung der von ihm so gesehenen „elementaren Rechte" Deutschlands noch beanspruchte[6].

Die bedauerlichen Vorgänge, die wenig später zu dem von außen provozierten Rücktritt Brünings am 30. Mai geführt und ihn damit um den verdienten Erfolg gebracht haben, können an dieser Stelle übergangen werden. Der gestürzte Kanzler hatte der Konferenz von Lausanne insofern noch vorarbeiten können, als er, früheren eigenen Erwägungen nachgebend, im Gespräch mit englischen Vertretern „eine Abschlagszahlung von 4 oder 5 Milliarden RM zugestanden und nach seiner eigenen Behauptung auch bindende Zusagen Englands zur Durchsetzung dieser Lösung erhalten" hatte[7]. Sein außenpolitisches Erbe aber trat die neue Regierung unter Reichskanzler Franz von Papen mit General von Schleicher als Reichswehrminister und dem Freiherrn von Neurath, bisher Botschafter in London, als Außenminister an. Am 16. Juni fuhren Papen und Neurath, dazu Finanzminister Graf Schwerin von Krosigk, Wirtschaftsminister Prof. Warmbold und Staatssekretär von Bülow zur Eröffnung der Reparationskonferenz nach Lausanne.

Die Außenpolitik des neuen Kabinetts sollte vorsatzmäßig nach betont „nationalen" Gesichtspunkten geführt werden, und der nun eintretende zeitliche Zusammenfall der beiden Konferenzen hatte dazu beigetragen, daß der bisherigen Neigung, ihre Thematik im Rahmen des Zulässigen als eine Einheit anzusehen, in der Regierungserklärung

---

[5] Zitiert nach einem Bericht über die Stuttgarter Rede in der Augsburger Postzeitung Nr. 79 vom 7. April 1932. Vgl. dazu auch eine Aktennotiz Bülows vom 13. April 1932 (Bundesarchiv Koblenz, Nachlaß Pünder, Bd. 93): „... Der (frz.) Botschafter sprach dann über die letzte Rede des Herrn Reichskanzlers und den Eindruck, den sie auf ihn und einige Mitglieder des Diplomatischen Korps gemacht habe. Besonders aufgefallen sei die Wendung ‚100 m vor dem Ziel', worauf der Reichskanzler einwarf, es komme bei der Beurteilung der Entfernung vom Ziel auf die Gesamtstrecke an. Man dürfe, so fuhr der Reichskanzler fort, sich über den Ernst der Lage in allen Ländern keine Illusionen machen. Überall stünden Zusammenbrüche bevor. Deutschland könne an sich noch ziemlich lange durchhalten, aber die Mittel, die wir dabei anwenden würden, könnten leicht zu einem Zusammenbruch des Kreditsystems der Welt führen. Es müsse also rechtzeitig etwas geschehen. ." Ähnliche Argumente finden sich in der Rede Brünings vor dem Auswärtigen Ausschuß des Reichstages vom 24. Mai 1932, neuerdings abgedruckt in der Frankfurter Allgemeinen Zeitung vom 23. November 1965, S. 11.

[6] W. J. Helbich, a. a. O. (vgl. Anm. 1), S. 28 mit Anm. 193 (Hinweis auf die Germania vom 6. April 1932).

[7] W. J. Helbich, a. a. O. (vgl. Anm. 1), S. 90 mit Anm. 113 und 114.

vom 4. Juni erneut Raum gegeben worden war. Noch am 21. April hatte Brüning gegenüber Tardieu zum Ausdruck gebracht, die Verständigung über das Reparationsproblem würde in vielem von den Fortschritten in der Abrüstungsfrage abhängen und umgekehrt[8]. Und am 4. Juni beschloß man im Kabinett, die Gelegenheit der Lausanner Konferenz auch dahingehend zu benutzen, um der seit Anfang Mai sich auf Ausschuß-Beratungen beschränkenden Abrüstungskonferenz neue Impulse zu geben[9].

Zu diesem Punkt ist eine kurze Rückschau nötig. Brüning war Ende April ohne greifbare Erfolge aus Genf zurückgekehrt. Darüber, daß der Teil V des Versailler Vertrages durch die „freiwilligen Abmachungen der abzuschließenden Konvention ersetzt werden müsse", herrschte Einigkeit *nur* zwischen Deutschland, Italien und den angelsächsischen Mächten[10]; Frankreich hielt sich abseits. Einer „Formel" war man allenfalls im Gespräch nahegekommen, ohne daß sie jedoch zu Papier gebracht oder gar allgemein akzeptiert worden wäre. Alle Bemühungen mußten sich daher nach Auffassung des Auswärtigen Amtes auf den westlichen Nachbarn konzentrieren, und zwar mit zusätzlichen Verhandlungen, ja Abmachungen. Diese Gedanken fanden Aufnahme in eine „Richtlinien" genannte Denkschrift Bülows vom 2. Juni[11]. Die Gleichberechtigung sollte danach — und hier blieb es bei der Konzeption der Brüning-Zeit — auf „theoretischem" Gebiet durchgesetzt werden, also juristische Gleichheit bei der Behandlung der in Genf anfallenden militärischen Fragen. Würde jedoch ein allgemeines Abrüstungsübereinkommen, das auch dem Sicherheitsbedürfnis aller beteiligten Staaten Rechnung zu tragen hatte, nicht erreicht werden, dann wolle das Reich „symbolisch" eine geringe Anzahl nicht vorhandener, indes von der Konvention nicht verbotener Waffen für sich in Anspruch nehmen, „um die Gleichberechtigung zu dokumentieren". Zu dieser „Umrüstung" bedürfe es aber einer Verständigung besonders mit Frankreich, dem Sonderabkommen geradezu anzubieten seien. Mit solchen Gedankengängen, zur Information des neuen Ministers niedergeschrieben, war eine Grundlage geschaffen, auf der weitere Beratungen fußen konnten.

Schleicher meldete bald seine Wünsche an. Er hatte im Mai über Dr. Regendanz und François-Poncet spezielle Verbindungen mit den

[8] Niederschrift über ein Gespräch in Genf am 23. April 1932, in: Documents on British Foreign Policy 1919—1939, Second Series, Vol. 3, London 1948. S. 123.

[9] Niederschrift über eine Chefbesprechung in der Reichskanzlei vom 4. Juni 1932, Bundesarchiv Koblenz, Reichskanzlei, R 43 I, Bd. 520.

[10] Th. Vogelsang, a. a. O. (vgl. Anm. 2), S. 182 ff.

[11] a. a. O. (vgl. Anm. 9), Bd. 520. Vgl. auch W. Deist, Schleicher und die deutsche Abrüstungspolitik im Juni/Juli 1932, in: Vjh. Zeitgesch. 7 (1959), S. 164 ff.

Franzosen gehalten und auch bei dieser Gelegenheit die Begriffe der „theoretischen Gleichberechtigung" Deutschlands und der „theoretischen Sicherheit" Frankreichs betonen lassen. Seine Kontakte liefen bereits auf „Spezialvereinbarungen" hinaus, für die zunächst eine Liste angefordert wurde „der Bedingungen ..., die es den französischen Politikern ermögliche, die theoretische Gleichberechtigung Deutschlands in Rüstungsdingen anzuerkennen". Außerdem sollte Paris bekanntgeben, „welche praktischen Forderungen man dafür aufstelle, daß diese theoretische Sicherheit gewährleistet sei"[12]. Der General, der im geheimen auf eine baldige Handlungsfreiheit des Reiches in militärischen Dingen spekulierte, kam nun am 9. Juni mit dem Verlangen heraus, daß auch die Frage der Miliz bald verhandlungsreif gemacht würde, die er als besonders dringlich bezeichnete. Es waren die bekannten innenpolitischen Gründe, die ihn eine möglichst umgehende Vorbereitung der „Umrüstung" und damit die „volle", d. h. auch *praktische* Gleichberechtigung anstreben ließen, welche nur „durch eine deutsch-französische Verständigung über die tatsächlichen deutschen Rüstungszahlen eingeschränkt werden könne"[13]. Schließlich ging er binnen weniger Tage sogar so weit, daß er diese Zahlen in die Konvention der Konferenz (als „erste" Abrüstungsperiode auf fünf Jahre zu beschränken) eingebaut wissen wollte: einmal diejenigen, „auf die es (sc. Deutschland) einen rechtlichen Anspruch habe", und zum anderen die Zahlen, „auf die es sich während der ersten fünf Jahre freiwillig beschränke". Diese Beschränkung würde aber nur erfolgen, wenn sich einige Bedingungen durchsetzen ließen: Abstufung der Wehrdienstzeit zwischen 12 und 3 Jahren, Auffüllung einiger Verbände, Ausrüstung weniger Truppenteile mit bislang verbotenen Waffen und die Aufstellung einer schwachen Miliz mit kurzfristiger Dienstzeit. Und am Schluß seiner Überlegungen wurde der General ganz deutlich: Würde dieser Mindestforderung im Laufe der Verhandlungen nicht entsprochen, dann fordere das Interesse der Wehrmacht einen Abbruch der Gespräche, der dann zwangsläufig zu einem Ausbau der Reichswehr im Sinne solcher Gedankengänge führen müsse[14]. Wir wissen, daß diese Konsequenzen schon seit den Zeiten Groeners eine Rolle gespielt haben[15]. Dennoch konnten Neurath und Bülow auf das Vor-

[12] Schreiben Regendanz' an Schleicher vom 12. Mai 1932, in: Nachlaß Schleicher (Bundesarchiv-Militärarchiv Koblenz). Von einer Wunschliste Frankreichs, über die man verhandeln wolle, sprechen auch die „Richtlinien" Bülows.

[13] Schreiben Schleichers vom 9. Juni 1932. Bonn, Polit. Archiv d. Ausw. Amtes, II F Abr., Allgem. Abrüstungskonferenz 1932, Bd. 3, zit. bei W. Deist, a. a. O (vgl. Anm. 11), S. 166.

[14] Denkschrift des Reichswehrministeriums vom 14. Juni 1932, „Das interne deutsche Ziel auf der Abrüstungskonferenz", a. a. O. (vgl. Anm. 13), Bd. 3, zit. bei W. Deist, a. a. O. (vgl. Anm. 11), S. 167 f.

[15] Th. Vogelsang, a. a. O. (vgl. Anm. 2), S. 430 f. (Dok. Nr. 15).

prellen Schleichers im Augenblick nicht ohne ernste Besorgnisse reagieren[16].

Wie weit andererseits im Auswärtigen Amt die Haltung der Großmächte genauer bekannt gewesen ist, läßt sich schwer sagen. Mochten auch die Informationen Botschafter Nadolnys für den Gang der Genfer Arbeiten ausreichend sein; zur Beurteilung der Ansichten der westlichen Delegationsführer oder gar der Regierungen konnten sie nicht genügen. Wie war die Lage? Die Angloamerikaner hielten den Monat Mai hindurch, obwohl sie das langsame Ende des Kabinetts Tardieu und das Aufkommen Herriots erlebten, an der Auffassung fest, daß nur ein direktes deutsch-französisches Gespräch „under Anglo-American auspices" dem Fortgang der Abrüstungsverhandlungen förderlich sein würde[17]. Am 22. Mai folgten die Amerikaner Gibson und Davis einer Einladung des präsumptiven Ministerpräsidenten Herriot nach Lyon; im Verlaufe der Konversation sprachen sie sich dringend für eine Fortsetzung der in Bessinge begonnenen Diskussion aus. Wenngleich Herriot gegenüber den deutschen Dingen mißtrauische Zurückhaltung zeigte[18], erklärte er sich doch — unverbindlich — mit einer Neuaufnahme der Gespräche einverstanden. Über diese Antwort war die Genugtuung besonders Staatssekretär Stimsons so groß, daß er — nach einigen Überlegungen zur Form — Brüning über den Botschafter Sackett entsprechend informieren ließ; der Kanzler erhielt die Nachricht am 30. Mai[19].

Kurz nachdem die Regierungsübernahme Herriots durch die Kammer bestätigt worden war (7. Juni), stand die Lausanner Konferenz vor der Tür. Zu ihrer Vorbereitung, aber auch um den Abrüstungsverhandlungen einen neuen Anstoß zu geben, trafen die britischen und französischen Minister in Paris und Genf zusammen. Die Engländer brachten, was Deutschland anging, zwei nützliche Vorschläge mit. Der eine war nicht neu und hatte die grundsätzliche Billigung Amerikas: als jedoch MacDonald, bezugnehmend auf die Verständigungsversuche vom April, die Möglichkeit eines teilweisen Eingehens auf die militärischen Gleichberechtigungswünsche im Zuge der „qualitativen Abrüstung" durchblicken ließ, erhielt er eine gewundene Ant-

---

16 W. Deist, a. a. O. (vgl. Anm. 11), S. 166 f.

17 Bericht des Botschafters Mellon an Stimson vom 10. Mai 1932, in: Foreign Relations of the United States, Diplomatic Papers 1932, Vol. 1, S. 117.

18 Niederschrift Davis' über ein Gespräch mit Herriot vom 22. Mai 1932, ebd., S. 132 ff.

19 Telegramm Stimsons an Gibson vom 24. Mai 1932, ebd., S. 142. Zur späteren irrtümlichen Bewertung dieses Ereignisses durch Brüning vgl. W. Deist, Brüning, Herriot und die Abrüstungsgespräche von Bessinge, in: Vjh. Zeitgesch. 5 (1957), S. 269 ff.

wort Herriots, die fast einer Ablehnung gleichkam[20] und praktisch auch die durch Sackett übermittelte frohe Botschaft vorerst hinfällig machte. Der andere Vorschlag stammte von Sir John Simon und war bereits am 6. Juni beim Abschiedsbesuche Neuraths in London ventiliert worden: Deutschland möge sich, um den laufenden und künftigen Verhandlungen in Genf und Lausanne eine Basis allgemeinen Vertrauens zu geben, zu einem politischen Stillhalteabkommen während einer Reihe von Jahren bekennen („political truce")[21]. Beide Gedanken zeigten deutlich die Vermittlungsbereitschaft Großbritanniens und das Bestreben, zu vernünftigen, für alle Beteiligten annehmbaren Lösungen zu gelangen.

Unter diesen Vorzeichen begannen die Lausanner Diskussionen. Als verheißungsvoller Auftakt war allgemein — weniger allerdings in Frankreich — eine Erklärung der fünf Gläubigermächte begrüßt worden, nach der alle Reparations- und Kriegsschuldenzahlungen für die Dauer der Konferenz ausgesetzt werden sollten. Die Vollsitzungen wurden jedoch alsbald wieder abgebrochen, um den Delegationen Gelegenheit zu Fühlungnahmen sowie zur Präzisierung ihrer Vorschläge und Stellungnahmen zu geben. In der Erkenntnis, daß die Annäherung der Standpunkte Frankreichs und Deutschlands zunächst das dringendste Problem sei, bemühte sich MacDonald — wie er betonte, in seiner Eigenschaft als chairman der Konferenz — ehrlich und unermüdlich um die Auflockerung des Bodens.

Mochte auch auf der letzten Sitzung des Reichskabinetts vor der Abreise Papens Einmütigkeit darüber bestanden haben, „daß man die Reparationspolitik der vorangegangenen Regierung fortsetzen müsse", so ließ die Feststellung, der Delegation könnten „spezielle Bindungen für die Mittel und Wege zur Erreichung dieses Zieles nicht gegeben werden", bereits auf die Neigung des Kanzlers und Neuraths schließen, das eigene Verhalten je nach der Konferenzlage einzurichten[22] und — wie sich zeigen sollte — auch mit völlig neuartigen Vorschlägen zu arbeiten[23], und das in weitgehender Unabhängigkeit von der Mitwirkung des Kabinetts und den Erfahrungen des Auswärtigen Amtes. Es war Papens feste Absicht, in Lausanne trotz der von Brüning übernommenen simplen Position des „non possumus" zu versuchen, der

---

20 Besprechungsniederschrift vom 14. Juni 1932, a. a. O. (vgl. Anm. 8), S. 522 f.

21 Schreiben Sir John Simons an Newton (Berlin) vom 6. Juni 1932; Besprechungsniederschrift vom 11. Juni 1932, a. a. O. (vgl. Anm. 8), S. 153 bzw. 175.

22 Protokoll der Ministerbesprechung vom 13. Juni 1932, a. a. O. (vgl. Anmerkung 9), Bd. 1456.

23 Vgl. dagegen die Meinung der „Frankfurter Zeitung": „Die Dinge liegen so, daß es nicht an Deutschland ist, die Initiative zu ergreifen ..." (Reichsausgabe vom 22. Juni 1932).

deutschen Außenpolitik eine bisher unbekannte Nuance großzügiger Initiative zu geben und dabei in Ausnutzung der Gelegenheit persönlicher Kontakte die Reparations- mit der Abrüstungs- (oder besser: „Gleichberechtigungs"-)Frage, ja mit der gesamteuropäischen wirtschaftlichen Misere zu verbinden. Und nicht zu Unrecht erblickte er in dem leidigen Problem der deutsch-französischen Beziehungen einen Ansatzpunkt für solche Pläne.

Bei alledem war Papen in die Lage gesetzt, auf neuen Überlegungen aufzubauen, die kurz vorher in Berlin und London angestellt worden waren: auf Bülows Gedanken einer militärischen Sonderverständigung mit Frankreich, auf Schleichers Frage nach den französischen Forderungen für die „theoretische Sicherheit" und schließlich in angemessener oder abgewandelter Form auch auf dem Vorschlag Simons eines „political truce", den Neurath nach englischer Meinung „in very good part" aufgenommen hatte[24]. Speziell für französische Sicherheitswünsche war im Auswärtigen Amt auch erwogen worden, ob man nicht „im gegebenen Moment" mit dem Vorschlag eines Konsultativpaktes der vier Mächte Großbritannien, Italien, Frankreich und Deutschland herauskommen sollte, etwa nach dem Vorbild des Berliner Vertrages zwischen dem Deutschen Reich und der Sowjetunion[25].

Die Frage war nur, in welcher Weise man sich dieses stattlichen Rüstzeuges bedienen würde. Schon bei der ersten Begegnung mit dem französischen Regierungschef, am 16. Juni, gab es Verwirrungen. Papen sprach von Verständigungsbereitschaft und der Notwendigkeit „endgültiger Lösungen", womit er die Streichung der Reparationszahlungen meinte[26]. Dann steuerte er offenherzig und ohne Umschweife auf das Fernziel eigener jahrelanger inoffizieller Bemühungen los und redete zum Erstaunen Herriots einem französisch-deutschen „accord", angeblich bis hin zu Fühlungnahmen zwischen den beiden Generalstäben, das Wort[27]. Für den Kanzler wiederum war es neu,

---

[24] Schreiben Sir John Simons vom 6. Juni 1932 (vgl. Anm. 21). Neurath scheint sich jedoch eher rezeptiv verhalten zu haben. Als Simon den Gedanken eines „politischen Waffenstillstandes" in Lausanne wiederholte, lehnte Neurath ihn nach dem Berichte Bülows „erneut ab": Telegramm vom 17. Juni 1932, a. a. O. (vgl. Anm. 9), Bd. 338.

[25] Aus den „Richtlinien" für die deutsche Stellungnahme in der Sicherheitsfrage des Auswärtigen Amtes vom 8. Juni 1932, a. a. O. (vgl. Anm. 9), Bd. 448.

[26] Telegramm Bülows vom 16. Juni 1932, ebd., Bd. 338.

[27] E. Herriot, Jadis, Tom. 2, Paris 1952, S. 321 f. Dort auch ergänzende Ausführungen Bülows: a. a. O., S. 329. Nach dem Telegramm Bülows vom 16. Juni (Anm. 26) waren die Darlegungen Papens um eine Nuance allgemeiner gehalten: Deutschland wolle die „neu gewonnene Abrüstungsfreiheit (sic) nicht zu einer gewaltigen Aufrüstung ausnützen" und sei bereit, sich „über Maß und Ziel" künftiger eigener Rüstungen „mit den Franzosen zu unterhalten".

einige Tage darauf aus dem Munde MacDonalds zu hören, die Schuld an der „späten" Einberufung der Konferenz trage Brüning, der seinerzeit gesagt habe: „Wir werden nicht zahlen" anstatt nur die Zahlungsunfähigkeit zu betonen und die Darlegung der Gründe in Aussicht zu stellen[28]. Fühlte sich Papen jetzt ermuntert, seine auf Frankreich gerichtete Konzilianz zu verstärken? Als MacDonald am 20. Juni den hierauf durchaus vorbereiteten Deutschen[29] eröffnete, sie kämen um eine Abschlußzahlung, am besten über eine Belastung der Reichsbahn mit Bonds, nicht herum[30], verhielt sich Papen ablehnend und deutete nun auch gegenüber dem Engländer den ihm genehmeren Weg „in the political field" an. Das Reich, hieß es, sei bereit, „seinen guten Willen im Rahmen eines europäischen Wiederaufbauplans zu beweisen und Frankreich durch Verständigung über die Sicherheitsfrage und Abrüstung eine gewisse Genugtuung zu geben"[31]. Das Ergebnis war die Ausarbeitung eines Memorandums, das sich der interessierte MacDonald am 22. Juni durch Neurath überreichen ließ.

In diesem Schriftstück stand neben den deutschen Gründen für die Verweigerung einer Restzahlung vor allem zu lesen, daß die Lausanner Konferenz die Möglichkeit, ja die Aufgabe habe, Pläne für eine wirtschaftliche Wiedergesundung Europas in Gang zu bringen. An ihnen wolle Deutschland mitarbeiten und sei auch bereit, dafür Opfer zu bringen. Dann aber bezog Papen (obgleich dieser Teil des Memorandums nur für MacDonald persönlich bestimmt war) kurzerhand in seine Vorschläge Dinge ein, die, wie er zugab, nicht zum Konferenzprogramm gehörten: für die Laufzeit der Abrüstungskonvention wolle das Reich in der Praxis die Gleichberechtigung in Rüstungsfragen nicht in Anspruch nehmen; schließlich wurde auch der bereits erwähnte Konsultativpakt zwischen Deutschland, Frankreich, Großbritannien und Italien vorgeschlagen[32]. Die Erläuterungen, die der Kanzler einige Tage später vor dem Kabinett gab, zeigten einmal mehr die Umwege an, die für notwendig erachtet wurden, um ein begrenztes Ziel zu erreichen; nach seiner Meinung sollten die Vorschläge des Memoran-

---

28 Aus dem mündlichen Bericht Papens, Protokoll der Ministerbesprechung vom 25. Juni 1932, a. a. O. (vgl. Anm. 9), Bd. 1456; ähnlich in einem Telegramm Bülows vom 17. Juni 1932, ebd., Bd. 338.

29 Telegramm Bülows vom 17. Juni 1932, ebenda, Bd. 338.

30 Niederschrift über ein Gespräch am 20. Juni 1932, a. a. O. (vgl. Anm. 8), Vol. 3, S. 228 ff.

31 Telegramm Bülows vom 20. Juni 1932, ebd., Bd. 338.

32 F. v. Papen, Der Wahrheit eine Gasse, München 1952, S. 203. Papens Entwurf in den Akten der Reichskanzlei, a. a. O. (vgl. Anm. 9), Bd. 482; der ins Englische übersetzte Text befindet sich in der britischen Dokumentensammlung (vgl. Anm. 8), Vol. 3, S. 249 ff. Den Gedanken des Konsultativpaktes hatte Neurath schon am 17. Juni gegenüber Simon und Neville Chamberlain angedeutet, Telegramm Bülows Nr. 10, a. a. O. (vgl. Anm. 9), Bd. 338.

dums geeignet sein, „die Position der französischen Delegation gegenüber ihrer öffentlichen Meinung zu erleichtern“[33].

Herriot und Papen trafen am 24. Juni zusammen; im Sinne des mitgebrachten Memorandums umkleidete der Kanzler das Reparationsproblem mit einem großen wirtschaftlichen Gesundungsprogramm[34]. In der Abrüstungsfrage machte er das Angebot, durch eine deutsch-französische Annäherung den toten Punkt in Genf zu überwinden; auch der „accord“ der beiden Generalstäbe, gedacht als Form einer gegenseitigen, nach Lage der Dinge aber hauptsächlich auf die Belange Frankreichs abgestimmten „Inspektion“, kam wieder zur Sprache. Den Gedanken eines spezielleren französisch-deutschen Konsultativpaktes erläuterte er am Beispiel der deutschen Ostgrenze: ein „Ostlocarno“ könne er wegen des nationalistischen Radikalismus im eigenen Lande nicht unterzeichnen, aber alle Erörterungen über die Problematik dieser Grenze sollten nicht ohne vorherige Befragung und Verhandlung mit Frankreich erfolgen[35].

Papens Gedankengänge, verbunden mit dem beschwörenden Hinweis auf den „historischen Moment“ und die einzigartige Gelegenheit für eine zweiseitige Einigung[36], verfehlten ihren Eindruck auf den Franzosen nicht, obwohl Herriot „in der Form versöhnlich“, in der Sache aber auf seinem alten Standpunkt verharrend antwortete. Am 25. Juni, als Papen in Berlin Hindenburg vortrug und im Anschluß daran auch der Reichsregierung berichtete, nahm Herriot seinerseits in Paris an einer Kabinettssitzung teil[37]. Er wies darauf hin, daß, sehe man sich vor die Alternative gestellt: Reparationszahlungen oder wirtschaftliche und politische Kompensationen durch das Reich, eine französisch-deutsche Aussöhnung besser sei als weitere Zahlungen, und fand Zustimmung[38]. Aber dieses Bekenntnis hatte wohl mehr einen grundsätzlichen Charakter und war bestimmt nicht als gefühlsmäßiger Umschwung zu deuten, etwa in dem Sinne, daß Frankreich mit einer sofortigen Annullierung der deutschen Reparationsverpflichtungen einverstanden gewesen wäre.

Es wird kaum eindeutig zu erkennen sein, welche der zwischen Herriot und Papen (besonders am 24. Juni) besprochenen Einzelheiten als

---

33 Aus dem mündlichen Bericht Papens vom 25. Juni 1932 (vgl. Anm. 28).

34 E. Herriot, a. a. O. (vgl. Anm. 27), Tom. 2, S. 338.

35 Diese Einzelheiten sind uns nur über Herriot bekanntgeworden. Das für diese Besprechung zuständige Telegramm Bülows Nr. 36 vom 24. Juni 1932, a. a. O. (vgl. Anm. 9), Bd. 338, bringt hierüber nichts.

36 Mündlicher Bericht Papens vom 25. Juni 1932 (vgl. Anm. 28). E. Herriot, a. a. O. (vgl. Anm. 27), Tom. 2, S. 339. Ähnlich das Telegramm Bülows Nr. 36 (vgl. Anm. 35).

37 E. Herriot, ebd., S. 342 f.

38 Niederschrift über eine Zusammenkunft MacDonald-Herriot am 27. Juni 1932, a. a. O. (vgl. Anm. 8), Vol. 3, S. 271.

praktische Vorschläge im Rahmen der Lausanner Konferenz und welche als künftige Diskussionspunkte für eine spätere Fortsetzung der Annäherungspolitik gedacht waren. Herriots Worte vor dem Ministerrat dürften bereits einer grundsätzlichen Umfrage bei den Kollegen gleichgekommen sein. Solches würde jedoch bedeuten, daß er für ein Einlenken und — schließlich — den Verzicht auf Reparationszahlungen nur dann zu haben gewesen wäre, wenn ihm und Frankreich sofort handgreifliche, sich unmittelbar auf die Sicherheit seines Landes auswirkende verbindliche Angebote gemacht werden konnten[39]. Papen wiederum beschränkte sich vor der Reichsregierung auf die inhaltliche Wiedergabe des für MacDonald bestimmten Memorandums vom 21. Juni einschließlich des von ihm — vorerst nur den Engländern — vorgeschlagenen Konsultativ-Vertrages und erwähnte den gewünschten „accord" der Generalstäbe, aus dem sich vielleicht ein Bündnis würde entwickeln können[40], mit keinem Wort[41].

So scheint es, als habe Papen schärfer als Herriot unterschieden zwischen dem, was im Augenblick, und dem, was erst in geeigneten Momenten der Zukunft verhandelt werden konnte. Nach seiner Auffassung sollte der Weg der „psychologischen Kompensationen" auf jeden Fall weiter beschritten werden, wenngleich zur Stunde nur eine einzige verwendbar war: die deutsche Beteiligung an einem umfassenden Gesundungsprogramm für die Wirtschaft Europas. Diese Bereitschaft konnte durchaus noch im Rahmen der Lausanner Traktanden behandelt werden und wurde daher auch von Schwerin-Krosigk mit den Stichworten Agrarpräferenzen, Fonds Commun und Hilfe für Österreich zur Sprache gebracht[42]. Sie allein war es auch, die Papen am Schluß seines am 25. Juni vor dem Reichskabinett erstatteten Berichtes als *das* Entgegenkommen Deutschlands bezeichnete, allerdings schon mit dem besorgten Nachsatz: „Die Stellung der deutschen Dele-

---

[39] Am 28. Juni bemerkte Herriot auf der Vormittagssitzung, eine „Streichung" der Reparationen sei nur bei völliger deutsch-französischer Aussöhnung denkbar, Telegramm Bülows Nr. 55 vom 29. Juni 1932, a. a. O. (vgl. Anm. 9), Bd. 338.

[40] So rückblickend die Interpretation Papens, a. a. O. (vgl. Anm. 32), S. 203.

[41] Inzwischen waren andere Kontakte fortgesetzt worden. Am 16. Juni berichtete Dr. Regendanz in einem Schreiben an Schleicher von einem Gespräch mit François-Poncet. Der gegenwärtige französische Militär-Attaché würde bald abberufen und durch einen Offizier „von größerer Bedeutung" ersetzt werden. „Französischerseits herrsche der Wunsch, langsam die persönlichen Beziehungen zwischen den Militärs beider Nationen wiederherzustellen, und man sehe ein, daß allerdings dann Frankreich den ersten Schritt dazu tun müsse." Wegen der Rückgabe einer Fahne des 3. Garderegiments zu Fuß werde ein Vertrauensmann Herriots demnächst einige Mitteilung machen. Nachlaß Schleicher (vgl. Anm. 12).

[42] Vgl. dazu auch P. Schmidt, Statist auf diplomatischer Bühne 1923—45, Bonn 1949, S. 243.

gation in Lausanne ist schwierig, da wir keine Trümpfe mehr zu vergeben haben[43]." Und nur mehr von dieser „Kompensation" war am 27. Juni, als die beiden Regierungschefs wieder zusammentrafen, die Rede[44]. Enttäuscht glaubte Herriot eine veränderte Stimmung des Kanzlers feststellen zu können[45]. Hatte man sich drei Tage zuvor nur mißverstanden oder waren daneben andere Dinge wirksam geworden?

Der „Popolo d'Italia" hatte am 25. Juni einen unfreundlichen Artikel veröffentlicht: das Frankreich von 1932 sei viel gefährlicher als das Deutschland von 1914, da es den Frieden bedrohe[46]; am 27. mußte man gar in Paris zur Kenntnis nehmen, was die italienische Delegation — nach vorheriger Fühlungnahme mit Neurath — als ihre Auffassung bekanntgegeben hatte. Sie setzte sich für eine endgültige Streichung der Reparationsverpflichtungen ein[47]. Konnte diese plötzliche Rückenstärkung nicht den Reichskanzler dazu verführen, die „Kompensationen" von heute auf morgen weniger wichtig zu nehmen, zumal er gerade in Berlin das einem französischen Journalisten am 24. Juni gewährte Interview hatte richtigstellen lassen? Im „Matin" waren als Papens Worte zu lesen gewesen, er, der Kanzler, habe den Anspruch Frankreichs auf eine Kompensation bei der Liquidierung der Reparationen anerkannt und daher eine tätige deutsche Mithilfe bei der wirtschaftlichen Reorganisierung Mitteleuropas vorgeschlagen[48]. Jetzt folgte ein Dementi: nach Papens Meinung ginge es in Lausanne nicht um juristische Erörterungen, sondern um eine Besserung der tatsächlichen allgemeinen Lage durch wirtschaftliche Zusammenarbeit[49].

Die französischen Vermutungen gingen noch weiter. Herriot vermerkt in seinen Erinnerungen, Papen scheine in Berlin wegen seiner Angebote an Frankreich und besonders wegen seiner Äußerungen zu dem Journalisten Lauzanne „hart behandelt" worden zu sein[50]. Doch wer hätte einen solchen Druck ausüben sollen? Um die Enttäuschung und das neue Mißtrauen Herriots vollständig zu machen, genügte der Sitzungsverlauf vom 27. Juni. Im Anschluß an die finanztechnischen Ausführungen Schwerin-Krosigks betonte Papen nachdrücklich, das System der Reparationen müsse unter allen Umständen fallen, das

43 Mündlicher Bericht Papens vom 25. Juni 1932 (vgl. Anm. 28).

44 Bülow bemühte sich, gegenüber dem französischen Delegierten de Laboulaye die drei Punkte Krosigks als ein „Sofortprogramm" zu interpretieren, „das nur die erste Stufe eines größeren Wiederaufbauplanes bilden solle", a. a. O. (vgl. Anm. 9), Bd. 338.

45 Niederschrift vom 27. Juni 1932, a. a. O. (vgl. Anm. 8), Vol. 3, S. 271.

46 E. Herriot, a. a. O. (vgl. Anm. 27), Tom. 2, S. 343.

47 Ebd. Schulthess' Europ. Gesch. Kal. 1932, S. 405.

48 Frankfurter Zeitung, Reichsausgabe, vom 26. Juni 1932.

49 Ebd., zitiert nach Wolffs Telegraphen-Büro vom 25. Juni 1932.

50 E. Herriot, a. a. O. (vgl. Anm. 27), Tom. 2, S. 343.

Reich wolle dafür am allgemeinen wirtschaftlichen „Wiederaufbau" mitarbeiten und es sei jetzt die Sache der Siegermächte und nicht Deutschlands, bestimmte Vorschläge „für die Wiederherstellung des Vertrauens" zu machen. Da zeigte es sich, wie sehr Herriot bereits unter dem Eindruck der vielfältigen Andeutungen Papens gestanden hatte. Erstaunt fragte er, wo denn die „Kompensationen" blieben, wenn der Kanzler jetzt die Streichung „tout court" ohne jedes weitere Entgegenkommen verlange. Für den Franzosen war eine völlig neue Situation gegeben; mit dem Hinweis, daß internationale Besprechungen notwendig geworden seien, setzte er die Vertagung der zweiseitigen Gespräche auf den 29. Juni durch[51] und beklagte sich bitter bei MacDonald[52]. Dabei hatte Herriot bereits seinen Staatssekretär angewiesen, die deutschen Konsultativpakt-Anregungen in einem Entwurf zu verarbeiten[53].

Das geschah bald. Aber das französische Vertragskonzept spiegelte eine sehr abgekühlte Stimmung wieder. Nicht nur die vier Großmächte, sondern alle europäischen Staaten sollten dem Konsultativabkommen beitreten; zusätzlich aufgenommen wurde eine Klausel, nach der die Regierungen zu verpflichten waren, gegen solche „inneren Bewegungen" vorzugehen, welche die „Gesamtpolitik" gefährden würden: eine Spitze, die in erster Linie gegen die NSDAP gerichtet war; Papen sprach sich sofort dagegen aus[54].

Auch MacDonald, durch Herriot über die in eine ungewisse Zukunft weisenden Pläne Papens orientiert, reagierte empfindlicher als erwartet. Nicht nur, daß er eine „italienisch-deutsche Intrige" vermutete[55]; noch am selben Abend machte er Papen sogar Vorhaltungen wegen der — doch sehr flüchtig erwogenen — französisch-deutschen „Militärallianz" und meinte, dadurch würde jede Chance zerstört, daß Amerika die künftigen Lausanner Abmachungen günstig beurteile. Der Kanzler fühlte sich mißverstanden: er habe hauptsächlich an ein zusätzliches Maß von Sicherheit für Frankreich gedacht, natürlich, so setzte er hinzu, sei der Gedanke einer Allianz sowohl für Frankreich wie für Deutschland unsinnig[56]. Papen wich damit erheblich zurück und deutete am Schluß der Unterredung, sich behende auf eine neue

[51] C. Horkenbach, Das Deutsche Reich von 1918 bis heute (Ausgabe 1932), Berlin 1933, S. 214.

[52] Niederschrift vom 27. Juni 1932, a. a. O. (vgl. Anm. 8), Vol. 3, S. 271.

[53] F. von Papen, a. a. O. (vgl. Anm. 32), S. 204.

[54] Ausführungen Köpkes vor dem Reichskabinett, Protokoll der Ministerbesprechung vom 1. Juli 1932, a. a. O. (vgl. Anm. 9), Bd. 1457.

[55] E. Herriot, a. a. O. (vgl. Anm. 27), Tom. 2, S. 345.

[56] Niederschrift über eine Zusammenkunft MacDonald-Papen am 27. Juni 1932, a. a. O. (vgl. Anm. 8), Vol. 3, S. 272 ff. Vgl. dazu die spätere Erinnerung Papens, a. a. O. (vgl. Anm. 32), S. 206: „Natürlich sei es unmöglich, diese Idee augenblicklich in Frankreich oder in Deutschland zu diskutieren."

Taktik einstellend, die Frage an, ob MacDonald Möglichkeiten sehe, daß eine deutsche Abschlußzahlung, die nicht im Zusammenhang mit den Reparationen stehen dürfe, sich mit bestimmten politischen Bedingungen verknüpfen lassen könne, etwa mit der „Auslöschung" einiger Bestimmungen des Versailler Vertrages[57].

So begann die zweite Phase der Lausanner Verhandlungen. Jetzt ging es, das sah Papen ein, nicht mehr um die glatte Streichung der Zahlungsverpflichtungen. Für ihn handelte es sich von nun an darum, wie man ein finanzielles Angebot außerhalb des in Deutschland diskriminierten Reparationssystems lancieren könne, also eine erstmals auch summenmäßige Präzisierung der bislang erörterten Mitwirkung am wirtschaftlichen Hilfsprogramm, — und zwar nach Möglichkeit mit einem politisch-moralischen Zugewinn auf anderen Gebieten. Papen war sich kaum bewußt, daß die seit dem 25. Juni angehäuften Unstimmigkeiten und besonders das Mißtrauen Herriots und MacDonalds eine solche Prozedur — „Kompensationen" jetzt von der anderen Seite — nicht mehr zuließen. Dennoch wagte er sie im Vertrauen auf den Premierminister, der allerdings nun der Ansicht war, Papen stände unter dem Druck der öffentlichen Meinung seines Landes[58]. Herriots Besorgnisse waren ähnlicher Natur.

Der deutschen Delegation erschienen die politischen Ziele, an denen auch das Reichswehrministerium interessiert war, zu verlockend, als daß sie zu der schlichten Konzeption Brünings zurückgekehrt wäre. Ja, diese Ziele erhielten schnell den Vorrang[59]. Am Nachmittag des 28. Juni verlangte Neurath für die Zahlung einer der deutschen Situation angepaßten und außerhalb der Reparationen zu leistenden Endsumme neben der vollständigen Streichung dieses Systems und dem Abschluß eines internationalen Währungsabkommens die Anerkennung der „Gleichberechtigung" des Reiches bei den Abrüstungsvereinbarungen, wobei sogar die Annahme des umstrittenen Genfer Konventionsentwurfes in Aussicht gestellt wurde. Papen gedachte die Akzente überhaupt zu verschieben, indem er betonte, die Hauptaufgabe der Lausanner Konferenz sei es, die gegen Deutschland gerichteten Diskriminationen des Versailler Vertrages zu beseitigen[60]. Damit meinte er —

---

[57] Niederschrift vom 27. Juni 1932 (vgl. Anm. 56), S. 274 f. Kurz darauf gelangten Gerüchte in die Presse, Deutschland habe eine „Endsumme" angeboten. Sie wurden von der deutschen Delegation „scharf zurückgewiesen": Bericht Plancks vor dem Reichskabinett, Protokoll der Ministerbesprechung vom 29. Juni 1932, a. a. O. (vgl. Anm. 9), Bd. 1456.

[58] Vgl. hierzu und zum folgenden: Niederschriften über die Zusammenkünfte MacDonald-Herriot-Papen am 28. Juni 1932, a. a. O. (vgl. Anm. 8), Vol. 3, S. 275 ff. und 281 ff.

[59] So ganz deutlich in der Formulierung eines Dementis (vgl. Anm. 57) vom 29. Juni 1932, C. Horkenbach, a. a. O (vgl. Anm. 51), S. 217.

[60] Niederschrift vom 28. Juni 1932 (vgl. Anm. 58), S. 286.

abgesehen von den militärischen Bestimmungen —, daß die Liquidierung des Reparationsschemas praktisch den Teil VIII des Friedensvertrages (Art. 231—247), der die Rahmenbestimmungen für die Wiedergutmachung und den besonders angefochtenen Kriegsschuldartikel (231) enthielt, ungültig machen müsse. Derweilen waren die Engländer bemüht, gegen den Widerstand des Kanzlers den inneren Zusammenhang der Beratungen mit dem interalliierten Kriegsschuldenproblem („clausula Americana") nicht in Vergessenheit geraten und das Duell Herriot-Papen nicht zu sehr die Konferenz beherrschen zu lassen. Als letzterer den Franzosen fragte, welche politischen Zusicherungen er denn nun haben wolle, gab Herriot erst zögernd, aber dann deutlich genug eine Antwort, die von den Deutschen am wenigsten erwartet war: er verwies auf die wilde Sprache der nationalistischen Presse und der in Deutschland gehaltenen Reden, die den Frieden und die Sicherheit Frankreichs bedrohen würden. In seinem Lande, sagte Herriot, würde er entsprechende Vorkommnisse nicht dulden; mehr könne er nicht sagen. Wieder der unverhüllte Hinweis auf die NSDAP, jetzt verbunden mit stillen Zweifeln an der Position der Regierung Papen. Und der Kanzler mußte schließlich die einmütige Ablehnung seiner Gleichberechtigungswünsche zur Kenntnis nehmen: diese Frage gehöre vor das Gremium in Genf und habe mit den Lausanner Traktanden nichts zu tun.

Papen, trotz der schweren Bedenken Englands immer noch der Meinung, daß deutsche „Großzügigkeit" die Franzosen zum Einlenken bewegen und sie auf die leidige Reparations-Schlußsumme verzichten lassen könne, war auch zu einem zweiten Weg bereit. Über Bülow hatte er erfahren, daß es Herriot vor allem und letztlich auf „Budgeterleichterung" ankomme, z. B. auf „besondere handelspolitische Vergünstigungen Deutschlands für Frankreich". Über eine „einschneidende Begrenzung der französischen Reparationsansprüche" ließe Herriot erst dann mit sich reden, „wenn er eine greifbare, dem französischen Parlament vorweisbare contre partie erhielte"[61]. Von diesen Informationen ausgehend schlug Papen dem Ministerpräsidenten am 29. Juni eine französisch-deutsche Zollunion und abermals, wenn schon keine „Allianz", dann ein Einvernehmen der beiden Generalstäbe („Austausch von Meinungen und Kenntnissen") vor; die Voraussetzung für eine solche „Entente" sei aber die „wiederholt geforderte" Gleichberechtigung[62]. Herriot wich diesen Angeboten freundlich, aber bestimmt aus, und in Wirklichkeit gedachte er in keiner Weise auf sie einzugehen. Die

[61] Aufzeichnung Bülows vom 28. Juni 1932, a. a. O (vgl. Anm. 9), Bd. 338.

[62] Niederschrift Papens über ein Gespräch mit Herriot am 29. Juni 1932, a. a. O. (vgl. Anm. 9), Bd. 482. Dazu auch E. Herriot, a. a. O. (vgl. Anm. 27), Tom. 2, S. 347.

behende Eindringlichkeit des Reichskanzlers[63] mochte ihn irritieren und war bestimmt nicht geeignet, das französische Mißtrauen zu überwinden. Für Herriot war das alles bloße Taktik des deutschen Partners, „refuser ce qu'on lui demande, offrir ce qu'on ne lui demande pas", eine Meinung, die er nicht nur einmal ausgesprochen hat.

Unterdessen drängte MacDonald auf Fortschritt in den Diskussionen; Papen wehrte sich hartnäckig gegen eine Verbindung der Reparationsfrage mit den Kriegsschulden der Alliierten und der Haltung Amerikas, welch letztere er als ungewiß bezeichnete[64]. Das „ständige Büro" der Finanzexperten — auch ihm saß MacDonald vor — rang um die Höhe der zu zahlenden Abschlußsumme und entwarf den Text eines von allen Mächten anzuerkennenden Angebots. Der Endbetrag, erlegbar in Bonds, die von der Basler „Bank für Internationalen Zahlungsausgleich" ausgegeben werden sollten, blieb freilich bis zum Schluß offen. Als man am 1. Juli von 5 Milliarden RM sprach, schien das „geteilte" Reichskabinett uneins: in Lausanne waren Schwerin-Krosigk und Warmbold zur Zustimmung bereit, Papen hatte Bedenken und die Minister in Berlin zeigten fern vom Ort der Entscheidung — verständliche — Ratlosigkeit[65]. Innenminister Frhr. von Gayl und Arbeitsminister Schäffer meinten, man könne unter Ablehnung dieser Summe die Konferenz getrost scheitern lassen, eine Auffassung, der Reichsbankpräsident Dr. Luther deutliche Warnungen entgegensetzte. Nur zögernd stimmte daraufhin die Reichsregierung einem von Papen bereitgehaltenen Gegenvorschlag zu. In der Erwartung, daß es mit einer Ratifizierung noch gute Weile haben würde, sprach sich der Kanzler zwar für eine Annahme der ausgearbeiteten Endsumme aus, wollte jedoch von ihr nur 2 Milliarden RM begeben lassen sowie für eine spätere Ausgabe der restlichen drei eine besondere Zustimmung Deutschlands als Voraussetzung gesichert wissen, und das alles gegen eine Erklärung der Mächte, daß „durch unseren Beitritt zu diesem Akkord" der Teil VIII des Versailler Vertrages einschließlich des Kriegsschuldartikels 231 hinfällig würde[66]!

---

63 In seiner Niederschrift (vgl. Anm. 62) bemerkt Papen ausdrücklich, daß er in der Frage „eines Übereinkommens zwischen uns" sehr „insistiert" habe.

64 Niederschrift über die Zusammenkunft MacDonald-Herriot-Papen am 29. Juni 1932, a. a. O. (vgl. Anm. 8), Vol. 3, S. 292 f. Dazu die Ausführungen Köpkes vor dem Reichskabinett, Protokoll der Ministerbesprechung vom 1. Juli 1932, a. a. O. (vgl. Anm. 9), Bd. 1457.

65 Protokoll der Ministerbesprechung vom 1. Juli 1932 nachmittags, a. a. O. (vgl. Anm. 9), Bd. 1457.

66 Zu der den Teil VIII VV betreffenden „Gegenleistung" vgl. jetzt auch die Aufzeichnung über ein Gespräch Papen-de Laboulaye vom 1. Juli 1932, in: Documents Diplomatiques Français 1932—1939, 1er Série, Tom. 1, Paris 1964, S. 73 f.

Aber MacDonald bezeichnete am 2. Juli gegenüber Papen dessen Gegenvorschlag als zu gering[67]. Als kurz darauf die Experten der Gläubigermächte auf 4 Milliarden RM heruntergingen, erlegbar ebenfalls in der Form von Bonds, deren Erlös dem viel beredetem „common fund" zufließen sollte[68], war für die Deutschen auch diese Summe noch zu hoch. Papen bot 2 Milliarden RM „fest", ließ durchblicken, daß man gegebenenfalls sogar langjährige Zahlungen der Ausgabe von Schatzscheinen vorziehen würde, und beharrte auf dem Fortfall des Teiles VIII[69]. Jetzt lenkte MacDonald ein. Unablässig um die Bereinigung der Differenzen bemüht, näherte er sich den politischen Wünschen Berlins an. Am 5. Juli offerierte er Papen einen Vorschlag, für den er sich bei den Franzosen stark machen wollte: eine politische Erklärung sollte das Ende der Reparationen verkünden und den Art. 231 für ungültig erklären, in der Abrüstungsfrage sei die moralische Gleichberechtigung des Reiches festzustellen, auch an eine Übereinkunft der sechs einladenden Mächte im Sinne des von Deutschland vorgeschlagenen Konsultativpaktes sei gedacht. Die Endsumme sei kein „Abschluß der Reparationen", sondern ein Anfangsbetrag „zur Wiederherstellung der Weltwirtschaft". Ihre Höhe aber müsse bei 4 Milliarden RM bleiben, da sonst Herriot niemals zustimmen würde[70].

Das war ein Verhandlungsbeitrag von Format, der für den Rest der Konferenz eine starke englisch-deutsche Position hätte bewirken können, wäre man deutscherseits geneigt gewesen, die Summe zu akzeptieren. Papen begrüßte das britische Entgegenkommen, wünschte indessen die politischen Punkte deutlicher und günstiger formuliert und wich vollends in der Frage der „figure" auf den inzwischen von dem Engländer Layton inoffiziell verkündeten Vorschlag aus, dessen Inhalt gerade dem Kanzler bekanntgeworden war. Der Layton-Plan ging „politisch" von dem deutschen 2-Milliarden-Standpunkt aus. Unter Berücksichtigung der Eisenbahnbonds aus dem Hoover-Jahre (1,6 Milliarden) war er mit der Festlegung einer symbolischen Endsumme von 1 Milliarde auf den Betrag von 2,6 Milliarden RM gekommen[71]. Nunmehr legte sich Frankreich quer: Herriot lehnte jegliche politische Klausel und damit die

---

67 Protokoll der Ministerbesprechung vom 5. Juli 1932, a. a. O. (vgl. Anm. 9), Bd. 1457.

68 C. Horkenbach, a. a. O. (vgl. Anm. 51), S. 227. Niederschrift über eine Zusammenkunft MacDonald-Papen am 3. Juli 1932, a. a. O. (vgl. Anm. 8), Vol. 3, S. 343.

69 Ebd., ferner Frankfurter Zeitung, Reichsausgabe, vom 4. Juli 1932.

70 Niederschrift über eine Zusammenkunft MacDonald-Papen am 5. Juli 1932 vorm., a. a. O. (vgl. Anm. 8), Vol. 3, S. 375 ff. Protokoll der Ministerbesprechung vom 5. Juli 1932 nachm., a. a. O. (vgl. Anm. 9), Bd. 1457. Dort auch das Telegramm Nr. 74 der Deutschen Delegation.

71 C. Horkenbach, a. a. O. (vgl. Anm. 51), S. 228.

deutschen Hauptwünsche in der zu treffenden Schlußvereinbarung ab[72]. Die Engländer zeigten sich überrascht und mußten eine starke Verstimmung ihres alten Bundesgenossen befürchten. MacDonalds großzügige Konzeption überlebte daher die folgenden Tage nicht; der Rest war ein zähes Ringen um die Endsumme, wobei sich die deutsche Delegation schließlich um so hartnäckiger gebärdete[73], als sie alle Hoffnung auf politisch-moralische Zugeständnisse endgültig fahren lassen mußte. Eine von den Franzosen nun doch noch vorgeschlagene politische Formel erwies sich als nicht annehmbar[74]. Lediglich die Rückkehr von Reichsbahn und Reichsbank unter die eigene Souveränität konnte erreicht werden.

Papen und seine Mitarbeiter resignierten. Obwohl sie vorübergehend ernstlich erwogen, sich vom Layton-Plan wieder zurückzuziehen[75], wollten sie die Konferenz nicht mehr scheitern lassen. Besonders Schwerin-Krosigk drängte zu einem Abschluß auf der Basis des Layton-Planes, selbst ohne politische Zugeständnisse der anderen, „auch wenn das Kabinett darüber fiele“[76]. Starke Opposition kam freilich von der Seite Schleichers. Der General, der hinsichtlich der deutschen „Gleichberechtigung“ von den Verhandlungen in Genf im Augenblick nichts erhoffen konnte, meinte noch am 7. Juli vor dem Kabinett, die „Ehrenerklärung der anderen Mächte“ müsse die Voraussetzung „für jedes deutsche Zugeständnis“ sein, und die bei ihm stets dominierenden innen- und wehrpolitischen Überlegungen ließen ihn hinzufügen, daß von dieser Ehrenerklärung „ein starker moralischer Auftrieb“ erhofft worden sei. Wiederum war es Luther, der nun den Wehrminister und einige andere Ressortchefs auf den Boden der außenpolitischen Realitäten zurückführte und ihnen vor allem entgegenhielt, daß die Zahlungen aus dem Hoover-Moratorium privatrechtliche Verpflichtungen seien, die jenseits von politischen Überlegungen stünden und den natürlich abzulehnenden Reparationszahlungen in keiner Weise gleichgestellt werden könnten. So erkannten die Berliner Minister immerhin die Schulden des Hoover-Jahres an, machten aber auf Anregung des Staatssekretärs Meißner einen letzten Vorstoß in Sachen des Teiles VIII: wenn die Mächte sich gegen einen entsprechenden Passus in der Schlußvereinbarung sträubten, dann solle wenigstens der Reichskanzler

[72] Niederschrift über ein Gespräch MacDonald-Herriot am 5. Juli 1932 nachm., a. a. O. (vgl. Anm. 8), Vol. 3, bes. S. 385 ff.

[73] Vgl. die entsprechenden Niederschriften in der britischen Dokumentensammlung, a. a. O. (vgl. Anm. 8), Vol. 3, bes. S. 378 bis 423.

[74] Zum Text vgl. Anlage 1 des Protokolls der Ministerbesprechung vom 7. Juli 1932, a. a. O. (vgl. Anm. 9), Bd. 1457.

[75] Mündlicher Bericht Papens in der Ministerbesprechung vom 11. Juli 1932 vorm., a. a. O. (vgl. Anm. 9), Bd. 1457.

[76] Vgl. hierzu und zum folgenden Protokoll der Ministerbesprechung vom 7. Juli 1932, a. a. O. (vgl. Anm. 9), Bd. 1457.

eine Erklärung abgeben, daß der Teil VIII gegenstandslos geworden sei, — vorausgesetzt, daß keine Nation widersprechen würde.

Am selben Tage (7. Juli) verzichtete man in Lausanne gegenseitig darauf, bei der Endregelung mit politischen Bedingungen und Klauseln zu arbeiten[77]. In einer Kette forcierter Sitzungen, welche die ganze Nacht hindurch bis zum 8. Juli dauerten, wurde dann Übereinstimmung über die Summe der Bonds erzielt. Frankreich war auf 3,4 Milliarden RM herabgegangen; schließlich wurden 400 Millionen dem Layton-Vorschlag zugeschlagen, so daß 3 Millarden RM als bedingte Verpflichtungen herauskamen[78]. Auch hier hatte MacDonald mitgewirkt und zu guter Letzt sich nach der französischen wie nach der deutschen Seite hin unnachgiebig gezeigt[79]. Im Bereiche der deutschen Innenpolitik, wo die Forderungen Papens mit Genugtuung wahrgenommen worden waren, mußte das Ergebnis enttäuschend wirken, ja bei den Rechtsradikalen Entrüstung hervorrufen, aber letzten Endes war doch viel erreicht. Die Amerikaklausel war verschwunden und die Schatzscheine durften erst in drei Jahren auf den Markt gegeben werden. Die deutsche „Restverpflichtung" schloß auf jeden Fall die sich von selbst verstehende Annuität aus dem Hoover-Jahre ein und weitere *feste* Zahlungen aus. Es war eine Eventualverpflichtung, die eine starke Festigung der deutschen Kreditfähigkeit überhaupt zur Voraussetzung hatte. Eine Plenarsitzung der Konferenz am 8. Juli abends stimmte den fünf Abkommen zu, von denen dasjenige mit dem Deutschen Reich das wichtigste war[80]; am 9. Juli erfolgte die feierliche Unterzeichnung der Lausanner Verträge.

Papen und seine Regierung konnten mit diesem Ergebnis zufrieden sein. Der Reichskanzler hielt es sogar für geeignet, späteren Verhandlungen mit Frankreich als Basis zu dienen. Daß die Ablehnung seiner letzten politischen Bedingungen von Schleicher als eine „Niederlage" bezeichnet wurde und am 11. Juli eine zusätzliche Unsicherheit im Kabinett selbst hervorrief, lag freilich mit in der für das Reich erfolglosen Entwicklung der gleichzeitigen Abrüstungsgespräche begründet. Insofern war die „nationale Außenpolitik" der Nachfolger Brünings in keiner Weise zum Zuge gekommen, was angesichts der bevorstehenden, von einem hemmungslosen Propagandafeldzug der NSDAP eingeleiteten Reichstagswahlen um so schwerer wiegen mußte. Aber hier

---

77 C. Horkenbach, a. a. O. (vgl. Anm. 51), S. 230.

78 Frankfurter Zeitung, Reichsausgabe, vom 9. Juli 1932. Zum Verlauf der letzten Verhandlung im kleinen Kreis vgl. die Niederschrift über das Gespräch N. Chamberlain-Papen am 8. Juli 1932, a. a. O. (vgl. Anm. 8), Vol. 3, S. 420 ff.

79 Bericht Papens vor dem Reichskabinett am 11. Juli 1932 vorm., a. a. O. (vgl. Anm. 9), Bd. 1457.

80 Zum Text des Abkommens mit Deutschland vgl. C. Horkenbach, a. a. O. (vgl. Anm. 51), S. 233 ff.

rächte sich nicht nur, daß Hindenburg und Schleicher den bewährten Politiker Brüning um den Erfolg gebracht hatten; auch das vielleicht „mutige", im Grunde aber wenig bedachte Abweichen Papens von der eindeutig erkennbaren Strecke der „letzten hundert Meter" wirkte sich schnell auf Stellung und Ansehen des Reiches während der Sommer- und Herbstmonate aus. Die Verhandlungen in Genf bis zum 11. Dezember 1932 wurden hierfür zum Barometer, und die englische Vermittlungsbereitschaft ist dabei von deutscher Seite erheblich strapaziert worden. Daß sie während der Lausanner Konferenz, wie wir gesehen haben, noch funktionierte und das Duell Herriot-Papen zu überspielen vermochte, beruhte einzig und allein auf dem Vertrauenskapital, das Brüning seit dem Sommer 1931 durch seine Außenpolitik hatte ansammeln können. Nur auf sein Wirken geht daher der reale deutsche Erfolg in Lausanne zurück.

Zur autobiographischen Literatur[1]

Von Rudolf Mueller

Literatur und Selbstdarstellung

Die Autobiographie ist nur eine von vielen Formen der Selbstdarstellung, die literarische Form. Autobiographisch ist jede literarische Weitergabe des Selbstgesprächs und der Erinnerung. Nicht nur die Selbstanalyse, das Sichzurechtfinden mit dem Ich, die Darstellung der eigenen Person gehören hierher, auch die Überlieferung des Miterlebens. All das gelangt in unzähligen Einzelschriften an eine weitgespannte Leserschaft, als Folge unseres Interesses an dem natürlichen Mitteilungs- und Geltungsbedürfnis des Menschen in der Gesellschaft. Nur die literarische Form der Bemühung unterscheidet die Autobiographie von der audiovisuellen Selbstdarstellung. Jede Äußerung des einzelnen gegenüber der Gesellschaft enthält bewußt oder unbewußt eine Darstellung der eigenen Person, mit jeder Äußerung vermittelt er uns ein Stück seines Selbst.

Die Autobiographie ist also einerseits ein Teil unserer Literatur und andererseits nur der literarische Teil unserer Selbstdarstellungen und Erinnerungen. Man wird deshalb einer Autobiographie nicht gerecht, man erfaßt nicht das, was sie uns vermittelt, wenn man sie nur unter literarisch-ästhetischen Gesichtspunkten beurteilt.

Auch die „schöne Literatur" interessiert uns, weil uns das Phänomen des denkenden, handelnden, unterlassenden, anregenden, zum Widerspruch reizenden Mitmenschen fesselt. Deshalb ist das scheinbar Autobiographische, die Ich-Form des Erzählens nicht erst für moderne Romane bis zum Detektivroman eine so beliebte Form. Sie ist die klassische Form der Schelmenromane der Weltliteratur (*Grimmelshausens* „Simplizissimus")[2], eine häufige Form im phantastischen Roman (*Jan Potok-*

---

[1] Hans Schäffer ist ein immer interessierter Leser der biographischen und autobiographischen Literatur. Mit diesem Beitrag möchte ich ihm auch danken für seine zahlreichen Hinweise und anregenden Gedanken zum Thema im Verlauf vieler Jahre.

[2] Die Auswahl der hier und im folgenden angeführten Zitate mag willkürlich erscheinen, aber bei der Fülle an Literatur begegnet ein gerechtes Erfassen jeweils typischer Beispiele selbst in der Fachwissenschaft kaum überwindbaren Schwierigkeiten, s. Georg Misch „Geschichte der Autobiographie" I 1 Vorwort zur 2. Aufl. (1931).

kis „Handschrift von Sarragossa")[3], eine Form, in der *Dante* seine in so hohem Maße autobiographisch bedingte „Göttliche Komödie" schrieb[4]. Dieselbe Form wählte *Jonathan Swift* für „Gullivers Reisen", das „grimmigste Buch der englischen Aufklärung"[5].

Das Geschäft mit der Literatur nutzt das Leserinteresse am Persönlichen auch durch vorgetäuschte, schlechthin fingierte Autobiographien, durch vorgebliche Originalaufzeichnungen einer politisch interessanten Figur wie *Litwinow*[6] oder auch eines erdachten Repräsentanten einer verschlossenen Welt, eines Mönches, der aus dem geheimnisvollen Tibet in den Westen gelangt sei[7].

Daß die autobiographische Literatur, besonders die Memoirenliteratur, einer der „mächtigsten literarischen Bereiche"[8] ist, liegt an diesem unserem Interesse an der Selbstdarstellung des Mitmenschen, an seinem eigenen Bild seines Wirkens, an der Schilderung der Ereignisse und Zusammenhänge der Zeit aus dem Blickpunkt dessen, der dabei war. Wir wollen bei ihm sehen, wie er mit sich und der Welt fertig wird, weil sich diese Frage auch uns selbst stellt. Die autobiographische Literatur fängt an mit unbefangenen Notizen, Reiseberichten, Tagebüchern und Briefen, die freilich in unserem Jahrhundert des Zeitmangels und bequemerer technischer Kommunikationsmittel immer seltener und weniger gehaltvoll werden. Diese Unterlagen können die wertvollsten Aufschlüsse über den Verfasser geben, aber ihnen fehlt meist die autobiographische Absicht; über Ausnahmen ist noch zu sprechen. Werden Autobiographien aus solchen Quellen nachträglich konstruiert, so kann ihnen das aufschlußreiche Element der bewußten Selbstdarstellung fehlen: das an die Öffentlichkeit gerichtete Urteil

---

[3] Vollständig deutsch erst 1961; Potocki stand zeitweise in russischen Diensten, General Friedrich von Schubert gibt in seinen Memoiren „Unter dem Doppeladler 1789—1814" (1961) 56 eine amüsante Beschreibung seiner Person und seiner eigenartigen Interessen, die in der „Handschrift" behandelt werden.

[4] Aus der umfangreichen Literatur des Dante-Jahres 1965 ist ein hervorragender schwedischer Beitrag zu nennen, der besonders auch auf die autobiographischen Aspekte eingeht: Olaf Lagerkranz „Von der Hölle zum Paradies" (deutsch 1965).

[5] Verlagsbemerkung Manesseausgabe (1955).

[6] Litwinows Memoiren, aus dem Französischen (1956), gelten als gefälscht. Die Frage wird schon erörtert, ob die neueste Sensation echt ist, die 1965 erschienenen „Penkowsky Papers" — in den Westen geschmuggelte autobiographische Aufzeichnungen des sowjetischen Geheimdienstoffiziers und Meisterspions Oleg Wladimirowitsch Penkowsky. Gefälschte Autobiographien sind nichts Neues. Max Braubach teilt in seiner Biographie „Prinz Eugen von Savoyen" I (1963) 6 mit, daß 1809 veröffentlichte Memoiren des Prinzen Eugen eine freie Erfindung des Fürsten de Ligne sind.

[7] Lobsang Rampa „Das dritte Auge. Ein tibetanischer Lama erzählt sein Leben", aus dem Englischen (1956).

[8] B. R. (Benno Reifenberg) „Beim Lesen von Memoiren". Die Gegenwart 5. 5. 1956.

über die eigene Person[9]. Es gibt auch nicht autobiographisch gemeinte Schriften, die einem durchaus autobiographischen Bedürfnis ihre Existenz verdanken, etwa da, wo der Autor die Klärung des eigenen Lebensweges auf den Versuch beschränkt, die Menschen zu deuten, die diesen Lebensweg bestimmt oder begleitet haben[10].

Der autobiographische Gehalt der Schriften, die üblicherweise zur autobiographischen Literatur gerechnet werden, ist sehr unterschiedlich. Aus den Schwierigkeiten eines ernsthaften autobiographischen Vorhabens erklärt es sich, daß der Anteil der Schriften mit konkretem autobiographischen Inhalt nur einen Bruchteil des Gesamtvolumens der autobiographischen Literatur ausmacht. Die meisten Autobiographien behandeln nur Ausschnitte der Selbstdarstellung.

Biographie und Autobiographie[11]

Die historischen Ereignisse, die geistigen und sozialen Strömungen werden in der Form der Biographie bekanntlich besonders anschaulich.

---

[9] Etwa: Albert Einstein „Aus meinen späteren Jahren“ (deutsch 1952), eine Zusammenstellung einer nur z. T. autobiographischen Schriftenauswahl. Dagegen sind Geheimrat Friedrich von Holsteins „Lebensbekenntnisse in Briefen an seine Kusine Ida von Stülpnagel“ (von Hans Schäffer 1932 noch für Ullstein besorgt) eine aufschlußreiche autobiographische Ergänzung zur umfangreichen Holstein-Literatur. So vollständige Briefsammlungen wie Strindbergs „Briefe“, deutsch von O. J., können ein vorzügliches Gesamtbild des Autors liefern.

[10] Schwerin von Krosigk „Es geschah in Deutschland“ (1951).

[11] Grundlegend für die Auseinandersetzung mit den literarischen Gattungen „Biographie“ und „Autobiographie“ ist Wilhelm Diltheys psychologische, gesellschafts- und geschichtswissenschaftliche Erfassung der Geistesgeschichte, vgl. besonders „Das Erleben und die Selbstbiographie“ (191), „Das Verstehen anderer Personen und ihrer Lebensäußerungen“ (205), „Die Biographie“ (246), etwa 1905—1911, abgedruckt im VII. Band (1927) der Ges. Schriften (Bandtitel „Der Aufbau der Geschichtlichen Welt in den Geisteswissenschaften“); s. a. H. J. Schoeps „Was ist und was will die Geistesgeschichte“ (1959) 67 ff. Georg Mischs schon erwähntes Werk, eine außerordentliche Leistung in 6 stattlichen Halbbänden, ist Dilthey gewidmet, Misch berichtet auch über Herders Einflüsse. Mischs Arbeit geht zurück auf eine Preisaufgabe, die die Preußische Akademie der Wissenschaften auf Anregung von Prof. Walter Simon, Königsberg, gestellt hatte (Vorwort Mischs zur 1. Aufl., Bd. I 1, 1907). Mischs Werk: I 1 „Altertum“, 3. Aufl. (1949); I 2 „Altertum“, 3. Aufl. (1950); II 1 und 2 „Mittelalter-Frühzeit“ (1955); III 1 „Hochmittelalter im Anfang“ (1959); III 2 „Hochmittelalter im Anfang“ (1962); ein letzter Band aus dem Nachlaß des 1965 verstorbenen Verfassers wird noch erwartet. Ferner: Fritz Werli „Von der antiken Biographie“, Neue Zürcher Zeitung (NZZ) 5. 9. 1964; André Maurois „Aspects de la biographie“ (1930); Jan Romein „Die Biographie“ (1946 — deutsch 1948); Roy Pascal „Design and truth in autobiography“ (1960 — deutsch 1965). „Formen der Selbstdarstellung. Analekten zu einer Geschichte des literarischen Selbstporträts“, Festgabe für Fritz Neubert (1956). Vgl. auch die Stichworte „Biographie“ und „Autobiographie“ in den Konversationslexica, besonders in der Encyclopedia Britannica. Weitere Nachweise dort und in den vorstehend angeführten Werken.

Die Biographie macht uns die Geschichte verständlicher. Sie ist in höherem Maße induktiv als allgemeine historische oder geistesgeschichtliche Abhandlungen. *W. Dilthey*, der übrigens auch ein biographisches Werk geschrieben hat[12], definiert als Gegenstand der Biographie den Menschen „als Urtatsache aller Geschichte"[13]. Um das Gesamtbild des Menschen geht es, je weniger der Biograph das lebendige Detail arrangiert, desto besser erfüllt er seine Aufgabe, den ganzen Menschen realistisch zu zeigen[14].

Für die wissenschaftliche Arbeit des Historikers können Selbstzeugnisse und biographische Studien oft wesentlicher sein als urkundliche Quellen. Die Autobiographie ist trotz naheliegender und gewichtiger Gegenäußerungen[15] jedenfalls zu den Quellen für das „Verständnis des Lebens"[16], für das Verständnis der Persönlichkeit ihres Autors zu rechnen, auch da, wo sie sich bewußt oder unbewußt von der Wahrheit entfernt.

Der Autobiograph ist stets ein engagierter Schriftsteller. Er ist notwendig Partei, auch wenn er versucht, Distanz von sich selbst zu gewinnen oder gar ironische Nachsicht zu üben wie *Walter Zechlin* in seiner „Fröhlichen Lebensfahrt"[17]. Er würde gar nicht erst schreiben, wenn er sich nicht ernst nähme. Schließlich schreibt er über sich selbst auch da, wo die Autobiographie nur ein Vorwand für die Betrachtung von Zeit und Zeitgenossen ist. Er stellt sich dar, wie er selbst sich sieht. Der wünschenswerte Grenzfall liegt dort, wo dies ganz subjektiv geschieht, wo der Autor sich ganz und gar nicht verstellt. Diese Subjektivität ist der besondere Reiz der autobiographischen Lektüre, sie macht ihren charakteristischen Wert aus, der außerhalb der rein literarischen Betrachtung steht[18]. Gewiß verlangen wir Engagement auch vom Biographen, der über andere Menschen schreibt. Seine Bemühung soll umfassend und ernst sein, sein Engagement aber steht im Gegensatz zu dem des Autobiographen. Vom Biographen wird gefordert, unparteiisch zu sein. Er darf keine unbegründete oder unzureichend begründete Tendenz erkennen lassen, seinen Helden aufzuwerten oder abzuwerten. Im besonderen Fall kann freilich die kritische Feder des Rivalen besonderes zu bieten haben: *Trotzki* in seiner Biographie

---

12 „Leben Schleiermachers" (1870); 2. Aufl. (1922).

13 Ges. Schriften V (1924) 225; Romein 11, 12.

14 Hugo von Hofmannsthal, Kritik am Beispiel von Maurois, Biographie von Disraeli: „Zwei unveröffentlichte Briefe Hofmannsthals zum Problem der Biographie" — Carl Helbling NZZ 28. 8. 1965.

15 Romein 168; Pascal 208.

16 Dilthey im Bezug auf Augustinus, Ges. Schriften VII (1927) 198; kritisch Pascal 206.

17 1936.

18 S. a. Golo Mann, Besprechung von Konrad Adenauers erstem Band der „Erinnerungen 1945—1953" (1965) in: Die Zeit 5. 11. 1965.

Stalins[19]. Oder der Fachhistoriker kann sich die Aufgabe stellen, ein allgemein übliches Urteil zu korrigieren, wie *Srbik* über *Metternich*[20], *Haller* über den *Fürsten Philip zu Eulenburg*[21], *Duff Cooper* über *Talleyrand*[22] und *Marschall Haig*[23]. Trotzdem bleibt der Biograph gehalten, objektiv zu sein. Von der Selbstdarstellung erwarten wir dagegen, daß sie uns auch durch ihre Subjektivität und Parteilichkeit das Wesen ihres Gegenstandes zeigt.

Amateure und Literaten

Die autobiographische Literatur wird zu einem großen Teil von literarischen Amateuren geschaffen. Die Autobiographie ist oft das erste und oft genug das einzige Buch des Autors. Ein Buch zu schreiben ist ein Abenteuer, das man nur mit Mut, Ausdauer und der Kunst des Erzählens bestehen kann, die man nicht gelernt hat und die den allgemeinen Leser mit den Gesichtspunkten der Lebensauffassung des Autors ansprechen soll. Vielleicht werden die autobiographischen Veröffentlichungen im Umfang noch übertroffen durch unvollendete autobiographische Arbeiten, zuversichtliche Anfänge, gehaltvolle Materialsammlungen und gründlich überlegte Formulierungen. Auch wenn solche Exerzitien den Leser nie erreichen, werden sie in vielen Fällen dem Verfasser helfen, das Verhältnis zu sich selbst zu klären. Zum autobiographischen Unternehmen gehören auch unvollendetes Sammeln und Sichten von Daten, Versuche, sich klarzuschreiben, Formulierungen gegenüber einer gedachten Öffentlichkeit zu finden.

Der Autor, der kein Literat ist, kann sich freilich viel mehr als in früheren Zeiten helfen lassen. Heute bietet sich ein sehr kompetentes Ghostwritergewerbe an. Aber so wichtig das Metier des guten Schreibens auch ist, das Entscheidende der Autobiographie ist ihr subjektiver Gehalt. Deshalb können selbst von in ihrem Lebensberuf bedeutenden Autoren in guter Prosa verfaßte Autobiographien langweilig sein, wenn der Autor nicht erlebnisfähig oder autobiographisch nicht kommunikationsfähig ist. Die Autobiographie des Historikers *Friedrich Meinecke* ist gut geschrieben, aber langweilig[24]. Die Autobiographie des Malers

[19] Deutsch aus dem Englischen (1952).

[20] „Metternich" 2 Bde. (1925).

[21] Johannes Haller „Aus dem Leben des Fürsten Philip zu Eulenburg-Hertefeld" (1926); Haller gab auch dessen „Erinnerungen" heraus (1923).

[22] 1932.

[23] Deutsch o. J.

[24] Friedrich Meinecke „Erlebtes 1862—1901" (1941); übrigens weist Schieder darauf hin, daß Meineckes Stärke als Historiker nicht im Biographischen liegt, Frankfurter Allgemeine Zeitung 27. 10. 1961; s. a. Gustav Mayers eigene „Erinnerungen" (1949), die so sehr von seiner vorzüglichen zweibändigen Biographie von Friedrich Engels abfallen. Die Engels-Biographie war beim Ullstein-Verlag im Zeitpunkt der Machtergreifung Hit-

Emil Nolde ist dagegen literarisch stellenweise kaum erträglich, aber voller Leben[25]. Literarisch primitive Selbstdarstellung und Erlebnisberichte können durch ihren subjektiven psychischen, ethischen, sozialpolitischen Gehalt sonst verdeckte menschliche und soziale Wirklichkeiten offenbaren[26]. Das auf Formularmakulatur gekritzelte Tagebuch einer brasilianischen Negerin aus den Elendsquartieren Sao Paulos[27] war eine Weltsensation.

Daß literarisch wertvolle politische Memoiren auch bedeutende politische Einsichten bringen[28], darf man vielleicht bezweifeln; *Duff Coopers* Memoiren[29] sind literarisch vorzüglich, politisch besonders einsichtig aber kaum. Gleiches kann man von den „Denkwürdigkeiten" des *Fürsten Bülow*[30] sagen. Literarische Bildung und politische Einsicht sind zwei ganz verschiedene Dinge. Autobiographien sind eben nur der Form nach Literatur. Der große Anteil der Nichtliteraten drückt das literarische Durchschnittsniveau der Autobiographie. Gewiß ist auch der durchschnittliche substantielle Wert der Autobiographien nicht allzu hoch anzuschlagen. Unzureichende Bildung, unzureichende Übung mögen Klarheit und Lesbarkeit einer Autobiographie beeinträchtigen, sie sind aber nicht gleichbedeutend mit unzureichender Substanz der Selbstaussage. Eine gesonderte Betrachtung des Phänomens der Autobiographie hat nur insoweit einen Sinn, als man aus der Autobiographie das subjektive Bild eines Menschen gewinnt, eine Quelle zur Beurteilung seiner Person. Wenn das richtig ist, dann kommt es wohl allein darauf an, ob die bewußte oder auch unbewußte Selbstaussage ein zureichendes Bild des Autors vermittelt.

Berufung und Auftrag

Viele sind berufen, niemand hat den Auftrag der Gesellschaft, sich autobiographisch mitzuteilen. Kein Beruf verpflichtet uns, eine Autobiographie zu schreiben. Viele Berufe legen es jedoch nahe, daß ihr Träger in der Form autobiographischer Arbeiten Rechenschaft ablegt

---

lers auslieferungsbereit und wurde von Hans Schäffer noch rechtzeitig herausgeschafft, so daß sie bei Martinus Nijhoff, Den Haag, 1934, erscheinen konnte. Mayers Studien im Marx-Engels-Lenin-Institut in Moskau waren von der Notgemeinschaft der deutschen Wissenschaft 1928 unterstützt worden (Vorwort).

25 Emil Nolde „Das eigene Leben" 1931, 2. Aufl. (1949); „Jahre der Kämpfe" 1934, 2. Aufl. (o. J.); „Welt und Heimat" 1936, veröff. 1965.

26 Zur sog. Arbeiterdichtung, die fast durchweg autobiographischen Charakter hat: Friedhelm Baukloh „Der Dortmunder Weg — Suche nach dem Ich in der Arbeitswelt" in: Der Monat November 1965.

27 Carolina Maria de Jesus, deutsch „Tagebücher der Armut" (1962).

28 worauf Reifenberg „wetten möchte"; s. a. Pascal 209 f.

29 „Old Men forget" (1953).

30 1930 ff.

über sich und sein Wirken, oder über das, was er gesehen hat. Künstler, Politiker, Diplomaten, Militärs und Presseleute liefern das Hauptvolumen der autobiographischen Literatur.

Oft sind Künstler besonders begabte Autobiographen, begabt in der freimütigen, subjektiven Darstellung der eigenen Person. Die wohl berühmteste Künstlerautobiographie, die von *Benvenuto Cellini*[31], läßt es an Freimut nicht fehlen, aber wie *Pascal* feststellt[32], liegt sie schon an der Grenze zum spanischen Schelmenroman. Hier ist etwas anderes gemeint: Die Ehrlichkeit des eigenen Bildes in vielen Künstlerautobiographien. Diese Regel mag darin begründet sein, daß beim Künstler die Ich-Bezogenheit, der Kampf um die Geltung, die Erlebnisfähigkeit und -mitteilsamkeit besonders ausgeprägt sind. Die Bedeutung der künstlerischen Leistung wird ja wesentlich durch die Aufrichtigkeit der Darstellung des künstlerischen Erlebens bestimmt. Die Behauptung des Künstlers in der Gesellschaft hängt von seiner subjektiven Wahrhaftigkeit vielleicht unmittelbarer ab als die vieler anderer Berufe.

Sich klarzuschreiben über das eigene Leben, ist für den Schriftsteller vielleicht noch mehr eine Notwendigkeit als für andere Künstler. Der Schriftsteller ist Darsteller des Menschen, er versieht seine Figuren oft mit Ausschnitten des eigenen Erlebens, er setzt seine Charaktere aus eigenem und dem Erleben der Umwelt zusammen. Es muß ihn dazu drängen, immer wieder zu seinem ungekürzten Selbst zu finden, das Gesamtbild seines Selbst zu bestimmen. Autobiographische Arbeiten, die geschrieben werden, um ernsthaft das eigene Ich zu klären, reichen von *Augustinus* — hier als großer Schriftsteller gesehen — über *J. J. Rousseau* bis zu *Sartres* „Wörtern“[33]. Diese autobiographische Literatur ist vornehmlich in der Welt des Geistes zu Hause. Sie erhebt größere Ansprüche. Sie fordert damit eingehendere Kritik heraus. Hier wird man eher als bei den Memoiren vordergründiger Zeitgenossen die Frage stellen dürfen, inwieweit der Autor „die mögliche, die wahrgenommene, die verpaßte Freiheit erkennen läßt, über die er einmal verfügt hat“[34]. Hierher gehört die Frage des Verhältnisses des Schriftstellers zur Freiheit im Kommunismus, damit setzt sich *Czeslaw Milosz* in seinem autobiographischen Werk „Verführtes Denken“ auseinander[35].

[31] Geschrieben zwischen 1558 und 1566, veröffentlicht 1728; Goethes Übersetzung mit einem Anhang und Anmerkungen, Artemisausgabe, Bd. 15 (1953) 419 ff.

[32] 41.

[33] Deutsch 1965.

[34] Reifenberg.

[35] Deutsch mit einem Vorwort von Karl Jaspers (1955); bis in die jüngste Zeit tritt die „Doppelexistenz der sowjetischen Literaten“ durch Verhaftungen hervor, NZZ 10. und 11. 11. 1965.

In dieser Literatur treffen wir auf *Primo Levis*[36] bemerkenswerte Selbstklärung des durch das Konzentrationslager und den schwierigen Rückweg in die Gesellschaft betroffenen Menschen.

Ausgesprochene Begabungen zur literarischen Selbstanalyse, eine große literarische Freimütigkeit finden wir auch bei Frauen, von *George Sand*[37] bis zu *Simone de Beauvoir*[38]. Dies steht so ganz im Gegensatz zu der durch die Regeln oder auch den Druck der Gesellschaft eingeschränkten Möglichkeiten der Frau, sich mitzuteilen. Als Autorin ist die Frau von dem gesellschaftlichen Zwang befreit: um so gelöster kann sie sich äußern.

Nationale Temperamente

Alle literarisch hervortretenden Nationalitäten, Exponenten aller politischen Systeme und Geisteshaltungen sind auch autobiographisch vertreten. Es wäre interessant, die autobiographische Mitteilsamkeit der verschiedenen Nationalitäten statistisch zu ermitteln. Sicher ist sie in Kastilien weniger entwickelt[39] als in Paris. Die Verschiedenheit der nationalen Temperamente und Literaturstile drückt sich in der autobiographischen Literatur in ihren dafür wesentlichen subjektiven Akzenten aus, in Charakter und Form der Selbstdarstellung. Es könnte reizvoll sein, der Frage nachzugehen, warum gerade in England die Leidenschaft literarischer Amateure so verbreitet ist, im Alter oder neben anderer Berufsarbeit ein autobiographisches oder biographisches Werk zu wagen. Dafür gibt es auch bei uns Beispiele[40]. *Pascal* faßt die Autobiographie im engeren Sinn als ein typisches Erzeugnis abendländischer, nachrömischer Kultur auf, das sich erst in moderner Zeit auf andere Kulturbereiche ausgebreitet habe. Er meint, daß die Autobiographie weniger als jede andere Form von Literatur von nationalen Eigentüm-

---

36 Deutsch: „Ist das ein Mensch?" (1962); „Die Atempause" (1965). Dazu Alice Vollenweider „Zwischen Dokument und Literatur", NZZ 11. 9. 1965.

37 Deutsch „Geschichte meines Lebens", 20 Bde. (1854/56).

38 Deutsch „Memoiren einer Tochter aus gutem Hause" (1961); „In den besten Jahren" (1961).

39 J. G. Cummings „The Travels and Controversies of Friar Domingo Navarete" I (1962) XXVIII bemerkt, daß die freimütig bekennende Autobiographie im Spanischen verhältnismäßig selten sei. Das ist wohl richtig. In Spanien finden wir eher autobiographische Romanformen als Autobiographien. Immerhin ist der Erlebnisbericht des Soldaten Bernal Diaz del Castillo, die „Wahre Geschichte der Eroberung von Neu-Spanien" (1632), neue deutsche Ausgabe 1965, eine der zuverlässigsten Quellen zur Geschichte der Entdeckung und Eroberung Mexikos. Ein gleichfalls berühmtes altes spanisches Soldatenbuch ist Alonso de Contreras „Leben, Taten und Abenteuer von ihm selbst geschrieben" (deutsch 1924 in: „Werken der Weltliteratur" des Propyläen-Verlags).

40 Der ehemalige Reichsminister Peter Reinhold „Maria Theresia" (1957); der Industrielle Otto Wolff „Die Geschäfte des Herrn Ouvrard" (Neudruck 1963).

lichkeiten beeinflußt werde und am stärksten auf das Gemeinsame der europäischen Kultur hinweise[41]. Er hält einige frühe außereuropäische autobiographische Schriften für autobiographisch nur durch die „Macht der Umstände", aber er verzichtet darauf, seine These „warum die Autobiographie nicht außerhalb Europas entsteht" zu erörtern[42]. Es liegt wohl näher zu sagen, daß sich das Gemeinsame der Autobiographien auf das jenseits aller nationalen Eigenheiten liegende Allgemein-Menschliche, die Selbstdarstellung, das Mitteilungsbedürfnis, beschränkt. *Misch* hat nachgewiesen, daß die Autobiographie so, wie sie hier aufgefaßt wird, in allen Kulturkreisen, die die Schrift kennen, zu Hause ist[43]. Moderne, außerwestliche Autobiographien mögen durch die europäische Autobiographie beeinflußt sein. Heute gehört die überall immer umfangreicher werdende autobiographische Literatur zu den bewegenden Faktoren der rasch zusammenwachsenden, sich gesellschaftlich immer mehr uniformierenden Welt. Westliche Einflüsse mögen auch hierin zwar außerwestliche, aber doch wohl allgemein-menschliche, soziale Geltungsbedürfnisse schneller zum Tragen bringen.

Konformismus

Die autobiographische Publizität wird durch den Konformismus der Gesellschaft mitgeprägt, in der der Autor lebt und veröffentlicht[44]. Aus der materialistischen Geschichtsauffassung des Kommunismus kann man die Frage stellen, ob autobiographische Publikationen des handelnden Staatsmannes begrifflich überhaupt möglich sind[45]. Es liegt aber näher, die Frage politisch und nicht dogmatisch aufzufassen. Die amtliche Biographie des einzigen anerkannten russischen Klassikers des Kommunismus, *Lenins*, verwertet nicht passende autobiographische Quellen gewiß nicht und fordert damit ungebundene Autoren heraus, diesen Manipulationen entgegenzutreten[46]. Die amtliche Beurteilung von *Lenins* Nachfolgern muß sich schon mit deren offenbar gewordenen

---

41 209.

42 33, unter Hinweis freilich auf die Babur Memoiren (Zahir ud-Din Mohammed Babur 1483—1530, erster Mogulherrscher über Indien, weltberühmte Memoiren, engl. 1921/22, cit. nach Encyclopedia Britannica), dazu Misch I 1, 284; III 2, 958—60.

43 I. 1 — alter Orient 22; Zentralasien, 284; II, 2 — Islam 179 ff.; III 2 — Islam 905—1076 usw., weiteres Beispiel: „The Travels of Ibn-Batuta 1325—1354" hrsg. von der Hakluyt Society, 1956.

44 Kritisch zur Manipulierung autobiographischer Quellen aus „Sexu- und Soziophoby" in Biographien der viktorianischen Zeit: Romein 44 f.

45 Benno Reifenberg; Marschall Tito macht jedenfalls auch hier eine Ausnahme. Vladimir Dediers „Tito Speaks" (1953) gibt sich in der Form einer Autobiographie „soweit als möglich in Titos eigenen Worten" (Vorwort).

46 David Shub „Lenin" (1948); Robert Payne „Lenin" (1964) mit ausführlicher Biographie; Louis Fischer „Das Leben Lenins" (deutsch 1964) ebenfalls mit Bibliographie.

menschlichen Eigenschaften herumschlagen. Die Verwertung etwa vorhandener autobiographischer Quellen wird sich dem jeweils politisch gültigen Grad der Kritik ihrer menschlichen Schwächen anpassen. Pressemeldungen, daß *Chruschtschow* mit seinen Memoiren beschäftigt sei, klingen eher sympathisch als überzeugend; jedenfalls bleibt abzuwarten, ob und in welcher Form das Ergebnis etwa an die Öffentlichkeit gelangt. *Maiskis* Londoner Botschafterjahre hat ein Freund in England beschrieben[47]. Ein großes Gegengewicht, die Korrektur der amtlichen Geschichtsschreibung, liefert freilich die besonders reichhaltige autobiographische Literatur kommunistischer Funktionäre, die sich dem System entzogen haben, angefangen mit *Trotzki,* der ins Exil geschickt wurde[48].

In der Welt der Literatur kann man großzügiger sein. *Pasternak*[49] wurde erst gemaßregelt, als seine nichtkonformistische Gesinnung durch den Nobelpreis belohnt werden sollte. *Ilja Ehrenburg*[50] hält sich ganz im gewünschten Rahmen. Kommunistische Romane mit ausgesprochen autobiographischen, im allgemeinen Sinne sehr menschlichen Zügen liegen uns vor: der autobiographische Roman des ehrlichen Sowjethelden *Nikolaj Alexejewitsch Ostrowskij* „Wie der Stahl gehärtet wurde"[51], die Beschreibung der kleinen und großen Sorgen und Intrigen der Angestellten im Industrie-Kombinat in *Alexandra Iwanowna Woinowas* Roman „Falsche Edelsteine"[52], *W. Akssionows* „Apfelsinen aus Marokko", der die neue Jugend mit Lederjacken, Transistorradios, Motorrädern und Freundinnen im Pioniergebiet von Kamschatka schildert[53].

Der Titel

Originalität, Zugkraft des Titels ist für alle Literatur eine selbstverständliche Forderung. Die Wahl ist für die Autobiographie schwieriger als für jedes andere literarische Unternehmen. Man kann nicht, wie der Biograph, einfach seinen Helden nennen, dessen Name das Thema am besten kennzeichnet; die Anziehungskraft des Namens kann

47 George Bilainkin „Maisky. Ten Years Ambassador" (1944).

48 Trotzki begann mit biographischem Material über Lenin (neue deutsche Ausgabe 1964). Er hatte nicht vor, seine eigene Biographie zu schreiben, wurde aber durch den Fischer-Verlag dafür gewonnen, vgl. Alfred Rosmer in der Einführung zu einer neuen französischen Übersetzung (Trotzki „Ma vie" 1953); s. a. Trotzkis „Tagebuch im Exil", deutsch 1958. Ausführliche Bibliographien von Trotzkis Schriften in „Ma vie" 645 ff. und in seiner schon erwähnten Stalin-Biographie, 560 ff.

49 Deutsch „Geleitbrief. Entwurf zu einem Selbstbildnis" (1958).

50 Deutsch „Menschen, Jahre, Leben" (1962).

51 1932/34; deutsch 4. Aufl. (1948).

52 Deutsch 1933, neue Aufl. 1939 unter dem Titel „Industriewerk Ural".

53 Deutsch 1963.

sich bei der Autobiographie nur in der nüchternen Angabe des Verfassers auswirken. Mit der Wahl des Titels bereits charakterisiert sich der Verfasser. Titel und Verfassername sind das „Plakat" der literarischen Selbstdarstellung. Bei dem vielgebrauchten Titel „Erinnerungen" werden wohl wenige wie *Richard Benz*[54] an die Wortbeziehung zur Innerlichkeit des Menschen denken, aber mit „Denkwürdigkeiten" verbindet der Autor gewiß die Vorstellung, daß er etwas zu bieten hat, was nicht immer zutrifft[55]. Oft hilft sich ein Verfasser mit einem Hinweis auf sein Lebenswerk oder auf die besondere These, mit der er sein Lebenswerk der Öffentlichkeit vorstellen will. Einen der wenigen originellen Titel zu übernehmen, die andere Autoren für eine allgemeine Bezeichnung des autobiographischen Unternehmens gefunden haben, würde den Autor schon im Titel in seiner Eigenbedeutung herabsetzen. *Adenauer*, auf *Bismarcks* Memoiren angesprochen, soll erwidert haben, er beschränke sich auf Erinnerungen, die Gedanken dazu wolle er anderen überlassen. Der bisher erschienene Teil dieses Werks bestätigt, daß zum bedeutenden Staatsmann originelle Gedanken nicht notwendig gehören[56]. *Goethe* hat mit „Dichtung und Wahrheit" die Problematik der Rückerinnerung vorzüglich ausgedrückt. Der Titel von *Ghandis* Autobiographie „The Story of my Experiments with Truth"[57] bezieht die Wahrheitsfrage nicht auf die Darstellung, sondern auf den Lebensinhalt. *Franz von Papens* „Der Wahrheit eine Gasse"[58] bringt schon im Titel eine anspruchsvolle These seiner Verteidigung zum Ausdruck. Es gibt, wie bemerkt, wenig Auswahl für eine originelle Bezeichnung des autobiographischen Vorhabens. Manche Titel, die etwas Besonderes bringen wollen, wirken gesucht[59]. Dafür, daß auch das britische understatement nicht fehlt, hat *Duff Cooper* mit „Old Men forget" gesorgt. Ein Beispiel für den sogenannten „cant" britischer Provenienz liefert der amerikanische Staatssekretär *Byrnes* mit „Speaking frankly"[60]. Sachtitel sind bei Autobiographien geschichtlicher Persönlichkeiten, die die von ihnen beeinflußte Geschichte zum wesentlichen Gegenstand ihres Vorhabens machen, leichter gefunden, *Xeno-*

---

54 „Lebensmächte und Bildungswelten meiner Jugend" (1950).

55 „Denkwürdigkeiten" des Grafen Waldersee (1923); hierzu Alson J. Smith „A view of the Spree" (1962) — eine Biographie der durch ihren politischen Salon berühmten Gräfin Waldersee geb. Lee.

56 „Erinnerungen" (1965). Einer seiner vorzeitigen, durchaus positiv urteilenden Biographen, Rüdiger Altmann, schreibt „... Keine einzige seiner Reden, die es wert wäre, gedruckt zu werden" („Das Erbe Adenauers" (1960) 10).

57 1949.

58 1952.

59 Willy Hellpach „Wirken und Wirren" (1948); Paul Reynaud „La France a sauvé l'Europe" (1947) — der Autor sah sich veranlaßt, der 2. Aufl. (1951) den treffenderen Titel „Au Coeur de la melêlée" zu geben; Anthony Eden „Full Circle" (1960).

60 1947.

phons „Anabasis“, *Cäsars* „De bello Gallico“ bis zu *Churchills* „The World Crisis“[61], besonders die dramatischen Untertitel seiner autobiographischen Geschichte des Zweiten Weltkrieges, angefangen mit „The gathering Storm“ bis “Triumph and Tragedy“[62], oder auch die pathetischen Titel „L'appel“, „L'unité und „Le Salut“ in *de Gaulles* Kriegserinnerungen[63].

Autobiographie und Zeitgeschichte

Autobiographische Schriften führen uns in den sachlichen Wirkungskreis des Autors und hier vor allem zu den Gegenständen des öffentlichen Wirkens. Manche Autobiographie eines Mannes des öffentlichen Lebens beginnt mit der Empfehlung der eigenen Person, die meisten enden mit der Rechtfertigung des Lebenswerkes des Autors.

Die empfehlende Autobiographie wird immer beabsichtigte oder unbeabsichtigte Aufschlüsse über Gedanken und Eigenschaften des Autors liefern. Aber nicht immer mag dem Autor nach seiner Wandlung in späteren Jahren passen, was er früher geschrieben hat: *Martin Niemöller* „Vom U-Boot zur Kanzel“[64]. Es kommt auch vor, daß die Umwelt den Autor nicht ernst nimmt, wie es mit dem wirren Programm in *Adolf Hitlers* „Mein Kampf“ der Fall war[65].

In den Memoiren der Rechtfertigung erhalten die Mit- und Gegenspieler selten ein richtiges Maß. Aber auch in der oft eingehenderen Schilderung der negativen Seite der Mit- und Gegenspieler kann die Autobiographie sonst nicht zugängliche Daten ausbreiten. Dem folgt dann oft genug die Gegendarstellung: der „Anti-Bülow“[66] auf *Bülows* „Denkwürdigkeiten“. Die Gegenschrift kann auch durch eine übertriebene Selbstberühmung herausgefordert werden; so folgt „Der Fall T. E. Lawrence“[67] auf „Die sieben Säulen der Weisheit“[68] — oder auf ein Selbstporträt, dessen Autor es sich zu leicht macht: „A King's

---

[61] 1911—1918 (1923—1927).

[62] 1948—1953.

[63] 1954—1959.

[64] 1937.

[65] 1926/27. Dazu schreibt Churchill „The second World War“ I (1948) 55 „Als er zur Macht kam, gab es kein Buch, das sorgfältiger hätte studiert werden sollen. Es enthielt das ganze Programm.“ Churchill fährt fort: „Here was the new Koran of faith and war; turgit, verbose, shapeless, but pregnant with its message.“ Dazu ist politisch freilich zu sagen, daß eine ernsthafte Entscheidungsfreiheit über Hitlers Ernennung zum Reichskanzler in der Situation von 1932/33 kaum gegeben war; getäuscht haben sich die politischen Gegner eher in der Einschätzung der Gegenkräfte, in der Erwartung, daß Hitler in der Verantwortung der Regierung entweder scheitern oder sich anpassen werde.

[66] Friedrich Thimme (Herausgeber) „Front wider Bülow“ (1931).

[67] Richard Aldington „Lawrence of Arabia“, deutsch o. J.

[68] T. E. Lawrence „Seven Pillars of Wisdom“ (1926, 1935).

Story"[69], die Gegenschrift „Gone with the Windsors"[70]. Für den gescheiterten Politiker kann als Gegenstand der Autobiographie schließlich nur die Apologie übrigbleiben: *Károlyi*[71], *Papen* oder *Schacht*[72].

Wo „der Andere" das Hauptthema ist, wo also Randfiguren ihre intimen Kenntnisse bedeutender Männer oder Frauen verwerten, oder über ihre Begegnung mit ihnen berichten, breitet sich ein großer Lesestoff aus. Das Leben mit *Napoleon* oder *Picasso* kann durchaus lesenswerte eigene Züge des Autors hervortreten lassen. Es kann einen ausgesprochenen dokumentarischen Wert zur Person des Dritten haben. Aber das meiste dieser Literatur gehört zum Bereich des Klatsches, oder wie man auch sagt, des gehobenen Klatsches, der in allen sozialen Schichten wohl immer eine große Leserschaft haben wird. Diese Literatur wird zunehmen, je mehr der Massenkonsum für Enthüllungsstories vorangetrieben wird, je mehr die Massenmedien solche Veröffentlichungen im großen Stil und „ohne Rücksicht auf die Kosten" zu organisieren verstehen. Daß, weniger dem Umfang nach als äußerlich, diese Art Literatur vordergründig ist, trägt leider zum vielfach üblichen allgemein kritischen Vorurteil über den Wert zeitgeschichtlicher Autobiographien bei.

Ein einheitliches Urteil hierzu wäre gewiß töricht. Aber Erinnerungen handelnd beteiligter oder nur beobachtender Zeitgenossen sind auch in den Augen der fachhistorischen Kritik sehr oft vorzügliche Quellen[73] — vom klassischen Memoirenwerk bis zum modernen Journalistenerlebnisbericht. Die großen französischen Memoirenwerke machen den klassischen Anfang, vornehmlich *Philipp von Commynes* Schilderung der Zeit Karls des Kühnen von Burgund und Ludwigs XI. von Frankreich[74], die Memoiren des *Kardinals de Retz* über die Zeit Richelieus und Mazarins[75] und das viel gepriesene und viel kritisierte,

---

69 Deutsch 1951.

70 Iles Brody (1953).

71 Michael Graf Károlyi „Gegen eine ganze Welt" (1924).

72 Hjalmar Schacht „Abrechnung mit Hitler" (1949); s. a. „76 Jahre meines Lebens" (1953).

73 S. die neue Reihe „Augenzeugenberichte" des Rauchverlages in Einzelbänden von den Kreuzzügen bis zur russischen Revolution; Verlagsbemerkung zum Band „Friedrich der Große und Maria Theresia in Augenzeugenberichten" (1965): „Der Leser, der nicht selbst Geschichtswissenschaftler ist, verliert über dem ... Streit der Auffassungen ... das Geschehen selbst, seine konkrete Wirklichkeit aus dem Blick. Die Herausgeber ... sind Historiker, die sozusagen die Karten auf den Tisch legen ... dem Leser ... überlassen sie die Hegelsche „denkende Betrachtung" ..."; Ein Vorläufer ist u. a. Gustav Landauers schöne Sammlung von „Briefen aus der Französischen Revolution" (1919), nachgedruckt 1948/49 in Ostberlin, über deren Zustandekommen seine Briefe (hrsg. von M. Buber 1929) berichten.

74 Deutsch 1952: „Memoiren. Europa zwischen Mittelalter und Neuzeit", hrsg. von Fritz Ernst.

75 „Memoirs" (1717 ff.); deutsch 1913: „Die Denkwürdigkeiten des Kardinals von Retz", hrsg. von Benno Rüttenauer.

vielleicht bekannteste Memoirenwerk der Weltliteratur, des Herzogs von *Saint-Simon* Darstellung des Hofes Ludwigs XIV.[76]. Die moderne Journalistenautobiographie dürfte amerikanischen Ursprungs sein. Wesentlich durch amerikanische Einflüsse, namentlich seit den zwanziger Jahren unseres Jahrhunderts, haben freier Journalismus und Presse aus der Aufspürung der Zeitereignisse und dem Kommentar zur Zeitgeschichte einen immer unbefangeneren, kühleren, selbständigeren und sachverständigeren Beruf gemacht. Damit werden Autobiographien von Journalisten zur Zeitgeschichte immer zahlreicher und aufschlußreicher[77]. Daß *Trotzki* auch ein geschulter Journalist war, trägt bei zum Glanz seiner autobiographischen Schilderung der Oktoberrevolution und zum besonderen Wert seiner sonstigen autobiographischen und biographischen Schriften.

Besondere autobiographische Themen

Autobiographien geben oft Einblick in Sachthemen, die uns sonst nicht erschlossen werden, oder sonst nicht leicht zugänglich sind. So kann die Autobiographie — auch die Biographie schlechthin — eine Hauptquelle der „anderen Seite" der Geschichte sein. Die klassische deutsche Geschichtsschreibung der Bismarckzeit steht ganz im Zeichen der Verehrung des großen Staatsmannes[78]. Autobiographien und Briefe von Bismarcks Gegnern[79], von Vertretern der Opposition im Reichstag[80], bringen notwendige Ergänzungen. Über die andere Seite des Dritten Reiches lesen wir zunächst autobiographische Aufzeichnungen des

---

76 1675/1755; dreibändige deutsche Ausgabe 1923 mit einem Vorwort von Sainte-Beuve.

77 John Reed „Zehn Tage, die die Welt erschütterten" (1920); Henry L. Stoddard „As I knew them — Presidents and Politics..." (1927); Lincoln Steffens „Autobiography" (1931); Webb Miller „I found no peace" (1936); Negley Farson „The Way of a Transgressor" (1936); Lord Beaverbrook „Men and Power 1917—1918" (1956). Egon Erwin Kischs „Rasender Reporter" neue Auswahl (1961); H. Howard Griffin „Black like me" (1960) zum Rassenproblem in den amerikanischen Südstaaten.

78 Es hat bis 1941 gedauert, bis die erste deutsche kritische Biographie Bismarcks herauskam, Erich Eycks 3 Bde. Die österreichische Seite schildert Srbik in seiner vierbändigen „Deutschen Einheit" (1935—42). Gustav Mayer zeigt eine andere Seite des vorigen Jahrhunderts in seiner schon erwähnten Biographie von Friedrich Engels.

79 „Im Ring der Gegner Bismarcks", Briefe und Dokumente: Franz von Roggenbach, Kaiserin Augusta, Albrecht von Storm (1943); „Bismarcks großes Spiel — geheime Tagebücher Ludwig Bambergers" (1933). Kaiser Friedrich III. „Tagebücher 1846—1866" (1929), „Kriegstagebuch 1870—71" (1926).

80 August Bebel „Aus meinem Leben" (1910); s. a. „Ludwig Windthorst", Biographie von Ed. Hüsgen (1911).

Widerstands[81], der inneren[82] und äußeren[83] Emigration. Autobiographien beleuchten weniger bekannte Nebenepisoden der Geschichte[84] oder intimere Züge der handelnden Personen[85]. Autobiographien eilen der Geschichtsschreibung voraus: das gilt für den Zionismus[86] und das neue Israel[87], für den spanischen Bürgerkrieg[88], das Nachkriegsdeutschland[89], die Kriegsgefangenschaft in Rußland[90] oder für die unmittelbare Nachkriegszeit im Osten[91]. Sie erschließen sonst weniger zugängliche, aber zeitgeschichtlich interessante Entwicklungen in fremden Ländern[92]. Sie schildern, was der Roman verarbeitet liefert, den „Rohstoff" der Gesellschaft, *Saint-Simon* zum Hof des Sonnenkönigs, *Paléolouge* zum Zarenhof[93], *Harry Graf Kessler*[94] zur Gesellschaft der 20iger Jahre in Deutschland und Europa, *Ben Hecht*[95] und *Charlie Chaplin*[96] zur so eng mit der Publizität auch unserer Tage verbundenen Gesellschaft von Hollywood. *Aga Khan*[97] zeigt uns schließlich die „Oberste Schicht", den „international set".

---

81 Eugen Kogons selbsterlebtes Konzentrationslager „Der SS-Staat" (1946); Ulrich von Hassell „Vom anderen Deutschland" — nachgelassene Tagebücher (1946); weitere Bibliographie bei Eberhard Zeller „Geist der Freiheit" (o. J.) 381 ff.

82 Ernst Niekisch „Gewagtes Leben" (1958); s. a. Friedrich Hielscher „50 Jahre unter den Deutschen" (1954).

83 Alfred Döblin „Schicksalsreise" (1949); über die frühere Zeit: Ernst Toller „Eine Jugend in Deutschland" (1933).

84 Chiang Kai-Shek, deutsch „Gefangen im Siam" (1938), s. a. „A Summing up at Seventy" (1957); Carl J. Burckhardt „Meine Danziger Mission" 1937—39 (1960); General Anders „An Army in Exile" (1949); Kurd von Schlözers „Römische Briefe" zur Zeit Pius IX. (1912).

85 Benito Mussolini „Parlo con Bruno" (1942).

86 Theodor Herzl „Tagebücher 1895—1905", 3 Bde.

87 Chaim Weizmann „Memoiren", aus dem Englischen 1950.

88 Nachweis der „leading memoirs" and „other memoirs" bei Hugh Thomas „The Spanish Civil War" (1961) 645 f., 647 ff.

89 Übersicht von Walter Hubatsch „Deutsche Memoiren 1945—1953" (1954). Zu den deutschen Anfängen außer Adenauers „Erinnerungen" s. a. Robert Murphy „Diplomat among Warriors" (1964).

90 Hellmut Gollwitzer „... und führen, wohin Du nicht willst" (1951).

91 Hans Graf Lehndorfs „Ostpreußisches Tagebuch" (1961).

92 Nirad C. Chandhuri „The Autobiography of an unknown Indian" (1951); Ahmed Ermin Yalman „Turkey in my Time" (1956).

93 Maurice Paléologue, deutsch 1925 „Am Zarenhof während des Weltkrieges".

94 „Gesichter und Zeiten" (1935) und jetzt die „Tagebücher 1918—1937" (1961) in denen über Verhandlungen Graf Kesslers mit Hans Schäffer (für Ullstein) über „Gesichter und Zeiten" im Jahre 1932 berichtet wird; das Buch ist aber dann bei S. Fischer erschienen, 700 ff.; in den Tagebüchern befindet sich die Bemerkung vom Februar 1919 „Viele sagten, Deutschland müsse zum zweiten Male besiegt werden, ehe etwas anständiges daraus werde", 123. Über die Hofgesellschaft der letzten Wilhelminischen Zeit: Fürstin von Pless „Tanz auf dem Vulkan" (1930).

95 „A Child of the Century" (1954).

96 Deutsch „Die Geschichte meines Lebens" (1964).

97 Deutsch „Memoiren. Welten und Zeiten" (1954).

Aber auch zu sachlicheren Themen leistet die Autobiographie was sonst nicht geleistet wird oder sonst nicht so leicht an uns herankommt: Autobiographien führen uns mitten in die Werkstatt uns sonst fremder Arbeitsgebiete, in das Presse- und Verlagswesen[98], in Medizin[99] oder Mathematik[100], auch in die trockene Welt der Finanzen, die so lebendige Autobiographien wie die von *Felix Somari*[101] oder auch von *Bernhard Baruch*[102] anschaulich machen.

Soweit die Autobiographie jenseits der Ereignisse des tätigen Lebens auf Jugendzeiten zurückblickt oder Altersbetrachtungen zum Gegenstand hat, spricht sie den Leser fast immer an[103]. Die Kontroversen treten zurück, die Auseinandersetzung wird nicht gefordert, die Erinnerungstäuschung ist nicht so ernst zu nehmen, der Autor zeigt Unbefangenheit, eine unbeschwerte Liebe gegenüber seinem Gegenstand. Es schreibt sich leichter, wo man nur Familiengeschichten, frühe Lebenseindrücke oder Altersweisheiten zu erzählen braucht, aus dem Abstand der Zeit, mit der inzwischen gewonnenen Distanz, namentlich von den Eltern, denen solche Schriften oft ein schönes Denkmal setzen[104]. Auch aus der strengen Wissenschaft liegen anschauliche Jugend- und Altersbetrachtungen vor[105]. Der Leser denkt an die eigene Jugend, er fühlt die intimere Atmosphäre des Buches, er fühlt eine sonst eher empfundene Fremdheit des Autors schwinden. Ein bißchen Fiktion oder Ver-

98 Hermann Ullstein, The Rise and Fall of the House of Ullstein" (1943) unter mehrfacher Erwähnung von „Geheimrat Schäffer"; zur Berliner Pressekonkurrenz s. Hans Erman „August Scherl — Dämonie und Erfolg in Wilhelminischer Zeit" (1954) und über das „Berliner Tageblatt": Margret Boveri „Wir lügen alle" (1965); anderes: Tom Clarke „My Northcliffe Diary" (1931); Hans W. Heinsheimer „Menagerie in Fis-Dur" (1953); Kurt Wolff „Autoren, Bücher, Abenteuer" (1965).

99 Gustav von Bergmann „Rückschau auf mein Leben" (1954).

100 Norbert Wiener „Mathematik — Mein Leben" (1962) — am. Ausgabe 1956).

101 „Erinnerungen" (1959); Somari erzählt vom alten Österreich, zur Weltwirtschaftskrise der 30iger Jahre bis in die Zeit nach dem zweiten Weltkrieg.

102 Bernhard Baruch „My own Story" (1957).

103 Pascal beschränkt diese Beobachtung auf die Kindheit und begründet sie mit der Kraft einer bestehenden Tradition, 104 ff.; s. a. Erika Hoffmann „Kindheitserinnerungen als Quelle pädagogischer Kinderkunde" — romantische Kindheitserinnerungen; Bild der Eltern usw. (1960).

104 Gustav von Bergmann; Eugen Diesel „Jahrhundertwende, gesehen im Schicksal meines Vaters" (1949). Clemens Perthes „Friedrich Perthes" (1849) — gek. Neudruck 1951. Die ohne eigene autobiographische Züge geschriebene umfassende Biographie des Vaters gelingt dem Sohn nicht immer: Hans Fürstenberg „Carl Fürstenberg" (1961); Winston Spencer Churchill „Lord Randolph Churchill" (1906). Die hier geschilderte Bedeutung des Vaters gilt als übertrieben. Zu Churchills Verhältnis zum Vater, s. a. Goronwy Rees, „Churchill in der Revision" Der Monat Dezember 1965.

105 Fritz Mauthner „Prager Jugendjahre" (1918); Ulrich von Wilamowitz-Moellendorf „Erinnerungen 1848—1914" (1928), der übrigens ein erster Rezensent von Mischs 1. Bd. seiner Geschichte der Autobiographie war (Misch, Vorwort z. 2. Aufl.); Ludwig Curtius „Deutsche und antike Welt" (1950); Erich Rothacker, „Heitere Erinnerungen" (1963).

klärung nimmt man mehr als gute Story, das Wahrheitsbedürfnis ist nicht mehr so wesentlich, die Autobiographie wird zur Unterhaltungslektüre.

Wahrheitsgehalt

Wenn man, wie *Pascal*, die Autobiographie als Werk der Literatur um seiner selbst willen beurteilt, dann mag die „Struktur der Wahrheit" das zentrale Kriterium für ihren Wert sein[106]. Die Autobiographie unterscheidet sich von anderen literarischen Arbeiten aber auch dadurch, daß die Wahrhaftigkeit des Autors an gewisse Grenzen gebunden ist. Auch unwahrhaftige Züge einer Autobiographie sind in ihrer Weise aufschlußreich, sie können eine „nützliche" Quelle zur Beurteilung eines Autors sein, um den es in der Autobiographie schließlich geht. Die Wahrhaftigkeit über die eigene Person, ebenso wie die Wahrhaftigkeit im Urteil über andere, hat also Bedeutung als Kriterium für den Charakter des Autors, für seine Glaubwürdigkeit, nicht notwendig auch für den Wert der Autobiographie als solcher, der ungetrübt bleibt. Der Autobiograph, der sich selbst ernsthaft bestimmen will, sucht freilich die Wahrheit; aber wenigen wird es gegeben sein, so weit zu kommen, wie der Spaziergänger nach Syrakus, *J. H. Seume*, der den kühnen und schönen Satz formuliert hat: „Der Mensch braucht durchaus nichts als sich selbst, um die Wahrheit zu sehen, nichts als die eigene Kraft, ihr zu folgen und nur seinen eigenen Mut, um dadurch soviel Glückseligkeit zu erlangen, als seine Natur ihm gewähren kann[107]."

Die ganze Wahrheit?

Aber wer kann schon zur ganzen Wahrheit über sich selbst und andere finden? Die gewissenhafte Darstellung der eigenen Person erfordert hier eine besonders schwierige, wenn nicht unmögliche Bemühung. Die anderen sind in der Autobiographie Nebenpersonen, deren Schilderung sich auf ihre für das Leben des Autors wesentliche Rolle beschränken kann. Aber auch in den vielen Autobiographien, die hauptsächlich andere Menschen zu schildern scheinen, interessiert noch ein mehr an Wahrheit über den Autor selbst, der es auch in solchen Veröffentlichungen unternimmt, sich selbst darzustellen. Dieses „mehr" gehört zur Vollständigkeit des persönlichen Bildes. Vollständigkeit verlangt, daß die wesentlichen Handlungen, Unterlassungen und deren Motive ausgebreitet werden, zumal bei dem Vorhaben der Autobio-

---

106 208.

107 „Mein Sommer" (1805/06) in der neuen Ausgabe der Prosaschriften (1962) 639.

graphie, wo nur der Autor selbst über alles Material verfügt, an die Öffentlichkeit herantritt und sich ihr gegenüber gerade durch sein vorgestelltes besseres Wissen legitimieren will.

Unüberwindbare Hindernisse für die Anstrengung, wahrhaftig zu sein, sind Erinnerungstäuschungen, denen jeder Mensch ausgesetzt ist. Dazu kommt die natürliche Blindheit in der eigenen Sache. Daß durch menschliches Erinnern die Wahrheit kund wird oder daß sie jedenfalls durch Gegenüberstellungen von Zeugnissen herauskommen müsse, das waren oder sind Fiktionen, deren Schwächen uns auch in anderen Zusammenhängen bekannt sind. Die Autobiographie ist gar ein Zeugnis in eigener Sache. Der Gegner kann nur zu Wort kommen, soweit der Autor ihn richtig und fair zitiert und auch dann ohne die Möglichkeit, sich dazu wiederum zu äußern. Mit der eigenen Erinnerungstäuschung rechnen wir eher bei Gegenständen, die uns selbst nicht unmittelbar angehen; sie ist oft in mangelndem Interesse an der Sache selbst begründet. Wo das zurückliegende Ereignis aber uns selbst angeht, bemerken wir die eigene Erinnerungstäuschung nicht so leicht, obwohl die Gefahr durch unser eigenes Interesse vielleicht größer ist. Bei der Autobiographie geht es weniger um die richtige Erinnerung an einzelne zurückliegende Tatsachen, als um das ganze Bild, das der Autor rückschauend von sich selbst hat. Ein gewisses Übersehen eigener Schwächen oder Fehler, ein Vergessen oder die Beschönigung unbequemer Dinge gehört vielleicht sogar zur Selbstbehauptung, zum Geltungswillen, den der tätige, voranschreitende Mensch braucht, um das feindliche Leben zu bestehen und seine vorgestellte Berufung zu erfüllen. Auch das Bild, das sich der Autobiograph rückschauend von sich selbst macht, hat also subjektive Grenzen. Diese Grenzen hat es notwendigerweise. Ein gewisses Maß von Fiktion ist unvermeidlich. Unvoreingenommenheit aus dem Abstand von Erfahrung und Alter ist nicht allzu häufig. Es kann gerade auch hier keine Objektivität geben, oder es gibt vielleicht um so weniger Objektivität, je größer der subjektive Erfolg oder der subjektive Mißerfolg war, den der Autobiograph schildert. Der Staatsmann, Militär, Künstler, Wissenschaftler, Erfinder oder auch Geschäftsmann[108] beurteilt seine Taten und Gedanken, die Ereignisse, die Taten und Gedanken anderer, die zu seinem Erfolg beigetragen oder ihn verhindert haben, aus seiner vorgestellten besonderen Leistung heraus. Auch wenn er allen Kausalitäten gerecht werden will, ist es nur menschlich, daß er den Erfolg als seinen Erfolg sieht und sorgfältiger nach den Verantwortlichen für den Mißerfolg sucht.

Eine moralische Frage stellt sich erst, wo die Hindernisse bei der Anstrengung, wahrhaftig zu sein, überwindbar sind. Vom Autor ist

[108] „Dr. Strousberg und sein Wirken von ihm selbst geschildert" (1876) — Strousberg war ein unglücklicher Finanzier des Eisenbahngeschäfts der Gründerjahre.

zu erwarten, daß er ernstlich mit der Wahrheit ringt und daß er im eingebildeten Schutz seiner besseren, näheren Kenntnis der Fakten die Wahrheit nicht manipuliert. Der Leser spürt sehr bald, wie es damit steht, ob die Autobiographie das enthält, was jedes Buch lesenswert macht, das der Wahrheit zu dienen vorgibt: die strenge Bemühung, ehrlich und vollständig zu sein, in allem, was wesentlich ist. Auch in der Autobiographie ist das Verschweigen, die Unterdrückung der Wahrheit, die weniger erfreuliche Form der Lüge.

Der schriftliche Umgang mit der Wahrheit über die eigene Person hat für die Autobiographie noch subtilere Aspekte. Scheinbar unbefangene Schriften können versteckt autobiographisch gemeint sein. Briefe werden oft geschrieben, um den Empfänger zu beeindrucken[109], oder im Gedanken an eine spätere Veröffentlichung. Die Vorstellung einer möglichen, unerwünschten oder gar heimlich erwünschten Kenntnisnahme durch Dritte kann den Autor veranlassen, seine Äußerung bewußt verschleiert so zu fassen, daß der Dritte besonders glaubhaft das vom Autor gewünschte, nicht aber das richtige Bild seines Handelns oder seiner Gedanken bekommt. Wir haben erfahren, daß in dieser Weise in Zeiten des politischen Terrors und des fehlenden Schutzes des Brief- und Aktengeheimnisses eine Fülle von Material entstanden ist, dessen biographische Verwertung überaus problematisch sein kann. Ohne sichere allgemeine Gründe oder auch ohne zusätzliche Informationsquellen wird man selten auf den Gedanken kommen, daß eine autobiographische „Handschrift" verstellt ist. Erstaunlich bleibt die Offenheit in *Cianos*[110] und *Goebbels*[111] Tagebüchern. Man wird einen solchen Zynismus und eine solche Sicherheit bei Funktionären der totalitären politischen Systeme kaum verallgemeinern dürfen. Doch diese Tagebücher zeigen, daß es diese Hybris geben kann.

Die eigene Handschrift

Wie immer die überwindbaren Hindernisse auch genommen werden, die der Anstrengung wahrhaftig zu sein jeweils entgegenstehen mögen, wie ernst oder unernst diese Anstrengung auch sein mag, inwieweit außerhalb der Autobiographie liegende Quellen das Bild des Autors auch zu korrigieren vermögen — die meiste Wahrheit über seine Person entschleiert der Autobiograph selbst. Er verrät sich durch die unver-

---

109 Diesem Eindruck kann man sich z. B. bei der Lektüre von Harold Laskis Briefen an Justice Holmes: „Holmes — Laski Letters 1916—1935" (1953) nicht entziehen; aus vielen Biographien von Holmes s. Catherine Drinker Bower „Yankee from Olympus" (1943).

110 „Hidden Diary 1937—1938" (1953); „Ciano's Diary 1939—1943" (1947).

111 „The Goebbels Diaries" (1948) — die Jahre 1942 und 1943; s. a. „Das Tagebuch von Joseph Goebbels 1925/26". 2. Aufl. (1961).

stellte eigene Handschrift. Sie liefert eine wesentliche Quelle zur Beurteilung der Person jedes Autobiographen. Ein bekanntes Beispiel sind die „Denkwürdigkeiten“ des *Fürsten von Bülow*. Das Buch zeigt sich als eine aufschlußreiche, ja glänzende Schilderung der in die Welt drängenden und doch so tragisch weltfremden wilhelminischen Führungsschicht durch einen Zeitgenossen, der zu ihren Prototypen gehörte. Bülow galt durch seinen Rücktritt wegen der „Daily Telegraph“-Affaire in einem breiten Publikum als aufrechter Staatsmann, vielfach wurde sein Rücktritt als nationales Unglück empfunden. Dieses Bild hat Bülow durch seine „Denkwürdigkeiten“ zerstört. Er vermittelt selbst die peinliche Figur eines etwas zu gewandten, intriganten Höflings[112]. Er zeigt die historische Wahrheit zu seiner Person besser, als dies bis dahin je erkennbar war. Seine „Denkwürdigkeiten“ ließ er erst nach seinem Tode veröffentlichen — aus Takt oder Scheu gegenüber anderen?

Die Indiskretion

Auch die literarische Darstellung der Wahrheit — dessen, was man für Wahrheit hält — findet eine Grenze am gesellschaftlichen Taktbedürfnis. Takt schuldet der Autobiograph dem anderen Menschen auch in der Behandlung der eigenen Person. Soweit der andere betroffen ist, glaubt der Autobiograph den notwendigen Abstand zu haben — sonst würde er auch über ihn nicht schreiben; aber wie jeder Berichterstatter über einen Zeitgenossen, wie jeder Biograph, muß er mit dem Problem der Indiskretion fertig werden. Das Verfahren, die Indiskretion durch Hinausschiebung der Veröffentlichung zu entschärfen, ist bis zur neuesten Zeit nur der Autobiographie eigentümlich. Viele Autobiographien wurden, wie es auch bei *Bismarcks* drittem Band gedacht war, aus Taktbedürfnis erst nach dem Tode der kritisch geschilderten Zeitgenossen veröffentlicht. Ordnet der Autor die Veröffentlichung erst nach dem eigenen Tode an, so ist mit dem Takt gegenüber den Zeitgenossen gewiß auch die Scheu verbunden, sich intim zur eigenen Person äußern zu müssen. Das legt *Mark Twain* sehr offen dar[113].

---

[112] Gleiche Schlüsse bieten die Aufzeichnungen einer geringeren Figur aus derselben Zeit an, des Chefs des Marine-Kabinetts von Müller „Regierte der Kaiser?“ (1959), ein zweiter Band ist inzwischen erschienen, vgl. Wilhelm Treue „Eine zwiespältige Existenz“, Die Zeit 30. 4. 1965.

[113] „when a man is writing a book dealing with the privacies of his life — a book which is to be read while he is still alive — he shrinks from speaking his whole frank mind; all his attempts to do it fail; he recognizes that he is trying to do a thing which is wholly impossible to a human being ...“ abgedruckt in einer aus vielen Teilen autobiographischer Schriften zusammengesetzten „The Autobiography of Mark Twain“ von Charles Neider (1961).

Aber Mark Twains Haltung ist nicht mehr modern. Diese Scheu scheint in unserer Zeit der größeren Unbefangenheit auch in diesen Dingen rasch überwunden zu werden.

Das Menschenbild

Aufrichtigkeit und Verstellung, Wahrheit und Dichtung, Unbefangenheit und das Bedürfnis, den Leser für uns einzunehmen, sind Gegensätze, und doch sind die Grenzen zwischen diesen Gegensätzen fließend durch unsere Subjektivität, durch die Schwächen unseres Beobachtungs- und Erinnerungsvermögens, besonders da, wo es uns selbst angeht. Ob Tagebücher und Briefe bessere autobiographische Quellen sind als förmliche Autobiographien, ob der Roman oder Literatur schlechthin den besseren Aufschluß über die Person des Autors gibt, darüber sind verallgemeinernde Urteile nicht möglich. Aber, um im Thema zu bleiben: die Autobiographie will zeigen und ihr Leser will wissen, wie der Autor sich im Leben zurechtfindet, was er getan und erlebt hat. Es scheint oft, als ob wir uns um so besser ein Urteil über den Autor bilden können, je weniger er eine Selbstanalyse versucht, je mehr das Selbstzeugnis nur die Fakten des Getanen und Unterlassenen, Gesehenen und Erlebten zusammenstellt, je mehr nur die unverstellte eigene Handschrift den Autor preisgibt. Die Selbstanalyse, die Deutung der eigenen Person, ist eher befangen, aber sie kann ebenso aufschlußreich sein. *Henry Troyat*[114] meint, daß die besten Biographien keinen Autor haben, also daß Selbstzeugnisse genügen. Das schließt Selbstzeugnisse ein, die Urteile abgeben, die mit der Wahrheit über sich und andere ringen, die ein Gesamtbild des Autors geben wollen. Die Autobiographie ist besonders geeignet, den Leser zu eigenem Urteil anzuregen, zum Engagement am Gegenstand der Lektüre, zu weiterem Studium.

Der gegenwärtige literarische Trend zum Nebeneinanderstellen von Fakten, zur Zurückhaltung in der bewußten Fiktion, zum Verzicht auf ein nicht mehr als möglich oder begreifbar empfundenes Gesamtbild scheint für die autobiographische Literatur am allerwenigsten zu gelten. Das Gesamtbild des Menschen ist der wünschenswerte Gegenstand von Autobiographie und Biographie. Daß die große Zeit der Geschichtsschreibung als biographischer Geschichtsschreibung vorbei sei, wie eine so große Autorität wie *Schieder* noch vor kurzem meinte, darf man vielleicht bezweifeln[115]. Das Bedürfnis bedeutender und

---

[114] Im Vorwort der Biographie von Puschkin (deutsch 1959).

[115] „Die Zeit der großen Biographien ist vorbei", Leserbrief Schieders an die Frankfurter Allgemeine Zeitung vom 27. 10. 1961. Schieder deutete aber an, daß weitere biographische Veröffentlichungen bevorstehen. Inzwischen sind mindestens drei neue Großbiographien erschienen: vier der

weniger bedeutender Menschen, sich autobiographisch zu äußern, ist ganz gewiß im Wachsen. Die Erleichterungen der modernen literarischen Technik und des sich immer weiter öffnenden Buchmarktes kommen diesem Bedürfnis entgegen. Die Autobiographien werden wohl mit ihrem großen Anteil an der Literatur Schritt halten. Wir können damit rechnen, daß sie dem an allem Menschlichen interessierten Leser weiterhin das mittelbare Bild seines Selbst in der Gestalt des Nächsten vorhalten werden.

auf fünf Bände berechneten Biographie des Prinzen Eugen von Max Braubach (dazu „Grenzen der Biographik“ Hg. (Helbling?) NZZ 17. 3. 1965); Reinhard Wittram „Peter I. Czar und Kaiser“ 2 Bde. (1964); Adam Wandruszka „Leopold II.“ 2 Bde. (1964/65). Schließlich ist nach 30 Jahren Pause nun auch der 2. Band der auf 3 Bde. berechneten Biographie „Richelieu“ von Carl J. Burckhardt erschienen.

Surrealismus

Eine Durchgangsphase der antirationalen Malerei

Von Erich Sachs

Wir verstehen ein Gemälde insofern wir uns mit dem Lebensbild des Künstlers identifizieren können. Diese Identifikation läßt uns im Stich angesichts eines surrealistischen Bildes. Trotzdem können wir ein surrealistisches Bild verstehen, wenn wir versuchen, den Grund unseres Nicht-Verstehens zu verstehen.

Absurd ist der unmittelbare Eindruck eines surrealistischen Bildes. Diese Absurdität ist jedoch nicht überwältigend, sondern fordert unsere Findigkeit heraus. Das Bild enthält genug Sinn, um uns an dem Un-Sinn zweifeln zu lassen, und genug Un-Sinn, um uns an dem Sinn zweifeln zu lassen. Diese Spannung zwischen Sinn und Un-Sinn, zwischen Realität und Unmöglichem, ist spezifisch für surrealistische Kunst.

Surrealistische Kunst ist nicht geheimnisvoll, wie etwa ein Bild von Chagall. Das Geheimnisvolle deutet auf einen verborgenen Sinn jenseits des Bildrahmens. Chagall's Bilder sprechen die Sprache von Träumen und Märchen und wurzeln nicht in der Sphäre des Intellekts. Ein Bild Chagall's erweckt ein unmittelbares Gefühl für eine jenseitige Tiefe und kann voll genossen werden, ohne uns zu einer Lösung zu locken, genau wie wir uns an Märchen erfreuen ohne Interpretation.

Es ist eine weitverbreitete Ansicht unter Kunstkritikern, daß surrealistische Kunst und Traum in nahem Zusammenhang ständen. In der Tat lieben es surrealistische Künstler, Bilder aus der Traumwelt in ihre Werke zu bringen. Jedoch der Zweck dieser Mischung mit Elementen aus der Welt des „Unbewußten“ besteht darin, ihre Bilder uneinheitlich zu machen. Die bewußte Zufügung von Elementen aus der Sphäre des Nicht-Intellektuellen verstärkt das Rätselhafte des surrealistischen Bildes, das sich um eine rein intellektuelle Achse dreht.

Rätselhaft, aber nicht geheimnisvoll, ist das surrealistische Bild, das zusammengesetzt werden will wie die Stücke eines Bilderrätsels. Das Rätsel ist ein Spiel des Intellektes, im Gegensatz zum Geheimnis, und kann rein formalistisch sein ohne tiefere Bedeutung. Selbst wenn ein surrealistisches Bild jenseits unseres Verstehens ist, beläßt es uns mit dem Zweifel, ob es nicht lediglich unsere Schuld ist, daß wir die Stücke nicht zusammenfügen können.

Das Rätselhafte eines surrealistischen Bildes liegt zum wenigsten in den Bild-Elementen selbst, von denen Dorothy Tanning im Zusammenhang mit ihrem Bild „Geburtstag" (1942) sagt, sie seien wie Worte, die vertraute Zeichen darstellten. Es ist die Art des Beieinanderseins der vertrauten Zeichen, das die surrealistische Spannung erzeugt. Ein Bild von Salvador Dali „Die Bedeutung von Möbel-Ernährung" (The Meaning of Furniture Nutrition, 1934) möge als Beispiel dienen.

Eine stattliche Frau sitzt im Vordergrund mit dem Rücken zum Beschauer. Rücken ist eine Übertreibung, da ein Fenster sauber durch seine ganze Länge geschnitten ist, durch das man Ausblick hat über einen Teil des Strandes mit See, die eine realistische Landschaft formen. Trotz ihres schweren Defektes sitzt die Frau aufrecht und unbekümmert da, denn der Künstler war fürsorglich genug, für die fehlende Wirbelsäule eine Krücke zu substituieren, die den Oberkörper der Frau trägt. Längs des Strandes dehnt sich eine Reihe von Ruderbooten. Zwei Möbelstücke stehen verloren zwischen Frau und See.

Viele vertraute Objekte sind in diesem Bild, die Landschaft, der Himmel, die Boote und die Möbelstücke, die, obwohl realistisch, nicht dazugehören. Die perforierte Frau verbindet das Realistische mit dem Unmöglichen, und das Unmögliche ist unterstrichen durch eine witzige Diversion — die Einführung der Krücke —, um die Gesetze der Statik zu erfüllen, als ob Statik eine Bedeutung haben könnte für ein menschliches Wesen, dem offenbar alle inneren Organe fehlen.

Ein anderes berühmtes Bild von Dali „Fortdauer des Gedächtnisses" (The Persistence of Memory, 1931) möge als ein anderes Beispiel dienen.

Die Landschaft zeigt die See, ein Vorgebirge und einen weiten Strand. Drei riesige Taschenuhren beleben die einsame Landschaft in einer überraschenden Weise. Eine Uhr hängt wie ein schlaffer Blutegel über dem nackten Ast eines toten Baumes. Die zweite Uhr hängt über den Rand einer hölzernen Kommode, so daß sie einen rechten Winkel formt. Die dritte Uhr reitet auf einer Erhebung im Vordergrund, die ein geschlossenes Augenlid darstellt, das sich einer unabhängigen Existenz erfreut. Eine vierte Uhr zeigt normale Konsistenz; Zeiger und Zifferblatt verschwinden unter einer Schicht von Ameisen.

Die Ähnlichkeit zwischen diesen beiden Bildern ist offenbar. Die Uhren sind Fremdkörper in der Landschaft, und der Realismus ihrer

Formen kontrastiert mit ihrer teig-weichen Konsistenz. Andere Bilder Dalis wie „Illuminated Pleasures" (1929), „Spain" (1938), „Creation of the Monsters" (1937) hätten genau so gut als Beispiele dienen können.

Eine ähnliche Spannung zwischen Wirklichkeit und Unwirklichkeit ist in den Bildern von Yves Tanguy. In „Le Temoin" (1940) dehnt sich eine Ebene von endloser Weite aus, deren Vordergrund von Formen eingenommen wird, die am ehesten metamorphosierten Knochen gleichen. Das realistische Element ist bewahrt im Gesetz der Gravität, das die Objekte auf der Erde verankert, und in den Schatten, die den Gesetzen der Projektion gehorchen. Die Objekte scheinen ein gespenstisches Leben zu haben.

De Chirico bringt schon im Jahr 1917 in seinem Bild „Les Muses Inquiétantes" die Grundelemente des Surrealismus klar zum Ausdruck. Die Szenerie ist beherrscht von Elementen der klassischen Architektur. Aber im Vordergrund werden die Formen menschlicher Wesen in verschiedenen Posen von rein architektonischen Elementen nachgeäfft. Eine dorische Säule posiert als Körper, der von einer keulenartigen Anschwellung als Kopf gekrönt ist. Eine andere Steinfigur sitzt auf einer Bank, kopflos, außer einem winzigen Knopf als Ersatz.

Die surrealistische Spannung nimmt in dem Maße ab, in dem das Bild sich der nicht-objektiven Kunstform nähert. Wo keine Wirklichkeit mehr wiedergegeben wird, kann es keinen Gegensatz zu Nicht-Wirklichem geben.

Was bedeutet die surrealistische Spannung? Salvador Dali schreibt: „Mein ganzer Ehrgeiz als Maler besteht darin, die Bilder konkreter Irrationalität mit der größten Gewalt der Präzision wiederzugeben, damit die Welt der Phantasie und konkreter Irrationalität objektiv ebenso eindringlich, ebenso dauerhaft, ebenso erkennbar und unmittelbar erscheint wie die äußere Welt phänomenaler Realität[1]." Diese Worte erwecken den Eindruck, als wolle der Surrealist die Bilder aus dem Reiche des Irrationalen in das des Rationalen heben, um den Unterschied zwischen den beiden Reichen zu verwischen. Während er dieses Ziel rein visuell erreicht, ist die psychologische Verschmelzung zum Scheitern verurteilt, da der moderne Mensch eher bereit ist, die Rationalität seiner Welt zu beweifeln, als das Irrationale zum Rang des Rationalen zu erheben.

Breton[2] stimmt ebenfalls nicht mit Dali überein, sondern fühlt, daß der Surrealismus die objektive Welt verdächtig erscheinen läßt. Max

---

[1] La conquête de l'irrational. Ed. Surréaliste, 1935.

[2] Le surréalisme et la peinture, New York, Brentano, 1945.

Ernst[3] kommt näher an den Kern des Problems. „Surrealismus hat die Erscheinungen und Beziehungen der Objekte der Wirklichkeit auf den Kopf gestellt und ist dadurch fähig gewesen, mit einem Lächeln auf den Lippen zur allgemeinen Krise beizutragen.“

Hier, in der Tat, in unserer Haltung gegenüber dem Funktionieren von Beziehungen, müssen wir nach dem Geist des Surrealismus suchen, doch müssen wir dabei weiter gehen als Max Ernst. Denn der Surrealist stellt nicht nur Beziehungen auf den Kopf, sondern erschafft eine Welt, in der Beziehungen aufgehört haben, rational zu funktionieren, aber nicht aufgehört haben, zu existieren. Diese Unterscheidung ist wesentlich, da eine Welt von Objekten ohne jede Beziehung gleichbedeutend mit Chaos wäre — unvorstellbar als Kunstobjekt. Surrealismus ist „organisiert, ordentlich und bewußt[4]“. Surrealismus benutzt die surrealistische Spannung, um die Sinnlosigkeit des Gebrauchs der Vernunft zu demonstrieren, indem er zu seiner Anwendung herausfordert. Die Anwendung der Vernunft ist nicht aufgehoben; sie wird angewendet, aber ohne Erfolg.

Dieser Leerlauf der Vernunft wird durch eine Reihe von Techniken erreicht. 1. Bestimmte Objekte im Bild haben keine andere als räumliche Beziehung zur Umgebung wie die Möbel in der Landschaft, die Uhr auf dem Baum. 2. Objekte sind frei erfunden, aber ähneln vertrauten Formen (Tanguy). 3. Die Konsistenz eines Objektes widerspricht seiner Natur (die weichen Uhren). 4. Bei lebenden Objekten ist ihr Verhalten oder ihr Ausdruck unvereinbar mit dem dargestellten Zustand (die verstümmelte Frau in „The Meaning of Furniture Nutrition“, oder die brennende Giraffe in Dali's „Creation of the Monsters“, die unbekümmert dasteht).

Eine weitere Technik, den Betrachter aus dem Gleichgewicht zu bringen, ist die Anwendung der doppelten Ansicht (double image), die Dali in Bildern anwendet und in Worten erklärt. „Unter zweifacher Ansicht verstehe ich eine solche Darstellung des Objektes, daß es ohne die geringste physikalische oder anatomische Änderung ein anderes, völlig verschiedenes Objekt darstellt, ohne daß diese zweite Ansicht irgendeine Deformität oder Anomalität verrät[5].“ Diese Technik, wie auch die Verwendung unerwarteter Beziehungen, stellt Surrealismus in die unmittelbare Nähe des Witzes, der definiert ist als die Fähigkeit, Ideen zu einem lächerlichen Effekt zu verbinden. Der Witz jedoch wurzelt im Rationalen; er führt durch unerwartete Beziehungen vom Absurden zum Vernünftigen. Surrealismus, durch Anwendung der-

[3] Bull. Museum of Modern Art, Vol. 4, Nov.—Dec. 1936.

[4] Surrealism. Ed. with an introduction by H. Read, London. Faber and Faber. 1936.

[5] Le surréalisme au service de la révolution, 1930.

selben Technik, führt vom Vernünftigen ins Absurde. Es war wohl die Erkenntnis dieser Beziehung zum Witz, die Max Ernst veranlaßte, dem Surrealismus ein Lächeln auf den Lippen zuzugestehen[3]. Aber es wäre ein Irrtum, Surrealismus für eine Abart des Witzes zu halten.

Surrealistische Bilder enthalten nichts Freudiges, sondern sind mit tiefer Angst erfüllt, die sich in der eigentümlichen Behandlung des Raumes offenbart.

Im surrealistischen Bildraum ist der Mensch nicht zu Hause, sondern verloren. Die See, sandige Flächen und endlose Perspektiven dienen der Betonung der Heimatlosigkeit. Der Horizont erscheint als eine „letzte Konzession“ (Hugnet, 1. c.). Die endlose Ausdehnung ist jedoch kein Endzweck, sondern dient dazu, Erstarrung zu erzeugen. Bewegung ist des Menschen aktive Beziehung zum Raum. Surrealistische Bilder zeichnen sich aus durch die betonte Abwesenheit von Bewegung. Das Vorwiegen identischer Muster und Formen wie Mosaike, Treppen, Reihen von Säulen und offener Türen, ist bedeutsam. Lebende Wesen sind wie Statuen. Die Wiederholung gleicher Formen entmutigt Bewegung mit derselben Intensität wie endlose Räume, denn Bewegung ist ebenso sinnlos, wenn sie immer ins gleiche als wenn sie nirgendwohin führt. Es ist ein typischer Zug des surrealistischen Bildes, jede Bewegung zu lähmen, indem es uns ihre Sinnlosigkeit vor Augen bringt.

Surrealistische Malerei ist tot. Sie hat geendet, weil sie gefangen blieb in den längst überholten Formen gegenständlicher Kunst, den einzigen, in denen sie sich ausdrücken konnte. Aber ihre anti-intellektuelle Botschaft ist nicht mit ihr gestorben, sondern wird weiter verkündet von der modernen abstrakten Malerei. Hier ist der Bruch mit der Tradition vollkommen, auch wenn gelegentlich Elemente aus der Periode des Dada- und des Surrealismus eingesprengt sind, wie in Rauschenbergs Werken.

Moderne Malerei kämpft nicht mit dem Intellekt, wie der Surrealismus versuchte, sondern zielt tiefer, auf den Gesichtssinn selbst. Das Auge objektiviert unsere Welt. Ein Physiologe hat das Auge einen definierenden Sinn genannt, im Gegensatz zu den intimen Sinnen wie Geruch und Geschmack, die ich-gerichtet sind und wesentlich die Gefühle der Anziehung und Abstoßung in uns erwecken. Der Gesichtssinn zieht dem Objekt seine Grenze. „Es werde Licht“, war der erste Schöpfungsakt, um Ordnung aus dem Chaos zu bringen. Es ist kein Zufall, daß die ursprüngliche Bedeutung vieler Begriffe aus der Denk-Welt vom Sehen abgeleitet sind, wie Einsicht, Ansicht, Idee; daß wir einen einsichtslosen Menschen als blind bezeichnen und der Ausdruck der Blödheit sich im Blick offenbart.

Impressionistische und expressionistische Bilder, und noch Picassos Gemälde, erlaubten dem Auge, Objekte zu sehen, wenn auch in der fast aufgelösten Form des Lilienteiches, in blauen und roten Pferden und den Verzerrungen der menschlichen Figur. Ein modernes, nicht-objektives Bild aber zwingt das Auge, seine Funktion als definierendes, objektivierendes Organ aufzugeben und sich auf das Niveau eines intimen Sinnes zu stellen, wo sich im Grunde nur Abneigung und Zuneigung ausdrücken kann. Da ein ich-bezogener Sinn keine allgemeinen Formulierungen ermöglicht, kann es keine ästhetischen Regeln für nicht-objektive Bilder geben. So sucht der Betrachter eines modernen Bildes immer wieder, Objekte in das Gemälde hineinzusehen, und wird darin bestärkt durch die Sinnlosigkeit des Titels, der verrät, daß nicht einmal dem Schöpfer des Bildes der Bruch mit der Tradition vollkommen gelungen ist. Daher das immer wieder geäußerte Bedauern des Betrachters, daß er das Bild nicht verstehe, was er weder kann noch soll, da es das Ziel der modernen Kunst ist, jenseits des Intellektes und des Verstehens zu sein.

Surrealismus hat in eine Sackgasse geführt. Er protestiert gegen den Intellekt mit raffiniert intellektuellen, künstlerischen Mitteln, aber während er die Sinnlosigkeit des Intellektes demonstriert, ist er sich bewußt der Sinnlosigkeit dieser Demonstration und der Unmöglichkeit des Entrinnens.